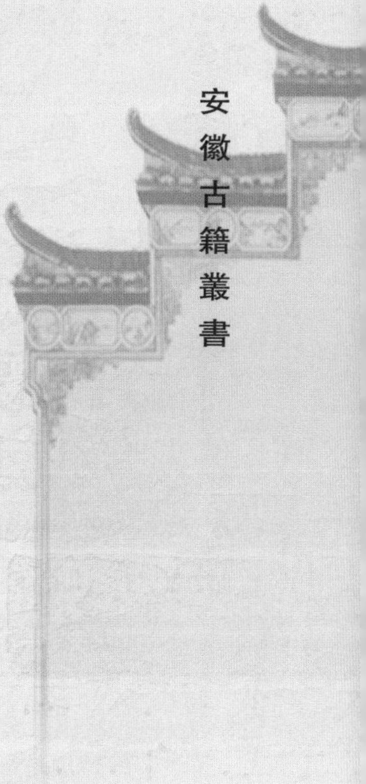

安徽古籍叢書

黃山書社

分篇水經注

上

〔北魏〕酈道元/注　〔清〕戴　震/分篇　楊應芹/校點

圖書在版編目(CIP)數據

分篇水經注/(清)戴震著;楊應芹校點. －合肥:
黄山書社,2015.4
(安徽古籍叢書第十八輯/安徽古籍叢書編審委員會編纂)
ISBN 978－7－5461－5001－7
Ⅰ.①分… Ⅱ.①戴…②楊… Ⅲ.①古水道－歷史地理－中國
②《水經注》－注釋 Ⅳ.①K928.4

中國版本圖書館 CIP 數據核字(2015)第 063185 號

全國高等院校古籍整理研究工作委員會規劃項目
安徽省古籍整理出版基金會資助項目

出品人 任耕耘
選題策劃 彭君華
責任編輯 老 鼓
裝幀設計 馬 芳
出版發行 時代出版傳媒股份有限公司(http://www.press－mart.com)
黄山書社(http://www.hspress.cn)
地址郵編 安徽省合肥市蜀山區翡翠路 1118 號出版傳媒廣場 7 層 230071
印 刷 合肥遠東印務有限責任公司
版 次 2015 年 4 月第 1 版
印 次 2015 年 4 月第 1 次印刷
開 本 880×1230 1/32
字 數 613 千
印 張 33.625
書 號 ISBN 978－7－5461－5001－7
定 價 120.00 圓

服務熱綫 0551－63533706
銷售熱綫 0551－63533761
官方直營書店(http://hsssbook.taobao.com)

安徽古籍叢書編印緣起

我國歷史悠久，典籍豐富。我省地處南北之交，學術尤擅其盛。數千年來，哲學、史學、文學、藝術、語言、科技，作者輩出，著述如林，或自名一家，或蔚然成派，多爲中華民族文化之菁華，有裨於社會主義文化之建設。允宜及時整理，以廣流傳。

粤自明清，以至近世，南北郡邑已有涇川叢書、龍眠叢書、貴池先哲遺書、南陵先哲遺書諸刻。一九三一年，復有安徽叢書之編刊，所收皆皖人著作，分期影印。出至第六期，以抗戰軍興而中止。盛業未竟，論者惜之。

今者，中央倡導整理古籍，我省領導對此尤爲關心。省古籍整理出版規劃委員會幾經商討，決定編纂安徽古籍叢書。編纂宗旨是在歷史唯物主義指導下，批判繼承，古爲今用，弘揚民族優秀傳統文化，爲建設中國特色社會主義服務。最其體例，約有數端：

一、所收皆爲歷代皖人著作，時間一般以辛亥革命之前爲限，內容以文、史、哲爲主，分類成輯。尤其注意稿本、稀見本之搜輯與傳布。

二、整理方式包括輯、校、標點和注釋、今譯。校勘，力求採用善本爲底本，校以他書，或加補輯、編次。標點，採用新式標點。注釋，務求精確，但不作煩瑣考證。整理中，儘量吸收國內外研究的新成果。

三、先秦、兩漢著作及語言、文字之類，皆用繁體字，其餘則酌用簡體字。版皆豎排，以期一律。

四、凡熱心於本叢書編印及捐貲助刊者，得於書內題名。

安徽古籍叢書編審委員會

目次

索引

前言

楊應芹

一、戴震整理研究水經注的歷程

戴震整理研究水經注，大致可分爲青年、中年、晚年三個時期。關於青年時期，程瑤田五友記載：

先是己巳歲，余初識東原。當是時，東原方躓於小試，而學已粗成，出其所校太傅禮示余。太傅禮者，人多不治，故經傳錯互，文字訛脱，學者恒苦其難讀，東原一一更正之……東原曰：『水經酈道元注亦如太傅禮，人所不治者，其經注之錯互，字句之訛脱，與太傅禮無異。』

『己巳歲』，即乾隆十四年（一七四九），戴震二十五歲。

又孔繼涵水地記序曰：

水地記乃戴東原先生二十餘年前流傳之稿底也，魚門兄題云未定本……及鈔得是本，與東原語及，東原曰：『是草稿者，不足存也。』遂出其已成之第一卷見付。

孔繼涵爲水地記題序是乾隆四十二年（一七七七），所謂『二十餘年前』，也正是戴震二十五歲前後。

水地記是戴震著述計劃七經小記之一，原打算寫三十卷，今天所能見到的只有六卷，其中河水一卷是定稿，濟水、淮水等皆爲初稿。水經注是戴震寫作水地記最重要的參考書，并大篇幅地引用了水經注的原文。而且他對於所引用的水經注原文，有的加有夾注，還有的加有校改。因此可以看出，戴震寫作水地記的過程，也是研究水經注的過程。從水地記之遺稿來看，河水曾四易其稿〔一〕。這一方面説明戴震著述之刻苦，精益求精；另一方面也可以看出，他研究水經注之艱辛，因爲四易其稿的原因，肯定與水經注之校訂有關。

中年時期，戴震對水經注的研究取得了輝煌的成就，也爲他晚年整理出版水經注奠定了雄厚的基礎。這一時期最有代表性的著作是乾隆三十年（一七六五）問世的水經考次。

水經考次原名水經，是從經注混淆的水經注中析出的一百二十三水的全部經文，每條水均按原書順序編排，從而自成一卷，故名水經。後來戴震又將水經的一百二十三水，以每水爲一篇，重新編次，編次的原則是『以河江爲綱，按地望先後，分屬於河江左右』。重新編次以後，原來水經的内容并没有改動，只是在每條水名的天頭，加了新編的序碼，又在正文之前增加了一葉按重新編次而制定的水名目録，故名爲水經考次。

在水經考次之後，對河水、淇水、穀水、渭水、沔水、江水諸卷錯亂而不可讀的經文、注文進行了考正，故題作附考。

在附考之後，作有水經書後，簡述了水經注流傳及致誤的歷史，總結了分辨經、注的四大義例〔二〕。篇末曰：『今就酈氏所注，考定經文，別爲一卷，兼取注中前後倒、紊不可讀者，爲之訂正，以附於後。』

尤值得注意的是，他説：『是役也，爲治酈氏書者棼如亂絲而還其注之脉絡，俾得條貫，非治水經而爲之也。』所謂『爲治酈氏書……非治水經而爲之』云云，是戴震第一次清楚地表明他要整理水經注全書的計劃。由此可見，完成水經注的整理出版，是戴震晚年的一大心願。

乾隆三十七年（一七七二），戴震主講浙東金華書院。這時他的生活也稍微安定，手頭大概也略有點積蓄了，於是就開始『刊自定水經注』。這裏值得注意的是，戴震生前出版的著作，都是由他人出資刊刻的。如汪梧鳳不疏園爲他刊刻過屈原賦注，歙縣吴思孝爲他刊刻過句股割圜記，紀昀閲微草堂爲他刊刻過考工記圖等。唯有水經注是戴震自籌刊刻。由此可見，戴震對他這份二十多年來所研究的成果是非常看重的。但是，至次年所刻『未及四分之一，而奉召入都矣』，於是刊刻中止。

戴震進四庫館之次年，即乾隆三十九年（一七七四）二月或稍後，他也接到校訂水經注的差事。同年『十月恭校上』，由武英殿刊刻。在戴震逝世的前一年，即乾隆四十一年（一七七六），他的分篇水經注也終於自刻問世了。

二、戴震整理研究水經注的方法

戴震水經酈道元注序曰：

審其義例，按之地望，兼以各本參差，是書所由致謬之故，昭然可舉而正之。

這幾句話，實際上就是戴震校訂水經注的基本綱領。

所謂『審其義例』，就是要審視水經注行文的方式和内在的聯繫。戴震所發明的區別經文、注文的四大條例，正是『審其義例』的重要成果之一。四大條例曰：

> 水經立文，首云某水所出，已下不復重舉水名；而注内詳及所納小水，加以採摭故實，彼此相雜，則一水之名不得不循文重舉。水經敘次所過郡縣，如云『又東過某縣南』之類，一語寔賅一縣；而注内則自縣西至東，詳記水歷委曲。水經所列即當時縣治；至善長作注時，已縣邑流移，注既附經，是以云『逕某縣故城』，經無有稱『故城』者也。凡經例云『過』，注例云『逕』。

戴震年輕的時候讀書，即求其『一字之義，必本六書、貫羣經以爲定詁，由是盡通前人所合集十三經注疏，能全舉其辭』。『凡經例云「過」，注例云「逕」』等四大條例的確立，使混淆的經文、注文犁然可分。而在此之前，由於經注混淆，綱目不清，造成閲讀水經注的困難。因此，劉獻廷廣陽雜記曰：『水經注千年以來無人能讀，縱有讀之而佳者，亦只賞其詞句，爲游記詩賦之用耳。然亦千萬中之一二也。』但是，自從戴震區分了水經注的經文和注文，從而使近千年來不可卒讀的水經注，基本上變成了人們的可讀之書。

關於『按之地望』，戴震認爲，研究地理首先要考察山川，并要掌握其自然形勢。『因川源之派別，知山勢之逶迤，高高下下，不失地防，取資信非一端』。他曾經以汾州府爲例，認爲：

今以水辨山之脉絡，而汾之東西山爲幹爲枝，爲來爲去，俾井然就敘。水則以經水統其注入之枝水，因而遍及澤泊、堤堰、井泉，高高下下，不失地防……令衆山如一山，羣川如一川。府境雖廣，山川雖繁，按文而稽，各歸條貫。

同時，還要研究郡縣位置及其古今變化。對於這種『古今變化』的研究，戴震有與衆不同的視角和方法。正如段玉裁所指出的：『國朝之言地理者，於古爲盛，有顧景范、顧甯人、胡朏明……蓋從來以郡國爲主而求其山川，先生則以山川爲主而求其郡縣。』這就是説，作爲人類聚居的『郡國』或『郡縣』，必然要選擇適宜的自然環境；隨着自然環境的變化（如河流改道、沙漠推移等），『郡國』、『郡縣』的位置必然也隨之變化。故戴震『以山川爲主而求其郡縣』的方法，無疑是正確的。段玉裁又評斷戴震的水地記：『固將合天下之山爲一山，合天下之川爲一川。而自尚書、周官、春秋之地名，以及戰國至今，歷代史志建置沿革之紛錯，無不依山川之左右曲折，安置妥帖，至賾而不亂。』也就是説，戴震在研究自然地理的時候，把天下山川作爲一個變化的整體來看待；這樣，他研究『建置沿革之紛錯』的人文地理，當然也就有可能恢復其歷史變化前的本來面貌，以及歷史變化的過程。由於戴震在研究方法上的創新，從而使他的研究成就也遠遠超過了前人，以及同時代的人。

再者，水經注畢竟是歷史地理之書，要校訂這樣的書，不但要有地理知識，同時也要有歷史知識。關於武英殿本水經注，據鄭德坤水經注引書考，合計引用古書四百三十六種，涉及政治、經濟、軍事、宗教、文化等諸多方面，如果没有一定的歷史知識，就讀不懂這部書，更談不上整理研究。如殿本卷二十五泗水：『地理志故湖陵縣也……更名湖陸也。』此一條之下，案校文字計五百一十六字，糾正了漢書地理志八條錯誤，前後引用了尚書、説文解字、漢書、後漢書、地理風俗記等書，同時也利用水經注本身的資料，以進行嚴密的考正。

如果説『審其義例』是本校，『按之地望』是理校，那麽『兼以各本參差』當然就是對校了。至於對校的『各本』，到底是哪些本子，由於自刻本是白文，故難以考證，因此只有以武英殿本水經注之案校所提到的校本爲主要依據。武英殿本利用朱謀㙔本頻率最高，但是由於乾隆皇帝在題酈道元水經注六韻有序中給朱謀㙔本定了調子，所謂『多意爲改竄，殊失本來面目』，因此殿本正面採用朱本的文字并不多，而且即便採用了，一般也不作標注。另外，於卷一提到黄省曾，卷四等一再提到『吴本』（『吴』指吴琯），於卷三十一等，又有多條云『今據歸有光本改正』。戴震還採用過宋本。卷二：『潭水斯漲，溢而爲海。』案：『「而」，原本訛作「流」，據宋本改正。』〔三〕

以上只是殿本明文標注的本子，也都是戴震曾見到的本子。如戴震與段茂堂第二劄曰：『水經注塵缺第二十六卷。今將吴刻一本，并原書一本作款式。』可證。所謂『吴刻』，『即吴縣黄省曾刻的水經注』。而戴震實際上見到的本子還遠不止這些。如戴東原先生年譜附録：『先生言：「水經注『水流松果之山』，鍾伯敬本『山』訛作『上』，遂連圈之，以爲妙景，其可笑如此。『松果之山』，見山海經。」』由此可見，戴震曾見過譚元春、鍾惺的本子。又如戴震留下的一個手定經文的殘本，該本每條經文的起訖均以墨筆鉤勒出，且時附校語。今尚殘存戴震手校評語九十七條，另有何焯、沈大成及無名氏手校批語三種〔四〕。何焯手批爲朱筆，沈大成用緑筆，無名氏用墨筆。估計戴震爲了與無名氏所批有别，故每條批語均記有『東原云』。從這個何焯、沈大成、無名氏與戴震先後同校的本子可以窺見，戴震校訂水經注的部分歷程；同時也可想像到，他所見到的本子一定很不少。戴震曾見到的這些本子，都有可能成爲他的校本。但是乾隆題詩説過：『自明至今，惟朱謀㙔校本行世。』故武英殿本要遵從聖旨，也只能提到宋本及歸有光、黄省曾、吴琯等朱謀㙔以前的本子，而朱氏之後的本子則只字都不提了。或許把朱氏之後的本子也都包含在『近刻』二字的範圍之内。因此，我們今天無法確知殿本和自刻本到底用過多少校本。

這裏值得一提的是，戴震利用校本，但不輕信校本，即便宋本也不例外。如卷十六穀水：『穀水又東曲南。』案：『近刻訛作「東出屋南」，宋本「南」訛作「而」。』並於卷二十漾水『今廣業郡治』案，指出宋人臆改而致誤：

魏書地形志，盤頭郡、廣業郡皆屬東益州，後凡數見。又云『東益州之廣業郡』，朱謀㙔於其下并云『宋本作廣漢』。蓋此書爲宋人臆改者甚多，故宋本亦往往不足據證。

關於他校，在自刻本尤爲特出。如河水三：『大河又北，逕張公城，臨側河湄，魏青州刺史張治此。』戴震據魏書張彝傳，於『刺史張』下，補了『準之』二字。因爲張準之乃張彝之祖。又：『所輔可謂孝盡愛敬，義極君臣矣。』按所輔爲漢末義士，其主劉雄，兵敗被擒，所輔則以身代雄。戴震删『所輔』二字，據後漢書劉茂傳，增改爲「遂刺輔，貫心洞背而死」，這樣便再現了所輔之死的慘烈之狀。另外，下文將提到：據説文改「漯水」爲「濕水」，據魏書地形志改「洞過水」之「洞」爲「同」等，這一類校改皆符合陳垣所創立和倡導的「史源學」原理，無疑也是正確的。自刻本還據相關類書、方志等增補了許多軼文，此亦當屬於他校的成果。

戴震治理水經注，不但使用了校勘學的基本方法，同時也使用了專業學科的分析方法。以上所謂「以山川求郡縣」，以及「合天下之山爲一山，合天下之川爲一川」，是戴震的地理學分析方法。「必徵之古而靡不條貫」，則是戴震所堅持的歷史學分析方法。值得注意的是：使用這兩種方法都必須有「鉅細畢究，本末兼察」的功夫。如殿本卷十四濕餘水，於經文「濕餘水出上谷居庸關東」之下案：

漢書地理志：「上谷郡軍都，温餘水東至路，南入沽。」元史：「泰定三年，温榆水溢。」昌平山水記云：「温榆河即昌平之榆河。遼史作『温渝』，本水經注之『濕餘水』，以字相似而訛也。」今考，「温」與「濕」并「㶟」之訛。

後漢書王霸傳云：「可從温水漕。」温水，乃㶟水。唐韋挺運米至盧思臺，方知渠閉，則久壞不修耳。霸所漕者温水，非温餘水也。李賢注引「温餘」釋之，疏矣。㶟水有説文爲顯證。而「温餘」見漢書，「濕餘」見水經，承訛已久，今姑仍之。

此條指出，關於「温餘水」、「濕餘水」之「温」、「濕」乃「㶟」之誤。而這個錯誤之所以能沿襲一千多年，是因爲它最早出現在漢書地理志和水經中。戴震要糾正其錯誤，必須有更有力的歷史依據。於是他從成書與漢書幾乎同時代的説文解字中找出了證據。説文解字水部曰：『水出鴈門陰館絫頭山，東入海。從水，累聲。』在地名用字上，説文解字當然比漢書、水經更權威、更可信。因此，『温』、『濕』乃『灅』之誤，則毫無疑問。

同時又指出，李賢注後漢書，引水經注之『温餘水』以釋『温水』之『疏矣』。由此可見，戴震的考釋，真可謂『目睹源泉所道』，『手批枝肄所歧』，從而撥亂反正，令人信服。

關於『灅』訛作『濕』或『温』，戴震於自刻本已作改正，但於官書殿本水經注，還是『承訛已久，今姑仍之』。然而又經過兩個世紀，這一考證結果終於爲後世所接受。如楊守敬與熊會貞水經注疏、楊守敬水經注圖及譚其驤中國歷史地圖集（第二册至第四册）等，都把『濕餘水』或『温餘水』，改正爲『灅餘水』。

又如黄河有條支流叫『濕水』，通行本訛作『漯水』。説文解字水部：『濕水出東郡東武陽，入海。從水，㬎聲。』段玉裁注：『它合切，七部。按日部「㬎」，讀若唫，此「濕」所以在七部也。』然而，『累者，俗絫字，十六部，於音殊遠隔也。』這是從聲音上分析，『漯水』乃『濕水』之誤。同時從形體上看，這個字有個訛變的過程，鈕樹玉説文解字校録曰：『蓋漢人隸書「㬎」字多省去一「糸」，又變「曰」爲「田」。』另外，據目前可查閲到的有關古文字資料，古文『漯』字最早出現於郙閣頌。『郙閣』爲東漢末年李翕所建，郙閣頌相傳爲蔡邕所書。蔡邕（一三二—一九二）晚於許慎（三十—一二四）。故『濕水』之『濕』，當以説文爲據作『濕』；而『漯』則爲訛字。陳橋驛水經注地名匯釋，關於水經注卷五所謂『漯水』的考證指出：何焯校明鈔本水經注、明朱子臣輯評水經注刪，均作『濕水』；又孫星衍尚書今古文注疏卷三、王鳴盛尚書後案，以及侯楨禹貢古今注通釋，關於『浮於濟漯達於河』引水經注等，亦均作『濕水』。因此，戴震的自刻本按説文作『濕水』，也無疑是正確的。

尤爲難得的是，戴震『必徵之古』，但并不迷於古。他説：『僕情僻識狹，以謂信古而愚，愚於不知而作，但宜推求，勿爲株守。』胡適總結戴震的治學方法是：『用個人的學力心思去推勘古書，應該校勘的就得先校勘，應該考證的就得先考證，以求得一個是處，這就是「推求」。』戴震水經注的研究成果，可以説就是這樣反復『推求』的結果，因此『靡不條貫』、『不留餘議』，已達到『十分之見』的境地。

我們總結戴震整理研究水經注的方法，除了校勘之外，尤其值得注意的是自刻本的『破卷立篇』。

隋書經籍志關於水經注曰：『水經四十卷，酈善長注。』但到了北宋初年就有所散軼，因此戴震指出：『崇文總目曰「水經注亡者五卷」，今所傳即宋之殘本，後人又加割裂，以傅合四十卷之數。……唐六典注云，「水經所引天下之水百三十七」。今自河水至斤員水，凡百二十三，應脱逸十有四水，蓋在五卷中者也。』武英殿本是官書，估計因受到四庫館相關規定的限制，仍然分爲四十卷〔五〕。而戴震的自刻本則不再『傅合四十卷之數』，其緣由是『至若四十卷之爲三十五，合其所分，無復證據』。即如果按現存下的『三十五』這個卷數來分，由於是散佚之書，孰存孰佚，孰先孰後，也都没有證據。因此，按所存一百二十三水分篇，這才是實事求是的唯一方案。

那麽又如何分篇呢？ 如果按所存百二十三水順次，那是最簡單的辦法，但不是科學合理的辦法。戴震的方案則是：

北方之水，莫大於河，而河以北、河以南衆川，因之得其敘矣。南方之水，莫大於江，而江以北、江以南衆川，因之得其敘矣。惟以地相連比，篇次不必一還其舊，庶乎川渠纏絡，有條而不紊焉。

也就是説，『以河江爲綱，按地望先後，分屬於河江左右爲次』。這樣，雖然有五卷之亡軼，但全書仍然是一個整體。

河、濟、淮、江『四瀆』，是傳統意義上的四大河流。自刻本分篇後，『四瀆』仍然按照通行本的先後順序爲次； 但是，其餘一百一十九水，則『惟以地相連比』，基本上分屬於『四瀆』，而『篇次不必一還其舊』。因此，對其河流的順次，按照相應的地理位置，進行了適當的調整。如渠、陰溝水、汳水、獲水、睢水、瓠子河六水，因爲是『皆出於河之水』，又皆在河水下游之南，故接排於河水篇之後。而原通行本，這六水則分散在卷二十二至卷二十四之中。又如卷三十一有溠水、淯水、㶏水、㶟水、潕水、溳水。其中溠水等五水入於淮水，故自刻本將此五水移接於淮水篇之後； 而溳水、淯水，則分别移接於江水篇、沔水篇之後。另外，卷三十六至卷三十九的二十九條水，一部分流入長江，另一部分不流入長江，兩部分是混雜無序的。自刻本則把二者分開，其中流入長江的夷水、淹水、油水等二十一條水，分屬於沔水篇之後； 把不流入長江的桓水、葉榆河、温水、存水、佷水、灕水、洭水、溱水移出，使之歸屬於『江以南至日南郡』。

另外，值得一提的是關於河水的分合。水經注的所謂『河水』，實際上在河水的内容之外，既有神話的傳説，也有歷史的誤記。通行本的五卷之分，只是大致按篇幅長短所作的劃分。然而自刻本則按其内容將河水篇劃分爲三部分。其中河水一，爲發源於昆侖山而流向四方的阿耨達諸水；河水二，爲流入蒲昌海的葱嶺、于闐之水。這兩部分基本上皆屬於傳説的内容。河水三，出蒲昌，『又東入塞，過敦煌、酒泉、張掖郡南』，直至東入海。這部分雖然不免還有些許傳説，但卻是真正地理意義上的『中國河』。因此，酈道元在經文『又東入塞』句下注：『河自蒲昌，有隱淪之證，并間關入塞之始，自此，經當求實致也。』所謂『實致』，即實實在在的内容，而不再是虚幻的傳説。如此三部分之劃分，則是傳説歸傳説，地理歸地理，界限分明，脉絡清楚，顯然比原來五卷之分合理。

總之，自刻本在分篇之後，雖川渠纏絡，但枝幹分明，有條不紊。通覽自刻本水經注全書，確有『合天下之川爲一川』的整體感覺。破卷立篇，更賦予水經注以生機，從而面目爲之一新，全書也渾然一體，讀起來則『曉然如視掌文矣』。由於自刻本水經注突破了傳統的整理模式，一切從實際出發，精益求精，實事求是，因而堪稱乾嘉考據學的範式，也爲我們今天整理研究古籍提供了樣本。

三、戴震爲什麽要完成自刻本

乾隆三十八年（一七七三）八月，戴震至京。十月三十日，他在四庫館給段玉裁寫了一封信説：

> 數月來，纂次永樂大典内散篇，於儀禮得張淳識誤、李如圭集釋，於算學得九章、海島、孫子、五曹、夏侯陽五種算經。皆佚而存於是者，足寶貴也。

由此信可以看出，他在四庫館承擔的任務很重，不過精神也倒還可以。大約在乾隆三十九年（一七七四）二月或稍後，四庫館總裁和總纂官們又把水經注的校訂任務，從一位翰林手裏拿來交給了戴震。而乾隆皇帝於三十九年（一七七四）花朝節後，就寫了題酈道元水經注六韻有序[六]。其序曰：

> 酈道元水經注，自明至今，惟朱謀㙔校本行世。其文與杜佑通典、樂史太平寰宇記所引，經、注往往不合，又多意爲改竄，殊失本來面目。近因裒集永樂大典散見之書，其中水經注雖多割裂，而按目稽核，全文具存，尚可匯輯。與今本相校，既有異同，且載道元自序一篇，亦世所未見，蓋猶據宋人善本録入。

這個詩序謬誤不少，其大者莫過於對朱謀㙔校本的歪曲。朱本校正了水經注很多錯誤，但通書只出校記，而一概不改正原文，何以『多意爲改竄，殊失本來面目？』不知道乾隆皇帝是無意之中信口雌黄，還是有心之中要指鹿爲馬。

同時，乾隆皇帝還誇獎編纂者，所謂『悉心編纂誠宜奬，觸目研磨信可親。設以春秋素臣例，足稱中尉繼功人』。這一誇奬，大概叫四庫館頭頭們坐不住了，因爲據胡適戴氏自定水經一卷的現存兩本的考證，這本乾隆皇帝看的水經注，是『四庫館裏已先有一位纂修的翰林先生從永樂大典裏抄出』來的，『但是這位纂修官并不是專治水經注的學者』，因此尚待進一步整理。於是後來便命戴震來校訂。同時胡適還指出，『這部大典本水經注，是乾隆三十八年底或三十九年正月校寫進呈給乾隆皇帝看了』。對於這部尚待校訂的水經注，乾隆皇帝會給那麼高的評價，有點令人不能理解，乃至不能不懷疑乾隆皇帝是否真正通讀過這部水經注。而之所以會産生這種懷疑，是因爲曾經有類似的情況出現過。據胡適試猜猜這篇提要的兩句迷語的分析，如對於永樂大典這部『凡二萬二千九百餘卷』的大書：

乾隆三十八年（一七七三）……二月初十日，劉統勳等將『目録六十本內，檢出首套十本，及全書內首套「東、冬」字韻十本，一并檢出，先行進呈御覽』。聰明的皇帝，只隔一夜，就全懂得這部二萬三千卷大書的內容了！就下了一道很長的上諭。

由此可見，乾隆皇帝爲水經注題詩，也未必要真正通讀水經注。而尤其能證明乾隆皇帝没有真正通讀水經注的是，他自己在題酈道元水經注六韻有序中，反復説了一句與事實相悖的話：

近因裒集永樂大典散見之書，其中水經注雖多割裂，而按目稽核，全文具存。笑他割裂審無術，際此完成若有神。永樂大典所載之書，類多散入各韻，分析破碎，殊無體例，是書亦其一也。

事實上，水經注在永樂大典中收於賄韻水字中，從卷一萬一千一百二十七，到卷一萬一千一百四十一，與通行本别無二致，是一部首尾俱全、完完整整的書；并没有被『割裂』、被『分析破碎』的情況。因此，估計好大喜功的乾隆皇帝，只是走馬觀花地翻了一下這部水經注，根本談不上讀懂和研究。而四庫館的有關官員，大概也早已看透了乾隆皇帝的慣技和心思，明明知道皇帝錯了，但是誰也不敢説真話，只有應聲恭維。於是龍顏大悦，胡適説，是『天縱聰明，毫不加思索，就題了一首六韻歪詩』。

御題詩序竭力貶低通行本而抬高大典本，實際上就是給四庫館校訂大典本水經注定調子，下御旨。於是殿本水經注提要也只有應聲附和，跟着説瞎話曰：

是書自明以來，絶無善本，惟朱謀㙔所校盛行於世，而舛謬亦復相仍。今以永樂大典所引，各按水名，逐條參校，非惟字句之譌層出迭見，其中脱簡，有自數十字至四百餘字者……謹排比原文，與近本鉤稽校勘，凡補其闕漏者，二千一百二十八字；删其妄增者，一千四百四十八字；正其臆改者，三千七百一十五字。

所謂『各按水名，逐條參校』，是最明顯的説謊〔七〕，目的在給乾隆皇帝錯誤的『分割』説打圓場。所謂『自明以來，絶無善本』，難道永樂大典本不是明代的書嗎？而尤其令人不能容忍的是所謂『近刻』之譌、脱、衍、倒。我們用朱謀㙔等『近刻』與武英殿本、大典本相互對校，發現其譌誤基本上不是屬於『近刻』，而恰恰多數都是永樂大典本水經注本身。殿本案校還有一種出校形式，叫做『原本及近刻并譌』，但實際上多數也還是大典本譌，『近刻』并不譌。『近刻』好像成了大典本的遮羞布。另外值得注意的是，凡大典本有較大的譌脱，則直接以『近刻』爲替罪羊。如淮水：『出名玉及黑石……淮水又東。』

案：『近刻脱此二十三字。』又：『然丹遷城父……以夷濮西田益之。』案：『近刻脱此十五字。』又：『渙水入焉……逕陳留北又東南。』案：『近刻脱「入焉」至此四十六字。』以上三校合計八十四字，皆永樂大典本水經注淮水之所無，當爲戴震分别據太平寰宇記、春秋左氏傳、史記等書所增補。

關於殿本的案校，我們僅抽查了卷一河水等三水，經初步統計，所謂『近刻』之訛誤：

卷一河水	一百零一條
卷七、八濟水	二百六十五條
卷三十淮水	一百四十八條
以上合計	五百一十四條

經查核，以上三水訛誤，屬於大典本的有：

卷一河水	六十二條
卷七、八濟水	二百四十八條
卷三十淮水	一百四十二條
以上合計	四百五十二條

即大典本竟然占了以上三水訛誤的百分之八十八之多〔八〕。如果按這個比例來評判，殿本水經注無疑是『僞校本』。

殿本爲什麽要搞『僞校』呢？

乾隆皇帝之所以要開館修四庫全書，任松如四庫全書答問指出，其用心之一，就是要『既一面宣傳朱明之過惡，又一面欲表揚清朝之盛大』。即便校訂水經注這樣一部歷史地理書，也要彰顯清王朝的『盛大』。乾隆皇帝信口雌黄地貶低朱謀㙔本，實際上就給『僞校』開了先河。水經注提要在統計了訛脱等相關數字後，接着就爲『聖朝』大唱贊歌，曰：

神明焕然，頓還舊觀，三四百年之疑竇一旦曠若發蒙。是我皇上稽古右文，經籍道盛，琅嬛宛委之秘，響然并臻，遂使前代遺編，幸逢昌運，發其光於蠹簡之中，若有神物撝呵，以待聖朝而出者。

胡適在官本水經注提要的文字責任和文字意義中指出：『把一切校訂考正的工作都算作永樂大典的貢獻，好把一部「習見之書」變成一部「絶無僅見之本」。因爲要把一切功勞都歸到皇帝稽古佑文、發現永樂大典之大功，所以這篇提要不能不一筆抹殺「自明以來」的二百四十年刊刻、校訂、研究水經注的種種辛勤的成績……不能不完全抹殺戴震本人十多年校訂整理水經注的辛苦工夫。』因此，『僞校』的産生也就不奇怪了。

以上節録的殿本水經注提要的兩段文字，是其提要的第二節。胡適指出，若把這一節文字，與春秋繁露提要相比較，大概是『出於同一手筆的文字』〔九〕；而『春秋繁露是乾隆卅八年十月校上的，那時候戴震到四庫館才兩個月，那篇繁露提要當然不是他做的。那麽水經注提要的第二節，結構和字句都同繁露提要一模一樣，大概也不是戴震做的了』。

春秋繁露提要，是四庫館爲從永樂大典中輯出典籍最早所作的提要之一，也成爲後來同類輯出書提要的定式。因此胡適認爲，對水經注提要的第二節文字，『不得由當事人戴震擔負其文字責任與文字所發生的道德責任』。

同樣的道理，『僞校』也不是戴震的責任。正如胡適所言，『因爲四庫全書是共同負責的官書……戴震既進四庫館，既辦官書，就不能不受這班總裁、總纂的約束』。近年以來，陳橋驛先生亦認爲，殿本水經注『事實上是四庫館的一種集體著作。在那個名位制度十分嚴格的時代，戴氏以一個舉人，要想在翰林行中堅持己見，排斥羣議，這顯然是不可想像的』〔一〇〕。因此毫無疑問，『僞校』是四庫館總裁、總纂官們對於御題詩的旨意不敢違背，從而集體做出的荒唐的決定，小舉人纂修官戴震更是反抗不了，也改變不了的，他只是個被動的執行者，只能痛苦地被上司們牽着鼻子走。『僞校』也不應該讓戴震承擔責任。因爲『既辦官書，就不能不受這班總裁、總纂的約束』。

當然，對於做『僞校』這個荒唐的決定，我們今天幾乎難以置信。但是，我們卻不要忘記了清代殘酷的文字獄的大背景。無論是康熙朝的『明史獄』、『南山集獄』，還是雍正朝的『查嗣庭獄』、『呂留良獄』，無不令人談文色變，毛骨悚然。而乾隆朝的文字獄更是登峯造極。乾隆當朝之初，曾有和緩文化政策的舉措，由於發生了僞孫嘉淦奏稿案，更加殘酷的文字獄便在全國興起。據統計，乾隆朝文字獄案件『約有一百一十起，幾乎占了整個清朝全部文字獄案件的百分之七十左右』〔一一〕。四庫全書館的開設,以朝廷之命,徵集全國圖書,美其名曰保存國粹,實則是全面集中審查、篡改,乃至銷毁。四庫全書除經部及先秦諸子外,其餘的書則很難幸免不被篡改,特别是明清人的書。四庫全書收書三千四百六十一種,而四庫禁燬書目也竟達數千種之多。其中僅浙江一省,『先後送毁二十四次,書凡五百三十八種,共一萬三千八百六十二部。』〔一二〕因此,四庫全書的編纂,實際上是文字獄的另一種形式。明代、清初名臣宿望鴻篇巨著,多被銷毁。故美國人富路特説:『乾隆總的來説是個應該受到歷史譴責的暴君』,因爲他『干預學者獨立研究,故意篡改歷史,殘酷地迫害文人,接二連三地禁書、毁版』。〔一三〕而且就連朱謀㙔水經注箋這樣一部歷史地理書,不知是不是因爲被顧炎武譽爲『三百年來一部書』,使乾隆皇帝感到有礙大清朝的顏面,故而在題酈道元水經注六韻有序中竭力抬高大典本而貶低朱謀㙔本。甚至還神秘地説大典本,『若隱有呵護者然』。

然而讀者不禁要問:大典本水經注不也是明代書嗎?那麽所謂『若隱有呵護者然』,『呵護』的應該是大明朝,而不是大清朝。由此可見,極端專制的乾隆皇帝,這時候他的思維邏輯已經錯亂。於是,四庫館大臣們便借題發揮云,『是皆我皇上稽古右文』,『若有神物撝呵,以待聖朝而出者』。這種牽强附會的借題發揮,實際上也是大臣們在爲乾隆皇帝『呵護』説打圓場,但是卻掩蓋不了乾隆皇帝極度的心理病態。這種心理病態的特徵就是狂妄,也無異於趙高指鹿爲馬。

王國維説:『凡此等學問上可忌、可恥之事,東原胥爲之而不顧,則皆由氣矜之一念誤之。』王氏的結論無外乎是説,『僞校』是戴震主動幹的。但是我們卻不能接受這樣的説法。水經注乃欽點書,如果戴震斗膽這樣幹，豈不有欺君之罪嗎？戴震他長有幾個腦袋？

戴震曾自我總結：『其得於學，不以人蔽己，不以己自蔽，不爲一時之名，亦不期後世之名。』他治學最大的特點即錢大昕所評，『寔事求是，不偏主一家』。作爲獨立學者，戴震始終堅守着他的治學信條。而作爲四庫館的御用文人，則身不由己，我們就不能太苛求了。

戴震由浙江至京後，四庫館交給他整理經籍的任務很繁重，他的自刻本刊刻雖然曾經中止過，但是他一直没有中止對水經注的研究。未接受大典本水經注校訂任務前，胡適認爲，『他大概曾托紀昀把大典本借來校訂他自己的校本』。另外，四庫館中的相關版本，大概也爲他研究的終極成果能達到頂峯提供了機遇。鑒於殿本的『僞校』，戴震對社會和歷史要有個交代，就必須完成他的自刻本。因此胡適同時指出，『戴震自己對於這部官本水經注好像頗不高興，頗不滿意。他自己的水經注序裏没有一個字提到這部官本』。其實，戴震何嘗只是『頗不高興、頗不滿意』而已，他被迫做了這樣違心的事，只有在内心中作自我煎熬。雖然他以舉人身份槃入四庫館，次年又被賜同進士出身，但其心情後來一直很不好。特别是在他逝世前的半年中，先後給段玉裁寫了四封信，每一封信都説關於離京『南旋』的打算，而且一封比一封顯得態度堅決。

入四庫館前，戴震一直以鬻文、課童、講學爲生。進了四庫館，由於規定『館員各照原職支俸』，而戴震原無官職，因此估計他是没有薪俸的，故其時他手頭頗爲拮据。乾隆三十八年（一七七三）十月三十日與段玉裁書曰：『僕此行不可謂非幸邀，然兩年中無分文以給旦夕。曩得自由尚内顧不暇，今益以在都費用，不知何以堪之。』戴震在京長期居無定所，與段玉裁書又曰：『僕今暫寓紀公處，出月初五，移洪素人兄處。』直至乾隆四十一年（一七七六）底，他方才租了房子。這一年十一月二十二日與段玉裁書曰：『僕於本月十六，移寓北官園范宅，在海岱門之西、前門之東。更遠人迹。』海岱門即崇文門，古代向皇城運酒都經由此門，故又稱『酒門』，估計當時官員都不住這裏，大概因房租偏低，故戴震租房於此。

戴震儘管如此困難，他還是節衣縮食，把他的自刻分篇本水經注，在殿本問世不久，也刊刻出來了。我想他之所以這樣做，不單是爲了舒緩其内心的煎熬，更主要的是爲了申冤，要對世人和後人有個交代，要留得一份清白在人間。因此，自刻分篇本水經注一出版，戴震就給他的知音好友段玉裁寄去，緊接着在乾隆四十二年（一七七七）正月十四日、五月二十一日，一連兩封給段玉裁的信，都特别提到他所寄出的水經注，并一再估算着可以寄達的時間。由此可見他對該書出版的珍重，以及他所寄托的希望。

殿本水經注的校注文約十萬字，而與之形成鮮明對比的是，他的自刻本連一個字的校注文也没有，是『白文』。『此處無聲勝有聲』，顯然是要把一切是非功過，讓世人去評説，讓後人去發現〔一四〕。

就在自刻本完成之次年，即乾隆四十二年（一七七七）五月，五十三歲的戴震，在貧病交加之中，與世長辭了。

四、自刻本與武英殿本的關繫

自刻本與武英殿本，雖然整理的目的不同，方法也迥異，但是二本畢竟都出自戴震之手，其相關、相通之處，還是應該加以探討的。

其一，自刻本是武英殿本的主校本。

朱筠戴氏校訂水經注書後曰：

此吾友休甯戴震東原初徵入四庫館，以其生平所校水經注本、更據永樂大典所引互校，損益至二三千言之多，而酈氏原序亦出焉，乃并録以成書，官刻編之聚珍版中者也。

朱筠是乾隆十九年(一七五四)進士，授編修，曾爲安徽學政。他是最早奏言開局校輯永樂大典的人，後又任四庫全書纂修官。因此，朱筠説戴震『以其生平所校水經注本、更據永樂大典所引互校』，而成聚珍本，這個説法是可信的。同時，戴震的好友、兒女親家孔繼涵也説：

東原氏之治水經注……刊於浙東未及四分之一，而奉召入京師，與修四庫全書。又得永樂大典内之本，兼有酈道元自序，乃仍其四十卷，而以平日所得詳加訂正。

孔繼涵與朱筠二人的説法稍有不同。孔説『以平日所得詳加訂正』，朱説『以其生平所校水經注本』。而在四庫館時，所謂戴震『以其生平所校水經注本』，或『以平日所得』者，二者當皆指已完稿、而未完全付梓成書的自刻本。

不但和戴震同時代的人朱筠、孔繼涵能證明自刻本是武英殿本的主校本，即使稍後的人也是這樣認爲的。如淩廷堪戴東原先生事略狀，在説到戴震在四庫館校訂古書時强調：『而大戴禮記、水經注，又舊所勘定者也。』

另外值得注意的是，武英殿本中有一些文字，唯有在自刻本中出現過，大典本及其它版本中均未見過。如卷一河水：

(一)天子升於昆侖之丘，以觀黄帝之宫，而封豐隆之葬。

(二)黄帝宫，即阿耨達宫也。

(三)山海經曰：不周之山，不周之北門，以納不周之風。

以上例(一)『觀黄帝之宫而』六字，除自刻本外，他本皆無。例(二)『黄帝宫』，他本皆作『雷電龍』。例(三)『山海經』及其下十九字，爲自刻本所不録。殿本也未録，且出校説明之。而其他版本，皆保留此十九字。這幾條，當爲『以其生平所校水經注本』勘校殿本的明證。

最能説明問題的是，關於武英殿本卷一河水等三水案校，所校出的五百一十四條訛錯，用自刻本與之對校則發現，自刻本訛者合計只有二十八條。即：

河水一　　十六條

濟水	五條
淮水	七條

其正確率占武英殿本改正率的近百分之九十五。因此，說自刻本是武英殿本的主校本，這是毋庸置疑的。

其二，自刻本有諸多勝處，爲殿本所不及。

古籍整理要保留原書面貌，這面貌不只是指其外在的形式，而更是指它文字背後的内容。『同過水』和『洞過水』，指的是今山西省境内的同一條河。東原文集卷六有一篇文章題爲『記洞過水』，但自刻本水經注中『洞過水』卻作『同過水』。爲什麼要用『同』？戴震在記洞過水一文中作了回答：『魏書地形志云：「同過水出木瓜嶺，一出沾嶺，一出大廉山，一出原過祠下，五水合道，故曰「同過」。」然則「同」之爲「洞」，因水名加偏旁耳。』因此，戴震在他當時寫的文章中作『洞過水』。但是，戴震如果把距離他所處時代近一千三百年前的水經注之『同過水』記作『洞過水』，豈不失去『五水同過』的原意了嗎？然而，殿本卻作『洞』。

同時，殿本還有同名異字而不當者。水經注卷二十三汳水。『汳』字見說文解字水部：『汳水，受陳留浚儀陰溝。』說文無『汴』字，而殿本卷五河水卻多作『汴』。水經注疏熊會貞按：『汳，後漢書明帝紀作「汴」，蓋後人避「反」字，變從「卞」。而至今相沿不改矣。』但是，殿本卷五河水卻一反常態：漢平帝之世，河汴決壞，未及得修，汴渠東侵，日月彌廣，門閭故處，皆在水中。漢明帝永平十二年，議治汳渠……

實際上，後漢書全書皆用『汴』字，而没有用一個『汳』字。殿本此處，是校訂之疏，還是刻工之誤？殆不可究詰，但此一字之異，致使古人避諱言『反』之用心盡失。

細覽全書，自刻本還有不少補訂者，或使費解變得明白，或使詰屈變得曉暢，或使疑團得以冰釋。江水：『李冰乃積薪燒之，故其處懸崖猶有五色焉。赤白照水玄黄，魚從僰來，至此而止。』按『赤白照水玄黄』六字，諸家改來改去，均令人費解。而戴震於『赤白』之前補了『崖色』二字，即『崖色赤白，照水玄黄』。這樣，不但文字通達了，而且將玄妙變幻的水光山色盡現讀者眼前。又睢水篇：『漢書「項羽敗漢王於靈壁東」，即此處也。又云「東通穀泗水」……』『東通』二字突兀，戴震則據漢書陳勝項羽傳，改『東通』二字爲『迫之』，與『項羽敗漢王』句相呼應，則使上下句意貫通。又沁水：

隱公十有一年，周以賜鄭公孫段。六國時，韓宣子徙居之。

公孫段是鄭簡公在位（公元前五六七至前五三〇）時的鄭國公室，他比魯隱公十一年（公元前七一二年），約晚一百五十年，周王室何以能夠對大約一百五十年後的『鄭公孫段』加以恩賜呢？同時，春秋左氏傳又怎麼能記載到『六國時』事呢？

查春秋左氏傳，鄭受州田有二：一是隱公十一年，周王『與鄭人蘇忿生之田温、原、絺……陘、隤、懷』；一是昭公三年，『夏四月，鄭伯如晉，公孫段相，甚敬而卑，禮無違者，晉侯嘉焉，曰：「……賜汝州田，以胙乃舊勳。」』又『韓宣子』即韓起，是晉臣，自晉平公十八年（公元前五三九年）至晉頃公十二年（公元前五一四年）將中軍。於是，戴震補了『昭公三年，晉以州田賜鄭』十個字，又將『六國時』改爲『其後』，同時對原文句子也有所調整。增改和調整後的文字是：

隱公十有一年，周以賜鄭。昭公三年，晉以州田賜鄭公孫段。其後，韓宣子徙居之。

如此，則內容與出處相符，使疑點消除，文字暢達。

以上補訂的內容，卻都没有被殿本所採納。没有被採納的原因，估計殿本的底本畢竟是前一位纂修官從永樂大典中鈔來的。一般校勘往往重在『是非』，而疏於『精粗』，因此，這些精準的文字就被忽略了。同時，殿本還有對訛錯只作考證，而不作改正者。如『濕餘水』當作『㶟餘水』，自刻本已改正，而殿本卷十四卻一仍其舊（詳下）。這顯然是戴震在四庫館奉命辦事，身不由己。因此，殿本尚存諸多瑕疵，遠不及自刻本，這也是可以理解的了。

另外值得一提的是，自刻本還有多條據有關類書、方志增補的軼文，殿本也没有補收進來。如濁漳水『水出鄴西北』至『謂之合口』，計九十六字之多，他本皆無，當爲戴震據太平御覽卷六十四河北諸水引水經注補。又米水『泉不常見』至『疾者飲此多愈』，計三十二字，他本亦無，當爲戴震據名勝志卷十二湖廣衡州府酃縣引水經注補，等等。

兩百多年來，全國關於殿本的翻刻、重印等，已數十次。因此，張元濟説：『自聚珍版印行，舉世奉爲圭臬。』而自刻本則頗受冷遇，且鮮爲人知。直至上世紀三十年代，中華書局出版王先謙合校水經注，戴震的自刻分篇本被總勘陸費逵選爲唯一的校本。這是自刻分篇本問世近二百年來，最爲學術界所推崇的一次。尤其值得一提的是，王先謙合校水經注的底本就是武英殿本。這實際上就是以戴氏自刻本而校其官刻本。估計是陸費逵看出了兩本之間的微妙關繫，從而匠心别具，做了如此不同凡響的校本選擇。

其三，關於武英殿本的案注和案校。

殿本的『案』有兩種：一是案校，一是案注。案注即考證或注釋。多數案校之下接着就有案注，以考證致訛的原因，及其改正的理據，少則數字，多則數百字。案校中的『僞校』，是殿本中的糟粕，純係爲了美化大典本；除了『僞校』，所有的案注、案校，基本上都是殿本中的精華，是幾十年來戴震研究水經注的重要成果。其内容主要是分離混淆的經、注，考正文字的訛脱衍倒，以及其他相關的問題。

關於分離經、注，儘管戴震已經發明了『四大條例』，但『四大條例』只是確定了區分經、注的總原則，要具體區分每一條經和注，還要根據具體情況，進行具體分析，這就需要進行相關的考證。如卷七濟水，於注文『北濟也』下案：

此三字，原本及近刻并訛作經。考濟自滎澤流出，有南濟、北濟之分。南濟行陽武、封丘、濟陽、冤朐、定陶之南，而不逕其北。北濟則行陽武、封丘、濟陽、冤朐、定陶之北，而不逕其南。作水經者，敘『濟水東過陽武南、封丘北，平丘南、濟陽北，冤朐、定陶南』，道元不顯言其非，因於『過陽武南』下，敘『南濟逕陽武、封丘、濟陽南』；於『過封丘北、平丘南、濟陽北』下，皆以北濟釋之；於『過冤朐、定陶南』下，又敘南濟所逕；其北濟之逕冤朐、定陶北，則補敘於『從乘氏縣東北流，入鉅野澤』下。經雖舛誤，注内分南濟、北濟各有條理。自注多訛爲經，於是愈益淆紊不可讀，今詳爲訂正。

這一條混淆的經注屬於特例，不在『四大條例』的分辨範疇。因此，戴震必須按照相關的地理位置，以及注文的相關『條理』，來分辨經文和注文。

另外，不少案注和案校是有導讀作用的。如卷三十五江水三，於其篇末案曰：

水經於沔水内敘其入江之後所過，蓋與江水合。沔之後，詳略兩見。今江水止於下雉縣，而沔水内訂其錯簡。又東過潘蠡澤，又東過皖縣南，又東至石城分爲二。其一東北流，又東北出居巢縣南，又東過牛渚，又過毗陵縣，爲北江。參以末記禹貢山水澤地，北江在毗陵北界，東入於海。下雉縣以下大江入海之大略固具。在道元於江水敘次必詳悉，自宋時已闕逸矣。

江水『止於下雉縣』，即下雉縣以下篇章皆闕逸。因此，要想了解江水東入於海的部分，只能借讀於沔水和禹貢山水澤地了。這就給讀者指出了路徑，即如果要想知道闕逸内容的話，還是有彌補閲讀的辦法。

殿本中的案校，如果剔除了僞校，其餘則都是有價值的。有的案校，是校而未改，這一方面可能是戴震治學之謹慎，另一方面也不能排除作爲御用文人的無奈。特别是卷十四濕餘水之『濕』，當作『㶟』，做了那麼確鑿的考證，結果是『今姑仍之』。卷十六穀水，『高視常以避暑』，案：『朱謀㙔云，「高視」當作「高歡」。考道元以孝昌中死高寶夤之亂，安得及神武時事？魏書高祖紀，嘗幸洛陽。「視」乃「祖」字之訛。』此亦當爲確考，也還是只校不改。當年，張穆、魏源等人發現殿本中的僞校而極爲憤慨，我們今天是完全可以理解的。但遺憾的是，他們没有考慮到這些校而不改的内容之可能産生的原因，因此也更不可能去探討『今姑仍之』背後的隱情，特别是戴震的委屈和悲哀。

殿本的案注、案校傾注了戴震大半輩子研究水經注的心血，也浸透了他無聲的淚水。戴震如果没有接受武英殿本校訂任務的話，那麼這些案注、案校的大部分内容肯定會出現在他的自刻本中。因此毫無疑問，對於『白文』的自刻本，殿本大部分的案注、案校是有補白作用的。我們今天研讀自刻本，也必須借重於這些案注和案校。

五、整理説明

戴震自刻分篇本水經注成書於乾隆四十一年（一七七六），因爲這一年十一月二十二日，戴震寄給段玉裁『水經注全部，計十四册』，可證。年譜亦記曰，『自刻板本……爲十四册』〔一五〕。但是，自刻本水經注的版本著録比較混亂。如張之洞書目答問卷二，在『戴校水經注四十卷』下，既列了『聚珍本』，又列了『戴氏遺書本』。所謂『戴氏遺書本』，當即戴震自刻本。然而自刻本是『破卷立篇』的，豈能與聚珍本同列於『四十卷』之下？另外，孔繼涵微波榭叢書所收録的戴氏遺書，爲東原文集等十二種；這十二種均爲戴震逝世後所刊出的作品，孔繼涵怎麽可能把戴震生前刊出的水經注收入『戴氏遺書』呢？范希曾書目答問補正亦未正其説，故其錯誤一直在沿襲。梁啓超戴東原著述纂校書目考，於『自刻本、武英殿聚珍版本』之外，也列了所謂『遺書本』。多家圖書館也把戴震自刻本水經注稱爲『戴氏遺書本』或『微波榭刻本』。

自刻分篇本水經注的印刷，大概不止一次。乾隆四十一年（一七七六），十一月二十二日，戴震寄給段玉裁的『水經注全部，計十四册』，無疑是初印本。戴震逝世後，版歸微波榭主人孔繼涵。由於戴震晚年手頭拮据，印數估計很少，後來的重印者應該是孔繼涵。從多家圖書館收藏的戴震分篇本水經注來看，雖然有裝訂的册數不同，但是文字、版式皆完全相同。其版式皆每葉二十行，每行二十一字（按經文頂格算），白口，左右雙欄。而孔繼涵刊刻的書，每葉上下左右四邊皆雙線，版心有黑色單魚尾，中縫下方皆有『微波榭』或『微波榭刻』字樣。分篇本水經注没有孔刻書的這些特徵，可見它并非孔刻，也不是『遺書』，更不是什麽『遺書本』。

本書的校訂體例如下：

一、以武英殿本爲主校本，以楊守敬與熊會貞水經注疏、趙一清水經注釋等本參校。

二、引文儘量查核原始出處。對於有文字省略或按原著意思改寫的引文，只要引文之前有書名或作者，一般皆加引號。

三、意思單一的異體字（人名、地名除外），原則上統一改作漢語大字典所確定的正體字。

四、雙音合成詞的語素、被解釋或被校改的專有名詞，以及專有名詞的意義轉變或引申者，皆不加專名號； 方位四至不明（如『江南』、『中原』）者，或方位中心明確（如某某之『東山』、某某之『西山』）者，一般亦不加專名號。

本書標點，參考了段熙仲點校的水經注疏等已出版的水經注著作，以及鮑善淳先生新版戴本水經注標點獻疑等研究成果。前言的部分内容曾先後在文史哲、歷史文獻研究等雜誌上發表過，承蒙編輯、讀者的賜教。謹此一併致謝。

二〇一五年三月於安徽大學

注釋

〔一〕詳見戴震全書（修訂本），第四册，插頁之一、二、三，以及第七五頁水地記初稿之説明。

〔二〕水經書後被段玉裁收入東原文集卷六後，增了一個『注』字，即成爲『水經注書後』，而置於晚其十年的水經酈道元注序之後。同時又删去水經書後關於分辨經注的『四大義例』。這樣，很可能使人誤認爲戴震到四庫館後才分辨出經、注的。另參見東原文集段氏覆校劄記。

〔三〕王國維聚珍本戴校水經注跋云：『戴震氏官本校語，除官本及所謂近刻外，從未一引他本，獨於卷三十一、卷三十二、卷四十五引歸有光本。』其説實乃誤會。

〔四〕戴震手校評語九十七條之水經注，爲康熙五十三年（一七一四）徽州項絪羣玉書堂刻本，中缺卷一、二及卷三十一至三十六，後由桐城鍾鳳年以其本人所收藏的羣玉書堂本予以配齊，現藏中國社會科學院考古研究所。按：鍾鳳年認爲，這些校語『和殿本校記文大致不差，僅較殿本校記爲少，很可能全謝山、趙東潛所據何校本也即此本。』詳見評我所見的各本水經注，社會科學戰綫，一九七九年，第二期。

〔五〕大典本水經注，收入永樂大典賄韻水字中，從卷一萬一千一百二十七，到卷一萬一千一百四十一，不過這種『卷』，『蓋依大典全書篇帙之多寡，定卷册之厚薄』，也就是説，大典本既沒有按通行本的形式分卷，也沒有按每條水來分篇。如果不是四庫館的干預，而讓整理者來確定，戴震無疑是分篇，而不是分卷的。

〔六〕乾隆題酈道元水經注六韻有序，在御制詩四集十九卷，見文淵閣四庫全書集部，上海古籍出版社，一九八〇年影印本，第一三〇七册，第五七三至五七四頁。於『十九卷』之下注：『甲午三。』即寫作時間是乾隆甲午（一七七四）；『三』，指『御制詩集十九卷』，係乾隆皇帝於甲午年寫的第三卷詩。在題酈道元水經注六韻有序之前的第六首詩，題爲花朝作；在題酈道元水經注六韻有序之後的一首詩名雪，題下注：『二月十七日。』花朝節是二月十五日。也就是説，題酈道元水經注六韻有序的寫作時間，當在二月十五日至二月十七日這三天之中。

〔七〕最早發現其説謊的是張穆，他在關於戴校本水經注一文中指出：『今翰林院所弆大典，乃嘉慶中照南京原書重繕之本，水經在卷一萬一千一百二十七至一萬一千一百四十二（按當作『一』）水字韻内，十六（按當作『十五』）卷，今合爲八巨册，其餘江、河、淮、濟諸韻中，一一細檢，更無徵引水經之處。然則戴所據校之原本，即此八巨册矣，乃云「各案水名，逐條參校」，何也？』

〔八〕對於大典本的訛誤，殿本還有徑改了的，但没有在案校中反映。如殿本卷八濟水：『漯沃縣側有平安故城。』漯沃，大典本竟然訛作『沉沉』。又：『又東南過沛縣東北。』沛縣，大典本訛作『濟陽』。凡此類案校中未出校的大典本訛誤，本文未作統計。

〔九〕按春秋繁露提要有曰：『今以永樂大典所存樓鑰本詳爲勘訂，凡補一千一百二十一字，删一百二十一字，改定一千八百二十九字。神明焕然，頓還舊笈。雖曰習見之書，實則絶無僅有之本。倘非幸遇勝朝右文稽古，使已湮舊籍發幽光，則此十七卷者，竟終沉於蠹簡中矣。豈非萬世一遇哉！』

〔一〇〕語見陳橋驛水經注地名彙編前言，中華書局，二〇一二年版。按：陳橋驛曾經説：乾隆皇帝『在看到了校上案語以後，非常賞識戴震校勘此書的成績，特御制六韻以示獎勵……在封建時代，戴震對於乾隆，實有欺君之罪……以至受欺於臣而反加贊賞』（見水經注校證，校上案語）。而現在能認識到殿本水經注『事實上是四庫館的一種集體著作』，可見其對『水經注案』的看法是有所轉變的。

〔一一〕詳見顧鈞西方學者眼中的乾隆朝文字獄，中華讀書報，二〇一四年四月二日。

〔一二〕參見任松如四庫全書答問，附浙江布政使司布告。

〔一三〕轉引自顧鈞：西方學者眼中的乾隆朝文字獄，中華讀書報，二〇一四年四月二日。

〔一四〕胡適説，戴震也『有他的伸冤的辦法。他把他自己校訂的水經注不分卷本，删去了一切校語，單留他校定的經注本文，就在北京趕刻出來』。

〔一五〕關於戴震自刻分篇本水經注之『十四册』問題，孔繼涵於序中，一方面指出，『壬辰刊於浙東未及四分之一而奉召入京師』；同時又指出，『曩時東原氏所刊某水各自爲篇，爲十有四册』，并具體指出每一册的水名。由此可見，『十四册』及其每一册的水名，戴震早在浙東付印前就已經確定好了。目前傳存於世的戴震自刻分篇本水經注，另有十二册裝，或十册裝等，可能是重印本，也可能是有破損的初印本，經修補後重新裝訂而成。

孔序〔一〕

東原氏之治水經注也，始於乾隆乙酉夏。越八年壬辰刊於浙東，未及四之一而奉召入京師，與脩四庫全書，又得永樂大典内之本，兼有酈道元自序。乃仍其四十卷，而以平日所得，詳加訂正，進之於朝。聖天子俞其書，命刊行，御製詩章冠之端首，令數百年經注溷淆、前後錯簡者，整之還其舊。

而曩時東原氏所刊某水各自爲篇，爲十有四册，循其注之綱目，復逐條畫分，俾讀者易見端末。雖遵脩舊文，不增一語，固曉然如視掌文矣。

第一册河水一，爲阿耨達山諸水；河水二爲葱嶺、于闐二水。

次二册河水三，乃入中國河也。

次三册渠至瓠子，皆出於河之水。

次四册汾至清，自左以次入河。其閒如晉水、文水、原公水，自右以次入汾；同過水、澮水，自左入汾。餘先後準此。

次五册渭至伊，自右入河。

次六册淇至漳，古皆入於河。

次七册滱至浿，則河北以東，終於樂浪、朝鮮。

次八册首濟瀆而汶，則入於濟。

次九册淄至沭，皆濟汶以次而南之水。

次十册首淮瀆，而汝至肥，皆淮之左右以次入淮，惟施別於肥而入巢湖。

次十有一册首大江而夷夏皆出於江，湞則入夏，溳又入湞。

次十有二册漾至蘄，自左以次入江。

次十有三册沫至贛，自右入江。

次十有四册漸至日南二十水名，則越及南海羣川罔不就序，末載禹貢山水澤地，水經之舊第也。

前數年，東原氏爲予言曰：『是書經注相淆，自宇文、歐陽二子發之，而未之是正。至於字句訛舛，非檢閱之勤，不易得也。子盍與我共治之？』予因旁搜羣籍積至數十事，東原氏蓋有取焉，且屬予撰序。東原氏既書其詳於目録，予謹舉其第次之意，以告讀是書者。

曲阜孔繼涵

校記

〔一〕題目爲整理者所加。

序目〔一〕

後魏御史中尉范陽酈道元，字善長，撰水經注四十卷。蕭寶夤之亂，道元叱賊而死，贈吏部尚書、冀州刺史、安定縣男。善長雖依經附注，不言水經撰自何人。唐書藝文志始以爲桑欽撰，欽在班固前，固嘗引其説，與水經違異。晉以來注水經凡二家。郭璞注三卷，唐時猶存。杜君卿言，二家皆不詳所撰者名氏，亦不知何代之書，則景純已不能言其作者矣。

崇文總目，『水經注亡者五卷』。今所傳即宋之殘本，後人又加割裂，以傅合四十卷之數。如注文『江水又東逕巫縣故城南』，注訛列爲經，遂與前經文『又東過巫縣南』割分異卷。唐六典注云：『水經所引天下之水百三十七。』今自河水至斤員水凡百二十三，應脱逸十有四水，蓋在五卷中者也。王伯厚通鑑地理通釋，引水經四事，惟魏興安陽一事屬經文，餘三事咸酈注之訛爲經者，故其作書時世益莫能定。

水經立文，首云某水所出，已下無庸重舉水名；而注内詳及所納羣川，加以採摭故實，彼此相雜，則一水之名不得不更端重舉。經文敘次所過郡縣，如云『又東過某縣』之類，一語寔賅一縣；而注則沿溯縣西以終於東，詳記所逕委曲。經據當時縣治，至善長作注時縣邑流移，是以多稱故城；經無言故城者也。凡經例云過，注例云逕。以是推之，雖經注相淆，而尋求端緒，可俾歸條貫。善長於經文『涪水至小廣魏』，解之曰『小廣魏即廣漢縣也』；於『鍾水過魏寧縣』，解之曰『魏寧故陽安也，晉太康元年改曰晉寧』。然則水經上不逮漢，下不及晉初，寔魏人纂敘無疑。

史言善長好學，廣覽奇書，故是注之傳或以其綜覈，或尚其文辭，至於觸類引伸，因川源之派別，知山勢之逶迤，高高下下，不失地阞，取資信非一端。然訛舛既久，雖善讀古書如閻百詩、顧景范、胡朏明諸子，其論述所涉猶輒差違，斯訂正之不可以已也。審其義例，按之地望，兼以各本參差，是書所由致謬之故，昭然可舉而正之。至若四十卷之爲三十五，合其所分，無復據證。今以某水各自爲篇，北方之水莫大於河，而河已北、河已南，衆川因之得其敘矣；南方之水莫大於江，而江已北、江已南，衆川因之得其敘矣。雖以地相連比〔二〕，篇次不必一還其舊，庶乎川渠纏絡，有條而不紊焉。

休寧戴震

廬江水　贛水　漸江水　桓水

葉榆河　温水　存水　涢水

灕水　洭水　溱水　斤員水

禹貢山水澤地　序

校記

〔一〕題目爲整理者所加。本序已收入東原文集，題爲水經酈道元注序。

〔二〕雖　文集作『唯』。

河水一

崑崙墟在西北，

三成爲崑崙丘。崑崙説曰〔一〕：『崑崙之山三級。下曰樊桐，一名板桐；二曰玄圃，一名閬風；上曰層城，一名天庭，是爲太帝之居。』

去嵩高五萬里，地之中也。

禹本紀與此同。高誘稱：『河出崑山，伏流地中萬三千里，禹導而通之，出積石山。』按山海經，自崑崙至積石千七百四十里，自積石出隴西郡至洛，準地志可五千餘里。又按穆天子傳，天子自崑山入於宗周，乃里西土之數，自宗周瀍水以西北〔二〕，至於河宗之邦陽紆之山三千有四百里；自陽紆西至河首四千里，合七千四百里。外國圖又云：『從大晉國正西七萬里，得崑崙之墟，諸仙居之。』數説不同，道阻且長，經記縣褫，水陸路殊，徑復不同，淺見末聞，非所詳究，不能不聊述聞見，以誌差違也。

其高萬一千里。

山海經稱：『方八百里，高萬仞。』郭景純以爲，『自上二千五百餘里』。淮南子稱：『高萬一千里百一十四步三尺六寸。』

河水

春秋說題辭曰：『河之爲言荷也。荷精分布，懷陰引度也。』釋名曰：『河，下也，隨地下處而通流也。』考異郵曰：『河者水之氣，四瀆之精也，所以流化。』元命苞曰：『五行始焉，萬物之所由生，元氣之腠液也。』管子曰：『水者，地之血氣，如筋脈之通流者，故曰水具財也。五害之屬，水最爲大。水有大小，有遠近，水出山而流入海者，命曰經水；引他水入於大水及海者，命曰枝水；出於地溝，流於大水，及於海者，又命曰川水也。』莊子曰：『秋水時至，百川灌河，經流之大。』孝經援神契曰：『河者水之伯，上應天漢。』新論曰：『四瀆之源，河最高而長，從高注下，水流激峻，故其流急。』徐幹齊都賦曰：『川瀆則洪河洋洋，發源崑崙，九流分逝，北朝滄淵，驚波沛厲，浮沫揚奔。』風俗通曰：『江、河、淮、濟爲四瀆。瀆，通也，所以通中國垢濁。』白虎通曰：『其德著大，故稱瀆。』釋名曰：『瀆，獨也。各獨出其所而入海。』

出其東北陬，

山海經曰：『崑崙墟在西北，河水出其東北隅。』爾雅曰：『河出崑崙墟，色白。所渠幷千七百，一川色黃。』物理論曰：『河色黃者，衆川之流，蓋濁之也。』百里一小曲，千里一曲一直矣。』漢大司馬史張仲功議曰：『河水濁，清澂一石水，六斗泥。而民競引河溉田，令河不通利；至三月，桃花水至，則河決，以其噎不泄也。禁民勿復引河。』是黄河兼『濁河』之名矣。述征記曰：『盟津、河津恒濁，方江爲狹，比淮濟爲闊。寒則冰厚數丈。冰始合，車馬不敢過，要須狐行。云此物善聽，冰下無水乃過。人見狐行方渡。』余按風俗通云，里語稱：『狐欲渡河，無如尾何。』且狐性多疑，故俗有狐疑之説，亦未必一如緣生之言也。

屈從其東南流，入於渤海。

山海經曰：『南即從極之淵也，一曰中極之淵，深三百仞，惟馮夷都焉。』括地圖曰：『馮夷恒乘雲車，駕二龍。』河水又出于陽紆、陵門之山，而注於馮逸之山。穆天子傳曰：『天子西征，至陽紆之山，河伯馮夷之所都居，是惟河宗氏，天子乃沈珪璧禮焉。河伯乃與天子披圖視典，以觀天子之寶器、玉果、璇珠、燭銀、金膏等物。皆河圖所載，河伯以禮穆王。視圖，方乃導以西邁矣。』粤在伏羲，受龍馬圖於河，八卦是也。故命歷序曰：『河圖，帝王之階，圖載江河山川州界之分野。後堯壇於河，受龍圖，作握河記。逮虞舜、夏、商咸亦受焉。』李尤盟津銘：『洋洋河水，朝宗於海，逕自中州，龍圖所在。』淮南子曰：『昔禹治洪水，具禱陽紆。』蓋於此也。高誘以爲陽紆，秦藪，非也。釋氏西域記曰〔三〕：『阿耨達太山，其上有大淵水，宫殿樓觀甚大焉。山即崑崙山也。』穆天子傳曰：『天子升于崑崙，觀黃帝之宮〔四〕，而封豐隆之葬。』豐隆，雷公也。黃帝宮即阿耨達宮也〔五〕。其山出六大水，山西有大水，名新頭河。郭義恭廣志曰：『甘水也。在西域之東，名曰新陶水，山在天竺國西，水甘，故曰甘水。有石鹽白如水精，大段則破而用之。』康泰曰：『安息、月氏、天竺至伽那調洲〔六〕，皆仰此鹽。』釋法顯曰：『度葱嶺入北天竺境。於此順嶺西南行十五日，其道艱阻，崖岸險絕，其山惟石，壁立千仞，臨之目眩，欲進則投足無所，下有水名新頭河。昔人有鑿石通路施倚梯者，凡度七百梯。度已，躡懸絙過河，河兩岸相去咸八十步。九譯所絕，漢之張騫、甘英皆不至也。』余診諸史傳，即所謂罽賓之境，有盤石之隥，道狹尺余，行者騎步相持，絙橋相引，二十許里〔七〕，方到懸度。阻險危害不可勝言。郭義恭曰：『烏秅之西，有懸度之國，山谿不通，引繩而度，故國得其名也。』其人山居，佃於石壁閒，累石爲室，民接手而飲，所謂猿飲也。有白草、小步馬〔八〕，有驢無牛。是其懸度乎？釋法顯又言：『度河便到烏長國。烏長國即是北天竺，佛所到國也。佛遺足迹於此，其迹長短在人心念，至今猶爾。及曬衣石尚在。新頭河又西南流，屈而東南流，逕中天竺國，兩岸平地，有國名毗荼，佛法興盛。又經捕那般河，河邊左右有二十僧伽藍。此水逕流摩頭羅國〔九〕，而下合新頭河。自河以西，天竺諸國，自是以南，皆爲中國，人民殷富〔一〇〕。「中國」者，服食與中國同，故名之爲「中國」

也。泥洹已來，聖衆所行，威儀法則，相承不絶。自新頭河至南天竺國，迄於南海，四萬里也。』釋氏西域記曰：『新頭河經罽賓、犍越、摩訶剌諸國而入南海』，是也。

阿耨達山西南，有水名遥奴。山西南小東，有水名薩罕。小東，有水名恒伽。此三水同出一山，俱入恒水。康泰扶南傳曰：『恒水之源，乃極西北，出崑崙山中，有五大源。諸水分流，皆由此五大源。枝扈黎大江出山，西北流，東南注大海。』枝扈黎即恒水也。故釋氏西域記有恒曲之目。恒北有四國，最西頭恒曲中者是也。有拘夷那褐國。法顯傳曰：『恒水東南流，逕拘夷那褐國南；城北雙樹閒，有希連禪河；河邊，世尊於此北首般泥洹，分舍利處。』支僧載外國事曰：『佛泥洹後，天人以新白緤裹佛，以香花供養，滿七日盛以金棺，送出王宫，度一小水，名醢蘭那，去王宫可三里許，在宫北，以旃檀木爲薪，天人各以火燒薪，薪了不燃。大迦葉從流沙還，不勝悲號，感動天地。從是之後，他薪不燒而自燃也。王斂舍利，用金作斗，量得八斛四斗，諸國王、天、龍、神王，各得少許，齎還本國，以造佛寺。』阿育王起浮屠於佛泥洹處，雙樹及塔，今無復有也。此樹名娑羅樹，其樹華名娑羅佉也。此華色白如霜雪，香無比也。竺枝扶南記曰：『林楊國去金陳國，步道二千里。車馬行，無水道，舉國事佛。有一道人，命過燒葬，燒之數千束樵，故坐火中，乃更著石室中，從來六十餘年，尸如故不朽，竺枝目見之。夫金剛常住，是明永存，舍利剎見，畢天不朽，所謂智空罔窮，大覺難測者矣。』其水亂流注於恒，恒水又東，逕毗舍利城北。釋氏西域記曰：『毗舍利，維邪離國也。』支僧載外國事曰：『維邪離國去王舍城五十由旬，城周圓三由旬。維詰家在大城裏宮之南，去宮七里許，屋宇壞盡，惟見處所爾。』釋法顯云：『城北有大林重閣，佛住於此，本菴婆羅女家施佛起塔也。城之西北三里，塔名放弓仗。恒水上流有一國，國王小夫人生肉胎，大夫人妒之，言「汝之生不祥之徵」，即盛以木函，擲恒水中。下流有國王遊觀，見水上木函，開看。見千小兒端正殊好，王取養之。遂長大，甚勇健，所往征伐，無不摧服。次欲伐父王本國，王大愁憂。小夫人問：「何故愁憂？」王曰：「彼國王有千子，勇健無比，欲來伐吾國，是以愁爾。」小夫人言：「勿愁，但於城東作高樓〔一一〕，賊來時置我樓上〔一二〕，則我能卻之。」王如是言。賊到，小夫人於樓上語賊云：「汝是我子，何故反作逆事〔一三〕？」賊曰：「汝是何人？云是我母。」小夫人曰：「汝等若不信者，盡張口仰向。」小夫人即以兩手捋乳，乳各作五百道〔一四〕，俱墜千子口中。賊知是母，即放弓仗。二父王作是思惟，皆得辟支佛。今其塔猶在，後世尊成道，告諸弟子，是我昔時放弓仗處。後人得知，於此處立塔，故以名焉。千小兒者，即賢劫千佛也。』釋氏西域記曰：『恒曲中次東，有僧迦扇柰揭城，佛下三道寶階國也。』法顯傳曰：『恒水東南流，逕僧迦施國南。佛自忉利天東下三道寶階，爲母說法處。寶階既没，阿育王於寶階處作塔，後作石柱，柱上作獅子象，外道少信，獅子爲吼，怖效心誠。恒水又東，逕罽饒夷城〔一五〕，城南接恒水，城之西北六七里，恒水北岸，佛爲諸弟子説法處。恒水又東南，逕沙祇國北，出沙祇城，南門道東，佛嚼楊枝刺土中，生長七尺，不增不減，今尚在。恒水又東南，逕迦維羅衛城北，故浄王宫也。城東五十里有王園，園有池水，夫人入池洗浴，出池北岸二十步，東向舉手，扳樹生太子，太子墮地，行七步，二龍吐水浴太子，遂成井池，衆僧所汲養也。太子與難陀等撲象角力，射箭入地，今有泉水，行旅所資飲也。釋氏西域記曰：『城北三里恒水上，父王迎佛處，作浮圖，作父抱佛像。』外國事曰：『迦維羅越國今無復王也〔一六〕。城池荒穢，惟有空處。有優婆塞姓釋，可二十餘家，是昔浄王之苗裔，故爲四姓，住在故城中，爲優婆塞，故尚精進，猶有古風。彼日浮圖壞盡，條王彌更脩治。一浮圖，私訶條王送物助成。今有十二道人住其中。太子始生時，妙后所扳樹，樹名須訶。阿育王以青石作后扳生太子象。昔樹無復有，後諸沙門取昔樹栽種之，展轉相承，到今樹枝如昔，尚蔭石象。又太子見行七步足迹，今日文理見存。阿育王以青石挾足迹兩邊，復以一長青石覆上，國人今日恒以香花供養，尚見足七形，文理分明。今雖有石覆無異，或人復以數重吉貝，重覆貼著石上，逾更明也。太子生時，以龍王夾太子左右，吐水浴太子，見一龍吐水煖，一龍吐水冷，遂成二池，今尚一冷一煖矣。太子未出家前十日，出往王田閻浮樹下坐。樹神以七寶奉太子，太子不受。於是思惟，欲出家也。王田去宫一據。據者，晉言十里也。太子以三月十五日夜出家，四天王來迎，各捧馬足。爾時諸神天人，側塞空中，散天香華。此時以至河南摩强水，即於此水邊作沙門。河南摩强水在迦維羅越北，相去十由旬。此水在羅閱祇瓶沙國，相去三十由旬。菩薩於是暫過瓶沙，王出見菩薩，菩薩於瓶沙隨樓那果園中住一日，日暮便去半達鉢愁宿。半達，晉言白也；鉢愁，晉言山也。白山北去瓶沙國十里，明旦便去，暮宿曇蘭山，去白山六由旬。於是徑詣貝多樹，貝多樹在閱祇北，去曇蘭山二十里。太子年二十九出家，三十五得道。此言與經異，故記所不同。』竺法維曰：『迦維衛國，佛所生天竺國也。三千日月萬二千天地之中央也。』康泰扶南傳曰：『昔范旃時，有嘾楊國人家翔棃，嘗從其本國到天竺，展轉流賈至扶南，爲旃説天竺土俗。道法流通，金寶委積，山川饒沃，恣所欲，左右大國，世尊重之。旃問云：今去何時可到，幾年可迴？ 棃言，天竺去此可三萬餘里，往還可三年踰。及行，四年方返。以爲天地之中也。』『恒水又東，逕藍莫塔。塔邊有池，池中龍守護之。阿育王欲破塔作八萬四千塔，悟龍王所供，知非世有，遂止。此中空荒無人，羣象以鼻取水灑地，若蒼梧、會稽象耕鳥耘矣。恒水又東，至五河口，蓋五水所會，非所詳矣。阿難從摩竭國向毗舍利，欲般泥洹，阿難思惟，前則阿闍世王致恨，卻則黎車復怨，即於中河入火光三昧，燒具兩般泥洹。身二分，分各在一岸，二王各持半舍利還起二塔。渡河南下一由巡，到摩竭提國巴連弗邑，邑即是阿育王所治之城。城中宮殿皆起牆闕，雕文刻鏤，累大石作山，山下作石室，長三丈，廣二丈，高丈餘。有大乘婆羅門子，名羅汰私婆，亦名文殊師利，住此城裏，爽悟多智，事無不達，以清淨自居，國王宗敬師事之。賴此一人弘宣佛法，外不能陵。凡諸國中惟此城爲大，民人富盛，競行仁義。阿育王壞七塔，作八萬四千塔。最初作大塔，在城南二里餘，此塔前有佛迹，起精舍，北户向塔，塔南有石柱，大四五圍，高三丈餘。上有銘題云，阿育王以閻浮提布施四方，僧還以錢贖塔。塔北三四百步，阿育王於此作泥犁城，城中有石柱，亦高三丈餘，上有獅子，柱有銘，記作泥犁城因緣及年數日月。恒水又東南，逕小孤石山。山頭有石室，南向，佛昔坐其中。天帝釋以四十二事問佛，佛一一以指畫石，畫迹故在。恒水又西，逕王舍新城，是阿闍世王所造。出城南四里，入谷至五山裏。五山周圍狀若城郭，即蓱沙王舊城也。東西五六里，南北七八里，阿闍世王始欲害佛處。其城空荒，又無人徑，入谷傅山，東南上十五里，到耆闍崛山。未至頂三里，有石窟南向，佛坐禪處。西北四十步復有一石窟，阿難坐禪處。天魔波旬化作雕鷲，恐阿難。佛以神力隔石舒手摩阿難肩，怖即得止。鳥迹手孔悉存，故曰雕鷲窟也。其山峯秀端嚴，是五山之最高也。』釋氏西域記曰：『耆闍崛山在阿耨達王舍城東北。西望其山，有兩峯雙立，相去二三里，中道鷲鳥常居其嶺，土人號曰耆闍崛山。胡語「耆闍」，鷲也。』又竺法維云：『羅閱祇國有靈鷲山，胡語云耆闍崛山。山是青石，石頭似鷲鳥。阿育王使人鑿石，假安兩翼兩脚，鑿治其身。今見存，遠望似鷲鳥形，故曰靈鷲山也。』數説不同，遠邇亦異，今以法顯親宿其山，誦首楞嚴，香華供養，聞見之宗也。又西逕迦那城南三十里，到佛苦行六年坐樹處，有林木。西行三里，到佛入水洗浴、天王按樹枝得扳出池處。又北行二里，得彌家女奉佛乳糜處。從此北行二里，佛於一大樹下石上東向坐食糜處，樹石悉在，廣長六尺，高減二尺。國中寒暑均調，樹木或數千歲，乃至萬歲。從此東北行二十里，到一石窟，菩薩入中，西向結跏趺坐，心念『若我成道，當有神驗』。石壁上即有佛影見，長三尺許，今猶明亮。時天地大動，諸天在空言，此非過去當來諸佛成道處，去此西南行減半由巡〔一七〕，貝多樹下，是過去當來諸佛成道處。諸天導引，菩薩起行。離樹三十步，天授吉祥草，菩薩受之。復行十五步，五百青雀飛來，繞菩薩三帀西去。菩薩前到貝多樹下，敷吉祥草，東向而坐。時魔王遣三玉女，從北來試菩薩。魔王自從南來，菩薩以足指按地，魔兵卻散，三女變爲老姥，不自服。佛於尼拘律樹下方石上東向坐。梵天來詣佛處，四天王捧鉢處皆立塔。外國事曰：『毗婆梨，佛在此一樹下六年，長者女以金鉢盛乳糜上佛。佛得乳糜，住足尼連禪河浴。浴竟，於河邊噉糜竟，擲鉢水中，逆流百步，鉢没河中。迦梨郊龍王接取在宫供養，先三佛鉢亦見。佛於河旁坐摩訶菩提樹，摩訶菩提樹去貝多樹二里。於此樹下七日，思惟道成，魔兵試佛。』釋氏西域記曰：『尼連水南注恒水，水西有佛樹，佛於此苦行，日食糜六年。西去城五里許，樹東河上，即佛入水浴處。東上岸尼衢立樹下坐脩，舍女上糜於此。於是西渡水，於六年樹南貝多樹下坐，降魔得佛也。』佛圖調曰：『佛樹中枯，其來時更生枝葉。』竺法維曰：『六年樹去佛樹五里，書其異也。』法顯從此東南行，還巴連弗邑，順恒水西下，得一精舍，名曠野，佛所住處。復順恒水西下，到迦尸國波羅柰城。竺法維曰：『波羅柰國在迦維羅衛國南千二百里，中閒有恒水，東南流。佛轉法輪處，在國北二十里，樹名春浮，維摩所處也。』法顯曰：『城之東北十里許，即鹿野苑。本辟支佛住此，常有野鹿棲宿，故以名焉。』法顯從此還，居巴連弗邑。又順恒水東行，其南岸有瞻婆大國。釋氏西域記曰：『恒曲次東，有瞻婆國城，南有卜佉蘭池。恒水在北〔一八〕，佛下説戒處也。恒水又逕波麗國，即是佛外祖國也。』法顯曰：『恒水又東到多摩梨軒國，即是海口也。』釋氏西域記曰：『大秦一名梨軒。』康泰扶南傳曰：『從迦那調洲西南入大灣，可七八百里，乃到枝扈黎大江口，渡江逕西行，極大秦也。』又云：『發拘利口八大灣中，正西北入，可一年餘，得天竺江口，名恒水。江口有國號擔袂〔一九〕，屬天竺，遣黄門字興爲擔袂王。』釋氏西域記曰：『恒水東流入東海，蓋二水所注，兩海所納，自爲東西也。』

釋氏論佛圖調列山海經曰〔二〇〕：『西海之南，流沙之濱，赤水之後，黑水之前，有大山，名崑崙。』又曰，鍾山西六百里有崑崙山，所出五水〔二一〕。祖以佛圖調傳也〔二二〕。又近推得康泰扶南傳，傳崑崙山正與調合。如傳，自交州至天竺最近，泰傳亦知阿耨達山是崑崙山。釋云：『賴得調傳，豁然爲解。』乃宣爲西域圖，以語法汰。法汰以常見怪，謂漢來諸名人，不應河在敦煌南數千里〔二三〕，而不知崑崙所在也。釋云復書曰〔二四〕：『按穆天子傳，穆王於崑崙側瑶池上，觴西王母。云去宗周瀍澗萬有一千一百里，何得不如調言？子今見泰傳，非爲前人不知也，而今以後乃知崑崙山爲無熱丘，何云乃胡國外乎？』余考釋氏之言，未爲佳證，穆天子、竹書及山海經皆藴緼歲久，編韋稀絶，書策落次，難以緝綴，後人假合，多差遠意。至若訪地脉川，不與經符，驗程準途，故自無會。釋氏不復根其衆歸之鴻致，陳其細趣，以辨其非，非所安也。今按山海經曰：『崑崙墟在西北，帝之下都。崑崙之墟，方八百里，高萬仞，上有木禾，面有九井，以玉爲檻；面有九門，門有開明獸守之，百神之所在。』郭璞曰：『此自别有小崑崙也。』又按淮南之書：『崑崙之上有木禾、珠樹、玉樹、璇樹，不死樹在其西，沙棠、琅玕在其東，絳樹在其南，碧樹、瑶樹在其北。旁有四百四十門，門閒四里，里閒九純，純丈五尺。旁有九井，玉横維其西北隅。北門開，以納不周之風。傾宫、旋室、縣圃、涼風、樊桐，在崑崙閶闔之中。是其疏圃，疏圃之池，浸之黄水，黄水三周復其源，是謂丹水，飲之不死。河水出其東北陬，赤水出其東南陬，弱水出自窮石，至於合黎〔二五〕，洋水出其西北陬。凡此四水，帝之神泉，以和百藥，以潤萬物，崑崙之丘或上倍之，是謂涼風之山，登之而不死。或上倍之，是謂玄圃之山，登之乃靈，能使風雨。或上倍之，乃維上天，登之乃神，是謂太帝之居。禹乃以息土填鴻水以爲名山，掘崑崙墟以爲下地』，高誘曰：『地或作池。』則已髣髴近佛圖調之説。阿耨達六水，非葱嶺、于闐二水之限，與經史諸書全相乖異。又按十洲記，崑崙山在西海之戌地，北海之亥地，去岸十三萬里，有弱水，周帀繞山。東南接積石圃，西北接北户之室，東北臨大活之井〔二六〕，西南近承淵之谷，此四角大山，實崑崙之枝輔也。積石圃南頭，昔西王母告周穆王云，去咸陽四十六萬里。山高平地三萬六千里，上有三角，面方，廣萬里，形如偃盆，下狹上廣。故曰崑崙山有三角：其一角正北干辰星之輝，名曰閬風巔；其一角正西，名曰玄圃臺；其一角正東，名曰崑崙宫。其處有積金，爲天墉城，面方千里，城上安金臺五所，玉樓十二。其北户山〔二七〕、承淵山，又有墉城，金臺玉樓，相似如一。淵精之闕，光碧之堂，瓊華之室，紫翠丹房，景燭日暉，朱霞九光，西王母之所治，真官仙靈之所宗。上通旋機，元氣流布，玉衡常理，順九天而調陰陽，品物羣生，希奇特出，皆在於此，天人濟濟不可具記。其北海外又有鍾山，上有金臺玉闕，亦元氣之所含，天帝居治處也。考東方朔之言，及經五萬里之文，難言佛圖調、康泰之傳是矣。六合之内，水澤之藏，大非爲鉅，小非爲細。存非爲有，隱非爲無，其所苞者廣矣。於中同名異域，稱謂相亂，亦不爲寡。至如東海方丈亦有崑崙之稱，西洲銅柱又有九府之治。東方朔十洲記曰：『方丈在東海中央，東西南北岸相去正等。方丈面各五千里，上專是羣龍所聚，有金玉琉璃之宫，三天司命所治處，羣仙不欲升天者，皆往來也。』張華敘東方朔神異經曰：『崑崙有銅柱焉，其高入天，所謂天柱也。圍三千里，圓周如削。下有迴屋，仙人九府治。上有大鳥，名曰希有，南向張左翼覆東王公，右翼覆西王母，背上小處無羽，萬九千里，西王母歲登翼上，之東王公也。故其柱銘曰：「崑崙銅柱，其高入天，圓周如削，膚體美焉。」其鳥銘曰：「有鳥希有，緑赤煌煌，不鳴不食，東覆東王公，西覆西王母，王母欲東，登之自通，陰陽相須，惟會益工。」』遁甲開山圖曰：『五龍見教，天皇被迹，望在無外柱州崑崙山上。』榮氏注云：『五龍治在五方，爲五行神。五龍降天皇兄弟十二人，分五方爲十二部，法五龍之迹，行無爲之化，天下仙聖，治在柱州崑崙山上。無外之山在崑崙東南萬二千里，五龍天皇皆出此中，爲十二時神也。』山海經曰：『崑崙之丘，實惟帝之下都，其神陸吾，是司天之九部及帝之囿時。』然六合之内，其苞遠矣。幽致沖妙，難本以情，萬象遐淵，思絶根尋，自不登兩龍於雲轍，騁八駿於龜途，等軒轅之訪百靈，方大禹之集會計，儒墨之説，孰使辨哉！

校記

〔一〕崑崙説　楊守敬、熊會貞水經注疏（以下簡稱『注疏本』）作『崑崙記』。

〔二〕西北　武英殿水經注（以下簡稱『殿本』）無『北』字。

〔三〕西域記　注疏本作『西域志』。下同。

〔四〕觀黄帝之宫　永樂大典水經注（以下簡稱『大典本』）等本無是句，當據穆天子傳補。

〔五〕黄帝宫　大典本作『雷電龍』。

〔六〕伽那調洲　原作『伽那調御』，據注疏本改。

〔七〕二十　岑仲勉水經注卷一箋校（以下簡稱『岑校』）作『二千』。

〔八〕小步馬　趙一清水經注釋（以下簡稱『注釋本』）作『出小步馬』。

〔九〕逕流　殿本無『流』字。

〔一〇〕殷富　四庫全書佛國記作『殷樂』。

〔一一〕城東　原作『城西』，據佛國記改。

〔一二〕置我樓上　殿本作「上我置樓上」。
〔一三〕反作逆事　佛國記作「作反逆事」。
〔一四〕乳各作　「各」字據佛國記補。
〔一五〕罽饒夷城　原本「罽」下有「賓」字，據注疏本删。
〔一六〕迦維羅越　殿本案：「『羅衛』、『羅越』，互相通稱。」
〔一七〕巡　殿本作「旬」。
〔一八〕恒水在北　原作「池水恒在北」，據殿本改。
〔一九〕擔袂　殿本作「擔袂」。
〔二〇〕列　岑校作「引」。
〔二一〕五水　據山海經西山經，崑崙所出當爲「四水」。即河水、赤水、洋水、黑水。
〔二二〕祖　岑校作「粗」。
〔二三〕河　岑校作「向」。
〔二四〕釋云　注疏本「釋」下無「云」字。
〔二五〕「弱水」二句　據注釋本補。又按，此二句注釋本誤植于「洋水出其西北陬」之下，據淮南子墬形訓移於此。
〔二六〕大活　殿本作「大闊」。
〔二七〕山　原作「出」，據殿本改。

河水二

又出海外，南至積石山，下有石門。

山海經曰：『河水入渤海，又出海外，西北入禹所導積石山。』山在隴西郡河關縣西南羌中。余考羣書，咸言河出崑崙，重源潛發，淪於蒲昌，出於海水。故洛書曰：『河自崑崙出於重野。』謂此矣。逕積石而爲中國河。故成公子安大河賦曰：『覽百川之弘壯，莫尚美於黃河。潛崑崙之峻極，出積石之嵯峨。』釋氏西域記曰：『河自蒲昌，潛行地下，南出積石。』而經文在此，似如不比，積石宜在蒲昌海下矣。

又南入葱嶺山，又從葱嶺出而東北流。

河水重源有三，非惟二也。一源西出捐毒之國，葱嶺之上，西去休循二百餘里，皆故塞種也。南屬葱嶺，高千里。西河舊事曰：『葱嶺在敦煌西八千里，其山高大，上生葱，故曰葱嶺也。』河源潛發其嶺，分爲二水，一水西逕休循國南，在葱嶺西。郭義恭廣志曰：『休循國居葱嶺，其山多大葱。』

又逕難兜國北，北接休循，西南去罽賓國三百四十里。

河水又西，逕罽賓國北。月氏之破，塞王南君罽賓，治循鮮城。土地平和，無所不有。金銀珍寶，異畜奇物，踰於中夏，大國也。山險，有大頭痛、小頭痛之山，赤土、身熱之阪，人畜同然。

河水又西，逕月氏國南，治監氏城，其俗與安息同。匈奴冒頓單于破月氏，殺其王，以頭爲飲器。國遂分，遠過大宛，西居大夏，爲大月氏。其餘小衆不能去者，共保南山羌中，號小月氏。故有大月氏、小月氏之名也。又西，逕安息國南，城臨嬀水，地方數千里，最大國也。有商賈車船行旁國，畫革旁行，爲書記也。

河水與蜺羅跂禘水同注雷翥海。釋氏西域記曰：『蜺羅跂禘出阿耨達山之北，西逕于闐國。』漢書西域傳曰：『于闐之西，水皆西流注西海。』又西，逕四大塔北，釋法顯所謂竺刹尸羅國〔一〕，漢言截頭也。佛爲菩薩時，以頭施人，故因名國。國東有投身飼餓虎處，皆起塔。又西，逕犍陀衛國北，是阿育王子法益所治邑。佛爲菩薩時，亦於此國以眼施人，其處亦起大塔。又有弗樓沙國，天帝釋變爲牧牛小兒，聚土爲佛塔，法王因而成大塔，所謂四大塔也。法顯傳曰：『國有佛鉢，月氏王大興兵衆來伐此國，欲持鉢去，置鉢象上，象不能進。更作四輪車載鉢，八象共牽，復不進。王知鉢緣未至，於是起塔留鉢供養。鉢容二斗，雜色而黑多，四際分明，厚可二分，甚光澤。貧人以少華投中便滿，富人以多華供養，正復百千萬斛，終亦不滿。』佛圖調曰：『佛鉢青玉也，受三斗許，彼國寶之。供養時，願終日香華不滿，則如言。願一把滿，則亦便如言。』又按道人竺法維所説，佛鉢在大月支國，起浮圖，高三十丈。七層，鉢處第二層，金絡絡鎖縣鉢。鉢是青石。或云懸鉢虚空，須菩提置鉢在金機上，佛一足迹與鉢共在一處，國王臣民，悉持梵香七寶璧玉供養塔迹。佛牙、袈裟、頂相舍利，悉在弗樓沙國。釋氏西域記曰：『犍陀越王城西北有鉢吐羅越城，佛袈裟王城也。東有寺。重復尋川水西北十里，有河步羅龍淵，佛到淵上浣衣處，浣石尚存。其水至安息，注雷翥海。』又曰：『犍陀越西，西海中有安息國。』竺枝扶南記曰：『安息國去私訶條國二萬里，國土臨海上。』即漢書天竺安息國也。户近百萬，最大國也。漢書西域傳又云：『犂靬、條支臨西海。長老傳聞，條支有弱水，西王母亦未嘗見。自條支乘水西行可百餘日，近日所入也。』或河水所通西海矣，故涼土異物志曰：『葱嶺之水分流東西，西入大海，東爲河源，禹記所云崑崙者焉。』張騫使大宛而窮河源，謂極於此，而不達於崑崙也。

河水自葱嶺分源，東逕迦舍羅國。釋氏西域記曰：『有國名伽舍羅逝。此國狹小，而總萬國之要道，無不由。城南有水，東北流出羅逝西山，山即葱嶺也。』漢書西域傳曰：『葱嶺以東，南北有山相距千餘里，東西六千里，河出其中〔二〕。』逕岐沙谷，出谷分爲二水，一水東流逕無雷國北，治盧城，其俗與西夜、子合同。

又東流逕依耐國北，去無雷五百四十里，俗同子合。

又東流逕蒲犂國北。治蒲犂谷，北去疏勒五百五十里，俗與子合同。

河水又東，逕皮山國北，治皮山城，西北去莎車三百八十里。

其一源出于闐國南山，北流與葱嶺所出河合，又東注蒲昌海。

河水又東，與于闐河合，南源導于闐南山，俗謂之仇摩置，自置北流逕于闐國西，治西城，土多玉石〔三〕。西去皮山三百八十里，東去陽關五千餘里。釋法顯自偽夷西南行〔四〕，路中無人民，沙行艱難，所逕之苦，人理莫比。在道一月五日，得達于闐，其國殷庶，民篤信，多大乘學，威儀齊整，器鉢無聲。城南十五里，有利剎寺，中有石鞾，石上有足迹。彼俗言是辟支佛迹，法顯所不傳，疑非佛迹也。

又西北流注於河，即經所謂北注葱嶺河也。

南河又東，逕于闐國北，釋氏西域記曰：『河水東流三千里，至于闐屈東北流』者也。漢書西域傳曰：『于闐已東，水皆東流。』

南河又東北，逕扜彌國北。治扜彌城，西去于闐三百九十里。

南河又東，逕精絶國北，西去扜彌四百六十里。

南河又東，逕且末國北，又東，右會阿耨達大水，釋氏西域記曰：『阿耨達山西北有大水，
北流注牢蘭海者也。其水北流逕且末南山，又北逕且末城西，國治且末城，西通精絶二
千里，東去鄯善七百二十里。種五穀，其俗略與漢同。』又曰：『且末河東北流逕且末北，
又流而左會南河。會流東逝，通爲注賓河〔五〕。』

注賓河又東，逕鄯善國北，治伊循城，故樓蘭之地也。樓蘭王不恭於漢，元鳳四年，霍光
遣平樂監傅介子刺殺之，更立後王。漢又立其前王質子尉屠耆爲王，更名其國爲鄯善。
百官祖道橫門，王自請天子曰：『身在漢久，恐爲前王子所害。國有伊循城，土地肥美，
願遣將屯田積粟，令得依威重。』遂置田以鎮撫之。敦煌索勱，字彦義，有才略，刺史毛
奕表行貳師將軍，將酒泉、敦煌兵千人，至樓蘭屯田。起白屋，召鄯善、焉耆、龜兹三國兵
各千，横斷注賓河。河斷之日，水奮勢激，波陵冒隄。勱厲聲曰：『王尊建節，河隄不溢。
王霸精誠，呼沱不流。水德神明，古今一也。』勱躬禱祀，水猶未減，乃列陣被杖，鼓譟讙
叫，且刺且射，大戰三日，水乃迴減，灌浸沃衍，胡人稱神。大田三年，積粟百萬，威服外
國。其水東注澤。澤在樓蘭國北扜泥城，其俗謂之東故城，去陽關千六百里，西北去烏
壘千七百八十五里，至墨山國千八百六十五里，西北去車師千八百九十里。土地沙鹵少
田，仰穀旁國。國出玉，多葭葦、檉柳、胡桐、白草。國在東垂，當白龍堆，乏水草，常主發

導，負水擔糧迎送漢使，故彼俗謂是澤爲牢蘭海也。釋氏西域記曰：『南河自于闐東迆北三千里，至鄯善入牢蘭海』者也。北河自岐沙東分。南河即釋氏西域記所謂『二枝北流，逕屈茨、烏夷、禪善入牢蘭海』者也。

北河又東北流，分爲二水，枝流出焉。北河自疏勒逕流南河之北〔六〕。暨於温宿之南，左合枝水，枝水上承北河於疏勒之東，西北流逕疏勒國南，又東北與疏勒北山水合。水出北谿，東南流逕疏勒城下，南去莎車五百六十里，有市列，西當大月氏、大宛、康居道。釋氏西域記曰：『國有佛浴牀，赤真檀木作之，方四尺，王於宮中供養。』漢永平十八年，耿恭以戊己校尉，爲匈奴左鹿蠡王所逼，恭以此城側澗傍水，自金蒲遷居此城。匈奴又來攻之，壅絶澗水，恭於城中穿井，深十五丈不得水，吏士渴乏，笮馬糞汁飲之。恭乃仰天歎曰：『昔貳師拔佩刀刺山，飛泉涌出，今漢德神明，豈有窮哉？』整衣服向井再拜，爲吏士禱之。有頃，水泉奔出，衆稱萬歲。乃揚水以示之，虜以爲神，遂即引去。後車師叛，與匈奴攻恭，食盡窮困，乃煮鎧弩，食其筋革。恭與士卒同生死，咸無二心，圍恭不能下，關寵上書求救。建初元年，章帝納司徒鮑昱之言，遣兵救之。至柳中，以校尉關寵分兵入高昌壁，攻交河城，車師降，遣恭軍吏范羌，將兵二千人迎恭。遇大雪丈餘，僅能至，城中夜聞兵馬大恐，羌遥呼曰：『我范羌也。』城中皆稱萬歲，開門相持涕泣。尚有二十六人，衣屨穿決，形容枯槁，相依而還。枝河又東，逕莎車國南，治莎車城，西南去蒲犂七百四十里。漢武帝開西域，屯田於此。有鐵山出青玉。枝河又東，逕温宿國南，治温宿城。土地物類與鄯善同，北至烏孫赤谷六百一十里，東通姑墨二百七十里，於此枝河右入北河。

北河又東，逕姑墨國南，姑墨川水注之。水導姑墨西北赤沙山，東南流逕姑墨國西，治南城。南至于闐，馬行十五日，土出銅鐵及雌黄。其水又東南流，右注北河。

北河又東，逕龜兹國南。又東，左合龜兹川水。水有二源，西源出北大山南，釋氏西域記曰：『屈茨北二百里有山，夜則火光，晝日但煙，人取此山石炭，冶此山鐵，恒充三十六國用。』故郭義恭廣志云：『龜兹能鑄冶。』其水南流逕赤沙山。釋氏西域記曰：『國北四十里，山上有寺名雀離，大清浄。』又出山東南流，枝水左派焉。又東南，水流三分。右二水俱東南流，注北河。東川水出龜兹東北，歷赤沙、積梨南流〔七〕，枝水右出，西南入龜兹城。音『屈茨』也，故延城矣。西去姑墨六百七十里。川水又東南流，逕輪臺之東，昔漢武帝初通西域，置校尉屯田於此。搜粟都尉桑弘羊奏言，故輪臺以東，地廣饒水草，有溉田五千頃以上〔八〕，其處温和田美，可益通溝渠，種五穀，收獲與中國同。時匈奴弱，不敢近西域，於是徙莎車相去千餘里，即是臺也。其水又東南流，右會西川枝水，水有二源，俱受西川。東流逕龜兹城，南合爲一水。水間有故城，蓋屯校所守也。其水東南注東川。東川水又東南逕烏壘國南，治烏壘城，西去龜兹三百五十里，東去玉門、陽關二千七百三十八里，與渠犂田官相近，土地肥饒，於西域爲中故都護治焉。漢使持節鄭吉，幷護北道，故號都護。都護之起自吉置也。其水又東南注大河。

大河又東，右會敦薨之水。其水出焉耆之北敦薨之山，在匈奴之西，烏孫之東。山海經曰：『敦薨之山，敦薨之水出焉，而西流注於泑澤。出於崑崙之東北隅，寔惟河源者也。』二源俱導，西源東流，分爲二水。左水西南流，出於焉耆之西，逕流焉耆之野，屈而東南流，注於敦薨之渚。右水東南流，又分爲二，左右焉耆之國，城居四水之中，在河水之洲，治員渠城，西去烏壘四百里，南會兩水，同注敦薨之浦。東源東南流，分爲二水，㵎瀾雙引，洪湍濬發，俱東南流，逕出焉耆之東，導於危須國西。國治危須城，西去焉耆百里。又東南流，注於敦薨之藪。川流所積，潭水斯漲，溢流爲海。史記曰〔九〕：『焉耆近海多魚鳥。』東北隔大山與車師接。敦薨之水自西海逕尉犂國，國治尉犂城，西去都護治所三百里，北去焉耆百里。其水又西出沙山鐵關谷。又西南流，逕連城引注，裂以爲田。桑弘羊曰：『臣愚以爲連城以西，可遣屯田，以威西國。』即此處也。其水又屈而南逕渠犂國西，故史記曰『西有大河』，即斯水也。又東南流逕渠犂國，治渠犂城，西北去烏壘三百三十里。漢武帝通西域，屯渠犂，即此處也。南與精絶接，東北與尉犂接。又南流注於河，山海經曰：『敦薨之水西流，注於泑澤。』蓋亂河流自西南注也。

河水又東，逕墨山國南，治墨山城，西至尉犂二百四十里。

河水又東，逕注賓城南，又東逕樓蘭城南而東注，蓋墢田士所屯，故城禪國名爾。

河水又東，注於泑澤，即經所謂蒲昌海也。水積鄯善之東北，龍城之西南。龍城故姜賴之虚，胡之大國也。蒲昌海溢，盪覆其國，城基尚存而至大，晨發西門，暮達東門。澮其崖岸，餘溜風吹，稍成龍形，西面向海，因名龍城。地廣千里，皆爲鹽而剛堅也。行人所逕，畜産皆布氈臥之。掘發其下有大鹽，方如巨枕，以次相累，類霧起雲浮，寡見星日，少禽多鬼怪。西接鄯善，東連三沙，爲海之北隘矣。故蒲昌亦有鹽澤之稱也。山海經曰，『不周之山，北望諸毗之山，臨彼岳崇之山，東望泑澤，河水之所潛也，其源渾渾泡泡』者也。東去玉門、陽關千三百里，廣袤三百里。其水澂渟，冬夏不減，其中洄湍雷轉〔一〇〕，爲隱淪之脉。當其濆流之上，飛禽奮翮於霄中者，無不墜於淵波矣。即河水之所潛而出於積石也。

校記

〔一〕竺刹尸羅國　殿本作「糺尸羅國」。

〔二〕「漢書西域傳」至「河出其中」，計二十八字，大典本、殿本等，皆在下文「北河自疏勒逕流南河之北」句之後。

〔三〕土多玉石　注疏本作「山多玉石」。

〔四〕傿夷　殿本作「烏帝」，下同。

〔五〕注賓河　「賓」殿本皆作「濱」，下同。

〔六〕「北河」句下，殿本等皆有「漢書西域傳」等二十八字。參見校〔二〕。

〔七〕歷赤沙　「歷」字據殿本補。

〔八〕有溉田　殿本作「可溉田」。

〔九〕史記　指漢書。又「史記曰西有大河」，同此。參見注疏本守敬按。

〔一〇〕雷轉　殿本作「電轉」。

河水三

又東入塞，過敦煌、酒泉、張掖郡南。

河自蒲昌有隱淪之證，幷閒關入塞之始。自此經當求實致也。河水重源，又發於西塞之外，出於積石之山。山海經曰：『積石之山，其下有石門，河水冒以西流。是山也，萬物莫不有焉。』禹貢所謂『導河自積石』也。山在西羌之中，燒當所居也。延熹二年，西羌燒當犯塞，護羌校尉段熲討之，追出塞，至積石山斬首而還。司馬彪曰：『西羌者，自析支以西，濱於河首左右居也。』

河水屈而東北流，逕析支之地，是爲河曲矣。應劭曰：『禹貢析支屬雍州，在河關之西。東去河關千餘里，羌人所居，謂之河曲羌也。』

東北歷敦煌、酒泉、張掖南，應劭地理風俗記曰：『敦，大也，煌，盛也。酒泉其水甘若酒味，故也。張掖，言張國臂掖，以威羌狄。』說文曰：『郡制，天子地方千里，分爲百縣。縣有四郡。故春秋傳曰：「上大夫縣，下大夫郡。」至秦始置三十六郡，以監縣矣。從邑，君聲。』釋名曰：『郡，羣也，人所羣聚也。』黄義仲十三州記曰：『郡之言君也。改公侯之封而言君者，至尊也。郡守專權，君臣之禮彌崇。今郡字君在其左，邑在其右，君爲元首，邑以載民，故取名於君，謂之郡。』漢官曰：『秦用李斯議，分天下爲三十六郡。凡郡，或以列國，陳、魯、齊、吳是也。或以舊邑，長沙、丹陽是也。或以山陵，太山、山陽是也。或以川原，西河、河東是也。或以所出，金城城下得金，酒泉泉味如酒，豫章樟樹生庭，雁門雁之所育，是也。或以號令，禹合諸侯，大計東冶之山，因名會稽，是也。』河逕其南而纏絡遠矣。

河水自河曲又東逕西海郡南。漢平帝時王莽秉政，欲耀威德以服遠方，諷羌獻西海之地，置西海郡而築五縣焉。周海亭燧相望。莽篡政紛亂，郡亦棄廢。

河水又東，逕允川南，歷大榆、小榆谷北，羌迷唐、鍾存所居也。永元五年，貫友代聶尚爲護羌校尉，攻迷唐，斬獲八百餘級，收其熟麥數萬斛，於逢留河上築城以盛麥，且作大船於河峽，作橋渡兵，迷唐遂遠依河曲。永元九年，迷唐復與鍾存東寇而還。十年，謁者王信、耿譚，西擊迷唐，降之。詔聽還大、小榆谷。迷唐謂漢造河橋，兵來無時，故地不可居，復叛居河曲，與羌爲讎，種人與官兵擊之允川，去迷唐數十里營止，遣輕兵挑戰，因引還，迷唐追之，至營因戰，迷唐敗走，於是西海及大、小榆谷無復聚落。隃麋相曹鳳上言：『建武以來，西戎數犯法，常從燒當種起。所以然者，以其居大、小榆谷，土地肥美，又近塞内，與諸種相旁，南得鍾存，以廣其衆，北阻大河，因以爲固，又有西海魚鹽之利，緣山濱河，以廣田畜，故能彊大，常雄諸種。今黨援沮壞，親屬離叛，其餘勝兵不過數百，宜及此時，建復西海郡縣，規固二榆，廣設屯田，隔塞羌胡交關之路，殖穀富邊，省輸轉之役。』上拜鳳爲金城西部都尉，遂開屯田二十七部，列屯夾河，與建威相首尾。後羌反，遂罷。按段國沙州記，吐谷渾於河上作橋，謂之『河厲』，長百五十步，兩岸纍石作基陛，節節相次，大木從横更鎮壓，兩邊俱平，相去三丈，並大材以版横次之，施鉤欄甚嚴飾，橋在清水川東也。

又東，過隴西河關縣北，洮水從東南來注之。

河水右逕沙州北。段國曰：『澆河西南百七十里有黄沙，沙南北百二十里，東西七十里。西極大楊川。望黄沙猶若人委乾糒於地，都不生草木，蕩然黄沙，周迴數百里，沙州於是取號焉。』地理志曰：『漢宣帝神爵二年，置河關縣，蓋取河之關塞也。』風俗通曰：『百里曰同，總名爲縣。縣，玄也，首也，從系倒首，舉首易偏矣。言當玄静，平徭役也。』釋名曰：『縣，懸也，懸於郡矣。』黄義仲十三州記曰：『縣，弦也。弦以貞直，言下體之居，鄰民之位，不輕其誓，施繩用法，不曲如弦。弦，聲近「縣」，故以取名。今「系」字在半也。』漢高帝六年，令天下縣邑城。張晏曰：『令各自築其城也。』

河水又東北流，入西平郡界，左合二川，南流入河。又東北，濟川水注之。水西南出濫瀆，東北流入大谷，謂之大谷水。北逕澆河城西南，北流注於河。

河水又東，逕澆河故城北，有二城東西角倚，東北去西平二百二十里。宋少帝景平中拜吐谷渾阿豺爲安西將軍、澆河公，即此城也。

河水又東北，逕黄川城。

河水又東，逕石城南，左合北谷水。昔段熲擊羌於石城，投河墜坑而死者八百餘人，即於此也。

河水又東北，逕黄河城南，西北去西平二百一十七里。

河水又東北，逕廣違城北，右合烏頭川水。水發遠川，引納枝津，北逕城東，而北流注於河。

河水又東，逕邯川城南，城之左右歷谷有二水，導自北山，南逕邯亭注於河。

河水又東，臨津谿水注之。水自南山，北逕臨津城西，而北流注於河。

河水又東，逕臨津城北，白土城南。十三州志曰：『左南津西六十里，有白土城。城在大河之北，而爲緣河濟渡之處。昔魏雍州刺史郭淮破羌，遮塞於白土，即此處矣。』

河水又東，左會白土川水。水出白土城西北山下，東南流逕白土城北，又東南注於河。

河水又東北會兩川，右合二水，參差夾岸連壤，負險相望。河北有層山，山甚靈秀。山峯之上，立石數百丈，亭亭桀竪，競勢爭高，遠望參參，若攢圖之託霄上。其下層巖陗舉，壁岸無階。懸巖之中，多石室焉。室中若有積卷矣，而世士罕有津達者，因謂之積書巖。巖堂之內，每時見神人往還矣，蓋鴻衣羽裳之士，練精餌食之夫爾。俗人不悟其仙者，乃謂之神鬼。彼羌目鬼曰『唐述』，復因名之爲唐述山，指其堂密之居，謂之唐述窟。其懷道宗玄之士，皮冠淨髮之徒，亦往棲託焉。故秦川記曰：『河峽崖旁有二窟。一曰唐述窟，高四十丈；西二里有時亮窟，高百丈，廣二十丈，深三十丈，藏古書五笥。』亮南安人也。下封有水，導自是山，谿水南注河，謂之唐述水。

河水又東，得野亭水。水出西南谿，東北流，歷研川，謂之研川水。又東北注於河，謂之野亭口。

河水又東，歷鳳林北。鳳林，山名也，五巒俱峙。耆彥云〔一〕，昔有鳳鳥飛遊五峯〔二〕，故山有斯目矣。秦州記曰：『枹罕原北名鳳林川，川中則黄河東流也。』

河水又東，與灕水合。水導源塞外羌中，故地理志曰『其水出西塞外』，東北流，歷野虜中，逕消銅城西，又東北逕列城東。考地説無目，蓋出自戎方矣。左合列水，水出西北谿，東南流逕列城北，右入灕水，城居二水之會。灕水又北，逕可石孤城西，西戎之名也。

又東北，右合黑城谿水。水出西北山下，東南流，逕黑城南。又東南，枝水左出焉。又東南，入灕水。灕水又東北，逕榆城東，榆城谿水注之。水出素和細越西北山下，東南流逕細越川，夷俗鄉名也。又東南出狄周峽，東南右合黑城谿之枝津，津水上承谿水，東北逕黑城東，東北注之榆谿。又東南，逕榆城南，東南注灕水。灕水又東北，逕石門口。山高險峻絶，對岸若門，故峽得厥名矣。疑即皋蘭山門也。漢武帝元狩三年，驃騎霍去病出隴西，至皋蘭，謂是山之關塞也。應劭漢書音義曰：『皋蘭在隴西白石縣塞外，河名也。』孟康曰：『山關名也。』今是山去河不遠，故論者疑目河山之閒矣。灕水又東北，皋蘭山水自山左右翼注灕水。灕水又東，白石川水注之。水出縣西北山下，東南流，枝津東注焉。白石川水又南，逕白石城西而注灕水。灕水又東，逕白石縣故城南，王莽更曰順礫。闞駰曰：『白石縣在狄道西北二百八十五里，灕水逕其北。』今灕水逕其南，而不出其北也。灕水又東，逕白石山北。應劭曰：『白石山在東。』羅谿水注之。水出西南山下，東入灕水。灕水又東，左合罕幵南谿水。水出罕幵西，東南流逕罕幵南注之。十三州志曰：『廣大阪在枹罕西北，罕幵在焉。』昔慕容吐谷渾自燕歷陰山西馳，而創居於此。灕水又東，逕枹罕縣故城南。應劭曰：故枹罕侯邑也。十三州志曰：『枹罕縣在郡西二百一十里，灕水在城南門前東過也。』灕水又東北，故城川水注之。水有二源，南源出西南山下，東北流逕金紐嶺北〔三〕，又東北逕一故城南，又東北與北水會。北源自西南逕故城北，右入南水。亂流東北注灕水，灕水又東北，左合白石川之枝津，水上承白石川，東逕白石城北，又東絶罕幵谿，又東逕枹罕城南，又東入灕水。灕水又東北出峽北流，注於河。地理志曰：『灕水出白石縣西塞外，東至枹罕入河。』

河水又逕左南城南。十三州志曰：『石城西百四十里，有左南城者也，津亦取名焉。』大河又東，逕赤岸北，即河夾岸也。秦州記曰：『枹罕有河夾岸，岸廣四十丈。義熙中，乞佛於此河上作飛橋，橋高五十丈，三年乃就。』

河水又東，洮水注之。地理志曰：『水出塞外羌中。』沙州記曰：『洮水與墊江水俱出強臺山。山南即墊江源，山東則洮水源。』山海經曰：『白水出蜀。』郭景純注云：『從臨洮之西傾山東南流入漢，而至墊江。』故段國以爲墊江水也。洮水同出一山，故知強臺，西傾之異名也。洮水東北逕吐谷渾中。吐谷渾者，始是東燕慕容之枝庶，因氏其字，以爲首類之種號也。故謂之野虜。自洮強南北三百里中，地草偏是龍須，而無樵柴。洮水又東北流逕洮陽曾城北。沙州記曰：『強城東北三百里有曾城，城臨洮水者也。』建初二年，羌攻南部都尉於臨洮，上遣行車騎將軍馬防與長水校尉耿恭救之，諸羌退聚洮陽，即此城也。洮水又東，逕洪和山南，城在四山中。洮水又東，逕迷和城北，羌名也。又東，逕甘枳亭，歷望曲，在臨洮西南，去龍桑城二百里。洮水又東，逕臨洮縣故城北。禹治洪水，西至洮水之上，見長人，受黑玉書於斯水上。洮水又東北流，屈而逕索西城西。建初二年，馬防、耿恭從五谿橀槿谷出索西〔四〕，與羌戰，破之，築索西城，徙隴西南部都尉居之，俗名赤水城，亦曰臨洮東城也。沙州記曰：『從東洮至西洮，百二十里者也。』洮水又屈而北，逕龍桑城西而西北流。馬防以建初二年，從安故五谿出龍桑，開通舊路者也。俗名龍城。洮水又西北逕步和亭東，步和川水注之。水出西山下，東北流出山，逕步和亭北，東北注洮水。洮水又北出門峽，歷求厥川，蕈川水注之。水出桑嵐西谿，東流歷桑嵐川，又東逕蕈川北，東入洮水。洮水又北歷峽，逕偏橋出夷始梁，右合蕈壋川水，水東南出石底橫下，北歷蕈壋川，西北注洮水。洮水又東北逕桑城東，又北會藍川水。水源出求厥川西北谿，東北逕藍川，歷桑城北，東入洮水。洮水又北逕外羌城西，又北逕和博城東，城在山内，左合和博川水。水出城西南山下，東北逕和博城南，東北注於洮水。洮水北逕安故縣故城西，地理志隴西之屬縣也。十三州志曰：『縣在郡南四十七里。』蓋延轉擊狄道、安故、五谿反羌，大破之，即此也。洮水又北，逕狄道故城西，闞駰曰：『今曰武始也。』洮水在城西北流〔五〕，又北，隴水注之，即山海經所謂濫水也。水出鳥鼠山西北高城嶺，西逕隴坻〔六〕，其山岸崩落者聲聞數百里，故揚雄稱『響若氏頽』是也。又西北歷白石山下。地理志曰：『狄道東有白石山。』濫水又西北，逕武街城南。又西北，逕狄道故城東。百官表曰：『縣有蠻夷謂之道，公主所食曰邑。』應劭曰：『反舌左衽，不與華同，須有譯言乃通也。』漢隴西郡治，秦昭王二十八年置。應劭曰：『有隴氏在其東，故曰隴西也。』神仙傳曰：『封君達，隴西人，服鍊水銀，年百歲，視之如年三十許，騎青牛，故號青牛道士。』王莽更郡縣之名，郡曰厭戎，縣曰操虜也。昔馬援爲隴西太守六年，爲狄道開渠，引水種秔稻，而郡中樂業，即此水也。濫水又西北流，注於洮水。洮水右合二水，左會大夏川水。水出西山，二源合舍而亂流，逕金紐城南。十三州志曰：『大夏縣西有故金紐城，去縣四十里，本都尉治。』又東逕大夏縣故城南。地理志，王莽之順夏。晉書地道記曰：『縣有禹廟，禹所出也。』又東北出山，注於洮水。洮水又北，翼帶三水，亂流北入於河。地理志曰，『洮水北至枹罕，東入河』，是也。

又東，過金城允吾縣北。

金城郡治也。漢昭帝始元六年置，王莽之西海也。莽又更允吾爲脩遠縣。河水逕其南，不在其北。南有湟水出塞外，東逕西王母石室、石釜、西海、鹽池北。故闞駰曰：『其西即湟水之源也。』地理志曰：『湟水所出。』湟水又東南流逕龍夷城，故西零之地也。十三州志曰：『城在臨羌新縣西三百一十里。』王莽納西零之獻，以爲西海郡，治此城。湟水又東南逕卑禾羌海北，有鹽池。闞駰曰：『縣西有卑禾羌海者也。』世謂之青海，東去西平二百五十里。湟水東流逕湟中城北，故小月氏之地也。十三州志曰：『西平、張掖之間，大月氏之别，小月氏之國。』范曄後漢書曰：『湟中月氏胡者，其王爲匈奴所殺，餘種分散，西踰葱嶺，其弱者南入山，從羌居止。』故受小月氏之名也。後漢西羌傳曰：『羌無弋爰劍者，秦厲公時以奴隸亡入三河，羌怪爲神，推以爲豪。河湟之間多禽獸，以射獵爲事，遂見敬信，依者甚衆。其曾孫忍因留湟中，爲湟中羌也。』湟水又東，右控四水，導源四谿，東北流，注於湟。湟水又東逕赤城北，而東入，逕戎峽口，右合羌水。水出西南山下，逕護羌城東，故護羌校尉治。又東北，逕臨羌城西，東北流注於湟。湟水又東，逕臨羌縣故城北，漢武帝元封元年，以封孫都爲侯國，王莽之監羌也，謂之『綏戎城』，非也。湟水又東，盧谿水注之。水出西南盧川東北流，注於湟水。湟水又東，逕臨羌新縣故城南。闞駰曰：『臨羌新縣在郡西百八十里，湟水逕城南也。』城有東西門，西北隅有子城。湟水又東，右合溜谿、伏溜、石杜、蠡四川，東北流注之。左會臨羌谿水，水發新縣西北，東南流，歷縣北，東南入湟水。湟水又東，龍駒川水注之。水右出西南山下，東北流逕龍駒城，北流注於湟水。湟水又東，長寧川水注之。水出松山，東南流逕晉昌城，晉昌川水注之。長寧水又東南，養女川水注之。水發養女北山，有二源，皆長湍遠發，南總一川，逕養女山謂之養女川。闞駰曰：『長寧亭北有養女嶺，即浩亹山，西平之北山也。』亂流出峽，南逕長寧亭東，城有東西門，東北隅有金城，在西平西北四十里。十三州志曰：『六十里，遠矣。』長寧水又東南，與一水合。水出西山東南流。水南山上有風伯祠，春秋祭之。其水東南逕長寧亭南，東入長寧水。長寧水又東南流，注於湟水。湟水又東，牛心川水注之。水出西南遠山，東北流逕牛心堆東，又北逕西平亭西，東北入湟水。湟水又東，逕西平城北，東城即故亭也。漢景帝六年，封隴西太守北地公孫渾邪爲侯國。魏黃初中，立西平郡。憑倚故亭，增築南西北三城，以爲郡治。湟水又東，逕土樓南。樓北倚山原，峯高三百尺，有若削成。樓下有神祠，雕牆故壁存焉。闞駰曰：『西平亭北，有土樓神祠者也。』今在亭東北五里。右則五泉注之，泉發西平亭北，雁次相綴，東北流至土樓南，北入湟水。湟水又東，右合葱谷水。水有四源，各出一谿，亂流注於湟。湟水又東逕東亭北，東出漆峽，山峽也。東流，右則漆谷常谿注之，左則甘夷川水入焉。湟水又東，安夷川水注之。水發遠山，西北流，控引衆川，北屈逕安夷城西北，東入湟水。湟水又東，逕安夷縣故城。城有東西門，在西平亭東七十里。闞駰曰：『四十里。』湟水又東，左合宜春水。水出東北宜春谿，西南流至安夷城，南入湟水。湟水又東，勒且谿水注之。水出縣東南勒且谿，北流逕安夷城東，而北入湟水。湟水有勒且之名，疑即此號也。闞駰曰：『金城河初與浩亹河合，又與勒且河合者也。』湟水又東，左則承流谷水南入〔七〕，右會達扶東西二谿水，參差北注，亂流東出，期頓、鷄谷二水北流注之。又東，吐那孤、長門兩川南流入湟水。六山名也。湟水又東逕樂都城南，東流，右合來谷、乞斤二水，左會陽非、流谿、細谷三水，東逕破羌縣故城南。應劭曰：『漢宣帝神爵二年置，城，省南門。』十三州志曰：『湟水河在南門前東過。』六谷水自南，破羌川自北，左右翼注。湟水又東南逕小晉興城北，故都尉治。闞駰曰：『允吾縣西四十里有小晉興城。』湟水又東與閤門河合，即浩亹河也。水出西塞外，東入塞，逕敦煌、酒泉、張掖南，東南逕西平之鮮谷塞尉故城南，又東南與湛水合。水有二源，西水出白嶺下，東源發於白岸谷，合爲一川。東南流至霧山，注閤門河。閤門河又東逕養女北山東南，左合南流川水。水出北山，南流入於閤門河。閤門河又東逕浩亹縣故城南，王莽改曰興武矣。闞駰曰：『浩，讀閤也。故亦曰閤門水，兩兼其稱矣。』又東流，注於湟水。故地理志曰：『浩亹水東至允吾入湟水。』湟水又東逕允吾縣北，爲鄭伯津，與澗水合。水出令居縣西北塞外，南流逕其縣故城西。漢武帝元鼎二年置，王莽之罕虜也。又南，逕永登亭西，歷黑石谷南流，注鄭伯津。湟水又東，逕允街縣故城南。漢宣帝神爵二年置，王莽之脩遠亭也。縣有龍泉，出允街谷，泉眼之中水文成交龍，或試撓破之，尋平成龍。畜生將飲者，皆畏避而走，謂之龍泉，下入湟水。湟水又東，逕枝陽縣，逆水注之。水出允吾縣之參街谷，東南流逕街亭城南，又東南逕陽非亭北，又東南逕廣武城西，故廣武都尉治。郭淮破叛羌，治無戴於此處也。城之西南二十許里，水西有馬蹄谷。漢武帝聞大宛有天馬，遣李廣利伐之，始得此馬，有角爲奇，故漢武帝天馬之歌曰：『天馬來兮歷無草，逕千里兮循東道。』胡馬感北風之思，遂頓羈絶絆，驤首而馳，晨發京城，夕至敦煌北塞外，長鳴而去。因名其處曰候馬亭。今晉昌郡南及廣武馬蹄谷盤石上，馬迹若踐泥中，有自然之形，故其俗號曰天馬徑。夷人在邊效刻，是有大小之迹，體狀不同，視之便别。逆水又東，逕枝陽縣故城南，東南入於湟水。地理志曰：『逆水出允吾，東至枝陽入湟。』湟水又東，流注於金城河，即積石之黄河也。闞駰曰：『河至金城縣，謂之金城河。隨地爲名也。』釋氏西域記曰：『牢蘭海東伏流龍沙堆，在屯皇東南四百里阿步干鮮卑山，東流至金城爲大河。河出崑崙，崑崙即阿耨達山也。』

河水又東，逕石城南，謂之石城津。闞駰曰：『在金城西北。』河水又東南，逕金城縣故城北。應劭曰：『初築城得金，故曰金城也。』漢書集注薛瓚云：『金者取其堅固也，故墨子有金城湯池之言矣。』王莽之金屏也。世本曰：『鯀作城。』風俗通曰：『城，盛也，從土，成聲。』管子曰：『内爲之城，城外爲之郭，郭外爲之土閬，地高則溝之，下則隄之，命之曰金城。』十三州志曰：『大河在金城北門，東流，有梁泉水注之。水出縣之南山〔八〕。』按耆舊言，梁暉字始娥，漢大將軍梁冀後，冀誅入羌後，其祖父爲羌所推爲渠帥而居此城。土荒民亂，暉將移居枹罕，出頓此山，爲羣羌圍迫，無水，暉以所執榆鞭豎地，以青羊祈山，神泉涌出，榆木成林。其水自縣北流注於河也。

又東，過榆中縣北。

昔蒙恬爲秦北逐戎人，開榆中之地。按地理志，金城郡之屬縣也。故徐廣史記音義曰：『榆中在金城。』即阮嗣宗勸進文所謂榆中以南者也。

又東，過天水北界。

苑川水出勇士縣之子城南山，東北流，歷此成川，世謂之子城川。又北逕牧師苑，故漢牧苑之地也。羌豪迷吾等萬餘人，到襄武、首陽、平襄、勇士，抄此苑馬，焚燒亭驛，即此處也。又曰苑川水地爲龍馬之沃土，故馬援請與田户中分以自給也。有東西二苑城，相去七十里。西城即乞佛所都也。又北入於河。

又東北，過武威媼圍縣南。

河水逕其界，東北流。縣西南有泉源，東逕其縣南，又東北入河也。

又東北，過天水勇士縣北。

地理志曰：『滿福也。屬國都尉治，王莽更名之曰紀德。』有水出縣西〔九〕，世謂之二十八渡水，東北流。谿澗縈曲，途出其中，逕二十八渡，行者勤於溯涉，故因名焉。北逕其縣而下，注河。又有赤曄川水，南出赤蒿谷，北流逕赤曄川，又北逕牛官川，又北逕義城西北，北流歷三城川，而北流注於河也。

又東北，過安定北界麥田山。

河水東北流，逕安定祖厲縣故城西北。漢武帝元鼎三年，幸雍，遂踰隴登空同，西臨祖厲河而還，即於此也。王莽更名之曰鄉禮也。李斐曰：『音賴。』

又東北，祖厲川水注之。水出祖厲南山北流，逕祖厲縣而西北流，注於河。

河水又東北，逕麥田城西，又北與麥田泉水合。水出城西北，西南流，注於河。

河水又東北，逕麥田山西谷，山在安定西北六百四十里。

河水又東北，逕于黑城北。又東北，高平川水注之，即苦水也。水出高平大隴山苦水谷。建武八年，世祖征隗囂，吳漢從高平第一城苦水谷入，即是谷也。東北流，逕高平縣故城東。漢武帝元鼎三年置，安定郡治也。王莽更名其縣曰鋪睦。西十里有獨阜，阜上有故臺，臺側有風伯壇，故世俗呼此阜爲風堆。其水又北，龍泉水注之。水出縣東北七里龍泉，東北流，注高平川。川水又北出秦長城，城在縣北十五里。又西北流，逕東西二土樓故城門北〔一〇〕，合一水，水有五源，咸出隴山西。東水發源縣西南二十六里湫淵，淵在四山中。湫水北流，西北出長城，北與次水會。水出縣西南四十里長城西山中，北流逕魏行宫故殿東。又北，次水注之。水出縣西南四十里山中，北流逕行宫故殿西。又北合次水，水出縣西南四十八里，東北流，又與次水合。水出縣西南六十里酸陽山，東北流，左會右水總爲一川，東逕土樓北，東注苦水。段熲爲護羌校尉，於安定、高平、苦水討先零，斬首八千級於是水之上。苦水又北，與石門水合。水有五源，東水導源高平縣西八十里，西北流，次水注之。水出縣西百二十里如州泉，東北流，右入東水，亂流，左會三川，參差相得，東北同爲一川，混濤歷峽。峽即隴山之北垂也，謂之石門口，水曰石門水，在縣西北八十餘里。石門之水又東北注高平川。川水又北，自延水注之。水西出自延谿，東流歷峽，謂之自延口，在縣之西北百里。又東北逕延城南，東入高平川。川水又北逕廉城東。按地理志，北地有廉縣。闞駰言在富平北。自昔匈奴侵漢，新秦之土率爲狄塲，故城舊壁，盡從胡目。地理淪移，不可復識，當是世人誤證也。川水又北，苦水注之。水發縣東北百里山，流注高平川。川水又北，逕三水縣西，肥水注之。水出高平縣西北二百里牽條山西，東北流，與若勃谿合〔一一〕。水有二源，總歸一瀆，東北流入肥。肥水又東北流，違泉水注焉。泉流所發，導於若勃谿東，東北流入肥。肥水又東北出峽，注於高平川，水東有山，山東有三水縣故城，本屬國都尉治，王莽之廣延亭也。西南去安定郡三百四十里，議郎張奐爲安定屬國都尉，治此。羌有獻金馬者，奐召主簿張祁入於羌前，以酒酹地曰：『使馬如羊，不以入廄；使金如粟，不以入懷。』盡還不受，威化大行。縣東有温泉，温泉東有鹽池。故地理志曰：『縣有鹽官。』今於城之東北有故城，城北有三泉，疑即縣之鹽官也。高平川水又北入於河。

河水又東北，逕眴卷縣故城西。地理志曰：『河水別出爲河溝，東至富平北入河。』河水於此，有上河之名也。

又北，過北地富平縣西。

河側有兩山相對，水出其間，即上河峽也，世謂之爲青山峽。河水歷峽北注，枝分東出。河水又北，逕富平縣故城西，秦置北部都尉，治縣城，王莽名郡爲威戎，縣曰持武〔一二〕。建武中，曹鳳字仲理爲北地太守，政化尤異，黄龍應於九里谷高岡亭，角長三丈〔一三〕，大十圍，梢至十餘丈〔一四〕。天子嘉之，賜帛百匹，加秩中二千石。

河水又北，逕薄骨律鎮城，在河渚上〔一五〕，赫連果城也。桑果餘林，仍列洲上，但語出戎方，不究城名。訪諸耆舊，咸言故老宿彥云：『赫連之世，有駿馬死此，取馬色以爲邑號，故目城爲白口騮。』韻之謬，遂仍今稱，所未詳也。

河水又北，逕朔方郡宏静鎮典農城東〔一六〕，世謂之胡城。又北，逕上河城東，世謂之漢城。薛瓚曰：『上河在西河富平縣』，即此也。馮參爲上河典農都尉所治也。河水又北，逕典農城東，俗名之爲吕城，皆參所屯，以事農甿。河水又東北，逕廉縣故城東，王莽之西河亭。地理志曰：『卑移山在西北。』河水又北，與枝津合，水受大河，東北逕富平城，所在分裂，以溉田圃，北流入河，今無水。爾雅曰：『灉，反入。』言河決復入者也。河之有灉，若漢之有潛也。河水又東北，逕渾懷障西，地理志『渾懷都尉治塞外』者也。太和初，三齊平，徙歷下民居此，遂有歷城之名矣。南去北地三百里。河水又東北，歷石崖山，西去北地五百里。山石之上，自然有文，盡若虎馬之狀，粲然成著，類似圖焉，故亦謂之畫石山也。

又北，過朔方臨戎縣西，

河水東北，逕三封縣故城東，漢武帝元狩三年置，十三州志曰：『在臨戎縣西百四十里。』河水又北，逕臨戎縣故城西，漢元朔五年立，舊朔方郡治，王莽之所謂推武也。河水又北，有枝渠東出，謂之銅口。東逕沃野縣故城南，漢武帝元狩三年立，王莽之綏武也。枝渠東注以溉田，所謂智通在我矣。

河水又北，屈而爲南河出焉。河水又北迆西，溢於窳渾縣故城東，漢武帝元朔二年，開朔方郡縣，即西部都尉治。有道自縣西北出鷄鹿塞，王莽更郡曰溝搜，縣曰極武。其水積而爲屠申澤，澤東西百二十里，故地理志曰『屠申澤在縣東』，即是澤也。闞駰謂之窳渾澤矣。

屈從縣北東流，

河水又屈而東流，爲北河。漢武帝元朔二年，大將軍衛青絶梓嶺梁北河是也。東逕高闕南。史記：『趙武靈王既襲胡服，自代並陰山下，至高闕爲塞。』山下有長城。長城之際，連山刺天，其山中斷，兩岸雙闕，善能雲舉，望若闕焉。即狀表目，故有高闕之名也。自闕北出荒中，闕口有城，跨山結局，謂之高闕戍。自古迄今，常置重捍，以防塞道。漢元朔四年，衛青將十萬人，敗右賢王於高闕，即此處也。

河水又東，逕臨河縣故城北，漢武帝元朔三年封代恭王子劉賢爲侯國，王莽之監河也。

至河目縣西，

河水自臨河縣，東逕陽山南。史記音義曰〔一七〕：『陽山在河北』，指此山也。東流，逕石迹阜西，是阜破石之文，悉有鹿馬之迹，故納斯稱焉。南屈，逕河目縣，在北假中，地名也。自高闕以東，夾山帶河，陽山以往皆北假也。史記曰，『秦使蒙恬將三十萬人〔一八〕，北擊胡，度河取高闕，據陽山北假中』，是也。北河又南，合南河。南河上承西河，東逕臨戎縣故城北，又東逕臨河縣南，又東逕廣牧縣故城北，東部都尉治，王莽之鹽官也。逕流二百許里，東會於河。

河水又南，逕馬陰山西，漢書音義曰，『陽山在河北，陰山在河南』，謂是山也，而即實不在河南。史記音義曰：『五原安陽縣北有馬陰山。』今山在縣北，言陰山在河南，又傳疑之，非也。余按南河、北河及安陽縣以南，悉沙阜爾，無他異山。故廣志曰：『朔方郡北移沙七所，而無山以擬之。』是義志之僻也。陰山在河東南則可矣。

河水又東南，逕朔方縣故城東北，詩所謂『城彼朔方』也。漢元朔二年，大將軍衛青取河南地爲朔方郡，使校尉蘇建築朔方城，即此城也〔一九〕。王莽以爲武符者也。按地理志云〔二〇〕：『金連鹽澤、青鹽澤並在縣南矣。』又按魏土地記曰：『縣有大鹽池，其鹽大而青白，名曰青鹽，又名戎鹽，入藥分。漢置典鹽官。池去平城宮千二百里，在新秦之中。』服虔曰：『新秦，地名，在北，方千里。』如淳曰：『長安以北，朔方以南也。』薛瓚曰：『秦逐匈奴，收河南地，徙民以實之，謂之新秦也。』

屈南，過五原西安陽縣南，

河水自朔方東轉，逕渠搜縣故城北。地理志，朔方有渠搜縣，中部都尉治，王莽之溝搜亭也。禮三朝記曰：『北發渠搜，南撫交趾。』此舉北對南，禹貢之所云析支、渠搜矣。

河水又東，逕西安陽縣故城南，王莽更之曰漳安矣。

河水又東，逕田辟城南，地理志曰：『故西部都尉治也。』

屈東，過九原縣南。

河水又東，逕成宜縣故城南，王莽更曰艾虜也。

河水又東，逕原亭城南。闞駰十三州志曰：『中部都尉治。』

河水又東，逕宜梁縣之故城南。闞駰曰：『五原西南六十里，今世謂之石崖城。』

河水又東，逕稒陽城南，東部都尉治。又逕河陰縣故城北。

又東，逕九原縣故城南，秦始皇置九原郡治此。漢武帝元朔二年，更名五原也。王莽之獲降郡成平縣矣。西北接對一城，蓋五原縣之故城也，王莽之填河亭矣。竹書紀年：『魏襄王十七年，邯鄲命吏大夫奴遷於九原，又命將軍大夫適子戍吏，皆貉服矣。』其城南面長河，北背連山，秦始皇逐匈奴並河以東，屬之陰山，築亭障爲河上塞。徐廣史記音義曰，陰山『在五原北』，即此山也。始皇三十三年，起自臨洮，東暨遼海，西並陰山，築長城及開南越地，晝警夜作，民勞怨苦。故楊泉物理論曰：『秦始皇使蒙恬築長城，死者相屬。』民歌曰：『生男慎勿舉，生女哺用餔。不見長城下，尸骸相支拄。』其冤痛如此矣。

蒙恬臨死曰：『夫起臨洮，屬遼東，城塹萬餘里，不能不絕地脉，此固當死也。』

又東，過臨沃縣南。

王莽之振武也。河水又東，枝津出焉。河水又東流，石門水南注之。水出石門山。地理志曰『北出石門障』，即此山也。西北趣光禄城。甘露三年，呼韓邪單于還，詔遣長樂衛尉高昌侯董忠，車騎都尉韓昌等，將萬六千騎，送單于居幕南，保光禄。徐自爲所築城也，故城得其名矣。城東北即懷朔鎮城也。其水自障東南流，逕臨沃城東，東南注於河。河水又東，逕稒陽縣故城南，王莽之固陰也。地理志曰，自縣『北出石門障』，河水決其西南隅，又東南枝津注焉。水上承大河於臨沃縣〔二一〕，東流七十里，北溉田，南北二十里，注於河。河水又東，逕塞泉城南而東注。

又東，過雲中楨陵縣南。又東，過沙南縣北，從縣東屈南，過沙陵縣西。

大河東逕咸陽縣故城南，王莽之賁武也。河水屈而南流，白渠水注之。水出塞外，西逕定襄武進縣故城北，西部都尉治，王莽更曰伐蠻。世祖建武中，封隨憲爲侯國也〔二二〕。白渠水西北逕成樂城北〔二三〕。郡國志曰：『成樂故屬定襄。』魏土地記曰：『雲中城東八十里有成樂城，今雲中郡治，一名石盧城。』白渠水又西，逕魏雲中宮南。魏土地記曰：『雲中宮在雲中縣故城東四十里。』白渠水又西南，逕雲中故城南，故趙地。虞氏記云：『趙武侯自五原河曲築長城，東至陰山。又於河西造大城，一箱崩不就，乃改卜陰山河曲而禱焉。晝見羣鵠遊於雲中，裴回經日，見大光在其下，武侯曰：「此爲我乎？」乃即於其處築城，今雲中城是也。』秦始皇十三年立雲中郡。王莽更郡曰受降，縣曰遠服矣。白渠水又西北，逕沙陵縣故城南，王莽之希恩縣也。其水西注沙陵湖。

又有芒干水出塞外，南逕鐘山，山即陰山。故郎中侯應言於漢曰：『陰山東西千餘里，單于之苑囿也。自孝武出師攘之於漠北，匈奴失陰山，過之未嘗不哭。』謂此山也。其水西南逕武皋縣，王莽之永武也。又南，逕原陽縣故城西，又西南與武泉水合，其水東出武泉縣之故城西南，縣即王莽之所謂順泉者也。水南流又西屈，逕北輿縣故城南。按地理志『五原有南輿縣』，王莽之南利也，故此加『北』。舊中部都尉治。十三州志曰：『廣陵有輿，故此加北。疑太疏遠也。』其水又西南入芒干水。芒干水又西南，逕白道南谷口，有城在右，縈帶長城，背山面澤，謂之白道城。自城北出有高阪，謂之白道嶺。沿路惟土穴出泉，挹之不窮。余每讀琴操，見琴慎相和，雅歌録云，飲馬長城窟。及其跋陟斯途，遠懷古事，始知信矣，非虚言也。顧瞻左右，山椒之上，有垣若頽基焉。沿谿亘嶺，東西無極，疑趙武靈王之所築也。芒干水又西南，逕雲中城北，白道中谿水注之。水發源武川北塞中，其水南流，逕武川鎮城。城以景明中築，以禦北狄矣。其水西南流歷谷，逕魏帝行宫東，世謂之阿計頭殿，宫城在白道嶺北阜上。其城圓角而不方，四門列觀，城内惟臺殿而已。其水又西南歷中谿，出山西南流，於雲中城北南注芒干水。芒干水又西，塞水出懷朔鎮東北芒中〔二四〕，南流逕廣德殿西山下。余以太和十八年，從高祖北巡，届於陰山之講武臺。臺之東，有高祖講武碑。碑文是中書郎高聰之辭也。自臺西出，南上山，山無樹木，惟童阜爾，即廣德殿所在也。其殿四注兩廈，堂宇綺井，圖畫奇禽異獸之象。殿之西北，便得焜煌堂，雕楹鏤桷，取狀古之温室也。其時帝幸龍荒，遊鸞朔北。南秦王仇池楊難當捨蕃委誠，重譯拜闕，陛見之所也。故殿以廣德爲名。魏太平真君三年〔二五〕，刻石樹碑，勒宣時事。碑頌云：『肅清帝道，振懾四荒。有蠻有戎，自彼氐羌。無思不服，重譯稽顙。恂恂南秦，斂斂推亡。峨峨廣德，奕奕焜煌。』侍中司徒東郡公崔浩之辭也。碑陰題宣城公李孝伯、尚書盧遐等從臣姓名，若新鏤焉。其水歷谷南出山，西南入芒干水。芒干水又西南，注沙陵湖。湖水西南入於河。

河水南入楨陵縣西北緣胡山，歷沙南縣東北兩山二縣之間而出。余以太和中爲尚書郎，從高祖北巡，親所逕涉。縣在山南，王莽之楨陸也，北去雲中城百二十里。縣南六十許里，有東西大山，山西枕河，河水南流，脉水尋經，殊乖川去之次，似非關究也。

又南，過赤城東。又南，過定襄桐過縣西。

定襄郡，漢高帝六年置，王莽之得降也。桐過縣，王莽更名椅桐者也。河水於二縣之間，濟有君子之名。皇魏桓帝十一年〔二六〕，西幸榆中，東行代地。洛陽大賈齎金貨隨帝後行，夜迷失道，往投津長，曰：『子封送之渡河。』賈人卒死，津長藴之。其子尋求父喪，發冢舉尸，資囊一無所損。其子悉以金與之，津長不受。事聞於帝，帝曰君子也，即名其津爲君子濟。濟在雲中城西南二百餘里。

河水又東南，左合一水。水出契吳東山西逕故里南〔二七〕，北俗謂之契吳亭。其水又西流，注於河。

河水又南，樹頽水注之。水出東山，西南流，右合中陵川水。水出中陵縣西南山下，北俗謂之大浴真山，水亦取名焉。東北流，逕中陵縣故城東，北俗謂之北右突城，王莽之遮害也。十三州志曰：『善無縣南七十五里有中陵縣，世祖建武二十五年置。』其水又西北，右合一水，水出東山，北俗謂之貸敢山，水又受名焉。其水西北流，注於中陵水。中陵水又西北流，逕善無縣故城西。王莽之陰館也。十三州志曰：『舊定襄郡治。』地理志：『雁門郡治。』其水又西北流，右會一水。水出東山下，北俗謂之吐文水，山又取名焉。北流逕鋤亭南，又西流逕土壁亭南，西出峽，左入中陵水。中陵水又北，分爲二水。一水東北流，謂之沃水。又東，逕沃陽縣故城南，北俗謂之可不埿城，王莽之敬陽也。又東北，逕沃陽城東，又東合可不埿水。水出縣東南六十里山下，西北流注沃水。沃水又東，逕參合縣南，魏因參合陘以即名也。北俗謂之倉鶴陘。道出其中，亦謂之參合口。陘在縣之西北，即燕書所謂『太子寶自河西還師參合，三軍奔潰』，即是處也。魏立縣以隸涼城郡，西去沃陽縣故城二十里。縣北十里有都尉城。地理志曰，『沃陽縣，西部都尉治』者也。北俗謂之阿養城。其水又東合一水。水出縣東南六十里山下，北俗謂之災豆渾水，西北流注於沃水。沃水又東北流注鹽池。地理志曰『鹽澤在東北』者也。今鹽池西南去沃陽縣故城六十五里，池水瀠渟，淵而不流，東西三十里，南北二十里。池北七里，即涼城郡治。池西有舊城，俗謂之涼城也，郡取名焉。地理志曰澤『有長丞』，此城即長丞所治也。城西三里有小阜，阜下有泉，東南流注池。北俗謂之大谷北堆，水亦受目焉。中陵川水自枝津西北流，右合一水於連嶺北。水出沃陽縣東北山下，北俗名之烏伏真山，水曰誥升袁河。西南流逕沃陽縣，左合中陵川亂流，西南與一水合，北俗謂之樹頹水。水出東山下，西南流，右合誥升袁水亂流，西南注，分爲二水。左水枝分南出，北俗謂之太羅河。右水西逕故城南，北俗謂之昆新城。其水自城西南流，注於河。河水又南，太羅水注之，水源上承樹頹河，南流西轉，逕武州縣故城南。十三州志曰：『武州縣在善無縣西南百五十里，北俗謂之太羅城，水亦藉稱焉。』其水西南流，一水注之。水導故城西北五十里，南流逕城西北，俗名之曰故槃迴城。又南流，注太羅河。太羅河又西南流，注於河。

河水又左得湳水口。水出西河郡美稷縣，東南流。東觀記曰：『郭伋字細侯，爲并州牧。前在州素有恩德，老小相攜道路，行部到西河，美稷數百小兒各騎竹馬迎拜。伋問：「兒曹何自遠來？」曰：「聞使君到，喜，故迎。」伋謝而發去，諸兒復送郭外。問使君何日還，伋計日告之。及還，先期一日，念小兒，即止野亭，須期至乃往。』其水又東南流，羌人因水以氏之。漢沖帝時，羌湳狐奴歸化，蓋其渠帥也。其水俗亦謂之爲諯波水，東南流入長城東。鹹水出長城西鹹谷，東入湳水。湳水又東南，渾波水出西北窮谷，東南流注於湳水。湳水又東，逕西河富昌縣故城南，王莽之富成也。湳水又東流入於河。

河水左合一水，出善無縣故城西南八十里。其水西流，歷於呂梁之山而爲呂梁洪。其山巖層岫衍，澗曲崖深，巨石崇竦，壁立千仞，河流激盪，濤涌波襄，雷渀電泄，震天動地。昔呂梁未闢，河出孟門之上，蓋大禹所闢以通河也。司馬彪曰：『呂梁在離石縣西。』今於縣西歷山尋河，並無過阻〔二八〕，至是乃爲河之巨險，即呂梁矣。在離石北以東，可二百有餘里也。

又南，過西河圁陽縣東。

西河郡，漢武帝元朔四年置，王莽改曰歸新。圁水出上郡白土縣圁谷，東逕其縣南。地理志曰：『圁水出西，東入河。』王莽更曰黄土也。東至長城，與神銜水合。水出縣南神銜山，出峽，東至長城，入於圁水。圁水又東，逕鴻門縣，縣故鴻門亭。地理風俗記曰：『圁陰縣西五十里有鴻門亭、天封苑、火井祠，火從地中出。』圁水又東，梁水注之。水出西北梁谷，東南流注圁水。圁水又東，逕圁陰縣北。漢惠帝五年立，王莽改曰方陰矣。又東，桑谷水注之。水出西北桑谿，東北流入於圁水〔二九〕。圁水又東，逕圁陽縣南，東流注於河。

河水又東，端水入焉。水西出號山。山海經曰：『其木多漆椶，其草多穹窮，是多汵石，端水出焉，而東流注於河。』

河水又南，諸次之水入焉。水出上郡諸次山。山海經曰：『諸次之山，諸次之水出焉。是山多木無草，鳥獸莫居，是多象蛇。』其水東逕榆林塞，世又謂之榆林山，即漢書所謂榆谿舊塞者也。自谿西去，悉榆柳之藪矣。緣歷沙陵，届龜兹縣西北，故謂『廣長榆』也。王恢云『樹榆爲塞』，謂此矣。蘇林以爲榆中在上郡，非也。按始皇本紀：『西北逐匈奴，自榆中並河以東，屬之陰山。』然榆中在金城東五十許里，陰山在朔方東。以此推之，不得在上郡。漢書音義，蘇林爲失，是也。其水東入長城，小榆水合焉。歷澗西北，窮谷其源也。又東合首積水，水西出首積谿，東注諸次水。諸次水又東入於河〔三〇〕。山海經曰：『諸次之水東流注於河。』即此水也。

河水又南，湯水注之。山海經曰：『水出上申之山，上無草木，而多硌石，下多榛楛，湯水出焉。東流注於河也。』

又南，過離石縣西。

奢延水注之。水西出奢延縣西南赤沙阜，東北流。山海經所謂『生水出孟山』者也〔三一〕。郭景純曰：孟或作明。漢破羌將軍段熲破羌於奢延澤，虜走洛川。洛川在南，俗因縣土，謂之奢延水，又謂之朔方水矣。東北流，逕其縣故城南，王莽之奢節也。赫連龍升七年，於是水之北，黑水之南，遣將作大匠梁公叱干阿利改築大城，名曰統萬城。蒸土加功，雉堞雖久，崇墉若新。幷造五兵，器鋭精利，乃咸百鍊。爲龍雀大鐶，號曰『大夏龍雀』。銘其背曰：『古之利器，吳楚湛盧。大夏龍雀，名冠神都。可以懷遠，可以柔逋。如風靡草，威服九區。』世甚珍之。又鑄銅爲大鼓及飛廉、翁仲、銅駝、龍虎，皆以黃金飾之，列於宮殿之前，則今夏州治也。奢延水又東北與温泉合，源西北出沙谿，而東南流注奢延水。奢延水又東，黑水入焉。水出奢延縣黑澗，東南歷沙陵，注奢延水。奢延水又東合交蘭水。水出龜茲交蘭谷，東南流注奢延水。奢延水又東北流，與鏡波水合，水源出南邪山南谷，東北流注於奢延水。奢延水又東，逕膚施縣，帝原水西北出龜茲縣，東南流。縣因處龜茲，降胡著稱。又東南注奢延水。奢延水又東，逕膚施縣南，秦昭王三年置，上郡治。漢高祖幷三秦，復以爲郡。王莽以漢馬員爲增山連率，歸世祖以爲上郡太守。司馬彪曰：『增山者，上郡之別名也。』東入五龍山。地理志曰，縣『有五龍山、帝、原水』。自下亦爲通稱也。歷長城東，出於赤翟、白翟之中〔三二〕。又有平水，出西北平谿，東南入奢延水。奢延水又東，走馬水注之。水出西南長城北，陽周縣故城南橋山。昔二世賜蒙恬死於此。王莽更名上陵畤，山上有黃帝冢故也。帝崩，惟弓劍存焉，故世稱黃帝仙矣。其水東流，昔段熲追羌出橋門至走馬水，聞羌在奢延澤，即此處也。門即橋山之長城門也。始皇令太子扶蘇與蒙恬築長城，起自臨洮，至於碣石，即是城也。其水東北流入長城，又東北注奢延水。奢延水又東，與白羊水合。其水出於西南白羊谿，循谿東北注於奢延水。奢延水又東，入於河。山海經曰：『生水東流注於河。』

河水又南，陵水注之。水出陵川北谿，南逕其川，西轉入河。

河水又南，得離石水口。水出離石北山，南流逕離石縣故城西。史記云，『秦惠王伐趙取離石』者也〔三三〕。漢武帝元朔三年，封代共王子劉綰爲侯國，後漢西河郡治也。其水又南出西轉，逕隰城縣故城南，漢武帝元朔三年，封代共王子劉忠爲侯國，王莽之慈平亭也。胡俗語譌，尚有『十城』之稱〔三四〕。其水西流，注於河也。

又南，過中陽縣西。

中陽縣故城在東，東翼汾水，隔越重山，不濱於河也。

又南，過土軍縣西。

吐京郡治。故城即土軍縣之故城也。胡、漢譯言，音爲譌變矣〔三五〕。其城圓長而不方。漢高帝十一年，以封武侯宣義爲侯國。縣有龍泉，出城東南道左山下牧馬川。川上多產名駒，駿同滇池天馬。其水西北流，至其城東南。土軍水出道左高山，西南注之。龍泉水又北，屈逕其城東，西北入於河。河水又南合契水，旁谿東入，窮谷其源也。又南至禄谷水口，水源東窮此谿也。河水又南，得大蛇水，發源谿首，西流入河。河水又南，右納辱水。山海經曰：『辱水出鳥山，其上多桑，其下多楮，陰多鐵，陽多玉，其水東流注於河〔三六〕。』俗謂之秀延水。東流得浣水口，旁谿西轉，窮谿便即浣水之源也。辱水又東會根水，西南谿下，根水所發，而東北注辱水。辱水又東南，露跳水出西露谿東流，又東北入辱水，亂流注於河。

河水又南，左合信支水。水發源東露谿，西流入於河。

河水又南，左會石羊水。循谿東入，導源窮谷，西流注於河。

又南，過上郡高奴縣東。

域谷水東啓荒原，西歷長谿，西南入於河。

河水又南，合孔谿口，水出孔山南，歷谿西流，注於河。孔山之上，有穴如車輪，三所。東西相當，相去各二丈許，南北直通，故謂之孔山也。山在蒲城西南三十餘里。

河水又右，會區水。山海經：『西次四經之首曰陰山，西北百七十里曰申山。其上多穀柞，其下多杻橿，其陽多金玉。區水出焉，而東流注於河。』世謂之清水。東流入上郡長城，逕老人山下，又東北流，至老人谷，旁水北出，極谿便得水源。清水又東，得龍尾水口。水出北地神泉障北山龍尾谿，東北流注清水。清水又東，會三湖水。水出南山三湖谷，東北流入清水。清水又東，逕高奴縣，合豐林水。地理志謂之洧水也。故言高奴縣有洧水，肥可然。水上有肥，可接取用之。博物志稱：『酒泉延壽縣南山出泉水，大如筥，注地爲溝。水有肥如肉汁，取著器中始黄後黑，如凝膏，然極明，與膏無異。膏車及水碓釭甚佳〔三七〕，彼方人謂之石漆。』水肥亦所在有之，非止高奴縣洧水也。項羽以封董翳爲翟王，居之三秦，此其一也。漢高祖破以縣之，王莽之利平矣。民俗語譌，謂之高樓城也。豐林川長津瀉注，北流會清水，又有奚谷水注之。水西出奚川，東南流入清水。清水又東，注於河。

河水又南，蒲川水出石樓山，南逕蒲城東，即重耳所奔之處也。又南歷蒲子縣故城西，今大魏之汾州治。徐廣晉紀稱，『劉淵自離石南移蒲子』者也。闞駰曰：『蒲城在西北，漢武帝置。』其水南出，得黄盧水口。水東出蒲子城南〔三八〕，東北入谷，極谿便水之源也。蒲水又南，合紫川水。水東北出紫川谷，西南合江水。江水出江谷，西北入紫川水〔三九〕。紫川水又西北入蒲水，蒲水又西南入於河。

河水又南，合黑水。水出定陽縣西山，二源奇發，同瀉一壑，東南流逕其縣北，又東南流，右合定水，俗謂之白水也。水西出其縣南山定水谷，東逕定陽縣故城南。應劭曰：『縣在定水之陽也。』定水又東，注於黑水，亂流東南入於河。

又南，過河東北屈縣西。

河水南逕北屈縣故城西。西四十里有風山〔四〇〕，上有穴如輪，風氣蕭瑟，習常不止。當其衝飄也，略無生草，蓋常不定，衆風之門故也。風山西四十里，河南孟門山〔四一〕，與龍門山相對〔四二〕。山海經曰：『孟門之山，其上多金玉，其下多黄堊涅石。』淮南子曰：『龍門未闢，呂梁未鑿，河出孟門之上，大溢逆流，無有丘陵，高阜滅之，名曰洪水。大禹疏通，謂之孟門。』故穆天子傳曰：『北登孟門，九河之隥。』孟門，即龍門之上口也，寔爲河之巨阸，兼孟門津之名矣。此石經始禹鑿，河中漱廣，夾岸崇深，傾崖返捍，巨石臨危，若墜復倚。古之人有言，水非石鑿而能入石，信哉。其中水流交衝，素氣雲浮，往來遥觀者，常若霧露沾人，窺深悸魄。其水尚崩浪萬尋，懸流千丈，渾洪贔怒，鼓若山騰，濬波頽疊，迄於下口。方知慎子：『下龍門，流浮竹，非駟馬之追也。』又有燕完水注之，異源合舍，西流注河。

河水又南，得鯉魚澗。歷澗東入，窮谿首便其源也。爾雅曰鱣，鮪也。出鞏穴，三月則上渡龍門，得渡爲龍矣，否則點額而還。非夫往還之會，何能便有兹稱乎？

河水又南，羊求水入焉。水東出羊求川，西逕北屈縣故城南，城即夷吾所奔邑，王莽之朕北也。汲郡古文曰：『翟章救鄭，次於南屈。』應劭曰：『有南故稱北。』國語曰：『二五言於獻公曰：蒲與二屈，君之疆也。』其水西流注於河。

河水又南，爲採桑津。春秋『僖公八年，晉里克敗狄于採桑』是也。赤水出西北罷谷川，東謂之赤石川，東入於河。

河水又南，合蒲水，西則兩源並發，俱導一山，出西河陰山縣。王莽之山寧也。陰山東麓〔四三〕，南水東北與長松水合，水西出丹陽山東，東北流，左入蒲水。蒲水又東北，與北谿會，同爲一川，東北注河。

河水又南，丹水西南出丹陽山，東北逕冶官東，俗謂之丹陽城。城之左右，猶有遺銅矣。其水東北會白水口，水出丹山東而西北注之。丹水又東北入河。

河水又南，黑水西出丹山東，而東北入於河。

河水又南，至崿谷，旁谷東北窮澗，水源所導也，西南流注於河。

河水又南，洛水自獵山枝分東派，東南注於河。昔魏文侯築館洛陰，指謂是水也。

又南，過皮氏縣西。

皮氏縣，王莽之延平也。故城在龍門東南，不得延逕皮氏，方届龍門也。

又南，出龍門口，汾水從東來注之。

昔者大禹導河積石，疏決梁山謂斯處也。即經所謂龍門矣。魏土地記曰：『梁山北有龍門山，大禹所鑿，通孟津河口，廣八十步。巖際鐫迹，遺功尚存。岸上并有廟祠，祠前有石碑三所。二碑文字紊滅，不可復識，一碑是太和中立。』竹書紀年：『晉昭公元年，河赤於龍門三里。梁惠成王四年，河水赤於龍門三日。』京房易妖占曰：『河水赤，下民恨。』

河水又南，右合暢谷水，水自谿東南流，逕夏陽縣西北，東南注於河。

河水又南，逕梁山原東，原自山東南出至河，晉之望也。在馮翊夏陽縣之西北，臨於河上，山崩壅河，三日不流。晉侯以問伯宗，即是處也。春秋穀梁傳曰：『成公五年，梁山崩，遏河水三日不流。召伯尊，遇輦者不避，使車右鞭之。輦者曰：「所以鞭我者，其取道遠矣。」伯尊因問之，輦者曰：「君親縞素，率羣臣哭之，斯流矣。」』如其言而河流。

河水又南，崌谷水注之。水出縣西北梁山，東南流，橫谿水注之。水出三累山。其山層密三成，故俗以三累名山。按爾雅：『山三成爲崑崙丘。』斯山豈亦崑崙丘乎？山下水際有二石室，蓋隱者之故居矣。細水東流，注於崌谷。側谿山南有石室，西面有兩石室，北面有二石室，皆因阿結牖，連扃接闥，所謂石室相距也。東廂石上，猶傳杵臼之迹。庭中亦有舊宇處，尚髣髴前基。北坎室上有微涓石溜，豐周瓢飲，似是棲遊隱學之所。昔子夏教授西河，疑即此也，而無以辨之。谿水又東南，逕夏陽縣故城北，故少梁也。秦惠文王十一年，更從今名矣。王莽之冀亭也。其水東南注於河。昔韓信之襲魏王豹也，以木罌自此渡。

河水又南，又合陶渠水。水出西北梁山，東南流，逕漢陽太守殷濟精廬南，俗謂之子夏廟。陶水又南，逕高門南〔四四〕，蓋層阜墮缺，故流『高門』之稱矣。又東南逕華池南。池方三百六十步，在夏陽城西北四里許，故司馬遷碑文云：『高門華池，在茲夏陽。』今高門東去華池三里。谿水又東南，逕夏陽縣故城南。服虔曰：『夏陽，虢邑也，在太陽東三十里。』又歷高陽宮北，又東南逕司馬子長墓北。墓前有廟，廟前有碑，永嘉四年，漢陽太守殷濟瞻仰遺文，大其功德，遂建石室，立碑樹桓。太史公自敘曰：『遷生於龍門。』是其墳墟所在矣。谿水東南流入河。昔魏文侯與吳起浮河而下，美河山之固，即於此也。河水又南，徐水注之。水出西北梁山，東南流逕漢武帝登仙宮東，東南流，絕彊梁原〔四五〕。右逕劉仲城北，是漢祖兄劉仲之封邑也。故徐廣史記音義曰：『郃陽，國名也，高祖八年侯劉仲。』是也。其水東南，逕子夏陵北，東入河。河水又南，逕子夏石室東，南北有二石室，臨側河崖，即子夏廟室也。

又南，過汾陰縣西。

河水東際汾陰脽，縣故城在脽側。漢高帝六年，封周昌爲侯國。魏土地記曰：『河東郡北八十里，有汾陰城，北去汾水三里，城西北隅曰脽丘，上有后土祠。』封禪書曰：『元鼎四年，始立后土祠於汾陰脽丘』是也。又有萬歲宮，漢宣帝神爵元年，幸萬歲宮，東濟大河，而神魚舞水矣。昔趙簡子沈欒徼於此，曰：『吾好聲色，而是子致之；吾好士，六年不進一人，是長吾過而黜吾善。』君子以爲能讁矣。河水又逕郃陽城東。周威烈王之十八年〔四六〕，魏文侯伐秦至鄭〔四七〕，還築汾陰、郃陽，即此城也。故有莘邑矣，爲太姒之國。詩云：『在郃之陽，在渭之涘。』又曰：『纘女維莘，長子維行。』謂此也。城北有瀵水，南去二水各數里，其水東逕其城內，東入於河。又於城內側中，有瀵水東南出城，注於河。城南又有瀵水，東流注於河。水南猶有文母廟，廟前有碑，去城十五里，水即郃水也。縣取名焉。故應劭曰：『在郃水之陽也。』

河水又南，瀵水入焉。水出汾陰縣南四十里，西去河三里。平地開源，濆泉上涌，大幾如輪，深則不測，俗呼之爲瀵魁。古人壅其流以爲陂水，種稻。東西二百步，南北百餘步，與郃陽瀵水夾河。河中渚上又有一瀵水，皆相潛通，故呂忱曰：『爾雅，異出同流爲瀵水。』其水西南流，歷蒲阪西，西流注於河。

河水又南，逕陶城西，舜陶河濱，皇甫士安以爲定陶，不在此也。然陶城在蒲阪城北，城即舜所都也。南去歷山不遠，或耕或陶，所在則可，何必定陶，方得爲陶也。舜之陶也，斯或一焉。孟津有陶河之稱，蓋從此始之。南對蒲津關。汲冢竹書紀年：『魏襄王七年，秦王來見於蒲阪關。四月，越王使公師隅來獻乘舟始罔及舟三百，箭五百萬，犀角象齒焉。』

又南，過蒲阪縣西。

地理志曰：『縣，故蒲也。王莽更名蒲城。』應劭曰：『秦始皇東巡，見有長阪，故加阪也。』孟康曰：『晉文公以賂秦，後秦人還蒲於魏〔四八〕，魏人喜，曰：「蒲反矣。」』故曰蒲反也。薛瓚注漢書曰：『秦世家「以垣爲蒲反」，然則本非蒲也。』皇甫謐曰：『舜所都也。或言蒲阪，或言平陽及潘者也。』今城中有舜廟。魏秦州刺史治。太和遷都罷州，置河東郡。郡多流雜，謂之徙民。民有姓劉名墮者，宿擅工釀，採挹河流，醖成芳酎，懸食同枯枝之年，排於桑落之辰，故酒得其名矣。然香醑之色，清白若滫漿焉，别調氛氳，不與他同，蘭薰麝越，自成馨逸。方土之貢選〔四九〕，最佳酌矣。自王公庶友，牽拂相招者，每云：『索郎有顧，思同旅語。』索郎，反語爲桑落也。更爲籍徵之雋句，中書之英談。郡南有歷山，謂之歷觀，舜所耕處也。有舜井，嬀汭二水出焉。南曰嬀水，北曰汭水，西逕歷山下，上有舜廟。周處風土記曰：『舊説舜葬上虞。』又記云：『耕於歷山，而始寧剡二縣界上，舜所耕田，於山下多柞樹，吳越之間，名柞爲櫪〔五〇〕，故曰歷山。』余按周處此志爲不近情，傳疑則可，證實非矣。安可假木異名，附山殊稱，强引大舜，即比甯壤〔五一〕，更爲失志記之本體，差實録之常經矣。歷山、嬀、汭，言是則安，於彼乖矣。尚書所謂『釐降二女於嬀汭』也。孔安國曰：『居嬀水之内。』王肅曰：『嬀汭，虞地名。』皇甫謐曰：『納二女於嬀水之「汭」。』馬季長曰：『水所出曰「汭」。』然則『汭』似非水名，而今見有二水異源同歸，渾流西注入於河。

河水南逕雷首山西，山臨大河，北去蒲阪三十里，尚書所謂『壺口、雷首』者也。俗亦謂之堯山，山上有故城，世又曰堯城。闞駰曰：『蒲阪，堯都。』按地理志曰：『縣有堯山、首山祠，雷首山在南。』事有似而非，非而是，千載眇邈，非所詳爾。

又南，涑水注之。水出河北縣雷首山，縣北與蒲阪分，山有夷齊廟。闞駰十三州志曰：『山一名獨頭山，夷齊所隱也。』山南有古冢，陵柏蔚然，攢茂丘阜，俗謂之夷齊墓。其水西南流，亦曰雷水也。穆天子傳曰：『壬戌，天子至於雷首，犬戎胡觴天子於雷首之阿，乃獻良馬四六，天子使孔牙受之。』於雷水之干是也。昔趙盾田首山，食祁彌明翳桑之下，即於此也。涑水又西南流，注於河。春秋左傳謂之涑川者也，俗謂之陽安澗水。

又南，至華陰潼關，渭水從西來注之。

汲郡竹書紀年曰：『晉惠公十五年，秦穆公帥師送公子重耳涉自河曲。』春秋左傳：『僖公二十四年，秦伯納之。及河，子犯以璧授公子曰：「臣負羈紲，從君巡於天下，臣之罪多矣，臣猶知之，而況君乎？請由此亡。」公子曰：「所不與舅氏同心者，有如白水。」投璧於此。』子推笑曰：『天開公子，子犯以爲功，吾不忍與同位。』遂逃焉。

河水歷船司空，與渭水會。漢書地理志，舊京兆尹之屬縣也〔五二〕。古語云〔五三〕：『華岳本一山當河，河水過而曲行，河神巨靈，手盪脚蹋，開而爲兩，今掌足之迹仍存華巖。』開山圖曰〔五四〕:『有巨靈胡者,徧得坤元之道,能造山川,出江河,所謂巨靈贔屭,首冠靈山者也。』常有好事之士故升華岳而觀厥迹焉。自下廟歷列柏南行十一里,東迴三里,至中祠。又西南出五里,至南祠,謂之北君祠,諸欲升山者,至此皆祈請焉。從此南入谷七里,又屆一祠,謂之石養父母,石龕木主存焉。又南出一里,至天井。井裁容人,穴空迂迴頓曲而上,可高六丈餘,山上又有微涓細水,流入井中,亦不甚沾。人上者皆所由陟,更無别路。欲出井望空視明,如在室窺窗也。出井東南行二里,峻阪斗上斗下。降此阪二里許,又復東上百丈崖。升降皆須扳繩挽葛而行矣。南上四里路到石壁,緣旁稍進,逕百餘步。自此西南出六里,又至一祠,名曰胡越寺。神像有童子之容。從祠南歷夾嶺,廣裁三尺餘,兩箱懸崖數萬仞,窺不見底。祀祠有感,則雲與之平,然後敢度,猶須騎嶺抽身,漸以就進,故世謂斯嶺爲搦嶺矣。度此二里,復屆山頂。上方七里,靈泉二所。一名蒲池,西流注於澗;一名太上泉,東注澗下。上宫神廟近東北隅,其中塞實雜物,事難詳載。自上宫東北出四百五十步,有屈嶺。東南望巨靈手迹,惟見洪崖赤壁而已。都無山下上觀之分均矣。

河在關内南流,潼激關山,因謂之潼關。濩水注之,水出松果之山,北流逕通谷,世亦謂之通谷水,東北注於河。述征記所謂潼谷水者也。或説因水以名地也。河水自潼關東北流，水側有長阪，謂之黃巷阪。阪旁絶澗，陟此阪以升潼關，所謂泝黃巷以濟潼關矣。歷北出東崤，通謂之函谷關也。邃岸天高，空谷幽深，澗道之峽，車不方軌，號曰天險。故西京賦曰：『巖險周固，襟帶易守。』所謂秦得百二，幷吞諸侯也。是以王元説隗囂曰：『請以一丸泥，東封函谷關，圖王不成，其弊足霸矣。』郭緣生記曰：『漢末之亂，魏武征韓遂、馬超，連兵此地。』今際河之西，有曹公壘。道東原上，云李典營。義熙十三年，王師曾據此壘。西征記曰：『沿路逶迆，入函道六里，有舊城，城周百餘步，北臨大河，南對高山，姚氏置關以守峽，宋武帝入長安〔五五〕，檀道濟、王鎮惡或據山爲營，或平地結壘，爲大小七營，濱帶河險，姚氏亦保據山原，陵阜之上，尚傳故迹矣。』關之直北，隔河有層阜，巍然獨秀，孤峙河陽，世謂之風陵。戴延之之所謂風塠者也。南則河濱姚氏之營，與晉對岸。

河水又東北，玉澗水注之。水南出玉谿，北流逕皇天原西。周固記開山東首上平博〔五六〕，方可里餘，三面壁立，高千許仞，漢世祭天於其上，名之爲皇天原。上有漢武帝思子臺。又北逕閿鄉城西，郡國志曰：『弘農湖縣有閿鄉。』世謂之閿鄉水也。魏尚書僕射閿鄉侯河東衛伯儒之故邑。其水北流注於河。

河水又東，逕閿鄉城北，東與全鳩澗水合。水出南山，北逕皇天原東。述征記曰：『全節，地名也。』其西名桃原，古之桃林，周武王克殷，休牛之地矣。西征賦曰：『咸徵名於桃原』者也。晉太康地記曰：『桃林在閿鄉南谷中。』其水又北，流注於河。

又東，過河北縣南。

縣與湖縣分河。蓼水出襄山蓼谷，西南注於河。

河水又東，永樂澗水注之。水北出薄山，南流逕河北縣故城西，故魏國也。晉獻公滅魏，以封畢萬。卜偃曰：『魏，大名也。萬後其昌乎？』後乃縣之，在河之北，故曰河北縣也。今城南西二面，並去大河可二十餘里，北去首山十許里，處河山之間，土地迫隘，故魏風著十畝之詩也。城內有龍泉，南流出城，又南，斷而不流。永樂谿水又南入於河。余按中山經，即渠豬之水也。太史公封禪書稱『華山以西，名山七』，薄山其一焉。薄山即襄山也。徐廣曰：『薄阪縣有襄山。』山海經曰：『薄山之首曰甘棗之山，共水出焉，而西流注於河。東則渠豬之山，渠豬之水出焉，而南流注於河。』如準封禪書，二水無西南注河之理。今診蓼水，川流所趣，與共水相扶。永樂谿水導源注於河，又與渠豬勢合，薄山統目總稱，亦與襄山不殊。故揚雄河東賦曰：『河靈矍踢，掌華蹈襄。』注云：『襄山在潼關北十餘里。』以是推之，知襄山在蒲阪谿水，即渠豬之水也。

河水自河北城南，東逕芮城。二城之中，有段干木冢。干木，晉之賢人也。魏文侯過其門，式其廬，所謂德尊萬古，芳越來今矣。汲冢竹書紀年曰：『晉武公元年，尚一軍。芮人乘京，荀人、董伯皆叛。』匪直大荔故芮也，此亦有焉。紀年又云：『晉武公七年，芮伯萬之母芮姜逐萬，萬出奔魏。八年，周師、虢師圍魏，取芮伯萬而東。九年，戎人逆芮伯萬於郊〔五七〕。』斯城亦或芮伯之故晝也。

河水右會槃澗水。水出湖縣夸父山北，逕漢武帝思子宮、歸來望思臺東，又北流入於河。

河水又東，逕湖縣故城北，昔范叔入關，遇穰侯於此矣。湖水出桃林塞之夸父山，廣員三百里〔五八〕。武王伐紂，天下既定，王及岳瀆，放馬華陽，散牛桃林，即此處也。其中多野馬，造父於此得驊騮、綠耳、盜驪之乘，以獻周穆王。王使之馭〔五九〕，以見西王母。湖水又北，逕湖縣東，而北流入於河。魏土地記曰：『弘農湖縣有軒轅黃帝登仙處。』黃帝採首山之銅，鑄鼎於荆山之下，有龍垂胡於鼎，黃帝登龍，從登者七十人，遂升於天。故名其地爲鼎胡。荆山在馮翊，首山在蒲阪，與湖縣相連。晉書地道記、太康記並言胡縣也。漢武帝改作『湖』。俗云黃帝自此乘龍上天也。地理志『京兆湖縣有周天子祠二所，故曰胡。』不言黃帝升龍也。山海經曰：『西九十里曰夸父之山，其木多椶柟，多竹箭，其陽多玉，其陰多鐵。其北有林焉，名曰桃林，其中多馬。湖水出焉，北流注於河。』故三秦記曰：『桃林塞在長安東四百里，若有軍馬經過，好行則牧華山休息林下，惡行則決河漫延，人馬不得過矣。』

河水又東，合柏谷水。水出弘農縣南石隄山。山下有石隄祠，銘云：『魏甘露四年，散騎常侍、征南將軍、豫州刺史、領弘農太守南平公之所經建也。』其水北流，逕其亭下。晉公子重耳出亡，及柏谷，卜適齊楚，狐偃曰：『不如之翟。』漢武帝嘗微行此亭，見餽亭長妻。故潘岳西征賦曰：『長傲賓於柏谷，妻覩貌而獻餐。』謂此亭也，柏谷水又北流入於河〔六〇〕。

河水又東，右合門水。門水即洛水之枝流者也。洛水自上洛縣東北，於拒陽城西北分爲二水，枝渠東北出爲門水也。門水又東北，歷陽華之山，即山海經所謂『陽華之山，門水出焉』者也。又東北歷峽，謂之鴻關水。水東有城，即關亭也。水西有堡，謂之鴻關堡，世亦謂之劉項裂地處，非也。余按上洛有鴻臚圍池，是水津渠沿注，故謂斯川爲鴻臚澗。鴻關之名，乃起是矣。門水又東北，歷邑川，二水注之。左水出於陽華之陰，東北流逕盛牆亭西，東北流與右水合。右水出陽華之陽，東北流逕盛牆亭東，東北與左水合。水即山海經所謂『縉姑之水出於陽華之陰，東北流注於門水』者也。又東北，燭水注之。水有二源，左水南出衙嶺，世謂之石城山。其水東北流，逕石城西，東北合右水。右水出石城山東北，逕石城東，東北入左水。地理志曰：『燭水出衙嶺下谷。』開山圖曰：『衙山在函谷山西南。』是水亂流，東注於緒姑之水。二水悉得通稱矣。歷澗東北出，謂之開方口。水側有阜，謂之方伯堆。宋奮武將軍魯方平、建武將軍薛安都等，與建威將軍柳元景北入，軍次方伯堆者也。堆上有城，即方平所築也。又東北，逕邑川城南，即漢封竇門之故邑，川受其名，亦曰竇門，城在函谷關南七里。又東北，田渠水注之。水出衙山之白石谷，東北流逕故丘亭東，是薛安都軍所從城也。其水又逕鹿蹄山西，山石之上有鹿蹄，自然成著，非人功所刊。歷田渠川謂之田渠水，西北流注於燭水。燭水又北入門水。水之左右，即函谷山也。門水又北，逕弘農縣故城東。城即故函谷關校尉舊治處也，終軍棄繻於此，燕丹、孟嘗亦義動鷄鳴於其下，可謂深心有感，志誠難奪矣。昔老子西入關，尹喜望氣於此也。故趙至與嵇茂齊書曰：『李叟入秦，及關而歎。』亦言與嵇叔夜書，及關尹望氣之所。異説紛綸，並未知所定矣。漢武帝元鼎三年，徙關於新安縣，以故關爲弘農縣，弘農郡治。王莽更名右隊。劉桓公爲郡，虎相隨渡河，光武聞而善之。其水側城，北流而注於河。河水於此，有湹津之名。説者咸云，漢武微行柏谷，遇辱竇門，又感其妻深識之饋，既返玉階，厚賞賚焉，賜以河津，令其鬻渡，今竇津是也。故潘岳西征賦云：『酬匹婦其已泰，胡厥夫之謬官。』袁豹之徒，並以爲然。余按河之南畔，夾澗水瀆〔六一〕，有津，謂之浢津。河北縣有浢水，南入於河。河水故有浢津之名，不從門始，蓋事類名同，故作者疑之〔六二〕。竹書穆天子傳曰：『天子自寘軨乃次於浢水之陽，丁亥入於南鄭。』考其沿歷所踵，路直斯津，以是推之，知非因門矣。俗或謂之偃鄉澗水也。河水又東，左合一水，其水二源疏引〔六三〕，俱導薄山，南流會成一川。其二水之内，世謂之閒原，言虞芮所争之田，所未詳矣。又南注於河。

河之右，曹水注之。水出南山，北逕曹陽亭西，陳涉遣周章入秦，少府章邯斬之於此。魏氏以爲好陽。晉書地道記曰：『亭在弘農縣東十三里。』其水西北流入於河。

河水又東，菑水注之。水出常烝之山，西北逕曲沃城南，又屈逕其城西，西北入河。諸注述者咸言曲沃在北，此非也。魏司徒崔浩以爲曲沃地名也。余按春秋文公十三年，晉侯使詹嘉守桃林之塞，處此以備秦。時以曲沃之官守之，故曲沃之名遂爲積古之傳矣。

河水又東，得七里澗。澗在陝城西七里，故因名焉。其水自南山通河，亦謂之曹陽坑。是以潘岳西征賦曰：『行於漫瀆之口，憩於曹陽之墟。』袁豹、崔浩亦不非其地矣。余按漢書，昔獻帝東遷，逼以寇難，李傕、郭汜追戰於弘農東澗〔六四〕，天子遂露次曹陽，楊奉、董承外與傕和，内引白波、李樂等破傕，乘輿於是得進。復來戰，奉等大敗，兵相連綴，四十餘里方得達陝。以是推之，似非曹陽。然以山海經求之，『菑』、『曹』字相類，是或有曹陽之名也。

河水又東，合漁水。水導源常烝之山，俗謂之干山，蓋先後之異名也。山在陝城南八十里，其川二源雙導，同注一壑，而西北流注於河。

又東，過陝縣北。

槖水出槖山，西北流。又有崖水出南山北谷，逕崖峽北流，與干山之水會。水出干山東谷，兩川合注於崖水。又東北，注槖水。槖水北流出谷，謂之漫澗矣。與安陽谿水合，水出石崤南，西逕安陽城南，漢昭帝封上官桀爲侯國，潘岳所謂『我徂安陽』也。東合漫澗水，水北有逆旅亭，謂之漫口客舍也。又西，逕陝縣故城南。又合一水，謂之瀆谷水，南出近谿，北流注槖水。槖水又西北，逕陝城西，西北入於河。

河北對茅城，故茅亭，茅戎邑也。公羊曰，『晉敗之大陽』者也。津亦取名焉。春秋文公三年，『秦伯伐晉，自茅津濟，封崤尸而還』是也。東則咸陽澗水注之。水出北虞山，南至陝津注河。河南即陝城也。昔周邵分伯，以此城爲東西之別。東城即虢邑之上陽也。虢仲之所都，爲南虢，三虢此其一焉。其大城中有小城，故焦國也。武王以封神農之後於此。王莽更名黃眉矣。戴延之云：『城南倚山原，北臨黃河，懸水百餘仞，臨之者咸悚惕焉。西北帶河，水涌起方數十丈，有物居水中，父老云：「銅翁仲所沒處。」又云：「石虎載經，於此沉没。」二物並存，水所以涌，所未詳也。或云：「翁仲頭髻常出，水之漲減，恒與水齊。」晉軍當至，髻不復出，今惟見水異爾。嗟嗟有聲，聲聞數里。』按秦始皇二十六年，長狄十二見於臨洮，長五丈餘，以爲善祥，鑄金人十二以象之，各重二十四萬斤，坐之宫門之前，謂之金狄。皆銘其胸云：『皇帝二十六年，初兼天下，以爲郡縣，正法律，同度量，大人來見臨洮，身長五丈，足六尺。』李斯書也。故衛恒敍篆曰：『秦之李斯，號爲工篆，諸山碑及銅人銘，皆斯書也。』漢自阿房徙之未央宫前，俗謂之翁仲矣。地皇二年，王莽夢銅人泣，惡之，念銅人銘有皇帝初兼天下文，使尚方工鐫滅所夢銅人膺文。後董卓毁其九爲錢，其在者三。魏明帝欲徙之洛陽，重不可勝，至霸水西停之。漢晉春秋曰：『或言金狄泣，故留之。石虎取置鄴宫，苻堅又徙之長安，毁二爲錢，其一未至而苻堅亂，百姓推置陝北河中，於是金狄滅。』余以爲鴻河巨瀆，故應不爲細梗躓湍；長津碩浪，無宜以微物屯流。斯水之所以濤波者，蓋史記所云：『魏文侯二十六年，虢山崩，壅河所致爾。』獻帝東遷，日夕潛渡，墜坑争舟，舟指可掬，亦是處矣。

又東，過大陽縣南。

交澗水出吴山東南，流入河。河水又東，路澗水亦出吴山，東逕大陽城西，注中澗水〔六五〕，西南流，入於河。

河水又東，逕大陽縣故城南。竹書紀年曰：『晉獻公十有九年，獻公會虞師伐虢，滅下陽。虢公醜奔衛。獻公命瑕父吕甥邑於虢都〔六六〕。』地理志曰：『北虢也，有天子廟。王莽更名勤田。』應劭地理風俗記曰：『城在大河之陽也。』

河水又東，沙澗水注之。水北出虞山，東南逕傅巖，歷傅説隱室前，俗名之爲聖人窟。孔安國傳：『傅説隱於虞虢之閒。』即此處也。傅巖東北十餘里，即巔軨阪也。春秋左傳，所謂『入自巔軨』者也。有東西絶澗，左右幽空窮深，地壑中則築以成道，指南北之路，謂之爲軨橋也。傅説傭隱止息於此，高宗夢求得之是矣。橋之東北有虞原，原上道東有虞城，堯妻舜以嬪於虞者也。周武王以封周章弟虞仲於此〔六七〕，是爲虞公。晉太康地記所謂北虞也。城東有山，世謂之『五家冢』，冢上有虞公廟。春秋穀梁傳曰：『晉獻公將伐虢，荀息曰：「君何不以屈産之乘，垂棘之璧，假道於虞？」公曰：「此晉國之寶也。」曰：「是取中府置外府也。」公從之。及取虢滅虞，乃牽馬操璧，璧則猶故，馬齒長矣。』即宫之奇所謂『虞虢其猶輔車相依，脣亡則齒寒，虢亡虞亦亡』矣。其城北對長阪二十許里，謂之虞阪。戴延之曰：『自上及下，七山相重。』戰國策曰：『昔騏驥駕鹽車上於虞阪，遷延負轅而不能進。』此蓋其困處也。橋之東北山谿中有小水，西南注沙澗，亂流逕大陽城東，河北郡治也。沙澗水南流，注於河。

河水又東，左合積石、土柱二谿，並北發大陽之山，南流入於河。是山也，亦通謂之爲薄山矣。故穆天子傳曰：『天子自鹽，己丑南登於薄山寘軨之隥，乃宿於虞』，是也。

又東，過砥柱閒。

砥柱，山名也。昔禹治洪水，山陵當水者鑿之，故破山以通河。河水分流，包山而過，山見水中若柱然，故曰砥柱也。三穿既決，水流疏分，指狀表目，亦謂之三門矣。山在虢城東北，大陽城東也。搜神記稱：『齊景公渡於江沈之河，黿銜左驂，没之，衆皆驚惕。古冶子於是拔劍從之，邪行五里，逆行三里，至於砥柱之下，乃黿也。左手持黿頭，右手挾左驂，燕躍鵠踊而出，仰天大呼，水爲逆流三百步，觀者皆以爲河伯也。』亦或作江沅字者也。若因地而爲名，則宜在蜀及長沙。按春秋此二士並景公之所不至，古冶子亦無因而騁其勇矣。劉向敘晏子春秋，稱古冶子曰：『吾嘗濟於河，黿銜左驂，以入砥柱之流。當是時也，從而殺之，視之乃黿也。』不言江沅矣。又考史遷記云：『景公十二年，公見晉平公。十八年，復見晉昭公。』旌軒所指，路直斯津。從黿砥柱事，或在兹。又云『觀者以爲河伯』，賢於江沅之證。河伯本非江神，又河可知也。水出河南盤崤山，西北流，水上有梁，俗謂之鴨橋也。歷澗東北流，與石崤水合。水出石崤山。山有二陵：南陵夏后臯之墓也，北陵文王所避風雨矣。

言山徑委深，峯阜交蔭，故可以避風雨也。秦將襲鄭，蹇叔致諫而公辭焉。蹇叔哭子曰：『吾見其出不見其入。晉人禦師必於崤矣。余收爾骨焉。』孟明果覆秦師於此。崤水又北，左合西水，亂流注於河。

河水又東，千崤之水注焉。水南導於千崤之山，其水北流，纏絡二道。漢建安中，曹公西討巴漢，惡南路之險，故更開北道。自後行旅率多從之。今山側附路，有石銘云：『晉太康三年，弘農太守梁柳，脩復舊道。』太崤以東，西崤以西，明非一崤也。西有二石，又南五十步，臨谿有恬漠先生翼神碑，蓋隱斯山也。其水北流，注於河。

河水翼岸夾山，巍峯峻舉，羣山疊秀，重嶺干霄。鄭玄按地説，河水東流，貫砥柱，觸閼流。今世所謂砥柱者，蓋乃閼流也。砥柱當在西河，未詳也。余按：鄭玄所説非是。西河當無山以擬之。自砥柱以下，五户已上，其間百二十里，河中竦石桀出，勢連襄陸，蓋亦禹鑿以通河，疑此閼流也。其山雖闢，尚梗湍流，激石雲洄，澴波怒溢，合有十九灘，水流迅急，勢同三峽，破害舟船，自古所患。漢鴻嘉四年，楊焉言：『從河上下，患砥柱隘，可鐫廣之。』上乃令焉鐫之，裁没水中，不能復去，而令水益湍怒，害甚平日。魏景初二年二月，帝遣都督沙丘部、監運諫議大夫寇茲，帥工三千人〔六八〕，歲常脩治，以平河阻。晉泰始三年正月，武帝遣監運大中大夫趙國、都匠中郎將河東樂世，帥衆五千餘人，脩治河灘，事見五户祠銘。雖世代加功，水流湍湃，濤波尚屯，及其商舟是次，鮮不踟蹰難濟，故有衆峽諸灘之言。五户，灘名也。有神祠，通謂之『五户將軍』，亦不知所以也。

又東，過平陰縣北，清水從西北來注之。

清水出清廉山之西嶺，世亦謂之清營山。其水東南流，出峽。峽左有城，蓋古關防也。清水歷其南東流，逕臯落城北。服虔曰：『赤翟之都也。』世謂之倚亳城，蓋讀聲近轉，因失實也。春秋左傳所謂『晉侯使太子申生伐東山臯落氏』者也。與倚亳川水合，水出北山礦谷，東南流注於清水。清水又東，逕清廉城南。又東南流，右會南谿水。水出南山，而東注清水。清水又東，合乾棗澗水。水出石人嶺下，南流，俗謂之扶蘇水。又南歷玕苗北馬頭山，亦曰白水原，西南逕垣縣故城北。史記『魏武侯二年，城安邑王垣』〔六九〕，即是縣也。其水西南流，注清水。水色白濁，初會清流，乃有玄素之異也。清水又東南，逕陽壺城東，即垣縣之壺丘亭，晉遷宋五大夫所居也。清水又東南流，注於河。

河水又東，與教水合。水出垣縣北教山，南逕輔山。山高三十許里，上有泉源，不測其深，山頂周員五六里，少草木。山海經曰：『孟門東南有平山，水出於其上，潛於其下。』又是王屋之次，疑即平山也。其水南流，歷鼓鍾上峽，懸洪五丈，飛流注壑，夾岸深高，壁立直上，輕崖秀舉，百有餘丈，峯次青松，巖懸頳石，於中歷落，有翠柏生焉。丹青綺分，望若圖繡矣。水廣十許步，南流歷鼓鍾川，分爲二澗。一澗西北出，百六十許里，山岫迴阻，纔通馬步。今聞喜縣東北谷口，猶有乾河里，故溝存焉，今無復有水。一水歷冶官西，世人謂之鼓鍾城。城之左右，猶有遺銅及銅錢也。城西阜下有大泉，西流注澗，與教水合，伏入石下，南至下峽。山海經曰：『鼓鍾之山，帝臺之所以觴百神。』即是山也。其水重源又發，南至西馬頭山東截坡下，又伏流南十餘里復出，又謂之伏流水，南入於河。山海經曰：『教山，教水出焉。』而南流注於河。是水冬乾夏流，寔惟乾河也。』今世人猶謂之爲乾澗矣。

河水又與畛水合。水出新安縣青要山，今謂之彊山。其水北流入於河。山海經曰：『青要之山，畛水出焉。』即是水也。

河水又東，正回之水入焉。水出騩山，彊山東阜也。東流，俗謂之彊川水，與石瓜疇川合。水出西北石澗中，東南流，注於彊水。彊水又東，逕彊冶鐵官東，東北流注於河。

河水又東，合庸庸之水。水出河東垣縣宜蘇山，俗謂之長泉水。山海經曰：『水多黄貝。』伊洛門也。其水北流，分爲二水，一水北入河，一水又東北流，注於河。

河水又東，逕平陰縣北。地理風俗記曰：『河南平陰縣〔七〇〕，故晉陰地，陰戎之所居。』又曰：『在平城之南，故曰平陰也。』三老董公説高祖處，陸機所謂『皤皤董叟，謨我平陰』

者也。魏文帝改曰河陰矣。河水又會濝水，水出垣縣王屋山西濝谿，夾山東南流，逕故城東，即濝關也。漢光武建武二年，遣司空王梁北守濝關、天井關，擊赤眉別校，皆降之。獻帝自陝北渡安邑，東出濝關，即是關也。濝水西屈，逕關城南，歷軹關南，逕苗亭西，亭故周之苗邑也。又東流，注於河。經書清水，非也。是乃濝水耳。

又東，至鄧。

洛陽西北四十二里，故鄧鄉矣。

又東，過平縣北，湛水從北來注之。

河水又東，逕河陽縣故城南。春秋經書：『天王狩于河陽。壬申，公朝于王所。晉侯執衛侯歸于京師。』春秋左傳：『僖公二十八年冬，會于温，執衛侯。是會也，晉侯召襄王，以諸侯見，且使王狩。仲尼曰：「以臣召君，不可以訓。」故書曰：「天王狩于河陽。」言非其狩地。』服虔、賈逵曰：『河陽，温也。』班固漢書地理志，司馬彪、袁山松郡國志，晉太康地道記，十三州志：河陽，別縣，非温邑也。漢高帝六年，封陳涓爲侯國，王莽之河亭也。十三州志曰：『治河上。河，孟津河也。』郭緣生述征記曰『踐土，今冶阪城』，是名異春秋焉，非也。今河北見者，河陽城故縣也。在冶阪西北，蓋晉之温地，故羣儒有温之論矣。魏土地記曰：『冶阪城，舊名漢祖渡，城險固，南臨孟津河。』

河水右逕臨平亭北。帝王世紀曰，『光武葬臨平亭南，西望平陰』者也。

河水又東，逕洛陽縣北。河之南岸有一碑，北面題云：『洛陽北界，津水二渚，分屬之也。』上舊有河平侯祠，祠前有碑，今不知所在。郭頒世語曰：『晉文王之世，大魚見孟津，長數百步，高五丈，頭在南岸，尾在中渚河平侯祠。』即斯祠也。

河水又東，逕平縣故城北。漢武帝元朔三年，封濟北貞王子劉遂爲侯國，王莽之所謂治平矣，俗謂之小平也，有高祖講武場。河北側岸有二城相對，置北中郎府，徙諸徒隸府户，幷羽林虎賁領隊防之。

河水南對首陽山，春秋所謂首戴也。夷齊之歌所以曰『登彼西山』矣。上有夷齊之廟，前有二碑，並是後漢河南尹廣陵陳導、雒陽令徐循，與處士平原蘇騰、南陽何進等立，事見其碑。又有周公廟。魏氏起玄武觀於芒垂，張景陽玄武觀賦所謂『高樓特起，竦跱岧嶢，直亭亭以孤立，延千里之清飆』也。朝廷又置冰室於斯阜，室内有冰井。春秋左傳曰：『日在北陸而藏冰。』常以十二月採冰於河津之隘，峽石之阿，北陰之中，即邠詩『二之日鑿冰沖沖』矣。而内於井室，所謂『納於凌陰』者也。

河南有鉤陳壘，世傳武王伐紂，八百諸侯所會處，尚書所謂不期同時也。紫微有鉤陳之宿，主鬬訟兵陣。故遁甲攻取之法，以所攻神與鉤陳幷氣，下制所臨之辰，則決禽敵，是以壘資其名矣。河水於斯〔七一〕，有盟津之目。論衡曰：『武王伐紂升舟，陽侯波起，疾風逆流，武王操黄鉞而麾之，風波畢除。』中流，白魚入於舟，燔以告天，與八百諸侯咸同此盟。尚書所謂『不謀同辭』也，故曰孟津，亦曰盟津。尚書所謂『東至于孟津』者也。又曰富平津，晉陽秋曰『杜預造河橋於富平津』，所謂造舟爲梁也。又謂之爲陶河。魏尚書僕射杜畿，以帝將幸許，試樓船，覆於陶河，謂此也。昔禹治洪水，觀於河，見白面長人，魚身，出曰：『吾河精也。』授禹河圖而還於淵。及子朝篡位，與敬王戰，乃取周之寶玉，沈河以祈福。後二日，津人得之於河上，將賣之，則變而爲石，及敬王位定，得玉者獻之，復爲玉也。

河水又東，湨水入焉。

山海經曰：『和山上無草木，而多瑶碧，寔惟河之九都。是山也，五曲，九水出焉，合而北流，注於河。其陽多蒼玉，吉神泰逢司之，是好居於萯山之陽，出入有光。』吕氏春秋曰：『夏后氏孔甲，田於東陽萯山，遇大風雨迷惑，入於民室。』皇甫謐帝王世紀，以爲即東首陽山也。蓋是山之殊目矣。今於首陽東山，無水以應之，當是今古世懸，川域改狀矣。昔帝堯脩壇河洛，擇良議沈，率舜等升於首山，而遵河渚。有五老遊焉，相謂：『河圖將來告帝以期，知我者，重瞳也。』五老乃翻爲流星而升於昴，即於此也。

又東，濟水注焉。

又東，過鞏縣北，

河水於此有五社渡，爲五社津。建武元年，朱鮪遣持節使者賈彊、討難將軍蘇茂，將三萬人，從五社津渡，攻溫。馮異遣校尉與寇恂合擊之，大敗，追至河上，生擒萬餘人，投河而死者數千人。縣北有山臨河，謂之崟原丘，其下有穴，謂之鞏穴，言潛通淮浦，北達於河。直穴有渚，謂之鮪渚。成公子安大河賦曰：『鱣鯉王鮪，暮春來遊〔七二〕。』周禮：『春薦鮪。』然非時及他處則無，故河自鮪穴已上，又兼鮪稱。呂氏春秋稱：『武王伐紂至鮪水，紂使膠鬲候周師。』即此地矣。

洛水從縣西，北流注之。

洛水於鞏縣東逕洛汭，北對琅邪渚，入於河，謂之洛口矣。自縣西來，而北流注河，清濁異流，皦焉殊別。應瑒靈河賦曰：『資靈川之遐源，出崑崙之神丘，涉津洛之阪泉，播九道於中州』者也。

又東，過成皋縣北，濟水從北來注之。

河水自洛口又東，左逕平皋縣南，又東，逕懷縣南，濟水故道之所入，與成皋分河。河水右逕黄馬阪北，謂之黄馬關。孫登之去楊駿〔七三〕，作書與洛中故人處也。

河水又東，逕旋門阪北，今成臯西大阪也。升陟此阪，而東趣成臯。曹大家東征賦曰：『望河洛之交流，看成臯之旋門』者也。

河水又東，逕成臯大伾山下。爾雅曰：『山一成謂之伾。』許慎、呂忱等並以爲丘一成也。孔安國以爲再成曰伾，亦或以爲地名，非也。尚書禹貢曰：『過洛汭至大伾。』鄭康成曰：『地肱也〔七四〕。』沇出伾際矣。在河内脩武、武德之界，濟沇之水與滎播澤出入自此。然則大伾即是山矣。伾北，即經所謂『濟水從北來注之』者也。今濟水自温縣入河，不於此也。所入者，奉溝水爾。即濟沇之故瀆矣。成臯縣之故城在伾上，縈帶伾阜，絶岸峻周，高四十許丈，城張翕險，崎而不平。春秋傳曰：『制，巖邑也，虢叔死焉。』即東虢也。魯襄公二年七月，晉成公與諸侯會於戚，遂城虎牢，以逼鄭求平也。蓋脩故爾。穆天子傳曰：『天子射鳥獵獸於鄭圃，命虞人掠林，有虎在於葭中，天子將至，七萃之士高奔戎生捕虎而獻之，天子命之爲柙，畜之東虢，是曰虎牢矣。』然則虎牢之名，自此始也。秦以爲關，漢乃縣之。城西北隅有小城，周三里，北面列觀，臨河，苕苕孤上。景明中，言之壽春，路直茲邑，升眺清遠，勢盡川陸，羈途遊至，有傷深情。河水南對玉門，昔漢祖與滕公潛出，濟於是處也。門東臨河，側岸有土穴，魏攻北司州刺史毛德祖於虎牢，戰經二百日，不克。城惟一井，井深四十丈，山勢峻峭，不容防捍，潛作地道取井。余頃因公至彼，故往尋之，其穴處猶存。

河水又東，合汜水。水南出浮戲山，世謂之曰方山也。北流，合東關水。水出嵩渚之山，泉發於層阜之上，一源兩枝，分流瀉注，世謂之石泉水也。東爲索水，西爲東關之水。西北流，楊蘭水注之。水出非山，西北流注於東關水。東關水又西北，清水入焉。水自東浦西流，與東關水合，而亂流注於汜。汜水又北，右合石城水，水出石城山。其山複澗重嶺，敧疊若城，山頂泉流，瀑布懸瀉，下有濫泉，東流洩注。邊有數十石畦，畦有野蔬，巖側石窟數口，隱迹存焉，而不知誰所經始也。又東北流，注於汜水。汜水又北合鄤水。水西出婁山，至冬則煗，故世謂之溫泉。東北流逕田鄤谷，謂之田鄤溪水，東流注於汜水。汜水又北，逕虎牢城東，漢破司馬欣、曹咎於是水之上。汜水又北流，注於河。征艱賦所謂『步汜口之芳草，弔周襄之鄙館』者也。余按昔儒之論，周襄所居在潁川襄城縣，是乃城名，非爲水目。原夫致謬之由，俱以汜鄭爲名故也，是爲爽矣。又按郭緣生述征紀、劉澄之永初記，並言高祖即帝位於是水之陽，今不復知舊壇所在。盧諶、崔雲亦言是矣。余按高皇帝受天命於定陶汜水，不在此也。於是求壇，故無髣髴矣。

河水又東，逕版城北，有津謂之版城渚口。

河水又東，逕五龍隝北，隝臨長河，有五龍祠。應劭云：『崑崙山廟在河南滎陽縣。』疑即此祠，所未詳。

又東，過滎陽縣北，蒗蕩渠出焉。

大禹塞滎澤，開之以通淮泗。即經所謂蒗蕩渠也。漢平帝之世，河汳決壞，未及得脩，汳渠東侵，日月彌廣，門閭故處，皆在水中〔七五〕。漢明帝永平十二年，議治汳渠〔七六〕，上乃引樂浪人王景，問水形便〔七七〕。景陳利害，應對敏捷，帝甚善之。乃賜山海經、河渠書、禹貢圖，及以錢帛。後作隄，發卒數十萬，詔景與將作謁者王吳治渠，築隄防脩堨。起自滎陽，東至千乘海口，千有餘里。景乃商度地勢，鑿山開澗，防遏衝要，疏決壅積，十里一水門，更相洄注，無復滲漏之患。明年渠成，帝親巡行，詔濱河郡國，置河隄員吏，如西京舊制。景由是顯名，王吳及諸從事者〔七八〕，皆增秩一等。順帝陽嘉中，又自汳口以東，緣河積石，爲堰通渠〔七九〕，咸曰『金隄』。靈帝建寧中，增脩石門，以遏渠口。水盛則通注，津耗則輟流。

河水又東北，逕卷之扈亭北。春秋左傳曰：『文公七年，晉趙盾與諸侯盟於扈。』竹書紀年：『晉出公十二年，河絶於扈。』即於是也。

河水又東，逕八激隄北。漢安帝永初七年，令謁者太山于岑，於石門東積石八所，皆如小山，以捍衝波，謂之八激隄。

河水又東，逕卷縣北。晉楚之戰，晉軍争濟，舟中之指可掬，楚莊祀河告成而還，即是處也。河水又東北，逕赤岸固北，而東北注。

又東北，過武德縣東，沁水從西北來注之。

河水自武德縣。漢獻帝延康元年，封曹叡爲侯國，即魏明帝也。東至酸棗縣西，濮水東出焉。漢興三十有九年，孝文時，河決酸棗，東潰金隄，大發卒塞之。故班固云：『文堙棗野，武作瓠歌。』謂斷此口也。今無水。

河水又東北，通謂之延津。石勒之襲劉曜，途出於此，以河冰泮爲神靈之助，號是處爲靈昌津。昔澹臺子羽齎千金之璧渡河，陽侯波起，兩蛟挾舟，子羽曰：『吾可以義求，不可以威劫。』操劍斬蛟，蛟死波休，乃投璧於河。三投而輒躍出，乃毁璧而去，示無吝意。趙建武中，造浮橋於津上，採石爲中濟，石無大小，下即流去，用工百萬，經年不就。石虎親閲作工，沈璧於河，明日璧流渚上，波蕩上岸，遂斬匠而還。

河水又逕東燕縣故城北〔八〇〕，河水於是有棘津之名，亦謂之石濟津，故南津也。春秋：『僖公二十八年，晉將伐曹，曹在衛東，假道於衛，衛人不許，還自南河濟。』即此也。晉伐陸渾亦於此渡。宋元嘉中，遣輔國將軍蕭斌，率寧朔將軍王玄謨北入，宣威將軍垣護之，以水軍守石濟，即此處也。

河水又東，淇水入焉。

又東逕遮害亭南，漢書溝洫志曰：『在淇水口東十八里，有金隄，隄高一丈。自淇口東，地稍下，隄稍高，至遮害亭，高四五丈。』

又有宿胥口，舊河水北入處也。

河水又東，右逕滑臺城北，城有三重，中小城謂之滑臺城，舊傳滑臺人自脩築此城，因以名焉。城即故鄭廩延邑也。下有延津。春秋傳曰：『孔悝爲蒯聵所逐，載伯姬於平陽，行於延津。』是也。廩延南故城，即衛之平陽亭也。今時人謂之延壽津。宋元嘉中，右將軍到彦之，留建威將軍朱脩之守此城。魏軍南伐，脩之執節不下，其母悲憂，一旦乳汁驚出，母乃號踊，告家人曰：『我年老，非有乳時，今忽如此，吾兒必没矣。』脩之絶援，果以其日陷没。城，故東郡治。續漢書曰：『延熹九年，濟陰、東郡、濟北、平原河水清。襄楷上疏曰：「春秋注記未有河清，而今有之。易乾鑿度曰：上天將降嘉應，河水先清。京房易傳曰：河水清，天下平。今天垂異〔八一〕，地吐妖，民厲疫，三者並作而有河清。春秋，麟不當見而見，孔子書以爲異。河者，諸侯之象，清者陽明之徵。豈獨諸侯有窺京師也！」』明年，宮車宴駕，徵解瀆侯爲漢嗣，是爲靈帝。建寧四年二月，河水又清也。

又東北，過黎陽縣南。

黎，侯國也。詩式微，黎侯寓於衛是也。晉灼曰：『黎山在其南，河水逕其東。其山上碑云：「縣取山之名，取水之陽，以爲名也。」』王莽之黎蒸也。今黎山之東北故城，蓋黎陽縣之故城也。山在城西，城憑山爲基，東阻於河。故劉楨黎陽山賦曰：『南蔭黄河，左覆金城，青壇承祀，高碑頌靈。』昔慕容玄明自鄴率衆南徙滑臺，既無舟楫，將保黎陽，昏而流澌冰合，於夜中濟訖，旦而冰泮，燕民謂是處爲天橋津。東岸有故城，險帶長河，戴延之謂之『逯明壘』，周二十里。言逯明，石勒十八騎中之一，城因名焉。郭緣生曰：『城袁紹時築』，皆非也。余按竹書紀年：『梁惠成王十一年，鄭釐侯使許息來致地，平丘、户牖、首垣諸邑及鄭馳道。我取枳道，與鄭鹿。』即是城也。今城内有故臺，尚謂之鹿鳴臺，又謂之鹿鳴城。王玄謨自滑臺走鹿鳴者也。濟取名焉，故亦曰鹿鳴津，又曰白馬濟。津之東南有白馬城，衛文公東徙，渡河都之，故濟取名焉。袁紹遣顔良攻東郡太守劉延於白馬，關羽爲曹公斬良以報效，即此處也。白馬縣有韋鄉、韋城，故津亦有韋津之稱。史記所謂『下脩武，渡韋津』者也。

河水舊於白馬縣南洪，通濮、濟、黄溝，故蘇代説燕曰：『決白馬之口，魏無黄、濟陽。』竹書紀年，『梁惠成王十二年，楚師出河水，以水長垣之外』者也。金隄既建，故渠水斷，尚謂之白馬瀆。故瀆東逕鹿鳴城南，又東北逕白馬縣之涼城北。耆舊傳云：『東郡白馬縣之神馬亭，實中層峙，南北二百步，東西五十許步，狀丘斬城也。』自外耕耘墾斫，削落平盡。正南有躔陛陟上，方軌是由。西南側城有神馬寺，樹木脩整，西去白馬津可二十許里，東南距白馬縣故城可五十里，疑即開山圖之所謂白馬山也。山下常有白馬羣行，悲鳴則河決，馳走則山崩。注云：『山在鄭北，故鄭也。』所未詳。劉澄之云：『有白馬塞，孟達登之長歎，可謂於川土疏妄矣。』亭上舊置涼城縣，治此。白馬瀆又東南，逕濮陽縣，散入濮水，所在決會，更相通注，以成往復也。

河水自津東北逕涼城縣，河北有般祠。孟氏記云：『祠在河中，積石爲基，河水漲盛，恒與水齊。』戴氏西征記曰：『今見祠在東岸，臨河累石爲壁，其屋宇容身而已。』殊似無靈，不如孟氏所記，將恐言之過也。

河水又東北，逕伍子胥廟南，祠在北岸頓丘郡界，臨側長河。廟前有碑，魏青龍三年立。

河水又東北，爲長壽津。述征記曰：『涼城到長壽津六十里，河之故瀆出焉。』漢書溝洫志曰：『河之爲中國害尤甚，故導河自積石，歷龍門。釃二渠以引。』一則漯川，即今所流也。一則北瀆，王莽時空，故世俗名是瀆爲王莽河也。故瀆東北逕戚城西，春秋：『哀公二年，晉趙鞅率師，納衛太子蒯聵於戚。宵迷，陽虎曰：「右河而南，必至焉。」』今頓丘衛國縣西戚亭是也。爲衛之河上邑。漢高帝十二年，封將軍李必爲侯國矣。故瀆又逕繁陽縣故城東，史記趙將廉頗伐衞取繁陽者也。北逕陰安縣故城西，漢武帝元朔五年，封衞不疑爲侯國。故瀆又東北，逕樂昌縣故城東，地理志東郡之屬縣也〔八二〕。漢宣帝封王稚君爲侯國。故瀆又東北，逕平邑郭西，竹書紀年：『晉烈公二年，趙城平邑。五年，田公子居思伐邯鄲，圍平邑。九年，齊田肸及邯鄲韓舉〔八三〕，戰於平邑，邯鄲之師敗逋，獲韓舉，取平邑、新城。』又東北，逕元城縣故城西北，而至沙丘堰。地理風俗記曰〔八四〕：『魏武侯公子元食邑於此，故縣氏焉。』郭東有五鹿墟，墟之左右多陷城。公羊曰：『襲邑也。』説曰：『襲，陷矣。』郡國志曰：『五鹿墟，故沙鹿，有沙亭。』周穆王喪盛姬，東征舍於五鹿，其女叔媸届此思哭，是曰女媸之丘，爲沙鹿之異名也。春秋左傳：『僖公十四年，沙鹿崩。』晉史卜之曰：『陰爲陽雄，土火相乘，故有沙鹿崩。後六百四十五年，宜有聖女興，其齊田乎？』後王翁孺自濟南徙元城，正直其地，日月當之。王氏爲舜後，土也。漢，火也。王禁生政君，其母夢見月入懷，年十八，詔入太子宮，生成帝，爲元后。漢祚道汙，四世稱制，故曰：『火土相乘而爲雄也。』及崩，大夫揚雄作誄曰，『太陰之精，沙鹿之靈，作合於漢，配元生成』者也。獻帝建安中，袁紹與曹操相禦於官渡，紹逼太司農鄭玄載病隨軍，届此而卒。郡守已下受業者，衰絰赴者千餘人。玄注五經、讖緯、候、歷、天文經，通於世。故范曄讚曰：『孔書遂明，漢章中輟矣。』縣北有沙丘堰。堰者，障水也。尚書禹貢曰：『北過降水，不遵其道曰降，亦曰潰。至於大陸，北播爲九河。』風俗通曰：『河，播也。昔禹治洪水〔八五〕，播爲九河，自此始也。』禹貢沇州，『九河既導』，謂徒駭、太史、馬頰、覆釜、胡蘇、簡、潔、句盤、鬲津也，同爲逆河。鄭玄曰：『下尾合曰逆河，言相迎受矣。』蓋疏潤下之勢，以通河海。及齊桓霸世，塞廣田居，同爲一河。故自堰以北，館陶、廮陶、貝丘、鬲、般、廣川、信都、東光，河閒樂成以東，城地並存，川瀆多亡。漢世河決金隄，南北罹其害，議者常欲求九河故迹而穿之，未知其所。是以班固云，『自兹距漢，北亡八枝』者也。河之故瀆，自沙丘堰南分，屯氏河出焉。河水故瀆東北逕發干縣故城西，又屈逕其城北，王莽之所謂戢楯矣。漢武帝以大將軍衛青破右賢王功，封其子登爲侯國。大河故瀆又東，逕貝丘縣故城南。應劭曰：『左氏傳，齊襄公田於貝丘是也。』余按，京相璠、杜預並言在博昌，即司馬彪郡國志所謂貝中聚者也。應注於此事近違矣。大河故瀆又東，逕甘陵縣故城南，地理志之所謂厝也，王莽改曰厝治者也。漢安帝父孝德皇以太子被廢爲王，薨於此，乃葬其地，尊陵曰甘陵，縣亦取名焉。是周之甘泉市地也。陵在瀆北，丘墳高巨，雖中經發壞，猶若層陵矣，世謂之唐侯冢，城曰邑城，皆非也。昔南陽文叔良，以建安中爲甘陵丞，夜宿水側，趙人蘭襄夢求改葬，叔良明循水求棺，果於水側得棺，半許落水。叔良顧親舊曰：『若聞人傳此，吾必以爲不然。』遂爲移殯，醊而去之。大河故瀆又東，逕艾亭城南，又東，逕平晉城南，今城中有浮圖五層，上有金露盤，題云：『趙建武八年，比釋道龍和上竺浮圖澄，樹德勸化，興立神廟。』浮圖已壞，露盤尚存，煒煒有光明。大河故瀆又東北，逕靈縣故城南，王莽之播亭也。河水於縣別出爲鳴犢河。河水故瀆又東，逕鄃縣故城東，吕后四年，以父嬰功，封子佗襲爲侯國，王莽更名之曰善陸。大河故瀆又東，逕平原縣故城西，而北絶屯氏三瀆，北逕繹幕縣故城東北，西流逕平原鬲縣故城西。地理志曰：『平當以爲鬲津也〔八六〕。王莽名之曰河平亭。』故有窮后羿國也。應劭曰：『鬲，偃姓，咎繇後。』光武建武十三年，封建義大將軍朱祐爲侯國。大河故瀆又北，逕蓨縣故城東〔八七〕。又北，逕安陵縣西，本蓨之安陵鄉也。地理風俗記曰：『蓨縣東四十里有安陵鄉故縣也。』又東北，至東光縣故城西，而北與漳水合。

一水分大河故瀆，北出爲屯氏河，逕館陶縣東，東北出。漢書溝洫志曰：『自塞宣防，河復北決於館陶縣，分爲屯氏河，廣深與大河等。成帝之世，河決館陶及東郡金隄，上使河隄謁者王延世塞之，三十六日河隄成。詔以建始五年爲河平元年，以延世爲光禄大夫。』是水亦斷。屯氏故瀆水之又東北，屯氏別河出焉。屯氏別河故瀆又東北，逕信成縣，張甲河出焉。地理志，『張甲河首受屯氏別河於信成縣』者也。

張甲河故瀆，北絶清河於廣宗縣，分爲二瀆。左瀆逕廣宗縣故城西，又北，逕建始縣故城東。田融云：『趙武帝十二年立建興郡，治廣宗，置建始、興德五縣隸焉。』左瀆又北，逕經城東、繚城西，又逕南宫縣西北，注絳瀆。右瀆東北逕廣宗縣故城南，又東北，逕界城亭北，又東北，逕長樂郡棗彊縣故城東。長樂，故信都也。晉太康五年，改從今名。又東北，逕廣川縣，與絳瀆水故道合。又東北，逕廣川縣故城西，又東，逕棘津亭南。徐廣曰：『棘津在廣川。』司馬彪曰，縣北『有棘津城』。吕尚賣食之困，疑在此也。劉澄之云：『譙郡酇縣東北有棘津亭，故邑也，吕尚所困處也。』余按春秋左傳，伐巢克棘入州來，無『津』字。杜預春秋釋地又言『棘亭在酇縣東北』，亦不云有『津』字矣。而竟不知澄之於何而得是説。然天下以『棘』爲名者多，未可咸謂之『棘津』也。又春秋：『昭公十七年，晉侯使荀吳帥師涉自棘津，用牲於洛，遂滅陸渾。』杜預釋地闕而不書。服虔曰：『棘津，猶孟津也。』徐廣晉紀又言：『石勒自葛陂寇河北，襲汲人向冰於枋頭，濟自棘。』棘津在東郡、河内之間，田融以爲即石濟南津也。雖千古茫昧，理世玄遠，遺文逸句，容或可尋，沿途隱顯，方土可驗。司馬遷云：『吕望，東海上人也，老而無遇，以釣于周文王。』又云：『吕望行年五十，賣食棘津。七十則屠牛朝歌，行年九十身爲帝師。』皇甫士安云：『欲隱東海之濱，聞文王善養老，故入釣于周。』

今汲水城亦言有吕望隱居處。起自東海，迄於酆雍，緣其逕趣，趙魏爲密，厝之譙宋，事爲疏矣。張甲故瀆又東北，至蓨縣東會清河。十三州志曰：『張甲河東北至蓨縣入清漳』者也。

屯氏別河又東，枝津出焉。東逕信成縣故城南，又東，逕清陽縣故城南，清河郡北，魏自清陽徙置也。又東北，逕陵鄉南，又東北，逕東武城縣故城南，又東北，逕東陽縣故城南。地理志曰：『王莽更之曰胥陵』矣。俗人謂之高黎郭，非也。應劭曰：『東武城東北三十里有陽鄉。』故縣也。又東散絶，無復津逕。

屯氏別河又東北，逕清河郡南，又東北，逕清河故城西。漢高帝六年，封王吸爲侯國。地理風俗記曰：『甘陵郡東南十七里有清河故城者，世謂之鵲城也。』又東北，逕繹幕縣，南分爲二瀆。屯氏別河北瀆東逕繹幕縣故城南，東絶大河故瀆，又東北，逕平原縣，枝津北出，至安陵縣遂絶。屯氏別河北瀆又東北，逕重平縣故城南。應劭曰：『重合縣西南八十里有重平鄉，故縣也。』又東北，逕重合縣故城南，又東北，逕定縣故城南。漢武帝元朔四年，封齊孝王子劉越爲侯國。地理風俗記曰：『饒安縣東南三十里有定鄉城，故縣也。』屯氏別河北瀆又東，入陽信縣，今無水。又東，爲咸河，東北流逕陽信縣故城北。地理志渤海之屬縣也。東注於海。

屯氏別河南瀆自平原東絶大河故瀆，又逕平原縣故城北，枝津右出，東北至安德縣界，東會商河。屯氏別河南瀆又東北，於平原界，又有枝渠右出，至安德縣遂絶。屯氏別河南瀆自平原城北，首受大河故瀆。東出，亦通謂之篤馬河，即地理志所謂『平原縣有篤馬河，東北入海，行五百六十里』者也。東北逕安德縣故城西，又東北，逕臨齊城南。始東齊未賓，大魏築城以臨之，故城得其名也。又屈逕其城東，故瀆廣四十步。又東北，逕重丘縣故城西。春秋：『襄公二十五年秋，同盟於重丘，伐齊故也。』應劭曰：『安德縣北五十里有重丘鄉，故縣也。』又東北，逕西平昌縣故城北，北海有平昌縣，故加『西』。漢宣帝元康元年，封王長君爲侯國。故渠川派，東入般縣爲般河。蓋亦九河之一道也。後漢書稱公孫瓚破黄巾於般河〔八八〕，即此瀆也。又東爲白鹿淵水，南北三百步，東西千餘步，深三丈餘。其水冬清而夏濁，渟而不流。若夏水洪汎，水深五丈，方乃通注。般瀆又逕般縣故城北，王莽更之曰分明也。東逕樂陵縣故城北。地理志曰：『故都尉治。』伏琛、晏謨言平原邑，今分爲郡。又東北，逕陽信縣故城南，東北入海。

屯氏河故瀆，自別河東逕甘陵之信鄉縣故城南。地理志曰：『順帝更名安平。』應劭曰：『甘陵西北十七里，有信鄉故縣也。』屯氏故瀆又東，逕甘陵縣故城北，又東，逕靈縣北，又東北，逕鄃縣，與鳴犢河故瀆合，上承大河故瀆於靈縣南。地理志曰：『河水自靈縣別出爲鳴犢河』者也。東北逕靈縣東，東入鄃縣，而北合屯氏瀆。屯氏瀆兼鳴犢之稱也。又東，逕鄃縣故城北，東北合大河故瀆，謂之鳴犢口。十三州志曰：『鳴犢河東北至蓨入屯氏』，考瀆則不至也。

又東北，過衛縣南。又東北，過濮陽縣北，瓠子河出焉。

河水東逕鐵丘南。春秋左氏傳：『哀公二年，鄭罕達帥師救衛，鄄無恤御簡子，衛太子爲右，登鐵上，望見鄭師，衛太子自投車下。』即此處也。京相璠曰：『鐵，丘名也。』杜預曰：『在戚南。』河之北岸有古城，戚邑也。東城有子路冢，河之西岸有竿城。郡國志曰『衛公國，有竿城』者也。河南有龍淵宮，武帝元光中，河決濮陽，氾郡十六，發卒十萬人塞決河，起龍淵宮。蓋武帝起宮於決河之旁，龍淵之側，故曰龍淵宮也。

河水東北流而逕濮陽縣北，爲濮陽津，故城在南，與衛縣分水。城北十里有瓠河口，有金隄、宣房堰。粵在漢世，河決金隄，涿郡王尊自徐州刺史遷東郡太守，河水盛溢，汎浸瓠子，金隄決壞。尊躬率民吏，投沈白馬，祈水神河伯，親執圭璧，請身填隄，廬居其上，民吏皆走，尊立不動，而水波齊足而止。公私壯其勇節。河水又東北，逕衛國縣南，東爲國口津〔八九〕。

河水又東，逕鄄城縣北，故城在河南十八里，王莽之鄄良也，沇州舊治。魏武創業，始自於此。河上之邑，最爲峻固。晉八王故事曰：『東海王越治鄄城，城無故自壞七十餘丈，越惡之，移治濮陽。』城南有魏使持節征西將軍太尉方城侯鄧艾廟，廟南有艾碑，秦建元十二年，廣武將軍沇州刺史關内侯安定彭超立。河之南岸有新城，宋寧朔將軍王玄謨前鋒入河所築也。北岸有新臺，鴻基層廣高數丈，衛宣公所築新臺矣。詩齊姜所賦也。臺東有小城，崎嶇頹側，臺址枕河，俗謂之邸閣城。疑故關津都尉治也，所未詳矣。

河水又東北，逕范縣之秦亭西，春秋經書『築臺於秦』者也。

河水又東北，逕委粟津，大河之北，即東武陽縣也。左會浮水故瀆，故瀆上承大河於頓丘縣而北出，東逕繁陽縣故城南。應劭曰：『縣在繁水之陽。』張晏曰：『縣有繁淵。』春秋襄公二十年，經書：『公與晉侯、齊侯盟於澶淵。』杜預曰：『在頓丘縣南，今名繁淵。』澶淵即繁淵也，亦謂之浮水焉。昔魏徙大梁，趙以中牟易魏。故地理志曰〔九〇〕：『趙南至浮水繁陽。』即是瀆也。故瀆東絶大河，故瀆東逕五鹿之野。晉文公受塊於野人，即此處矣。京相璠曰：『今衛縣西北三十里有五鹿城，今屬頓丘縣。』浮水故瀆又東南，逕衛國縣故城南，古斟觀。應劭曰：『夏有觀扈』，即此城也。竹書紀年：『梁惠成王二年，齊田壽率師伐我，圍觀，觀降。』浮水故瀆又東，逕河牧城而東北出。郡國志曰：『衛故觀國，姚姓，有河牧城。』又東北，入東武陽縣，東入河。又有漯水出焉，戴延之謂之武水也。河水又東，逕武陽縣東范縣西，而東北流也。

又東北，過東阿縣北。

河水於范縣東北流爲倉亭津。述征記曰：『倉亭津在范縣界，去東阿六十里。』魏土地記曰：『津在武陽縣東北七十里。津，河濟名也。』

河水右歷柯澤。春秋左傳襄公十四年，衛孫文子敗公徒於阿澤者也〔九一〕。又東北，逕東阿縣故城西，而東北出，流注河水，枝津東出，謂之鄧里渠也。

又東北，過茌平縣西。

河水自鄧里渠東北逕昌鄉亭北，又東北，逕碻磝城西。述征記曰：『碻磝，津名也。自黄河泛舟而渡者，皆爲津也。』其城臨水，西南崩於河。宋元嘉七年，到彦之北入。後失。至二十七年〔九二〕，以王玄謨爲寧朔將軍，前鋒入河，平碻磝，守之。都督劉義恭以沙城不堪守，召玄謨令毀城而還。後更城之，魏立濟州，治此也。河水衝其西南隅，又崩於河，即故茌平縣也。應劭曰：『茌，山名也。縣在山之平地，故曰茌平也。』王莽之功崇矣。經曰大河在其西，鄧里渠歷其東，即斯邑也。昔石勒之隸師懽，屯耕於茌平，聞鼓角鞞鐸之聲於是縣也。西與聊城分河。

河水又東北，與鄧里渠合，水上承大河於東阿縣西，東逕東阿縣故城北，故衛邑也。應仲瑗曰：『有西，故稱東。』魏封曹植爲王國，大城北門内西側，皐上有大井，其巨若輪，深六七丈，歲嘗煮膠，以貢天府。本草所謂阿膠也〔九三〕。故世俗有阿井之名。縣出佳繒縑，故史記云：『秦昭王服太阿之劍，阿縞之衣也。』又東北，逕臨邑縣，與將渠合。又北，逕茌平縣東、臨邑縣故城西，北流入於河。

河水又東北流，逕四瀆津，津西側岸。臨河有四瀆祠，東對四瀆口。河水東分濟，亦曰濟水受河也。然滎口石門水斷不通，始自是出東北流，逕九里與清水合，故濟瀆也。自河入濟，自濟入淮，自淮達江，水徑周通，故有四瀆之名也。昔趙鞅殺鳴犢〔九四〕，仲尼臨河而歎，自是而返曰：『丘之不濟，命也夫！』琴操以爲孔子臨狄水而歌矣，曰：『狄水衍兮風揚波，船楫顛倒更相加。』余按，臨濟故狄也。是濟所逕，得其通稱。

河水又逕楊虚縣之故城東，俗猶謂是城曰陽城矣。

河水又逕茌平城東，疑縣徙也。城内有故臺，世謂之時平城，非也。蓋『茌』、『時』音相近爾。

又東北，過高唐縣東。

河水於縣，漯水注之。地理志曰：『漯水出東武陽。』今漯水上承河水於東武陽縣東南，西北逕武陽新城東〔九五〕，曹操爲東郡所治也。引水自東門石竇北注於堂池，池南故基尚存。城内又立一石臺甚大，城西門名冰井門，門内曲中，冰井猶存。門外有故臺，號武陽臺，市臺亦有隅雉遺迹。水自城東北逕東武陽縣故城南，應劭曰：『縣在武水之陽。』王莽之武昌也。然則漯水亦或武水矣。臧洪爲東郡太守，治此。曹操圍張超於雍丘，洪以情義，請袁紹救之，不許，洪與紹絶。紹圍洪，城中無食，洪呼吏士曰：『洪於大義，不得不死；諸君無事，空與此禍。』衆泣曰：『何忍捨明府也！』男女八千餘人，相枕而死。洪不屈，紹殺洪。邑人陳容爲丞，謂曰：『寧與臧洪同日死，不與將軍同日生。』紹又殺之，士爲傷歎。今城四周，紹圍郭尚存。水市隍塹，於城東北合爲一瀆，東北出郭，逕陽平縣之岡成城西。郡國志曰：『陽平縣有岡成亭〔九六〕。』又北逕陽平縣故城東，漢昭帝元平元年，封丞相蔡義爲侯國。漯水又北，絶莘道，城之西北有莘亭。春秋：『桓公十六年，衛宣公使伋使諸齊，令盜待於莘，伋壽相繼殞於此亭。』京相璠曰：『今陽平陽平縣北十里〔九七〕，有故莘亭，阨限蹊要，自衛適齊之道也。』望新臺於河上，感二子於夙齡，詩咏乘舟〔九八〕，誠可悲矣。今縣東有二子廟，猶謂之爲孝祠。漯水又東北，逕樂平縣故城東，縣故清也。漢高帝八年，封室中同於清，宣帝封許廣漢少弟翁孫於樂平，並爲侯國。

王莽之清治矣。漢章帝建初中，更從今名也。漯水又北，逕聊城縣故城西，城內有金城，周帀有水，南門有馳道，絕水南出，自外泛舟而行矣。東門側有層臺，秀出雲表，魯仲連所謂還高唐之兵，卻聊城之衆者也。漯水又東北，逕清河縣故城北，桓帝建和二年改曰甘陵〔九九〕。地理風俗記曰：『甘陵，故清河。』清河在東南十七里〔一〇〇〕，今於甘陵縣故城東南，無城以擬之。直東二十里有艾亭城，東南四十里有此城，疑即清河城也。後鑾居之，故世稱鑾城也。漯水又東北，逕文鄉城東南，又東北，逕博平縣故城南，城內有層臺秀上，王莽改之曰加睦也。右與黃溝同注川澤。

黃溝承聊城郭水，水泛則津注，水耗則輟流。自城東北出，逕清河城南，又東北，逕攝城北，春秋所謂聊攝以東也。俗稱『郭城』，非也。城東西三里，南北二里。東西隅有金城，城卑下，墟郭尚存，左右多墳隴。京相璠曰：『聊城縣東北三十里有故攝城。』今此城西去聊城二十五六里許，即攝城者也。又東，逕文鄉城北，又東南，逕王城北。魏太常七年，安平王鎮平原所築，世謂之王城。太和二十三年，罷鎮立平原郡，治此城也。黃溝又東北流，左與漯水隱覆，勢鎮河陸，東出於高唐縣，大河右迆，東注漯水矣。

地理志桑欽曰：『漯水出高唐。』余按竹書穆天子傳稱：『丁卯，天子自五鹿東征，釣於漯水，以祭淑人，是曰祭丘。己巳，天子東征，食馬於漯水之上。』尋其沿歷逕趣，不得近出高唐也。桑氏所言，蓋津流所出，次於是門也。俗以是水上承於河，亦謂之源河矣。漯水又東北，逕瑗縣故城西，王莽之東順亭也。杜預釋地曰：『濟南祝阿縣西北有瑗城。』漯水又東北，逕高唐縣故城東。昔齊威王使肸子守高唐，趙人不敢漁於河，即魯仲連子謂田巴曰『今楚軍南陽，趙伐高唐』者也。春秋左傳：『哀公十年，趙鞅帥師伐齊，取犂及轅，毀高唐之郭。』杜預曰：『轅，即瑗也。』祝阿縣西北有高唐城。漯水又東北，逕漯陰縣故城北。縣故犂邑也。漢武帝元狩三年〔一〇一〕，封匈奴降王昆邪爲侯國，王莽更名翼成。歷北漯陰城南伏琛謂之漯陽，城南有漢沇州刺史劉岱碑〔一〇二〕。地理風俗記曰：『平原漯陰縣，今巨漯亭是也。』漯水又東北，逕著縣故城南，又東北，逕崔氏城北。春秋左傳：『襄公二十七年，崔成請老於崔氏』者也。杜預釋地曰：『濟南東朝陽縣西北有崔氏城。』漯水又東北，逕東朝陽縣故城南，漢高帝七年，封都尉宰寄爲侯國。地理風俗記曰：『南陽有朝陽縣，故加東。』地理志曰，『王莽之脩治』也。漯水又東，逕漢徵君伏生墓南，碑碣尚存，以明經爲秦博士。秦坑儒士，伏生隱焉。漢興，教於齊魯之閒，撰尚書大傳，文帝安車徵之。年老不行，乃使掌故朝錯受尚書於徵君〔一〇三〕，號曰伏生者也。漯水又東，逕鄒平縣故城北，古鄒侯國，舜後姚姓也。又東北，逕東鄒城北。地理志：『千乘郡有東鄒縣。』漯水又東北，逕建信縣故城北。漢高帝七年，封婁敬爲侯國。應劭曰：

『臨濟縣西北五十里有建信城，都尉治故城者也。』漯水又東北，逕千乘縣二城閒，漢高帝六年，以爲千乘郡，王莽之建信也。章帝建初四年爲王國，和帝永元七年改爲樂安郡，故齊地。伏琛曰：『千乘城在齊城西北百五十里，隔會水，即漯水之別名也。』又東北，爲馬常坑，坑東西八十里，南北三十里，亂河枝流而入於海。河海之饒，茲焉爲最。地理風俗記曰：『漯水東北，至千乘入海，河盛則通津委注，水耗則微涓絶流。』書『浮於濟漯』，亦是水者也。

又東北，過楊虛縣東，商河出焉。

地理志：『楊虛，平原之隸縣也〔一〇四〕。』漢文帝四年，以封齊悼惠王子將閭爲侯國。城在高唐城之西南，經次於此，是不比也。商河首受河水，亦漯水及澤水所潭也。淵而不流，世謂之清水。自此雖沙漲填塞，厥迹尚存。歷澤而北，俗謂之落里坑。逕張公城西，又北，重源潛發，亦曰小漳河，『商』『漳』聲相近，故字與讀移爾。商河又北，逕平原縣東，又逕安德縣故城南，又東北，逕平昌縣故城南，又東，逕般縣故城南，又東，逕樂陵縣故城南。漢宣帝地節四年，封侍中史子長爲侯國。商河又東，逕朸縣故城南。高后八年封齊悼惠王子劉辟光爲侯國。王莽更之曰張鄉。應劭曰：『般縣東南六十里有朸鄉城，故縣也。』沙溝水注之，水南出大河之陽，泉源之不合河者二百步，其水北流注商河。商河又東北，流逕馬嶺城西北，屈而東注南轉，逕城東。城在河曲之中，東海王越斬汲桑於是城。商河又東北，逕富平縣故城北。地理志曰：『侯國也。』王莽曰樂安亭。應劭曰：『明帝更名厭次。』闞駰曰：『厭次縣本富平侯車騎將軍張安世之封邑』，非也。按漢書昭帝元鳳六年，封右將軍張安世爲富平侯。薨，子延壽嗣，國在陳留，別邑在魏郡。陳留風俗傳曰：『陳留尉氏縣安陵鄉，故富平縣也。』是乃安世所食矣，歲入租千餘萬，延壽自以身無功德，何堪久居先人大國，上書請減户。天子以爲有讓，徙封平原，幷食一邑，户口如故，而稅減半。十三州志曰：『明帝永平五年，改曰厭次。』按史記高祖功臣侯者年表，高帝六年，封元頃爲侯國。徐廣音義曰：『漢書作爰類。』是知厭次舊名，非始明帝，蓋復故爾。縣西有東方朔冢，冢側有祠，祠有神驗〔一〇五〕。水側有雲城，漢武帝元封四年，封齊孝王子劉信爲侯國。商河又分爲二水，南水謂之長叢溝，東流傾注於海。溝南海側有蒲臺，臺高八丈，方二百步。三齊略記曰：『鬲城東南有蒲臺，秦始皇東遊海上，於臺下蟠蒲繫馬，至今每歲蒲生，縈委若有繫狀，似水楊，可以爲箭。』今東去海三十里。北水世謂之百薄瀆，東北流，注於海。

大河又東北，逕高唐縣故城西。春秋左傳襄公十九年，齊靈公廢太子光而立公子牙，以夙沙衛爲少傅。齊侯卒，崔杼逆光，光立，殺公子牙於句瀆之丘，衛奔高唐以叛。京相璠曰：『本平原縣也，齊之西鄙。』大河逕其西而不出其東，經言出東，誤爾。水有津焉，名之曰張公渡。

大河又北，逕張公城，臨側河湄，魏青州刺史張準之治此〔一〇六〕，故世謂之張公城。

河水又北，逕平原縣故城東。地理風俗記曰：『原，博平也，故曰平原矣。』縣故平原郡治，漢高帝六年置，王莽改曰河平也。晉灼曰：『齊西有平原。』河水東北過高唐，高唐即平原也。故經言『河水逕高唐縣東』，非也。按地理志：『高唐，漯水所出。平原則篤馬河導焉。』明平原非高唐，大河不得出其東，審矣。

大河右溢，世謂之甘棗溝，水側多棗，故俗取名焉。河盛則委汎，水耗則輟流。故溝又東北，歷長隄逕漯陰縣北，又東，逕著城北，東爲陂淀，淵潭相接，世謂之穢野薄〔一〇七〕。

河水又東北，逕阿陽縣故城西。漢高帝六年，封郎中萬訢爲侯國。應劭曰：『漯陰縣東南五十里有阿陽鄉，故縣也。』

又東北，過漯陰縣北。

河水自平原，左逕安德城東，而北爲鹿角津。東北逕般縣、樂陵、枋鄉至厭次縣故城南，爲厭次河。漢安帝永初二年，劇賊畢豪等數百乘船寇平原，縣令劉雄門下小吏所輔，浮舟追至厭次津，與賊合戰，並爲賊擒，輔求代雄，豪縱雄於此津，遂刺輔，貫心洞背而死〔一〇八〕。可謂孝盡愛敬，義極君臣矣。

河水右逕濕陰縣故城北，王莽之巨武縣也。

河水又東北，爲濕沃津，在濕沃縣故城南，王莽之延亭者也。地理風俗記曰：『千乘縣西北五十里有大河，河北有濕沃城，故縣也。』魏改爲後部亭，今俗遂名之曰左輔城。

河水又東，逕千乘縣故城北，伏琛之所謂千乘北城者也。

又東北，過利縣北〔一〇九〕。又東北，過甲下邑，濟水從西來注之。又東北，入於海。

河水又東，分爲二水，枝津東逕甲下城南，東南歷馬常坑，注濟。經言『濟水注河』，非也。

河水自枝津東北流，逕甲下邑北，世謂之倉子城，又東北流入於海。淮南子曰：『九折注於海，而流不絕者，崑崙之輸也。』尚書禹貢曰：『夾右碣石入於河。』山海經曰：『碣石之山，繩水出焉，東流注於河。』河之入海，舊在碣石，今川流所導，非禹瀆也。周定王五年，河徙故瀆。故班固曰：『商竭周移也。』又以漢武帝元光二年，河又徙東郡，更注渤海。是以漢司空掾王橫言曰：『往者天嘗連雨，東北風，海水溢，西南出侵數百里。』故張折云：『碣石在海中，蓋淪於海水也。』昔燕齊遼曠，分置營州，今城届海濱，海水北侵，城垂淪者半。王橫之言信而有徵，碣石入海非無證矣。

校記

〔一〕云　原作「云云」，據殿本删。

〔二〕鳳鳥　「鳥」字據殿本補。

〔三〕金紐嶺　殿本作「金鈕大嶺」。

〔四〕榼㯼谷　殿作作「祥㯼谷」。

〔五〕在城西北流　原本「西」下衍「東」字，據殿本删。

〔六〕龍坻　原本作「龍氏」，據殿本改。

〔七〕左則　原本作「左合」，據殿本改。

〔八〕水出　殿本無「水」字。注疏本作「泉出」。

〔九〕有水出縣西　原本作「水出縣山」，據殿本改。

〔一〇〕土樓　原本作「太樓」，據殿本改。下同。

〔一一〕若勃谿　原本「谿」下有「水」字，據殿本删。

〔一二〕持武　原本作「特武」，據殿本改。

〔一三〕三丈　「丈」原本作「尺」。據注疏本改。

〔一四〕梢　原本誤作「稍」，據殿本改。

〔一五〕在河渚上　原本「在」上有「城」字，據殿本删。

〔一六〕朔方郡宏静鎮　殿本無此六字。

〔一七〕史記音義　原本作「漢書注」，據注疏本改。

〔一八〕三十萬　原本作「十萬」，據史記始皇本紀改。

〔一九〕即此城也　「城」字據殿本補。

〔二〇〕地理志云　「云」字據殿本補。

〔二一〕水上承大河　「上」原本誤作「土」，據殿本改。

〔二二〕隨憲　原本作「趙慮」，據後漢書盧芳傳改。

〔二三〕成樂城　「城」原本作「固」，據殿本改。

〔二四〕芒中　原本作「荒中」，據殿本改。

〔二五〕魏太平真君　「魏」字據殿本補。

〔二六〕皇魏桓帝　「皇魏」二字據殿本補。

〔二七〕故里南　「里」注疏本疑爲「亭」之誤。

〔二八〕遏阻　殿本依據大典本作「過峘」，又案曰：「朱謀㙔云當作『遏阻』。」

〔二九〕東北流　「北」注疏本作「南」。

〔三〇〕諸次水又東　殿本無「諸次水」三字。

〔三一〕孟山　山海經西山經作「盂山」。

〔三二〕赤翟白翟　殿本删「赤翟」，當誤。參見注疏本守敬按。

〔三三〕秦惠王　原本作「秦昭王」，據史記趙世家改。

〔三四〕十城　原本作『千城』，據大典本改。

〔三五〕音爲譌變矣　原本作『音譌爲變矣』。據殿本改。

〔三六〕注於河　三字據殿本補。

〔三七〕水碓釭　『釭』原本作『缸』，據大典本改。

〔三八〕東出　原作『在』，據殿本改。

〔三九〕紫川水　原本作『紫水』，據殿本改。下同。

〔四〇〕西四十里　注疏本作『北十里』。

〔四一〕河南　注疏本作『河水南出』。

〔四二〕與龍門山相對　殿本無，當據元和郡縣圖志河東道二引水經注補。

〔四三〕陰山東麓　原誤植於『王莽之山寧也』句上，今據殿本改。

〔四四〕高門南　原本『門』下有『原』字，據殿本删。

〔四五〕絶彊梁原　據殿本補。

〔四六〕十八年　原本作『十七年』，據注疏本改。

〔四七〕伐秦至鄭　『至鄭』二字據殿本補。

〔四八〕後秦人　殿本無『後』字。

〔四九〕貢選　原本作『上選』，據殿本改。

〔五〇〕名柞爲櫪　『櫪』原本作『歷』，據殿本改。

〔五一〕甯壤　「壤」原本誤作「懹」，據殿本改。
〔五二〕舊京兆尹　「舊」字據殿本補。
〔五三〕古語云　原本作「左丘明國語云」，據殿本案校改。
〔五四〕開山圖　注疏本作「遁甲開山圖」。
〔五五〕宋武帝　原本作「宋武王」，據殿本改。
〔五六〕周固記開山　注疏本守敬按：「『周固記』未聞。『周固記開山』五字，疑『開山圖曰關』五字之顛倒錯亂。」
〔五七〕郊　注疏本作「郲」。
〔五八〕三百里　原本作「三百仞」，據注疏本改。
〔五九〕王使之馭　殿本無「王」字。
〔六〇〕柏谷水　殿本作「谷水」。
〔六一〕夾澗水濆　「澗」殿本作「側」。
〔六二〕疑之　注疏本作「是之」。
〔六三〕二源疏引　「二」原本作「三」，據殿本改。下同。
〔六四〕弘農東澗　殿本作「弘農澗」。
〔六五〕注中澗水　殿本無是句。
〔六六〕瑕父吕甥　似即「瑕吕飴甥」。見於春秋左氏傳僖公十五年。
〔六七〕周章弟　殿本作「太伯後」。

〔六八〕三千　殿本作『五千』。

〔六九〕王垣　『王』原本作『至』，據史記魏世家改。

〔七〇〕河南　原本作『河東』，據殿本改。

〔七一〕河水於斯　『於』原本作『至』，據殿本改。

〔七二〕暮春　殿本作『春暮』。

〔七三〕楊駿　原本作『陽駿』，據殿本改。

〔七四〕地肱　原本作『地喉』，據注疏本改。

〔七五〕水中　原本作『河中』，據殿本改。

〔七六〕議治汳渠　『汳』宜作『汴』。水經注疏會貞按：『汳，後漢書明帝紀作「汴」，蓋後人避「反」字，變從「卞」，而至今相沿不改矣。』

〔七七〕問水形便　原本『水』上有『理』字，據殿本删。

〔七八〕王吳及諸從事　『及』字據殿本增。

〔七九〕通渠　原本作『通古渠口』，據殿本改。

〔八〇〕『河水』句　注疏本作『又東過燕縣北淇水自北來注之』，且列爲經。

〔八一〕今天垂異　『今』字據後漢書襄楷傳補。

〔八二〕地理志　『理』原本誤作『里』。

〔八三〕田盼　原本作『田肦』，注疏本作『田汾』，據殿本改。

〔八四〕地理風俗記　原本誤作『史記』，據殿本案注改。
〔八五〕昔禹治洪水　殿本無此五字。當據太平寰宇記補。
〔八六〕平當以爲鬲津也　殿本無『平當以爲』四字，當據漢書地理志補。
〔八七〕蓨縣　『蓨』殿本作『脩』，下同。
〔八八〕後漢書　『後』字據殿本補。
〔八九〕國口津　殿本作『郭口津』。
〔九〇〕地理志　『地理』二字據漢書補。
〔九一〕公徒　『徒』原本誤作『徙』，據殿本改。
〔九二〕『七年』到『至』十字　據注釋本補。
〔九三〕本草　『本』原本誤作『木』，據殿本改。
〔九四〕鳴犢　『犢』原本作『鐸』，據殿本改。
〔九五〕西北　『西』原本作『而』，據殿本改。
〔九六〕陽平縣有岡成亭　後漢書郡國志作『陽平侯國有岡成城』。
〔九七〕陽平陽平縣　前一個『陽平』，原本作『平原』，據注疏本改。
〔九八〕詩咏乘舟　『咏』殿本作『人』。
〔九九〕『桓帝』句　他本皆無，當據後漢書孝桓帝紀補。
〔一〇〇〕東南十七里　殿本無『東』字。
〔一〇一〕元狩　原本作『元光』，據漢書景武昭宣成功臣表改。

〔一〇二〕漢沇州刺史　『漢』原本作『魏』，據注疏本改。

〔一〇三〕朝錯　原本作『歐陽生等』，據注疏本改。

〔一〇四〕楊虛平原之隸縣　查漢書地理志無『楊虛』之目，而平原郡有『樓虛』。似『楊』乃『樓』之誤。

〔一〇五〕祠有神驗　『有』字據殿本補。

〔一〇六〕張準之　『準之』二字他本皆無，當據魏書張彝傳補。

〔一〇七〕穢野薄　注疏本段熙仲校引沈欽韓曰：『「薄」與「泊」通，統志引此作「溝」。』

〔一〇八〕遂刺輔貫心洞背而死　此九字殿本作『所輔』。他本皆無是句，當據後漢書劉茂傳補。

〔一〇九〕利縣　注疏本作『蓼城縣』。

渠

渠出滎陽北河，東南過中牟縣之北。

風俗通曰：『渠者，水所居也。』渠水自河與濟亂流，東逕滎澤北，東南分濟，歷中牟縣之圃田澤，北與陽武分水。澤多麻黃草，故述征記曰：『踐縣境便覩斯卉，窮則知踰界。』今雖不能，然諒亦非謬。詩所謂『東有圃草』也。皇武子曰：『鄭之有原圃，猶秦之有具囿。』澤在中牟縣西，西限長城，東極官渡，北佩渠水，東西四十許里，南北二十許里，中有沙岡，上下二十四浦，津流逕通，淵潭相接。各有名焉：有大漸、小漸、大灰、小灰、義魯、練秋、大白楊、小白楊、散嚇、禺中、羊圈、大鵠、小鵠、龍澤、密羅、大哀、小哀、大長、小長、大縮、小縮、伯丘、大蓋、牛眼等。浦水盛則北注，渠溢則南播。故竹書紀年，『梁惠成王十年，入河水於甫田，又爲大溝而引甫水』者也。又有一瀆自酸棗受河，導自濮瀆，歷酸棗，逕陽武縣，南出。世謂之十字溝，而屬於渠。或謂是瀆爲梁惠之年所開，而不能詳也。斯浦乃水澤之所鍾，爲鄭隰之淵藪矣。渠水右合五池溝。溝上承澤水，下流注渠，謂之五池口。魏嘉平三年，司馬懿帥中軍討太尉王淩於壽春，自彼而還，帝使侍中韋誕勞軍於五池者也。今其地爲五池鄉矣。

渠水又東，不家溝水注之。水出京縣東南梅山北谿。春秋：『襄公十八年，楚蔿子馮、公子格率鋭師侵費，右迴梅山。』杜預曰：『在密東北。』即是山也。其水自谿東北流逕管城西，故管國也，周武王以封管叔。成王幼弱，周公攝政。管叔流言曰：『公將不利於孺子。』公賦鴟鴞以伐之，即東山之師是也。左傳：『宣公十二年，晉師救鄭，楚次管以待之。』杜預曰，『京縣東北有管城』者是也。俗謂之爲管水。又東北分爲二水。一水東北流注黄雀溝，謂之黄淵，淵周百步。其一水東越長城東北流，水積爲淵，南北二里，東西百步，謂之百尺水，北入圃田澤，分爲二水，一水東北逕東武强城北。漢書曹參傳：『擊羽嬰於昆陽，追至葉，還攻武强，因至滎陽。』薛瓚云，『按武强城在陽武縣』，即斯城也。漢高帝六年，封騎將莊不識爲侯國。又東北流，左注於渠，爲不家水口也。一水東流又屈而南，轉東南注白溝也。

渠水又東，清池水注之。水出清陽亭西南平地，東北流逕清陽亭南，東流即故清人城也。詩所謂『清人在彭』，彭爲高克邑也。故杜預春秋釋地云，『中牟縣西有清陽亭』，是也。清水又屈而北流至清口澤，七虎澗水注之。水出華城南岡，一源兩派，津川趣別，西入黄雀溝，東爲七虎谿，亦謂之爲華水也。又東北流，紫光溝水注之。水出華陽城東北而東流，俗名曰紫光澗。又東北，注華水。華水又東，逕棐城北，即北林亭也。春秋文公與鄭伯宴於棐林，子家賦鴻雁者也。春秋：『宣公元年，諸侯會於棐林，以伐鄭。楚救鄭，遇於北林。』服虔曰：『北林，鄭南地也。』京相璠曰：『今滎陽苑陵縣有故林鄉，在新鄭北，故曰北林也。』余按，林鄉故城在新鄭東如北七十許里，苑陵故城東南五十許里，不得在新鄭北也。考京服之説，並爲疏矣。杜預云：『滎陽中牟縣西南有林亭，在鄭北。』今是亭南去新鄭縣故城四十許里，蓋以南有林鄉亭，故杜預據是爲北林，最爲密矣。又以林鄉爲棐，亦或疑焉。諸侯會棐，楚遇於此，寧得知不在是而更指他處也？積古之傳，事或不謬矣。又東北，逕鹿臺南岡，北出爲七虎澗。東流，期水注之。水出期城西北平地，世號龍淵水。東北流，又北，逕期城西，又北，與七虎澗合，謂之虎谿水，亂流東注，逕期城北，東會清口水。司馬彪郡國志曰：『中牟有清口水。』即是水也。清水又東北，白溝水注之。水有二源，北水出密之梅山東南，而東逕靖城南，與南水合。南水出太山，西北流至靖城南，左注北水，即承水也。山海經曰，『承水出太山之陰，東北流注於役水』者也。世亦謂之靖澗水。又東北流，太水注之。水出太山東平地。山海經曰：『太水出於太山之陽，而東南流注於役水。』世謂之禮水也。東北逕武陵城西，東北流注於承水。承水又東北，入黄雀澗。北逕中陽城西，城内有舊臺甚秀，臺側有陂池，池水清深。澗水又東，屈逕其城北，竹書紀年，『梁惠成王十七年，鄭釐侯來朝中陽』者也。其水東北流，爲白溝，又東北，逕伯禽城北，蓋伯禽之魯，往逕所由也。屈而南流，東注於清水，即潘岳都鄉碑所謂『自中牟故縣以西，西至於清溝』，指是水也。亂流東逕中牟宰魯恭祠南，漢和帝時，右扶風魯恭，字仲康，以太尉掾遷中牟令，政專德化，不任刑罰，吏民敬信，蝗不入境。河南尹袁安疑不實，使部掾肥親按行之，恭隨親行阡陌，坐桑樹下，雉止其旁，有小兒，親曰：『兒何不擊雉？』曰：『將雛。』親起曰：『蟲不入境，一異。化及鳥獸，二異。豎子懷仁，三異。久留非優賢，請還。』是年，嘉禾生縣庭，安美其治，以狀上之，徵博士侍中。車駕每出，恭常陪乘，上顧問民政，無所隱諱，故能遺愛自古，祠饗來今矣。清溝水又東北，逕沈清亭，疑即博浪亭也。服虔曰：『博浪，陽武南地名也，今有亭。』所未詳也。歷博浪澤，昔張良爲韓報仇於秦，以金椎擊秦始皇，不中，中其副車於此。又北分爲二水，枝津東注清水。清水自枝流北注渠，謂之清溝口。

渠水又左，逕陽武縣故城南，東爲官渡水。又逕曹太祖壘北，有高臺，謂之官渡臺。渡在中牟，故世又謂之中牟臺。建安五年，太祖營官渡，袁紹保陽武。紹連營稍前，依沙堆爲屯，東西數十里。公亦分營相禦。合戰不利，紹進臨官渡，起土山地道以逼壘。公亦起高臺以捍之，即中牟臺也。今臺北土山猶在，山之東悉紹舊營，遺基並存。

渠水又東逕田豐祠北，袁本初慙不納其言，害之。時人嘉其誠謀，無辜見戮，故立祠於是，用表袁氏覆滅之宜矣。

又東，役水注之。水出苑陵縣西隟候亭東。世謂此亭爲『郤城』，非也。蓋『隟』、『郤』聲相近爾。中平陂世名之涅泉也，即古役水矣。山海經曰：『役山，役水所出，北流注於河。』疑是水也。東北流，逕苑陵縣故城北。東北流逕焦城東，陽丘亭西，世謂之焦溝水。竹書紀年：『梁惠成王十六年，秦公孫壯率師伐鄭，圍焦城不克。』即此城也。俗謂之『驛城』，非也。役水自陽丘亭東流，逕山民城北〔一〕，爲高榆淵。竹書紀年，『梁惠成王十六年，秦公孫壯率師城上枳、安陵、山民』者也。又東北，爲酢溝，又東北，魯溝水出焉。役水又東北，埿溝水出焉。又東北，爲八丈溝。又東，清水枝津注之，水自沈城東派注於役水。役水又東，逕曹公壘南，東與沫水合。山海經云：『沫山，沫水所出，北流注於役。』今是水出中牟城西南，疑即沫水也。東北流逕中牟縣故城西，昔趙獻侯自耿都此。班固云：『趙自邯鄲徙焉。』趙襄子時，佛肸以中牟叛，置鼎於庭，不與己者烹之，田英將褰裳赴鼎處也。薛瓚注漢書云：『中牟在春秋之時爲鄭之疆也〔二〕，及三卿分晉，則在魏之邦土。趙自漳北，不及此也。春秋傳曰：「衛侯如晉過中牟。」非衛適晉之次也。汲郡古文曰：「齊師伐趙東鄙，圍中牟。」此中牟不在趙之東也。按中牟當在漯水之上矣。』按春秋：『齊伐晉夷儀，晉車千乘在中牟。衛侯過中牟，中牟人欲伐之。衛褚師圃亡在中牟〔三〕，曰：「衛雖小，其君在，未可勝也。齊師克城而驕，遇之必敗。」乃敗齊師。』服虔不列中牟所在。杜預曰：『今滎陽有中牟，迴遠疑爲非也。』然地理參差，土無常域，隨其彊弱，自相吞幷，疆理流移，寧可一也？兵車所指，逕紆難知，自魏徙大梁，趙以中牟易魏，故趙之南界，極於浮水，匪直專漳也。趙自西取後止中牟，齊師伐其東鄙，於宜無嫌。而瓚徑指漯水，空言中牟所在，非論證也。漢高帝十一年，封單父聖爲侯國。沫水又東北，注於役水。昔魏太祖之背董卓也，間行出中牟，爲亭長所録。郭長公世語云：『爲縣所拘，功曹請釋焉。』役水又東北，逕中牟澤，即鄭太叔攻萑蒲之盜於是澤也。其水東流，北屈，注渠水。續述征記所謂『自醬魁城到酢溝十里』者也。

渠水又東流，左會淵水。其水上承聖女陂，陂周二百餘步，水無耗竭，湛然清滿，而南流注於渠。渠水又東南而逕大梁也〔四〕。

又東，至浚儀縣。

渠水東南逕赤城北，戴延之所謂『西北有大梁亭』，非也。竹書紀年：『梁惠成王二十八年，穰疵率師及鄭孔，夜戰於梁赫，鄭師敗逋。』即此城也。

左則故瀆出焉。秦始皇二十年，王賁斷故渠，引水東南出，以灌大梁，謂之梁溝。又東，逕大梁城南，本春秋之陽武高陽鄉也，於戰國爲大梁。周梁伯之故居矣。梁伯好土功，大其城，號曰新里，民疲而潰，秦遂取焉。後魏惠王自安邑徙都之，故曰梁爾。竹書紀年，『梁惠成王六年四月甲寅，徙都於大梁』是也。秦滅魏以爲縣，漢文帝封孝王於梁，孝王以土地下溼，東都睢陽，又改曰梁，自是置縣。以大梁城廣，居其東城夷門之東。夷門即侯嬴抱關處也。續述征記以此城爲師曠城，言郭緣生曾遊此邑，踐夷門，升吹臺，終古之迹，緬焉盡在。余謂此乃梁氏之臺門，魏惠之都居，非吹臺也。當是誤證爾。西征記論儀封人即此縣，又非也。竹書紀年：『梁惠成王三十一年三月，爲大溝於北郛，以行圃田之水。』陳留風俗傳曰：『縣北有浚水，像而儀之。故曰浚儀。』余謂故汳沙爲陰溝矣。浚之，故曰『浚』，其猶春秋之浚洙乎？漢氏之浚儀水，無他也，皆變名矣。其國多池沼，時池中出神劍，到今其民象而作之，號大梁氏之劍也。

渠水又北，屈分爲二水。續述征記曰：『汳沙到浚儀而分也。』汳東注，沙南流，其水更南流，逕梁王吹臺東。陳留風俗傳曰：『縣有倉頡、師曠城，上有列仙之吹臺。北有牧澤，澤中出蘭蒲，上多俊髦，衿帶牧澤，方十五里，俗謂之蒲關澤。』即謂此矣。梁王增築，以爲吹臺。城隍夷滅，略存故迹，今層臺孤立於牧澤之右矣。其臺方百許步，即阮嗣宗詠懷詩所謂：『駕言發魏都，南向望吹臺。簫管有遺音，梁王安在哉？』晉世喪亂，乞活憑居，削墮故基，遂成二層，上基猶方四五十步，高一丈餘，世謂之乞活臺，又謂之繁臺城。渠水於此有陰溝、鴻溝之稱焉。項羽與漢高分王，指是水以爲東西之別。故蘇秦説魏襄王曰：『大王之地，南有鴻溝』，是也。故尉氏縣有波鄉、波亭、鴻溝鄉、鴻溝亭，皆藉水以立稱也。今蕭縣西亦有鴻溝亭，梁國睢陽縣東有鴻口亭，先後談者，亦指此以爲楚漢之分王，非也。蓋春秋之所謂紅澤者矣。

渠水右與汜水合，水上承役水於苑陵縣，縣故鄭都也，王莽之左亭縣也。役水枝津東派爲汜水者也，而世俗謂之溼溝水也。春秋左傳，『僖公三十年，晉侯、秦伯圍鄭，晉軍函陵，秦軍汜南』，所謂東汜者也。其水又東北，逕中牟縣南。又東北，逕中牟澤，與淵水合，水出中牟縣故城北，城有層臺。按，郭長公世語及干寶晉紀，並言中牟縣故魏任城玉臺下池中，有漢時鐵錐，長六尺，入地三尺，頭西南指，不可動，正月朔自正。以爲晉氏中興之瑞，而今不知所在，或言在中陽城池臺，未知焉是。淵水自池西出，屈逕其城西，而東南流注於汜。汜水又東，逕大梁亭南，又東，逕梁臺南，東注渠。

渠水又東南，流逕開封縣，睢渙二水出焉。右則新溝注之，其水出逢池。池上承役水於苑陵縣，別爲魯溝水。東南流逕開封縣故城北，漢高帝十一年，封陶舍爲侯國也。陳留志稱：『阮簡字茂弘，爲開封令。縣側有劫賊，外白甚急數，簡方圍棋長嘯。吏云：「劫急。」簡曰：「局上有劫亦甚急。」』其耽樂如是，故語林曰：『王中郎以圍棋爲坐隱，或亦謂之爲手談，又謂之爲棋聖。』魯溝南際富城，東南入百尺陂，即古之逢澤也。徐廣史記音義曰：『秦使公子少官率師會諸侯逢澤。』汲郡墓竹書紀年作『秦孝公會諸侯于逢澤』，斯其處也。故應德璉西征賦曰：『鸞衡東指，弭節逢澤。』其水東北流爲新溝。新溝又東北，流逕牛首鄉北，謂之牛建城。又東北，注渠，即沙水也。音蔡，許慎正作沙音。言：『水散石也，從水少，水少沙見矣。』楚東有沙水。』謂此水也。

又屈南至扶溝縣北。

沙水又東南，逕牛首鄉東南，魯溝水出焉，亦謂之宋溝也。又逕陳留縣故城南，孟康曰：『留，鄭邑也。後爲陳所幷，故曰陳留矣。』魯溝水又東南，逕圉縣故城北，縣苦楚難，脩其干戈以圉其患，故曰圉也，或曰邊陲之號矣。歷萬人散。王莽之篡也，東郡太守翟義興兵討莽，莽遣奮威將軍孫建擊之於圉北。義師大敗，尸積萬數，血流溢道，號其處爲萬人散，百姓哀而祠之。又歷魯溝亭。又東南，至陽夏縣故城西。漢高祖六年，封陳豨爲侯國。魯溝又南入渦，今無水也。

沙水又東南，逕斗城西。左傳襄公三十年，子産殯伯有尸，其臣葬之於是也。

沙水又東南，逕牛首亭東，左傳，『桓公十四年，宋人與諸侯伐鄭東郊，取牛首』者也，俗謂之車牛城矣。

沙水又東南，八里溝水出焉。又東南，逕陳留縣裘氏鄉裘氏亭西。又逕澹臺子羽冢東，與八里溝合。按陳留風俗傳曰：『陳留縣裘氏鄉有澹臺子羽冢，又有子羽祠，民祈禱焉。』京相璠曰：『今泰山南武城縣有澹臺子羽冢，縣人也。』未知孰是。因其方志所敘，就記纏絡焉。溝水上承沙河而西南流，逕牛首亭南，與百尺陂水合。其水自陂南，逕開封城東三里岡，左屈而西流，南轉，注八里溝。又南得野兔水口，水上承西南兔氏亭北野兔陂，鄭地也。春秋傳云：『鄭伯勞屈生於兔氏』者也。陂水東北入八里溝。八里溝水又南，逕石倉城西，又南，逕兔氏亭東，又南，逕召陵亭西，東入沙水。

沙水南逕扶溝縣故城東，縣即潁川之穀平鄉也。有扶亭，又有洧水溝，故縣有扶溝之名焉。建武元年，漢光武封平狄將軍朱鮪爲侯國。

沙水又東，與康溝水合。水首受洧水於長社縣東，東北逕向岡西，即鄭之向鄉也。後人遏其上口，今水盛則北注，水耗則輟流。又有長明溝水注之。水出苑陵縣故城西北，縣有二城，此則西城也。二城以東，悉多陂澤，即古制澤也。京相璠曰鄭地。杜預曰：『澤在滎陽苑陵縣東，即春秋之制田也。』故城西北平地出泉，謂之龍淵泉，淵水流逕陵丘亭西〔五〕。又西，重泉水注之。水出城西北平地，泉涌南流，逕陵丘亭西，西南注龍淵水。

龍淵水又東南，逕凡陽亭西，而南入白鴈陂。陂在長社縣東北，東西七里，南北十里，在林鄉之西南，司馬彪郡國志曰：『苑陵有林鄉亭。』〔六〕白鴈陂又引瀆南流，謂之長明溝，東轉北屈，又東，逕向城北，城側有向岡，左傳〔七〕『襄公十一年，諸侯伐鄭，師於向』者也。又東，右迆爲染澤陂，而東注於蔡澤陂。長明溝水又東，逕尉氏縣故城南。圈稱云：『尉氏，鄭國之東鄙，弊獄官名也，鄭大夫尉氏之邑〔八〕。』故欒盈曰：『盈將歸死於尉氏也。』溝瀆自是三分，北分爲康溝，東逕平陸縣故城北。高后元年，封楚元王子禮爲侯國。建武元年，以户不滿三千，罷爲尉氏縣之陵樹鄉。又有陵樹亭，漢建安中，封尚書荀攸爲陵樹鄉侯。故陳留風俗傳曰：『陵樹鄉，故平陸縣也。』北有大澤，名曰長樂廐。康溝水又東，逕扶溝縣之白亭北。陳留風俗傳曰：『扶溝縣有帛鄉、帛亭，名在七鄉十二亭中。』康溝水又東，逕少曲亭。陳留風俗傳曰：『尉氏縣有少曲亭，俗謂之小城也。』又東南，逕扶溝縣故城東，而東南注沙水。沙水又南，會南水，其水南流，又分爲二水。一水南逕關亭東，又東南流，與左水合。其水自枝瀆南逕召陵亭西，疑即扶溝之亭也。而東南合右水，世以是水與鄢陵陂水雙導，亦謂之雙溝。又東南，入沙水。

沙水南與蔡澤陂水合。水出鄢陵城西北。春秋，成公十六年，晉楚相遇於鄢陵。呂錡射中共王目，王召養由基，使射殺之。亦子反醉酒自斃處也。陂東西五里，南北十里。

陂水東逕匡城北，城在新汲縣之東，北即扶溝之匡亭也。亭在匡城鄉。春秋：『文公元年，諸侯朝晉，衛成公不朝，使孔達侵鄭，伐緜訾及匡。』即此邑也。今陳留長垣縣南有匡城，即平丘之匡亭也。襄邑又有承匡城，然匡居陳衛之間，亦往往有異邑矣。陂水又東南，至扶溝城北，又東南，入沙水。

沙水又南，逕小扶城西，而東南流也。城即扶溝縣之平周亭。東漢和帝永元中〔九〕，封陳敬王子參爲侯國。

沙水又東南，逕大扶城西。城即扶樂故城也。城北二里有袁良碑云：『良，陳國扶樂人。』後漢世祖建武十七年，更封劉隆爲扶樂侯，即此城也。渦水於是分焉，不得在扶溝北便分爲二水也。

其一者，東南過陳縣北。

沙水又東南，逕東華城西。又東南，沙水枝瀆西南達洧，謂之甲庚溝，今無水。沙水又南，與廣漕渠合，上承龐官陂，云鄧艾所開也。雖水流廢興，溝瀆尚夥。昔賈逵爲魏豫州刺史，通運渠二百餘里，亦所謂賈侯渠也。而川渠逕復，交錯畛陌，無以辨之。沙水又東，逕長平縣故城北，又東南，逕陳城北，故陳國也。伏羲、神農並都之。城東北三十許里，猶有羲城實中。舜後嬀滿，爲周陶正，武王賴其器用，妻以元女太姬而封諸陳，以備三恪。太姬好祭祀，故詩所謂『坎其擊鼓，宛丘之下』。宛丘在陳城南道東，王隱云『漸欲平』，今不知所在矣。楚討陳，殺夏徵舒於栗門，以爲夏州。後城之東門内有池，池水東西七十步，南北八十許步，水至清潔，而不耗竭，不生魚草。水中有故臺處，詩所謂『東門之池』也。城内有漢相王君造四縣邸碑，文字剥缺，不可悉識。其略曰，惟兹陳國，故曰淮陽郡云云。清惠著聞，爲百姓畏愛，求賢養士，千有餘人，賜與田宅吏舍，自損俸錢，助之成邸。五官掾西華陳騏等二百五人，以延熹二年云云。故其頌曰：『脩德立功，四縣回附。』今碑之左右，遺墉尚存，基礎猶在，時人不復尋其碑證，云孔子廟學，非也。後楚襄王爲秦所滅，徙都於此。文穎曰：『西楚矣。』三楚斯其一焉。城南郭裏又有一城，名曰淮陽城〔一〇〕，子産所置也。漢高祖十一年，以爲淮陽國。王莽更名郡爲新平，縣曰陳陵，故豫州治。王隱晉書地道記曰：『城北有故沙，名之爲死沙，而今水流津通，漕運所由矣。』

沙水又東而南屈，逕陳城東，謂之百尺溝。又南分爲二水，新溝水出焉。溝水東南流，谷水注之。水源上承澇陂，陂在陳城西北，南暨犖城，皆爲陂矣。陂水東流，謂之谷水，東逕犖城北，王隱曰，『犖北有谷水』是也。犖即檉矣。經書，『公會齊宋於檉』者也。杜預曰：『檉即犖也。』在陳縣西北爲非，檉，小城也，在陳郡西南。谷水又東，逕陳城南，又東流，入於新溝水〔一一〕，又東南，注於潁，謂之交口，水次有大堰，即古百尺堰也。魏書國志曰：『司馬宣王討太尉王淩，大軍掩至百尺堨。』即此堨也。今俗呼之爲山陽堰，非也。蓋新水首受潁於百尺溝，故堰兼有新陽之名也。以是推之，悟故俗謂之非矣。

又東南，至汝南新陽縣北。

沙水自百尺溝，東逕寧平縣之故城南。晉陽秋稱：『晉太傅東海王越之東奔也，石勒追之，焚尸於此。數十萬衆斂手受害，勒縱騎圍射，尸積如山，王夷甫死焉。』余謂俊者所以智勝羣情，辨者所以文身祛惑，夷甫雖體荷俊令，口擅雌黃，汙辱君親，獲罪羯勒，史官方之華王，諒爲褒矣。

沙水又東，積而爲陂，謂之陽都陂。明水注之，水上承沙水枝津，東出逕汝南郡之宜禄縣故城北，王莽之賞都亭也。明水又東北，流注於陂，陂水東南流，謂之細水。又東，逕新陽縣北。又東，高陂水東出焉。

沙水又東，分爲二水，即春秋所謂夷濮之水也。枝津北逕譙縣故城西，側城入渦。

沙水東南，逕城父縣西南，枝津出焉，俗謂之章水。一水東注，即濮水也，俗謂之艾水。東逕城父縣之故城南，東流注也。

又東南，過山桑縣北。

山桑故城在渦水北，沙水不得逕其北，明矣。經言過北，誤也。

又東南，過龍亢縣南。

沙水逕故城北，又東南，逕白鹿城北，而東注也。

又東南，過義成縣西，南入於淮。

義成縣故屬沛，後隸九江。沙水東流注於淮，謂之沙汭。京相璠曰：『楚東地也。』春秋左傳：『昭公二十六年，楚令尹子常以舟師及沙汭而還。』杜預曰：『沙，水名也。』

校記

〔一〕山民城　『民』原本作『氏』，據殿本改。

〔二〕彊　原本作『堰』，據史記趙世家『治中牟』，裴駰集解引薛瓚漢書集注改。

〔三〕褚師圃　『圃』原本作『固』，據春秋左傳改。

〔四〕逕大梁　『逕』殿本作『注』。

〔五〕淵水　殿本作『泉水』。

〔六〕林鄉亭　查後漢書郡國志，林鄉亭已失載。據譚其驤主編中國歷史地圖集東漢時期司隸校尉部，林鄉亭在苑陵西南約二十公里。詳見該書第二册第42—43頁。

〔七〕左傳　『傳』字據殿本補。

〔八〕弊獄官名也鄭大夫尉氏之邑　注疏本守敬按：「據下文引樂盈語，則『弊獄官名也』五字當在『尉氏之邑』下。」

〔九〕東漢　「東」字據殿本補。

〔一〇〕淮陽城　「淮」原本作「睢」，據殿本改。

〔一一〕新溝水　注疏本作「沙水支津」。

陰溝水

陰溝水出河南陽武縣蒗蕩渠。

陰溝首受大河於卷縣故瀆，東南逕卷縣故城南，又東，逕蒙城北。史記：『秦莊襄王元年，蒙驁擊取成皋、滎陽，初置三川郡。』疑即驁所築也，於事未詳。故瀆東分爲二，世謂之陰溝水。京相璠以爲出河之濟，又非所究，俱東絶濟隧。右瀆東南，逕陽武城北，又東南，絶長城，逕安亭北，又東北，會左瀆。左瀆東絶長城，逕垣雍城南，昔晉文公戰勝於楚，周襄王勞之於此。故春秋書：『甲午至於衡雝，作王宫於踐土。』吕氏春秋曰：『尊天子於衡雝』者也。郡國志曰：『卷縣有垣雝城。』即史記所記『韓獻秦垣雍』是也。又東，逕開光亭南，又東，逕清陽亭南，又東合右瀆。

又東南，逕封丘縣，絶濟瀆。東南至大梁，合蒗蕩渠。梁溝既開，蒗蕩渠故瀆寔兼陰溝、浚儀之稱，故云出陽武矣。東南逕大梁城北，左屈與梁溝合，俱東南流，同受鴻溝、沙水之目，其川流之會，左瀆東導者即汳水也，蓋津源之變名矣。故經云陰溝出蒗蕩渠也。

東南至沛，爲過水。

陰溝始亂蒗蕩，終别於沙，而過水出焉。過水受沙水於扶溝縣。許慎又曰：『過水，首受淮陽扶溝縣蒗蕩渠。』不得至沛方爲過水也。爾雅曰：『過爲洵。』郭景純曰：『大水泆爲小水也。』吕忱曰：『洵，過水也。』

過水逕大扶城西。城之東北，悉諸袁舊墓，碑宇傾低，羊虎碎折，惟司徒滂、蜀郡太守騰、博平令光碑字。所存惟此，自餘殆不可尋。

過水又東南，逕陽夏縣西，又東，逕邈城北，城實中而西，有隙郭。

過水又東，逕大棘城南，故鄢之大棘鄉也。春秋宣公二年，宋華元與鄭公子歸生戰於大棘，獲華元。左傳曰：『華元殺羊食士，不及其御，將戰，羊斟曰：「疇昔之羊子爲政，今日之事我爲政。」遂御入鄭，故見獲焉。』後其地爲楚莊所幷。故圈稱曰：『大棘，楚地也。有楚太子建之墳及伍員釣臺，池沼具存。』

過水又東，逕安平縣故城北，陳留風俗傳曰：『大棘鄉，故安平縣也。』士人敦惷，易以統御。』

過水又東，逕鹿邑城北，世謂之虎鄉城，非也。春秋之鳴鹿矣。杜預曰，『陳國武平西南有鹿邑亭』是也。城南十里有晉中散大夫胡均碑，元康八年立。過水之北有漢温令許續碑。續字嗣公，陳國人也，舉賢良，拜議郎，遷温令，延熹中立。過水又東，逕武平縣故城北。城之西南七里許有漢尚書令虞詡碑。碑題云：『虞君之碑。諱詡，字定安。虞仲之後，爲朝歌令、武都太守。』文字多缺，不復可尋。按范曄漢書：『詡字升卿，陳國武平人。祖爲縣獄吏，治存寬恕。嘗曰：「于公爲里門，子爲丞相。吾雖不及于公，子孫不必不爲九卿。」故字詡曰升卿。』定安，蓋其幼字也。魏武王初封於此，終以武平華夏矣。

過水又東，逕廣鄉城北，圈稱曰：『襄邑有蛇丘亭，故廣鄉矣，改曰廣世。』後漢順帝陽嘉四年，封侍中摯填爲侯國，即廣鄉也。

過水又東，逕苦縣西南，分爲二水，枝流東北注於賴城入谷，謂死過也。

過水又東南屈，逕苦縣故城南。郡國志曰『春秋之相』也，王莽更名之曰賴陵矣。城之四門列築馳道，東起賴鄉，南自南門，越水直指故臺西面。南門列道，徑趣廣鄉道。西門馳道，西屆武平。北門馳道，暨於北臺。

過水又東北屈，至賴鄉西，谷水注之。水首受渙水於襄邑縣東，東逕承匡城東。春秋經書：『夏，叔仲彭生會晉郤缺於承匡。』左傳曰：『謀諸侯之從楚者。』京相璠曰：『今陳留襄邑西三十里有故承匡城。』谷水又東南，逕己吾縣故城西。陳留風俗傳曰：『縣，故宋也。雜以陳楚之地，故梁國寧陵縣之徙種龍鄉也。』以成哀之世，户至八九千，冠帶之徒，求置縣矣。永元十一年，陳王削地，以大棘鄉、直陽鄉十二年自鄢隸之，命以嘉名曰己吾，猶有陳楚之俗焉。谷水又東，逕柘縣故城東，地理志淮陽之屬縣也。城内有柘令許君清德頌，石碎字紊，惟此文見碑。城西南里許，有漢陽翟令許叔臺碑〔一〕，光和中立。又有漢故樂成陵令太尉掾許嬰碑，嬰字虞卿，司隸校尉之子，建寧元年立。餘碑文字碎滅，不復可觀，當似司隸諸碑也。谷水又東，逕苦縣故城中，水汎則四周隍塹，耗則孤津獨逝。谷水又東，逕賴鄉城南。其城實中，東北隅有臺偏高，俗以是臺在谷水北，又謂之谷陽臺，非也。谷水自此東入渦水。

渦水又北，逕老子廟東。廟前有二碑，在南門外。漢桓帝遣中官管霸祠老子，命陳相邊韶撰文。碑北有雙石闕，甚整頓。石闕南側，魏文帝黄初三年經譙所勒。闕北東側，有孔子廟。廟前有一碑，西面，是陳相魯國孔疇建和三年立。北則老君廟，廟東院中有九井焉。又北，渦水之側又有李母廟。廟在老子廟北，廟前有李母冢。冢東有碑，是永興元年，譙令長沙王阜所立。碑云：『老子生於曲渦間。』渦水又屈，東逕相縣故城南。其城卑小實中，邊韶老子碑文云：『老子，楚相縣人也。』相縣虚荒，今屬苦，故城猶存，在賴鄉之東，渦水處其陽，疑即此城也。自是無郭以應之。

過水又東，逕譙縣故城北。春秋左傳，『僖公二十三年〔二〕，楚成得臣帥師伐陳，遂取譙，城頓而還』是也。王莽之延成亭也。魏立譙郡，沇州治。沙水自南枝分，北逕譙城西而北注過。過水四周城側，城南有曹嵩冢，冢北有碑，碑北有廟堂，餘基尚存，柱礎仍在。廟北有二石闕雙峙，高一丈六尺，榱櫨及柱皆雕鏤雲矩，上罘罳已碎。闕北有圭碑，題云漢故中常侍長樂太僕特進費亭侯曹君之碑，延熹三年立。碑陰又刊詔策二，碑文同。夾碑東西列對兩石馬，高八尺五寸，石作粗拙，不匹光武隧道所表象馬也。有騰兄冢，冢東有碑，題云漢故潁川太守曹君墓。延熹九年卒，而不刊樹碑歲月。墳北有其元子熾冢，冢東有碑題云漢故長水校尉曹君之碑。歷大中大夫、司馬長史、侍中，遷長水，年三十九卒，熹平六年造。熾弟胤冢，冢東有碑，題云漢謁者曹君之碑，熹平六年立。城東有曹太祖舊宅，所在負郭對廛，側隍臨水。魏書曰：『太祖作議郎，告疾歸鄉里，築室城外，春夏習讀書傳〔三〕，秋冬射獵以自娛樂。』文帝以漢中平四年生於此，上有青雲如車蓋，終日乃解，即是處也。後文帝以延康元年幸譙，大饗父老，立壇於故宅，壇前樹碑。碑題云大饗之碑。碑之東北，過水南，有譙定王司馬士會冢。冢前有碑，晉永嘉三年立。碑南二百許步，有兩石柱，高丈餘，半下爲束竹交文，作制極工。石榜云：『晉故使持節、散騎常侍、都督揚州江州諸軍事、安東大將軍、譙定王河内温司馬公墓之神道。』

過水又東，逕朱龜墓北，東南流，冢南枕道有碑，碑題云漢故幽州刺史朱君之碑。龜字伯靈，光和六年卒官，故吏別駕從事史，右北平無終年化，中平二年造。碑陰刊故吏姓名，悉薊涿及上谷、北平等人。

過水東南，逕層丘北。丘阜獨秀，巍然介立，故壁壘所在也。

過水又東南，逕城父縣故城北，沙水枝分注之，水上承沙水於思善縣，世謂之章水，故有章頭之名也。東北流逕城父縣故城西，側城東北流，入於過。

過水又東，逕下城父北。郡國志曰，『山桑縣有下城父聚』者也。過水又屈逕其聚東郎山西，又東南屈逕郎山南，山東有垂惠聚，世謂之禮城。袁山松郡國志曰，『山桑縣有垂惠聚』，即此城也。

過水又東南，逕過陽城北。臨側過水。魏太和中爲過州治，以蓋表爲刺史，後罷州立郡，襟帶遏戍。

過水又東南，逕龍亢縣故城南。漢建武十三年，世祖封傅昌爲侯國，故語曰，『沛國龍亢至山桑』者也。

過水又屈而南流，出石梁。梁石崩褫，夾岸積石，高二丈，水歷其間。又東南流，逕荆山北，而東流注也。

又東南，至下邳淮陵縣，入於淮。

過水又東，左合北肥水。水出山桑縣西北澤藪，東南流，左右翼佩數源，異出同歸，蓋微脉涓注爾。東南流逕山桑邑南，俗謂之北平城。昔文欽之封山桑侯，疑食邑於此城。東南有一碑，碑文悉破無驗，惟碑背故吏姓名尚存，熹平元年，義士門生沛國蕭劉定興立。北肥水又東，逕山桑縣故城南，俗謂之『都亭』，非也。今城内東側猶有山亭桀立，陵阜高峻，非洪臺所擬。十三州志所謂『山生於邑，其亭有桑，因以氏縣』者也。郭城東有文穆冢碑，三世二千石，穆郡户曹史，徵試博士太常丞，以明氣候，擢拜侍中右中郎將，遷九江、彭城、陳留三郡，光和中卒，故吏涿郡太守彭城吕虔等立。北肥水又東，積而爲陂，謂之瑕陂。陂水又東南，逕瑕城南，春秋左傳成公十六年，『楚師還及瑕』，即此城也。故京相璠曰：『瑕，楚地。』北肥水又東南，逕向縣故城南。地理志曰：『故向國也。』世本曰：『許、州、向、申，姜姓也。炎帝後。』京相璠曰：『向，沛國縣，今并屬譙國龍亢也。』杜預曰：『龍亢縣東有向城，漢世祖建武十三年，更封富波侯王霸爲侯國。』即此城也。俗謂之圓城，非也。又東南，逕義成南，世謂之楮城，非也。又東入於過。過水又東，注淮。經言下邳淮陵入淮，誤矣。

校記

〔一〕翟令許叔臺　原本作「臺令許叔種」，據注疏本改。

〔二〕二十三年　原作「二十二年」，據春秋左傳改。

〔三〕春夏　「夏」原本作「秋」，據三國志魏書武帝紀「稱疾歸鄉里」之裴松之注改。

汳水

汳水出陰溝於浚儀縣北。

陰溝即蒗蕩渠也。亦言汳受旃然水，又云丹沁亂流，於武德絶河，南入滎陽合汳，故汳兼丹水之稱。河濟水斷，汳承旃然而東，自王賁灌大梁，水出縣南而不逕其北，夏水洪汎，則是瀆津通，故渠即陰溝也。於大梁北又曰浚水矣。故圈稱著陳留風俗傳，曰『浚水逕其北』者也。又東，汳水出焉。故經云，『汳出陰溝於浚儀縣北』也。

汳水東逕倉垣城南，即浚儀縣之倉垣亭也。城臨汳水，陳留相畢邈治此。征東將軍苟晞之西也，邈走歸京，晞使司馬東萊王讚代據倉垣，斷留運漕。

汳水又東，逕陳留縣之鉼鄉亭北。陳留風俗傳所謂『縣有鉼鄉亭』，即斯亭也。

汳水又逕小黄縣故城南。神仙傳稱靈壽光，扶風人，死於江陵胡罔家，罔殯薶之。後百餘日，人有見光於此縣，寄書與罔，罔發視之，惟有履存。

汳水又東，逕鳴鴈亭南。春秋左傳，『成公十六年，衛侯伐鄭，至於鳴鴈』者也。杜預釋地云：『在雍丘縣西北。』今俗人尚謂之爲白鴈亭。

汳水又東，逕雍丘縣故城北，陽樂城南。西征記曰：『城在汳北一里，周五里，雍丘縣界。』

汳水又東，有故渠出焉。南通睢水，謂之董生決，或言董氏作亂，引水南通睢水，故斯水受名焉。今無水。

汳水又東，枝津出焉。俗名之爲落架口。西征記曰：『落架，水名也。』續述征記曰：『在董生決下二里。』

汳水又東，逕外黃縣南，又東，逕莠倉城北。續述征記曰：『莠倉城去大游墓二十里。』又東，逕大齊城南。陳留風俗傳曰：『外黃縣有大齊亭。』又東，逕科城北。陳留風俗傳曰：『縣有科稟亭，是則科稟亭也。』汳水又東，逕小齊城南。

汳水又東，逕利望亭南。風俗傳曰：『故成安也。』地理志：『陳留，縣名。』漢武帝以封韓延年爲侯國。

汳水又東，龍門故瀆出焉。瀆舊通睢水，故西征記曰：『龍門，水名也。』門北有土臺，高三丈餘，上方數十步。

汳水又東，逕濟陽考城縣故城南，爲菑獲渠。考城縣，周之采邑也。於春秋，爲戴國矣。左傳，『隱公十年秋，宋、衛、蔡伐戴』，是也。漢高帝十一年秋，封彭祖爲侯國。陳留風俗傳曰：『秦之穀縣也。』後遭漢兵起，邑多災年。故改曰菑縣。王莽更名嘉穀。章帝東巡過縣，詔曰：『陳留菑縣，其名不善。高祖鄙柏人之邑，世宗休聞喜而顯獲嘉，應亨吉元符，嘉皇靈之顧，賜越有光，列考武皇〔一〕，其改菑縣曰考城。』是瀆蓋因縣以獲名矣。

汳水又東，逕寧陵縣之沙陽亭北，故沙隨國矣。春秋左傳：『成公十六年，秋，會于沙隨，謀伐鄭也。』杜預釋地曰：『在梁國寧陵縣北，沙陽亭是也。』世以爲堂城，非也。

汳水又東，逕黃蒿隝北。續述征記曰：『堂城至黃蒿二十里。』汳水又東，逕斜城下。續述征記曰：『黃蒿到斜城五里。』陳留風俗傳曰：『考城縣有斜亭。』

汳水又東，逕周隝側。續述征記曰：『斜城東三里。』晉義熙中，劉公遣周超之自彭城緣汳故溝，斬樹穿道七百餘里，以開水路，停泊於此，故兹隝流稱矣。

汳水又東，逕葛城北。故葛伯之國也。孟子曰：『葛伯不祀，湯問曰：「何爲不祀？」稱：「無以供祠祭。」遺葛伯。葛伯又不祀，湯又問之。曰：「無以供犧牲。」湯又遺之，又不祀，湯又問之。曰：「無以供粢盛。」湯使亳衆往爲之耕，老弱饋食。葛伯又率民奪之，不授者則殺之。湯乃伐葛。』葛於六國屬魏，魏安釐王以封公子無忌，號信陵君，其地葛鄉，即是城也。在寧陵縣西十里。

汳水又東，逕神坑隝，又東，逕夏侯長隝。續述征記曰：『夏侯隝至周隝，各相距五里。』

汳水又東，逕梁國睢陽縣故城北，而東歷襄鄉隝南。續述征記曰：『西去夏侯隝二十里。東一里即襄鄉浮圖也。』汳水逕其南，漢熹平中某君所立〔二〕，死因葬之，其弟刻石樹碑，以旌厥德。隧前有獅子、天鹿，累塼作百達柱八所。荒蕪頹毁，彫落略盡矣。

又東，至梁郡蒙縣爲獲水，餘波南入睢陽城中。

汳水又東，逕貰城南，俗謂之薄城，非也。闞駰十三州志以爲貫城也，在蒙縣西北。春秋：『僖公二年，齊侯、宋公、江、黄盟於貫。』杜預以爲貰也。云『貰』、『貫』字相似。貫在齊，謂貫澤也，是矣。非此也。今於此地，更無他城在蒙西北，惟是邑爾。考文準地，貰邑明矣，非亳可知。

汳水又東，逕蒙縣故城北，俗謂之小蒙城也。西征記，『城在汳水南十五六里』，即莊周之本邑也，爲蒙之漆園吏，郭景純所謂『漆園有傲吏』者也。悼惠施之没，杜門於此邑矣。

汳水自縣南出，今無復有水。惟睢陽城南側有小水，南流入於睢城。南二里，有漢太傅掾橋載墓碑，載字元賓，梁國睢陽人也，睢陽公子，熹平五年立。城東百步有石室，刊云漢鴻臚橋仁祠。城北五里有石虎、石柱，而無碑誌，不知何時建也。

汳水又東，逕大蒙城北，自古不聞有二蒙，疑即蒙亳也。所謂『景薄』爲『北亳』矣。椒舉云，『商湯有景亳之命』者也。闞駰曰：『湯都也。』亳本帝嚳之墟，在禹貢豫州河洛之閒，今河南偃師城西二十里尸鄉亭是也。皇甫謐以爲考之事實，學者失之，如孟子之言湯居亳，與葛爲鄰，是即亳與葛比也。湯地七十里，葛又伯爾，封域有限，而寧陵去偃師八百里，不得童子饋餉而爲之耕。今梁國自有二亳，南亳在穀熟，北亳在蒙，非偃師也。古文仲虺之誥曰：『葛伯仇餉，征自葛始』，即孟子之言是也。崔駰曰：『湯冢在濟陰薄縣北。』皇覽曰：『薄城北郭東三里平地有湯冢，冢四方，方各十步，高七尺，上平也。』漢哀帝建平元年，大司空史郤長卿按行水災，因行湯冢，在漢屬扶風，今徵之迴渠亭有湯池、徵陌是也。然不經見，難得而詳。按秦寧公本紀云：『二年伐湯。三年與亳戰，亳王奔戎，遂滅湯。』然則周桓王時，自有亳王號湯，爲秦所滅，乃西戎之國，葬於徵者也，非殷湯矣。劉向言，殷湯無葬處爲疑。杜預曰：『梁國蒙縣北有薄伐城，城中有成湯冢，其西有箕子冢。』今城内有故冢方墳，疑即杜元凱之所謂湯冢者也。而世謂之王子喬冢，冢側有碑，題云仙人王子喬碑，曰：『王子喬者，蓋上世之真人，聞其仙，不知興何代也。博問道家，或言潁川，或言産蒙，初建此城，則有斯丘，傳承先民，曰王氏墓。暨於永和之元年冬十二月，當臘之夜，上有哭聲，其音甚哀。附近居者王伯怪之，明則祭而察焉。時天鴻雪，下無人逕，有大鳥迹在祭祀處，左右咸以爲神。其後有人著大冠絳單衣，杖竹立冢前，呼採薪孺子伊永昌曰：「我王子喬也，勿得取吾墳上樹也。」忽然不見。時令太山萬熹，稽故老之言，感精瑞之應，乃造靈廟，以休厥神。於是好道之儔自遠方集，或弦琴以歌太一，或覃思以歷丹丘，知至德之宅兆，寔真人之祖先。延熹八年秋八月，皇帝遣使者奉犧牲，致禮祠，濯之，敬肅如也。國相東萊王璋，字伯儀。以爲神聖所興，必有銘表，乃與長史邊乾遂樹之玄石，紀頌遺烈。』觀其碑文，意似非遠，既在經見，不能不書存爾。

校記

〔一〕「賜越」二句　注疏本據周書洛誥，訂爲「賜越乃光，烈考武王」。

〔二〕熹平中某君　「中某」二字據殿本補。

獲水

獲水出汳水於梁郡蒙縣北。

漢書地理志曰：『獲水首受甾獲渠。』亦兼丹水之稱也。竹書紀年曰：『宋殺其大夫皇瑗於丹水之上。』又曰：『宋大水，丹水壅不流。』蓋汳水之變名也。

獲水自蒙東出，水南有漢故繹幕令匡碑。匡字公輔，魯府君之少子也。碑字碎落，不可尋識，竟不知所立歲月也。

獲水又東，逕長樂固北，己氏縣南，東南流逕於蒙澤。十三州志曰：『蒙澤在縣東。』春秋，『莊公十二年，宋萬與公争博，殺閔公於斯澤』矣。

獲水又東，逕虞縣故城北，古虞國也。昔夏少康逃奔有虞，爲之庖正，虞思於是妻之以二姚者也。王莽之陳定亭也。城東有漢司徒盛允墓碑。允字伯世，梁國虞人也。其先奭氏，至漢中葉，避孝元皇帝諱，改姓曰盛。世濟其美，以迄於公，察孝廉，除郎，累遷司空、司徒。延熹中立墓，中有石廟，廟宇傾頹，基構可尋。

獲水又東南，逕空桐澤北，澤在虞城東南。春秋：『哀公二十六年冬，宋景公遊於空澤，辛巳卒於連中。大尹、左師興空澤之士千甲〔一〕，奉公自空桐入〔二〕，如沃宫者矣。』

獲水又東，逕龍譙固。又東，合黄水口，水上承黄陂，下注獲水。

獲水又東，入櫟林，世謂之九里柞。

獲水又東南，逕下邑縣故城北，楚考烈王滅魯，頃公亡，遷下邑。又楚漢彭城之戰，呂后兄澤軍於下邑，高祖敗還從澤軍。子房肇捐地之策，收垓下之師，陸機所謂即謀下邑者也〔三〕，王莽更名下治矣。

獲水又東，逕碭縣故城北，應劭曰，縣有碭山，山在縣東。出文石。秦立碭郡，蓋取山之名也。王莽之節碭縣也。山有梁孝王墓，其冢斬山作郭，穿石爲藏，行一里到藏中，有數尺水，水有大鯉魚。黎民謂藏有神，不敢犯神。凡到藏，皆潔齋而進。不齋者至藏，輒有獸噬其足。獸難得見，見者云似狗，所未詳也。山上有梁孝王祠。

獲水又東，穀水注之。上承碭陂，陂中有香城，城在四水之中，承諸陂散流，爲零水、瀤水、清水也。積而成潭，謂之碭水。趙人有琴高者，以善鼓琴，爲康王舍人，行彭涓之術，浮遊碭郡閒二百餘年。後入碭水中取龍子，與弟子期曰：『皆潔齋待於水旁，設屋祠。』果乘赤鯉魚出，入坐祠中，碭中可萬人觀之，留月餘，復入水也。陂水東注，謂之穀水。東逕安山北，即碭北山也。山有陳勝墓，秦亂，首兵伐秦，弗終厥謀，死葬於碭，謚曰隱王也。穀水又東北，注於獲水。

獲水又東，歷藍由鄉郭。又東，逕梁國杼秋縣故城南，王莽之予秋也。

獲水又東，歷紅溝東注。南北各一溝，溝首對獲，世謂之鴻溝，非也。春秋：『昭公八年，秋，蒐於紅。』杜預曰：『沛國蕭縣西有紅亭。』即地理志之虵縣也。景帝三年，封楚元王子富爲侯國，王莽之所謂貢矣，蓋溝名音同，非楚漢所分也。

又東，過蕭縣南，睢水北流注之。

蕭縣南對山，世謂之蕭城南山。戴延之謂之同孝山，云取漢陽城侯劉德所居里名目山也。劉澄之云：『縣南有冒山。』未詳孰是。山有箕谷，谷水北流注獲，世謂之西流水，言水上承梧桐陂，陂水西流，因以爲名。余嘗逕蕭邑，城右惟是水北注獲水，更無別水，疑即經所謂睢水也。城東西及南三面臨側獲水，故沛郡治縣亦同居矣。城南舊有石橋秏處，積石爲梁，高二丈，今荒毁殆盡，亦不具誰所造也。縣本蕭叔國，宋附庸，楚滅之。春秋：『宣公十二年，楚伐蕭，蕭潰。申公巫臣曰：「師人多寒。」王巡三軍撫之，士同挾纊。』蓋恩使之然矣。蕭女聘齊，爲頃公之母，郤克所謂蕭同叔子也。

獲水又東，歷龍城，不知誰所創築也。

獲水又東，逕同孝山北。山陰有楚元王冢，上圓下方，累石爲之，高十餘丈，廣百許步，經十餘墳，悉結石也。

獲水又東，浄浄溝水注之。水上承梧桐陂，西北流，即劉中書澄之所謂白溝水也。又北入於獲，俗名之曰浄浄溝也。

又東，至彭城縣北，東入於泗。

獲水自浄浄溝東逕阿育王寺北，或言楚王英所造，非所詳也。蓋遵育王之遺法，因以名焉。與安陂水合，水上承安陂餘波，北逕阿育王寺側，水上有梁，謂之『玄注橋』。水旁有石墓，宿經開發，石作工奇，殊爲壯構，而不知誰冢，疑即澄之所謂『淩冢』也。水北流注於獲。獲水又東，逕彌黎城北，劉澄之永初記，所謂『城之西南有彌黎城』者也。獲水於彭城西南，迴而北流，逕彭城。城西北舊有楚大夫龔勝宅，即楚老哭勝處也。獲水又東轉，逕城北而東注泗。水北三里有石冢被開，傳言楚元王之孫劉向冢，未詳是否。城即殷大夫老彭之國也。於春秋爲宋地，楚伐宋幷之，以封魚石。崔子季珪述初賦曰：『想黃公於邳圯，勤魚石於彭城。』即是縣也。孟康曰：『舊名江陵爲南楚，陳爲東楚，彭城爲西楚。』文穎曰：『彭城，故東楚也，項羽都焉，謂之西楚。』漢祖定天下，以爲楚郡，封弟交爲楚王，都之。宣帝地節元年，更爲彭城郡，王莽更之曰和樂郡也，徐州治。城內有漢司徒袁安、魏中郎將徐庶等，數碑並列，植於街右，咸曾爲楚相也。大城之內有金城。東北小城，劉公更開廣之，皆壘石高四丈，列塹環之。小城西又有一城，是大司馬琅邪王所脩，因項羽故臺，經始即構，宮觀門閣，惟新厥制。義熙十二年，霖雨驟澍，汳水暴長，城遂崩壞，冠軍將軍、彭城劉公之子也，登更築之。悉以磚壘，宏壯堅峻，樓櫓赫奕，南北所無。宋平北將軍徐州刺史河東薛安都，舉城歸魏。魏遣博陵公尉苟仁、城陽公孔伯恭援之，邑閤如初，觀不異昔。自後毀徹，一時俱盡。閈遺工雕鏤，尚存龍雲逞勢，奇爲精妙矣。城之東北角，起層樓於其上，號曰彭祖樓。地理志曰：『彭城縣，古彭祖國也。』世本曰，『陸終之子，其三曰籛，是爲彭祖』，彭祖城是也。下曰彭祖冢。彭祖長年八百，緜壽永世，於此有冢，蓋亦元極之化矣。其樓之側，襟汳帶泗，東北爲二水之會也。聳望川原，極目清野，斯爲佳處矣。

校記

〔一〕大尹左師　注疏本無『左師』二字。守敬按：『左傳事與左師無涉，今刪。』

〔二〕奉公　『奉』原本誤作『秦』，據殿本改。

〔三〕謀下邑　『謀』字原本無，據注疏本增補。

睢水

睢水出梁郡鄢縣。

睢水出陳留縣西蒗蕩渠，東北流。地理志曰：『睢水首受陳留浚儀狼湯水也。』經言『出鄢』，非矣。

又東，逕高陽故亭北，俗謂之陳留北城，非也。蘇林曰：『高陽者，陳留北縣也。』按在留，故鄉聚名也。有漢廣野君廟碑。延熹六年十二月，雍丘令董生，仰餘徽於千載，遵茂美於絶代，命縣人長照爲文，用章不朽之德。其略云：『輟洗分餐，咨謀帝猷，陳鄭有涿鹿之功，海岱無牧野之戰，大康華夏，綏静黎物，生民已來，功盛莫崇。』今故宇無聞，而單碑介立矣。陳留風俗傳曰：『酈氏居於高陽，沛公攻陳留縣，酈食其有功，封高陽侯。』有酈峻，字文山，官至公府掾。大將軍商有功，食邑於涿，故自陳留徙涿。縣有鉼亭、鉼鄉，建武二年，世祖封王常爲侯國也。

睢水又東，逕雍丘縣故城北。縣，舊杞國也。殷湯、周武以封夏後〔一〕，繼禹之嗣。楚滅杞，秦以爲縣。圈稱曰：『縣有五陵之名，故以氏縣矣。』城内有夏后祠，昔在二代，享祀不輟。秦始皇因築其表爲大城，而以縣焉。

睢水又東，水積成湖，俗謂之白羊陂。陂方四十里，右則姦梁陂水注之。其水上承陂水，東北逕雍丘城北，又東，分爲兩瀆，謂之雙溝，俱入白羊陂。陂水東合洛架口，水上承汳水，謂之洛架水，東南流入於睢水。

睢水又東，逕襄邑縣故城北，又東逕雍丘城北。

睢水又東，逕寧陵縣故城南，故葛伯國也，王莽改曰康善矣。

歷鄢縣北二城，南北相去五十里，故經有『出鄢』之文。城東七里水次，有單父令楊彥、尚書郎楊禪字文節兄弟二碑，漢光和中立也。

東過睢陽縣南。

睢水又東，逕橫城北。春秋左傳：『昭公二十一年，樂大心禦華向於橫。』杜預曰：『梁國睢陽縣南有橫亭。』今在睢陽縣西南，世謂之光城，蓋『光』、『橫』聲相近，習傳之非也。

睢水又逕新城北，即宋之新城亭也。春秋左傳，『文公十四年，公會宋公、陳侯、衞侯、鄭伯、許男、曹伯、晉趙盾，盟於新城』者也。

睢水又東，逕高鄉亭北。又東，逕亳城北，南亳也，即湯所都矣。

睢水又東，逕睢陽縣故城南。周成王封微子啓於宋，以嗣殷後，爲宋都也。昔宋元君夢江使乘輜車，被繡衣而謁於元君。元君感衛平之言，而求之於泉陽，男子余且獻神龜於此矣。秦始皇二十二年，以爲碭郡。漢高祖嘗以沛公爲碭郡長。天下既定，五年爲梁國。文帝十二年，封少子武爲梁王，太后之愛子，景帝寵弟也。是以警衛貂侍，飾同天子，藏珍積寶，多擬京師，招延豪傑，士咸歸之，長卿之徒，免官來遊。廣睢陽城七十里，大治宮觀、臺苑、屏榭，勢並皇居，其所經構也。役夫流唱，必曰睢陽曲，創傳由此始也。城西門即寇先鼓琴處也。先好釣，居睢水旁，宋景公問道不告，殺之。後十年，止此門鼓琴而去，宋人家家奉事之。南門，曰盧門也。春秋：『華氏居盧門里叛。』杜預曰：『盧門，宋城南門也。』司馬彪郡國志曰：『睢陽縣有盧門亭。』城内有高臺，甚秀廣，巍然介立，超焉獨上，謂之蠡臺，亦曰升臺焉。當昔全盛之時，故與雲霞競遠矣。續述征記曰，『迴道似蠡，故謂之蠡臺』，非也。余按闞子，稱宋景公使工人爲弓，九年乃成，公曰：『何其遲也？』對曰：『臣不復見君矣，臣之精盡於弓矣。』獻弓而歸，三日而死。景公登虎圈之臺，援弓東面而射之，矢踰於孟霜之山，集於彭城之東，餘勢逸勁，猶飲羽於石梁。然則蠡臺即是虎圈臺也。蓋宋世牢虎所在矣。晉太和中，大司馬桓温入河，命豫州刺史袁真開石門，鮮卑堅戍此臺，真頓甲堅城之下，不果而還。蠡臺如西，又有一臺，俗謂之女郎臺。臺之西北城中有涼馬臺，臺東有曲池，池北列兩釣臺，水周六七百步。蠡臺直東又有一臺，世謂之雀臺也。城内東西道北有晉梁王妃王氏陵表，並列二碑。碑云：『妃諱粲，字女儀，東萊曲城人也。齊北海府君之孫，司空東武景侯之季女，咸熙元年嬪於司馬氏，泰始二年妃於國，太康五年薨，營陵於新蒙，之太康九年立。』碑東即梁王之吹臺也。基陛階礎尚在，今建追明寺。故宫東即安梁之舊地也，齊周五六百步，水列釣臺。池東又有一臺，世謂之清泠臺〔二〕。北城憑隅，又結一池臺。晉灼曰：『或説平臺在城中東北角，亦或言兔園在平臺側。』如淳曰：『平臺，離宫所在。今城東二十里有臺，寬廣而不甚高，俗謂之平臺。』余按漢書梁孝王傳稱：『王以功親爲大國，築東苑方三百里，廣睢陽城七十里，大治宫室，爲複道，自宫連屬於平臺三十餘里。』複道自宫東出楊門之左〔三〕。楊門即睢陽東門也〔四〕。連屬於平臺則近矣，屬之城隅則不能，是知平臺不在城中也。梁王與鄒、枚、司馬相如之徒亟遊於其上，故齊隨郡王山居序所謂『西園多士，平臺盛賓，鄒馬之客咸在，伐木之歌屢陳』，是用追芳昔娱，神遊千古，故亦一時之盛事。謝氏賦雪亦曰：『梁王不悦，遊於兔園。』今也歌堂淪宇，律管薶音，孤基塊立，無復曩日之望矣。城北五六里，便得漢太尉橋玄墓，冢東有廟，即曹氏孟德親酹處。操本微素，嘗候於玄，玄曰：『天下將亂，能安之者，其在君乎！』操感知己，後經玄墓，祭云：『操以頑質，見納君子，士死知己，懷此無忘。』又承約言：『徂没之後，路有經由，不以斗酒隻鷄過相沃酹，車過三步，腹痛勿怨。』雖臨時戲言，非至親篤好，胡肯爲此詞哉！悽愴致祭，以申宿懷。冢列數碑，一碑是漢朝羣儒，英才哲士，感橋氏德行之美，乃共刊石立碑，以示後世。一碑是故吏司徒博陵崔列、廷尉河南吴整等，以爲至德在己，揚之由人，苟不皦述，夫何考焉。乃共勒嘉石，昭明芳烈。一碑是隴西枹罕北次陌碭守長騭爲左尉漢陽豲道趙馮孝高〔五〕，以橋公嘗牧涼州，感三綱之義，慕將順之節，以爲公之勳美，宜宣舊邦，乃樹碑頌，以昭令德。光和七年，主記掾李友字仲僚作碑文，碑陰有右鼎文，建寧三年拜司空。又有中鼎文，建寧四年拜司徒。又有左鼎文，光和元年拜太尉。鼎銘文曰：『故臣門人，相與述公之行咨度體，則文德銘於三鼎，武功勒於征鉞，書於碑陰，以昭光懿。』又有鉞文，稱是用鏤石假象，作兹征鉞軍鼓，陳之於東階，亦以昭公文武之勳焉。廟南列二石柱，柱東有二石羊，羊北有二石虎。廟前東北有二石駝，駝西北有二石馬。皆高大，亦不甚彫毁，惟廟頹構，粗傳遺墉，石鼓仍存，鉞今不知所在。

睢水於城之陽，積而爲逢洪陂。陂之西南有陂，又東合明水。水上承城南大池，池周千步，南流會睢，謂之明水，絶睢注涣。

睢水又東南流，歷於竹圃。水次緑竹蔭渚，菁菁實望，世人言『梁王竹園』也。

睢水又東，逕穀熟縣故城北。睢水又東，蘄水出焉。

睢水又東，逕粟縣故城北。地理志曰：『侯國也。王莽曰成富。』

睢水又東，逕太丘縣故城北。地理志曰：『故敬丘也。』漢武帝元朔三年，封魯恭王子節侯劉政爲侯國。漢明帝更從今名。列仙傳曰：『仙人文賓，邑人，賣鞾履爲業。以正月朔日，會故嫗於鄉亭西社，教令服食不老。』即此處矣。

睢水又東，逕芒縣故城北。漢高帝六年，封耏跖爲侯國，王莽之傳治也，世祖改曰臨睢。城西二里，水南有豫州從事皇毓碑，殞身州牧，陰君之罪，時年二十五。臨睢長平輿李君，二千石丞綸氏夏文則，高其行而悼其殞，州國咨嗟，旌閭表墓，昭敍令德，式示後人。城內有臨睢長左馮翊王君碑，善有治功，累遷廣漢屬國都尉，吏民思德，縣人公府掾陳盛孫、郎中兒定興、劉伯鄘等，共立石表政，以刊遠績。縣北與碭縣分水，有碭山。芒碭二縣之間，山澤深固，多懷神智，有仙者涓子、主柱，並隱碭山得道。漢高祖隱之，呂后望氣知之，即於是處也。京房易候曰：『何以知賢人隱？師曰：「視四方常有大雲，五色具而不雨，其下賢人隱矣。」』

又東，過相縣南，屈從城北東流，當蕭縣南，入於陂。

相縣，故宋地也。秦始皇二十三年，以爲泗水郡。漢高帝四年，改曰沛郡，治此。漢武帝元狩六年，封南越桂林監居翁爲侯國，曰相成也。王莽更名，郡曰吾符，縣曰吾符亭。

睢水東逕石馬亭。亭西有漢故伏波將軍馬援墓。睢水又東，逕相縣故城南。宋共公之所都也。國府園中，猶有伯姬黄堂基。堂夜被火，左右曰：『夫人少避。』伯姬曰：『婦人之義，保傅不具，夜不下堂。』遂遇火而死。斯堂即伯姬燎死處也。城西有伯姬冢，昔鄭渾爲沛郡太守，於蕭相二縣興陂堰，民賴其利，刻石頌之，號曰鄭陂。

睢水又左，合白溝水。水上承梧桐陂，陂側有梧桐山。陂水西南流，逕相城東，而南流注於睢。睢盛則北流，入於陂。陂溢則西北注於睢。出入迴環，更相通注，故經有入陂之文。

睢水又東，逕彭城郡之靈壁東，東南流。漢書『項羽敗漢王於靈壁東』，即此處也。又云：『迫之穀泗水。』服虔曰：『穀，水名也。在沛國相界，未詳。』又云：『漢軍之敗也，睢水爲之不流。』睢水逕穀熟，兩分別睢水而爲蘄水。故二水所在枝分，通謂兼稱，穀水之名，蓋因地變。然則穀水即睢水也。

睢水又東南，逕竹縣故城南。地理志王莽之篤亭也。李奇曰：『今竹邑縣也。』

睢水又東，與滭湖水合。水上承甾丘縣之滭陂，南北百餘里，東西四十里，東至朝解亭，西届彭城甾丘縣之故城東。王莽更名之曰善丘矣。其水自陂南系於睢水。

睢水又東南，八丈故溝水注之。水上承蘄水，而北會睢水。

睢水又東，逕符離縣故城北。漢武帝元狩四年，封路博德爲侯國，王莽之符合也。

睢水又東，逕臨淮郡之取慮縣故城北。昔汝南步遊張，少失其母，及爲縣令，遇母於此，乃使良馬踟蹰，輕軒罔進，顧訪病嫗，乃其母也。誠願宿憑，而冥感昭徵矣。

睢水又東，合烏慈水。水出縣西南烏慈渚，潭漲東北流，與長直故瀆合。瀆舊上承蘄水，北流八十五里注烏慈水。烏慈水又東，逕取慮縣南。又東，屈逕其城東，而北流注於睢。

睢水又東，逕睢陵縣故城北。漢武帝元朔元年，封江都易王子劉楚爲侯國，王莽之睢陸也。

睢水又東，與潼水故瀆會。舊上承潼縣西南潼陂，東北流逕潼縣故城北，又東北，逕睢陵縣，下會睢水。

睢水又東南流，逕下相縣故城南。高祖十二年，封莊侯泠耳爲侯國。應劭曰：『相水出沛國相縣，故此加「下」』也。然則相又是睢水之別名也，東南流入於泗，謂之睢口，經止蕭縣，非也。所謂得其一而亡其二矣。

校記

〔一〕夏後　『後』原本作『后』，據史記夏本紀改。

〔二〕清泠臺　『泠』原本誤作『冷』，據殿本改。

〔三〕楊門之左　原本作『楊之門左』，據注疏本改。又陳橋驛水經注校證仍其舊，而『左』字屬下，即『楊之門、左陽門』。

〔四〕楊門　『楊』原本作『陽』，據注釋本改。

〔五〕『二碑是隴西』句　據注疏本會貞按，『二語多誤，「碭」、「隅」並梁國縣，「隅」誤「鷩」，又衍「爲」字』云云，似可改作：『隅碭長隴西枹罕北次陌守、左尉漢陽豲道趙馮孝高。』

瓠子河

瓠子河出東郡濮陽縣北河。

縣北十里，即瓠河口也。尚書禹貢：『雷夏既澤，雝沮會同。』爾雅曰：『水自河出爲雝。』許慎曰：『雝者，河雝水也。』暨漢武帝元光三年，河水南泆，漂害民居。元封二年，上使汲仁、郭昌發卒數萬人，塞瓠子決河。於是上自萬里沙還，臨決河，沈白馬玉璧，令羣臣將軍以下皆負薪填決河。上悼功之不成，乃作歌曰：『瓠子決兮將柰何？浩浩洋洋慮殫爲河〔一〕。殫爲河兮地不寧，功無已時兮吾山平。吾山平兮鉅野溢，魚沸鬱兮柏冬日。正道弛兮離常流，蛟龍騁兮放遠遊。歸舊川兮神哉沛，不封禪兮安知外！皇謂河公兮何不仁，汎濫不止兮愁吾人。齧桑浮兮淮泗滿，久不返兮水維緩。』一曰：『河湯湯兮激潺湲，北渡迴兮汛流難。搴長茭兮湛美玉，河公許兮薪不屬。薪不屬兮衛人罪，燒蕭條兮噫乎何以禦水！隤竹林兮楗石菑，宣防塞兮萬福來。』於是卒塞瓠子口，築宮於其上，名曰宣房宮，故亦謂瓠子堰爲宣房堰，而水亦以『瓠子』受名焉。平帝已後，未及脩理，河水東浸，日月彌廣。永平十二年，顯宗詔樂浪人王景治渠築隄，起自滎陽，東至千乘，一千餘里。景乃防遏衝要，疏決壅積，瓠子之水絶而不通，惟溝瀆存焉。河水舊東決，逕濮陽城東北，故衛也，帝顓頊之墟。昔顓頊自窮桑徙此，號曰商丘，或謂之帝丘，本陶唐氏火正閼伯之所居，亦夏伯昆吾之都，殷相土又都之。故春秋傳曰，『閼伯居商丘，相土因之』是也。衛成公自楚丘遷此，秦始皇徙衛君角於野王，置東郡，治濮陽縣，濮水逕其南，故曰濮陽也。章邯守濮陽，環之以水。張晏曰：『依河水自固。』又東，逕鹹城南。春秋：『僖公十三年，夏，會于鹹。』杜預曰，『東郡濮陽縣東南有鹹城』者，是也。

瓠子故瀆又東，逕桃城南。春秋傳曰：『分曹地自洮以南，東傅於濟，盡曹地也。』今鄄城西南五十里，有姚城，或謂之洮也。

瓠瀆又東南，逕清丘北。春秋宣公十二年，經書：『楚滅蕭。晉人、宋、衛、曹同盟於清丘。』京相璠曰：『在今東郡濮陽縣東南三十里，魏東都尉治。』

東至濟陰句陽縣爲新溝。

瓠河故瀆又東，逕句陽縣之小成陽城北側瀆。帝王世紀曰：『堯葬濟陰成陽西北四十里，是爲穀林。』墨子以爲：『堯堂高三尺，土階三等，北教八狄，道死，葬蛩山之陰。』山海經曰：『堯葬狄山之陽，一名崇山。』二説各殊，以爲成陽近是堯冢也。余按，小成陽在成陽西北半里許實中，俗嘑以爲囚堯城，士安蓋以是爲堯冢也。瓠子北有都關縣故城，縣有羊里亭，瓠河逕其南，爲羊里水，蓋資城地而變名，猶經有新溝之異稱矣。黄初中，賈逵爲豫州刺史，與諸將征吴於洞浦有功，魏封逵爲羊里亭侯，邑四百户，即斯亭也。俗名之羊子城，非也。蓋韻近字轉爾。

又東，右會濮水枝津。水上承濮渠，東逕沮丘城南。京相璠曰：『今濮陽城西南十五里有沮丘城，六國時「沮」、「楚」同音，以爲楚丘，非也。』又東，逕浚城南，西北去濮陽三十五里。城側有寒泉岡，即詩所謂：『爰有寒泉，在浚之下。』世謂之高平渠，非也。京相璠曰，『濮水故道在濮陽南』者也。又東，逕句陽縣西，句瀆出焉。濮水枝渠又東北，逕句陽縣之小成陽東，垂亭西，而北入瓠河。地理志曰，『濮水首受濟於封丘縣東，北至都關，入羊里水』者也。又按地理志，『山陽郡有都關縣』。今其城在廩丘城西。考地志，句陽、廩丘〔二〕，俱屬濟陰，則都關無隸山陽理。又按地理志，郕都亦是山陽之屬縣矣，而京杜考地驗城，又並言在廩丘城南。推此而論，似地志之誤矣。或亦疆理參差，所未詳。瓠瀆又東，逕垂亭北。春秋：『隱公八年，宋公、衛侯遇於犬丘。』經書『垂』也。京相璠曰，『今濟陰句陽縣之小成陽東五里，有故垂亭』者也。

又東北，過廩丘縣爲濮水。

瓠河又右〔三〕，逕雷澤北，其澤藪在大成陽縣故城西北十餘里，昔華胥履大迹處也。其陂東西二十餘里，南北十五里，即舜所漁也。澤之東南即成陽縣，故史記曰：『武王封弟季載於成。』應劭曰：『其後乃遷於成之陽，故曰成陽也。』地理志曰：『成陽有堯冢、靈臺。』今成陽城西二里有堯陵，陵南一里有堯母慶都陵，於城爲西南，稱曰靈臺。鄉曰崇仁，邑號脩義，皆立廟。四周列水〔四〕，潭而不流。水澤通泉，泉不耗竭，至豐魚筍，不敢採捕。前並列數碑，栝柏數株，檀馬成林。二陵南北，列馳道逕通，皆以塼砌之，尚脩整。堯陵東城西五十餘步，中山夫人祠，堯妃也。石壁階墀仍舊，南、西、北三面，長櫟聯蔭，扶疏里餘。中山夫人祠南有仲山甫冢，冢西有石廟，羊虎傾低，破碎略盡，於城爲西南，在靈臺之東北。按郭緣生述征記『自漢迄晉，二千石及丞尉多刊石，述敘堯即位至永嘉三年，二千七百二十有一載，記於堯碑〔五〕，見漢建寧五年五月，成陽令管遵所立碑文云』。堯陵北，仲山甫墓。南二冢間，有伍員祠。晉大安中立一碑，是永興中建，今碑、祠並無處所。又言堯陵在城南九里，中山夫人祠在城南二里，東南六里，堯母慶都冢，堯陵北二里，有仲山甫墓。考地驗狀，咸爲疏僻，蓋聞疑書疑爾。雷澤西南十許里，有小山，孤立峻上，亭亭傑峙，謂之歷山。山北有小阜，南屬池澤之東北〔六〕。有陶墟，緣生言：『舜耕陶所在。墟阜聯屬，濱帶瓠河也。』鄭玄曰：『歷山在河東，今有舜井。』皇甫謐或言，今濟陰歷山是也。與雷澤相比，余謂鄭玄之言爲然。故揚雄河水賦曰：『登歷觀而遥望兮，聊浮游於河之巖。』今雷首山西枕大河，校之圖緯，於事爲允。士安又云：『定陶西南陶丘，舜所陶處也。』不言在此，緣生爲失。瓠河之北即廩丘縣也。王隱晉書地道記曰：『廩丘者，春秋之所謂齊邑矣，寔表東海者也。』竹書紀年：『晉烈公十一年，田悼子卒，田布殺其大夫公孫孫，公孫會以廩丘叛於趙。田布圍廩丘，翟角、趙孔屑、韓師救廩丘，及田布戰於龍澤，田布敗逋〔七〕。』是也。

瓠河與濮水俱東流，經所謂『過廩丘爲濮水』者也。縣南瓠北有羊角城，春秋傳曰，『烏餘取衛羊角，遂襲我高魚，天大雨，自竇入，介於其庫，登其城，克而取之』者也。京相璠曰：『衛邑也。』今東郡廩丘縣南有羊角城。高魚，魯邑也。今廩丘東北有故高魚城，俗謂之交魚城，謂羊角爲角逐城，皆非也。

瓠河又逕陽晉城南。史記，蘇秦説齊曰，『過衛陽晉之道，逕於亢父之險』者也。今陽晉城在廩丘城東南十餘里，與都關爲左右也。張儀曰：『秦下甲攻衛陽晉，大關天下之匈。』徐廣史記音義云：『關，一作開。』東之亢父，則其道矣。

瓠河之北，又有郕都城。春秋：『隱公五年，郕侵衛。』京相璠曰：『東郡廩丘縣南三十里，有郕都故城。』地理志山陽縣也。褚先生曰，『漢封金安上爲侯國』，王莽更名之曰城穀者也。

瓠河又東，逕黎縣故城南，王莽改曰黎治矣。孟康曰：『今黎陽也。』薛瓚言：『按黎陽在魏郡，非黎縣也。』世謂黎侯城，昔黎侯寓於衛，詩所謂『胡爲乎泥中』，毛云：『泥中，邑名。』疑此城也。土地汙下，城居小阜，魏濮陽郡治也。瓠河又東，逕庛縣故城南，地理志濟陰之屬縣也。褚先生曰：『漢武帝封金日磾爲侯國』，王莽之萬歲矣，世猶謂之爲萬歲亭也。

瓠河又東，逕鄆城南。春秋左傳：『成公十六年，公自沙隨還，待於鄆。』京相璠曰：『公羊作「運」字。』今東郡廩丘縣東八十里有故運城，即此城也。

又北，過東郡范縣東北，爲濟渠，與將渠合。

瓠河自運城東北逕范縣，與濟濮枝渠合。故渠上承濟瀆於乘氏縣，北逕范縣，左納瓠瀆，故經有『濟渠』之稱。

又北與將渠合。渠受河於范縣西北，東南逕秦亭南。杜預釋地曰：『東平范縣西北有秦亭』者也。又東南，逕范縣故城南，王莽更名建睦也。漢興平中，靳允爲范令，曹太祖東征陶謙於徐州，張邈迎吕布，郡縣響應。程昱説允曰：『君必固范，我守東阿，田單之功可立。』即斯邑也。將渠又東，會濟渠，自下通謂之將渠，北逕范城東，俗又謂之趙溝，非也。

又東北，過東阿縣東。

瓠河故瀆又東北，左合將渠枝瀆。枝瀆上承將渠於范縣，東北逕范縣北，又東北，逕東阿城南，而東入瓠河故瀆。

又北，逕東阿縣故城東。春秋經書：『冬，及齊侯盟於柯。』左傳曰：『冬，盟於柯，始及齊平。』杜預曰，『東阿即柯邑』也。按國語：『曹沫挾匕首，劫齊桓公返，遂邑於此矣。』

又東北，過臨邑縣西。又東北，過茌平縣東，爲鄧里渠。

自宣防已下，將渠已上，無復有水。將渠下水首受河，自北爲鄧里渠。

又東北，過祝阿縣，爲濟渠。

河水自四瀆口出，入於濟，與濟水故瀆合，而東注於祝阿也。

又東北，至梁鄒縣西，分爲二。

脉水尋梁鄒，濟無二流，蓋經之誤。

其東北者爲濟河，其東者爲時水。又東北，至濟西，濟河東北入於海。時水東至臨淄縣西，屈南過泰山華縣東，又南，至費縣東，入於沂。

時即耏水也，音『而』。春秋，『襄公三年，齊晉盟於耏』者也。京相璠曰：『今臨淄惟有澅水，西北入濟，即地理志之如水矣。』『彨』、『如』聲相似，然則澅水即彨水也。蓋以澅與時合，得通稱矣。時水自西安城西南分爲二水，枝津別出西流，德會水注之。水出昌國縣黄山，西北流逕昌國縣故城南。昔樂毅攻齊有功，燕昭王以是縣封之爲昌國君。德會水又西北，五里泉水注之。水出縣南黄阜，北流逕城西北，入德會水。又西北，世謂之滄浪溝，又北流注時水。地理志曰：『德會水出昌國西北，至西安入如』，是也。時水又西，逕東高苑城中而西注也。俗人遏令側城南注，又屈逕其城南。史記漢文帝十五年，分齊爲膠西王國，都高苑。徐廣音義曰：『樂安有高苑城，故俗謂之東高苑也。』其水又北注故瀆，又西，蓋野溝水注之，源導延鄉城東北，平地出泉。西北逕延鄉城北。地理志，千乘有延鄉縣。世人謂故城爲從城，『延』、『從』字相似，讀隨字改，所未詳也。西北流，世謂之蓋野溝。又西北流，逕高苑縣北，注時水。時水又西，逕西高苑縣故城南。漢高帝六年，封丙倩爲侯國，王莽之常鄉也。其水側城西注，京相璠曰：『今樂安博昌縣南界有時水，西通濟。其源上出盤陽，北至高苑，下有死時，中無水。』杜預亦云：『時水於樂安枝流，旱則竭涸。爲春秋之乾時也。』左傳莊公九年，齊魯戰地，魯師敗處也。時水西北至梁鄒城入於濟，非濟入時，蓋時來注濟，若濟分東流，明不得以時爲名，尋時濟更無別流南延華費之所，斯爲謬矣。

校記

〔一〕河　原本誤作「何」，據殿本改。

〔二〕句陽　原本作「山陽」，據殿本改。

〔三〕瓠河又右　「右」原本作「左」，據注疏本改。

〔四〕四周列水　「列」原本作「引」，據殿本改。

〔五〕堯碑　原本作「堯妃祠」，據太平御覽卷五六〇引續述征記改。

〔六〕池澤之東北　原本「池」字在「東」下，據殿本改。

〔七〕田布　原本作「田師」，據注疏本改。

汾水

汾水出太原汾陽縣北管涔山。

山海經曰：『北次二經之首，在河之東，其首枕汾，其名曰管涔之山。其上無木而下多玉，汾水出焉。西流注於河。』十三州志曰，『出武州之燕京山』，亦管涔之異名也。其山重阜脩巖，有草無木，泉源導於南麓之下，蓋稺水濛流耳。又西南夾岸連山，聯峯接勢。劉淵族子曜，嘗隱避於管涔之山。夜中忽有二童子入跪曰：『管涔王使小臣奉謁趙皇帝。』獻劍一口，置前再拜而去。以燭視之，劍長二尺，光澤非常，背有銘曰：『神劍御〔一〕，除衆毒。』曜遂服之，劍隨時變爲五色也。後曜遂爲胡王矣。

汾水南與東西温谿合。水出左右近谿，聲流翼注，水上雜樹交蔭，雲垂煙接。自是水流潭漲，波襄轉汎。

又南，逕一城東，憑墉積石，側枕汾水，俗謂之代城。

又南，出二城閒，其城角倚，翼枕汾流，世謂之侯莫干城，蓋語出戎方，傳呼失實也。

汾水又南，逕汾陽縣故城東，川土寬平，亘山夷水。地理志曰，『汾水出汾陽縣北山，西南流』者也。漢高帝十一年，封靳彊爲侯國。後立屯農，積粟在斯，謂之羊腸倉。山有羊腸阪，在晉陽西北，石隥縈紆，若羊腸焉。故倉、阪取名矣。漢永平中，治呼沱、石臼河。按司馬彪後漢郡國志：『常山南行唐縣有石臼谷。』蓋資承呼沱之水，轉山東之漕，自都慮至羊腸倉，將憑汾水以漕太原，用實秦晉。苦役連年，轉運所經，凡三百八十九隘，死者無算。拜鄧訓爲謁者，監護水功。訓隱括知其難立，具言肅宗。肅宗從之，全活數千人。和熹鄧后之立，叔父陔以爲訓積善所致也。羊腸即此倉也。又南，逕秀容城東。魏土地記曰：『秀容，胡人徙居之，立秀容護軍治，東去汾水六十里。』南與酸水合。水源西出少陽之山，東南流注於汾水。汾水又南出山，東南流，洛陰水注之。水出新興郡，西流，逕洛陰城北。又西，逕盂縣故城南。春秋左傳：『昭公二十八年，分祁氏七縣爲大夫之邑，以盂丙爲盂大夫。』洛陰水又西，逕狼盂縣故城南，王莽之狼調也。左右夾澗幽深，南面大壑，俗謂之狼馬澗。舊斷澗爲城，有南北門，門闉故壁尚在。洛陰水又西南，逕陽曲城北。魏土地記曰：『陽曲，胡寄居太原界，置陽曲護軍治。』其水西南流，注於汾水。汾水又南，逕陽曲城，西南注也。

東南過晉陽縣東，晉水從縣南東流注之。

太原郡治晉陽城，秦莊襄王三年立，尚書所謂『既脩太原』者也。春秋説題辭曰：『高平曰太原。』原，端也，平而有度。廣雅曰：『太鹵，太原也。』釋名曰：『地不生物曰鹵。鹵，罏也。』穀梁傳曰：『中國曰太原，夷狄曰太鹵。』尚書大傳曰：『東原底平，大而高平者謂之太原，郡取稱焉。』魏土地記曰：『城東有汾水南流。』水東有晉使持節、都督幷州諸軍事、鎮北將軍、太原成王之碑。水上舊有梁，青荓殞於梁下，豫讓死於津側，亦襄子解衣之所在也。汾水西逕晉陽城南，舊有介子推祠，前有碑，廟宇傾頽，惟單碑獨存矣。今文字剥落，無可尋也。

又南，同過水從東來注之〔二〕。

汾水南逕梗陽縣故城東，故榆次之梗陽鄉也。魏獻子以邑大夫魏戊也。京相璠曰：『梗陽，晉邑也。』今太原晉陽縣南四十里榆次界有梗陽城。汾水又南，即同過水會也。

又南，過大陵縣東。

昔趙武靈王遊大陵，夢處女鼓琴而歌，想見其人，吴廣進孟姚焉，即於此縣也。王莽改曰大寧矣。汾水於縣左迆爲鄔澤。廣雅曰：『水自汾出爲汾陂。』其陂東西四里，南北十餘里，陂南接鄔。地理志曰：『九澤在北，幷州藪也。』吕氏春秋謂之大陸。又名之曰嘔夷之澤，俗渭之鄔城泊。許慎説文曰：『漹水出西河中陽縣北沙，南入河。』即此水也。漹水又會嬰侯之水，山海經稱『謁戾之山，嬰侯之水出於其陰，北流注於祀水』。水出祀山，其水殊源共舍，注於嬰侯之水，亂流逕中都縣南，俗又謂之中都水。侯甲水注之，水發源祁縣胡甲山，有長阪，謂之胡甲嶺，即劉歆遂初賦所謂『越侯甲而長驅』者也。蔡邕曰：『侯甲亦邑名也，在祁縣。』侯甲水又西北，歷宜歲郊，逕太谷，謂之太谷水。出谷西北流，逕祁縣故城南，自縣連延，西接鄔澤，是爲祁藪也。即爾雅所謂昭餘祁矣，賈辛邑也。辛貌醜，妻不爲言，與之如皋，射雉雙中之則笑也。王莽之示縣也。又西，逕京陵縣故城北，王莽更名曰致城矣。於春秋爲九原之地也。故國語曰：『趙文子與叔向遊於九原，曰：「死者若可作也，吾誰與歸？」叔向曰：「其陽子乎？」文子曰：「夫陽子行并植於晉國，不免其身，智不足稱。」叔向曰：「其舅犯乎？」文子曰：「夫舅犯見利不顧其君，仁不足稱。吾其隨會乎？納諫不忘其師，言身不失其友，事君不援而進，不阿而退。」』其故京尚存。漢興，增陵於其下，故曰京陵焉。侯甲水又西北，逕中都縣故城南。城臨際水湄。春秋，『昭公二年，晉侯執陳無宇於中都』者也。漢文帝爲代王，都此。武帝元封四年，上幸中都宮，殿上見光，赦中都死罪以下。侯甲水又西，合於嬰侯之水，逕鄔縣故城南，晉大夫司馬彌牟之邑也。謂之鄔水，俗亦曰慮水。『慮』、『鄔』聲相近，故因變焉。又西北，入鄔陂而歸於汾流矣。

又南，過平陶縣東，文水從西來流注之。

汾水又南，與石桐水合，即緜水也。水出界休縣之緜山北，流逕石桐寺西，即介子推之祠也。昔子推逃晉文公之賞，而隱於緜上之山。晉文公求之不得，乃封緜爲介子推田，曰：『以志吾過，且旌善人。』因名斯山爲介山。故袁山松郡國志曰：『界休縣有介山、緜上聚、子推廟。』王肅喪服要記曰：『昔魯哀公祖載其父，孔子問曰：「寧設桂樹乎？」哀公曰：「不也。桂樹者，起於介子推。子推，晉之人也。文公有内難，出國之狄，子推隨其行，割肉以續軍糧。後文公復國，忽忘子推。子推奉唱而歌，文公始悟，當受爵禄。子推奔介山，抱木而燒死。國人葬之，恐其神魂霣於地，故作桂樹焉。吾父生於宫殿，死於枕席，何用桂樹爲？」』余按，夫子尚非璠璵送葬，安能問桂樹爲禮乎？王肅此證近於誣矣。石桐水又西流，注於汾。

汾水又西南，逕界休縣故城西，王莽更名之曰界美矣。城東有徵士郭林宗、宋子浚二碑。宋冲以有道司徒徵。林宗，縣人也。辟司徒，舉太尉，以疾辭。其碑文云：『將蹈洪崖之遐迹，紹巢由之逸軌。翔區外以舒翼，超天衢以高峙。稟命不融，享年四十有二，建寧二年正月丁亥卒。凡我四方同好之人，永懷哀痛，乃樹碑表墓，昭銘景行云。』陳留蔡伯喈、范陽盧子幹、扶風馬日磾等，遠來奔喪，持朋友服〔三〕。心喪期年者如韓子助、宋子浚等二十四人，其餘門人著錫衰者千數。故其碑文蔡伯喈謂盧子幹、馬日磾曰：『吾爲天下碑文多矣，皆有慙容，惟郭有道無愧於色矣。』汾水之右有左部城，臨側汾水，蓋劉淵爲晉都尉所築也。

又南，過冠爵津。

汾津名也。在界休縣之西南，俗謂之雀鼠谷。數十里閒道險隘〔四〕，水左右悉結偏梁閣道，纍石就路，縈帶巖側。或去水一丈，或高五六尺，上戴山阜，下臨絶澗，俗謂之爲魯般橋，蓋通古之津隘矣，亦在今之地險也。

又南，入河東界。又南，過永安縣西。

故彘縣也。周厲王流於彘，即此城也。王莽更名黄城，漢順帝陽嘉三年，改曰永安縣，霍伯之都也。

歷唐城東。

瓚注漢書云：『堯所都也。』東去彘十里。

汾水又南，與彘水合。水出東北太岳山，禹貢所謂『岳陽』也，即霍太山矣。上有飛廉墓，飛廉以善走事紂，惡來以多力見知。周武王伐紂，兼殺惡來。飛廉先爲紂使北方，還無所報，乃壇於霍太山而致命焉。得石棺，銘曰：『帝令處父，不與殷亂，賜汝石棺以葬。』死，遂以葬焉。霍太山有岳廟，廟甚靈，鳥雀不棲其林，猛虎常守其庭，又有靈泉以供祭事，鼓動則泉流，聲絶則水竭。湘東陰山縣有侯曇山，上有靈壇，壇前有石井，深數尺，居常無水，及臨祈禱，則甘泉涌出，周用則已，亦其比也。㲋水又西，流逕觀阜北，故百邑也。原過之從襄子也，受竹書於王澤，以告襄子。襄子齋三日，親自剖竹，有朱書曰：『余霍太山山陽侯天使也，三月丙戌，余將使汝反滅智氏，汝亦立我於百邑。』襄子拜受三神之命，遂滅智氏，祠三神於百邑，使原過主之，世謂其處爲觀阜也。㲋水又西，流逕永安縣故城南，西南流，注於汾水。

汾水又南，逕霍城東，故霍國也。昔晉獻公滅霍，趙夙爲御，霍公求奔齊。晉國大旱，卜之曰：『霍太山爲祟。』使趙夙召霍君奉祀，晉復穰，蓋霍公求之故居也。

汾水又逕趙城西南，穆王以封造父，趙氏自此始也。

汾水又南，霍水入焉。水出霍太山，發源成潭，漲七十步，而不測其深。西南逕趙城南，西流注於汾水。

又南，過楊縣東。

澗水東出穀遠縣西山，西南逕霍山南〔五〕，又西，逕楊縣故城北，晉大夫僚安之邑也。應劭曰：『故楊侯國。』王莽更名有年亭也。其水西流，入於汾水。汾水逕楊城西，不於東矣。魏土地記曰，『平陽郡治楊縣，郡西有汾水，南流者』，是也。

西南，過高梁邑西。

黑水出黑山，西逕楊城南，又西與巢山水會。山海經曰：『牛首之山，勞水出焉，西流注於潏水。』疑是水也。潏水，即巢山之水也。水源東南出巢山東谷，北逕浮山東，又西北流，與勞水合，亂流西北逕高梁城北，西流入於汾。

汾水又南，逕高梁故城西，故高梁之墟也。春秋僖公二十四年，秦穆公納公子重耳於晉，害懷公於此。竹書紀年：『晉出公十三年，智伯瑶城高梁。』漢高帝十二年，以爲侯國，封恭侯酈疥於斯邑也。

又南，過平陽縣東。

汾水南逕白馬城西，魏刑白馬而築之，故世謂之白馬城，今平陽郡治。

汾水又南，逕平陽縣故城東，晉大夫趙鼂之故邑也。應劭曰：『縣在平河之陽，堯舜並都之也。』竹書紀年：『晉烈公元年，韓武子都平陽。』漢昭帝封度遼將軍范明友爲侯國，王莽之香平也。晉立平陽郡，治此矣。水側有堯廟，前有碑。魏土地記曰：『平陽城東十里，汾水東原上有小臺，臺上有堯神屋石碑。』永嘉三年，劉淵徙平陽，於汾水得白玉印，方四寸，高二寸二分，龍紐。其文曰：『有新寶之印，王莽所造也。』淵以爲天授，改永鳳二年爲河瑞元年。

汾水南與平水合。水出平陽縣西壺口山，尚書所謂『壺口治梁及岐』也。其水東逕狐谷亭北，春秋時狄侵晉，取狐厨者也。又東，逕平陽城南，東入汾。俗以爲晉水，非也。汾水又南，歷襄陵縣故城西，晉大夫郤犨之邑也。故其地有犨氏鄉亭矣。西北有晉襄公陵〔六〕，縣，蓋即陵以名氏也。王莽更名曰幹昌矣。

又南，過臨汾縣東。

天井水出東陘山西南。北有長嶺，嶺上東西有通道，即鈃隥也。穆天子傳曰，『乙酉，天子西絶鈃隥，西南至鹽』是也。其水三泉奇發，西北流，總成一川，西逕堯城南，又西流入汾。

又屈從縣南西流。

汾水又逕絳縣故城北，竹書紀年：『惠成王二十五年，絳中地坼，西絶於汾。』汾水西逕虒祁宮北，横水有故梁，截汾水中，凡有三十柱，柱逕五尺，裁與水平，蓋晉平公之故梁也。物在水，故能持久而不敗也。

又西，逕魏正平郡南，東雍州治。大和中，皇都徙洛，罷州立郡矣。

又西，逕王澤，澮水入焉。

又西，過長脩縣南。

汾水又西，與古水合。水出臨汾縣故城西黄阜下，其大若輪，西南流，故溝横出焉，東注於汾。今無水。又西南，逕魏正平郡北，又西，逕荀城東，古荀國也。汲郡古文，『晉武公滅荀以賜大夫原氏也』。古水又西南入於汾。

汾水又西南，逕長脩縣故城南。漢高帝十一年，以爲侯國，封杜恬也。有脩水出縣南，而西南流入汾。

汾水又西，逕清原城北，故清陽亭也。城北有清原，晉侯蒐清原，作三軍處也。

汾水又逕冀亭南。昔臼季使過冀野，見郤缺耨，其妻饁之，相敬如賓。言之文公，文公命之爲卿，復與之冀。京相璠曰：『今河東皮氏縣有冀亭，古之冀國所都也。』杜預釋地曰，『平陽皮氏縣東北有冀亭』，即此亭也。

汾水又西，與華水合。水出北山華谷，西南流逕一故城西，俗謂之梗陽城，非也。梗陽在榆次，不在此。按故漢上谷長史侯相碑云：『侯氏出自倉頡之後，踰殷歷周，各以氏分。或著楚魏，或顯齊秦，晉卿士蔿，斯其胄也。』食采華陽，今蒲阪北亭，即是城也。其水西南流，注於汾。

汾水又逕稷山北。山在水南四十許里，山東西二十里，南北三十里，高十三里，西去介山十五里。山上有稷祠，山下稷亭。春秋，『宣公十五年，秦桓公伐晉，晉侯治兵於稷，以略狄土』，是也。

又西，過皮氏縣南。

汾水西逕鄈丘北，故漢氏之方澤也。賈逵云：『漢法，三年祭地。』汾陰方澤，澤中有方丘，故謂之方澤。丘即鄈丘也。許慎説文稱，『從邑癸聲，河東臨汾地』名矣，在介山北，山即汾山也。其山特立，周七十里，高三十里。文穎言在皮氏縣東南，則可三十里，乃非也。今準此山可高十餘里，山上有神廟，廟側有靈泉，祈祭之日，周而不耗，世亦謂之子推祠。揚雄河東賦曰：『靈輿安步，周流容與，以覽於介山。嗟文公而愍推兮，勤大禹於龍門。』晉太康記及地道記與永初記，並言子推所逃，隱於是山，即實非也。余按介推所隱者，緜山也。文公環而封之，爲介推田，號其山爲介山。杜預曰，『在西河界休縣者』，是也。

汾水又西，逕耿鄉城北，故殷都也。帝祖乙自相徙此，爲河所毁，故書敘曰：『祖乙圮於耿。』杜預曰，『平陽皮氏縣東南耿鄉』，是也。盤庚以耿在河北，迫近山川，乃自耿遷亳。晉獻公滅耿，以封趙夙。後襄子與韓魏分晉，韓康子居平陽，魏桓子都安邑，號爲三晉，此其一也。漢武帝行幸河東，濟汾河，作秋風辭於斯水之上。

汾水又西，逕皮氏縣南。竹書紀年：『魏襄王十二年，秦公孫爰率師伐我，圍皮氏，翟章率師救皮氏圍，疾西風。』『十三年，城皮氏』者也。漢河東太守潘係，穿渠引汾水以溉皮氏縣。故渠尚存，今無水。

又西，至汾陰縣北，西注於河。

水南有長阜，背汾帶河，阜長四五里，廣二里餘，高十丈。汾水歷其陰，西入河。漢書謂之汾陰脽，應劭曰：『脽，丘類也。』汾陰男子公孫祥望氣，寶物之精上見，祥言之於武帝，武帝於水獲寶鼎焉。遷於甘泉宮，改其年曰元鼎，即此處也。

校記

〔一〕神劍御　『劍』下原本有『服』字，據殿本删。

〔二〕同過水　『同』殿本作『洞』，下同。

〔三〕持朋友服　『持』字據殿本補。

〔四〕險隘　『險』字據殿本補。

〔五〕霍山　其上原有『楊縣』二字，據殿本删。

〔六〕『西北』句　據殿本補。

晉水

晉水出晉陽縣西懸甕山，

縣，故唐國也。春秋左傳稱：『唐叔未生，其母邑姜夢帝謂己曰：「余名而子曰虞，將與之唐，屬之參。」及生名之曰虞。』呂氏春秋曰：『叔虞與成王居，王援桐葉爲圭，以授之曰：「吾以此封汝。」虞以告周公，周公請曰：「天子封虞乎？」王曰：「余戲耳。」公曰：「天子無戲言。」時唐滅，乃封之於唐。』縣有晉水，後改名爲晉。故子夏敘詩稱此晉也，而謂之唐，『儉而用禮，有堯之遺風也』。晉書地道記及十三州志並言，晉水出龍山，一名結絀山，在縣西北，非也。山海經曰：『懸甕之山，晉水出焉。』今在縣之西南。昔智伯遏晉水以灌晉陽，其川上泝，後人踵其遺迹，蓄以爲沼。沼西際山枕水，有唐叔虞祠。水側有涼堂，結飛梁於水上。左右雜樹交蔭，希見曦景。至有淫朋密友，羈遊宦子，莫不尋梁契集，用相娛慰，於晉川之中，最爲勝處。

東過其縣南。又東，入於汾水。

沼水分爲二派，北瀆即智氏故渠也。昔在戰國，襄子保晉陽，智氏防山以水之，城不没者三版，與韓魏望歎於此，故智氏用亡。其瀆乘高，東北注入晉陽城，以周園溉〔一〕。漢末赤眉之難，郡掾劉茂負太守孫福匿於城門西下空穴中，其夜奔盂，即是處也。東南出城流注於汾水也。

其南瀆於石塘之下伏流，逕舊谿東南出，逕晉陽城南，城在晉水之陽，故曰晉陽矣。經書：『晉荀吳帥師敗狄於大鹵。』杜預曰，『大鹵，晉陽縣』也。爲晉之舊都。春秋，『定公十三年，趙鞅以晉陽叛』，後乃爲趙矣。其水又東南流入於汾。

校記

〔一〕園溉　殿本作『灌溉』。

文水

文水出大陵縣西山文谷，東到其縣，屈南到平陶縣東北，東入於汾。

文水逕大陵縣故城西而南流〔一〕，有泌水注之。縣西南山下，武氏穿井給養，井至幽深，後一朝水溢平地，東南注文水。

文水又南，逕平陶縣之故城東，西逕其城内，南流出郭。王莽更曰多穰也。

文水又南，逕隰城縣〔二〕，右會隱泉口，水出謁泉山之上頂，俗云：『暘雨愆時，是謁是禱。』故山得其名，非所詳也。其山石崖絶險，壁立天固。崖半有一石室，去地可五十餘丈，爰有層松飾巖，列柏綺望，惟西側一處得歷級升陟。頂上平地十許頃，沙門釋僧光表建二刹。泉發於兩寺之閒，東流瀝石，沿注山下。又東，津渠隱没而不恒流，故有隱泉之名矣。雨澤豐澍，則通入文水。

文水又南，逕兹氏縣故城東，爲文湖，東西十五里，南北三十里，世謂之西湖，在縣直東十里。湖之西側，臨湖又有一城，謂之瀦城。水澤所聚，謂之都，亦曰瀦，蓋即水以名城也。

文水又東，逕中陽縣故城東，按晉書地道記、太康地記，西河有中陽城，舊縣也。

文水又東南流，與勝水合。水西出狐岐之山，東逕六壁城南，魏朝舊置六壁於其下，防離石諸胡，因爲大鎮。太和中罷鎮，仍置西河郡焉。勝水又東，合陽泉水，水出西山陽谿，東逕六壁城北，又東南流，注於勝水。勝水又東，逕中陽縣故城南，又東合文水。文水又東南，入於汾水也。

校記

〔一〕文水　注疏本其下有『出文谷東』四字。

〔二〕隰城縣　殿本無『隰城』二字。

原公水

原公水出茲氏縣西羊頭山，東過其縣北。

縣，故秦置也。漢高帝更封沂陽侯嬰爲侯國。王莽之茲同也。魏黄初二年，分太原，復置西河郡。晉徙封陳王斌於西河，故縣有西河繆王司馬子政廟〔一〕。碑文云：『西河舊處山林，漢末擾攘，百姓失所。魏興，更開疆宇，分割太原四縣以爲邦邑，其郡帶山側塞矣。王以咸寧三年改命爵土，明年十二月喪。國臣太農閻崇、離石令宗羣等二百三十四人刊石立碑，以述勳德。』碑北，廟基尚存也。

又東，入於汾。

水注文湖，不至汾也。

校記

〔一〕故縣有西河繆王司馬子政廟　『故』字據殿本增；『繆』、『政』，原本分别作『恭』、『盛』，據殿本改。

同過水

同過水出沾縣北山。

其水西流〔一〕，與南谿水合。水出南山，西北流注同過水。同過水又西北，黑水出西山〔二〕，三源合舍，同歸一川。東流南屈，逕受陽縣故城東。按晉太康地記，樂平郡有受陽縣，盧諶征艱賦所謂『歷受陽而總轡』者也。其水西南入同過水。

同過水又西，蒲水南出蒲谷，北流注之。

同過水又西，與原過水合，近北便水源也。水西阜上有原過祠，蓋懷道協靈，受書天使，憂結宿情，傳芳後日，棟宇雖淪，攢木猶茂，故水取名焉。其水南流，注於同過水也。

西過榆次縣南，又西到晉陽縣南。

榆次縣，故涂水鄉，晉大夫智徐吾之邑也。春秋：『昭公八年，晉侯築虒祁之宮，有石言晉之魏榆。』服虔曰：『魏，晉邑。榆，州里名也。』漢書曰：『榆次。』十三州志以爲涂陽縣矣，王莽之太原亭也。縣南側水有鑿臺。韓魏殺智伯瑤於其下，刳腹絶腸，折頸摺頤處也。其水又西南流，逕武灌城西北。盧諶征艱賦曰：『逕武館之故郛，問厥塗之遠近。』

同過水又西南，爲淳湖，謂之同過澤。澤南，涂水注之。水出陽邑東北大嵰山涂谷，西南逕蘿蘑亭南，與蔣谷水合。水出縣東南蔣谿。魏土地記曰：『晉陽城東南百一十里至山，有蔣谷大道，度軒車嶺，通於武鄉。水自蔣谿西北流，西逕箕城北。』春秋：『僖公三十三年，晉人敗狄於箕。』杜預釋地曰：『城在陽邑南，水北即陽邑縣故城也。』竹書紀年曰，『梁惠成王九年，與邯鄲榆次、陽邑』者也。王莽之繁穰矣。蔣谿又西，合涂水，亂流，西北入同過澤也。

西入於汾，出晉水下口者也〔三〕。

劉琨之爲并州也，劉曜引兵邀擊之，合戰於同過，即是水也。

校　記

〔一〕『其水』句　注疏本在本句之上有『洞過水出樂平縣西北』九字。

〔二〕出西山　殿本作『西出山』。

〔三〕『出晉水』句　此經文原作注文，據殿本改。

澮水

澮水出河東絳縣東澮交東高山。

澮水東出絳高山。亦曰河南山，又曰澮山。西逕翼城南。按詩譜言，『晉穆侯遷都於絳』〔一〕，暨孫孝侯改絳爲翼。翼爲晉之舊都也。竹書紀年曰：『莊伯十二年，翼侯焚曲沃之禾而還〔二〕。』後獻公北廣其城，方二里，又命之爲絳。故司馬遷史記年表稱，獻公九年始城絳都。左傳，『莊公二十六年，晉士蔿城絳以深其宮』，是也。其水又西南合黑水，水導源東北黑水谷，西南流逕翼城北，右引北川水，水出平川，南流注之，亂流，西南入澮水。

澮水又西，與諸水合，謂之澮交。又有賀水〔三〕，東出近川，西南至澮交入澮。又有高泉水，出東南近川，西北趣澮交，注澮。又南，紫谷水東出白馬山白馬川。遁甲開山圖曰：『絳山東距白馬山。』謂是山也。西逕熒庭城南，而西出紫谷，與乾河合，即教水之枝川也。史記白起傳稱，『起涉河取韓安邑，東至乾河』，是也。其水西與田川水合，水出東谿，西北至澮交入澮。又有于家水〔四〕，出于家谷。竹書紀年曰：『莊伯以曲沃叛，伐翼，公子萬救翼，荀叔軫追之至于家谷。』有范壁水出於壁下，並西北流至翼廣城。昔晉軍北入翼，廣築之，因即其姓以名之。二水合而西北流，至澮交入澮。澮水又西南與絳水合，俗謂之白水，非也。水出絳山東，寒泉奮涌，揚波北注，懸流奔壑，一十許丈。青崖若點黛，素湍如委練，望之極爲奇觀矣。其水西北流，注於澮。應劭曰：『絳水出絳縣西南，蓋以故絳爲言也。』史記稱：『智伯率韓魏引水灌晉陽，不没者三版。智氏曰：「吾始不知水可以亡人國，今乃知之。」汾水可以浸安邑，絳水可以浸平陽。時韓居平陽，魏居安邑，魏桓子肘韓康子，韓康子履魏桓子，肘足接於車上，而智氏以亡。』魯定公問：『一言可以喪邦，有諸?』孔子以爲『幾乎』，余覩智氏之談矣。汾水灌安邑，或亦有之。絳水灌平陽，未識所由也。

西過其縣南。

春秋：『成公六年，晉景公謀去故絳，欲居郇瑕。韓獻子曰：「土薄水淺，不如新田，有汾澮以流其惡。」遂居新田。』又謂之絳即絳陽也，蓋在絳澮之陽。漢高帝六年，封越騎將軍華無害爲侯國。縣南對絳山，面背二水。古文瑣語曰：『晉平公與齊景公乘，至於澮上，見乘白驂八駟以來，有大貍身而狐尾〔五〕，隨平公之車。公問師曠，曠對：「貍身狐尾，其名曰首陽之神，飲酒得福則徼之。」』蓋於是水之上也。

又西南，過虒祁宮南。

宮在新田絳縣故城西四十里，晉平公之所搆也。時有石言於魏榆，晉侯以問師曠，曠曰：『石不能言，或憑焉。臣聞之，作事不時，怨讟動於民，則有非言之物言也。今宮室崇侈，民力彫盡，石言不亦宜乎？』叔向以爲子野之言，君子矣。其宮背汾面澮，西則兩川之交會也。竹書紀年曰，『晉出公五年，澮絶於梁』，即是水也。

又西，至王澤，注於汾水。

晉智伯瑤攻趙襄子，襄子奔保晉陽，原過後至，遇三人於此澤，自帶以下不見，持竹二節與原過曰：『爲我遺無恤。』原過受之於是澤，所謂王澤也。

校記

〔一〕晉穆侯　『晉』字據殿本補。

〔二〕『竹書』至『而還』十五字　殿本在『謂之澮交』句之後。又『還』字下，另有『作爲文公也』五字。

〔三〕又有賀水　『又』字據殿本補。

〔四〕于家水　大典本作『女家水』。

〔五〕大貍　『大』字據殿本補。胡適曰：『「大」是「犬」之誤。』見胡適全集十五記鐵琴銅劍樓瞿氏藏明鈔本水經注。

涑水

涑水出河東聞喜縣東山黍葭谷。

涑水所出，俗謂之華谷。至周陽與洮水合。水源東出清野山，世人以爲清襄山也。其水東逕大嶺下，西流出，謂之唅口。又西合涑水。鄭使子産問晉平公疾，平公曰：『卜云臺駘爲祟。史官莫知，敢問。』子産曰：『高辛氏有二子，長曰閼伯，季曰實沈，不能相容。帝遷閼伯於商丘，遷實沈於大夏。臺駘，實沈之後能業其官，帝用嘉之，國於汾川。由是觀之，臺駘，汾洮之神也。』賈逵曰：『汾洮，二水名。』司馬彪曰：『洮水出聞喜縣。』故王莽以縣爲洮亭也。然則涑水殆亦洮水之兼稱乎？

西過周陽邑南。

其城南臨涑水，北倚山原。竹書紀年：『晉獻公二十五年正月，翟人伐晉，周有白兔舞於市。』即是邑也。漢景帝以封田勝爲侯國。

涑水西逕董澤陂南，即古池，東西四里，南北三里。春秋，『文公六年，蒐於董』，即斯澤也。

涑水又與景水合。水出景山北谷。山海經曰：『景山南望鹽販之澤，北望少澤，其草多藷藇、秦椒，其陰多赭，其陽多玉。』郭景純曰：『鹽販之澤即解縣鹽池也。』按經不言有水，今有水焉，西北流，注於涑水也。

又西南，過左邑縣南。

涑水西逕仲郵鄓北，又西逕桐鄉城北。竹書紀年曰，『翼侯伐曲沃，大捷，武公請成於翼，至桐乃返』者也。漢書曰：『武帝元鼎六年，將幸緱氏，至左邑桐鄉，聞南越破，以爲聞喜縣。』

涑水又西，與沙渠水合。水出東南近川，西北流注於涑水。

涑水又西南逕左邑縣故城南，故曲沃也。晉武公自晉陽徙此，秦改爲左邑縣，詩所謂『從子于鵠』者也。春秋傳曰『下國』，有宗廟謂之國，在絳曰下國矣，即新城也。王莽之洮亭也。涑水自城西注，水流急濬，輕津無緩，故詩人以爲激揚之水，言不能流移束薪爾。水側即狐突遇申生處也。春秋傳曰：『秋，狐突適下國，遇太子，太子使登僕，曰：「夷吾無禮，吾請帝以畀秦。」對曰：「神不歆非類，君其圖之。」君曰：「諾，請七日見我於新城西偏。」及期而往，見於此處。』故傳曰，『鬼神所憑，有時而信』矣。

涑水又西，逕王官城北，城在南原上。春秋左傳：『成公十三年四月，晉侯使呂相絕秦曰，「康猶不悛，入我河曲，伐我涑川，俘我王官，故有河曲之戰」是矣。』今世人猶謂其城曰王城也。

又西南，過安邑縣西。

安邑，禹都也。禹娶塗山氏女，思戀本國，築臺以望之，今城南門臺基猶存。余按禮，天子諸侯，臺門隅阿相降而已，未必一如書傳也。故晉邑矣，春秋時魏絳自魏徙此。昔文侯懸師經之琴於其門，以爲言戒也。武侯二年，又城安邑，蓋增廣之。秦始皇使左更白起取安邑，置河東郡。王莽更名洮隊，縣曰河東也。有項曼都〔一〕，學道升仙，忽復還此，河東號曰斥仙。漢世又有閔仲叔隱遁市邑，罕有知者，後以識瞻而去。

涑水又西南，逕監鹽縣故城。城南有鹽池，上承鹽水。水出東南薄山西北，流逕巫咸山北。地理志曰：『山在安邑縣南。』海外西經曰：『巫咸國在女丑北，右手操青蛇，左手操赤蛇，在登葆山，羣巫所從上下也。』大荒西經云：『大荒之中有靈山，巫咸、巫即、巫肦、巫彭、巫姑、巫真、巫禮、巫抵、巫謝、巫羅十巫，從此升降，百藥爰在。』郭景純曰：『言羣巫上下靈山，采藥往來也。』蓋神巫所遊，故山得其名矣。谷口嶺上有巫咸祠。其水又逕安邑故城南，又西流注於鹽池。地理志曰：『鹽池在安邑西南。』許慎謂之鹽。長五十一里，廣七里，周百一十六里，從鹽省，古聲。呂忱曰：『夙沙初作煮海鹽，河東鹽池謂之鹽。』今池水東西七十里，南北十七里，紫色澂渟，潭而不流。水出石鹽，自然印成，朝取夕復，終無減損。惟山水暴至，雨澍，潢潦奔泆，則鹽池用耗。故公私共堨水徑，防其淫濫，謂之鹽水，亦謂之爲堨水。山海經謂之鹽販之澤也。澤南面層山，天巖雲秀，地谷淵深，左右壁立，間不容軌，謂之石門。路出其中，名之曰白徑〔一〕，南通上陽，北暨鹽澤。池西又有一池，謂之女鹽澤，東西二十五里，南北二十里，在猗氏故城南。春秋成公六年，晉謀去故絳，大夫曰：郇瑕地沃饒，近鹽。服虔曰：『土平有溉曰沃，盬，鹽池也。』土俗裂水沃麻，分灌川野，畦水耗竭，土自成鹽，即所謂鹹鹺也，而味苦號曰鹽田。鹽盬之名，始資是矣。本司鹽都尉治，領兵千餘人守之。周穆王、漢章帝，並幸安邑，而觀鹽池。故杜預曰：『猗氏有鹽池。』後罷尉司，分猗氏、安邑，置縣以守之。

又南，過解縣東。又西南，注於張陽池。

涑水又西，逕猗氏縣故城北。春秋：『文公七年，晉敗秦於令狐，至於刳首，先蔑奔秦，士會從之。』闞駰曰：『令狐即猗氏也。』刳首在西三十里。縣南對澤，即猗頓之故居也。孔叢曰：『猗頓，魯之窮士也。耕則常飢，桑則常寒。聞朱公富，往而問術焉。朱公告之曰：「子欲速富，當畜五牸。」於是乃適西河，大畜牛羊於猗氏之南。十年之間，其息不可計，貲擬王公，馳名天下。以興富於猗氏，故曰猗頓也。』

涑水又西，逕郇城。詩云『郇伯勞之』，蓋其故國也。杜元凱春秋釋地云：『今解縣西北有郇城。』服虔曰：『郇國在解縣東，郇瑕氏之墟也。』余按竹書紀年云：『晉惠公十有四年，秦穆公率師，送公子重耳，圍令狐，桑泉、臼衰皆降於秦師。狐毛與先軫禦秦，至於廬柳，乃謂秦穆公，使公子縶來與師言，退舍，次於郇，盟於軍。』京相璠春秋土地名曰：『桑泉、臼衰，並在解東南。』不言解，明不至解。可知春秋之文，與竹書不殊。今解故城東北二十四里有故城，在猗氏故城西北，鄉俗名之爲郇城。考服虔之說，又與俗符，賢於杜氏單文孤證矣。

涑水又西南，逕解縣故城南。春秋，『晉惠公因秦返國，許秦以河外五城，內及解梁』，即斯城也。

涑水又西南，逕瑕城，晉大夫詹嘉之故邑也。春秋：『僖公三十年，秦晉圍鄭，鄭伯使燭之武謂秦穆公曰：「晉許君焦瑕，朝濟而夕設版者也。」』京相璠曰：『今河東解縣西南五里，有故瑕城。』

涑水又西南，逕張陽城東。竹書紀年，『齊師逐鄭太子齒，奔張城、南鄭』者也，漢書之所謂東張矣。高祖二年，曹參假左丞相，別與韓信東攻魏將孫遬軍東張，大破之。蘇林曰『屬河東』，即斯城也。

涑水又西南，屬於陂。陂分爲二，城南面兩陂，左右澤渚。東陂世謂之晉興澤，東西二十五里，南北八里，南對鹽道山。其西則石壁千尋，東則磻谿萬仞，方嶺雲迴，奇峯霞舉，孤標秀出，罩絡羣山之表，翠柏蔭峯，清泉灌頂。郭景純云：『世所謂鴦漿也。』發於上而潛於下矣。厥頂方平，有良藥。神農本草曰：『地有固活、女疏、銅芸、紫菀之族也。』是以緇服思玄之士，鹿裘念一之夫，代往遊焉。路出北巘，勢多懸絶，來去者咸援蘿騰崟，尋葛降深。於東則連木乃陟，百梯方降，巖側縻鎖之迹，仍今存焉，故亦曰百梯山也。水泉自山北流五里而伏，云潛通澤渚，所未詳也。西陂即張澤也。西北去蒲阪十五里，東西二十里，南北四五里，冬夏積水，亦時有盈耗也。

校記

〔一〕項曼都　『曼』殿本作『寧』。

〔二〕白徑　殿本無『白』字。

湛水

湛水出河内軹縣西北山。

湛水出軹縣南源湛谿，俗謂之『椹水』也。是蓋形聲盡鄰，故字讀俱變，同於『三豕』之誤爾。其水自谿出南流。

東過其縣北。又東，過波縣之北。

湛水南逕向城東，而南注。

又東，過毋辟邑南〔一〕。

原經所注，斯乃溴川之所由，非湛水之閒關也。是乃經之誤證爾。湛水自向城東南逕湛城東，時人謂之『椹城』，亦或謂之『隰城』矣。谿曰隰澗，隰城在東，言此非矣。後漢郡國志曰，『河陽縣有湛城』，是也。

又東，南當平縣之東北，南入於河。

湛水又東南逕鄧，南流注於河，故河濟有鄧津之名矣。

校記

〔一〕毋辟邑 「辟」原本誤作「避」，據殿本改。按濟水亦作「毋辟邑」。

沁水

沁水出上黨涅縣謁戾山，

沁水即涅水也。或言出穀遠縣羊頭山世靡谷。三源奇注，逕瀉一隍。又南會三水，歷落出左右近谿，參差翼注之也。

南過穀遠縣東。又南，過猗氏縣東。

穀遠縣，王莽之穀近也。沁水又南，逕猗氏縣故城東。劉聰以詹事魯繇爲冀州，治此也。沁水又南，歷猗氏關。又南，與驫驫水合。水出東北巨駿山，乘高瀉浪，觸石流響，世人因聲以納稱。西南流注於沁。沁水又南，與秦川水合。水出巨駿山東，帶引衆谿，積以成川。又西南，逕端氏縣故城東。昔韓、趙、魏分晉，遷晉君於端氏縣，即此是也。其水南流，入於沁水。

又南，過陽阿縣東。

沁水南逕陽阿縣故城西。魏土地記曰：『建興郡治陽阿縣。』郡西四十里，有沁水南流。沁水又南，與濩澤水合。水出濩澤城西白澗嶺下，東逕濩澤。墨子曰：『舜漁濩澤。』應劭曰：『澤在縣西北。』又東，逕濩澤縣故城南，蓋以澤氏縣也。竹書紀年，『梁惠成王十九年，晉取玄武、濩澤』者也。其水際城東注，又東合清淵水。水出其縣北，東南逕濩澤城東，又南入於濩澤水。濩澤水又東，得陽泉口，水出鹿臺山。山上有水，淵而不流。其水東逕陽陵城南，即陽阿縣之故城也。漢高帝七年，封卞訢爲侯國。水歷嶕嶢山東，下與黑嶺水合。水出西北黑嶺下，即開隥也。其水東南流，逕北鄉亭下，又東南，逕陽陵城東，南注陽泉水。陽泉水又南，注濩澤水。濩澤水又東南，有上澗水注之。水導源西北輔山，東逕銅于崖南，歷析城山北。山在濩澤南，禹貢所謂『砥柱、析城，至於王屋』也。山甚高峻，上平坦，下有二泉，東濁西清，左右不生草木，數十步外多細竹。其水自山陰東入濩澤水。濩澤水又東南，注於沁水。

沁水又東南，陽阿水左入焉。水北出陽阿川，南流逕建興郡西。又東南流，逕午壁亭東，而南入山。其水沿波漱石，漰澗八丈，環濤轂轉，西南流，入於沁水。

沁水又南五十餘里，沿流上下，步徑裁通，小竹細筍，被於山渚，蒙蘢茂密，奇爲翳薈也。

又南出山，過沁水縣北。

沁水南逕石門，世謂之沁口。魏土地記曰：『河内郡野王縣西七十里有沁水，左逕沁水城西，附城東南流也。石門是晉安平獻王司馬孚之爲魏野王典農中郎將之所造也。』按其表云：『臣孚言，臣被明詔，興河内水利。臣既到，檢行沁水，源出銅鞮山，屈曲周迴，水道九百里。自太行以西，王屋以東，層巖高峻，天時霖雨，衆谷走水，小石漂迸，木門朽敗，稻田汎濫，歲功不成。臣輒按行，去堰五里以外，方石可得數萬枚。臣以爲累方石爲門，若天暘旱〔一〕，增堰進水；若天霖雨，陂澤充溢，則閉防斷水。空渠衍澇，足以成河。雲雨由人，經國之謀。暫勞永逸，聖王所許。願陛下特出臣表，敕大司農府給人工，勿使稽延，以贊時要。臣孚言。』詔書聽許，於是夾岸累石，結以爲門，用代木門枋，故石門舊有『枋口』之稱矣。溉田頃畝之數，間關歲月之功，事見門側石銘矣。水西有孔山，山上石穴洞開，穴内石上有車轍牛迹。耆老傳云：『自然成著，非人功所就也。』其水南分爲二水，一水南出，爲朱溝水。

沁水又逕沁水縣故城北，蓋藉水以名縣矣。春秋之少水也。京相璠曰：『晉地矣。』又云：『少水，今沁水也。』

沁水又東，逕沁水亭北，世謂之小沁城。

沁水又東，右合小沁水。水出北山臺渟淵，南流爲臺渟水，東南入沁水。沁水又東，倍澗水注之。水北出五行之山，南流注於沁水。

又東，過野王縣北。

沁水又東，邘水注之。水出太行之阜山，即五行之異名也。淮南子曰：『武王欲築宮於五行之山。周公曰〔一〕：「五行險固，德能覆也，納貢迴矣。使吾暴亂，則伐我難矣。」君子以爲能持滿。』高誘云：『今太行山也，在河内野王縣西北上黨關。』詩所謂『徒殆野王道，傾蓋上黨關』，即此山矣。其水南流，逕邘城西，故邘國也。城南有邘臺。春秋『僖公二十四年，王將伐鄭，富辰諫曰：「邘武之穆也。」』京相璠曰：『今野王西北三十里，有故邘城，邘臺是也。』今故城當太行南路，道出其中。漢武帝封李壽爲侯國。邘水又東南，逕孔子廟東。廟庭有碑，魏太和元年孔靈度等，以舊宇毀落，上求修復。野王令范衆愛、河内太守元真、刺史咸陽公高允表聞，立碑於廟。治中劉明、別駕吕次文、主簿向班虎、荀靈龜，以宣尼大聖，非碑頌所稱，宜立記焉。云仲尼傷道不行，欲北從趙鞅，聞殺鳴犢〔三〕，遂旋車而反。及其後也，晉人思之，於太行嶺南爲之立廟，蓋往時迴轅處也。余按諸子書及史籍之文，並言仲尼臨河而歎曰：『丘之不濟，命也夫！』是非太行迴轅之言也。碑云：『魯國孔氏官於洛陽，因居廟下，以奉蒸嘗。』斯言是矣。蓋孔氏遷山下，追思聖祖，故立廟存饗爾。其猶劉累遷魯，立堯祠於山矣，非謂迴轅於此也。邘水東南逕邘亭西，京相璠曰：『又有亭在臺西南三十里。』今是亭在邘城東南七八里，蓋京氏之謬爾，或更有之，余所不詳。其水又南流，注於沁。

沁水東逕野王縣故城北。秦昭王四十四年，白起攻太行，道絶而韓之野王降。始皇拔魏東地，置東郡，衛元君自濮陽徙野王，即此縣也。漢高帝元年，爲殷國。二年，爲河内郡。王莽之後隊，縣曰平野矣。魏懷州刺史治，皇都遷洛，省州復郡。水北有華岳廟，廟側有攢柏數百根，對郭臨川，負岡蔭渚，青青彌望，奇可翫也。懷州刺史頓丘李洪之之所經構也。廟有碑焉，是河内郡功曹山陽荀靈龜，以和平四年造，天安元年立。沁水又東，朱溝枝津入焉。

又東，與丹水合。水出上黨高都縣故城東北阜下，俗謂之源源水。山海經曰：『沁水之東有林焉，名曰丹林，丹水出焉。』即斯水矣。丹水自源東北流，又屈而東注，左會絶水。地理志曰，『高都縣有莞谷，丹水所出，東南入絶水』是也〔四〕。絶水出泫氏縣西北楊谷，故地理志曰：『楊谷，絶水所出。』東南流，左會長平水，水出長平縣西北小山，東南流，逕其縣故城泫氏之長平亭也。史記曰：『秦使左庶長王齕攻韓，取上黨。上黨民走趙。趙軍長平，使廉頗爲將，後遣馬服君之子趙括代之，秦密使武安君白起攻之，括四十萬衆降起，起坑之於此。』上黨記曰：『長平城在郡之南，秦壘在城西，二軍共食流水，澗相去五里。』秦坑趙衆，收頭顱築臺於壘中，因山爲臺，崔嵬桀起，今仍號之曰白起臺。城之左右，沿山亘隰，南北五十許里，東西二十餘里，悉秦趙故壘，遺壁舊存焉。漢武帝元朔二年，以封將軍衛青爲侯國。其水東南流，注絶水。絶水又東南流，逕泫氏縣故城北。竹書紀年曰：『晉烈公元年，趙獻子城泫氏。』絶水東南與泫水會，水導源縣西北泫谷，東流，逕一故城南，俗謂之都鄉城。又東南，逕泫氏縣故城南，世祖建武六年，封萬普爲侯國。而東會絶水，亂流東南入高都縣，右入丹水。上黨記曰：『長平城在郡南山中。』丹水出長平北山，南流，秦坑趙衆，流血丹川，由是俗名爲丹水，斯爲不經矣。丹水又東南流，注於丹谷，即劉越石扶風歌所謂『丹水』者也。晉書地道記曰：『縣有太行關，丹谿爲關之東谷，途自此去，不復由關矣。』丹水又逕二石人北，而各在一山，角倚相望，南爲河内，北曰上黨，二郡以之分境。丹水又東南，歷西巖下，巖下有大泉涌發，洪流巨輪，淵深不測，蘋藻茭芹，竟川含緑，雖嚴辰肅月，無變暄萋。丹水又南，白水注之。水出高都縣故城西，所謂『長平白水』也。東南流歷天井關。地理志曰：『高都縣有天井關。』蔡邕曰：『太行山上有天井關在井北，遂因名焉。』故劉歆遂初賦曰：『馳太行之險峻，入天井之高關。』太元十五年，晉征虜將軍朱序破慕容永於太行，遣軍至白水，去長子百六十里。白水又東，天井谿水會焉。水出天井關，北流注白水，世謂之北流泉。白水又東南，流入丹水，謂之白水交。丹水又東南，出山，逕鄈城西。城在山際，俗謂之『期城』，非也。司馬彪郡國志曰：『山陽有鄈城。』京相璠曰：『河内山陽西北六十里有鄈城。』竹書紀年曰：『梁惠成王元年，趙成侯偃、韓懿侯若，伐我葵。』即此城也。丹水又南屈而西轉，光溝水出焉。丹水又西，逕苑鄉城北，南屈東轉，逕其城南，東南流注於沁，謂之『丹口』。竹書紀年曰：『晉出公五年，丹水三日絶，不流。幽公九年，丹水出，相反擊。』即此水也。沁水又東，光溝水注之。水首受丹水，東南流，界溝水出焉。又南入沁水。沁水又東南流，逕成鄉城北。又東，逕中都亭南，左合界溝水。水上承光溝，東南流，長明溝水出焉。又南，逕中都亭西，而南流注於沁水也。

又東，過州縣北。

縣，故州也。春秋左傳：『隱公十有一年，周以賜鄭。昭公三年，晉以州田賜鄭公孫段〔五〕。』其後，韓宣子徙居之。有白馬溝水注之，水首受白馬湖。湖一名朱管陂，陂上承長明溝。湖水東南流，逕金亭西，分爲二水：一水東出爲蔡溝，一水南注於沁也。

又東，過懷縣之北。

韓詩外傳曰：武王伐紂到邢丘，更名邢丘曰懷。春秋時，赤翟伐晉圍懷是也。王莽以爲河内，故河内郡治也。舊三河之地矣。韋昭曰：『河南、河東、河内，爲三河也。』縣北有沁陽城，沁水逕其南，而東注也。

又東，過武德縣南。又東南，至滎陽縣北，東入於河。

沁水於縣南，水積爲陂，通結數湖，有朱溝水注之。其水上承沁水於沁水縣西北，自枋口東南流，奉溝水右出焉。又東南流，右泄爲沙溝水也。其水又東南，於野王城西，枝渠左出焉，以周城溉。東逕野王城南，又屈逕其城東，而北注沁水。朱溝自枝渠東南，逕州城南。又東，逕懷城南，又東，逕殷城北。郭緣生述征記曰：『河之北岸，河内懷縣有殷城，或謂楚漢之際，殷王卬治之，非也。』余按竹書紀年云：『秦師伐鄭，次於懷，城殷。』即是城也。然則殷之爲名久矣，知非從卬始。昔劉曜以郭默爲殷州刺史，督緣河諸軍事，治此。朱溝水又東南，注於湖。

湖水右納沙溝水。水分朱溝南派，東南逕安昌城西。漢成帝河平四年，封丞相張禹爲侯國。今城之東南有古冢，時人謂之張禹墓。余按漢書，禹河内軹人，徙家蓮勺。鴻嘉元年，禹以老乞骸骨，自治冢塋，起祠堂於平陵之肥牛亭，近延陵，奏請之，詔爲徙亭。哀帝建平二年薨，遂葬於彼，此則非也。沙溝水又東，逕隰城北。春秋『僖公二十五年，取大叔於温，殺之於隰城』是也。京相璠曰：『在懷縣西南。』又逕殷城西，東南流入於陂。

陂水又直武德縣，南至滎陽縣北，東南流入於河。先儒亦咸謂是溝爲濟渠，故班固及闞駰並言，『濟水至武德入河。』蓋濟水枝瀆條分，所在布稱，亦兼丹水之目矣。

校記

〔一〕暘旱　「暘」原本作「亢」，據殿本改。

〔二〕周公曰　此下淮南子氾論訓有「不可」二字。

〔三〕鳴犢　殿本作「鳴鐸」。

〔四〕絶水　漢書地理志作「泫水」。

〔五〕昭公三年晉以州田賜鄭　十字爲戴震補，他本皆無。

清水

清水出河内脩武縣之北黑山，

黑山在縣北白鹿山東，清水所出也。上承諸陂散泉，積以成川。西南流，屈曲〔一〕。瀑布乘巖，懸河注壑二十餘丈。雷赴之聲，震動山谷。左右石壁層深，獸迹不交，隍中散水霧合，視不見底。南峯北嶺，多結禪棲之士；東巖西谷，又是剎靈之圖。竹柏之懷，與神心妙遠；仁智之性，共山水效深。更爲勝處也。其水歷澗飛流，清泠洞觀，謂之清水矣。谿曰瑶谿，又曰瑶澗。清水又南，與小瑶水合。水近出西北窮谿，東南流注清水。

清水又東南流，吳澤陂水注之。水上承吳陂於脩武縣故城西北。脩武故甯也，亦曰南陽矣。馬季長曰：『晉地，自朝歌以北至中山，爲東陽；朝歌以南至軹，爲南陽。』故應劭地理風俗記云：『河内殷國也，周名之爲南陽。』又曰：『晉始啓南陽，今南陽城是也。』秦始皇改曰脩武，徐廣、王隱並言始皇改。』瓚注漢書云：『按韓非書，秦昭王越趙長平，西伐脩武。時秦未兼天下，脩武之名久矣。』余按韓詩外傳言：『武王伐紂，勒兵於甯，更名甯曰脩武矣。』魏獻子田大陸還，卒於甯是也。漢高帝八年，封都尉魏遫爲侯國，亦曰大脩武。有小，故稱大。小脩武在東，漢祖與滕公濟自玉門津，而宿小脩武者也。大陸即吳澤矣。魏土地記曰：『脩武城西北二十里有吳澤水。』陂南北二十許里，東西三十里，西則長明溝水入焉。水有二源，北水上承河内野王縣東北界溝，分枝津爲長明溝。東逕雍城南，寒泉水注之。水出雍城西北，泉流南注，逕雍城西。春秋：『僖公二十四年，王將以狄伐鄭，富辰諫曰：「雍，文之昭也。」』京相璠曰：『今河内山陽西有故雍城。』又東南，注長明溝，溝水又東，逕射犬城北，漢大司馬張楊爲將楊醜所害，眭固殺醜屯此，欲北合袁紹。典略曰：『眭固字白兔〔二〕。或戒固曰：「將軍字兔，而此邑名犬，兔見犬，其勢必驚，宜急去。」固不從。』漢建安四年，魏太祖斬之於此，以魏种爲河内太守，守之。沇州叛，太祖曰：『惟种不棄孤。』及走，太祖怒曰：『种不南走越，北走胡，不汝置也。』射犬平，禽之。公曰：『難其才也。』釋而用之。長明溝水東入石澗，東流，蔡溝水入焉。水上承州縣北，白馬溝東分，謂之蔡溝。東會長明溝水，又東逕脩武縣之吳亭北，東入吳陂水。次北有苟泉水入焉，水出山陽縣故脩武城西南，同源分派，裂爲二水。南爲苟泉，北則吳瀆。二瀆雙導，俱東入陂。山陽縣東北二十五里有陸真阜，南有皇母、馬鳴二泉，東南合注於吳陂也。次陸真阜之東北，得覆釜堆。堆南有三泉，相去四五里，參差次合，南注於陂。泉在濁鹿城西，建安二十五年，魏封漢獻帝爲山陽公。濁鹿城，即是公所居也。

陂水之北際澤，側有隤城。春秋，『隱公十一年，王以司寇蘇忿生之田，攢茅、隤十二邑與鄭』者也。京相璠曰：『河内脩武縣北有故隤城，實中。』今世俗謂之皮垣，方四百步，實中〔三〕，高八丈。一丘際陂，北隔水十五里，俗所謂蘭丘也，方二百步。西十里，又有一丘際山，世謂之敕丘，方五百步，形狀相類，疑即古攢茅也。杜預曰：『二邑在脩武縣北，所未詳也。』又東，長泉水注之。源出白鹿山東南，伏流逕十三里，重源濬發於鄧城西北，世亦謂之重泉水也。又逕七賢祠東，左右筠篁列植，冬夏不變貞萋。魏步兵校尉陳留阮籍、中散大夫譙國嵇康、晉司徒河内山濤、司徒琅邪王戎、黄門郎河内向秀、建威參軍沛國劉伶、始平太守阮咸等，同居山陽，結自得之遊，時人號之爲『竹林七賢』。向子期所謂山陽舊居也，後人立廟於其處。廟南又有一泉，東南流注於長泉水。郭緣生述征記所云，『白鹿山東南二十五里，有嵇公故居，以居時有遺竹焉』，蓋謂此也。其水又南，逕鄧城東，名之爲鄧瀆，又謂之爲白屋水也。昔司馬懿征公孫淵還達白屋，即於此也。其水又東南流，逕隤城北。又東南，歷澤注於陂。陂水東流，謂之八光溝，而東流注於清水，謂之長清河。而東周永豐隖，有丁公泉發於焦泉之右。次東得焦泉，泉發於天門之左、天井固右。天門山石自空，狀若門焉，廣三丈，高兩匹，深丈餘，更無所出，世謂之天門也。東五百餘步，中有石穴西向，裁得容人，平行東南入〔四〕，徑至天井，直上三匹有餘，扳躡而升，至上平，東西二百步，南北七百步，四面險絶，無由升陟矣。上有比丘釋僧訓精舍，寺有十餘僧，給養難周，多出下平，有志者居之。寺左右雜樹疏頒，有一石泉方丈餘，清水湛然，常無增減，山居者資以給飲。北有石室二口，舊是隱者念一之所，今無人矣。泉發於北阜，南流成谿，世謂之焦泉也。次東得魚鮑泉，次東得張波泉，次東得三淵泉，梗河參連，女宿相屬，是四川在重門城西，並單川南注也。重門城，昔齊王芳爲司馬師廢之，宫於此，即魏志所謂『送齊王於河内重門』者也。城在共縣故城西北二十里。城南有安陽陂，次東又得卓水陂，次東有百門陂，陂方五百步，在共縣故城西。漢高帝八年，封盧罷師爲共侯，國即共和之故國也〔五〕。共伯既歸帝政，逍遥於共山之上。山在國北，所謂共北山也，仙者孫登之所處。袁彦伯竹林七賢傳：『嵇叔夜嘗採藥山澤，遇之於山，冬以被髪自覆，夏則編草爲裳，彈一絃琴而五聲和。』其水三川南合，謂之清川。又南，逕凡城東。司馬彪、袁山松郡國志曰：『共縣有凡亭，周凡伯國。』春秋，『隱公七年，經書「王使凡伯來聘」是也』。杜預曰：『汲郡共縣東南有凡城。』今在西南。其水又西南，與前四水總爲一瀆，又謂之陶水，南流注於清水。清水又東，周新豐隝，又東注也。

東北過獲嘉縣北。

漢書稱，越相吕嘉反，武帝元鼎六年，巡行於汲郡中鄉，得吕嘉首，因以爲獲嘉縣。後漢封侍中馮石爲侯國。縣故城西，有漢桂陽太守趙越墓，冢北有碑。越字彦善，縣人也。累遷桂陽郡、五官將、尚書僕射，遭憂服闋，守河南尹，建寧中卒。碑東又有一碑，碑北有石柱、石牛，羊虎俱碎，淪毁莫記。

清水又東，周新樂城。城在獲嘉縣故城東北，即汲之新中鄉也。

又東，過汲縣北。

縣故汲郡治，晉太康中立。城西北有石夾水，飛湍濬急，人亦謂之磻谿。言太公常釣於此也。城東門北側，有太公廟。廟前有碑，碑云：太公望者，河内汲人也。縣民故會稽太守杜宣白令崔瑗曰：『太公本生於汲，舊居猶存。君與高國同宗太公，載在經傳，今臨此國，宜正其位，以明尊祖之義。』於是國老王喜、廷掾鄭篤、功曹邵勤等，咸曰宜之。遂立壇祀，爲之位主。城北三十里有太公泉，泉上又有太公廟。廟側高林秀木，翹楚競茂。相傳云太公之故居也。晉太康中，范陽盧無忌爲汲令，立碑於其上。太公避紂之亂，屠隱市朝，遁釣魚水，何必渭濱，然後磻谿？苟愜神心，曲渚則可，磻谿之名，斯無嫌矣。

清水又東，逕故石梁下。梁跨水上，橋石崩褫，餘基尚存。

清水又東，與倉水合。水出西北方山，山在衛縣〔六〕，西有倉谷，谷有倉玉、珉石，故名焉。

其水東南流，潛行地下。又東南復出，俗謂之雹水，東南歷坶野。自朝歌以南，南暨清水，土地平衍，據皋跨澤，悉坶野矣。郡國志曰：『朝歌縣南有牧野。』竹書紀年曰：『周武王率西夷諸侯伐殷，敗之於坶野。』詩所謂『坶野洋洋，檀車煌煌』者也。有殷大夫比干冢，前有石銘，題隸云『殷大夫比干之墓』。所記惟此，今已中折，不知誰所志也。太和中，高祖孝文皇帝南巡，親幸其墳，而加弔焉。刊石樹碑，列於墓隧矣。雹水又東南，入於清水。清水又東南，逕合城南，故三會亭也。以淇清合河，故受名焉。清水又屈而南，逕鳳皇臺東北，南注也。

又東，入於河。

謂之清口，即淇河口也。蓋互受其名爾。地理志曰：『清河水出内黄縣南。』無清水可來，所有者惟鍾是水爾。蓋河徙南注，清水瀆移，微流逕絶〔七〕，餘目尚存。故東川有清河之稱，相嗣不斷。曹公開白溝，遏水北注，方復故瀆矣。

校記

〔一〕西南流屈曲　殿本作『南流西南曲』。

〔二〕兔　殿本作『菟』，本篇下同。

〔三〕實中　二字據殿本補。

〔四〕平行　殿本無此二字。

〔五〕國即共和　殿本無『國』字。

〔六〕山在衛縣　殿本無『在衛縣』三字。

〔七〕微流逕絶　『微流』殿本作『匯流』。

渭水

渭水出隴西首陽縣渭谷亭南鳥鼠山。

渭水出首陽縣首陽山渭首亭南谷，山在鳥鼠山西北。縣有高城嶺，嶺上有城，號渭源城，渭水出焉。三源合注東北流，逕首陽縣西與別源合，水南出鳥鼠山渭水谷。尚書禹貢所謂『渭出鳥鼠』者也。地説曰：『鳥鼠山，同穴之枝榦也。』渭水出其中，東北過同穴枝閒，既言其過，明非一山也。又東北流，而會於殊源也。

渭水東南流，逕首陽縣南，右得封谿水，次南得廣相谿水，次東得共谷水，左則天馬谿水，次南則伯陽谷水，並參差翼注，亂流東南出矣。

東北過襄武縣北。

廣陽水出西山，二源合注，共成一川，東北流注於渭。渭水又東南，逕襄武縣東北，荆頭川水入焉。水出襄武西南鳥鼠山荆谷，東北逕襄武縣故城北。王莽更名相桓。漢護羌校尉温序行部，爲隗囂部將苟宇所拘，銜鬚自刎處也。其水東北流，注於渭。渭水常入東南，不東北也。

又東，臯水注之，水出西南雀富谷，東北逕襄武縣南，東北流入於渭。魏志稱：『咸熙二年，襄武縣言〔一〕，大人見，身長三丈餘，迹長三尺二寸，白髮，著黄單衣巾，拄杖，呼民王始語云：「今當太平。」十二月，天禄永終，歷數在晉。』遂遷魏而事晉。

又東，過獂道縣南。

右則岑谿水，次則同水，俱左注之。次則過水，右注之。渭水又東南，逕獂道縣故城西，昔秦孝公西斬戎之獂王。應劭曰：『獂，戎邑也。』漢靈帝中平五年，別爲南安郡，赤亭水出郡之東山赤谷，西流逕城北，南入渭水。渭水又逕城南，得粟水。水出西南安都谷，東北流，注於渭。

渭水又東，新興川水出西南鳥鼠山，二源合舍，東北流，與彰川合。水出西南谿下，東北至彰縣南，本屬故道候尉治，後漢縣之，永元元年，和帝封耿秉爲侯國也。萬年川水出南山，東北流注之。又東北，注新興川。又東北，逕新興縣北，晉書地道記：『南安之屬縣也。』其水又東北，與南川水合，水出西南山下，東北合北水，又東北注於渭水。

渭水又東，逕武城縣西，武城川水入焉。津源所導，出鹿部西山，兩源合注，東北流逕鹿部南，亦謂之鹿部水。又東北，昌丘水出西南丘下，東北注武城水，亂流東北注渭水。

渭水又東，入武陽川。又有關城川水出南，安城谷水出北，兩川參差，注渭水。

渭水又東，有落門山東流，三谷水注之。三川統一，東北流注於渭水。有落門聚，昔馮異攻落門，未拔而薨。建武十年，來歙又攻之，擒隗囂子純，隴右平。渭水自落門東至黑水峽，左右六水夾注。左則武陽谿水，次東得土門谷水，俱出北山，南流入渭。右則温谷水，次東有故城谿水，次東有閭里谿水，亦名習谿水，次東有黑水，並出南山，北流入渭。渭水又東，出黑水峽歷冀川。

又東，過冀縣北。

渭水自黑水峽至岑峽，南北十一水注之。北則温谷水，導平襄縣南山温谿，東北流逕平襄縣故城南，故襄戎邑也，王莽之所謂平相矣。其水東南流，歷三堆南，又東流南屈，歷黄槐川，梗津渠，冬則輟流，春夏水盛則通川注渭。次則牛谷水，南入渭水。南有長塹谷水，次東有安蒲谿水，次東有衣谷水，並南出朱圉山。山在梧中聚，有石鼓，不擊自鳴，鳴則兵起。漢成帝鴻嘉三年，天水冀南山有大石自鳴，聲隱隱如雷，有頃止，聞於平襄二百四十里，野鷄皆鳴。石長丈三尺，廣厚略等。著崖脅，去地二百餘丈，民俗名曰石鼓。石鼓鳴，則有兵。是歲，廣漢鉗子攻官寺，篡囚徒，盜庫兵，略吏民，衣繡衣，自號爲山君，黨與寖廣〔二〕。明年冬伏誅，自歸者三千餘人。信而有徵矣。其水北逕冀縣城北，秦武公十年，代冀戎，縣之，故天水郡治，王莽更名鎮戎，縣曰冀治。漢明帝永平十七年，改曰漢陽郡，城即隗囂稱西伯所居也。後漢馬超之圍冀也，涼州别駕閻伯儉潛出水中，將告急夏侯淵，爲超所擒，令告城無救。伯儉曰：『大軍方至，咸稱萬歲。』超怒數之，伯儉曰：『卿欲令長者出不義之言乎？』遂殺之。

渭水又東，合冀水。水出冀谷。次東有濁谷水，次東有當里谿水，次東有託里水，次東有渠谷水，次東有黄土川水，俱出南山，北逕冀城東，而北注於渭。渭水又東，出岑峽，入新陽川，逕新陽下城南，谿谷、赤蒿二水並出南山，東北入渭水。

渭水又東，與新陽崖水合。即隴水也，東北出隴山。其水西流，右逕瓦亭南。隗囂聞略陽陷，使牛邯守瓦亭，即此亭也。一水亦出隴山，東南流歷瓦亭北，又西南合爲一水，謂之瓦亭川。西南流，逕清賓谿北，又西南與黑水合。水出黑城北，西南逕黑城西，西南流，莫吾南川水注之。水東北出隴垂，西南流歷黑城，南注黑水。黑水西南出懸鏡峽，又西南入瓦亭水。又有濊水自西來會，世謂之鹿角口。又南逕阿陽縣故城東，中平元年，北地羌、胡與邊章侵隴右，漢陽長史蓋勳屯阿陽以拒賊，即此城也。其水又南，與燕無水合，水源延發東山，西注瓦亭水。瓦亭水又南，左會方城川水，西注瓦亭水。瓦亭水又南，逕成紀縣東，歷長離川，謂之長離水，右與成紀水合。水導源西北當亭川，東流出破石峽，津流遂斷，故瀆東逕成紀縣，故帝太皞、庖犧所生之處也。漢以爲天水郡，縣王莽之阿陽郡治也。又東，瀆源隱發，通入成紀水，東南入瓦亭水。瓦亭水又東南，與受渠水會。水東出大隴山，西逕受渠亭北，又西南入瓦亭水。瓦亭水又西南流，歷僵人峽。路側巖上有死人僵尸巒穴，故岫壑取名焉。釋鞍就穴直上，可百餘仞，石路逶迤，劣通單步，僵尸倚窟，枯骨尚全，惟無膚髮而已。訪其川居之士，云其鄉中父老作童兒時，已聞其長舊傳，此當是數百年骸矣。其水又西南，與略陽川水合。水出隴山香谷西，西流。右則單谿西注，左則閻川水入焉。其水又西，歷蒲池郊，石魯水出東南石魯谿，西北注之。其水又西，歷略陽川，西得破社谷水，次西得平相谷水，又西得金里谷水，又西得南室水，又西得蹄谷水，並出南山，北流於略陽城東，揚波北注川水。又西，逕略陽道故城北，遲渠水出南山，北逕遲峽北入城。建武八年，中郎將來歙與祭遵所部護軍王忠、右輔將軍朱寵，將二千人，皆持鹵刀斧，自安民縣之楊城。元始二年，平帝罷安定滹沱苑以爲安民縣，起官寺市里，從番須、回中伐樹木，開山道至略陽，夜襲擊囂拒守將軍金梁等，皆殺之，因保其城。隗囂聞略陽陷，悉衆以攻歙，激水灌城。光武親將救之，囂走西城，世祖與來歙會於此。其水自城北注川，一水二川，蓋囂所堨以灌略陽也。川水西得白楊泉，又西得蒲谷水，又西得蒲谷西川，又西得龍尾谿水，與蒲谷水合，俱出南山，飛清北入川水。川水又西南，得水洛口，水源東導隴山西，逕水洛亭西南流，又得犢奴水口。水出隴山西，逕犢奴川，又西逕水洛亭南，西北注之，亂流西南，逕石門峽，謂之石門水。西南注略陽川水。略陽川水又西北流，入瓦亭水。瓦亭水又西南出顯親峽，石宕水注之。水出北山，山上有女媧祠。庖犧之後有帝女媧焉，與神農爲三皇矣。其水南流，注瓦亭水。瓦亭水又西南，逕顯親縣故城東南，漢封大鴻臚竇固爲侯國。自石宕次得蝦蟆谿水，次得金黑水，又得宜都谿水，咸出左右，參差相入瓦亭水。又東南，合安夷川口，水源東出胡谷，西北流歷夷水川，與東陽川水會，謂之取陽交。又西得何宕川水，又西得羅漢水，並自東北、西南注夷水。夷水又西，逕顯親縣南，西注瓦亭水。瓦亭水又東南，得大華谷水。又東南，得折里谿水，又東，得六谷水，皆出近谿湍峽，注瓦亭水。又東南，出新陽峽，崖岫壁立，水出其間，謂之新陽崖水。又東南，注於渭也。

又東，過上邽縣。

渭水東歷縣北邽山之陰〔三〕，流逕固嶺東北，東南流。蘭渠川水出自北山，帶佩衆谿，南流注於渭。

渭水東南，與神澗水合。開山圖所謂靈泉池也，俗名之爲萬石灣。淵深不測，寔爲靈異，先後漫遊者，多羅其斃。

渭水又東南，得歷泉水。水北出歷泉谿〔四〕，東南流，注於渭。

渭水又東南，出橋亭西。又南，得藉水口，水出西山，百澗聲流，總成一川，東歷當亭川，即當亭縣治也。左則當亭水，右則曾席水注之。又東，與大弁川水合。水出西山，二源合注，東歷大弁川，東南流注於藉水。藉水又東南流，與竹嶺水合。水出南山竹嶺，二源同瀉，東北入藉水。藉水又東北，逕上邽縣，左佩四水：東會占谿水，次東有大魯谷水，次東得小魯谷水，次東有楊反谷水，咸自北山流注藉水。藉水右帶四水：竹嶺東得亂石谿水，次東得木門谷水，次東得羅城谿水，次東得山谷水，皆導源南山，北流入藉水。藉水又東，黄瓜水注之。其水發源黄瓜西谷，東流逕黄瓜縣北。又東，清谿、白水左右夾注。又東北，大旱谷水南出旱谿，歷澗北流，泉谿委漾，同注黄瓜水。黄瓜水又東北，歷赤谷，咸歸於藉水。藉水又東，得毛泉谷水。又東，逕上邽城南，得覈泉水，並出南山，北流注於藉水。藉水即洋水也。北有濛水注焉。水出縣西北邽山，翼帶衆流，積以成谿，東流南屈。逕上邽縣故城西，側城南出。上邽，故邽戎國也。秦武公十年伐邽，縣之，舊天水郡治。五城相接，北城中有湖水，有白龍出是湖，風雨隨之，故漢武帝元鼎三年，改爲天水郡。其鄉居悉以板蓋屋，毛公所謂『西戎板屋』也〔五〕。濛水又南，注藉水。山海經曰：『邽山，濛水出焉，而南流注於洋。』謂是水也。藉水又東，得陽谷水，又得宕谷水，並自南山，北入於藉水。藉水又東，合段溪水。水出西南馬門谿，東北流，合藉水。藉水又東，入於渭。

渭水又歷橋亭南，而逕綿諸縣東，與東亭水合。亦謂之爲橋水也，清水又或爲通稱矣。水源東發小隴山，衆川瀉注，統成一水。西入東亭川，爲東亭水。與小祇、大祇二水合。又西北，得南神谷水，三川並出東南，差池瀉注。又有蘊蒲水，翼帶二川，與延水並西南注東亭水。東亭水又西，右則歎溝水，次西得麴谷水。水出東南，二谿西北流，注東亭水。東亭水右則温谷水，出小隴山。又西，莎谷水出南山莎谿〔六〕，西南注東亭水。東亭水又西，得清水口。水導源東北隴山，二源俱發，西南出隴口合成一水，西南流，歷細野峽，逕清池谷，又逕清水縣故城東，王莽之識睦縣矣。其水西南合東亭水，自下亦通謂之清水矣。又逕清水城南，又西與秦水合。水出東北大隴山秦谷，二源雙導，歷三泉，合成一水，而歷秦川。川有故秦亭，秦仲所封也。秦之爲號，始自是矣。秦水西逕降隴縣故城南，又西南自亥、松多二水出隴山，合而西南流，逕降隴城北，又西南注秦水。秦水又西南，歷隴川，逕六槃口，過清水城，西南注清水。清水上下，咸謂之秦川。又西，羌水注焉。水北出羌谷，引納衆流，合以成谿。潨水星會，謂之小羌水，西南流，左則長谷水，西南注之；右則東部水，東南入焉。羌水南入清水。清水又西南，得綿諸水口。其水導源西北綿諸谿，東南有長思水，北出長思谿，南入綿諸水。又東南，歷綿諸道故城北，東南入清水。清水東南注渭。

渭水又東南，合涇谷水。水出西南涇谷之山，東北流，與橫水合。水出東南橫谷，西北逕橫水壙。又西北入涇谷水，亂流西北出涇谷峽。又西北，軒轅谷水注之。水出南山軒轅谿，南安姚瞻以爲黃帝生於天水，在上邽城東七十里軒轅谷。皇甫謐云：『生壽丘，丘在魯東門北。』未知孰是也。其水北流，注涇谷水。涇谷水又西北，白城谿東北流，白娥泉水出其西，東注白城水。白城水又東北，入涇谷水。涇谷水又東北，歷董亭下，楊難當使兄子保宗鎮董亭，即是亭也。其水東北流，注於渭。山海經曰：『涇谷之山，涇水出焉，東南流，注於渭。』是也。

渭水又東，伯陽谷水入焉。水出刑馬之山伯陽谷，北流。白水出東南白水谿，西北注伯陽水。伯陽水又西北歷谷，引控羣流，北注渭水。

渭水又東，歷大利。又東南流，苗谷水注之。水南出刑馬山，北歷平作，西北逕苗谷，屈而東逕伯陽城南，謂之伯陽川。蓋李耳西入，往逕所由，故山原畎谷，往往播其名焉。

渭水東南流，衆水瀉浪，雁次鳴注。左則伯陽東谿水注之，次東得望松水，次東得毛六谿水，次東得皮周谷水，次東得黃杜東谿水，並出北山，南入渭水。其右則明谷水，次東得丘谷水，次東得丘谷東谿水，次東有鉗巖谷水，並出南山，東北注渭。

渭水又東南，出石門，度小隴山，逕南田縣南，東與楚水合，世所謂長蛇水。水出汧縣之數歷山也。南流逕長蛇戍東，魏和平三年築，徙諸流民，以遏隴寇。楚水又南，流注於渭。闞駰以是水爲汧水焉。

渭水又東，汧汙二水入焉〔七〕。余按諸地理志〔八〕：『汧水出汧縣西北。』闞駰十三州志與此同，復以汧水爲龍魚水，蓋以其津流逕通，而更攝其通稱矣。

渭水東入散關。抱朴子神仙傳曰：『老子西出關，關令尹喜候氣，知真人將有西遊者。遇老子，彊令之著書。耳不得已，爲著道德二經，謂之老子書也。』有老子廟。干寶搜神記云：『老子將西入關，關令尹喜好道之士，覩真人當西，乃要之途也。』皇甫士安高士傳云：『老子爲周柱下史。及周衰，乃以官隱，爲周守藏室史。積八十餘年，好無名接，而世莫知其真人也。至周景王十年，孔子年十七，遂適周見老聃，然幽王失道，平王東遷，關以捍移，人以職徙，尹喜候氣，非此明矣。往逕所由，茲焉或可。』

渭水又東，逕西武功北，俗以爲散關城，非也。褚先生乃曰：『武功，扶風西界小邑也。蜀口棧道近山，無他豪易高者是也。』

渭水又與扞水合。水出周道谷，北逕武都故道縣之故城西，王莽更名曰善治也。故道縣有怒特祠，列異傳曰：『武都故道縣有怒特祠，云神本南山大梓也，昔秦文公二十七年伐之，樹瘡隨合，秦文公乃遣四十人持斧斫之，猶不斷。疲士一人，傷足不能去，臥樹下，聞鬼相與言曰：「勞攻戰乎？」其一曰：「足爲勞矣。」又曰：「秦公必持不休。」答曰：「其如我何？」又曰：「赤灰跋於子何如？」乃默無言。臥者以告，令士皆赤衣，隨所斫以灰跋，樹斷化爲牛，入水。故秦爲立祠。』其水又東北，歷大散關，而入渭水也。

渭水又東南，右合南山五谿水，夾澗流注之。

又東，過陳倉縣西。

縣有陳倉山，山上有陳寶鷄鳴祠。昔秦文公感伯陽之言，遊獵於陳倉，遇之於此阪。得若石焉，其色如肝，歸而寶祠之，故曰『陳寶』。其來也自東南，暉暉聲若雷，野鷄皆鳴，故曰鷄鳴神也。地理志曰：『有上公、明星、黄帝孫、舜妻育冢祠〔九〕。有羽陽宫，秦武王起。』應劭曰：『縣氏陳山。』姚睦曰：『黄帝都陳，言在此。』榮氏開山圖注曰：『伏犧生成紀，徙治陳倉，非陳國所建也。』魏明帝遣將軍太原郝昭築陳倉城成，諸葛亮圍之。亮使昭鄉人靳祥説之，不下。亮以數萬人攻昭千餘人，以雲梯、衝車、地道逼射昭。昭以火射連石拒之。亮不利而還。今汧水對亮城〔一〇〕，是與昭相禦處也。陳倉水出於陳倉山下，東南流，注於渭水。

渭水又東，與綏陽谿水合。其水上承斜水，自斜谷分注綏陽谿，北届陳倉入渭。故諸葛亮與兄瑾書曰：『有綏陽小谷，雖山崖絶險，谿水縱横，難用行軍。昔邏候往來，要道通入，今使前軍斫治此道，以向陳倉，足以扳連賊勢，使不得分兵東行者也。』

渭水又東，逕郁夷縣故城南。地理志曰：『有汧水祠，王莽更之曰郁平也。』東觀漢記曰：『隗囂圍來歙於略陽，世祖詔曰：「桃花水出船槃，皆至郁夷、陳倉，分部而進者也。」』汧水入焉，水出汧縣之蒲谷鄉弦中谷，決爲弦蒲藪。爾雅曰：『水決之澤爲汧，汧之爲名寔兼斯舉。』水有二源，一水出縣西山，世謂之小隴山。巖障高險，不通軌轍，故張衡四愁詩曰：『我所思兮在漢陽，欲往從之隴阪長。』其水東北流，歷澗注以成淵，潭漲不測，出五色魚，俗以爲靈而莫敢採捕，因謂是水爲龍魚水。自下亦通謂之龍魚川。川水東逕汧縣故城北，史記『秦文公東獵汧田，因遂都其地』，是也。又東歷澤，亂流爲一。右得白龍泉，泉徑五尺，源穴奮通，淪漪四泄，東北流注於汧。汧水又東，會一水。水發南山西側，俗以此山爲吳山，三峯霞舉，疊秀雲天，崩巒傾返，山頂相捍，望之恒有落勢。地理志曰：『吳山在縣西，古文以爲汧山也。』國語所謂虞矣。山下石穴廣四尺，高七尺，水溢石空，懸波側注，瀰𣸣震蕩，發源成川，北流注於汧。自水會上下，咸謂之爲龍魚川。汧水又東南，逕隃麋縣故城南，王莽之扶亭也。昔郭歙恥王莽之徵，而遁迹於斯。建武四年，光武封耿況爲侯國矣。汧水東南歷慈山，東南逕郁夷縣。又東，逕平陽故城南。

史記：『秦寧公二年，徙平陽。』徐廣曰：『故郿之平陽亭也。』城北有漢郃州刺史趙融碑，靈帝建安元年立。汧水又東，注於渭。

渭水之右，磻谿水注之。水出南山兹谷，乘高激流，注於谿中，谿中有泉，謂之兹泉。泉水潭積，自成淵渚，即呂氏春秋所謂『太公釣兹泉』也。今人謂之丸谷，石壁深高，幽隍邃密，林障秀阻，人迹罕交。東南隅有一石室，蓋太公所居也。水次平石釣處，即太公垂釣之所也。其投竿跽餌，兩厀遺迹猶存，是有磻谿之稱也。其水清泠神異，北流十二里，注於渭，北去維堆城七十里。

渭水又東，逕積石原，即北原也。青龍二年，諸葛亮出斜谷，司馬懿屯渭南，雍州刺史郭淮，策亮必争北原而屯，遂先據之。亮至，果不得上。渭水又東，逕五丈原北。魏氏春秋曰：『諸葛亮據渭水南原，司馬懿謂諸將曰：「亮若出武功，依山東轉者，是其勇也。若西上五丈原，諸君無事矣。」亮果屯此原，與懿相禦。』

渭水又東，逕郿縣故城南。地理志曰：『右輔都尉治。』魏氏春秋曰：『諸葛亮寇郿，司馬懿據郿拒亮。』即此縣也。渭水又東，逕郿隝南，獻帝傳曰：『董卓發卒築郿隝，高與長安城等，積穀爲三十年儲。自云：「事成雄據天下，不成守此足以畢老。」』其愚如此。

又東，過武功縣北。

渭水於縣，斜水自南來注之。水出縣西南衙嶺山，北歷斜谷，逕五丈原東。諸葛亮與步騭書曰：『僕前軍在五丈原，原在武功西十里餘。』水出武功縣，故亦謂之武功水也。是以諸葛亮表云：『臣遣虎步監孟琰據武功水東。司馬懿因水長攻琰營。臣作竹橋，越水射之，橋成馳去。』其水北流注於渭。地理志曰：『斜水出衙嶺，北至郿注渭。』

渭水又東，逕馬冢北。諸葛亮與步騭書曰：『馬冢在武功東十餘里，有高勢，攻之不便，是以留爾。』

渭水又逕武功縣故城北，王莽之新光也。地理志曰：『縣有太一山，古文以爲終南。』杜預以爲中南也，亦曰太白山，在武功縣南，去長安二百里，不知其高幾何。俗云：『武功太白，去天三百。』山下軍行，不得鼓角，鼓角則疾風雨至。杜彥達曰：『太白山南連武功山，於諸山最爲秀傑，冬夏積雪，望之皓然。』山上有谷春祠。春，櫟陽人，成帝時病死，而尸不寒。後忽出櫟南門及光門上，而入太白山，民爲立祠於山嶺，春秋來祠，中止宿焉。山下有太白祠，民所祀也。劉曜之世，是山崩，長安人劉終於崩所得白玉，方一尺，有文字曰：『皇亡皇亡敗趙昌，井水竭，構五梁，咢西小衰困囂喪。嗚呼嗚呼，赤牛奮靷其盡乎？』時羣官畢賀，中書監劉均進曰：『此國滅之象，其可賀乎？』終如言矣。

渭水又東，温泉水注之。水出太一山，其水沸涌如湯。杜彥達曰：『可治百病，世清則疾愈，世濁則無驗。』其水下合溪流，北注十三里，入渭。

渭水又東，逕漦縣故城南，舊邰城也，后稷之封邑矣。詩所謂『即有邰家室』也。城東北有姜嫄祠，城西南百步有稷祠，郿之漦亭也。王少林之爲郿縣也，路逕此亭。亭長曰：『亭凶殺人。』少林曰：『仁勝凶邪，何鬼敢忤？』遂宿，夜中聞女子稱冤之聲，少林曰：『可前來理。』女子曰：『無衣不敢進。』少林投衣與之，女子前訴曰：『妾夫爲涪令，之官過宿此亭，爲亭長所殺。』少林曰：『當爲理寢冤，勿復害良善也。』因解衣於地，忽然不見。明告亭長，遂服其事，亭遂清安。

渭水又東，逕雍縣南，雍水注之。水出雍山，東南流歷中牢谿，世謂之中牢水，亦曰冰井水。南流逕胡城東，俗名也。蓋秦惠公之故居，所謂祈年宮也。孝公又謂之爲橐泉宮。按地理志曰：『在雍。』崔駰曰：『穆公冢在橐泉宮祈年觀下。』皇覽亦言是矣。劉向曰：『穆公葬無丘壟處也。』史記曰：『穆公之卒，從死者百七十七人。良臣子車氏奄息、仲行、鍼虎亦在從死之中。秦人哀之，爲賦黃鳥焉。』余謂崔駰及皇覽謬志也。惠公、孝公並是穆公之後，繼世之君矣，子孫無由起宮於祖宗之墳陵矣。以是推之，知二證之非實也。雍水又東，左會左陽水，世名之西水。水北出左陽谿，南流逕岐州城西，魏置岐州刺史治。左陽水又南流，注於雍水。雍水又與東水合，俗名也。北出河桃谷，南流，又會南源，世謂之返眼泉，亂流南逕岐州城東，而南合雍水。州居二水之中，南則兩川之交會也，世亦名之爲淬空水。東流，鄧公泉注之。水出鄧艾祠北，故名曰『鄧公泉』。數源俱發於雍縣故城南。縣，故秦德公所居也。晉書地道記以爲西虢地也。漢書地理志以爲西虢縣。太康地記曰：『虢叔之國矣。』有虢宫，平王東遷，叔自此之上陽，爲南虢矣。雍有五時祠，以上祠祀五帝。昔秦文公田於汧渭之閒，夢黄蛇自天下屬地，其口止於鄜衍，以爲上帝之神，於是作鄜時，祀白帝焉。秦宣公作密時於渭南，祀青帝焉。靈公又於吴陽作上時，祀黄帝；作下時，祀炎帝焉。獻公作畦時於櫟陽而祀白帝。漢高帝問曰：『天有五帝，今四何也？』博士莫知其故，帝曰：『我知之矣。待我而五。』遂立北時，祀黑帝焉。應劭曰：『四面積高曰雍。』闞駰曰：『宜爲神明之隩，故立羣祠焉。』又有鳳臺、鳳女祠。秦穆公時，有簫史者，善吹簫，能致白鵠、孔雀，穆公女弄玉好之，公爲作鳳臺以居之。積數十年，一旦隨鳳去，云雍宫世有簫管之聲焉。今臺傾祠毁，不復然矣。鄧泉東流，注於雍。自下雖會他津，猶得通稱。故禹貢有『雍沮會同』之文矣。雍水又東，逕邵亭南，世謂之樹亭川，蓋『邵』、『樹』聲相近，誤爾。亭故邵公之采邑也。京相璠曰：『亭在周城南五十里。』後漢郡國志曰：『郿縣有邵亭。』謂此也。雍水又東南流，與横水合。水出杜陽山。其水南流謂之杜陽川。東南流，左會漆水，水出杜陽縣之漆谿，謂之漆渠。

故徐廣曰：『漆水出杜陽之岐山者』，是也。漆渠水南流，大巒水注之。水出西北大道川，東南流入漆，即故岐水也。淮南子曰：『岐水出石橋山，東南流。』相如封禪書曰：『收龜於岐。』漢書音義曰：『岐，水名也。』謂斯水矣。二川幷逝，俱爲一水，南與橫水合。自下通得岐水之目，俗謂之小橫水，亦或名之米流川。逕岐山西，又屈逕周城南。城在岐山之陽而近西，所謂居岐之陽也，非直因山致名，亦指水取稱矣。又歷周原下，北則中水鄉成周聚，故曰有周也。水北即岐山矣。昔秦盜食穆公馬處也。岐水又東，逕姜氏城南，爲姜水。按世本：『炎帝姜姓。』帝王世紀曰：『炎帝，神農氏，姜姓，母女登遊華陽，感神而生炎帝，長於姜水，是其地也。』東注雍水。雍水又南，逕美陽縣之中亭川，合武水。水發杜陽縣大嶺側，東西三百步，南北二百步，世謂之赤泥峴。沿波歷澗，俗名大橫水也。疑即杜水矣。其水東南流，東逕杜陽縣故城，世謂之故縣川。又故虢縣有杜陽山，山北有杜陽谷，有地穴北入，亦不知所極，在天柱山南，故縣取名焉，亦指是水而攝目矣，即王莽之通杜也。故地理志曰：『縣有杜水。』杜水又東，二坑水注之。水有二源，一水出西北，與瀆魋水合，而東歷五將山，又合鄉谷水，水出鄉谿，東南流入杜水，謂之鄉谷川。又南，莫水注之，水出好時縣梁山大嶺東，南逕梁山宮西，故地理志曰：『好時有梁山宮，秦始皇起。』水東有好時縣故城，王莽之好邑也。世祖建武二年，封建威大將軍耿弇爲侯國。又南，逕美陽縣之中亭川，注雍水，謂之中亭水。雍水又南，逕美陽縣西。章和二年，更封彰侯耿秉爲侯國。其水又南流，注於渭。

渭水又東，洛谷之水出其南山洛谷，北流逕長城西。魏甘露三年，蜀遣姜維出洛谷，圍長城，即斯地也。

又東，芒水從南來流注之。

芒水出南山芒谷，北流逕玉女房，水側山際有石室，世謂之玉女房。芒水又北，逕盩厔縣之竹圃〔一一〕。漢沖帝詔曰：『翟義作亂於東，霍鴻負倚盩厔芒竹。』即此也。其水分爲二流，一水東北爲枝流，一水北流注於渭也。

又東，過槐里縣南。又東，澇水從南來注之。

渭水逕縣之故城南，漢書集注，李奇謂之小槐里，縣之西城也。又東與芒水枝流合，水受芒水於竹圃，東北流，又屈而北入於渭。

渭水又東北，逕黃山宮南，即地理志所云，縣『有黃山宮，惠帝二年起』者也。東方朔傳曰：『武帝微行，西至黃山宮』，故世謂之遊城也。

就水注之。水出南山就谷，北逕大陵西，世謂之老子陵。昔李耳爲周柱史，以世衰入戎，於此有家。事非經證，然莊周著書云：『老聃死，秦失弔之，三號而出。』是非不死之言。

人稟五行之精氣，陰陽有終變，亦無不化之理。以是推之，或復如傳。古人許以傳疑，故兩存爾。就水歷竹圃北，與黑水合。水上承三泉，就水之右，三泉奇發，言歸一瀆，北流左注就水。就水又北流，注於渭。

渭水又東，合田谿水。水出南山田谷，北流逕長楊宮西，又北，逕盩厔縣故城西，又東北，與一水合。水上承盩厔縣南源，北逕其縣東，又北逕思鄉城西，又北注田谿。田谿水又北流，注於渭水也。

縣北有蒙蘢渠，上承渭水於郿縣東，逕武功縣爲成國渠〔一二〕，東逕縣北亦曰靈軹渠，河渠書以爲引堵水。徐廣曰『一作諸川』，是也。

渭水又東，逕槐里縣故城南。縣，古犬丘邑也，周懿王都之，秦以爲廢丘，亦曰舒丘。中平元年，靈帝封左中郎將皇甫嵩爲侯國。縣南對渭水，北背通渠。漢書五行志：『史記曰〔一三〕，秦武王三年，渭水赤三日。秦昭王三十四年，渭水又大赤三日。』洪範五行傳云：『赤者，火色也。水盡赤，以火沴水也。渭水，秦大川也。陰陽亂，秦用嚴刑敗亂之象。』後項羽入秦，封司馬欣爲塞王，都櫟陽。董翳爲翟王，都高奴。章邯爲雍王，都廢丘，居槐里〔一四〕。爲三秦。漢祖北定三秦，引水灌城，遂滅章邯。三年，改曰槐里。王莽更名槐治也，世謂之爲大槐里。晉太康中，始平郡治也。其城遞帶防陸，舊渠尚存，即漢書所謂『槐里環隄』者也。東有漏水〔一五〕，出南山赤谷。東北流逕長楊宫東，宫有長楊樹，因以爲名。漏水又北，歷葦圃西，亦謂之仙澤。又北，逕望仙宫。又東北，耿谷水注之。水發南山耿谷，北流與柳泉合，東北逕五柞宫西。長楊、五柞二宫，相去八里，並以樹名宫，亦猶陶氏以『五柳』立稱。故張晏曰：『宫有五柞樹，在盩厔縣西。』其水北逕仙澤東，又北逕望仙宫東，又北與赤水會，又北逕思鄉城東，又北注渭水。

渭水又東，合甘水。水出南山甘谷，北逕秦文王萯陽宫西，又北逕五柞宫東，又北逕甘亭西，亭在水東鄠縣，昔夏啓伐有扈作誓於是亭。故馬融曰：『甘，有扈南郊地名也。』甘水又東，得涝水口。水出南山涝谷，北逕漢宜春觀東，又北逕鄠縣故城西，涝水際城北出，合美陂水。水出宜春觀北，東北流注涝水。涝水北注甘水，而亂流入於渭。即上林故地也。東方朔傳稱〔一六〕：『武帝建元中微行，北至池陽，西至黄山，南獵長楊。東遊宜春，夜漏十刻乃出，與侍中、常侍、武騎、待詔及隴西、北地良家子能騎射者，期諸殿下，故有「期門」之號。旦明入山下，馳射鹿豕狐兔，手格熊羆，上大驩樂之。上乃使大中大夫虞丘壽王與待詔能用算者，舉籍阿城以南，盩厔以東，宜春以西，提封頃畝及其賈直，屬之南山，以爲上林苑。東方朔諫秦起阿房而天下亂，因陳泰階六符之事，上乃拜朔大中大夫〔一七〕，給事中，賜黄金百斤，卒起上林苑。』故相如請爲天子遊獵之賦，稱烏有先生、亡是公，而奏上林也。

又東，豐水從南來注之。

豐水出豐谿，西北流，分爲二水：一水東北流，爲枝津。一水西北流。又北，交水自東入焉。又北，昆明池水注之。又北，逕靈臺西。又北，至石墩，注於渭。地説云：『渭水又東，與豐水會於短陰山内，水會無他高山異巒，所有惟原阜石激而已。』水上舊有便門橋，與便門對直。武帝建元三年造。張昌曰：『橋在長安西北茂陵東。』如淳曰：『去長安四十里。』

渭水又逕太公廟北，前有太公碑，文字褫缺，今無可尋。

渭水又東北，與鄗水合。水上承鄗池於昆明池北。周武王之所都也。故詩云：『考卜維王，宅是鄗京，維龜正之，武王成之。』自漢武帝穿昆明池於是地，基構淪褫，今無可究。春秋後傳曰：『使者鄭容入柏谷關，至平舒置，見華山有素車白馬，問鄭容安之，答曰之咸陽。車上人曰：「吾華山君使，願託書致鄗池君。子之咸陽，過鄗池，見大梓下有文石，取以款列梓，當有應者，以書與之。勿妄發，致之得所欲。」鄭容行至鄗池，見一梓下果有文石，取以款梓，應曰：「諾。」鄭容如睡，覺而見宫闕，若王者之居焉。謁者出，受書入。有頃，聞語聲言祖龍死。神道茫昧，理難辨測，故無以精其幽致矣。』鄗水又北流，西北注，與滮池合。水出鄗池西，而北流入於鄗。毛詩云：『滮，流浪也。』而世傳以爲水名矣。鄭玄曰：『豐鄗之閒，水北流也。』鄗水北逕清泠臺西。又逕磁石門西，門在阿房前，悉以磁石爲之，故專其目。令四夷朝者，有隱甲懷刃入門而脅之以示神，故亦曰卻胡門也。鄗水又北，注於渭。

渭水北有杜郵亭，去咸陽十七里，今名孝里亭，中有白起祠。嗟呼，有制勝之功，懟尹商之仁，是地即其伏劍處也。

渭水又東北，逕渭城南。文穎以爲故咸陽矣。秦孝公之所居離宮也。獻公都櫟陽，天雨金。周太史儋見獻公曰：『周故與秦國合而別，別五百歲復合，合七十歲而霸王出。』至孝公作咸陽築冀闕而徙都之。故西京賦曰：『秦里其朔，寔爲咸陽。』太史公曰：『長安，故咸陽也。』漢高帝更名新城。武帝元鼎三年別爲渭城，在長安西北渭水之陽，王莽之京城也。始隸扶風，後幷長安。南有泬水注之，水上承皇子陂於樊川。其地即杜之樊鄉也。漢祖至櫟陽，以將軍樊噲灌廢丘，最，賜邑於此鄉也。其水西北流，逕杜縣之杜京西，西北流，逕杜伯冢南。杜伯與其友左儒事宣王，儒無罪見害，杜伯死之，終能報恨於宣王。故成公子安五言詩曰：『誰謂鬼無知，杜伯射宣王。』泬水又西北，逕下杜城，即杜伯國也。泬水又西北，枝合故渠，渠有二流，上承交水，合於高陽原，而北逕河池陂東，而北注泬水。泬水又北，與昆明故池會，又北逕秦通六基東，又北逕堨水陂東，又北得陂水。水上承其陂，東北流入於泬水。泬水又北，逕長安城，西與昆明池水合。水上承池於昆明臺，故王仲都所居也。桓譚新論稱：『元帝被病，廣求方士，漢中送道士王仲都。詔問所能，對曰：「能忍寒暑。」乃以隆冬盛寒日，令袒載駟馬於上林昆明池上，環冰而馳，御者厚衣狐裘寒戰，而仲都獨無變色，臥於池臺上，曛然自若。夏大暑日，使曝坐，環以十爐火，不言熱，又身不汗。』池水北逕鄗京東，秦阿房宮西。史記曰：『秦始皇三十五年，以咸陽人多，先王之宮小，乃作朝宮於渭南，亦曰阿城也。始皇先作前殿阿房，上可坐萬人，下可建五丈旗，周馳爲閣道，自殿直抵南山。表山巔爲闕。爲複道，自阿房度渭，屬之咸陽，象天極閣道絶漢抵營室也。』關中記曰：『阿房殿在長安西南二十里，殿東西千步，南北三百步，庭中受十萬人。』其水又屈而逕其北，東北流注堨水陂。陂水北出，逕漢武帝建章宮東，於鳳闕南，東注泬水。泬水又北，逕鳳闕東。三輔黄圖曰：『建章宮漢武帝造，周二十餘里，千門萬户，其東鳳闕高七丈五尺，俗言貞女樓，非也。』漢武帝故事云：『闕高二十丈。』關中記曰：『建章宮圓闕臨北道，有金鳳在闕上，高丈餘，故號鳳闕也。』故繁欽建章鳳闕賦敘曰〔一八〕：『秦漢規模，廓然毁泯，惟建章鳳闕，巋然獨存，雖非象魏之制，亦一代之巨觀也。』泬水又北，分爲二水。一水東北流，一水北逕神明臺東。

傳子宮室曰：『上於建章中作神明臺、井幹樓，咸高五十餘丈，皆作懸閣，輦道相屬焉。』三輔黄圖曰：『神明臺在建章宮中，上有九室，今人謂之九子臺，即實非也。』泬水又逕漸臺東。漢武帝故事曰：『建章宮北有太液池，池中有漸臺三十丈。』漸，浸也。爲池水所漸。一説星名也。南有璧門三層，高三十餘丈，中殿十二閒，階陛咸以玉爲之，鑄銅鳳五丈，飾以黄金，樓屋上椽首，薄以玉璧。因曰璧玉門也。泬水又北流注渭。亦謂是水爲潏水也。故呂忱曰：『潏水出杜陵縣。』漢書音義曰：『潏，水聲。而非水也。』亦曰高都水。前漢之末，王氏五侯大治池宅，引泬水入長安城。故百姓歌之曰：『五侯初起，曲陽最怒，壞決高都，竟連五杜，土山漸臺，象西白虎。』即是水也。

又東，過長安縣北。

渭水東分爲二水。廣雅曰：『水自渭出爲㶏，其猶河之有灉也。』此瀆東北流，逕魏雍州刺史郭淮碑南，又東南合一水，逕兩石人北。秦始皇造橋，鐵鐓重不勝，故刻石作力士孟賁等象以祭之，鐓乃可移動也。又東，逕陽侯祠北，漲輒祀之，此神能爲大波，故配食河伯。後人以爲鄧艾祠，悲哉。讒勝道消，專忠受害矣。其水又東，注渭水，水上有梁，謂之渭橋。秦制也。亦曰便門橋。秦始皇作離宮於渭水南北，以象天宮，故三輔黄圖曰：『渭水貫都，以象天漢，横橋南度，以法牽牛。南有長樂宮，北有咸陽宮，欲通二宮之閒，故造此橋。廣六丈，南北三百八十步，六十八間，七百五十柱，百二十二梁。橋之南北有隄激，立石柱。柱南京兆主之，柱北馮翊主之。有令丞，各領徒千五百人，橋之北首，壘石水中，故謂之石柱橋也。舊有忖留神象。此神嘗與魯班語，班令其人出。忖留曰：「我貌獰醜，卿善圖物容，我不能出。」班於是拱手與言曰：「出頭見我。」忖留乃出首，班於是以脚畫地，忖留覺之，便還没水，故置其象於水，惟背以上立水上。』後董卓入關，遂焚此橋，魏武帝更脩之，橋廣三丈六尺。忖留之象，曹公乘馬見之驚，又命下之。燕丹子曰：『燕太子丹質於秦，秦王遇之無禮，乃求歸。秦王爲機發之橋，欲以陷丹，丹過之橋，不爲發。』又一説，交龍扶輿而機不發。但言今不知其故處也。

渭水又東，與沉水枝津合。水上承沉水，東北流，逕鄧艾祠南，又東分爲二水。一水東入逍遥園，注藕池。池中有臺，觀蓮荷被浦，秀實可翫。其一水北注於渭。

渭水又東，逕長安城北。漢惠帝元年築，六年成，即咸陽也。秦離宫無城，故城之。王莽更名常安。十二門。東出北頭第一門：本名宣平門，王莽更名春王門，正月亭。一曰東都門。其郭門亦曰東都門，即逢萌挂冠處也。第二門：本名清明門，一曰凱門，王莽更名宣德門，布恩亭。内有藉田倉，亦曰藉田門。第三門：本名霸城門，王莽更名仁壽門，無疆亭。民見門色青，又名青城門，或曰青綺門，亦曰青門。門外舊出好瓜。昔廣陵人邵平，爲秦東陵侯，秦破，爲布衣，種瓜。此門瓜美，故世謂之東陵瓜。是以阮籍詠懷詩云：『昔聞東陵瓜，近在青門外。連畛拒阡陌，子母相鉤帶。』指謂此門也。南出東頭第一門：本名覆盎門，王莽更名永清門，長茂亭。其南有下杜城，應劭曰：『故杜陵之下聚落也，故曰下杜門。』又曰端門，北對長樂宮。第二門：本名安門，亦曰鼎路門，王莽更名光禮門，顯樂亭。北對武庫。第三門：本名平門，又曰便門，王莽更名信平門，誠正亭。一曰西安門。北對未央宮。西出南頭第一門：本名章門，王莽更名萬秋門，億年亭。亦曰光華門也。第二門：本名直門，王莽更名直道門，端路亭。故龍樓門也。張晏曰：『門樓有銅龍。』三輔黃圖曰：『長安西出第二門，即此門也。』第三門：本名西城門，亦曰雍門，王莽更名章義門，著義亭。其水北入有函里，民名曰函里門，亦曰突門。北出西頭第一門：本名橫門，王莽更名霸都門，左幽亭。如淳曰：『音光，故曰光門。』其外郭有都門，有棘門。徐廣曰：『棘門在渭北。』孟康曰：『在長安北，秦時宮門也。』如淳曰：『三輔黃圖曰棘門，在橫門外。』按漢書，徐厲軍於此，備匈奴。又有通門、亥門也。第二門：本名廚門，又曰朝門，王莽更名建子門，廣世亭。一曰高門。蘇林曰：『高門，長安城北門也。』其內有長安廚官在東，故名曰廚門也。如淳曰：『今名廣門也。』第三門：本名杜門，亦曰利城門，王莽更名進和門，臨水亭。其外有客舍，故民曰客舍門，又曰洛門也。

凡此諸門，皆通逵九達，三途洞開，隱以金椎，周以林木，左出右入，爲往來之徑，行者升降，有上下之別。漢成帝之爲太子，元帝嘗急召之，太子出龍樓門，不敢絶馳道，西至直城門方乃得度。上怪遲，問其故，以狀對，上悦，乃著令令太子得絶馳道也。

渭水東合昆明故渠，渠上承昆明池東口，東逕河池陂北，亦曰女觀陂。又東，合泬水，亦曰漕渠。又東，逕長安縣南，東逕明堂南。舊引水爲辟雍處，在鼎路門東南七里，其制上圓下方，九宮十二堂，四嚮五室。堂北三百步有靈臺，是漢平帝元始四年立。渠南有漢故圜丘，成帝建始二年，罷雍五畤，始祀皇天上帝於長安南郊。應劭曰：『天郊在長安南』，即此也。故渠之北有白亭、博望苑，漢武帝爲太子立，使通賓客，從所好也。太子巫蠱事發，斫杜門東出，史良娣死，葬於苑北，宣帝以爲戾園，以倡優千人樂思后園廟，故亦曰千鄉。故渠又東而北屈逕青門外，與泬水枝渠會。渠上承泬水於章門西，飛渠引水，入城。東爲倉池，池在未央宫西，池中有漸臺。漢兵起，王莽死於此臺。又東，逕未央宫北。高祖在關東，令蕭何成未央宫。何斬龍首山而營之。山長六十餘里，頭臨渭水，尾達樊川。頭高二十丈，尾漸下，高五六丈。土色赤而堅，云昔有黑龍從南山出，飲渭水。其行道因山成迹，山即基，闕不假築，高出長安城。北有玄武闕，即北闕也。東有蒼龍闕，闕内有閶闔、止車諸門。未央殿東有宣室、玉堂、麒麟、含章、白虎、鳳皇、朱雀、鵷鸞、昭陽諸殿，天祿、石渠、麒麟三閣。未央宫北，即桂宫也。周十餘里，内有明光殿、走狗臺、柏梁臺，舊乘複道，用相逕通。故張衡西京賦曰：『鉤陳之外，閣道穹隆，屬長樂與明光，逕北通於桂宫。』故渠出二宫之間，謂之明渠也。又東，歷武庫北，舊樗里子葬於此。樗里子名疾，秦惠王異母弟也。滑稽多智，秦人號曰智囊。葬於昭王廟西渭南陰鄉樗里，故俗謂之樗里子。云：『我百歲後，是有天子之宫夾我墓。』疾以昭王七年卒，葬於渭南章臺東。至漢，長樂宫在其東，未央宫在其西，武庫直其墓。秦人諺曰：『力則任鄙，智在樗里』是也。明渠又東，逕漢高祖長樂宫北，本秦之長樂宫也。周二十里，殿前列銅人，殿西有長信、長秋、永壽、永昌諸殿。殿之東北有池，池北有層臺，俗謂是池爲酒池，非也。故渠北有樓，豎漢京兆尹司馬文預碑〔一九〕。故渠又東，出城分爲二渠，即漢書所謂王渠者也。蘇林曰：『王渠，官渠也。猶今御溝矣。』晉灼曰：『渠名也，在城東覆盎門外。』一水逕楊橋下，即青門橋也。側城北逕鄧艾祠西，而北注渭，今無水。其一水右入昆明故渠，東逕奉明縣廣城鄉之廉明苑南。史皇孫及王夫人葬於郭北，宣帝遷苑南，卜以爲悼園，益園民千六百家，立奉明縣，以奉二園。園在東都門，昌邑王賀自霸御法駕，郎中令龔遂驂乘，至廣明東都門是也。故渠東北逕漢太尉夏侯嬰冢西，葬日柩馬悲鳴，輕車罔進，下得石槨，銘云：『于嗟，滕公居此室。』故遂葬焉。冢在城東八里，飲馬橋南四里，故時人謂之『馬冢』。故渠又北，分爲二渠，東逕虎圈南而東入霸，一水北合渭，今無水。

又東，過霸陵縣北，霸水從縣西北流注之。

霸者，水上地名也。古曰滋水矣。秦穆公霸世，更名滋水爲霸水，以顯霸功。水出藍田縣藍田谷，所謂多玉者也。西北有銅谷水，次東有輞谷水。二水合而西注，又西流入浢水。浢水又西，逕嶢關北，歷嶢柳城。東西有二城，魏置青浢軍於城内，世亦謂之青浢城也。秦二世三年，漢祖入自武關，攻秦，趙高遣將距於嶢關者也。土地記曰：『藍田縣南有嶢關，地名嶢柳道，通荆州。』晉地道記曰：『關當上洛縣西北。』浢水又西北，流入霸。霸水又北，歷藍田川，逕藍田縣東。竹書紀年：『梁惠成王三年，秦子向命爲藍君，蓋子向之故邑也。』川有漢臨江王榮冢。景帝以罪徵之，將行，祖於江陵北門，車軸折，父老泣曰：『吾王不反矣。』榮至，中尉郅都急切責王。王年少，恐而自殺，葬於是川，有燕數萬銜土置冢上。百姓矜之。霸水又左，合滻水，歷白鹿原東，即霸川之西，故芷陽矣。史記『秦襄王葬芷陽』者是也，謂之霸上。漢文帝葬其上，謂之霸陵。上有四出道以瀉水，在長安東南三十里。故王仲宣賦詩云：『南登霸陵岸，迴首望長安。』漢文帝嘗欲從霸陵上西馳下峻阪，袁盎攬轡於此處。上曰：『將軍怯也。』盎曰：『臣聞千金之子，坐不垂堂；百金之子，立不倚衡。聖人不乘危，今馳不測，如馬驚車敗，柰高廟何？』上乃止。霸水又北，長水注之。水出杜縣白鹿原，其水西北流，謂之荆谿。又西北，左合狗枷川水。水有二源，西川上承磈山之斫槃谷，次東有苦谷二水合，而東北流逕風涼原西。關中圖曰：『麗山之西，川中有阜，名曰風涼原，在磈山之陰，雍州之福地。』即是原也。其水傍谿北注，原上有漢武帝祠。其水右合東川水。水出南山之石門谷，次東有孟谷，次東有大谷，次東有雀谷，次東有土門谷。五水北出谷，西北歷風涼原東，又北與西川會。原爲二水之會，亂流北逕宣帝許后陵東，北去杜陵十里，斯川於是有狗枷之名。川東亦曰白鹿原也，上有狗枷堡。三秦記曰：『麗山西有白鹿原，原上有狗枷堡，秦襄公時有大狗來，下有賊則狗吠之，一堡無患，故川得厥目焉。』川水又北，逕杜陵東，元帝初元元年，葬宣帝杜陵，北去長安五十里。陵之西北有杜縣故城，秦武公十一年縣之，漢宣帝元康元年，以杜東原上爲初陵，更名杜縣爲杜陵，王莽之饒安也。其水又北，注荆谿。荆谿水又北，逕霸縣，又有温泉入焉。水發自原下，入荆谿水，亂流注於霸，俗謂之滻水，非也。史記封禪書〔二〇〕：『文帝出長門〔二一〕。』注云『在霸陵縣』，有故亭，即郡國志所謂『長門亭』也。史記云：『霸、滻、長水也，雖不在祀典，以近咸陽秦漢都，涇、渭、長水，盡得比大川之禮。』昔文帝居霸陵北，臨廁，指新豐路示慎夫人曰：『此走邯鄲道也。』因使慎夫人鼓瑟，上自倚瑟而歌，悽愴悲懷，顧謂羣臣曰：『以北山石爲槨，用紵絮斮陳漆其閒，豈可動哉？』釋之曰：『使其中有可欲，雖錮南山猶有隙；使無可欲，雖無石槨又何戚焉？』文帝曰：『善。拜廷尉。』韋昭曰：『高岸夾水爲廁。』今斯原夾二水也。霸水又北，會兩川。又北，故渠右出焉。霸水又北，逕王莽九廟南。王莽地皇元年，博徵天下工匠，壞撤西苑、建章諸宮館十餘所，取材瓦以起九廟。算及吏民，以義入錢穀，助成九廟。廟殿皆重屋。太初祖廟，東西南北各四十丈，高十七丈，餘廟半之，爲銅薄櫨，飾以金銀雕文，窮極百工之巧，褫高增下，功費數百巨萬，卒死者萬數。霸水又北，逕枳道，在長安縣東十三里，王莽九廟在其南。漢世有白蛾羣飛，自東都門過枳道，呂后祓除於霸上，還見倉狗戟脅於斯道也。水上有橋，謂之霸橋。地皇三年，霸橋木災自東起，卒數千以水汎沃救不滅，晨燌夕盡。王莽惡之，下書曰：『甲午火橋，乙未，立春之日也。予以神明聖祖黄虞遺統受命，至於地皇四年爲十五年。正以三年終冬，絶滅霸駮之橋，欲以興成新室，統一長存之道。其名霸橋爲長存橋。』霸水又北，左納漕渠，絶霸右出焉。東逕霸城北，又東逕子楚陵北。皇甫謐曰：『秦莊王葬於芷陽之麗山，京兆東南霸陵山。』劉向曰：『莊王大其名立墳者也。』戰國策曰：『莊王字異人，更名子楚，故世人猶以子楚名陵。』又東，逕新豐縣，右會故渠，渠上承霸水，東北逕霸城縣故城南，漢文帝之霸陵縣也。王莽更之曰水章。魏明帝景初元年，徙長安金狄重不可致，因留霸城南，人有見薊子訓與父老共摩銅人曰：『正見鑄此時，計爾日已近五百年矣。』故渠又東北，逕劉更始冢西。更始二年，爲赤眉所殺。故侍中劉恭夜往取而薶之，光武使司徒鄧禹收葬於霸陵縣。更始尚書僕射行大將軍事鮑永，持節安集河東，聞更始死，歸世祖，累遷司隸校尉，行縣逕更始墓，遂下拜哭，盡哀而去。帝問公卿，大中大夫張湛曰：『仁不遺舊，忠不忘君，行之高者。』帝乃釋。又東北，逕新豐縣，右合漕渠，漢大司農鄭當時所開也。以渭難漕，命齊水工徐伯，發卒穿渠引渭。其渠自昆明池，南旁山原，東至於河。且田且漕，大以爲便。今無水。霸水又北，逕秦虎圈東，列士傳曰：『秦昭王會魏王，魏王不行，使朱亥奉璧一雙。秦王大怒，置朱亥虎圈中，亥瞋目視虎，眥裂，血出濺虎，虎不敢動。』即是處也。霸水又北，入於渭水。

渭水又東，會成國故渠。渠魏尚書左僕射衞臻征蜀所開也。號成國渠，引以澆田。其瀆上承汧水於陳倉東，東逕郿及武功槐里縣北。渠左有安定梁嚴冢，碑碣尚存。又東，逕漢武帝茂陵南，故槐里之茂鄉也。應劭曰：『帝自爲陵，在長安西北八十餘里。』漢武帝故事曰：『帝崩後見形，謂陵令薛平曰：「吾雖失勢，猶爲汝君，柰何令吏卒上吾陵磨刀劍乎？自今以後可禁之。」平頓首謝，因不見。推問陵旁，果有方石，可以爲礪，吏卒常盜磨刀劍。霍光欲斬之，張安世曰：「神道茫昧，不宜爲法。」乃止。』故阮公詠懷詩曰：『失勢在須臾，帶劍上吾丘。』陵之西而北一里，即李夫人冢，冢形三成，世謂之英陵。夫人兄延年知音，尤善歌舞，帝愛之，每爲新聲變曲，聞者莫不感動。常侍上起舞，歌曰：『北方有佳人，絕世而獨立。一顧傾人城，再顧傾人國。寧不知傾城與傾國，佳人難再得。』上曰：『世豈有此人乎？』平陽主曰：『延年女弟。』上召見之，妖麗善歌舞，得幸，早卒。上憫念之，以后禮葬，悲思不已，賦詩悼傷。故渠又東，逕茂陵縣故城南，武帝建元二年置。地理志曰：宣帝縣焉〔二二〕。王莽之宣成也。故渠又東，逕龍泉北，今人謂之溫泉，非也。渠北故阪北，即龍淵廟。如淳曰：『三輔黃圖有龍淵宮，今長安城西有其廟處，蓋宮之遺也。』故渠又東，逕姜原北，渠北有漢昭帝平陵，東南去長安七十里。又東，逕平陵縣故城南。地理志曰，『昭帝置，王莽之廣利』也。故渠之南有竇氏泉，北有裴回廟。又東，逕漢大將軍魏其侯竇嬰冢南，又東，逕成帝延陵南。陵之東北五里，即平帝康陵阪也。故渠又東，逕渭陵南，元帝永光四年，以渭城壽陵亭原上爲初陵，詔不立縣邑。又東，逕哀帝義陵南。又東，逕惠帝安陵南，陵北有安陵縣故城。地理志曰：『惠帝置，王莽之嘉平也。』渠側有杜郵亭。又東，逕渭城北。地理志曰：『縣有蘭池宮。』秦始皇微行，逢盜於蘭池，今不知所在。又東，逕長陵南，亦曰長山也。秦名天子冢曰

『山』，漢曰『陵』，故通曰『山陵』矣。風俗通曰：『陵者，天生自然者也，今王公墳壠稱陵。』春秋左傳曰：『南陵，夏后皋之墓也。』春秋説題辭曰：『丘者，墓也。冢者，種也。種墓也，羅倚於山，分尊卑之名者也。』故渠又東，逕漢丞相周勃冢南，冢北有亞夫冢。故渠東南謂之周氏曲。又東南，逕漢景帝陽陵南。又東南，注於渭。今無水。

渭水又東，逕霸城縣北，與高陵分水。水南有定陶恭王廟、傅太后陵。元帝崩，傅昭儀隨王歸國，稱定陶太后。後十年，恭王薨，子代爲王，徵爲太子。太子即帝位，立恭王寢廟於京師，比宣帝父悼皇故事。元壽元年，傅后崩，合葬渭陵。潘岳關中記『漢帝后同塋則爲合葬，不共陵也。諸侯皆如之。』恭王廟在霸城西北，廟西北即傅太后陵，不與元帝同塋。渭陵非謂元帝陵也。蓋在渭水之南，故曰『渭陵』也。陵與元帝齊者，謂同十二丈也。王莽奏毀傅太后冢。冢崩，壓殺數百人。開棺，臭聞數里。公卿在位，皆阿莽旨，入錢帛，遣子弟及諸生、四夷，凡十餘萬人，操持作具，助將作掘傅后冢，一旬皆平，周棘其處，以爲世戒。今其處積土猶高，世謂之增墀。又謂之增阜，俗亦謂之成帝初陵處，所未詳也。

渭水又逕平阿侯王譚墓北，冢次有碑。左則涇水注之。渭水又東，逕鄣縣西，蓋隴西郡之鄣徙也。

渭水又東，得白渠枝口，又東，與五丈渠合。水出雲陽縣石門山，謂之清水，東南流逕黄嶔山西，又南入祋祤縣，歷原南出，謂之清水口。東南流絶鄭渠，又東南入高陵縣，逕黄白城西，本曲梁宫。坐南絶白渠，屈而東流，謂之曲梁水。又東南，逕高陵縣故城北，東南絶白渠故瀆〔一三〕。又東南，入萬年縣，謂之五丈渠。又逕藕原東，東南流，注於渭。

渭水右逕新豐縣故城北，東與魚池水會。水出麗山東北，本導源北流，後秦始皇葬於山北，水過而曲行，東注北轉。始皇造陵，取土其地，汙深水積成池，謂之魚池也。在秦皇陵東北五里，周圍四里，池水西北流，逕始皇冢北。秦始皇大興厚葬，營建冢壙於麗戎之山，一名藍田，其陰多金，其陽多玉，始皇貪其美名，因而葬焉。斬山鑿石，下錮三泉，以銅爲槨，旁行周迴三十餘里，上畫天文星宿之象，下以水銀爲四瀆，百川、五岳、九州，具地理之勢。宫觀百官，奇器珍寶，充滿其中。令匠作機弩，有所穿近，輒射之。以人魚膏爲燈燭，取其不滅者久之。後宫無子者，皆使殉葬，甚衆。墳高五丈，周迴五里餘，作者七十萬人，積年方成。而周章百萬之師已至其下，乃使章邯領作者以禦難，弗能禁。項羽入關，發之以三十萬人，三十日運物不能窮。關東盜賊，銷槨取銅，牧人尋羊燒之，火延九十日不能滅。北對鴻門十里，池水又西北流。水之西南有温泉，世以療疾。三秦記曰：『麗山西北有温水，祭則得入，不祭則爛人肉。俗云，始皇與神女遊，而忤其旨，神女唾之生瘡，始皇謝之，神女爲出温水，後人因以澆洗瘡。』張衡温泉賦序曰：『余出麗山，觀温泉，浴神井，嘉洪澤之普施，乃爲之賦云。』此湯也，不使灼人形體矣。池水又逕鴻門西。又逕新豐縣故城東，故麗戎地也。高祖王關中，太上皇思東歸，故象舊里，制兹新邑，立城社，樹枌榆，令街庭若一，分置豐民以實兹邑，故名之爲新豐也。漢靈帝建寧三年，改爲都鄉，封段熲爲侯國。後立陰槃城，其水際城北出，世謂是水爲陰槃水。又北絶漕渠，注於渭。

渭水又東，逕鴻門北，舊大道北下阪口名也。右有鴻門亭。漢書：『高祖將見項羽。』楚漢春秋曰：『項王在鴻門，亞父曰：「吾使人望沛公，其氣衝天，五色采相繆，或似龍，或似雲，非人臣之氣，可誅之。」高祖會項羽，范增目羽，羽不應。樊噲杖盾撞人入，食豕肩於此，羽壯之。』郡國志曰：『新豐縣東有鴻門亭』者也。郭緣生述征記曰：『或云霸城南門曰鴻門也。項羽將因會危高祖，羽仁而弗斷，范增謀而不納，項伯終護高祖以獲免。既抵霸上，遂封漢王。』按漢書注，『鴻門在新豐東十七里』，則霸上應百里。按史記，『項伯夜馳告張良，良與俱見高祖，仍使夜返』，考其道里，不容得爾。今父老傳在霸城南門數十里，於理爲得。按緣生此記，雖歷覽史漢，述行涂經見，可謂學而不思矣。今新豐縣故城東三里有阪，長二里餘，塹原通道，南北洞開，有同門狀，謂之鴻門。孟康言，在新豐東十七里。無之。蓋指縣治而言，非謂城也。自新豐故城西至霸城五十里，霸城西十里則霸水，西二十里則長安城。應劭曰：『霸，水上地名。在長安東二十里。』即霸城是也。高祖舊停軍處，東去新豐既近〔二四〕，何惡項伯夜與張良共見高祖乎？推此言之，知緣生此記乖矣！

渭水又東，石川水南注焉。渭水又東，戲水注之。水出麗山馮公谷，東北流，又北，逕麗戎城東。春秋〔二五〕：『晉獻公五年伐之，獲麗姬於是邑。』麗戎，男國也，姬姓，秦之麗邑矣。又北，右總三川，逕鴻門東。又北，逕戲亭東。應劭曰：『戲，弘農湖縣西界也。』地隔諸縣，不得爲湖縣西。蘇林曰：『戲，邑名，在新豐東南四十里。』孟康曰：『乃水名也，今戲亭是也。』昔周幽王悦褒姒，姒不笑，王乃擊鼓舉烽以徵諸侯。諸侯至，無寇，褒姒乃笑，王甚悦之。及犬戎至，王又舉烽以徵諸侯，諸侯不至，遂敗幽王於戲水之上，身死於麗山之北，故國語曰：『幽，滅者也。』漢成帝建始二年，造延陵爲初陵，以爲非吉，於霸曲亭南更營之。鴻嘉元年，於新豐戲鄉爲昌陵縣，以奉初陵。永始元年，詔以昌陵卑下，客土疏惡，不可爲萬歲居，其罷陵作，令吏民反，故徙將作大匠解萬年燉煌。關中記曰：『昌陵在霸城東二十里，取土東山，與粟同價，所費巨萬，積年無成。』即此處也。戲水又北，分爲二水，並注渭水。

渭水又東，泠水入焉。水南出肺浮山，蓋麗山連麓而異名也。北會三川，統歸一壑。歷陰槃、新豐兩原之間，北流注於渭。

渭水又東，酋水南出倒虎山，西總五水，單流逕秦步高宮東，世名市丘城。歷新豐原東而北，逕步壽宮西，又北入渭。

渭水又東，得西陽水，又東，得東陽水。並南出廣鄉原北垂，俱北入渭。

渭水又東，逕下邽縣故城南。秦伐邽，置邽戎於此。有上邽，故加『下』也。

渭水又東，與竹水合。水南出竹山，北逕媚加谷，歷廣鄉原東，俗謂之大赤水，北流注於渭。

渭水又東，得白渠口。太始二年，趙國中大夫白公奏穿渠引涇水，首起谷口，出於鄭渠南，名曰『白渠』。民歌之曰：『田於何所，池陽谷口。鄭國在前，白渠起後。』即水所始也。東逕宜春城南，又東南，逕池陽城北，枝瀆出焉。東南歷藕原下，又東南，逕鄣縣故城北，東南入渭，今無水。白渠又東，枝渠出焉，東南逕高陵縣故城北。地理志曰：『左輔都尉治，王莽之千春也。』太康地記謂之曰『高陸』也。車頻秦書曰苻堅建元十四年，高陸縣民穿井得龜，大二尺六寸，背文負八卦古字，堅以石爲池，養之十六年而死，取其骨以問吉凶，名爲『客龜』。大卜佐高魯夢客龜言：『我將歸江南，不遇，死於秦。』魯於夢中自解曰：『龜三萬六千歲而終，終必亡國之徵也。』爲謝玄破於淮肥，自縊新城浮圖中，秦祚因即淪矣。又東，逕櫟陽城北。史記：『秦獻公二年，城櫟陽，自雍徙居之。十八年，雨金於是處也。項羽以封司馬欣爲塞王。』按漢書：『高帝克關中，始都之。王莽之師亭也。』後漢建武二年，封驃騎大將軍景丹爲侯國，丹讓。世祖曰：『富貴不還故鄉，如衣錦夜行，故以封卿。』白渠又東，逕秦孝公陵北。又東南，逕居陵城北、蓮芍城南。又東，注金氏陂。又東南，注於渭。故漢書溝洫志曰：『白渠首起谷口，尾入櫟陽。』是也。今無水。

又東，過鄭縣北。

渭水又東，逕巒都城北，故蕃邑，殷契之所居。世本曰：『契居蕃。』闞駰曰：『蕃在鄭西。』然則今巒城是矣。俗名之赤城，水曰赤水，非也。苻健入秦，據此城以抗杜洪。小赤水，即山海經之灌水也。水出石脆之山，北逕蕭加谷於孤柏原西，東北流，與禺水合。水出英山，北流與招水相得，亂流西北注於灌。灌水又北，注於渭。渭水又東，西石橋水南出馬嶺山，積石據其東，麗山距其西，源泉上通，懸流數十，與華岳同體。其水北逕鄭城西，水上有橋，橋雖崩褫，舊迹猶存，東去鄭城十里，故世以橋名水也。而北流注於渭，闞駰謂之『新鄭水』。

渭水又東，逕鄭縣故城北。史記：『秦武公十一年縣之』〔二六〕，鄭桓公友之故邑也。漢書薛瓚注言：周自穆王已下都於西鄭，不得以封桓公也。幽王既敗，虢儈又滅，遷居其地，國於鄭父之丘，是爲鄭桓公。無封京兆之文。余按：遷史記考春秋、國語、世本言，周宣王二十二年，封庶弟友於鄭。又春秋、國語並言桓公爲周司徒，以王室將亂，謀於史伯，而寄帑與賄於虢儈之間。幽王霣於戲，鄭桓公死之。平王東遷，鄭武公輔王室，滅虢儈而兼其土。故周桓公言於王曰：『我周之東遷，晉鄭是依。』乃遷封於彼。左傳『隱公十一年，鄭伯謂公孫獲曰：「吾先君新邑於此，其能與許爭乎？」』是指新鄭爲言矣。然班固、應劭、鄭玄、皇甫謐、裴頠、王隱、闞駰及諸述作者，咸以西鄭爲友之始封，賢於薛瓚之單説也。無宜違正經而從逸録矣。赤眉樊崇於鄭北設壇，祀城陽景王，而尊右校卒史劉俠卿牧牛兒盆子爲帝。年十五，被髮徒跣，爲具絳單衣，半頭赤幘，直綦履。顧見衆人拜，恐畏欲啼。號年建世，後月餘，乘白蓋小車，與崇及尚書一人，相隨向鄭北，渡渭水，即此處也。城南山北有五部神廟，東南向華岳，廟前有碑，後漢光和四年，鄭縣令河東裴畢字君先立。

渭水又東，與東石橋水會，故沈水也〔二七〕。水南出馬嶺山，北流逕武平城東。按地理志：『左馮翊有武城縣，王莽之桓城也。』石橋水又逕鄭城東，水有故石梁，述征記曰：

『鄭城東西十四里，各有石梁者也。』又北，逕沈陽城北，注於渭。漢書地理志，左馮翊有沈陽縣，王莽更之曰制昌也。蓋藉水以取稱矣。

渭水又東，敷水注之。水南出石山之敷谷北，逕告平城東。耆舊所傳，言武王伐紂，告太平於此，故城得厥名，非所詳也。敷水又北，逕集靈宮西。地理志曰：『華陰縣有集靈宮，武帝起。』故張昶華岳碑稱：『漢武慕其靈，築宮在其後。』而北流，注於渭。

渭水又東，粮餘水注之。水南出粮餘山之陰，北流入於渭，俗謂之宣水也。

渭水又東，合黃酸之水，世名爲之千渠水。水南出升山，北流注於渭。

渭水又東，逕平舒城北。城側枕渭濱，半破淪水，南面通衢。昔秦始皇之將亡也，江神素車白馬，道華山下，返璧於華陰平舒道曰：『爲遺鎬池君。』使者致之，乃二十八年度江所沈璧也。即江神返璧處也。渭水之陽即懷德縣界也。城在渭水之北，沙苑之南，即懷德縣故城也。世謂之『高陽城』，非矣。地理志曰：『禹貢北條荆山在南。』山下有荆渠，即夏后鑄九鼎處也。王莽更縣曰德驩。

渭水又東，逕長城北，長澗水注之。水南出太華之山，側長城東而北流，注於渭水。史記，『秦孝公元年，楚魏與秦接界，魏築長城，自鄭濱洛』者也。

又東，過華陰縣北。

洛水入焉。闞駰以爲漆沮之水也。曹瞞傳曰：『操與馬超隔渭水。每渡渭，輒爲超騎所衝突。地多沙，不可築城。婁子伯說：「今寒，可起沙爲城，以水灌之，一宿而成。」操乃多作縑囊，以運水〔二八〕，夜渡兵作城〔二九〕，比明，城立。』於是水之次也。

渭水逕縣故城北，春秋之陰晉也。秦惠文王五年，改曰寧秦。漢高帝八年，更名華陰，王莽之華壇也。縣有華山。山海經曰：『其高五千仞，削成而四方，遠而望之又若華狀，西南有小華山也。』韓子曰：『秦昭王令工施鉤梯上華山，以松柏之心爲博〔三〇〕，箭長八尺，棋長八寸，而勒之曰：「昭王嘗與天神博於是。」』神仙傳曰：『中山衞叔卿嘗乘雲車，駕白鹿，見漢武帝。帝將臣之，叔卿不言而去。武帝悔，求得其子度世，令追其父。度世登華山，見父與數人博於石上，敕度世令還。』山層雲秀，故能懷靈抱異爾。山上有二泉，東西分流，至若山雨滂湃，洪津泛灑，挂溜騰虛，直瀉山下。有漢文帝廟，廟有石闕數碑。一碑是建安中立，漢鎮遠將軍段煨更脩祠堂，碑文漢給事黄門侍郎張昶造，昶自書之。魏文帝又刊其碑陰二十餘字〔三一〕。二書存，垂名海内。又刊侍中司隸校尉鍾繇、弘農太守毌丘儉姓名，廣六行，鬱然脩平。是太康八年，弘農太守河東衞叔始爲華陰令，河東裴仲恂，役其逸力，脩立壇廟，夾道樹柏，迄於山陰。事見永興元年，華百石所造碑。

渭水又東，沙渠水注之。水出南山北流，西北入長城。城自華山北達於河。華岳銘曰，

『秦晉争其祠，立城建其左』者也。郭著述征記指證魏之立長城。長城在後，不得在斯，斯爲非矣。渠水又北，注入渭。三秦記曰：『長城北有平原，廣數百里，民井汲巢居，井深五十尺。』

渭水又東，逕定城北。西征記曰：『城因原立。』述征記曰：『定城去潼關三十里，夾道各一城。』

渭水又東，泥泉水注之。水出南山靈谷，而北流注於渭水也。

渭水又東，合沙渠水。水即符禺之水也，南出符石，又逕符禺之山〔三二〕，北流入於渭。

東入於河。

春秋之渭汭也。左傳：『閔公二年，虢公敗犬戎於渭隧。』服虔曰：『隧，謂汭也。』杜預曰：『水之隈曲曰汭。』王肅云：『汭，入也。』吕忱云：『汭者，水相入也。』水會，即船司空所在矣。地理志曰：『渭水東至船司空入河。』服虔曰：『縣名都官。』三輔黄圖有船庫官，後改爲縣。王莽之船利者也。

校記

〔一〕襄武縣 『縣』原本作『上』，據三國志魏書三少帝紀改。

〔二〕寖廣　「寖」字原本作「漫」，據漢書五行志改。

〔三〕邽山　大典本、注釋本等作「封山」。水經注箋刊誤卷七：「案魏書地形志「秦州天水郡上封縣」云，犯太祖諱改，蓋本漢隴西郡之上邽縣。後魏避其主珪嫌名，改上邽曰上封。道元從新制書之。卷中「邽」字皆後人所改。改之不盡，尚留此遺迹耳。」

〔四〕水北出　「北」字據殿本補。

〔五〕毛公　原本作「詩」，據注疏本改。

〔六〕南山　原本「南」下衍「北」字，據殿本删。

〔七〕汧汙二水　「汙二」二字據殿本補。

〔八〕地理志　原本誤作「里地志」，據漢書改。

〔九〕育冢　「育」原本誤作「盲」，據漢書地理志改。

〔一〇〕汧水　原本作「渭水」，據殿本改。

〔一一〕竹圃　此下殿本有「中分爲二水」五字，與下文「水分爲二流」重復，故不從殿本。

〔一二〕成國渠　殿本作「成林渠」。漢書地理志：「成國渠首受渭，東北至上林入蒙龍渠。」另參見注疏本會貞按。故不從殿本。

〔一三〕漢書五行志史記曰　原本作「史記秦本紀云」。按史記無所引之文，乃出自漢書五行志，故改之。殿本亦與之同誤。

〔一四〕居槐里　殿本無此三字。

〔一五〕漏水　原本作『涌水』，據殿本改。

〔一六〕東方朔傳　『傳』字據漢書補。

〔一七〕上乃拜朔　『朔』字據漢書補。

〔一八〕建章鳳闕賦敘　『敘』字據注疏本補。

〔一九〕『故渠』至『文預碑』二句　注疏本無『樓豎』二字，致使二句變爲一句，即『故渠北有漢京兆尹司馬文預碑』。

〔二〇〕史記封禪書　原本誤作『史記音義』，據史記核改。

〔二一〕長門　原作『安門』，據史記封禪書改。

〔二二〕宣帝縣焉　漢書地理志無是句。

〔二三〕白渠故瀆　殿本作『白渠瀆』，注疏本作『白渠枝瀆』。

〔二四〕『既近』及下句『何惡』　原本作『既遠』、『何由』，從王國維宋刊水經注殘本跋，據永樂大典本水經注改。

〔二五〕春秋　春秋經無晉獻公獲驪姬之記文。查國語晉語一有『獻公卜伐驪戎，獲驪姬以歸，有寵，立以爲夫人』云。又史記晉世家載：『獻公五年，伐驪戎，得驪姬、驪姬弟，俱愛幸之。』似『春秋』當爲『國語』或『史記』之訛。

〔二六〕十一年　『一』字據史記秦本紀增。

〔二七〕沈水　『沈』原本作『泬』，據殿本改。又下文『沈陽城』、『沈陽縣』皆同據之改正。

〔二八〕運水　原本作『堙水』，據三國志魏書武帝紀『進軍渡渭』引曹瞞傳改。

〔二九〕夜渡兵　原本作『夜汲』，據曹瞞傳改。

〔三〇〕松柏　原本作『節柏』，據韓非子外儲説左上改。

〔三一〕魏文帝　殿本無「魏」字。

〔三二〕「南出」二句　「符石又逕」四字據殿本補。

漆水

漆水出扶風杜陽縣俞山東，北入於渭。

山海經曰：『羭次之山，漆水出焉，北流注於渭。』蓋自北而南矣。尚書禹貢、太史公禹本紀云：『導渭水東北至涇，又東過漆沮入於河。』孔安國曰：漆沮，二水名矣〔一〕。亦曰洛水也，出馮翊北〔二〕。周太王去邠度漆踰梁山止岐下，故詩云：『民之初生，自土沮漆。』又曰：『率西水滸，至于岐下。』是符禹貢、本紀之説〔三〕。許慎説文稱：『漆水出右扶風杜陽縣岐山，東入渭。從水，桼聲。』又云：『一曰漆城池也。』潘岳關中記曰：『關中有涇、渭、灞、滻、酆、鄗、漆、沮之水。』酆、鄗、漆、沮四水，在長安西南鄠縣。漆沮皆南注，酆鄗水北注渭。開山圖曰：麗山西北有温池。温池西南八十里岐山，在杜陽北。長安西有渠，謂之漆渠。班固地理志云：『漆水在漆縣西。』闞駰十三州志又云：『漆水出漆縣西，北至岐山，東入渭。』今有水出杜陽縣岐山北漆谿，謂之漆渠，西南流，注岐水。但川土奇異，今説互出，考之經史，各有所據，識淺見浮，無以辨之矣。

校記

〔一〕二水　殿本作「一水」。

〔二〕「尚書禹貢」至「出馮翊北」　注疏本移至沮水，爲注文之首。

〔三〕「是符」句　注疏本移至沮水。上接「出馮翊北」。

沮水

沮水出北地直路縣，東過馮翊祋祤縣北，東入於洛。

地理志：『沮水出直路縣西，東入洛。』今水自直路縣東南，逕譙石山東南，流歷檀臺川，俗謂之檀臺水。屈而夾山西流，又西南，逕宜君川，世又謂之宜君水。又得黄嵚水口，水西北出雲陽縣石門山黄嵚谷，東南流注宜君水。又東南流，逕祋祤縣故城西。縣以漢景帝二年置。其水南合銅官水。水出縣東北，西南逕銅官川，謂之銅官水。又西南流逕祋祤縣東，西南流逕其城南原下，而西南注宜君水。宜君水又南，出土門山西，又謂之沮水。又東南，歷土門南原下，東逕懷德城南，城在北原上。又東，逕漢太上皇陵北，陵在南原上。

沮水東注鄭渠。昔韓欲令秦無東伐，使水工鄭國閒秦，鑿涇引水，謂之鄭渠。渠首上承涇水於中山西邸瓠口，所謂瓠中也。爾雅以爲『周焦穫』矣〔一〕。爲渠並北山，東注洛，三百餘里，欲以溉田，中作而覺。秦欲殺鄭國，鄭國曰：『始臣爲閒，然渠亦秦之利。』卒使就渠，渠成而用注填閼之水，溉澤鹵之地四萬餘頃，皆畝一鍾，關中沃野，無復凶年，秦以富彊，卒拜諸侯，命曰鄭渠。故瀆東逕宜秋城北〔二〕，又東逕中山南。河渠書曰：『鑿涇水自中山西。』封禪書：『漢武帝獲寶鼎於汾陰，將薦之甘泉，鼎至中山，氤氲有黄雲蓋焉。』徐廣史記音義曰：『關中有中山，非冀州者也。』指證此山，俗謂之仲山，非也。鄭渠又東，逕捨車宮南，絶冶谷水〔三〕。鄭渠故瀆又東，逕巀嶭山南，池陽縣故城北。又東，絶清水。又東，逕北原下，濁水注焉。自濁水以上，今無水。濁水上承雲陽縣東大黑泉，東南流，謂之濁谷水。又東南，出原，注鄭渠。又東，歷原，逕曲梁城北。又東，逕太上陵南原下，北屈逕原東與沮水合，分爲二水。一水東南出，即濁水也。至白渠與澤泉合，俗謂之漆水，又謂之爲漆沮水。絶白渠，東逕萬年縣故城，北爲櫟陽渠。城，即櫟陽宮也。漢高帝葬皇考於是縣，起墳陵，署邑號，改曰萬年也。地理志曰：『馮翊萬年縣，高祖置。』王莽曰異赤』也。故徐廣史記音義曰：『櫟陽，今萬年矣。』闞駰曰：『縣西有涇渭，北有小河。』謂此水也。其水又南屈，更名石川水。又西南，逕郭獋城西，與白渠枝渠合。又南，入於渭水也。

其一水東出，即沮水也。東與澤泉合，水出沮東澤中，與沮水隔原，相去十五里，俗謂是水爲漆水也。東流逕薄昭墓南，冢在北原上。又逕懷德城北，東南注鄭渠，合沮水。又自沮直絶注濁水，至白渠合焉。故濁水得漆沮之名也。

沮循鄭渠，東逕當道城南，城在頻陽縣故城南，頻陽宫也，秦厲公置。城北有頻山，山有漢武帝殿，以石架之。縣在山南，故曰頻陽也。應劭曰：『縣在頻水之陽。』今縣之左右，無水以應之，所可當者，惟鄭渠與沮水。又東，逕蓮芍縣故城北，十三州志曰：『縣以草受名也。』沮水又東，逕漢光武故城北。又東，逕粟邑縣故城北，王莽更名粟城也。後漢封騎都尉耿夔爲侯國。其水又東北流，注於洛水也。

校　記

〔一〕焦穫　天禄琳琅叢書爾雅作『焦護』。
〔二〕故瀆　殿本作『渠瀆』。
〔三〕治谷水　『治』原本誤作『治』，據殿本改。

滻水

滻水出京兆藍田谷，北入於霸。

地理志曰〔一〕：『滻水出南陵縣之藍田谷，西北流，與一水合。水出西南莽谷，東北流，注滻水。』

滻水又北，歷藍田川，北流注於霸水。地理志曰：『滻水北至霸陵，入霸水。』

校記

〔一〕地理志　查今本漢書地理志，無『滻水』之目。據注疏本楊守敬考證，地理志京兆尹之沂水，似即水經注之『滻水』。

洛水

洛水出京兆上洛縣讙舉山。

地理志曰：『洛出冢嶺山。』山海經曰：『出上洛西山。』又曰：『讙舉之山，洛水出焉。』東與丹水合，水出西北竹山，東南流，注於洛。

洛水又東，尸水注之。水北發尸山，南流入洛。

洛水又東，得乳水。水出良餘山，南流注於洛。

洛水又東，會於龍餘之水。水出蠱尾之山，東流入洛。

洛水又東，至陽虛山，合玄扈之水。山海經曰『洛水東北流，注於玄扈之水』，是也。又曰：『自鹿蹄之山以至玄扈之山，凡九山。』玄扈亦山名也。而通與讙舉，爲九山之次焉。故山海經曰：『此二山者，洛閒也。』是知玄扈之水出於玄扈之山，蓋山水兼受其目矣。其水逕於陽虛之下。山海經又曰：『陽虛之山，臨於玄扈之水。』是爲洛汭也。河圖玉版曰：『倉頡爲帝南巡，登陽虛之山，臨於玄扈、洛汭之水。靈龜負書，丹甲青文以授之。』即於此水也。

洛水又東，歷清池山，東合武里水。水南出武里山，東北流注於洛。

洛水又東，門水出焉。爾雅所謂『洛別爲波』也〔一〕。

洛水又東，要水入焉。水南出三要山，東北逕拒陽城西，而東北流入於洛。

洛水又東，與獲水合。水南出獲輿山，俗謂之備水也。東北逕獲輿川，世名爲之郤川，東北流，注於洛。

洛水又東，逕熊耳山北。禹貢所謂『導洛自熊耳』。博物志曰，『洛出熊耳，蓋開其源者』是也。

東北，過盧氏縣南。

洛水逕鵶渠關北。鵶渠水南出鵶渠山，即荀渠山也。其水一源兩分，川流半解。一水西北流，屈而東北入於洛。山海經曰：『熊耳之山，浮豪之水出焉。西北流，注於洛。』疑即是水也。荀渠蓋熊耳之殊稱，若太行之歸山也。故地説曰：『熊耳之山，地門也。』洛水出其間，是亦總名矣。其一水東北逕鵶渠城西，故關城也。其水東北流，注於洛。

洛水又東，逕盧氏縣故城南。竹書紀年：『晉出公十九年，晉韓龐取盧氏城。』王莽之昌富也。有盧氏川水注之。水北出盧氏山，東南流逕盧氏城東，東南流注於洛。

洛水又東，翼合三川，並出縣之南山，東北注洛。開山圖曰：『盧氏山宜五穀，可避水災，亦通謂之石城山。』山在宜陽山西南，千名之山，咸處其内，陵阜原隰，易以度身者也。又有葛蔓谷水，自南山流注洛水。

洛水又東，逕高門城南，即宋書所謂『後軍外兵龐季明入盧氏，進達高門木城』者也。

洛水東，與高門水合。水出北山，東南流，合洛水枝津。水上承洛水，東北流，逕石勒城北。又東，逕高門城北，東入高門水，亂流南注洛。

洛水又東，松陽谿水注之。水出松陽山，北流注於洛。洛水又東，逕黄亭南，又東，合黄亭谿水。水出鵜鶘山，山有二峯，峻極於天，高崖雲舉，亢石無階，猿徒喪其捷巧，鼯族謝其輕工，及其長霄冒嶺，層霞冠峯，方乃就辨優劣爾。故有大、小鵜鶘之名矣。谿水東南流，歷亭下，謂之黄亭谿水。又東南，入於洛水。

洛水又東，得荀公谿口。水出南山荀公澗，即龐季明所入荀公谷者也。其水歷谷東北流，注於洛水。

洛水又東，逕檀山南。其山四絶孤峙，山上有塢聚，俗謂之檀山塢。義熙中，劉公西入長安，舟師所届，次於洛陽，命參軍戴延之與府舍人虞道元即舟遡流，窮覽洛川，欲知水軍可至之處。延之届此而返，竟不達其源也。

洛水又東，庫谷水注之。水自宜陽山南，三川並發，合爲一谿，東北流注於洛。

洛水又東，得鵜鶘水口。水發北鵜鶘澗，東南流入於洛。

洛水又逕僕谷亭北，左合北水，水出北山，東南流，注於洛。

洛水又東，侯谷水出南山，北流入於洛。

洛水又東，逕龍驤城北。龍驤將軍王鎮惡，從劉公西入長安，陸行所由，故城得其名。

洛水又東，左合宜陽北山水。水自北谿南流，注洛。

洛水又東，廣由澗水注之。水出南山，由谿北流逕龍驤城東，而北流入於洛。

洛水又東，右得直谷水。水出南山，北逕屯城，西北流，注於洛水也。

又東北，過蠡城邑之南。

城西有䧢水，出北四里山上。原高二十五丈，故黽池縣治。南對金門䧢。水南五里，舊宜陽縣治也。洛水右會金門谿水。水南出金門山，北逕金門䧢，西北流，入於洛。

洛水又東，合款水。其水二源並發，兩川逕引，謂之大款水也。合而東南，入於洛。

洛水又東，黍良谷水入焉。水南出金門山。開山圖曰：『山多重，固在韓。』建武二年，强弩大將軍陳俊，轉擊金門、白馬，皆破之。即此也。而東北流，注於洛。

洛水又東，左合北谿，南流入於洛也。

又東，過陽市邑南。又東北，過于父邑之南。

太陰谷水南出太陰谿，北流注於洛。

洛水又東，合白馬谿水。水出宜陽山，澗有大石，厥狀似馬，故谿澗以物色受名也。谿水東北流，注於洛。

洛水又東，有昌澗水注之。水出西北宜陽山，而東南流，逕宜陽故郡南，舊陽市邑也。故洛陽都典農治此，後改爲郡。其水又南，注於洛。

洛水又東，逕一合隖南。城在川北原上，高二十丈，南北東三箱，天險峭絶，惟築西面即爲固，『一合』之名起於是矣。劉曜之將攻河南也，晉將軍魏該奔於此，故于父邑也。

洛水又東，合杜陽澗水。水出西北杜陽谿，東南逕一合隖，東與檗谷水合，亂流東南入洛。

洛水又東，渠谷水出宜陽縣南女几山，東北流逕雲中隖，左上迢遰層峻，流煙半垂，纓帶山阜，故隖受其名。渠谷水又東北，入洛水。臧榮緒晉書稱：『孫登嘗經宜陽山，作炭人見之與語，登不應。作炭者覺其情神非常，咸共傳說。太祖聞之，使阮籍往觀與語，亦不應。籍因大嘯，登笑曰：「復作向聲。」又爲嘯，求與俱出，登不肯，籍因别去。登上峯行且嘯，如簫韶笙簧之音，聲振山谷，籍怪而問作炭人，作炭人曰：「故是向人聲。」籍更求之，不知所止，推問久之，乃知姓名。』余按孫綽之敘高士傳，言在蘇門山，又别作登傳。

孫盛魏春秋亦言在蘇門山，又不列姓名。阮嗣宗感之，著大人先生論，言吾不知其人，既神遊自得，不與物交。阮氏尚不能動其英操，復不識何人而能得其姓名。

又東北，過宜陽縣南。

洛水之北有熊耳山，雙巒競舉，狀同熊耳。此自別山，不與禹貢『導洛自熊耳』同也。昔漢光武破赤眉樊崇，積甲仗與熊耳平，即是山也。山際有池，池水東南流，水側有一池，世謂之『黽池』矣。又東南，逕宜陽縣故城西，謂之西度水。又東南，流入於洛。

洛水又東，逕宜陽縣故城南。秦武王以甘茂爲左丞相，曰：『寡人欲通三川，窺周室，死不朽矣。』茂請約魏以攻韓，斬首六萬，遂拔宜陽城。故韓地也，後乃縣之，漢哀帝封息夫躬爲侯國。城之西門，赤眉樊崇與盆子及大將等，奉璽綬劍璧處。世祖不即見，明日陳兵於洛水，見盆子等。謂盆子丞相徐宣曰：『不悔乎？』宣曰：『不悔。』上嘆曰：『卿庸中皦皦，鐵中錚錚也。』

洛水又東，與厭染之水合。水出縣北傅山大陂。山無草木，其水自陂北流，屈而東南注，世謂之五延水。又東南流，逕宜陽縣故城東，東南流，注於洛。

洛水又東南，黃中澗水出北阜。二源奇發，總成一川，東流注於洛。

洛水又東，禄泉水注之。其水北出近谿。

洛水又東，共水入焉。水北出長石之山。山無草木，其西有谷焉，厥名共谷，共水出焉。南流得尹谿口，水出西北尹谷，東南注之。共水又西南，與左澗水會。水東出近川，西流注於共水。共水又南，與李谷水合。水出西北李谿，東南注蓁水。蓁水發源蓁谷，西南流，與李谷水合，而西南流入共水。共水，世謂之石頭泉，而南流注於洛。

洛水又東，黑澗水南出陸渾西山，歷於黑澗，西北入洛。

洛水又東，臨亭川水注之。水出西北近谿，東南與長澗水會。水出北山，南入臨亭水。臨亭水又東南，歷九曲西，而南入洛水也。

又東北，出散關南。

洛水東逕九曲南。其地十里，有阪九曲。穆天子傳所謂『天子西征，升於九阿』，此是也。

洛水又東，與豪水會。水出新安縣密山，南流歷九曲東而南流，入於洛。

洛水之側，有石墨山。山石盡黑，可以書疏，故以『石墨』名山矣。

洛水又東，枝瀆左出焉。東出關，絶惠水。又逕清女冢南。冢在北山上，耆舊傳云：『斯女清貞秀古，迹表來今矣。』枝瀆又東，逕周山，上有周靈王冢。皇覽曰：『周靈王葬於河南城西南周山上，蓋以王生而神，故謚曰靈，其冢人祠之不絶。』又東北，逕柏亭南。皇覽曰，『周山在柏亭西北』，謂斯亭也。又東北，逕三王陵東北出。三王或言周景王、悼王、定王也。魏司徒公崔浩，注西征賦云：『「定」，當爲「敬」，子朝作難，西周政弱人荒，悼敬二王與景王俱葬於此，故世以「三王」名陵。』帝王世紀曰：『景王葬於翟泉，今洛陽太倉中大冢』是也。而復傳言在此，所未詳矣。又悼敬二王，稽諸史傳，復無葬處。今陵東有石碑，録赧王以上世王名號。考之碑記，周墓明矣。枝瀆東北歷制鄉，逕河南縣王城西，歷郟鄏陌。杜預釋地曰：『縣西有郟鄏陌』，謂此也。枝瀆又北，入穀，蓋經始周啓，瀆久廢不脩矣。

洛水自枝瀆又東出關，惠水右注之，世謂之八關水。戴延之西征記謂之『八關澤』，即經所謂『散關』。鄣自南山，横洛水，北屬於河皆關塞也。即楊僕家僮所築矣。惠水出白石山之陽，東南流，與瞻水合。水東出婁涿之山而南流，入惠水。惠水又東南，謝水北出瞻諸之山，東南流。又有交觸之水，北出廆山，南流，俱合惠水。惠水又南流，逕關城北〔二〕，二十里者也。其城西阻塞垣，東枕惠水。靈帝中平元年，以河南尹何進爲大將軍，率五營士屯都亭，置函谷、廣城、伊闕、大谷、轘轅、旋門、小平津、孟津等八關，都尉官治此。函谷爲之首，在八關之限，故世人總其統目，有八關之名矣。其水又南流，入於洛水。山海經曰：『白石之山，惠水出其陽，而南流注於洛。』謂是水也。

洛水又與虢水會。水出扶豬之山，北流注於洛水。之南，則鹿蹄之山也，世謂之非山。

其山陰則峻絶百仞，陽則原阜隆平，甘水發於東麓，北流注於洛水也。

又東北，過河南縣南。

周書稱，周公將致政，乃作大邑成周於中土，南繫於洛水，北因於郟山，以爲天下之大湊。孝經援神契曰：『八方之廣，周洛爲中，謂之洛邑。』竹書紀年：『晉定公二十年，洛絶於周。魏襄王九年，洛入成周，山水大出。』南有甘洛城，郡國志所謂甘城也。地記曰：『洛水東北過五零陪尾，北與澗瀍合。』是二水東入千金渠，故瀆存焉。

又東，過洛陽縣南，伊水從西來注之。

洛陽，周公所營洛邑也。故洛誥曰：『我卜瀍水東，亦惟洛食。』其城方七百二十丈，南繫於洛水，北因於郟山，以爲天下之湊。方六百里，因西八百里，爲千里。春秋：『昭公三十二年，晉合諸侯大夫戍成周之城，故亦曰成周也。』司馬遷自序云：『太史公留滯周南。』摯仲治曰：『古之周南，今之洛陽。』漢高祖始欲都之，感婁敬之言，不日而駕行矣。屬光武中興，宸居洛邑，逮於魏晉，咸兩宅焉。故魏略曰：『漢火，行忌水，故去其「水」而加「佳」。魏爲土德，土水之牡也。水得土而流，土得水而柔，除「佳」加「水」。』長沙耆舊傳云：『祝良字召卿，爲洛陽令，歲時亢旱，天子祈雨不得，良乃曝身階庭，告誠引罪，自晨至中，紫雲水起，甘雨登降。人爲歌曰：「天久不雨，烝人失所。天王自出，祝令特苦。

精符感應，滂沱下雨。」』則縣司及河南尹治〔三〕，司隸，周官也。漢武帝使領徒隸，董督京畿，後世因名司州焉。地記曰，『洛水東入於中提山間，東流會於伊』，是也。昔黄帝之時，天大霧三日，帝遊洛水之上，見大魚，殺五牲以醮之。天乃甚雨，七日七夜，魚流，始得圖書，今河圖視萌篇是也。昔王子晉好吹鳳笙，招延道士，與浮丘同遊伊洛之浦，含始又受玉鷄之瑞於此水，亦洛神宓妃之所在也。

洛水又東，合水南出半石之山，北逕合水隝，而東北流注於公路澗。世俗音譌，號之曰『光禄澗』，非也。上有袁術固，四周絶澗，迢遞百仞，廣四五里，有一水淵而不流，故谿澗即其名也。合水北與劉水合。水出半石東山，西北流逕劉聚，三面臨澗，在緱氏西南周畿内劉子國，故謂之劉澗。其水西北流，注於合水。合水又北流，注於洛水也。

又東，過偃師縣南。

洛水東逕計素渚。中朝時，百國貢計所頓，故渚得其名。又東，逕偃師故縣南，與緱氏分水。

又東，休水自南注之。其水導源少室山，西流逕穴山南，而北與少室山水合。水出少室北谿，西南流注休水。休水又左，會南谿水。水發大穴南山，北流入休水。休水又西南北屈，潛流地下，其故瀆北屈出峽，謂之大穴口。北歷覆釜堆東，蓋以物象受名矣。又東，屆零星隖，水流潛通，重源又發，側緱氏原，開山圖謂之『緱氏山』也。亦云仙者升焉，言王子晉控鵠斯阜，靈王望而不得近，舉手謝而去，其家得遺屣。俗亦謂之爲撫父堆，堆上有子晉祠。或言在九山，非此。世代已遠，莫能辨之。劉向列仙傳云：『世有簫管之聲焉。』休水又逕延壽城南，緱氏縣治，故滑費，春秋滑國所都也。王莽更名中亭，即緱氏城也。城有仙人祠，謂之仙人觀。休水又西轉北屈，逕其城西。水之西南，有司空密陵元侯鄭袤廟。碑文缺，不可復識。又有晉城門校尉昌原恭侯鄭仲林碑，晉泰始六年立。休水又北流，注於洛水。

洛水又東，逕百谷隖北。戴延之西征記曰：『隖在川南，因高爲隖，高十餘丈，劉武王西入長安，舟師所保也。』洛水又北，陽渠水注之。竹書紀年：『晉襄公六年，洛絶於洞〔四〕。』即此處也。

洛水又北，逕偃師城東。東北歷鄩中，水南謂之南鄩，亦曰上鄩也。逕訾城西，司馬彪所謂訾聚也，而鄩水注之。水出北山鄩谿，其水南流，世謂之温泉水。水側有僵人穴，穴中有僵尸。戴延之從劉武王西征記曰：『有此尸，尸今猶在。』夫物無不化之理，魂無不遷之道，而此尸無神識，事同木偶之狀，喻其推移，未若正形之速遷矣。鄩水又東南，於訾城西北，東入洛水。故京相璠曰：『今鞏洛渡北，有鄩谷水東入洛，謂之下鄩。』故有上鄩、下鄩之名，亦謂之北鄩，於是有南鄩、北鄩之稱矣。又有鄩城，蓋周大夫鄩肸之舊邑。洛水又東，逕訾城北。又東，羅水注之。水出方山羅川，西北流，蒲池水注之。水南出蒲陂，西北流，合羅水，謂之長羅川，亦曰羅中也。蓋肸子鄩羅之宿居，故川得其名爾。羅水又西北，白馬谿水注之。水出嵩山北麓，逕白馬隝東，而北入羅水。西北流，白桐澗水注之。水出嵩麓桐谿，北流逕九山東。又北，九山谿水入焉。水出百稱山東谷。其山孤峯秀出，嶕嶢分立。仲長統曰：『昔密有卜成者，身遊九山之上，放心不拘之境，謂是山也。』山際有九山廟，廟前有碑云：『九顯靈府君者，太華之元子，陽九列名，號曰九山府君也。南據嵩岳，北帶洛澨。晉元康二年九月，太歲在戊，帝遣殿中中郎將關内侯樊廣、緱氏令王與、主簿傅演，奉宣詔命，興立廟殿焉。』又有百蟲將軍顯靈碑，碑云：『將軍姓伊氏，諱益，字隤敳，帝高陽之第二子伯益者也。晉元康五年七月七日，順人吳義等建立堂廟，永平元年二月二十日刻石立頌，贊示後賢矣。』其水東北流，入白桐澗。又北，逕袁公隝東，蓋公路始固有此也，故有袁公之名矣。北流，注於羅水。羅水又西北，逕袁公隝北。又西北，逕潘岳父子墓前，有碑。岳父茈，瑯琊太守。碑石破落，文字缺敗。岳碑題云『給事黄門侍郎潘君之碑』。碑云：『君遇孫秀之難，闔門受禍，故門生感覆醢以增慟，乃樹碑以記事。』太常潘尼之辭也。羅水又於訾城東北，入於洛水也。

又東北，過鞏縣東。又北，入於河。

洛水又東，明樂泉水注之。水出南原下，五泉並導〔五〕，故世謂之五道泉，即古明谿泉也。春秋，『昭公二十二年，師次於明谿』者也。

洛水又東，逕鞏縣故城南。東周所居也，本周之畿内鞏伯國也。春秋左傳，所謂『尹文父涉於鞏』，即於此也。

洛水又東，濁水注之。即古黄水也。水出南原。京相璠曰，『訾城北三里有黄亭』，即此亭也。春秋所謂『次於黄』者也。

洛水又東北，洞水發南谿石泉，世亦名之爲石泉水也。京相璠曰，『鞏東地名坎欿，在洞水東』，疑即此水也。又逕盤谷隖東，世又名之曰盤谷水。司馬彪郡國志：『鞏有坎欿聚。』春秋：『僖公二十四年，王出及坎欿。』服虔亦以爲鞏東邑名也。今考厥文，若狀焉，而不能精辨爾。晉太康地記、晉書地道記，並言在鞏西，非也。其水又北，入洛。

洛水又東，北流入於河。山海經曰，『洛水成皋西入河』，是也。謂之洛汭，即什谷也。故張儀説秦曰，『下兵三川，塞什谷之口』，謂此川也。史記音義曰，『鞏縣有鄩谷水』者也。黄帝東巡河，過洛，脩壇沈璧，受龍圖於河，龜書於洛，赤文緑字。堯帝又脩壇河洛，擇良即沈，榮光出河，休氣四塞，白雲起，迴風逝，赤文緑色，廣袤九尺，負理平上，有列星之分，七政之度〔六〕。帝王録記興亡之數，以授之堯。又東沈書於日稷，赤光起，玄龜負書，背甲赤文成字，遂禪於舜。舜又習堯禮，沈書於日稷，赤光起，玄龜負書至於稷下〔七〕。榮光休至，黄龍卷甲，舒圖壇畔，赤文緑錯以授舜。舜以禪禹。殷湯東觀於洛，習禮堯壇，降璧三沈，榮光不起，黄魚雙躍，出濟於壇，黑烏以浴，隨魚亦上，化爲黑玉赤勒之書，黑龜赤文之題也，湯以伐桀。故春秋説題辭曰：『河以道坤出天苞，洛以流川吐地符，王者沈禮焉。』竹書紀年曰：『洛伯用與河伯馮夷鬬。』蓋洛水之神也。昔夏太康失政，爲羿所逐，其昆弟五人，須於洛汭，作五子之歌於是地矣。

校記

〔一〕洛別爲波　爾雅釋水作『洛爲波』。
〔二〕關城北　原本作『關北城』，據殿本改。
〔三〕則縣司　注疏本作『縣則司州』。
〔四〕洞　原本誤作『洵』，據殿本改。
〔五〕五泉　殿本作『三泉』。
〔六〕七政　注疏本作『什政』。
〔七〕負書　原本作『負位』，據殿本改。

穀水

穀水出弘農黽池縣南墦冢林穀陽谷。

山海經曰：『傅山之西有林焉，曰墦冢，穀水出焉，東流注於洛，其中多珚玉〔一〕。』今穀水出千崤東馬頭山穀陽谷，東北流歷黽池川，本中鄉地也。漢景帝中二年初城〔二〕，徙萬户爲縣，因崤黽之池以目縣焉，亦或謂之彭池。故徐廣史記音義曰：『黽，或作彭。穀水出處也。』

穀水東逕秦趙二城南，司馬彪續漢書曰，『赤眉從黽池自利陽南，欲赴宜陽』者也。世謂之俱利城。耆彦曰：『昔秦趙之會，各據一城，秦王使趙王鼓瑟，藺相如令秦王擊缶處也。』馮異又破赤眉於是川矣。故光武璽書曰，『始雖垂翅回谿，終能奮翼黽池〔三〕。可謂失之東隅，收之桑榆』矣。

穀水又東，逕土崤北，所謂『三崤』也。

穀水又東，左會北谿水。水北出黽池山，東南流〔四〕，注於穀，疑即孔安國所謂『澗水』也。

穀水又東，逕新安縣故城，南北夾流，而西接崤黽。昔項羽西入秦，坑降卒二十萬於此，國滅身亡，宜矣。

穀水又東，逕千秋亭南。其亭纍石爲垣，世謂之『千秋城』也。潘岳西征賦曰：『亭有千秋之號，子無七旬之期。』謂是亭也。

又東，逕於雍谷谿，回岫縈紆，石路阻峽，故亦有峽石之稱矣。穀水歷側，左與北川水合。水有二源，並導北山，東南流，合成一水，自乾注巽，入於穀。

穀水又東，逕缺門山。山阜之不接者里餘，故得是名矣。一壁爭高，斗聳相亂，西瞻雙阜，右望如砥。穀水自門而東，廣陽川水注之。水出廣陽北山，東南流注於穀。南望微山，雲峯相亂。穀水又逕白超壘南，戴延之西征記云：『次至白超壘，去函谷十五里，築壘當大道，左右有山夾立，相去百餘步，從中出北，乃故關城，非所謂白超壘也。』是壘在缺門東十五里，壘側舊有隖，故治官所在。魏晉之日，引穀水爲水冶，以經國用，遺迹尚存。

穀水又東，石默谿水出微山東麓石默谿，東北流入於穀。

穀水又東，宋水北流，注於穀。

穀水又東，逕魏將作大匠毌丘興墓南，二碑存焉。儉父也。管輅別傳曰：『輅嘗隨軍西征，過其墓而歎，謂士友曰：「玄武藏頭，青龍無足。白虎銜尸，朱雀悲哭。四危已備，法應滅族。』果如其言。』

穀水又東，逕函谷關南。東北流，皁澗水注之。水出新安縣，東南流，逕毋丘興墓東。又南，逕函谷關西。關高險陿，路出廛郭。漢元鼎三年，樓船將軍楊僕，數有大功，恥居關外，請以家僮七百人，築塞徙關於新安，即此處也。昔郭丹西入關，感慨於其下曰：『不乘駟馬高車，終不出此關也。』去家十二年，果如志焉。皁澗水又東，流入於穀。

穀水又東北，逕函谷關城東，右合爽水。山海經曰：『白石山西五十里，曰穀山，其上多穀，其下多桑。爽水出焉。』世謂之紵麻澗，北流注於穀，其中多碧綠。

穀水又東，澗水注之。山海經曰：『婁涿山西四十里，曰白石之山，澗水出焉〔五〕，北流注於穀〔六〕。』自下通謂澗水，爲穀水之兼稱焉。故尚書曰『伊、洛、瀍、澗既入於河』，而無穀水之目，是名亦通稱矣。劉澄之云：『新安有澗水，源出縣北。又有淵水，未知其源。』余考諸地記，並無淵水，但『淵』、『澗』字相似，時有字錯爲『淵』也。故闞駰地理志曰『禹貢之淵水』。是以知傳寫書誤，字謬舛真，澄之不思所致爾。既無斯水，何源之可求乎？

穀水又東，波水注之。山海經曰：『瞻諸山西三十里，婁涿之山，無草木，多金玉。波水出於其陰〔七〕，世謂之百答水。北流注於穀，其中多茈石、文石。』

穀水又東，少水注之。山海經曰：『廆山西三十里曰瞻諸之山，其陽多金，其陰多文石。

少水出於其陰，控引衆谿，積以成川，東流注於穀。』世謂之慈澗也。穀水又東，俞隨之水注之。山海經曰：『平蓬山西十里廆山，其陽多㻬琈之玉。俞隨之水出於其陰，北流注於穀。』世謂之孝水也。潘岳西征賦曰：『澡孝水以濯纓，嘉美名之在兹。』是水在河南城西十餘里，故吕忱曰：『孝水在河南。』而戴延之言在函谷關西，劉澄之又云出檀山。檀山在宜陽縣西，在穀水南，無南入之理。考尋兹説，當承緣生述征謬誌爾。緣生從戎行旅，征途訊訪，既非舊土，故無所究。今川瀾北注，澄映泥濘，何得言枯涸也？皆爲疏僻矣。

東北過穀城縣北。

城西臨穀水，故縣取名焉。穀水又東，逕穀城南，不歷其北。又東，逕河南王城西〔八〕，洛水枝流入焉，今無水也。

又東，過河南縣北，東南入於洛。

河南王城西北，穀水之右有石磧，磧南出爲死穀，北出爲湖溝。魏大和四年，暴水流高三丈，此地下停流以成湖渚。造溝以通水，東西十里，決湖以注瀍水。穀水又逕河南王城北，所謂成周矣。公羊曰：『成周者何？東周也。』何休曰：『名爲成周者，周道始成，王所都也。』地理志曰：『河南河南縣故郟鄏地』也〔九〕。京相璠曰：

『郟，山名。鄏，地邑也。』卜年定鼎，爲王之東都，謂之新邑，是爲王城。其城東南名曰鼎門，蓋九鼎所從入也，故謂是地爲鼎中。楚子伐陸渾之戎，問鼎於此。述征記曰：『穀洛二水，本於王城東北合流，所謂穀洛鬭也。今城之東南缺千步，世又謂之穀洛鬭處，俱爲非也。余按史傳，周靈王之時，穀洛二水鬭，毁王宫。王將堨之，太子晉諫王，不聽，遺堰三隄尚存，左傳：『襄公二十五年，齊人城郟，穆叔如周賀。』韋昭曰：『洛水在王城南，穀水在王城北，東入於瀍。至靈王時，穀水盛，出於王城西，而南流合於洛，兩水相格，有似於鬭，而毁王城西南也。』潁容著春秋條例言，『西城梁門枯水處，世謂之死穀』，是也。始知緣生行中造次，入關經究，故事與實違矣。考王封周桓公於是，爲西周。及其孫惠公，封少子於鞏，爲東周。故有『東』、『西』之名矣。秦滅周，以爲三川郡，項羽封申陽爲河南王，漢以爲河南郡，王莽又名之曰保忠信鄉〔一〇〕。光武都洛陽，以爲尹，尹，正也。所以董正京畿，率先百郡也。

穀水又東，流逕乾祭門北。子朝之亂，晉所開也。東至千金堨。河南十二縣境簿曰：『河南縣城東十五里，有千金堨。』洛陽記曰：『千金堨舊堰穀水，魏時更脩此堰，謂之千金堨。積石爲堨，而開溝渠五所，謂之五龍渠。』渠上立堨，堨之東首立一石人，石人腹上刻勒云：『太和五年二月八日庚戌造築此堨，更開溝渠，此水衡渠上其水，助其堅也。必經年歷世，是故部立石人以記之云爾。』蓋魏明帝脩王張故績也。堨是都水使者陳協所造。語林曰：『陳協數進阮步兵酒，後晉文王欲脩九龍堰，阮舉協，文王用之。掘地得古承水銅龍六枚，堰遂成。』水歷堨東注，謂之千金渠。逮於晉世，大水暴注，溝瀆泄壞，又廣功焉。石人東脅下文云：『太始七年六月二十三日，大水迸瀑，出常流三丈，蕩壞二堨，五龍泄水南注瀉下，加歲久漱齧，每澇即壞，歷載損棄大功，今故無令遏。更於西開泄，名曰代龍渠。地形正平，誠得爲泄至理。千金不與水勢激争，無緣當壞，由其卑下，水得踰上漱齧故也。今增高千金於舊丈四尺，五龍自然必歷世無患。若五龍歲久復壞，可轉於西更開二堨。二渠合用二十三萬五千六百九十八功，以其年十月二十三日起作。功重人少，到八年四月二十日畢。』代龍渠即九龍渠也。後張方入洛，破千金堨。永嘉初，汝陰太守李矩、汝南太守袁孚脩之，以利漕運，公私賴之。水積年，渠堨頹毁，石砌殆盡，遺基見存，朝廷太和中脩復故堨。按千金堨石人西脅下文云：『若溝渠久疏，深引水者，當於河南城北石磧西，更開渠北出，使首狐丘。故溝東下，因故易就，磧堅便時，事業已訖，然後見之。加邊方多事，人力苦少，又渠堨新成，未患於水，是以不敢預脩通之。若於後當復興功者，宜就西磧。故書之於石，以遺後賢矣。』雖石磧淪敗，故迹可憑，準之於文，北引渠東合舊瀆。

舊瀆又東，晉惠帝造石梁於水上。按橋西門之南頰文稱：『晉元康二年十一月二十日，改治石巷水門，除竪枋，更爲函枋，立作覆枋屋，前後辟級續石障，使南北入岸，築治漱處，破石以爲殺矣。到三年三月十五日畢訖。并紀列門廣長深淺於左右巷，東西長七尺，南北龍尾廣十二丈，巷瀆口高三丈，謂之皋門橋。』潘岳西征賦曰『駐馬皋門』，即此處也。

穀水又東，又結石梁，跨水制城，西梁也。

穀水又東，左會金谷水。水出大白原，東南流歷金谷，謂之金谷水。晉衛尉卿石崇之故居也。石季倫金谷詩集敘曰：『余以元康七年，從太僕出爲征虜將軍。有別廬在河南界金谷澗中，有清泉茂樹，衆果竹柏，藥草備具。』金谷水又東南，流入於穀。

穀水又東，逕金墉城北。魏明帝於洛陽城西北角築之，謂之金墉城。起層樓於東北隅。晉宮閣名曰『金墉有崇天堂』，即此地上。架木爲榭，故曰樓矣〔一一〕。皇居創徙，宮極未就，止蹕於此。搆宵榭於故臺，所謂臺以停停也〔一二〕。南曰乾光門，夾建兩觀。觀下列朱桁於塹，以爲御路。東曰含春門，北有䢕門〔一三〕，城上西面列觀，五十步一睥睨，屋臺置一鐘，以和漏鼓。西北連廡函蔭，墉比廣榭。炎夏之日，高祖常以避暑〔一四〕。爲綠水池一所，在金墉者也。

穀水逕洛陽小城北。因阿舊城，憑結金墉，故向城也。永嘉之亂，結以爲壘，號洛陽壘。故洛陽記曰：『陵雲臺西有金市，金市北對洛陽壘』者也。

又東，歷大夏門下。故夏門也。陸機與弟書云：『門有三層，高百尺，魏明帝造。』門內東側際城，有魏明帝所起景陽山，餘基尚存。孫盛魏春秋曰：『景初元年，明帝愈崇宮殿，雕飾觀閣。取白石英及紫石英及五色大石於太行穀城之山，起景陽山於芳林園，樹松竹草木，捕禽獸，以充其中。於時百役繁興，帝躬自掘土，率羣臣，三公已下，莫不展力。』山之東，舊有九江。陸機洛陽記曰：『九江直作圓水，水中作圓壇三破之，夾水得相逕通。』東京賦曰：『濯龍、芳林，九谷、八谿，芙蓉覆水，秋蘭被涯。』今也山則塊阜獨立，江無復髣髴矣。

穀水又東，枝分南入華林園，歷疏圃南。圃中有古玉井，井悉以珉玉爲之，以緇石爲口，工作精密，猶不變古，璨焉如新。又逕瑤華宮南，歷景陽山北。山有都亭，堂上結方湖，湖中起御坐石也。御坐前建蓬萊山，曲池接筵，飛沼拂席，南面射侯，夾席武峙。背山堂上則石路崎嶇，巖嶂峻險，雲臺風觀，纓巒帶阜。遊觀者升降阿閣，出入虹陛，望之狀鳧没鸞舉矣。其中引水飛皋，傾瀾瀑布，或枉渚聲溜，潺潺不斷，竹柏蔭於層石，繡薄叢於泉側，微飆暫拂，則芳溢於六空，寔爲神居矣。其水東注天淵池。池中有魏文帝九華臺〔一五〕，殿基悉是洛中故碑累之，今造釣臺於其上。池南直魏文帝茅茨堂。前有茅茨碑，是黄初中所立也。其水自天淵池東出華林園，逕聽訟觀南，故平望觀也。魏明帝常言：『獄，天下之命也。』每斷大獄，恒幸觀聽之。以太和三年，更從今名。觀西北，接華林隸簿，昔劉楨磨石處也。文士傳曰：『文帝之在東宫也，宴諸文學，酒酣命甄后出拜，坐者咸伏，惟劉楨平視之。太祖以爲不敬，送徒隸簿。後太祖乘步牽車乘城，降閲簿作，諸徒咸敬，而楨摳坐〔一六〕，磨石不動。太祖曰：「此非劉楨也？石如何性？」楨曰：「石出荆山玄巖之下，外炳五色之章，内秉堅貞之志，雕之不增文，磨之不加瑩，稟氣貞正，稟性自然。」太祖曰：「名豈虚哉！」復爲文學。』池水又東，流入洛陽縣之南池。池即故翟泉也。南北百一十步，東西七十步。皇甫謐曰：『悼王葬景王於翟泉，今洛陽太倉中大冢是也。』春秋：『定公元年，晉魏獻子合諸侯之大夫於翟泉，始盟城周。』班固、服虔、皇甫謐，咸言翟泉在洛陽東北，周之墓地。今按，周威烈王葬洛陽城内東北隅，景王冢在洛陽太倉中，翟泉在兩冢之閒，側廣莫門道東，建春門路北。路即東宫街也，於洛陽爲東北。後秦封吕不韋爲洛陽十萬户侯，大其城，并得景王冢矣，是其墓地也。及晉永嘉元年，洛陽東北步廣里地陷，有二鵝出，蒼色者飛翔沖天，白色者止焉。陳留孝廉董養曰：『步廣，周之翟泉，盟會之地，今色蒼，胡象矣，其可盡言乎！』後五年，劉曜、王彌入洛，帝居平陽。陸機洛陽記曰：『步廣里在洛陽城內，宮東是翟泉所在，不得於太倉西南也。』京相璠與裴司空彥季脩晉輿地圖，作春秋地名，亦言，『今太倉西南池水名翟泉。』又曰：『舊說言翟泉本自在洛陽北萇弘城，成周乃繞之。』杜預因其一證，謂必是翟泉〔一七〕，而即實非也。後遂爲東宮池。晉中州記曰：『惠帝爲太子，出聞蝦蟆聲，問人爲是官蝦蟆，私蝦蟆，侍臣賈胤對曰：「在官地爲官蝦蟆，在私地爲私蝦蟆。」令曰：「若官蝦蟆可給廩。」先是有讖云：蝦蟆當貴。』昔晉朝收愍懷太子於後池，即是池也。其一水自大夏門東逕宣武觀。憑城結構，不更增墉，左右夾列步廊，參差翼跂，南望天淵池，北矚宣武場。竹林七賢論曰：『王戎幼而清秀，魏明帝於宣武場上爲欄，苞虎牙，使力士袒裼，迭與之搏，縱百姓觀之。戎年七歲，亦往觀焉。虎乘閒薄欄而吼，其聲震地，觀者無不辟易顛仆，戎亭然不動。帝於門上見之，使問姓名而異之。』場西故賈充宅地。穀水又東，逕廣莫門北，漢之穀門也。北對芒阜，連嶺脩亘，苞總眾山，始自洛口，西踰平陰，悉芒壟也。魏志曰：『明帝欲平北芒，令登臺見孟津。侍中辛毗諫曰：「若九河溢涌，洪水爲害，丘陵皆夷，何以禦之？」帝乃止。』

穀水又東，屈南逕建春門石橋下，即上東門也。阮嗣宗詠懷詩曰『步出上東門』者也。一曰上升門，晉曰建陽門。百官志曰：『洛陽十二門，每門候一人，六百石。』東觀漢記曰：

『郅惲爲上東門候。光武嘗出，夜還，詔開門欲入，惲不内。上令從門閒識面，惲曰：「火明遼遠。」遂拒不開，由是上益重之。』亦袁本初挂節處也。橋首建兩石柱，橋之右柱銘云：『陽嘉四年乙酉壬申，詔書以城下漕渠，東通河濟，南引江淮，方貢委輸，所由而至，使中謁者魏郡清淵馬憲，監作石橋梁柱。敦敕工匠，盡要妙之巧，攢立重石，累高周距，橋工路博，流通萬里。』云云。河南尹邳崇隴、丞渤海重合雙福，水曹掾中牟任防、史王蔭、史趙興、將作吏睢陽申翔、道橋掾成皋卑國、洛陽令江雙、丞平陽降監掾王騰之、主石作右北平山仲，三月起作，八月畢成。其水依柱，又自樂里道屈而東，出陽渠。昔陸機爲成都王穎入洛，敗北而返。水南即馬市，舊洛陽有三市，斯其一也。亦嵇叔夜爲司馬昭所害處也。北則白社故里，昔孫子荆會董威輦於白社，謂此矣。以同載爲榮，故有威輦圖。

又東，逕馬市石橋，橋南有二石柱，並無文刻也。漢司空漁陽王梁之爲河南也，將引穀水以溉京都。渠成而水不流，故以坐免。後張純堰洛以通漕，洛中公私穰贍。是渠今引穀水，蓋純之創也。按陸機洛陽記、劉澄之永初記言：『城之西面有陽渠，周公制之也。』昔周遷殷民於洛邑，城隍偪狹，卑陋之所爾。晉故城成周，以居敬王，秦又廣之，以封不韋。以是推之，非專周公可知矣。亦謂之九曲瀆。河南十二縣境簿云：『九曲瀆在河南鞏縣西，西至洛陽。』又按傅暢晉書云：『都水使者陳狼鑿運渠，從洛口入，注九曲，至東陽門。』是以阮嗣宗詠懷詩所謂：『朝出上東門，遥望首陽岑。』又言，『遥遥九曲間，裴回欲何之』者也。

陽渠水南暨閶闔門，漢之上西門者也。漢宫記曰：『上西門所以不純白者，漢家厄於戌，故以丹鏤之。』太和遷都，徙門南側，其水北乘高渠，枝分上下，歷故石橋東入城，逕望先寺，中有碑，碑側法子丹碑，作龍矩勢，於今作則佳，方古猶劣。渠水又東，歷故金市南，直千秋門，右宫門也。又枝流入石逗伏流，注靈芝九龍池。魏太和中，皇都遷洛陽，經構宫極，脩理街渠，務窮幽隱，發石視之，曾無毀壞。又石工細密，非今知所擬，亦奇爲精至也，遂因用之。其一水自千秋門南流，逕神虎門下，東對雲龍門。二門衡栿之上，皆刻雲龍風虎之狀，以火齊薄之。及其晨光初起，夕景斜輝，霜文翠照，陸離眩目。又南，逕通門、掖門西。又南流東轉，逕閶闔門南。按禮，王有五門，謂皋門、庫門、雉門、應門、路門。路門一曰畢門，亦曰虎門也。魏明帝上法太極，於洛陽南宫，起太極殿於漢崇德殿之故處，改雉門爲閶闔門。昔在漢世，洛陽宫殿門題多是大篆，言是蔡邕諸子。自董卓焚宫殿，魏太祖平荆州，漢吏部尚書安定梁孟皇，善師宜官八分體，求以贖死。太祖善其法，常仰繫帳中愛翫之，以爲勝宜官，北宫牓題咸是鵠筆。南宫既建，明帝令侍中京兆韋誕以古篆書之。皇都遷洛，始令中書舍人沈含馨以隸書書之。景明、正始之年，又敕符節令江式以大篆易之。今諸桁榜題皆是式書。周官：『太宰以正月，縣治法於象魏。』廣雅曰：『闕，謂之象魏。』風俗通曰：『魯昭公設兩觀於門，是謂之闕，從門，欮聲。』爾雅曰：『觀，謂之闕。』説文曰：『闕，門觀也。』漢官典職曰：『偃師去洛四十五里，望朱雀闕，其上鬱然與天連，是明峻極矣。』洛陽故宮名有『朱雀闕、白虎闕、蒼龍闕、北闕、南宮闕』也。東觀漢記曰：『更始發洛陽，李松奉引車，馬奔，觸北闕鐵柱門，三馬皆死，即斯闕也。』白虎通曰：『門必有闕者何？闕者，所以飾門，别尊卑也。今閶闔門外夾建巨闕，以應天宿。雖不如禮，猶象而魏之，上加復思，以易觀矣。』廣雅曰：『復思謂之屏。』釋名曰：『屏，自障屏也。罘思在門外〔一八〕。罘，復也。臣將入請事，於此復重思之也。』漢末兵起，壞園陵罘思，曰無使民復思漢也。故鹽鐵論曰：『垣闕罘思。』言樹屏隅角所架也。潁容又曰：『闕者，上有所失，下得書之於闕，所以求論譽於人，故謂之闕矣。』今闕前水南道右，置登聞鼓以納諫。昔黄帝立明堂之議，堯有衢室之問，舜有告善之旌，禹有立鼓之訊，湯有總街之誹，武王有靈臺之復，皆所以廣設過誤之備也。渠水又枝分，夾路南出，逕太尉、司徒兩坊閒，謂之銅駝街。舊魏明帝置銅駝諸獸於閶闔南街。陸機云：『駝高九尺，脊出太尉坊者也。』水西有永寧寺，熙平中始創也。作九層浮圖，浮圖下基方十四丈，自金露槃下至地四十九丈，取法代都七級，而又高廣之，雖二京之盛，五都之富，利刹靈圖，未有若斯之搆。按釋法顯行傳，西國有爵離浮圖，其高與此相狀。東都、西域，俱爲莊妙矣。其地是曹爽故宅，經始之日，於寺院西南隅得爽窟室，下入土可丈許，地壁悉壘方石砌之，石作細密，都無所毀。其石悉入法用，自非曹爽，庸匠亦難復制此。桓氏有言，曹子丹生此豚犢，信矣。渠左是魏晉故廟地，今悉民居，無復遺墉也。渠水又西，歷廟社之閒，南注南渠。廟社各以物色辨方。周禮：『廟及路寢皆如明堂，而有燕寢焉。』惟祧廟則無，後代通爲一廟，列正室於下，無復燕寢之制。禮：『天子建國，左廟右社，以石爲主，祭則希冕。』今多王公攝事，王者不親拜焉。咸寧元年，洛陽大風。帝社樹折，青氣屬天，元王東渡，魏社代昌矣。渠水自銅駝街東逕司馬門南，魏明帝始築闕。崩，壓殺數百人，遂不復築，故無闕。門南屏中，舊有置銅翁仲處，金狄既淪，故處亦褫，惟壞石存焉。自此南直宣陽門，經緯通達，皆列馳道，往來之禁，一同兩漢。曹子建嘗行御街，犯門禁，以此見薄。渠水又東，逕杜元凱所謂翟泉北，今無水。坎方九丈六尺，深二丈餘，似是人功，而不類於泉陂，是驗非之一證也。又皇甫謐帝王世紀云：『王室定，遂徙居成周。城小〔一九〕，不受王都，故壞翟泉而廣之。』泉源既塞，明無故處，是驗非之二證也。杜預言：『翟泉在太倉西南。』既言西南，於雒陽不得爲東北，是驗非之三證也。稽之地説，事幾明矣。不得爲翟泉也。渠水歷司空府前，逕太倉南，出東陽門石橋下，注陽渠。

陽渠水自閶闔門而南〔二〇〕，逕土山東。水西三里有阪，阪上有土山。漢大將軍梁冀所成，築土爲山，植木成苑。張璠漢記曰：『山多峭阪，以象二崤，積金玉，採捕禽獸，以充其中。有人殺苑兔者，迭相尋逐，死者十三人。』

南出，逕西陽門，舊漢氏之西明門也，亦曰雍門矣。舊門在南，太和中以故門邪出〔二一〕，故徙是門，東對東陽門。

陽渠水又南，逕白馬寺東。昔漢明帝夢見大人，金色，項佩白光。以問羣臣，或對曰：『西方有神名曰佛，形如陛下所夢，得無是乎？』於是發使天竺，寫致經像，始以榆欓盛經，白馬負圖，表之中夏。故以白馬爲寺名。此榆欓後移在城内愍懷太子浮圖中，近世復遷此寺。然金光流照，法輪東轉，創自此矣。

陽渠水又南，逕平樂觀東，李尤平樂觀賦曰：『乃設平樂之顯觀，章祕偉之奇珍。』華嶠後漢書曰：『靈帝於平樂觀下起大壇，上建十二重五采華蓋，高十丈。壇東北爲小壇，復建九重華蓋，高九丈。列奇兵騎士數萬人，天子住大蓋下。禮畢，天子躬擐甲冑〔二二〕，稱無上將軍，行陣三帀而還，設祕戲以示遠人。』故東京賦曰：『其西則有平樂都場，示遠之觀，龍雀蟠蜿，天馬半漢。』應劭曰：『飛廉神禽，能致風氣，古人以良金鑄其象。』明帝永平五年，長安迎取飛廉幷銅馬，置上西門外平樂觀。今於上西門外無他基觀，惟西明門外獨有此臺，巍然廣秀，疑即平樂觀也。又言皇女稚殤，薶於臺側，故復名之曰皇女臺。晉灼曰：『飛廉，鹿身，頭如雀，有角，而蛇尾豹文。』董卓銷爲金用，銅馬徙於建始殿東階下。胡軍喪亂，此象遂淪。

陽渠水又南，逕西明門，故廣陽門也。門左枝渠東派入城，逕太社前，又東逕太廟南，又東於青陽門右下注陽渠。

陽渠水自西明門又南〔二三〕，東屈逕津陽門南，故津門也。昔洛水汎泆，漂害者衆。津陽城門校尉〔二四〕，將築以遏水，諫議大夫陳宣止之曰：『王尊，臣也。水絶其足，朝廷中興，必不入矣。』水乃造門而退。

陽渠水又東，逕宣陽門南，故苑門也。皇都遷洛，移置於此，對閶闔門南，直洛水浮桁。故東京賦曰：『泝洛背河，左伊右瀍』者也。夫洛陽考之中土，卜惟洛食，寔爲神都也〔二五〕。門左即洛陽池處，池東舊平城門所在矣，今塞。北對洛陽南宮，故蔡邕曰：『平城門，正陽之門，與宮連屬，郊祀法駕，所由從出，門之最尊者。』洛陽諸宮名曰：『南宮有謻臺臨照臺。』東京賦曰：『其南則有謻門曲榭，邪阻城洫。』注云：『謻門，冰室門也。阻，依也。洫，城下池也，皆屈曲邪行，依城池爲道。』故説文曰：『隍，城池也。有水曰池，無水曰隍矣。』謻門，即宣陽門也。門内有宣陽冰室。周禮有冰人。日在北陸而藏冰，西陸朝覿而出之。冰室舊在宣陽門内，故得是名。門既擁塞，冰室又罷。

陽渠水又逕靈臺，北望雲物也。漢光武所築，高六丈，方二十步。世祖嘗宴於此臺，得鼷鼠於臺上。亦諫議大夫第五子陵之所居。倫少子也。以清正爲郡功曹〔一六〕。洛陽無主人，鄉里無田宅，寄止靈臺，或十日不炊。司隸校尉南陽左雄，尚書廬江朱孟興等，皆倫故孝廉功曹，各致禮餉，並辭不受，永建中卒。

陽渠水又東，逕平昌門南。故平門也。又逕明堂北，漢光武中元元年立。尋其基構，上圓下方，九室重隅十二堂。蔡邕月令章句同之，故引水於其下爲辟雍也。

陽渠水又東，逕開陽門南。晉宫閣名曰：『故建陽門也。』漢官曰：『開陽門始成，未有名。宿昔，有一柱來在樓上。琅琊開陽縣上言：「縣南城門，一柱飛去。」光武皇帝使來，識視良是，遂堅縛之，刻記年月日以名焉。何湯字仲弓，嘗爲門候。上微行夜還，湯閉門不内，朝廷嘉之。』又東，逕國子太學石經北。周禮有國學，教成均之法。學記曰：『古者家有塾，黨有庠，遂有序，國有學。』亦有虞氏之上庠、下庠，夏后氏之東序、西序，殷人之左學、右學，周人之東膠、虞庠。王制曰：『養國老於上庠，養庶老於下庠。』故有太學、小學，教國之子弟焉，謂之國子。漢魏以來，置太學於國子堂。東漢靈帝光和六年，刻石鏤碑，載五經，立於太學講堂前，悉在東側。蔡邕以熹平四年，與五官中郎將堂谿典，光祿大夫楊賜，諫議大夫馬日磾，議郎張馴、韓説，太史令單颺等，奏求正定六經文字。靈帝許之。邕乃自書丹於碑，使工鐫刻，立於太學門外。於是，後儒晚學，咸取正焉。及碑始立，其觀視及筆寫者，車乘日千餘兩，填塞街陌矣。今碑上悉銘刻蔡邕等名。魏正始中，又立古、篆、隸三字石經。古文出於黄帝之世，倉頡本鳥迹爲字，取其孳乳相生，故文字有六義焉。自秦用篆書，焚燒先典，古文絶矣。魯恭王得孔子宅書，不知有古文，謂之科斗書。蓋因科斗之名，遂效其形爾。言大篆出於周宣之時，史籀創著。平王東遷，文字乖錯，秦之李斯及胡母敬，又改籀書，謂之小篆，故有大篆、小篆焉。然許氏字説專釋於篆，而不本古文，言古隸之書起於秦代，而篆字文繁，無會劇務。故用隸人之省，謂之隸書。或云即程邈於雲陽增損者，是言隸者，篆捷也。孫暢之嘗見青州刺史傅弘仁説，臨淄人發古冢，得桐棺，前和外隱爲隸字，言齊太公六世孫胡公之棺也。惟三字是古，餘同今書，證知隸自出古，非始於秦。魏初傳古文出邯鄲淳，石經古文轉失淳法。樹之於堂西，石長八尺，廣四尺，列石於其下。碑石四十八枚，廣三十丈。魏明帝又刊典論六碑，附於其次。陸機言太學贊别一碑，在講堂西。下列石龜，碑載蔡邕、韓説、堂谿典等名。太學弟子贊復一碑，在外門中。今二碑並無。石經東有一碑，是漢順帝陽嘉元年立。碑文云：『建武二十七年造太學，年積毀壞。永建六年九月，詔書修太學。刻石記年，用作工徒十一萬二千人，陽嘉元年八月作畢。』碑南面刻頌，表裏鏤字，猶存不破。漢石經北，有晉辟雝行禮碑，是太始二年立。其碑中折。但世代不同，物不停故，石經淪缺，存半毀幾，駕言永久，諒用憮焉。考古有三雍之文，今靈臺太學，並無辟雍處。晉永嘉中，王彌、劉曜入洛，焚毀二學，尚髣髴前基矣。

陽渠水於城東南隅，枝分北注。逕清陽門東，故清明門也，亦曰稅門，亦曰芒門。又北，逕東陽門東，故中東門也。又北，逕故太倉西。洛陽地記曰：『大城東有太倉，倉下運船常有千計』，即是處也。又北，入洛陽溝。

陽渠水又東，左迆爲池。又東，右出爲方湖。東西百九十步，南北七十步，故水衡署之所在也。

陽渠水又東南，轉屈而東注，謂之阮曲。云阮嗣宗之故居也。

陽渠水又東，注鴻池陂。百官志曰：『鴻池，池名也。在洛陽東二十里，丞一人，二百石。』池東西千步，南北千一百步。四周有塘池，中又有東西横塘，水溜逕通。故李尤鴻池陂銘曰：『鴻澤之陂，聖王所規，開源東注，出自城池』也。

其水又東，左合七里澗。晉後略曰：『成都王穎，使吳人陸機爲前鋒，都督伐京師。輕進，爲洛軍所乘，大敗於鹿苑，人相登躡，死於塹中及七里澗，澗爲之滿。』即是澗也。澗有石梁，即旅人橋也。昔孫登不欲久居洛陽，知楊氏榮不保終，思欲遁迹林鄉，隱淪妄死，楊駿薤之於此橋之東，駿後尋亡矣。搜神記曰：『太康末，京雒始爲折楊之歌，有兵革辛苦之詞。駿後被誅，太后幽死，折楊之應也。』凡是數橋，皆壘石爲之，亦高壯矣。制作甚佳，雖以時往損功，而不廢行旅。朱超石與兄書云：『橋去洛陽宮六七里，悉用大石，下圓以通水，可受大舫過也。』題其上云：『太康三年十一月初就功，日用七萬五千人，至四月末止。』此橋經破落，復更脩補，今無復文字。

陽渠水又東，流逕漢廣野君酈食其廟南。廟在北山上，成公綏所謂偃師西山也。山上舊基尚存，廟宇東嚮，門有兩石人對倚。北石人胸前銘云『門亭長』。石人西有二石闕，雖經頽毀，猶高丈餘，闕西即廟故基也。基前有碑，文字剥缺，不復可識。子安仰澄芬於萬古，讚清徽於廟象，文字厥集矣。

陽渠水又東，逕亳殷南，昔盤庚所遷，改商曰殷，自此始也。班固曰：『尸鄉，故殷湯所都者也。故亦曰湯亭〔二七〕。』薛瓚漢書注、皇甫謐帝王世紀並以爲非，以爲帝嚳都矣。晉太康記、地道記並言田横死於是亭，故改曰『尸鄉』，非也。余按司馬彪郡國志，以爲春秋之尸氏也。其澤野負原夾，郭多墳隴焉。即陸士衡會王輔嗣處也。袁氏王陸詩敘：『機初入洛，次河南之偃師。時忽結陰，望道左若民居者，因往逗宿。見一少年，姿神端遠，與機言玄，機服其能，而無以酬折，前致一辨，機題緯古今〔二八〕，綜檢名實，此少年不甚欣解。將曉去，稅駕逆旅，嫗曰：「君何宿而來？自東數十里無村落，止有山陽王家墓。」機乃怪悵，還睇昨路，空野霾雲，攢木蔽日，知所遇者審王弼也。』此山即祝鷄翁之故居也。搜神記曰：『祝鷄翁者，洛陽人也。居尸鄉北山下，養鷄百年餘，鷄至千餘頭，皆有名字，欲取呼之名，則種別而至。』後之吳山，莫知所去矣。陽渠水又東，逕偃師城南。皇甫謐曰：『帝嚳作都於亳，偃師是也。』王莽之所謂師氏者也。陽渠水又東流，注於洛水矣。

校記

〔一〕珚玉　山海經中山經作『珚玉』。
〔二〕初城　『城』字據殿本補。
〔三〕黽池　『黽』原本作『澠』，據後漢書馮異傳改。
〔四〕東南　原本作『東西』，據殿本改。
〔五〕出焉　山海經中山經作『出于其陰』。

〔六〕注於穀　殿本於其下，由澗水移入「摯仲治三輔決録注云」至「言是水也」，計七十九字。詳見澗水篇。

〔七〕波水　山海經中山經作「陂水」。

〔八〕逕河南王城西　殿本無此句，且案：「近刻衍「逕」字。」注釋本有此六字。水經注箋刊誤卷六「又東逕」，一清按：「洛水注云：〔扶〕〔枝〕瀆東北歷制鄉，逕河南縣王城西，又北入于穀。」「又東逕」，下落「河南王城西」五字。」

〔九〕河南河南縣　上「河南」二字，據漢書地理志補。

〔一〇〕保忠信鄉　「鄉」原本作「卿」，據漢書地理志改。

〔一一〕曰樓　注疏本作「百尺樓」，殿本作「白樓」。

〔一二〕停停　注疏本作「亭亭」。

〔一三〕逞門　注疏本作「退門」。

〔一四〕高祖　殿本作「高視」，然其案校則引朱謀㙔云：「魏書高祖紀，「嘗幸洛陽」，「視」乃「祖」字之訛。」

〔一五〕九華臺　「臺」原本作「殿」，據殿本改。

〔一六〕摳坐　殿本作「拒坐」。案曰：「「拒坐」未詳，近刻作「摳坐」。」

〔一七〕翟泉　注疏本作「狄泉」。

〔一八〕罦思　亦作「罘罳」，見釋名疏證補釋宮。

〔一九〕城小　「城」字據注疏本補。

〔二〇〕陽渠水　自此至本篇之末，他本多作「穀水」，而自刻本則改爲「陽渠水」。殿本於「陽渠水又東流逕漢廣野君酈食其廟南』句下案曰：『穀水「自閶闔門而南」以下並陽渠水。原本及近刻獨此處及下「逕亳殷」，忽兩稱陽渠，後復稱穀水。考其地相比次，非有錯紊，而稱名參差，或後人臆改使然，今姑仍之。』

〔二一〕故門　原本作『故曰』，據殿本改。

〔二二〕甲胄　『胄』字據注疏本補。

〔二三〕自西明門　殿本無此四字。

〔二四〕津陽城門　『門』原本誤作『北』，據殿本改。

〔二五〕神都　殿本無『都』字，句下案曰：『此語有舛誤。』

〔二六〕以清正爲郡功曹　注疏本作『以清正稱』。殿本以『以清正』三字爲句，下案曰：『朱謀㙔云，此下疑脱「爲郡功曹」四字。』

〔二七〕故亦曰　『故』字據殿本補。

〔二八〕機題　『機』字據殿本補。

澗水

澗水出新安縣南白石山。

山海經曰：『白石之山，惠水出於其陽，東南注於洛。澗水出於其陰，北流注於穀。』世謂是山曰廣陽山，水曰赤岸水，亦曰石子澗。地理志曰：『澗水在新安縣東，南入洛。』是謂密矣。東北流歷函谷東阪東，謂之八特阪。摯仲治三輔決録注云：『馬氏兄弟五人，共居澗穀二水之交，作五門客舍，因以爲名。』今在河南西四十里。以山海經推校，里數不殊。仲治所記，水會尚有故居處，斯則澗水也。即周書所謂『我卜澗水東』者是也〔一〕。

東南入於洛。

孔安國曰：『澗水出澠池山。』今新安縣西北有一水，北出澠池界，東南流，逕新安縣而東南流，入於穀水。安國所言，當即斯水也。然穀水出澠池，下合澗水，得其通稱。或亦指之爲澗水，並未之詳爾。今孝水東十里有水，世謂之慈澗，又謂之澗水。按山海經，則少水也，而非澗水，蓋習俗之誤爾。

又按，河南有離山水，謂之爲澗水。水西北出離山，東南流，歷郟山於穀城東，而南流注於穀。舊與穀水亂流，南入於洛。今穀水東入千金渠，瀍水與之俱東入洛矣。或以是水，並爲周公之所相卜也。吕忱曰，『今河南死水』〔二〕，疑其是此水也。然意所未詳，故並書存之耳。

校記

〔一〕『摯仲治三輔決録注』至『瀍水東者是也』計七十九字，殿本將其移入穀水。參見穀水校〔六〕。又『者是也』，殿本作『言是水也』。

〔二〕死水　注疏本作『使水』。

瀍水

瀍水出河南穀城縣北山。

縣北有暨亭，瀍水出其北梓澤中。梓澤，地名也。澤北對原阜，即裴氏墓塋所在，碑闕存焉。其水歷澤東南流，水西有一原，其上平敞，古暨亭之處也，即潘安仁西征賦所謂『越街郵』者也。

東與千金渠合。

周書曰，『我卜瀍水西』，謂斯水也。東南流，水西南有帛仲理墓，墓前有碑，題云：『真人帛君之表。仲理名護，益州巴郡人。晉永寧二年十一月立。』瀍水又東南流，注於穀。穀水自千金堨東注，謂之千金渠也。

又東，過洛陽縣南。又東，過偃師縣。又東，入於洛。

甘水

甘水出弘農宜陽縣鹿蹄山。

山在河南陸渾縣故城西北，俗謂之縱山。水之所導，發於山曲之中，故世人目其所爲甘掌焉。

東北至河南縣南，北入洛。

甘水發源東北流，北屈，逕一故城東，在非山上，世謂之石城也。京相璠曰：『或云甘水西山上，夷汙而平，有故甘城，在河南城西二十五里，指謂是城也。』余按，甘水東十許里洛城南，有故甘城焉。北對河南故城，世謂之鑒洛城，『鑒』、『甘』聲相近，即故甘城也，爲王子帶之故邑矣。是以昭叔有甘公之稱焉。

甘水又與非山水會。水出非山東谷，東流入於甘水。甘水又於河南城西北入洛。經言『縣南』，非也。京相璠曰：『今河南縣西南有甘水，北入洛。』斯得之矣。

伊水

伊水出南陽魯陽縣西蔓渠山。

山海經曰：『蔓渠之山，伊水出焉。』淮南子曰：『伊水出上魏山。』地理志曰：『出熊耳山。』即麓大同，陵巒互別爾。伊水自熊耳東北，逕鸞川亭北。蓩水出蓩山，北流，際其城東，而北入伊水。世人謂伊水爲鸞水，蓩水爲交水，故名斯川爲鸞川也。又東爲淵潭，潭渾若沸，亦不測其深淺也。

東北，過郭落山。

伊水又東北，逕東亭城南，又屈逕其亭東，東北流也。陽水出陽山陽谿，世人謂之太陽谷，水亦取名焉。東流入伊水。伊水又東北，鮮水入焉。水出鮮山，北流注於伊。伊水又與蠻水合。水出盧氏縣之蠻谷，東流入於伊。

又東北，過陸渾縣南。

山海經曰：『滽滽之水出於釐山，南流，注於伊水。』今水出陸渾縣之西南王母澗。澗北山上有王母祠，故世因以名谿。東流注於伊水，即㶏㶏之水也。

伊水歷崖口，山峽也。翼崖深高，壁立若闕，崖上有隝，伊水逕其下，歷峽北流，即古三塗山也。杜預釋地曰：『山在縣南。』闞駰十三州志云：『山在東南。』今是山在陸渾故城東南八十許里。周書：『武王問太公曰：「吾將因有夏之居，南望過于三塗，北瞻望于有河。」』春秋：『昭公四年，司馬侯曰：「四岳、三塗、陽城、太室、荆山、中南，九州之險也。」』服虔曰：『三塗、太行、轘轅、崤、黽，非南望也。』京相璠著春秋土地名亦云：『山名也。』以服氏之説云：『塗，道也。』準周書南望之文，或言宜爲轘轅、大谷、伊闕，皆爲非也。春秋，『晉伐陸渾，請有事於三塗』，知是山明矣。有七谷水注之。水西出女几山之南七谿山，上有西王母祠，東南流注於伊水。伊水又北〔一〕，蚤谷水注之。水出女几山之東谷，東逕故亭南，東流入於伊水。

伊水又東北，逕伏流嶺東。嶺上有崑崙祠，民猶祈焉。劉澄之永初記稱，『陸渾縣西有伏流阪』者也。今山在縣南崖口北三十里許，『西』則非也。北與温泉水合，水出新城縣之狼皋山西南阜下，西南流，會於伊水。

伊水又東北，逕伏睹嶺，左納焦澗水。水西出鹿髆山，東流，逕孤山南。其山介立豐上，單秀孤峙，故世謂之方山，即劉中書澄之所謂『縣有孤山』者也。東歷伏睹嶺南，東流，注於伊水。

伊水又東北，涓水注之。水出陸渾縣西山〔二〕，即陸渾都也。尋郭文之故居，訪胡昭之遺像，世去不停，莫識所在。其水有二源，俱導而東注〔三〕。虢略在陸渾縣西九十里也。司馬彪郡國志曰，縣『西，虢略地』。春秋所謂『東盡虢略』者也。北水東流，合侯潤水。水出西北侯谿，東南流注於涓水。涓水又東，逕陸渾縣故城北。平王東遷，辛有適伊川，見有被髮而祭於野者，曰：『不及百年，此其戎乎？』魯僖公二十二年，秦晉遷陸渾之戎於伊川，故縣氏之也。涓水東南流，左合南水。水出西山七谷，亦謂之七谷水。阻澗東逝〔四〕，歷其縣南。又東南，左會北水，亂流左合禪渚水。水上承陸渾縣東禪渚。渚在原上，陂方十里，佳饒魚葦，即山海經所謂：『南望禪渚〔五〕，禹父之所化。』郭景純注云：『禪一音暖。鮌化羽淵而復在此，然已變怪，亦無往而不化矣〔六〕。』世謂此澤爲慎望陂，陂水南流注於涓水。涓水又東南，注於伊水。昔有莘氏女采桑於伊川，得嬰兒於空桑中，言其母孕於伊水之濱，夢神告之曰：臼水出而東走，母明視而見臼水出焉。告其鄰居而走，顧望其邑，咸爲水矣。其母化爲空桑，子在其中矣。莘女取而獻之，命養於庖，長而有賢德，殷以爲尹，曰伊尹也。

又東北，過新城縣南。

馬懷橋長水出新城西山，東逕晉使持節征南將軍宗均碑南〔七〕。均字文平，縣人也。其碑太始三年十二月立。其水又東流，入於伊。

又有明水出梁縣西狼皋山，俗謂之石澗水也。西北流，逕楊亮壘南，西北合康水。水亦出狼皋山，東北流，逕范隖北，與明水合。明水又西南，流入於伊。山海經曰，『放皋之山，明水出焉，南流注於伊水』，是也。

伊水又與大戟水會。水出梁縣西，有二源。北水出廣成澤，西南逕楊志隖，北與南水合。南水出廣成澤〔八〕，西流逕陸渾縣南。河南十二縣境簿曰：『廣成澤在新城縣界黄阜。』西北流，屈而東，逕楊志隖南。又北，屈逕其隖東，又逕隖北，同注老倒澗，俗謂之老倒澗水，西流入於伊水。

伊水又北，逕新城東，與吳澗水會。水出縣之西山，東流南屈，逕其縣故城西。又東轉，逕其縣南，故蠻子國也。縣有鄤聚，今名蠻中是也。漢惠帝四年，置縣。其水又東北流，注於伊水。

伊水又北，逕當階城西，大狂水入焉〔九〕。水東出陽城縣之大訾山。山海經曰：『大訾之山多㻬琈之玉。其陽狂水出焉，西南流，注於伊水〔一〇〕，其中多三足龜，人食之者無大疾，可以已腫。』狂水又西，逕綸氏縣故城南，竹書紀年曰，『楚吾得帥師及秦伐鄭，圍綸氏』者也。左與倚薄山水合。水北出倚薄之山，南逕黃城西。又南，逕綸氏故城東，而南流，注於狂水。狂水又西，八風谿水注之。水北出八風山，南流逕綸氏縣故城西，西南流入於狂水。狂水又西，得三交水口。水有三源，各導一谿，並出山南流合舍，故世有三交之名也。石上菖蒲，一寸九節，爲藥最妙，服久化仙。其水西南流，注於狂水。狂水又西，逕缶高山北，西南與湮水合。水出東北湮谷，西南流逕武林亭東北，又屈逕其亭南。其水又西南，逕湮陽亭東，蓋藉水以名亭也。又東南流，入於狂水。狂水又西，逕湮陽城南，又西，逕當階城南而西流，注於伊水。

伊水又北，土溝水出玄望山西，東逕玄望山南，又東，逕新城縣故城北，東流注於伊水。

伊水又北，板橋水入焉。水出西山，東流入於伊水。

伊水又北，會厭澗水，水出西山，東流逕郲垂亭南，春秋左傳『文公十七年秋，周甘歜敗戎於郲垂』者也。服虔曰：『郲垂在高都南。』杜預釋地曰：『河南新城縣北，有郲垂亭。』司馬彪郡國志曰：『新城有高都城。』今亭在城南七里，遺基存焉。京相璠曰：『舊説，言郲垂在高都南，今上黨有高都縣。』余謂京論疏遠，未足以證，無如虔説之指密矣。其水又東，注於伊水。

伊水又北，逕高都城東。徐廣史記音義曰：『今河南新城縣有高都城。』竹書紀年，『梁惠成王十七年，東周與鄭高都利』者也。又來儒之水，出於半石之山，西南流，逕斌輪城北，西歷艾澗。以其水西流，又謂之小狂水也。其水又西南，逕大石嶺南。開山圖所謂大石山也。山下有大石嶺碑，河南隱士通明，以漢靈帝中平六年八月戊辰，於山堂立碑，文字淺鄙，殆不可尋。魏文帝獵於此山，虎超乘輿，孫禮拔劍投虎於是山。山在洛陽南，而劉澄之言在洛東北，非也。山阿有魏明帝高平陵。王隱晉書曰：『惠帝使校尉陳總仲元，詣洛陽山請雨，總盡除小祀，惟存大石而祈之，七日大雨。』即是山也。來儒之水又西南，逕赤眉城南，又西至高都城東，西入伊水，謂之曲水也。

又東北，過伊闕中。

伊水逕前亭西。左傳，『昭公二十二年，晉箕遺、樂徵、右行詭濟師，取前城』者也。京相璠曰：『今洛陽西南五十里，伊闕外前亭矣。』服虔曰：『前，讀爲「泉」，周地也。』伊水又北，入伊闕，昔大禹疏以通水。兩山相對，望之若闕，伊水歷其閒北流，故謂之伊闕矣。春秋之闕塞也。昭公二十六年，趙鞅使女寬守闕塞是也。陸機云『洛有四關』，斯其一焉。東巖西嶺，並鐫石開軒，高甍架峯。西側靈巖下，泉流東注，入於伊水。傅毅反都賦曰，『因龍門以暢化，開伊闕以達聰』也。闕左壁有石銘云：『黄初四年六月二十四日辛巳，大出水，舉高四丈五尺，齊此已下。』蓋記水之漲減也。右壁又有石銘云：『元康五年，河南府君循大禹之軌，部督郵辛曜、新城令王琨，部監作掾董猗、李褒，斬岸開石，平通伊闕。』石文尚存也。

又東北，至洛陽縣南，北入於洛。

伊水自闕東北流，枝津右出焉。東北引溉，東會合水〔一一〕，同注公路澗，入於洛。今無水。戰國策曰：『東周欲爲田，西周不下水。蘇子見西周君曰：「今不下水，所以富東周也，民皆種他種。欲貧之，不如下水以病之，東周必復種稻，種稻而復奪之，是東周受命於君矣。」』西周遂下水，即是水之故渠也。

伊水又東北，枝渠左出焉。水積成湖，北流注於洛。今無水。

伊水又東北，至洛陽縣南，逕圜丘東，大魏郊天之所，準漢故事建之。後漢書郊祀志曰：『建武二年，初制郊兆於洛陽城南七里，爲圜壇八陛，中又爲重壇，天地位其上，皆南向。其外壇，上爲五帝位。其外爲壝，重營皆紫，以像紫宮。』按禮，天子大裘而冕，祭皞天上帝於此，今衮冕也。壇壝無復紫矣。

伊水又東北流，注於洛水。廣志曰：『鯢魚聲如小兒啼，有四足，形如鯪鯉，可以治牛，出伊水也。』司馬遷謂之人魚，故其著史記曰：『始皇帝之葬也，以人魚膏爲燭。』徐廣曰，『人魚似鮎而四足』，即鯢魚也。

校記

〔一〕伊水又北　殿本無「伊水」二字。

〔二〕陸渾縣　殿本無「縣」字。

〔三〕東注　原本作「東逕」，據殿本改。

〔四〕阻澗東逝　「阻」原本作「祖」，據殿本改。

〔五〕禪渚　山海經中山經作「墠渚」。郭注：「墠，音填。」

〔六〕「鯀化羽淵」至「不化矣」十九字，爲山海經郭注所無。

〔七〕宗均　注疏本作「宋均」。

〔八〕南水出　殿本作「水源南出」。

〔九〕大狂水　「大」字據殿本補。

〔一〇〕注於伊水　此四字據山海經中山經補。

〔一一〕會合水　原本作「合會水」，據殿本改。

淇水

淇水出河内隆慮縣西大號山。

山海經曰：『淇水出沮洳山〔一〕。』水出山側，頹波瀾注，衝激横山。山上合下開，可減六七十步，巨石磥砢，交積隍澗，傾瀾漭盪，勢同雷轉，激水散氛，曖若霧合。又東北，沾水注之。水出壺關縣東沾臺下，石壁崇高，昂藏隱天。泉流發於西北隅，與金谷水合。金谷即沾臺之西谿也。東北會沾水，又東流注淇水。淇水又逕南羅川，又歷三羅城北，東北與女臺水合。水發西北三女臺下，東北流，注於淇。

淇水又東北，歷淇陽川，逕石城西北。城在原上，帶澗枕淇。

淇水又東北，西流水注之。水出東大嶺下，西流，逕石樓南，在北陵石上，練垂架立，亭亭極峻。其水西流水也〔二〕。

又東，逕馮都壘南，世謂之淇陽城，在西北三十里。

淇水又東，出山分爲二水。水會立石堰，遏水以沃白溝。左爲菀水，右則淇水。自元甫城東南，逕朝歌縣北。竹書紀年：『晉定公二十八年〔三〕，淇絶於舊衛。』即此也。淇水又東〔四〕，右合泉源水，水有二源。一水出朝歌城西北，東南流。老人晨將渡水，而沉吟難濟，紂問其故，左右曰：『老者髓不實，故晨寒也。』紂乃於此斮脛而視髓也。其水南流，東屈逕朝歌城南。晉書地道記曰：『本沬邑也。』詩云：『爰采唐矣，沬之鄉矣。』殷王武丁始遷居之，爲殷都也。紂都在禹貢冀州大陸之野，即此矣。有糟丘、酒池之事焉。有新聲靡樂，號邑朝歌。晉灼曰：『史記樂書，紂作朝歌之音，朝歌者，歌不時也。』故墨子聞之，惡而迴車，不逕其邑。論語比考讖曰：『邑名朝歌，顏淵不舍。七十弟子揜目，宰予獨顧，由蹷墮車。』宋均曰：『子路患宰予顧視凶地，故以足蹷之使墮車也。』今城内有殷鹿臺，紂昔自投於火處也。竹書紀年曰：『武王親禽帝受辛於南單之臺，遂分天之明。』南單之臺，蓋鹿臺之異名也。武王以殷之遺民，封紂子武庚於兹邑。分其地爲三，曰邶、鄘、衛，使管叔、蔡叔、霍叔輔之，爲三監。叛，周討平，以封康叔爲衛。箕子佯狂自悲，故琴操有箕子操。逕其墟，父母之邦也，不勝悲，作麥秀歌。後乃屬晉。戰國時皆屬於趙，地居河淇之閒〔五〕，男女淫縱，有紂之遺風。土險多寇，漢以虞詡爲令，朋友以難治致弔，詡曰：『不遇盤根錯節，何以别利器乎？』又東與左水合，謂之馬溝水。水出朝歌城北，東流南屈，逕其城東。又東流，與美溝合。水出朝歌西北大嶺下。東流，逕駱駝谷，於中逶地九十曲，故俗有美溝之目矣。歷十二磴，磴流相承，泉響不斷，返水捍注，捲復深隍，隍閒積石千通，水穴萬變，觀者若思不周賞，情乏圖狀矣。其水東逕朝歌城北，又東南流，注馬溝水。又東南注淇水，爲肥泉也。故衛詩曰：『我思肥泉，兹之永歎。』毛注云：『同出異歸，爲肥泉。』爾雅曰：『歸異出同曰肥。』釋名曰：『本同出時，所浸潤水少，所歸枝散而多，似肥者也。』犍爲舍人曰：『水異出流行，合同曰肥。』今是水異出同歸矣。博物志謂之『澳水』。詩云：『瞻彼淇澳，菉竹猗猗。』毛云：『菉，王芻也。竹，編竹也。』漢武帝塞決河，斬淇園之竹木以爲用。寇恂爲河内，伐竹淇川，治矢百餘萬，以輸軍資。今通望淇川，無復此物。惟王芻編草不異。毛興又言：『澳，隈也。』鄭亦不以爲津源。而張司空專以爲水流入於淇，非所究也。然斯水即詩所謂『泉源之水』也。故衛詩云：『泉源在左，淇水在右。』衛女思歸，指以爲喻。淇水左右，蓋舉水所入爲左右也。

淇水又南，歷枋堰，舊淇水口，東流逕黎陽縣界，南入河。地理志曰：『淇水出共，東至黎陽入河。』溝洫志曰：『遮害亭西十八里，至淇水口』是也。漢建安九年，魏武王於水口下大枋木以成堰，遏淇水東入白溝，以通漕運。時人號其處爲枋頭。是以盧諶征艱賦曰：『後背洪枋巨堰，深渠高隄』者也。自後遂廢。魏熙平中，復通之，故渠歷枋城北，東出。

今瀆破故堨，其堰悉鐵柱木石參用。其故瀆南逕枋城西，又南分爲二水。一水南注清水，水流上下更相通注，河清水盛，北入故渠，自此始矣。一水東流，逕枋城南，東與菀口合。菀水上承淇水於元甫城西北，自石堰東菀城西，屈逕其城南，又東南流歷土軍東北，得舊石逗，故五水分流，世號五穴口，今惟通并爲一。一水西注淇水，謂之天井溝。一水逕土軍東，分爲蓼溝，東入白祀陂。又南分，東入同山陂，溉田七十餘頃。二陂所結，即臺陰野矣。菀水東南入淇水。

淇水右合宿胥故瀆。瀆受河於頓丘縣遮害亭東，黎山西北。會淇水處，立石堰遏水，令更東北注。魏武開白溝，因宿胥故瀆而加其功也。故蘇代曰：『決宿胥之口，魏無虛、頓丘。』即指是瀆也。

淇水又東北流，謂之白溝，逕雍榆城南。春秋，『襄公二十三年，叔孫豹救晉，次於雍榆』者也。淇水又北〔六〕，逕其城東，東北逕同山東，又東北逕帝嚳冢西，世謂之頓丘臺，非也。皇覽曰，『帝嚳冢在東郡濮陽頓丘城南，臺陰野中』者也。又北，逕白祠山東，歷廣陽里，逕顓頊冢西，俗謂之『殷王陵』，非也。帝王世紀曰，『顓頊葬東郡頓丘城南，廣陽里大冢者』是也。

白溝又北屈而西轉〔七〕，逕頓丘北，故闞駰云：『頓丘在淇水南。』爾雅曰：『丘一成謂之頓丘。』釋名謂：『一頓而成丘〔八〕，無高下小大之殺也〔九〕。』詩所謂『送子涉淇，至于頓丘』者也。魏徙九原、西河、土軍諸胡，置土軍於丘側，故其名亦曰『土軍』也。又屈逕頓丘縣故城西，古文尚書以爲觀地矣。蓋太康弟五君之號曰『五觀』者也。竹書紀年：『晉定公三十一年城頓丘。』皇覽曰，『頓丘者城門，名頓丘道』，世謂之殷，皆非也。蓋因『丘』而爲名，故曰『頓丘』矣。

白溝東北逕枉人山東，牽城西。春秋左傳，『定公十四年，公會齊侯、衛侯於牽』者也。杜預曰：『黎陽東北有牽城，即此城矣。』白溝又東北，逕石柱岡，東北注矣。

白溝又東北，逕幷陽城西，世謂之辟陽城，非也。即郡國志所謂『内黄縣有幷陽聚』者也。

東過内黄縣南，爲白溝。

白溝又北，左合蕩水。

又東北流，逕内黄縣故城南，縣右對黄澤。郡國志曰，『縣有黄澤』者也。地理風俗記曰：『陳留有外黄，故加「内」。』史記曰，『趙廉頗伐魏取黄』，即此縣。

屈從縣東北，與洹水合。

白溝自縣北，逕戲陽城東，世謂之羛陽聚。春秋，『昭公十年，晉荀盈如齊逆女，還，卒戲陽』是也。

白溝又北，逕高城亭東。又北，洹水從西南來注之。

又北，逕問亭東，即魏界也。魏縣故城。應劭曰：『魏武侯之别都也。』城内有武侯臺，王莽之魏城亭也。左與新河合，洹水枝流也。

白溝又東北，逕銅馬城西，蓋光武征銅馬所築也，故城得其名矣。

白溝又東北，逕羅勒城東。又東北，漳水注之，謂之利漕口。自下清漳、白溝、淇河，咸得通稱也。

又東北，過館陶縣北。又東北，過清淵縣西。

白溝水又東北，逕趙城西。又北，阿難河出焉。蓋魏將李阿難所導〔一〇〕，以利衡瀆，遂有阿難之稱矣。

白溝又東北，逕空陵城西。又北，逕喬亭城西，東去館陶縣故城十五里。縣，即春秋所謂冠氏也，魏陽平郡治也。白溝又屈逕其縣北。

又東北，逕平恩縣故城東。地理風俗記曰：『縣，故館陶之别鄉也。』漢宣帝地節三年置，以封后父許伯爲侯國。地理志王莽之延平縣矣。

白溝又東，過清淵縣故城西。又歷縣之西北爲清淵，故縣有清淵之名矣。世謂之『魚池城』，非也。

白溝又東北，逕榆陽城北。漢武帝封太常江德爲侯國。文穎曰：邑在魏郡清淵，世謂之『清淵城』，非也。

又東北，過廣宗縣，東爲清河。

清河東北，逕廣宗縣故城南。和帝永元五年，封皇太子萬年爲王國。田融言趙立建興郡於城内，置臨清縣於水東，自趙石始也。清河之右有李雲墓。雲字行祖，甘陵人，好學，善陰陽，舉孝廉，遷白馬令。中常侍單超等，立掖庭民女亳氏爲后。后家封者四人，賞賜巨萬。雲上書移副三府曰：『孔子云，帝者，諦也。今尺一拜用，不經御省，是帝欲不諦乎？』帝怒，下獄殺之。後冀州刺史賈琮使行部，過祠雲墓，刻石表之。今石柱尚存，俗猶謂之『李氏石柱』。

清河又東北，逕界城亭東。水上有大梁，謂之界城橋。英雄記曰：『公孫瓚擊青州黄巾賊，大破之，還屯廣宗。袁本初自往征瓚，合戰於界橋南二十里，紹將麴義破瓚於界城橋，斬瓚冀州刺史嚴綱，又破瓚殿兵於橋上，即此梁也。』世謂之鬲城橋，蓋傳呼失實矣。

清河又東北，逕信鄉西。地理風俗記曰：『甘陵西北十七里，有信鄉故縣也。』

清河又北，逕信成縣故城西。應劭曰：『甘陵西北五十里，有信成亭，故縣也。』趙置水東縣於此城，故亦曰水東城。

清河又東北，逕清陽縣故城西。漢高祖置清河郡，治此。景帝中三年，封皇子乘爲王國，王莽之平河也。漢光武建武二年，西河鮮于冀爲清河太守，作公廨未就而亡，後守趙高計功用二百萬。五官黄秉、功曹劉適言四百萬錢。於是冀乃鬼見，白日道從入府，與高及秉等對共計校，定爲適秉所割匿。冀乃書表自理。其略言：『高貴不尚節，畝壟之夫，而箕踞遺類，研密失機，婢妾其性，媚世求顯，偷竊銀艾，鄙辱天官，易譏負乘，誠高之謂。臣不勝鬼言，謹因千里驛聞，付高上之。』便西北去三十里，車馬皆滅，不復見。秉等皆伏地物故。高以狀聞，詔下，還冀西河田宅妻子焉。兼爲差代，以弭幽中之訟。漢桓帝建和三年，改清河爲甘陵王國，以王妖言，徙。其年立甘陵郡，治此焉。

又東北，過東武城縣西。

清河又東北，逕陵鄉西。應劭曰：『東武城西南七十里，有陵鄉故縣也。』後漢封太僕梁松爲侯國，故世謂之梁侯城，遂立侯城縣治也。

清河又東北，逕東武城縣故城西。史記：『趙公子勝，號平原君，以解邯鄲之功，受封於此』。定襄有武城，故加『東』矣。

清河又東北，逕復陽縣故城西。漢高祖七年，封右司馬陳胥爲侯國。王莽更名之曰樂歲。地理風俗記曰：『東武城西北三十里，有復陽亭，故縣也。』世名之曰『檻城』，非也。

清河又東北流，逕棗彊縣故城西。史記建元以來王子侯者年表云：漢武帝元朔三年〔一一〕，封廣川惠王子晏爲侯國。應劭地理風俗記曰：『東武城西北五十里，有棗彊城，故縣也。』

又北，過廣川縣東。

清河北逕廣川縣故城南。闞駰曰：『縣中有長河爲流，故曰廣川也。』水側有羌壘，姚氏之故居也。今廣川縣治。

清河又東北，逕歷縣故城南。地理志，『信都之屬縣也，王莽更名曰歷寧』也。應劭曰：『廣川縣西北三十里有歷城亭，故縣也。』今亭在縣東如北，水濟尚謂之爲歷口渡也。

又東，過蓨縣南〔一二〕。又東北，過東光縣西。

清河又東北，左與張甲屯、絳故瀆合，阻深隄高障，無復有水矣。又逕蓨縣故城南，屈逕其城東。蓨，音條。王莽更名之曰蓨治。郡國志曰：『故屬信都。』

清河又東北，左與橫漳枝津故瀆合。又東北，逕蓨國故城東。漢文帝封周亞夫爲侯國，故世謂之北蓨城也。

清河又東北，逕邸閣城東。城臨側清河，晉蓨縣治。城內有縣長魯國孔明碑。

清河又東，至東光縣西，南逕胡蘇亭。地理志，『東光有胡蘇亭』者也。世謂之『羌城』，非也。又東北，右會大河故瀆。又逕東光縣故城西。後漢封耿純爲侯國。初平二年，黄巾三十萬人入渤海，公孫瓚破之於東光界，追奔是水，斬首三萬，流血丹水，即是水也。

又東北，過南皮縣西。

清河又東北，無棣溝出焉。東逕南皮縣故城南，又東，逕樂亭北，地理志之臨樂縣故城也。王莽更名樂亭。晉書地道志、太康地記：『樂陵國有新樂縣。』即此城矣。又東，逕新鄉城北，即地理志高樂故城也。王莽更之曰爲鄉矣。無棣溝又東，分爲二瀆。無棣溝又東，逕樂陵郡北，又東屈而北出。又東，轉逕苑鄉縣故城南。又東南，逕高成縣故城南，與枝瀆合。瀆上承無棣溝，南逕樂陵郡西。又東南，逕千童縣故城東。史記建元以來王子侯者年表曰：『故重也，一作千鍾。』漢武帝元朔四年，封河間獻王子劉陰爲侯國。應劭曰：『漢靈帝改曰饒安也，滄州治。』枝瀆又南東屈，東北注無棣溝。無棣溝又東北，逕一故城北，世謂之功城也。又東北，逕鹽山，東北入海。春秋，『僖公四年，齊楚之盟於召陵』也。管仲曰：『昔召康公賜命先君太公履，北至於無棣，蓋四履之所也。』京相璠曰：『舊説無棣在遼西孤竹縣。』二説參差，未知所定。然管仲以責楚，無棣在此，方之爲近。既世傳已久，且以聞見書之。

清河又東北，逕南皮縣故城西。十三州志曰：『章武有北皮亭，故此曰南皮也。王莽之迎河亭。』史記惠景侯者年表云：『漢景帝後七年，封孝文后兄子彭祖爲侯國。』建安中，魏武擒袁譚於此城也。

清河又北，逕北皮城東，左會滹沱別河故瀆，謂之合口，城謂之合城也。地理風俗記曰，『南皮城北五十里有北皮城』，即是城矣。

又東北，過浮陽縣西。

清河東北流，浮水故瀆出焉。按史記，趙之南界，有浮水焉。浮水在南，而此有浮陽之稱者，蓋浮水出入，津流同逆混并，清漳二瀆，河之舊道，浮水故迹，又自斯別，是以縣有浮陽之名也。浮水首受清河於縣界〔一三〕，東北逕高城縣之苑鄉城北。又東，逕章武縣故城北。漢景帝後七年，封孝文后弟竇廣國爲侯國。王莽更名桓章。晉太始中，立章武郡，治此。浮水故瀆又東，逕篋山北，魏土地記曰：『高成東北五十里有篋山，長七里。』浮瀆又東北，逕柳縣故城南，漢武帝元朔四年，封齊孝王子劉陽爲侯國。地理風俗記曰：『高成縣東北五十里有柳亭，故縣也。世謂之辟亭，非也。』浮瀆又東北，逕漢武帝望海臺，又東注於海。應劭曰：『浮陽縣，浮水所出，入海，潮汐往來，日再。』今溝無復有水也。

清河又北，分爲二瀆。枝分東出，又謂之浮瀆。

清河又北，逕浮陽縣故城西，王莽之浮城也。建武十五年，更封驍騎將軍平鄉侯劉歆爲侯國，浮陽郡治。又東北，滹沱別瀆注焉，謂之合口也。

又東北，過濊邑北，濊水出焉。又東北，過鄉邑南。

清河又東，分爲二水，枝津右出焉。東逕漢武帝故臺北。魏土地記曰：『章武縣東百里，有武帝臺。南北有二臺，相去六十里，基高六十丈。』俗云，漢武帝東巡海上所築。又東，注於海。

又東北，過窮河邑南。

清河又東北，逕紵姑邑南，俗謂之『新城』，非也。

清河又東北，逕窮河邑南。俗謂之『三女城』，非也。東北至泉州縣，北入滹沱水。經曰：『笥溝東南至泉州縣，與清河合。自下，爲派河尾也。又東，泉州渠出焉。』

又東北，過漂榆邑，入於海。

清河又東，逕漂榆邑故城南。俗謂之『角飛城』。趙記云，『石勒使王述煮鹽於角飛』，即城異名矣。魏土地記曰：『高城縣東北百里，北盡漂榆，東臨巨海，民咸煮海水，藉鹽爲業。』即此城也。清河自是入於海。

校記

〔一〕淇水　山海經北山經作「濝水」。郭璞注：「濝，音其。」

〔二〕西流水也　注疏本作「西流逕注於淇」。

〔三〕二十八年　原本作「十八年」，據大典本改。

〔四〕又東　原本作「又南」，據殿本改。

〔五〕地居河淇之間　此六字殿本在「後乃屬晉」句下。

〔六〕淇水又北　「淇水」二字據殿本補。

〔七〕白溝又北　此處及其下文「白溝東北逕枉人山東」、「白溝又東北逕石柱崗」之「白溝」，他本均作「淇水」。估計是戴震據上文「淇水又東北流，謂之白溝」而改之。

〔八〕一頓而成丘　釋名疏證補釋丘作「一頓而成」。

〔九〕高下小大　釋名疏證補釋丘作「上下大小」。

〔一〇〕李阿難　殿本無「李」字。

〔一一〕元朔三年　原本作「元朔二年」，據史記建元以來王子侯者年表改。

〔一二〕蓨縣　「蓨」殿本作「脩」，下同。

〔一三〕浮水首受清河　殿本無「浮水」二字。

蕩水

蕩水出河内蕩陰縣西山東。

蕩水出縣西石尚山，泉流逕其縣故城南，縣因水以取名也。晉伐成都王穎，敗帝於是水之南。盧綝四王起事曰：『惠帝征成都王穎，戰敗，時舉輦司馬八人，輦猶在肩上，軍人競就殺舉輦者，乘輿頓地，帝傷三矢，百僚奔散，惟侍中嵇紹扶帝。士將兵之，帝曰：「吾吏也，勿害之。」衆曰：「受太弟命，惟不犯陛下一人爾。」遂斬之，血汙帝袂。將洗之，帝曰：「嵇侍中血，勿洗也。」此則嵇延祖殞命之所〔一〕。』

東北至内黄縣，入於黄澤。

羑水出蕩陰西北韓大牛泉。地理志曰：『縣之西山，羑水所出』也。羑水又東，逕韓附壁北，又東流逕羑城北，故羑里也。史記音義曰：『牖里在蕩陰縣。』廣雅：『牖，獄犴也。』夏曰夏臺，殷曰羑里，周曰囹圄，皆圜土。昔殷紂納崇侯虎之言，囚西伯於此。散宜生、南宫括見文王，乃演易，用明否泰始終之義焉。羑城北，水積成淵，方十餘步，深一丈餘，東至内黄與防水會，水出西山馬頭澗，東逕防城北，盧諶征艱賦所謂越防者也。其水東南流，注於羑水。又東，歷黄澤，入蕩水。地理志曰，『羑水至内黄入蕩』者也。蕩水又東，與長沙溝水合。其水導源黑山北谷，東流逕晉鄙故壘北，謂之晉鄙城，名之爲魏將城。昔魏公子無忌矯奪晉鄙軍於是處。故班叔皮遊居賦曰，『過蕩陰而弔晉鄙，責公子之不臣』者也。其水又東，謂之宜師溝。又東，逕蕩陰縣南。又東，逕枉人山，東北至内黄縣，右入蕩水。亦謂之黄雀溝。是水秋夏則汎，春冬則耗。蕩水又逕内黄城南。陳留有外黄，故稱『内』也。東注白溝。

校　記

〔一〕此　原本誤作『比』，據殿本改。

洹　水

洹水出上黨泫氏縣。

水出洹山。山在長子縣也。

東過隆慮縣北。

縣北有隆慮山，昔帛仲理之所遊神也。縣因山以取名。漢高帝六年，封周竈爲侯國。應劭曰：『殤帝曰隆，故改從「林」也。』縣有黄華水，出於神囷之山黄華谷北崖上。山高十七里〔一〕，水出木門帶。『帶』即山之第三級也。去地七里，懸水東南注壑。直瀉巖下，狀若雞翹，故謂之雞翹洪，蓋亦天台、赤城之流也。其水東流至谷口，潛入地下，東北十里復出，名柳渚。渚周四五里，是黄華水重源再發也。東流，葦泉水注之。水出林慮山北澤中，東南流，與雙泉合。水出魯般門東，下流入葦泉水。葦泉水又東南流，注黄華水，謂之陵陽水。又東，入於洹水也。

又東北出山，過鄴縣南。

洹水出山，東逕殷墟北。竹書紀年曰：『盤庚即位，自奄遷於北蒙，曰殷。』昔者，項羽與章邯盟於此地矣。

洹水又東，枝津出焉。東北流，逕鄴城南，謂之新河。又東，分爲二水。一水北逕東明觀下。昔慕容儁夢石虎齧其臂，寤而惡之，購求其尸，而莫之知。後宮嬖妾言，虎葬東明觀下，於是掘焉。下度三泉，得其棺，剖棺出尸，尸僵不腐。儁罵之曰：『死胡，安敢夢生天子也！』使御史中尉陽約，數其罪而鞭之。此蓋虎始葬處也。又北，逕建春門。石梁不高大，治石工密。舊橋首夾建兩石柱，螭矩趺勒甚佳。乘輿南幸，以其作制華妙，致之平城東側西闕，北對射堂，緑水平潭，碧林側浦，可遊憩矣。其水西，逕魏武玄武故苑。苑舊有玄武池，以肄舟楫。有魚梁、釣臺、竹木、灌叢，今池林絶滅，略無遺迹矣。其水西流，注於漳。南水，東北逕女亭城北。又東北，逕高陵城南，東合坰溝。又東，逕鸕鷀陂北，與台陂水合。陂東西三十里，南北注白溝。

河溝上承洹水〔二〕，北絶新河，北逕高陵城東，又北逕斥丘縣故城西。縣西南有斥丘〔三〕，蓋因丘以氏縣，故乾侯矣。春秋經書，『昭公二十八年，公如晉，次于乾侯』也。漢高帝六年，封唐厲爲侯國，王莽之利丘矣。又屈逕其城北，東北流，注於白溝。

洹水自鄴，東逕安陽縣故城北。徐廣晉紀曰，『石遵自李城北入，斬張豹於安陽』，是也。魏土地記曰，『鄴城南四十里，有安陽城，城北有洹水東流』者也。

洹水又東，至長樂縣，左則枝溝出焉。

洹水又東，逕長樂縣故城南。按晉書地理志曰，『魏郡有長樂縣』也。

又東，過內黄縣北，東入於白溝。

洹水逕內黄縣北，東流注於白溝，世謂之洹口也。許慎説文、吕忱字林並云：『洹水出晉魯之間。』昔聲伯夢涉洹水，或與己瓊瑰而食之，泣而又爲瓊瑰，盈其懷矣。從而歌曰：『濟洹之水，贈我以瓊瑰。歸乎，歸乎，瓊瑰盈吾懷乎。』後言之，之暮而卒，即是水也。

校記

〔一〕山高　『山』字據殿本補。

〔二〕河溝　注疏本作『洞溝』。

〔三〕縣西南　殿本作『縣南角』。

濁漳水

濁漳水出上黨長子縣西發鳩山。

漳水出鹿谷山。與發鳩連麓而在南。淮南子謂之發苞山，故異名互見也。左則陽泉水注之，右則緻蓋水入焉。三源同出一山，但以南北爲別爾。

東過其縣南，

又東，堯水自西山東北流，逕堯廟北。又東，逕長子縣故城南，周史辛甲所封邑也。春秋：『襄公十八年，晉人執衛行人石買於長子。』即是縣也。秦置上黨郡，治此。其水東北流，入漳水。漳水又東，會梁水。水南出梁山〔一〕，北流逕長子縣故城南。竹書紀年曰：『梁惠成王十二年，鄭取屯留、尚子、涅。』尚子即長子之異名也。梁水又北，入漳水。

屈從縣東北流。

陶水南出陶鄉，北流逕長子城東，西轉逕其城北，東注於漳水。

又東，過壺關縣北。又東北，過屯留縣南，

漳水東逕屯留縣南。又屈逕其城東，東北流，有絳水注之。水西出穀遠縣東發鳩之谷，謂之爲濫水也。東逕屯留縣故城南，故留吁國也，潞氏之屬。春秋，「襄公十八年，晉人執孫蒯於純留」，是也。其水東北流，入於漳。故桑欽云：「絳水出屯留西南，東入漳。」

漳水又東，涑水注之。水西出發鳩山，東逕余吾縣故城南。漢光武建武六年，封景丹子尚爲侯國。涑水又東，逕屯留縣故城北。竹書紀年：「梁惠成王元年，韓共侯、趙成侯，遷晉桓公於屯留。」史記，「趙肅侯奪晉君端氏而徙居之此」矣。其水又東流，注於漳。故許慎曰：「水出發鳩山，入漳〔二〕。從水，東聲也。」

漳水又東北，逕壺關縣故城西。又屈，逕其城北，故黎國也。有黎亭，縣有壺口關，故曰「壺關」矣。吕后元年，立孝惠後宫子武爲侯國。漢有壺關三老公乘興，上書訟衛太子，即邑人也。縣在屯留東，不得先壺關而後屯留也。

漳水歷鹿臺山，與銅鞮水合。水出銅鞮縣西北石隥山，東流與專池水合。水出八特山東北，流入銅鞮水。銅鞮水又東南，合女諫水。水西北出好松山，東南流。北則葦池水與公主水合而右注之，南則榆交水與皇后水合而左入焉。亂流東南，注於銅鞮水。銅鞮水又東，逕李憙墓，墓前有碑，碑石破碎，故李氏以太和元年立之。其水又東，逕故城北。城在山阜之上，下臨岫壑，東西北三面，阻袤二里，世謂之斷梁城，即故縣之上虒亭也。

銅鞮水又東，逕銅鞮縣故城北。城在水南山中，晉大夫羊舌赤銅鞮伯華之邑也。漢高祖破韓王信於此縣。銅鞮水又東南流，逕頃城西，即縣之下虒聚也。地理志曰，縣『有上虒亭、下虒聚』者也。銅鞮水又南，逕胡邑西。又東屈，逕其城南。又東，逕襄垣縣，入於漳。

漳水又東北流，逕襄垣縣故城南。王莽之上黨亭也。

潞縣北。

縣，故赤翟潞子國也。其相豐舒有俊才，而不以茂德。晉伯宗數其五罪，使荀林父滅之。闞駰曰：『有潞水，爲冀州浸，即漳水也。』余按燕書，王猛與慕容評相遇於潞川。評障固山泉，鬻水與軍，入絹匹，水二石。無他大川，可以爲浸，所有巨浪長湍，惟漳水爾。故世人亦謂濁漳爲潞水矣。縣北對故臺壁，漳水逕其南，本潞子所立也，世名之爲臺壁。慕容垂伐慕容永於長子，軍次潞川。永率精兵拒戰，阻河自固，垂陣臺壁，一戰破之。即是處也。漳水於是，左合黄須水口。水出臺壁西張諱巖下。世傳，巖赤則土罹兵害。故惡其變化無常，恒以石粉汙之令白，是以俗目之爲張諱巖。其水南流，逕臺壁西。又南，入於漳。

漳水又東北，歷望夫山。山之南，有石人佇於山上，狀有懷於雲表，因以名焉。有涅水，西出覆甑山而東流，與西湯谿水合。水出涅縣西山湯谷，五泉俱會，謂之五會之泉。交東南流，謂之西湯水。又東南流，注涅水。涅水又東，逕涅氏縣故城南，縣氏涅水也。東與白鷄水合。水出縣之西山，東逕其縣北，東南流入涅水。涅水又東南，武鄉水會焉。水源出武鄉山西南，逕武鄉縣故城西，而南得清谷口。水源出東北長山清谷，西南與轘轅、白壁二水合，南入武鄉水。又南得黄水口，黄水三源同注一壑，東南流，與隱室水合。水源西北出隱室山，東南注黄水。又東，入武鄉水。武鄉水又東，南注於涅水。涅水又東南流，注於漳水。

漳水又東，逕磻陽城北，倉谷水入焉。水出林慮縣之倉谷谿，東北逕魯班門西，雙闕昂藏，石壁霞舉，左右結石脩防，崇基仍存。北逕偏橋東，即林慮之嶠嶺抱犢固也。石隥西陛，陟踵脩上五里餘，崿路中斷四五丈，中以木爲偏橋，劣得通行，亦言故有偏橋之名矣。自上猶須攀蘿捫葛，方乃自津山頂，即庾衮眩墜處也。倉谷谿水又北，合白木谿水。水出壺關縣東白木川，東逕百畝城北，蓋同仇池百頃之稱也。又東，逕林慮縣之石門谷，注於倉谿水。倉谿水又北，逕磻陽城東，而北流注於漳水。漳水又東，逕葛公亭北，而東注矣。

又東，過武安縣南。

漳水於縣東，清漳水自涉縣東南來注之〔三〕。世謂決入之所爲交漳口也。

又東出山，過鄴縣西。

漳水又東，逕三户峽爲三户津。張晏曰：『三户，地名也，在梁期西南。』孟康曰：『津，峽名也，在鄴西四十里。』

又東，汙水注之。水出武安山〔四〕，東南流，逕汙城北。昔項羽與蒲將軍、英布濟自三户，破章邯於是水。汙水東注於漳水。

漳水又東，逕武城南，世謂之梁期城。梁期在鄴北，俗亦謂之兩期城，皆爲非也。司馬彪郡國志曰：『鄴縣有武城。』武城，即斯城矣。

漳水又東北，逕西門豹祠前。祠前側有碑，隱起爲字。祠堂東頭石柱，勒銘曰：『趙建武中所脩也。』魏文帝述征賦曰：『羡西門之嘉迹，忽遥睇其靈宇。』漳水右與枝水合。其水上承漳水於邯會西，而東别與邯水合。水發源邯山東北，逕邯會縣故城西，北注枝水，故曰邯會也。張晏曰：『漳水之别，自城西南與邯山之水會，今城旁猶有溝渠存焉。』漢武帝元朔二年，封趙敬肅王子劉仁爲侯國。其水又東北，入於漳。昔魏文侯以西門豹爲鄴令也，引漳以溉鄴，民賴其用。其後，至魏襄王，以史起爲鄴令，又堰漳水以灌鄴田，咸成沃壤，百姓歌之。魏武王又堨漳水，迴流東注，號天井堰。二十里中作十二墱〔五〕，墱相去三百步，令互相灌注，一源分爲十二流，皆懸水門。陸氏鄴中記云：『水所溉之處，名曰堰陵澤。』左思之賦魏都，謂『墱流十二，同源異口』者也。魏武之攻鄴也，引漳水以圍之。獻帝春秋曰：『司空鄴城圍〔六〕，周四十里，初淺而狹，如或可越。審配不出争利，望而笑之。司空一夜增脩，廣深二丈，引漳水以注之，遂拔鄴。』本齊桓公所置也，故管子曰：『築五鹿、中牟、鄴，以衛諸夏也。』後屬晉，魏文侯七年，始封此地，故曰魏也。漢高帝十二年，置魏郡，治鄴縣。王莽更名魏城。後分魏郡，置東、西部都尉，故曰『三魏』。魏武又以郡國之舊，引漳流自城西東入，逕銅雀臺下，伏流入城東注，謂之長明溝也。渠水又南，逕止車門下。魏武封於鄴爲北宫，宫有文昌殿。渠水南北夾道〔七〕，枝流引灌，所在通溉，東出石竇堰下，注之隍水。故魏武登臺賦曰：『引長明，灌街里。』謂此渠也。石氏於文昌故殿處，造東、西太武二殿於濟北穀城之山，採文石爲基，一基下五百武直宿衛。屈柱趺瓦，悉鑄銅爲之，金漆圖飾焉。又徙長安雒陽銅人，置諸宫前，以華國也。城之西北有三臺，皆因城爲之基，巍然崇舉，其高若山。建安十五年，魏武所起，平坦略盡。春秋古地云：『葵丘，地名。今鄴西三臺是也。』謂臺已平〔八〕，或更有見，意所未詳。中曰銅雀臺，高十丈，有屋百一間。臺成，命諸子登之，並使爲賦。陳思王下筆成章，美捷當時。亦魏武望奉常王叔治之處也。昔嚴才與其屬攻掖門，脩聞變，車馬未至，便將官屬步至宮門，太祖在銅雀臺望見之曰：『彼來者必王叔治也。』相國鍾繇曰：『舊，京城有變，九卿各居其府，卿何來也？』脩曰：『食其祿，焉避其難？居府雖舊，非赴難之義。』時人以爲美談矣。石虎更增二丈，立一屋，連棟接榱，彌覆其上，盤迴隔之，名曰命子窟。又於屋上起五層樓，高十五丈，去地二十七丈，又作銅雀於樓巔，舒翼若飛。南則金虎臺，高八丈，有屋百九間。北曰冰井臺，亦高八丈，有屋百四十五間。上有冰室，室有數井，井深十五丈，藏冰及石墨焉。石墨可書，又燃之難盡，亦謂之石炭。又有粟窖、鹽窖，以備不虞。今窖上猶有石銘存焉。左思魏都賦曰：『三臺列峙而峥嶸』者也。城有七門。南曰鳳陽門，中曰中陽門，次曰廣陽門，東曰建春門，北曰廣德門，次曰廐門，西曰金明門，一曰白門。鳳陽門三臺洞開，高三十五丈，石氏作層觀架其上，置銅鳳，頭高丈六尺。東城上，石氏立東明觀，觀上加金博山，謂之『鏘天』。北城上有齊斗樓，超出羣榭，孤高特立。其城東西七里，南北五里，飾表以塼。百步一樓，凡諸宮殿，門臺隅雉，皆加觀榭。層甍反宇，飛檐拂雲，圖以丹青，色以輕素。當其全盛之時，去鄴六七十里，遠望苕亭，巍若仙居。魏因漢祚，復都洛陽，以譙爲先人本國，許昌爲漢之所居，長安爲西京之遺迹，鄴爲王業之本基，故號五都也。今相州刺史及魏郡治。

漳水自西門豹祠北，逕趙閱馬臺西。基高五丈，列觀其上，石虎每講武於其下，升觀以望之。虎自於臺上放鳴鏑之矢，以爲軍騎出入之節矣。

漳水又北，逕祭陌西。戰國之世，俗巫爲河伯取婦，祭於此陌。魏文帝時，西門豹爲鄴令，約諸三老曰：『爲河伯娶婦，幸來告知，吾欲送女。』皆曰：『諾。』至時，三老、廷掾賦斂百姓，取錢百萬。巫覡行里中，有好女者，祝當爲河伯婦，以錢三萬聘女，沐浴脂粉如嫁狀。豹往會之，三老、巫、掾與民咸集赴觀。巫嫗年七十，從十女弟子。豹呼婦視之，以爲非妙，令巫嫗入報河伯，投巫於河中。有頃曰：『何久也？』又令三弟子及三老入白，並投於河。豹磬折曰：『三老不來，柰何？』復欲使廷掾、豪長趣之，皆叩頭流血，乞不爲河伯取婦。淫祀雖斷，地留祭陌之稱焉。又慕容儁投石虎尸處也。田融以爲紫陌也。趙建武十一年，造紫陌浮橋於水上，爲佛圖澄先造生墓於紫陌。建武十五年卒，十二月葬焉。即此處也。漳水又對趙氏臨漳宮。宮在桑梓苑，多桑木，故苑有其名。三月三日及始蠶之月，虎帥皇后及夫人，採桑於此。今地有餘桑〔九〕，墉無尺雉矣。

漳水又北，滏水入焉。水出鄴西北石鼓山南巖下。泉源奮涌，若釜之揚湯矣。其水冬温夏冷，崖上有魏世所立銘，水上有祠，能興雲雨。佛圖澄别傳曰：『石虎時，自正月不雨至六月。澄自詣滏祠，稽首暴露，即日二白龍降於祠下，於是雨徧千里。』滏水又東流，注於漳，謂之合口〔一〇〕。

漳水又東，逕梁期城南。地理風俗記曰，『鄴北五十里有梁期城』，故縣也。漢武帝元鼎五年，封任破胡爲侯國，晉惠帝永興元年，驃騎王浚遣烏丸渴末徑至梁期，候騎到鄴，成都王穎遣將軍石超討末，爲末所敗於此也。

又逕平陽城北，竹書紀年曰，『梁惠成王元年，鄴師敗邯鄲師於平陽』者也。司馬彪郡國志曰，『鄴有平陽城』，即此地也。

又東，過列人縣南。

漳水又東，右逕斥丘縣北。即裴縣故城南，王莽更名之曰即是也。地理風俗記曰『列人縣西南六十里，有即裴城』〔一一〕，故城也。

漳水又東北，逕列人縣故城南，王莽更名之爲列治也。竹書紀年曰，『梁惠成王八年，惠成王伐邯鄲，取列人』者也。於縣右合白渠故瀆。白渠水出魏郡武安縣欽口山，東南流，逕邯鄲縣南。又東，與拘澗水合。水導源武始東山白渠，北俗猶謂是水爲拘河也。拘澗水又東，有牛首水入焉。水出邯鄲縣西堵山，東流分爲二水，洪湍雙逝，澄映兩川。漢景帝時，七國悖逆，命曲周侯酈寄攻趙，圍邯鄲，相捍七月，引牛首拘水灌城，城壞，王自殺。其水東入邯鄲城，逕温明殿南。漢世祖擒王郎，幸邯鄲，晝臥處也。其水又東，逕叢臺南。六國時，趙王之臺也。郡國志曰：『邯鄲有叢臺。』劉劭趙都賦曰，『結雲閣於南宇，立叢臺於少陽』者也。今遺基舊墉尚在。其水又東，歷邯鄲阜，張晏所謂邯山在東城下者也。曰單，盡也，城郭從邑，故加邑。邯鄲之名，蓋指此以立稱矣。故趙郡治也。長沙耆舊傳稱，桓楷爲趙郡太守，嘗有遺囊粟於路者，行人挂囊粟於樹，莫敢取之，即於是處也。其水又東流，出城合成一川。又東，澄而爲渚。渚水東南流，注拘澗水。又東，入白渠。又東，故瀆出焉。一水東爲澤渚，曲梁縣之鷄澤也。國語所謂鷄丘矣。東北通澄湖，白渠故瀆南出所在，枝分右出，即邯溝也。歷邯溝縣故城東，蓋因溝以氏縣。地理風俗記曰：『即裴城，西北二十里有邯溝城故縣也。』又東，逕肥鄉縣故城北。竹書紀年曰，『梁惠成王八年，伐邯鄲，取肥』者也。晉書地道記曰，『太康中立，以隸廣平也』。渠道交徑，互相纏縻，與白渠同歸，逕列人，右會漳津，今無水。地理志曰，『白渠，東至列人入漳』，是也。

又東北，過斥章縣南。

應劭曰：『其國斥鹵，故曰斥章。』漢獻帝建安十八年，魏太祖鑿渠引漳水，東入清洹以通河漕，名曰利漕渠。漳津故瀆水斷，舊谿東北出，涓流濛注而已。尚書所謂『覃懷厎績，至於衡漳』者也。孔安國曰：『衡，橫也，言漳水橫流也。』

又東北，逕平恩縣故城西。應劭曰：『縣，故館陶之別鄉。』漢宣帝地節三年置，以封后父許伯爲侯國，王莽更曰延平也〔一二〕。

又東北，過曲周縣東。　又東北，過鉅鹿縣東。

衡漳故瀆，東北逕南曲縣故城西。地理志，『廣平有南曲縣』。應劭曰：『平恩縣北四十里有南曲亭，故縣也。』

又逕曲周縣故城東。地理志曰：『漢武帝建元四年置，王莽更名直周。』余按史記，大將軍酈商，以高祖六年封曲周縣爲侯國。又考漢書同。是知曲周舊縣，非始孝武。嘯父，冀州人，在縣市補履數十年，人奇其不老，求其術而不能得也。

衡漳又北，逕巨橋邸閣西。舊有大梁横水，故有『巨橋』之稱。昔武王伐紂，發巨橋之粟，以賑殷之飢民。服虔曰：『巨橋，倉名。』許慎曰：『鉅鹿水之大橋也。』今臨側水湄，左右方一二里，中狀若丘墟，蓋遺囤故窖處也。

衡水又北，逕鉅鹿縣故城東。應劭曰：『鹿者，林之大者也。』尚書曰：『堯將禪舜，納之大麓之野，烈風雷雨不迷，致之以昭華之玉，而縣取目焉。』路温舒，縣之東里人。父爲里監門，使温舒牧羊澤中，取蒲牒用寫書，即此澤也。鉅鹿郡治，秦始皇二十五年，滅趙以爲鉅鹿郡。漢景帝中元年，爲廣平郡。武帝征和二年，以封趙敬肅王子爲平于國。世祖中興，更爲鉅鹿也。鄭玄注尚書引地説云：『大河東北流，過絳水千里，至大陸，爲地腹。』地理志曰:『大陸在鉅鹿,絳水在安平信都。』如志之言,鉅鹿與信都,相去不容此數也〔一三〕。水土之名變易,世失其處,見『降水』則以爲絳水,故依而廢讀,或作『絳』字,非也。今河内共北山,淇水出焉。東至魏郡黎陽入河,近所謂『降水』也。降,讀當如『郕降於齊師』之『降』。蓋周時國於此地者,惡言『降』,故改云『共』爾〔一四〕。又今河所從去大陸遠矣,館陶北屯氏河,其故道與?余按鄭玄據尚書有『東過洛汭,至于大伾,北過降水,至于大陸』,推次言之,故以淇水爲降水,共城爲降城,所未詳也。稽之羣書,共縣本共和之故國,是有共名。不因惡降而更稱。禹著山經,淇出沮洳。淇澳,衛詩,列目又遠,當非改降,革爲今號。但是水導源共北山,玄欲成降義,故以淇水爲降水爾。即如玄引地説,黎陽鉅鹿,非千里之逕,直信都於大陸者也。惟屯氏北出館陶,事近之矣。按地理志云,『絳水發源屯留,下亂漳津』,是乃與漳俱得通稱,故水流間關,所在著目,信都復見絳名,而東入於海。尋其川脉,無他殊瀆,而衡漳舊道,與屯氏相亂,乃書有『過降』之文,與地説千里之志,即之途致,與書相鄰,河之過降,當應此矣。下至大陸,不異經説,自甯迄於鉅鹿,出於東北,皆爲大陸。語之纏絡,厥勢眇矣。九河既播,八枝代絶。遺迹故稱,往往時存,故鬲盤列於東北,徒駭瀆聯漳絳,同逆之狀鼉分,陂障之會猶在。按經考瀆,自安故目矣。

漳水又歷經縣故城西，水有故津，謂之薄落津。昔袁本初還自易京，上已届此，率其賓從，禊飲於斯津矣。衡漳又逕沙丘臺東，紂所成也。在鉅鹿故城東北七十里，趙武靈王與秦始皇並死於此矣。

又逕銅馬祠東，漢光武廟也。更始三年秋，光武追銅馬於館陶，大破之，遂降之。賊不自安，世祖令其歸營，乃輕騎行其壘，賊乃相謂曰：『蕭王推赤心置人腹中，安得不投死乎？』遂將降人分配諸將，衆數十萬人，故關西號世祖曰銅馬帝也。祠取名焉。廟側有碑，述河内脩武縣張導字景明，以建和三年爲鉅鹿太守，漳津汎濫，土不稼穡，導披按地圖，與丞彭參、掾馬道嵩等，原其逆順，揆其表裏，脩防排通，以正水路，功績有成，民用嘉賴。題云漳河神壇碑。而俗老耆儒，猶揭斯廟爲『銅馬劉神寺』。是碑頃因震裂，餘半不可復識矣。又逕南宫縣故城西。漢惠帝元年，以封張越人子買爲侯國，王莽之序中也。其水與渦醴通爲衡津。又有長蘆淫水之名，絳水之稱矣。今漳水既斷，絳水非復纏絡矣。

又北，絳瀆出焉。今無水。故瀆東南，逕九門城南。又東南，逕南宫城北。又東南，逕繚城縣故城北。十三州志曰：『經縣東五十里，有繚城故縣也。』左逕安城南，故信都之安城鄉也。更始二年，和戎卒正伾彤，與上會信都南安城鄉。上大悦，即此處也。故瀆又東北，逕辟陽亭。漢高帝六年，封審食其爲侯國，王莽之樂信也。地理風俗記曰：『廣川西南六十里，有辟陽亭，故縣也。』絳瀆又北，逕信都城東，散入澤渚，西至於信都城，東連於廣川縣之張甲故瀆，同歸於海。故地理志曰：『禹貢，絳水在信都，東入於海也。』

又北，過堂陽縣西。

衡水自縣分爲二水。其一水北出，逕縣故城西，世祖自信都以四千人先攻堂陽降水者也。水上有梁，謂之旅津渡，商旅所濟故也。其右水東北注，出石門。門石崩褫，餘基殆在，謂之長蘆水，蓋變引葭之名也〔一五〕。長蘆水東逕堂陽縣故城南。應劭曰：『縣在堂水之陽。』穀梁傳曰：『水北爲陽。』今於縣故城南，更無別水，惟是水東出，可以當之。斯水蓋包堂水之兼稱矣。長蘆水又東，逕九門城北，故縣也。又東，逕扶柳縣故城南。世祖建武三十年，封寇恂子損爲侯國。又東屈北，逕信都縣故城西，信都郡治也。漢高帝六年置，景帝中二年爲廣川惠王越國，王莽更爲新博，縣曰新博亭。光武自薊至信都是也。明帝永平十五年，更名樂成。安帝延光中，改曰安平。城內有漢冀州從事安平趙徵碑，又有魏冀州刺史陳留丁紹碑。青龍三年立。城南有獻文帝南巡碑。其水側城北注。又北，逕安陽城東，又北，逕武陽城東。十三州志曰：『扶柳縣東北有武陽城，故縣也。』又北爲博廣池，池多名蟹佳鰕，歲貢王朝，以充膳府。又北，逕下博縣故城東，而北流注於衡水也。

又東北，過扶柳縣北。又東北，過信都縣西。

扶柳縣故城在信都城西，衡水逕其西。縣有扶澤，澤中多柳，故曰扶柳也。衡水又北，逕昌城縣故城西。地理志：『信都有昌城縣。』漢武帝以封城陽頃王子劉差爲侯國。闞駰曰：『昌城本名阜城矣。』應劭曰：『堂陽縣北三十里，有昌城故縣也。』世祖之下堂陽，昌城人劉植，率宗親子弟據邑以奉世祖是也。又逕西梁縣故城東。地理風俗記曰：『扶柳縣西北五十里有西梁城故縣也。』世以爲『五梁城』，蓋字狀致謬爾。

衡漳又東北，逕桃縣故城北。漢高祖十二年，封劉襄爲侯國。王莽改之曰桓分也。合斯洨故瀆，斯洨水首受大白渠。大白渠首受緜蔓水。緜蔓水上承桃水。水出樂平郡之上艾縣，東流，世謂之曰桃水。東逕靖陽亭南，故關城也。又北流，逕井陘關下，注澤發水〔一六〕。亂流，東北逕常山蒲吾縣西，而桃水出焉。南逕蒲吾縣故城西，又東南流，逕桑中縣故城北，世謂之石勒城，蓋趙氏增城之，故擅其目，俗又謂之高功城。地理志曰，『侯國』也。桃水又東南流，逕緜蔓縣故城北，王莽之緜延也。世祖建武二年，封郭況爲侯國，自下通謂之緜蔓水。緜蔓水又東流，逕樂陽縣故城西。右合井陘山水，水出井陘山，世謂之鹿泉水。東北流，屈逕陳餘壘西，俗謂之故壁城。昔在楚漢，韓信東入，餘拒之於此，不納左車之計，悉衆西戰，信遣奇兵自閒道出，立幟於其壘，師奔失據，遂死泜上。其水又屈逕其壘南，又南，逕城西，東注緜蔓水。緜蔓水又屈從城南，俗名『臨清城』，非也。地理志曰『侯國』矣。王莽更之曰暢苗者也。東觀漢記曰『光武使鄧禹發房子兵二千人，以銚期爲偏將軍，别攻真定、宋子餘賊，拔樂陽、稾、肥壘者也』〔一七〕。緜蔓水又東，逕烏子堰，枝津出焉。又東，謂之大白渠。地理志所謂『首受緜蔓水』者也。白渠水又東南，逕關縣故城北。地理志常山之屬縣也。又東，爲成郎河，水上有大梁，謂之成郎橋。又東，逕耿鄉南，世祖封前將軍耿純爲侯國，世謂之宜安城。又東，逕宋子縣故城北，又謂之宋子河。漢高帝八年，封許瘛爲侯國，王莽更名宜子。昔高漸離擊筑傭工，自此入秦。又東，逕敬武縣故城北。按地理志，鉅鹿之屬縣也。漢元帝封女敬武公主爲湯沐邑。闞駰十三州記曰：『楊氏縣北四十里，有敬武亭，故縣也。』今其城實中，小邑爾。故俗名之曰敬武壘，即古邑也。白渠水又東，謂之斯洨水。地理志曰，『大白渠東南至下曲陽入斯洨』者也。東分爲二水，枝津右出焉。東南流，謂之百尺溝。又東南，逕和城北，世謂之初丘城，非也。漢高帝十一年，封郎中公孫昔爲侯國。又東南，逕貰城西。漢高帝六年，封吕博爲侯國。百尺溝東南散流，逕歷鄉東，而南入泜湖，東注衡水也。斯泜水自枝津東，逕貰城北。又東，積而爲陂，謂之陽縻淵。淵水左納白渠枝水，俗謂之泜水。水承白渠於稾城縣之烏子堰。又東，逕肥纍縣故城南。又東，逕陳臺南。臺甚寬廣，今上陽臺屯居之。又東，逕新豐城北。按地理志，鉅鹿有新市縣，侯國也。王莽更之曰樂市〔一八〕，而無新豐之目，所未詳矣。其水又東，逕昔陽城南。世謂之曰『直陽城』，非也。本鼓聚矣。春秋左傳：『昭公十五年，晉荀吳帥師伐鮮虞。圍鼓三月，鼓人請降，穆子曰：「猶有食色，不許。」軍吏曰：「獲城而弗取，勤民而頓兵，何以事君？」穆子曰：「獲一邑而教民怠，將焉用邑也？賈怠無卒，棄舊不祥。鼓人能事其君，我亦能事吾君，率義不爽，好惡不愆，城可獲也。」「有死義而無二心，不亦可乎？」鼓人告食竭力盡，而後取之。克鼓而返，不戮一人，以鼓子鳶鞮歸。既獻而返之。鼓子又叛，荀吳略東陽，使師僞糴，負甲息於門外，襲而滅之，以鼓子鳶鞮歸，使涉佗守之者也。』十三州志曰：『今其城，昔陽亭是矣。』京相璠曰：『白狄之別也。』下曲陽有鼓聚，故鼓子國也。白渠枝水又東，逕下曲陽城北，又逕安鄉縣故城南。地理志曰『侯國』也。又東，逕貰縣，入斯洨水。斯洨水又東，逕西梁城南；　又東北，逕樂信縣故城南。地理志鉅鹿郡屬縣，侯國也。又東，入衡水。

衡水又北，爲袁譚渡，蓋譚自鄴往還所由，故濟得厥名。

又東北，過下博縣之西。

衡水又北，逕鄡縣故城東。竹書紀年：『梁惠成王三十年，秦封衛鞅於鄡，改名曰商。』即此是也。故王莽改曰秦聚也。地理風俗記曰：『縣北有鄡阜，蓋縣氏之。』

又右，逕下博縣故城西，王莽改曰閏博。應劭曰：『太山有博，故此加「下」。』漢光武自滹沱南出，至此失道，不知所以。遇白衣老父，曰：『信都爲長安守，去此八十里。』世祖赴之，任光開門納焉，漢氏中興始基之矣。尋求老父不得，議者以爲神。

衡漳又東北，歷下博城西，逶迤東北注，謂之九縎。西逕樂鄉縣故城南，王莽更之曰樂丘也。又東，引葭水注之。

又東北，過阜城縣北。又東北，至昌亭，與滹沱河會。

經敘阜城於下博之下，昌亭之上。考地非比，於事爲同。渤海阜城又在東昌之東，故知非也。

漳水又東北，逕武邑郡南，魏所置也。

又東，逕武强縣北。

又東北，逕武隧縣故城南。按史記，秦破趙將扈輒於武隧，斬首十萬，即於此處也。王莽更名桓隧矣。白馬河注之，水上承滹沱，東逕樂鄉縣北，饒陽縣南。又東南，逕武邑郡北，而東入衡水，謂之交津口。衡漳又東，逕武邑縣故城北，王莽之順桓也。晉武帝封子於縣，以爲王國，後分武邑、武隧、觀津爲武邑郡，治此。衡漳又東北，右合張平口。故溝上承武强淵，淵之西南，側水有武强縣故治，故淵得其名焉。東觀漢記曰：『光武拜王梁爲大司空，以爲侯國。耆宿云：「邑人有行於途者，見一小蛇，疑其有靈，持而養之，名曰『擔生』，長而吞噬人，里中患之，遂捕繫獄〔一九〕，『擔生』負而奔，邑淪爲湖，縣長及吏咸爲魚矣。」』今縣治東北，半里許落水。淵水又東南，結而爲湖，又謂之郎君淵。耆宿又言：縣淪之日，其子東奔，又陷於此，故淵得『郎君』之目矣。淵水北通，謂之石虎口。又東北，爲張平澤。澤水所汎，北決隄口，謂之張刀溝。北注衡漳，謂之張平口，亦曰張平溝。水溢則南注，水耗則輟流。

衡漳又逕東昌縣故城北，經所謂昌亭也。王莽之田昌也。俗名之曰東相，蓋『相』、『昌』聲韻合，故致兹誤矣。西有昌城，故目是城爲東昌矣。

衡漳又東北，左會滹沱故瀆，謂之合口。

衡漳又東北，分爲二川，當其水泆處，名之曰李聰渙。

又東北，至樂成陵縣北別出。

衡漳於縣無別出之瀆，縣北者，乃滹沱別水，分滹沱故瀆之所纏絡也。
衡漳又東，分爲二水。左出爲向氏口，瀆水自此決入也。
衡漳又東，逕弓高縣故城北。漢文帝封韓王信之子韓隤當爲侯國，王莽之樂成亭也。
衡漳又東北，右合柏梁溠，水上承李聰渙，東北爲柏梁溠，東逕蒲領縣故城南，漢武帝元朔三年，封廣川惠王子劉嘉爲侯國。地理風俗記云：『蓨縣西北八十里，有蒲領鄉，故縣也。』又東北，會桑社枝津。又東北，逕弓高城北。又東，注衡漳，謂之柏梁口。
衡漳又東北，右會桑社溝。溝上承從陂，世稱盧達從薄，亦謂之摩訶河。東南通清河，西北達衡水。春秋雨汎，觀津城北方二十里，盡爲澤藪，蓋水所鍾也。其瀆逕觀津縣故城北。樂毅自燕降趙，封之於此，邑號望諸君，王莽之朔定亭也。又南屈，東逕竇氏青山南，側隄東出青山，即漢文帝竇后父少翁冢也。少翁是縣人，遭秦之亂，漁釣隱身，墜淵而死。景帝立，后遣使者塡以葬父，起大墳於觀津城東南，故民號曰青山也。又東，逕董仲舒廟南。仲舒，廣川人也，世猶謂之董府君祠，春秋禱祭不輟。舊溝又東，逕蓨市縣故城北。漢宣帝本始四年，封清河綱王子劉寅爲侯國，王莽更之曰居寧也，俗謂之温城，非也。地理風俗記曰：『蓨縣西北二十里有蓨市城，故縣也。』又東，會從陂，陂水南北十里，東西六十步，子午潭漲，淵而不流，亦謂之桑社淵。從陂南出，夾隄東派，逕蓨縣故城北，東合清漳。漳汎則北注，澤盛則南播，津流上下，互相逕通。從陂北出東北，分爲二川。一川北逕弓高城西，而北注柏梁溠。一川東逕弓高城南。又東北，楊津溝水出焉〔二〇〕。

衡漳東逕阜城縣故城北、樂成縣故城南，河閒郡治。地理志曰『故趙』也。漢文帝二年，别爲國。應劭曰：『在兩河之閒也。』景帝九年，封子德爲河閒王，是爲獻王。王莽更名郡曰朔定，縣曰陸信。褚先生曰：『漢宣帝地節三年，封大將軍霍光兄子山爲侯國也。』章帝封子開於此。桓帝追尊祖父孝王開爲孝穆王，以其邑奉山陵，故加陵曰樂成陵也。今城中有故池，方八十步，舊引衡水北入城注池。池北對層臺，基隍荒蕪，示存古意也。

又東北，過成平縣南。

衡漳又東，逕建成縣故城南，按地理志，故屬勃海郡。褚先生曰：『漢昭帝元鳳三年，封丞相黄霸爲侯國也。』成平縣故城在北，漢武帝元朔三年，封河閒獻王子劉禮爲侯國。王莽之澤亭也。城南北相直。

衡漳又東，右會楊津溝水。水自陂東逕阜城南。地理志，勃海有阜城縣。王莽更名吾城者，非經所謂『阜城』也。建武十五年，世祖更封大司馬王梁爲侯國。楊津溝水又東北，逕建成縣，左入衡水，謂之陽津口。

衡漳又東，左會滹沱別河故瀆。又東北，入清河，謂之合口。又逕南皮縣之北皮亭，而東北逕浮陽縣西，東北注也。又東北，過章武縣西。又東北，過東平舒縣南，東入海。

清漳逕章武縣故城西，故濊邑也。枝瀆出焉，謂之濊水。東北逕參户亭，分爲二瀆。應劭曰：『平舒縣西南五十里，有參户亭，故縣也。』世謂之平虜城。枝水又東注，謂之蔡伏溝。又東積而爲淀。一水逕亭北，又逕東平舒縣故城南。代郡有平舒城，故加『東』。地理志，勃海之屬縣也。魏土地記曰：『章武郡治。』故世以爲章武故城，非也。又東北，分爲二水。一右出爲淀，一水北注滹沱，謂之濊口。清漳亂流而東，注於海。

校　記

〔一〕水南出梁山　殿本作『梁水出南梁山』。

〔二〕入漳　説文作『入河』。

〔三〕注之　原本『注』上衍『流』字，據殿本删。

〔四〕武安山　原本作『武安縣山』，『縣』據金史地理志删。

〔五〕二十里　原本作『三十里』，據殿本改。

〔六〕司空鄴城圍　後漢書袁紹傳作『操乃鑿壍圍城』。

〔七〕渠水　殿本作『溝水』。

〔八〕謂臺已平　『謂』原本作『魏』，據殿本改。

〔九〕餘桑　殿本作『遺桑』。

〔一〇〕『水出鄴西北』至『謂之合口』　計九十六字，他本皆無，乃戴震據太平御覽卷六十四河北諸水滏水引水經注補。其文字稍有不同。末句『滏水又東流注於漳謂之合口』十字在『佛圖澄別傳』之前。又『合口』，太平御覽作『合河』。又『正月不雨至六月』，其中『至六月』三字爲太平御覽所無。殿本在『滏水入焉』句下，對於太平御覽引此文字有案。

〔一一〕裴城　『城』原本作『成』，據殿本改。

〔一二〕『應劭曰』至『曰延平也』　三十四字，已見於淇水經文『又東北過清淵縣西』之下。所不同的是，淇水『地理風俗記』曰，於濁漳水作『應劭曰』。

〔一三〕『地理志曰』至『不容此數也』　原本作『如志之言大陸在鉅鹿地理志曰水在安平信都鉅鹿與信都相去不容此數也』，今據注疏本改。

〔一四〕云共　原本作『之云』，據殿本改。

〔一五〕引葭　原本作『列葭』，據殿本改。下同。

〔一六〕注澤發水　此下，注疏本補有『水出董卓壘東』六字。

〔一七〕稾　注疏本作『藁城』。

〔一八〕欒市　漢書地理志作『市欒』。

〔一九〕繫獄　原本誤作「繁獄」，據殿本改。

〔二〇〕楊津溝水出焉　「楊」原本作「陽」，據殿本改。又，此句之下原有「左瀆北入衡漳謂之陽決口」十一字，據殿本案係誤植，故删。

清漳水

清漳水出上黨沾縣西北少山大要谷，南過縣西，又從縣南屈。

淮南子曰：『清漳出謁戾山〔一〕。』高誘云：『山在沾縣。』今清漳出沾縣故城東北，俗謂之沾山。後漢分沾縣爲樂平郡，治沾縣。水出樂平郡沾縣界，故晉太康地記曰：『樂平縣舊名沾縣。漢之故縣矣。』其山亦曰鹿谷山，水出大要谷，南流，逕沾縣故城東，不歷其西也。

又南，逕昔陽城。左傳：『昭公十二年，晉荀吳僞會齊師者，假道於鮮虞，遂入昔陽。』杜預曰，『樂平沾縣東有昔陽城』者，是也。

其水又南，得梁榆水口。水出梁榆城西大嵰山。水有二源。北水東南流，逕其城東南，注於南水。南水亦出西山，東逕文當城北，又東北，逕梁榆城南，即閼與故城也。秦伐趙閼與，惠文王使趙奢救之。奢納許歷之説，破秦於閼與，謂此也。司馬彪、袁山松郡國志並言，『涅縣有閼與聚』。盧諶征艱賦曰：『訪梁榆之虚郭，弔閼與之舊都。』闞駰亦云，『閼與，今梁榆城』是也。漢高帝八年，封馮解散爲侯國。其水左合北水。北水又東南，入於清漳。

清漳又東南，與轑水相得。水出轑陽縣西北轑山，南流，逕轑陽縣故城西南，東流至粟城，注於清漳也。

東過涉縣西，屈從縣南。

按地理志，魏郡之屬縣也。漳水於此，有涉河之稱。蓋名因地變也。

東至武安縣南黍窖邑，入於濁漳。

校記

〔一〕謁 淮南子墬形訓作「楬」。

滱水

滱水出代郡靈丘縣高氏山。

即嘔夷之水也，出縣西北高氏山。山海經曰，『高氏之山〔一〕，滱水出焉。東流注於河』者也。其水東南流，山上有石銘，題言『冀州北界』。故世謂之石銘陘也。其水又南，逕候塘，川名也。又東，合温泉水。水出西北暄谷。其水温熱若湯，能愈百疾，故世謂之温泉焉。東南流，逕興豆亭北。亭在南原上，敧傾而不正，故世以敧城目之。水自原東南，注於滱。

滱水又東，莎泉水注之。水導源莎泉，南流。水側有莎泉亭，東南入於滱。

滱水又東，逕靈丘縣故城南。應劭曰：『趙武靈王葬其東南二十里，故縣氏之。』縣古屬代，漢靈帝光和元年，中山相臧旻上請別屬也〔二〕。瓚注地理志曰：『靈丘之號，在武靈王之前矣。』又按，司馬遷史記，『趙敬侯二年〔三〕，敗齊於靈丘』，則名不因武靈王事如瓚注。

滱水自縣南流入峽，謂之隘門。設隘於峽，以譏禁行旅。歷南山，高峯隱天，深谿埒谷。

其水沿澗西轉，逕御射臺南。臺在北阜上，臺南有御射石碑。南則秀障分霄，層崖刺天，積石之峻，壁立直上，車駕沿泝，每出是所遊藝焉。滱水西流，又南轉東屈，逕北海王詳之石碣南、御射碑石柱北，而南流也。

東南，過廣昌縣南。

滱水東逕嘉牙川。有一水南來注之。水出恒山北麓，稚川三合，逕嘉牙亭東而北流，注於滱水。水之北，山行，即廣昌縣界。滱水又東，逕倒馬關。關山險隘，最爲深峭，勢均詩人高岡之病良馬，傅險之困行軒。故關受其名焉。關水出西南長谿下，東北歷關注滱。滱水南，山上起御坐於松園，建祇洹於東圃。東北二面，岫障高深，霞峯隱日，水望澂明，淵無潛甲。行李所逕，鮮不裴回忘返矣。

又東南，過中山上曲陽縣北，恒水從西來注之。

滱水自倒馬關南流，與大嶺水合。水出山西南大嶺下，東北流，出峽。峽右，山側有祇洹精廬，飛陸陵山，丹盤虹梁，長津汎瀾，縈帶其下。東北流，注於滱。滱水又屈而東，合兩嶺谿水。水出恒山北阜，東北流，歷兩嶺閒。北嶺雖層陵雲舉，猶不若南巒峭秀。自水南步遠峯，石隥逶迤，沿途九曲，歷睇諸山，咸爲劣矣。抑亦羊腸、邛峽之類者也。齊宋通和，路出其間。其水東北流，注於滱。

滱水又東，左合懸水。水出山，原岫盤谷，輕湍濬下，分石飛懸，一匹有餘，直灌山際，白波奮流，自成潭渚。其水東南流，揚湍注於滱。

滱水又東流，歷鴻山。世謂是處爲鴻頭，疑即晉書地道記所謂『鴻上關』者也。關尉治北平，而畫塞於望都，東北去北平不遠，兼縣土所極也。滱水於是，左納鴻上水。水出西北近谿，東南流，注於滱水也。

又東，過唐縣南。

滱水又東，逕左人城南。應劭曰：『左人城在唐縣西北四十里。』縣有雹水，亦或謂之爲唐水也。水出中山城之西如北。城内有小山，在城西。側而鋭上，若委粟焉，疑即地道記所云，『望都縣有委粟關』也。俗以山在邑中，故亦謂之中山城。以城中有唐水，因復謂之爲廣唐城也。中山記以爲『中人城』，又以爲『鼓聚』，殊爲乖謬矣。言城中有山，故曰中山也，中山郡治。京相璠曰：『今中山望都東二十里，有故中人城。』望都城東有一城，名堯姑城，本無中人之傳，璠或以爲中人，所未詳也。中山記所言中人者，城東去望都故城十餘里，二十里則減，但苦其不東，觀夫異説，咸爲爽矣。今此城於盧奴城北如西六十里，城之西北，泉源所導，西逕郎山北，『郎』、『唐』音讀近，寔兼唐水之傳。西流，歷左人亭，注滱水。

滱水又東，左會一水。水出中山城北郎山阜下，亦謂之唐水也。然於城非在西，俗又名之爲雹水，又兼二名焉。西南流入滱，並所未詳，蓋傳疑爾。

滱水又東，恒水從西來注之。自下，滱水兼納恒川之通稱焉。即禹貢所謂『恒衛既從』也。

滱水又東，右苞馬溺水。水出上曲陽城東北馬溺山，東北流，逕伏亭。晉書地道記曰：『望都縣有馬溺關。』中山記曰：『八渡、馬溺，是山曲要害之地，二關勢接，疑斯城即是關尉宿治，異目之來，非所詳矣。』馬溺水又東流，注於滱。

滱水又東，逕中人亭南。春秋左傳，『昭公十三年，晉荀吳率師侵鮮虞及中人，大獲而歸』者也。

滱水又東，逕京丘北，世謂之京陵，南對漢中山頊王陵。滱水北對君子岸。岸上有哀王子憲王陵，坎下有泉源積水，亦曰泉上岸。

滱水又東，逕白土北，南即靖王子康王陵，三墳並列者是。

滱水又東，逕樂羊城北。史記稱，魏文侯使樂羊滅中山。蓋其故城中山所造也〔四〕，故城得其名。

滱水又東，逕唐縣故城南。此二城俱在滱水之陽〔五〕，故曰滱水逕其南。城西又有一水，導源縣之西北平地。泉涌而出，俗亦謂之爲唐水也。東流至唐城西北隅，堨而爲湖，俗謂之唐池。蓮荷被水，嬉遊多萃其上，信爲勝處也。其水南入小溝，下注滱水。自上歷下，通禪唐川之兼稱焉。應劭地理風俗記曰：『唐縣西四十里，得中人亭。』今於此城取中人鄉，則四十也。唐水在西北入滱，與應符合。又言堯山者在南，則無山以擬之，爲非也。闞駰十三州志曰：『中山治盧奴，唐縣故城在國北七十五里。』駰所説北，則非也。史記曰：『帝嚳氏没，帝堯氏作，始封於唐。』望都縣在南，今此城南對盧奴故城，自外無城以應之。考古知今，事義全違。俗名望都故城則八十許里，距中山城則七十里。驗途推邑，宜爲唐城。城北去堯山五里，與七十五里之説相符。然則俗謂之都山，即是堯山，在唐東北望都界。皇甫謐曰：『堯山一名豆山。』今山於城北如東，嶄絶孤峙，虎牙桀立。山南有堯廟，是即堯所登之山者也。地理志曰：『堯山在南』。今考此城之南，又無山以應之。是故先後論者，咸以地理記之説爲失〔六〕。又即俗説，以唐城爲望都城者，自北無城以擬之。假復有之，途程紆遠，山河之狀全乖，古證傳爲疏罔。是城西北，豆山西足，有一泉源，東北流，逕豆山，下合蘇水，亂流轉注，東入滱，是豈唐水乎？所未詳也。又於是城之南，如東十餘里，有一城，俗謂之高昌縣城，或望都之故城也。縣在唐南。皇甫諺曰『相去五十里』。稽諸城地，猶十五里，蓋書誤爾。此城之東，有山孤峙，世以山不連陵，名之曰孤山。『孤』、『都』聲相近，疑即所謂都山也。帝王世紀曰：『堯母慶都所居，故縣目曰望都。』張晏曰：『堯山在北，堯母慶都山在南，登堯山見都山，故望都縣以爲名也。』唐亦中山城也，爲武公之國，周同姓。周之衰也，國有赤狄之難，齊桓霸諸侯，疆理邑土，遣管仲攘戎狄，築城以固之。其後，桓公不恤國政，周王問太史餘曰：『今之諸侯，孰先亡乎？』對曰：『天生民而令有別，所以異禽獸也。今中山淫昏康樂，逞慾無度，其先亡矣。』後二年果滅。魏文侯以封太子擊也。漢高祖立中山郡，景帝三年爲王國，王莽之常山也。魏皇始二年，破中山，立安州。天興三年，改曰定州，治水南盧奴縣之故城。昔耿伯昭歸世祖〔七〕，於此處也。

滱水之右，盧水注之。水上承城内黑水池。地理志曰『盧水出北平』，疑爲疏闊。闞駰、應劭之徒，咸亦言是矣。余按盧奴城内，西北隅有水，淵而不流。南北百步，東西百餘步。水色正黑，俗名曰黑水池。或云水黑曰盧，不流曰奴，故此城藉水以取名矣。池水東北際水，有漢中山王故宫處。臺殿觀榭，皆上國之制。簡王尊貴，壯麗有加，始築兩宫，開四門，穿北城，累石爲竇，通池流於城中，造魚池釣臺戲馬之觀。歲久頽毁，遺基尚存。今悉加土，爲利刹靈圖。池之四周，民居駢比，填褊穢陋，而泉源不絶。暨趙石建武七年，遣北中郎將始築小城，興起北榭，立宫造殿。後燕因其故宫，建都中山小城之南，更築隔城，興復宫觀。今府榭猶傳故制，自漢及燕。池水逕石竇。石竇既毁，池道亦絶，水潛流出城，潭積微漲，涓水東北注於滱。

滱水又東，逕漢哀王陵北。冢有二墳，故世謂之『兩女陵』，非也。哀王是靖王之孫，康王之子也。

滱水又東，右會長星溝。溝出上曲陽縣西北長星渚。渚水東流，又合洛光水。水出洛光溝，東入長星水，亂流東逕恒山下廟北。漢末喪亂，山道不通。此舊有下階神殿，中世以來，歲書法族焉。晉魏改有東西二廟，廟前有碑闕，壇場列柏焉。其水又東，逕上曲陽縣故城北。本岳牧朝宿之邑也。古者天子巡狩，常以歲十一月至於北岳，侯伯皆有湯沐邑，以自齋潔。周昭王南征不還，巡狩禮廢，邑郭仍存。秦罷井田，因以立縣。城在山曲之陽，是曰曲陽。有『下』，故此爲『上』矣。王莽之常山亭也。又東南流，胡泉水注之。水首受胡泉，逕上曲陽縣南。又東，逕平樂亭北，左會長星川，東南逕盧奴城南。又東北，川渠之左有張氏墓，冢有漢上谷太守議郎張平仲碑，光和中立。川渠又東北，合滱水。水有窮通，不常津注。

又東，過安憙縣南。

縣，故安險也。其地臨險，有井塗之難。漢武帝元朔五年，封中山靖王子劉應爲侯國。王莽更名寧險，漢章帝改曰安憙。中山記曰：『縣在唐水之曲，山高岸險，故曰安險。邑豐民安，改曰安憙。』秦氏建元中，唐水汎漲，高岸崩頹，城角之下有大積木，交横如梁柱焉。後燕之初，此木尚在，未知所從。余考記稽疑，蓋城地當初，山水洊盪，漂淪巨栰，阜積於斯，沙息壤加，漸以成地，板築既興，物固能久爾。滱水又東，逕鄉城北，舊盧奴之鄉也。中山記曰：『盧奴有三鄉，斯其一焉。』後隸安憙。城郭南有漢明帝時孝子王立碑。

又東，過安國縣北。

滱水歷縣東，分爲二水。一水枝分，東南流，逕解瀆亭南。漢順帝陽嘉元年，封河間孝王子淑於解瀆亭爲侯國。孫宏，即靈帝也。又東南，逕任丘城南。又東南，逕安郭亭南。漢武帝元朔五年，封中山靖王子劉傳富爲侯國。其水又東南流，入於滹沱。滱水又東北流，逕解瀆亭北，而東北注。

又東，過博陵縣南。

滱水東北，逕蠡吾縣故城南。地理風俗記曰：『縣，故饒陽之下鄉』者也。自河間分屬博陵。漢安帝元初七年，封河間王開子翼爲都鄉侯。順帝永建五年，更爲侯國也。

又東北，逕博陵縣故城南，即古陸成。漢武帝元朔二年，封中山靖王子劉貞爲侯國者也。地理風俗記曰：『博陵縣，史記蠡吾故縣矣。』漢質帝本初元年，繼孝沖爲帝，追尊父翼陵曰博陵，因以爲縣，又置郡焉。漢末，罷還安平。晉太始年復爲郡。今謂是城爲野城。

滱水又東北，逕侯世縣故城南。又東北，逕陵陽亭東。又北，左會博水。水出望都縣，東南流，逕其縣故城南，王莽更名曰順調矣。又東南，潛入地下。博水又東南循瀆，重源涌發。東南逕三梁亭南，疑即古勺梁也。竹書紀年曰，『燕人伐趙，圍濁鹿。趙武靈王及代人救濁鹿，敗燕師於勺梁』者也。今廣昌東嶺之東有山，俗名之曰濁鹿邏。城地不遠，土勢相鄰，以此推之，或近是矣，所未詳也。博水又東南，逕穀梁亭南。又東，逕陽城縣，散爲澤渚。渚水瀦漲，方廣數里，匪直蒲筍是豐，寔亦偏饒菱藕。至若孌婉丱童，及弱年崽子，或單舟採菱，或疊舸折芰，長歌陽春，愛深渌水，掇拾者不言疲，謠詠者自流響。於時，行旅過矚，亦有慰於羈望矣。世謂之爲陽城淀也。陽城縣故城近在西北，故陂得其名焉。郡國志曰，『蒲陰縣有陽城』者也。今城在縣東南三十里。其水又伏流循瀆，屆清梁亭西北，重源又發。博水又東，逕白隄亭南。又東，逕廣望縣故城北。漢武帝元朔二年，封中山靖王子劉忠爲侯國。又東，合堀溝。溝上承清梁陂。又北，逕清涼城東，即將梁也。漢武帝元朔二年，封中山靖王子劉朝平爲侯國。其水東北入博水。博水又東北，左則濡水注之。水出蒲陰縣西昌安郭南。中山記曰：『郭東有舜氏甘泉，有舜及二妃祠。稽諸傳記，無聞此處，世代云遠，異説之來，於是乎在矣。其水自源東逕其縣故城南，枉渚迴湍，率多曲復，亦謂之爲曲逆水也。』張晏曰：『濡水於城北曲而西流，是受此名，故縣亦因水名而氏曲逆矣。』春秋左傳，『哀公四年，齊國夏伐晉，取曲逆』是也。漢高帝擊韓王信，自代過曲逆，上其城，望室宇甚多，曰：『壯哉！吾行天下，惟雒陽與是爾。』詔以封陳平爲曲逆侯。王莽更名順平。濡水又東，與蘇水合。水出縣西南近山，東北流，逕堯姑亭南。又東，逕其縣入濡。濡水又東，得蒲水口。水出西北蒲陽山，西南流，積水成淵，東西百步，南北百餘步，深而不測。蒲水又東南流，水側有古神祠，世謂之爲百祠，亦曰蒲上祠，所未詳也。又南，逕陽安亭東。晉書地道記曰『蒲陰縣有陽安關』，蓋陽安關都尉治，世俗名斯川爲陽安壙。蒲水又東南歷壙，逕陽安關下，名關皋爲唐頭阪。出關北流，又東流，逕夏屋故城，實中險絶。竹書紀年曰，『魏殷臣、趙公孫裒伐燕，還取夏屋，城曲逆』者也。其城東側，因阿仍墉築一城，世謂之寡婦城。賈復從光武追銅馬、五幡於北平所作也。世俗音轉，故有是名矣。其水又東南流，逕蒲陰縣故城北。地理志曰：『城在蒲水之陰。』漢章帝章和二年，行巡北岳，以曲逆名不善，因山水之名，改曰蒲陰焉。水右合魚水。水出北平縣西南魚山，山石若巨魚，水發其下，故世俗以物色名川。又東流，注於蒲水。又東，入濡。故地理志曰：『蒲水、蘇水，並從縣東入濡水。』又東北，逕樂城南。又東，入博水。自下，博水亦兼濡水通稱矣。春秋：『昭公七年，齊與燕盟於濡上。』杜預曰：『濡水出高陽縣東北，至河閒鄚縣入易水。』是濡水與滹沱、滱、易互舉通稱矣。博水又東北，徐水注之。水西出廣昌縣東南大嶺下，世謂之廣昌嶺。嶺高四十餘里，二十里中委折五迴，方得達其上嶺，故嶺有『五迴』之名。下望層山，盛若蟻垤，寔兼孤山之稱，亦峻竦也。徐水三源奇發，齊瀉一澗，東流北轉，逕東山下。水西有御射碑。徐水又北流西屈，逕南崖下，水陰又有一碑。徐水又隨山南轉，逕東崖下。水際又有一碑。凡此三銘，皆翼對層巒，巖障深高，壁立霞峙。石文云：『皇帝以太延元年十二月，車駕東巡，逕五迴之險邃，覽崇岸之竦峙，乃停駕路側，援弓而射之。飛矢踰於巖山，刊石用讚元功。』夾碑並有層臺二所，即御射處也。碑陰皆列樹碑官名。徐水東北屈，逕郎山。又屈，逕其山南。衆岑競舉，若豎鳥翅，立石嶄巖，亦如劍杪，極地險之崇陗。漢武之世，戾太子以巫蠱出奔，其子遠遁斯山，故世有郎山之名。山南有郎山君碑，事具其文。徐水又逕郎山君中子觸鋒將軍廟南，廟前有碑。晉惠帝永康元年八月十四日壬寅，發詔錫君父子法祠。其碑，劉曜光初七年，前頓丘太守郎宣、北平太守陽平邑振等，共脩舊碑，刻石樹頌焉。徐水又逕北平縣。縣界有漢熹平四年幽冀二州，以戊子詔書，遣冀州從事王球、幽州從事張昭，郡縣分境，立石標界，具揭石文矣。徐水又東南流，歷石門中，世俗謂之龍門也。其山上合下開，開處高六丈，飛水歷其間，南出乘崖，傾澗洩注，七丈有餘，渀盪之音，奇爲壯猛。觸石成井，水深不測，素波自激，濤襄四陸，瞰之者驚神，臨之者駭魄矣。東南出山，逕其城。城中有故碑〔八〕，是太白君碑，郎山君之元子也。其水又東流，漢光武追銅馬、五幡於北平，破之於順水北。乘勝追北，爲其所敗。短兵相接，光武自投崖下，遇突騎王豐，於是授馬，退保范陽。順水蓋徐水之別名也〔九〕。徐水又東，逕蒲城北。又東，逕清苑城。又東南，與盧水合。水出蒲城西，俗謂之泉頭水也。地理志曰『北平縣有盧水』，即是水也。東逕其城，又東南，左入徐水。地理志曰：『東至高陽入博。』今不能也。徐水又東，左合曹水。水出西北朔寧縣曹河澤，東南流，左合岐山之水。水出岐山，東逕邢安城北，又東南，入曹河。曹水又東南，逕北新城縣故城南，王莽之朔平也。曹水又東，入於徐水。徐水又東南，逕一故城北，俗謂之祭隅城，所未詳也。徐水又東，注博水。地理志曰：『徐水出北平，東至高陽，入於博。』又東，入滱。』地理志曰，『博水自望都東至高陽，入於滱』，是也〔一〇〕。

又東北，入於易。

滱水又東北，逕依城北，世謂之依城河。地説無『依城』之名，即古葛城也。郡國志曰『高陽有葛城』，燕以與趙者也。

滱水又東北，逕阿陵縣故城東。王莽之阿陸也。建武二年，更封左將軍任光爲侯國。滱水東北至長城，注於易水也。

校　記

〔一〕高氏之山　山海經北山經作『高是之山』。

〔二〕臧旻　原本作『臧彔』，據後漢書烏桓鮮卑傳改。

〔三〕二年　原本作『九年』，據史記趙世家改。

〔四〕故城中山　注疏本作『城攻中山』。

〔五〕此二城　『此』原本誤作『北』，據殿本改。

〔六〕地理記　注疏本作『地理志』。

〔七〕耿伯昭　原本誤作『耿昭伯』，據殿本改。

〔八〕城中　他本皆無『城』字。

〔九〕徐水　殿本訛作『徐州』。

〔一〇〕入於滱　漢書地理志作『入河』。

易水

易水出涿郡故安縣閻鄉西山。

易水出西山寬中谷，東逕五大夫城南。昔北平侯王譚，不同王莽之政。子興生五子，並避時亂，隱居此山。故其舊居世以爲五大夫城，即此。岳讚云，『五王在中，龐葛連續』者也。

易水又東，左與子莊谿水合。水北出子莊關，南流逕五公城西，屈逕其城南。五公，即王興之五子也。光武即帝位，封爲五侯。元才北平侯，益才安憙侯，顯才蒲陰侯，仲才新市侯，季才爲唐侯。所謂『中山五王』也。俗又以五公名居矣。二城並廣一里許，俱在岡阜之上，上邪而下方。其水東南入於易水。

易水又東，右會女思谷水。水出西南女思澗，東北流，注於易，謂之三會口。

易水又東，屆關門城西南，即燕之長城門也。與樊石山水合，水源西出廣昌縣之樊石山，東流，逕覆釜山下，東流注於易水。

易水又東，歷燕之長城。又東，逕漸離城南，蓋太子丹館高漸離處也。

易水又東，逕武陽城南。蓋易自寬中歷武夫關東出，是兼武水之稱，故燕之下都擅武陽之名。左得濡水枝津故瀆。武陽大城東南小城，即故安縣之故城也。

漢文帝封丞相申屠嘉爲侯國。城東西二里，南北一里半。高誘云：『易水逕故安城南，城外東流。』即斯水也。誘是涿人，事經明證。今水被城東南隅，世又謂易水爲故安河。武陽，蓋燕昭王之所城也。東西二十里，南北十七里。故傳逮述遊賦曰：『出北薊，歷良鄉，登金臺，觀武陽。兩城遼廓，舊迹冥芒。』蓋謂是處也。易水東流，而出於范陽。

東過范陽縣南。又東，過容城縣南。

易水逕范陽縣故城南。秦末，張耳、陳餘爲陳勝略地，燕趙命蒯通説之，范陽先下是也。漢景帝中三年〔二〕，封匈奴降王代爲侯國，王莽之順陰也。昔慕容垂之爲范陽也，戍之即斯城也。意欲圖還上京，阻於行旅，造次不獲，遂中輟矣〔三〕。

易水又東，與濡水合。水出故安縣西北窮獨山南谷，東流與源泉水合。水發北谿，東南流注濡水。濡水又東南，逕樊於期館西，是其授首於荆軻處也。濡水又東南流，逕荆軻館北。昔燕丹納田生之言，尊軻上卿，館之於此。二館之城，澗曲泉清，山高林茂，風煙披薄，觸可棲情。方外之士，尚憑依舊居，取暢林木。濡水又東，逕武陽城西北。舊堨濡水枝流南入城，逕柏冢西，冢垣城側，即水塘也。四周塋域深廣，有若城焉。其水側有數陵墳高壯，望若青丘。詢之古老，訪之史籍，並無文證。以私情求之，當是燕都之前故墳也。或言燕之墳塋，斯不然矣。其水之故瀆南出，屈而東轉，又分爲二瀆。一水逕故安城西，側城南注易水。夾塘崇峻，邃岸高深。左右百步，有二釣臺〔三〕，參差交峙，迢遞相望，更爲佳觀矣。其一水東出，注金臺陂。陂東西六七里，南北五里，側陂西北有釣臺，高丈餘，方可四十步。陂北十餘步，有金臺。臺上東西八十許步，南北如減，高十餘丈〔四〕。北有小金臺，臺北有蘭馬臺。並悉高數丈，秀峙相對，翼臺左右，水流逕通，長廡廣宇周旋被浦，棟堵咸淪，柱礎尚存，是其基構可得而尋。訪諸耆舊，咸言昭王禮賓，廣延方士。至如郭隗、樂毅之徒，鄒衍、劇辛之儔，宦遊歷説之民，自遠而屆者多矣。不欲令諸侯之客伺隙燕邦，故脩建下都，館之南垂，言燕昭創之於前，子丹踵之於後。故雕牆敗館，尚傳鐫刻之石。雖無經記可憑，察其古迹，似符宿傳矣。濡水自堰又東，逕紫池堡，西屈而北流。又有渾塘溝水注之。水出遒縣西白馬山南谿中，東南流入濡水。濡水又東，至塞口，古累石堰水處也。濡水舊枝分，南入城東大陂。陂方四里，今無水。陂内有泉，淵而不流。際池北側，俗謂聖女泉。濡水又東，得白楊水口。水出遒縣之西山白楊嶺下，東南流，入濡水，時人謂之虎眼泉。濡水又東，合檀水。水出遒縣西北檀山，西南流，與石泉水會。水出石泉固東南隅，水廣二十許步，深三丈。固在衆山之内，平川之中，四周絶澗阻水，八丈有餘。石高五丈，石上赤土又高一匹，壁立直上，廣四十五步。水之不周者，路不容軌，僅通人馬，謂之石泉固。固上宿有白楊寺，是白楊山神也。寺側林木交蔭，叢柯隱景。沙門釋法澄建刹於其上，更爲思玄之勝處也。其水南流，注於檀水，故俗有并溝之稱。其水又東南流，歷故安縣北，而南注濡水。濡水又東南流，於容城縣西北大利亭東南，合易水而注巨馬水也。故地理志曰：『故安縣閻鄉，易水所出，至范陽入濡水。』闞駰亦言是矣。又曰濡水合渠。許慎曰：『濡水入淶。』淶渠二號，即巨馬之異名。然二易俱出一鄉，同入濡水。南濡、北易至涿郡范陽縣會北濡，又並亂流入淶，是則易水與諸水互攝通稱。

東逕容城縣故城北，渾濤東注，至勃海平舒縣，與易水合。闞駰曰：『涿郡西界代之易水。』而是水出代郡廣昌縣東南郎山東北燕王仙臺東。臺有三峯，甚爲崇峻，騰雲冠峯，高霞翼嶺，岫壑沖深，含煙罩霧。耆舊言燕昭王求仙處。其東謂之石虎岡。范曄漢書云：『中山簡王焉之窆也。』厚其葬，採涿郡山石，以樹墳塋，陵隧碑獸，並出此山，有所遺二石虎，後人因以名岡。山之東麓，即泉源所導也，經所謂閻鄉西山。其水東流，有毖水南會，渾波同注，俗謂之爲雹河。司馬彪郡國志曰：『雹水出故安縣。』世祖令耿況擊故安西山賊吳耐蠡，符雹上十餘營，皆破之。即是水者也。

易水又東，逕孔山北。山下有鍾乳穴，穴出佳乳，採者篝火尋沙，入穴里許，渡一水，潛流通注，其深可涉。於中衆穴奇分，令出入者疑迷，不知所趣。每於疑路，必有歷記。返者乃尋孔以自達矣。上又有大孔，豁達洞開，故以孔山爲名。其水又東，逕西故安城南，即閻鄉城也。歷送荆陘北。耆舊云，燕丹餞荆軻於此，因而名焉。世代已遠，非所詳也。遺名舊傳，不容不詮，庶廣後人傳聞之聽。

易水又東流，屈逕長城西。又東流，逕武隧縣南、新城縣北。史記曰，『趙將李牧伐燕，取武隧方城』，是也。俗又謂是水爲武隧津。津北對長城門，謂之汾門。史記趙世家云：『孝成王十九年，趙與燕易土，以龍兑、汾門與燕，燕以葛城、武陽與趙。』即此。亦曰汾水門，又謂之梁門矣。易水東分爲梁門陂。易水又東，梁門陂水注之。水上承易水於梁門，東入長城東北入陂。陂水北接范陽陂。陂在范陽城西十里，方十五里，俗亦謂之爲鹽臺陂。陂水南通梁門淀，淀方三里，淀水東南流，出長城，注易水，謂之范水。易水自下，有范水通目。又東，逕范陽縣故城南，即應劭所謂范水之陽也。

易水又東，逕樊輿縣故城北。漢武帝元朔五年，封中山靖王子劉條爲侯國。王莽更名握符矣。地理風俗記曰：『北新城縣東二十里，有樊輿亭，故縣也。』

易水又東，逕容城縣故城南。漢高帝六年，封趙將夜於深澤。景帝中三年，以封匈奴降王唯徐盧於容城。皆爲侯國，王莽更名深澤也。

易水又東，埿水注之。其水上承二陂於容城縣東南，謂之大埿淀、小埿淀。其水南流，注易水，謂之埿洞口。水側有渾埿城。易水逕其南，東合滱水。故桑欽曰：『易水出北新城西北，東入滱。』自下，滱易互受通稱矣。

易水又東，逕易京南。漢末公孫瓚害劉虞於薊下。時童謠云：『燕南垂，趙北際，惟有此中可避世。』瓚以易地當之，故自薊徙臨易水，謂之易京城，在易城西四五里。趙建武四年，石虎自遼西南達易京，以京障至固，令二萬人廢壞之。今者城壁夷平，其樓基尚存，猶高一匹。餘基上有井，世名易京樓，即瓚所保也。故瓚與子書曰：『袁氏之攻，狀若鬼神，衝梯舞於樓上，鼓角鳴於地中。』即此樓也。

易水又東，逕易縣故城南。昔燕文公徙易，即此城也。闞駰稱太子丹遣荆軻刺秦王，與賓客知謀者，祖道於易水上。燕丹子稱：『荆軻入秦，太子與知謀者皆素衣冠送之於易水之上，荆軻起爲壽，歌曰：「風蕭蕭兮易水寒，壯士一去兮不復還。」高漸離擊筑，宋如意和之，爲壯聲，士髮皆衝冠。爲哀聲，士皆流涕。』疑於此也。余按遺傳，舊迹多在武陽，似不餞此也。漢景帝中三年，封匈奴降王僕黚爲侯國〔五〕。

又東，過安次縣南。

易水逕縣南，鄚縣故城北，東至文安縣與滹沱合。史記蘇秦曰：『燕長城以北，易水以南。』正謂此水也。是以班固、闞駰之徒，咸以斯水謂之南易。

又東，過泉州縣南，東入於海。

經書水之所歷，沿次注海也。

校記

〔一〕中三年　原本作『中二年』，據史記孝景本紀改。

〔二〕遂中輟矣　『輟矣』二字，殿本所無。又注釋本作『遂心』，屬上可通。

〔三〕『左右』二句　據殿本補。

〔四〕高十餘丈　殿本案此『四字系重出衍文』。注疏本守敬曰：『金臺爲最著，豈有不突出其高者。御覽引亦有之。』故從之。

〔五〕僕黚　史記惠景間侯者年表作『僕䵹』。

巨馬河

巨馬河出代郡廣昌縣淶山。

即淶水也。有二源，俱發淶山。東逕廣昌縣故城南，王莽之廣屏矣。魏封樂進爲侯國。淶水又東北，逕西射魚城東南，而東北流。又逕東射魚城南，又屈逕其城東。竹書紀年曰：『荀瑶伐中山，取窮魚之丘。』『窮』、『射』字相類，疑即此城也。所未詳矣。淶水又逕三女亭西，又逕樓亭北，左屬白澗谿。水有二源，合注一川。川石皓然，望同積雪，故以物色受名。其水又東北流，謂之石槽水。伏流地下，溢則通津委注，謂之白澗口。淶水又東北，桑谷水注之。水南發桑谿，北注淶水。淶水又北，逕小鸞東。又東，逕大鸞南，蓋霍原隱居教授處也。徐廣云：『原隱居廣陽山，教授數千人，爲王浚所害。雖千古世懸，猶表二鸞之稱。既無碑頌，竟不知定誰居也。』淶水又東北，歷紫石谿口，與紫水合。水北出聖人城北大亘下，東南流。左會磊砢谿水，蓋山崩委澗，積石淪隍，故谿澗受其名矣。水出東北，西南流，注紫石谿水。紫石谿水又逕聖人城東，又東南，右會檜車水。水出檜車硎，東南流，逕聖人城南，南流，注紫石水。又南，注於淶水。

淶水又東南，逕榆城南。又屈逕其城東，謂之榆城河。淶水又南，逕藏刀山下。層巖壁立，直上干霄，遠望崖側，有若積刀，鐶鐶相比，咸悉西首。

淶水又東，逕徐城北。故瀆出焉，世謂之沙溝水。又東，督亢溝出焉。一水東南流，即督亢溝也。一水西南出，即淶水故瀆矣。水盛則長津引注〔一〕，水耗則通波潛伏。重源顯於迺縣，則舊川矣。

東過迺縣北。

淶水，上承故瀆於縣北垂。重源再發，結爲長潭。潭廣百許步，長數百步，左右翼帶涓流，控引衆水，自成淵渚，長川漫下十許里。東南流，逕迺縣故城東。漢景帝中三年，以封匈奴降王隆彊爲侯國〔二〕。王莽更名迺屏也。謂之巨馬河，亦曰渠水也。

又東南流。袁本初遣别將崔巨業攻固安，不下，退還。公孫瓚追擊之於巨馬水，死者六七千人，即此水也。又東南，逕范陽縣故城北，易水注之。

又東南，過容城縣北。

巨馬水又東，酈亭溝水注之。水上承督亢溝水於迺縣東，東南流，歷紫淵東。余六世祖樂浪府君，自涿之先賢鄉，爰宅其陰。西帶巨川，東翼茲水，枝流津通，纏絡墟圃。匪直田漁之贍可懷，信爲遊神之勝處也。其水東南流，又名之爲酈亭溝。其水又西南轉，歷大利亭南，入巨馬水。

巨馬水又東，逕容城縣故城北。又東，督亢溝水注之。水上承淶水於淶谷。引之，則長津委注。遏之，則微川輟流。水德含和，變通在我。東南流，逕迺縣北。又東，逕涿縣酈亭樓桑里南，即劉備之舊里也。又東，逕督亢澤。澤苞方城縣，縣故屬廣陽，後隸於涿。郡國志曰：『縣有督亢亭』。孫暢之述畫有督亢地圖。言燕太子丹使荆軻賫入秦〔三〕。秦王殺軻，圖亦絶滅。地理書上古聖賢冢地記曰：『督亢地在涿郡，今故安縣南有督亢陌，幽州南界也。』風俗通曰：『沆，漭也。言乎淫淫漭漭，無崖際也。』沆澤之無水，斥鹵之謂也。其水自澤枝分，東逕涿縣故城南。又東，逕漢侍中盧植墓南。又東，散爲澤渚，督亢澤也。北屈，匯於桃水。督亢水又南，謂之白溝水。南逕廣陽亭西，而南合枝溝。溝水西受巨馬河，東出爲枝溝。又東，注白溝。白溝又南，入於巨馬河。巨馬河又東南，逕益昌縣，護淀水又注之。水上承護陂於臨鄉縣故城西，東南逕臨鄉城南。漢封廣陽頃王子雲爲侯國。地理風俗記曰：『方城南十里，有臨鄉城，故縣也。』淀水又東南，逕益昌縣故城西，南入巨馬水。巨馬水又東，逕益昌縣故城南。漢封廣陽頃王子嬰爲侯國。王莽之有秩也。地理風俗記曰：『方城縣東八十里，有益昌城，故縣也。』

又東，八丈溝水注之。水出安次縣東北平地，東南逕安次城東，東南逕泉州縣故城西。又南，右合滹沱河枯溝。溝自安次西北，東逕常道城東，安次縣故城西，晉司空劉琨所守，以拒石勒也。又東南，至泉州縣西南，東入八丈溝。又南，入巨馬河，亂流東注也。

又東，過勃海東平舒縣北，東入於海。

地理志曰：『淶水，東南至容城入於河。』河，即濡水也。蓋互以明會矣。巨馬水於平舒城北，南入於滹沱，同歸於海也。

校　記

〔一〕引注　殿本作「宏注」。
〔二〕隆彊　「彊」原本作「疆」，據史記惠景間侯者年表改。又漢書景武昭宣元成功臣表作「陸彊」。
〔三〕使　原本作「史」，據殿本改。

聖水

聖水出上谷。

故燕也。秦始皇二十三年，置上谷郡。王隱晉書地道志曰：『郡在谷之頭，故因以上谷名焉。』王莽更名朔調也。水出郡之西南聖水谷，東南流，逕大防嶺之東首山下。有石穴，東北洞開，高廣四五丈，入穴轉更崇深，穴中有泉〔一〕。耆舊傳言：『昔有沙門釋惠彌者，好精物隱，嘗篝火尋之。旁水入穴三里有餘，穴分爲二。一穴殊小，西北出，不知趣詣。一穴西南出，入穴經五六日方還，又不測窮深。其水夏冷冬温，春秋有白魚出穴，數日而返。人有採捕食者，美珍常味，蓋亦丙穴嘉魚之類也。』是水東北流，入聖水。聖水又東，逕玉石山，謂之玉石口。山多珉玉、燕石，故以玉石名之。其水伏流里餘，潛源東出。又東，頹波瀉澗，一丈有餘，屈而南流也。

東過良鄉縣南。

聖水南流，歷縣西轉。又南，逕良鄉縣故城西。王莽之廣陽也。有防水注之。水出縣西北大防山南，而東南流，逕羊頭阜下，俗謂之羊頭谿。其水又東南流，至縣東入聖水。

聖水又南，與樂水合。水出縣西北大防山南，東南流，歷縣西，而東南注聖水。聖水又東，逕其縣故城南。又東，逕聖聚南。蓋藉水而懷稱也。又東，與俠河合。水出良鄉縣西甘泉原東谷，東逕西鄉縣故城北。王莽之移風也。世謂之都鄉城。按地理志，涿郡有西鄉縣，而無都鄉城，蓋世傳之非也。又東，逕良鄉城南。又東北，注聖水。世謂之俠活河，又名之曰非理之溝也。

又東，過陽鄉縣北〔二〕。

聖水自涿縣東，與桃水合。水首受淶水於徐城東南良鄉，西分垣水，世謂之南沙溝，即桃水也。東逕迺縣北〔三〕，又東，逕涿縣故城下，與涿水合。世以爲涿水，又亦謂之桃水。水出涿縣故城西南奇溝東八里大坎下。數泉同發，東逕桃仁墟北。或曰因水以名墟，則是桃水也。或曰終仁之故居，非『桃仁』也。余按地理志，桃水上承淶水，此水所發，不與志同，謂『終』爲是。又東北，與樂堆泉合。水出堆東，東南流，注於涿水。涿水又東北，逕涿縣故城西，注於桃。應劭曰：『涿郡，故燕。漢高帝六年置。其南有涿水，郡蓋氏焉。』闞駰亦言是矣。今於涿城南，無水以應之。所有，惟西南有是水矣。應劭又云，『涿水出上谷涿鹿縣』，余案涿水自涿鹿東注㶟水。㶟水東南，逕廣陽郡與涿郡分水。漢高祖六年，分燕置涿郡。涿之爲名，當受涿水通稱矣。故郡縣氏之。但物理潛通，所在分發，故在匈奴爲涿邪水，山川阻闊，並無沿注之理。所在受名者，皆是經隱顯相關，遥情受用。以此推之，事或近矣，而非所安也。桃水又東，逕涿縣故城北。王莽更名垣翰，晉太始元年改曰范陽郡。今郡理涿縣故城，城内東北角有晉康王碑。城東有范陽王司馬虓廟碑。桃水又東北，與垣水會。水上承淶水於良鄉縣分桃水，世謂之北沙溝。故應劭曰：『垣水出良鄉，東逕垣縣故城北。』史記音義曰：『河閒有武垣縣，涿有垣縣。』漢景帝中三年，封匈奴降王賜爲侯國。王莽之垣翰亭矣。世謂之頃城，非也。又東，逕頃，亦地名也，故有頃上言，世名之頃前河。又東，洛水注之。水上承鳴澤渚。渚方一十五里。漢武帝元封四年，行幸鳴澤者也。服虔曰：『澤名，在迺縣北界。』即此澤矣。西則獨樹水注之。水出迺縣北山，東入渚。北有甘泉水注之。水出良鄉西山，東南逕西鄉城西，而南注鳴澤渚。渚水東出爲洛水。又東，逕西鄉城南。又東，逕垣縣而南入垣水。垣水又東，逕涿縣北東流，注於桃。故應劭曰：『垣水東入桃。』闞駰曰：『至陽鄉注之。』今按經脉而不能届也。桃水東逕陽鄉，東注聖水。

聖水又東，廣陽水注之。水出小廣陽西山，東逕廣陽縣故城北。又東，福禄水注焉。水出西山，東南逕廣陽縣故城南，東入廣陽水，亂流東南至陽鄉縣，右注聖水。

聖水又東南，逕陽鄉城西，不逕其北矣。縣，故涿之陽亭也。地理風俗記曰：『涿縣東五十里，有陽鄉亭，後分爲縣。』王莽時更名章武，即長鄉縣也。按太康地記，涿有長鄉，而無陽鄉矣。

聖水又東，逕長興城南。又東，逕方城縣故城北。李牧伐燕取方城是也。魏封劉放爲侯國。

聖水又東，左會白祀溝。溝水出廣陽縣之婁城東。東南流，左合婁城水。水出平地，導源東南流。右注白祀水，亂流，東南逕常道城西，故鄉亭也，西去長鄉城四十里。魏少帝璜甘露三年所封也。又東南，入聖水。

聖水又東南，逕韓城東。詩韓奕章曰：『溥彼韓城，燕師所完。王錫韓侯，其追其貊，奄受北國。』鄭玄曰：『周封韓侯居韓城，爲侯伯。言爲獫夷所逼，稍稍東遷也。』王肅曰：『今涿郡方城縣有韓侯城，世謂之「寒號城」，非也。』

聖水又東南流，右會清淀水。水發西淀，東流注聖水，謂之劉公口也。

又東，過安次縣南，東入於海。

聖水又東，逕勃海安次縣故城南。漢靈帝中平三年，封荆州刺史王敏爲侯國。又東南流，注於巨馬河，而不達於海也。

校　記

〔一〕穴中有泉　『泉』殿本作『水』。

〔二〕陽鄉縣　注疏本作『長鄉縣』。

〔三〕迺縣北　『北』原本誤作『花』，據殿本改。

灅水

灅水出鴈門陰館縣。

灅水出於累頭山，一曰治水。泉發於山側，沿波歷澗，東北流出山，逕陰館縣故城西。縣，故樓煩鄉也。漢景帝後三年置，王莽更名富臧矣。魏皇興三年，齊平，徙其民於縣，立平齊郡。

灅水又東北流，左會桑乾水，縣西北上平，洪源七輪，謂之桑乾泉，即溹涫水者也。耆老云，其水潛通，承太原汾陽縣北燕京山之大池。池在山原之上，世謂之天池，方八里餘。澄渟鏡淨，潭而不流，若安定朝那之湫淵也。清水流潭，皎焉沖照，池中嘗無斥草，及其風籜有淪，輒有小鳥翠色，投淵銜出，若會稽之耘鳥也。其水陽熯不耗，陰霖不濫，無能測其淵深也。古老相傳，言嘗有人乘車於池側，忽過大風，飄之於水，有人獲其輪於桑乾泉，故知二水潛流通注矣。池東隔阜又有一石池，方可五六十步，清深鏡潔，不異大池。桑乾水自源東南流，右會馬邑川水。水出馬邑西川，俗謂之磨川矣。蓋狄語音譌，『馬』、『磨』聲相近，故爾。其水東逕馬邑縣故城南，干寶搜神記曰：『昔秦人築城於武州塞内，以備胡。城將成，而崩者數矣。有馬馳走一地，周旋反覆，父老異之，因依以築城。城乃不崩，遂名之爲馬邑。』或以爲代之馬城也。諸記紛競，未識所是。漢以斯邑封韓王信，後爲匈奴所圍，信遂降之。王莽更名之曰章昭。其水東注桑乾水。桑乾水又東南流，水南有故城，東北臨河。又東南，右合灅水，亂流枝水南分。

桑乾水又東，左合武州塞水。水出故城，東南流出山，逕日没城南，蓋夕陽西頹，戎車所薄之城〔一〕，故也。東有日中城，城東又有早起城，亦曰食時城，在黄瓜阜北曲中。其水又東流，右注桑乾水。

桑乾水又東南，逕黄瓜阜曲西，又屈逕其堆南。徐廣曰，『猗盧廢嫡子曰利孫於黄瓜堆』者也。

又東，右合枝津。枝津上承桑乾河，東南流，逕桑乾郡北。大魏因水以立，郡受厥稱焉。又東北，左合夏屋山水。水南出夏屋山之東谿，西北流逕故城北。所未詳也。又西北，入桑乾枝水。桑乾枝水又東流，長津委浪，通結兩湖。東湖西浦，淵潭相接，水至清深。晨鳧夕鴈，泛濫其上；黛甲素鱗，潛躍其下。頫仰池潭，意深魚鳥，所寡惟良木爾。俗謂之南池，池北對溠陶縣之故城，故曰南池也。南池水又東北，注桑乾水，爲灅水，自下並受通稱矣〔二〕。

灅水又東北，逕石亭西。蓋皇魏天賜三年之所經建也。
灅水又東北，逕白狼堆南。魏烈祖道武皇帝於是遇白狼之瑞，故斯阜納稱焉。阜上故宫廟樓榭基雉尚崇，每至鷹隼之秋〔三〕，羽獵之日，肆閲清野，爲升眺之逸地矣。
灅水又東流四十九里，東逕巨魏亭北。又東，崞川水注之。水南出崞縣故城南。王莽之崞張也。縣南面玄岳，右背崞山，處二山之中，故以崞張爲名矣。其水又西出山，謂之崞口。北流，逕繁畤縣故城東。王莽之當要也。又北，逕巨魏亭東。又北，逕劇陽縣故城西。王莽之善陽也。按十三州志曰：『在陰館縣東北百三里。』其水又東，注於灅水。
灅水又東，逕班氏縣南，如渾水注之。水出凉城旋鴻縣西南五十餘里，東流，逕故城南，北俗謂之獨谷孤城，水亦即名焉。東合旋鴻池水。水出旋鴻縣東山下，水積成池，北引魚水。水出魚谿，南流注池。池水吐納川流，以成巨沼，東西二里，南北四里，北對凉川城之南池。池方五十里，俗名乞伏袁池。雖隔越山阜，鳥道不遠，雲霞之閒，常有西南流，逕旋鴻縣南，右合如渾水。是總二水之名矣。如渾水又東南流，逕永固縣。縣以太和中，因山堂之目以氏縣也。右會羊水。水出平城縣之西苑外武州塞，北出東轉，逕燕昌城南。按燕書，建興十年，慕容垂自河西還，軍敗於參合，死者六萬人。十一年，垂衆北至參合，見積骸如山，設祭弔之禮，死者父兄皆號泣，六軍哀慟，垂慙憤嘔血，因而寢疾焉。轝過平城北四十里，疾篤，築燕昌城而還，即此城也。北俗謂之老公城。羊水又東，注於如渾水，亂流逕方山南，嶺上有文明太皇太后陵，陵之東北有高祖陵。二陵之南有永固堂。堂之四周隅雉列榭、階、欄、檻及扉、户、梁、壁、椽、瓦，悉文石也。檐前四柱，採洛陽之八風谷黑石爲之。雕鏤隱起，以金銀間雲矩，有若錦焉。堂之内外，四側結兩石趺，張青石屏風，以文石爲緣，並隱起忠孝之容，題刻貞順之名。廟前鐫石爲碑獸，石至佳。左右列柏，四周迷禽闇日。院外西側，有思遠靈圖。圖之西有齋堂。南門表二石闕，闕下斬山，累結御路，下望靈泉宫池，皎若圓鏡矣。如渾水又南，至靈泉池，枝津東南注池。池東西百步，南北二百步。池渚舊名白楊泉。泉上有白楊樹，因以名焉。其猶長楊、五柞之流稱矣。南面舊京，北背方嶺，左右山原，亭觀繡峙，方湖反景，若三山之倒水下。如渾水又南，逕北宫下。舊宫人作薄所在。如渾水又南，分爲二水。一水西出南屈，入北苑中。歷諸池沼，又南，逕虎圈東，魏太平真君五年，成之以牢虎也。季秋之月，聖上親御圈上，敕虎士效力於其下，事同奔戎，生制猛獸。即詩所謂『祖裼暴虎，獻於公所』也。故魏有捍虎圖也。又逕平城西郭内，魏太常七年所成也。城周西郭外有郊天壇。壇之東側有郊天碑，延興四年立。其水又南屈，逕平城縣故城南。史記曰：『高帝先至平城。』史記音義曰『在鴈門』，即此縣矣。王莽之平順也。魏天興二年，遷都於此。太和十六年，破安昌諸殿，造太極殿東、西堂及朝堂，夾建象魏。乾元中，陽端門、東西二掖門、雲龍、神虎、中華諸門，皆飾以觀閣。東堂東接太和殿，殿之東階下有一碑，太和中立石，是洛陽八風谷之緇石也。太和殿之東北接紫宮寺，南對承賢門，門南即皇信堂。堂之四周，圖古聖、忠臣、烈士之容，刊題其側，是辯章郎彭城張僧達、樂安蔣少遊筆。堂南對白臺，臺甚高廣〔四〕，臺基四周列壁，閣道自内而升，國之圖籙秘籍，悉積其下。臺西即朱明閣，直侍之官出入所由也。其水夾御路，南流逕蓬臺西。魏神瑞三年，又建白樓。樓甚高竦，加觀榭於其上，表裏飾以石粉，皜曜建素，赭白綺分，故世謂之白樓也。後置大鼓於其上，晨昏伐以千椎，爲城里諸門啓閉之候，謂之戒晨鼓也。又南，逕皇舅寺西，是太師昌黎王馮晉國所造。有五層浮圖，其神圖象，皆合青石爲之。加以金銀火齊，衆綵之上，煒煒有精光。又南，逕永寧七級浮圖西。其制甚妙，工在寡雙。又南，遠出郊郭，弱柳蔭街，絲楊被浦，公私引裂，用周園溉〔五〕，長塘曲池，所在布濩，故不可得而論也。一水南逕白登山西。服虔曰：『白登，臺名也。去平城七里。』如淳曰：『平城旁之高城，若丘陵矣。』今平城東十七里有臺，即白登臺也。臺南對岡阜，即白登山也。故漢書稱，『上遂至平城，上白登』者也。爲匈奴所圍處，孫暢之述畫曰：『漢高祖被圍七日，陳平使能畫作美女，送與冒頓。閼氏恐冒頓勝漢，其寵必衰，説冒頓解圍於此矣。』其水又逕寧先宫東。獻文帝之爲太上皇，所居故宫矣。宫之東次，下有兩石柱，是石虎鄴城東門石橋柱也。按柱勒趙建武中造。以其石作工妙，徙之於此。余爲尚書祠部，與宜都王穆羆同拜北郊，親所經見。柱側悉鏤雲矩，上作蟠螭，淺有形勢〔六〕，信爲工巧，去子丹碑則遠矣。其水又南，逕平城縣故城東，司州代尹治。皇都洛陽，以爲恒州。水左有大道壇廟。始光二年，少室道士寇謙之所議建也。兼諸岳廟碑，亦多所署立。其廟階三成，四周欄檻，上階之上，以木爲圓基，令互相枝梧，以版砌其上，欄陛承阿，上圓制如明堂，而專室四户。室内有神坐，坐右列玉磬，皇輿親降，受籙靈壇，號曰天師。宣揚道式，暫重當時。壇之東北，舊有静輪宫，魏神麚四年造，抑亦柏梁之流也。臺榭高廣，超出雲閒，欲令上延霄客，下絶囂浮。太平真君十一年，又毁之。物不停固，白登亦繼褫矣。水右有三層浮圖，真容鷲架，悉結石也。裝制麗質，亦盡美善也。東郭外，太和中閹人宕昌公鉗耳慶時，立祇洹舍於東皋。椽瓦梁棟，臺壁櫺陛，尊容聖像，及牀坐軒帳，悉青石也。圖制可觀，所恨惟列壁合石，疏而不密。庭中有祇洹碑，碑題大篆，非佳爾。然京邑帝里，佛法豐盛，神圖妙塔，桀跱相望，法輪東轉，兹爲上矣。其水自北苑南出，歷京城内。河干兩湄，太和十年，累石結岸。夾塘之上，雜樹交蔭。郭南結兩石橋，横水爲梁。又南，逕藉田及藥圃西、明堂東。明堂上圓下方，四周十二堂九室，而不爲重隅也。室外柱内，綺井之下，施機輪，飾縹碧，仰象天狀，畫北道之宿焉，蓋天也。每月隨斗所建之辰，轉應天道，此之異古也。加靈臺於其上，下則引水爲辟雍。水側結石爲塘，事準古制，是太和中之所經建也。如渾水又南，與武州川水會。水出縣西南山下，二源翼導，俱發一山。東北流，合成一川北流，逕武州縣故城西，王莽之桓州也。又東北，右合黄水。水西出黄阜下，東北流，聖山之水注焉。水出西山，東流注於黄水。黄水又東，注武州川。又東，歷故亭北，右合火山西谿水。水導源火山，西北流。山上有火井，南北六七十步，廣減尺許，源深不見底。炎勢上升，常若微雷發響，以草爨之，則煙騰火發。東方朔神異傳云：『南方有火山焉，長四十里，廣四五里。其中皆生不燼之木，晝夜火燃，得暴雨猛風不滅。火中有鼠，重百斤，毛長二尺餘，細如絲，色白，時時出外，以水逐而沃之則死。取其毛，績以爲布，謂之火浣布。』是山亦其類也，但卉物則不能燃，其山以火從地中出，故亦名熒臺矣。火井東五六尺，又東有湯井，廣輪與火井相狀，熱勢又同，以草内之則不燃，皆沾濡露結，故俗以湯井爲目。井東有火井祠，以時祀祭焉。井北百餘步有東、西谷，廣十許步。南崖下有風穴，厥大容人，其深不測，而穴中肅肅，常有微風，雖三伏盛暑，猶須襲裘，寒吹陵人，不可暫停。而其山出雛烏，形類雅烏，純黑而姣好，音與之同，繢采紺發，觜若丹砂，性馴良而易附，丱童幼子捕而執之。曰赤觜烏，亦曰阿雛烏。按小爾雅：『純黑反哺，謂之慈烏。小而腹下白，不反哺者，謂之雅烏。白脰而羣飛者，謂之燕烏。大而白脰者，謂之蒼烏。』爾雅曰：『鸒斯，卑居也。』孫炎曰：『卑居，楚烏。』犍爲舍人以爲『壁居』。説文謂之『雅』。雅，楚烏。莊子曰：『雅，賈矣。』馬融亦曰：『賈，烏者也。』又按瑞應圖，有『三足烏、赤烏、白烏』之名，而無記於此烏，故書其異爾。自恒山已北，並有此矣。其水又東北流，注武州川水。武州川水又東南流，水側有石祇洹舍并諸窟室，比丘尼所居也。其水又東轉，逕靈巖南。鑿石開山，因崖結構，真容巨壯，世法所稀。山堂水殿，煙寺相望，林淵錦鏡，綴目新眺。川水又東南流，出山。魏土地記曰，『平城西三十里，武州塞口』者也。自山口枝渠東出，入苑溉諸園池。苑有洛陽殿，殿北有宫館。一水自枝渠南流，東南出，火山水注之。水發火山東谿，東北流，出山。山有石炭，火之，熱同樵炭也。又東，注武州川。逕平城縣南，東流，注如渾水。如渾水又南流，逕班氏縣故城東。王莽之班副也。闞駰十三州志曰：『班氏縣在郡西南百里，北俗謂之去留城也。』如渾水又東南流，注於灅水。

灅水又東，逕平邑縣故城南。趙獻侯十三年，城平邑。地理志屬代，王莽所謂平胡也。十三州志曰：『城在高柳南百八十里，北俗謂之醜寅城。』

灅水又東，逕沙陵南。魏金田之地也，事同曹武鄴中定矣。

灅水又東，逕狋氏縣故城北。王莽更名之曰狋聚也。十三州志曰：『縣在高柳南百三十里，俗謂之苦力干城矣。』

灅水又東，逕道人縣故城南。地理志王莽之道仁也。地理風俗記曰：『初築此城，有仙人遊其地，故因以爲城名矣。』今城北有淵，潭而不流，故俗謂之爲平湖也。十三州志曰：『道人城在高柳東北八十里。所未詳也。』灅水又東，逕陽原縣故城南。地理志代郡之屬縣也。北俗謂之比郍州城。

灅水又東流，安陽水注之。水出縣東北潭中，北俗謂之太拔迴水。自潭東南流，注於灅水。

灅水又東，逕東安陽縣故城北。趙惠文王三年，主父封長子章爲代安陽君。此即章封邑。王莽之竟安也。地理風俗記曰：『五原有西安陽，故此加「東」也。』

東北過代郡桑乾縣南〔七〕。

灅水東逕昌平縣，温水注之。水出南壙下，三源俱導，合而南流，東北注灅水。

灅水又東，逕昌平縣故城北。王莽之長昌也。昔牽招爲魏鮮卑校尉，屯此。

灅水又東北，逕桑乾縣故城西，又屈逕其城北。王莽更名之曰安德也。魏土地記曰：『代城北九十里，有桑乾城。』城西渡桑乾水，去城十里，有温湯，療疾有驗。經言出南，非也，蓋誤證矣。魏任城王彰，以建安二十三年伐烏丸，入涿郡，逐北遂至桑乾，正於此也。

㶟水又東流，祁夷水注之。水出平舒縣，東逕平舒縣之故城南澤中。史記，趙孝成王十九年，以汾門予燕，易平舒。徐廣曰：『平舒在代』。王莽更名之曰平葆。後漢世祖建武七年，封揚武將軍馬成爲侯國。其水控引衆泉，以成一川。魏土地記曰：『代城西九十里有平舒城。』西南五里，代水所出，東北流。言『代水』，非也。祁夷水又東北，逕蘭亭南。又東北，逕石門關北。舊道出中山故關也。又東北流，水側有故池。按魏土地記曰：『代城西南三十里有代王魚池，池西北有代王臺，東去代城四十里。』祁夷水又東北，得飛狐谷，即廣野君所謂杜飛狐之口也。蘇林據酈公之說，言在上黨，即實非也。如淳言在代，是矣。晉建興中，劉琨自代出飛狐口，奔於安次，即於此道也。魏土地記曰：『代城南四十里有飛狐關。』關水西北流，逕南舍亭西。又逕句瑣亭西，西北注祁夷水。祁夷水又東北流，逕代城西。盧植言：『初築代城，板榦一夜自移於此。故代西南五十里大澤中，營城自護，結葦爲九門。於是就以爲治，城圓帀而不方，周四十七里，開九門，更名其故城曰東城。』趙滅代，漢封孝文爲代王。梅福上事曰：『代谷者，恒山在其南，北塞在其北，谷中之地。上谷在東，代郡在西，是其地也。』王莽更之曰厭狄亭。魏土地記曰：『城内有二泉，一泉流出城西門，一泉流出城北門，二泉皆北注代水。』祁夷水又東北，熱水注之。水出綾羅澤，澤際有熱水亭。其水東北流，注祁夷水。祁夷水又東北，谷水注之。水出昌平縣故城南，又東北入祁夷水。祁夷水右會逆水。水導源將城東，西北流，逕將城北。城在代郡東北十五里，疑即東代矣。而尚傳將城之名。盧植曰：『此城方就，而板榦自移。』應劭曰：『城徙西南，去故代五十里，故名代曰東城。』或傳書倒錯，情用疑焉，而無以辨之。逆水又西，注於祁夷之水。『逆』之爲名，以西流故也。祁夷水東北逕青牛淵，水自淵東注之。耆彦云：『有潛龍出於兹浦，形類青牛焉，故淵潭受名矣。』潭深不測，而水周多蓮藕生焉。祁夷水又北，逕一故城西，西去代城五十里。又疑是代之東城，而非所詳也。又逕昌平郡東，魏太和中置，西南去故城六十里。又北，連水入焉。水出雊瞀縣東，西北流，逕雊瞀縣故城南。又西，逕廣昌城南。魏土地記曰：『代南二百里有廣昌城，南通大嶺。』即實非也〔八〕。十三州記曰：『平舒城東九十里有廣平城。』疑是城也。尋其名狀，忖理爲非。又西，逕王莽城南。又西，到刺山水注之。水出到刺山西山，甚層峻，未有升其巔者。魏土地記曰：『代城東五十里有到刺山，山上有佳大黄也。』其水北流，逕一故亭東，城北有石人，故世謂之石人城。西北注連水。連水又北，逕當城縣故城西。高祖十二年，周勃定代，斬陳豨於當城，即此處也。應劭曰：

『當桓都山作城，故曰當城也。』又逕故代東，而西北流，注祁夷水。祁夷水西有隨山，山上有神廟，謂之女郎祠，方俗所祠也。祁夷水又北，逕桑乾故城東，而北流，注於濼水。地理志曰：『祁夷水出平舒縣，北至桑乾入濼』〔九〕，是也。

濼水又東北，得石山水口。水出南山，北流，逕空侯城東。魏土地記曰：『代城東北九十里，有空侯城』者也。其水又東北流，注濼水。

濼水又東，逕潘縣故城北，東合協陽關水。水出協谿。魏土地記曰：『下洛城西南九十里，有協陽關，關道西通代郡。』其水東北流，歷笄頭山。闞駰曰：『笄頭山在潘城南。』即是山也。又北，逕潘縣故城，左會潘泉故瀆，瀆舊上承潘泉於潘城中，或云舜所都也。魏土地記曰：『下洛城西南四十里，有潘城。城西北三里，有歷山。山上有虞舜廟。』十三州記曰：『廣平城東北百一十里有潘縣。』地理志曰：『王莽更名樹武。』其泉從廣十數步，東出城，注協陽關水。雨盛則通注，陽旱則不流，惟洴泉而已。關水又東北流，注於濼水。

濼水又東，逕雍洛城南。魏土地記曰：『下洛城西南二十里，有雍洛城，桑乾水在城南，東流者也。』

濼水又東，逕下洛縣故城南。王莽之下忠也。魏燕州廣甯縣，廣甯郡治。魏土地記曰：『去平城五十里，城南二百步，有堯廟。』

灅水又東，逕高邑亭北。又東，逕三臺北。

灅水又東，逕無鄉城北。地理風俗記曰：『燕語呼「毛」爲「無」，今改宜鄉也。』

灅水又東，温泉水注之。水上承温泉於橋山下。魏土地記曰：『下洛城東南四十里，有橋山。山下有温泉，泉上有祭堂，雕簷華宇。』被於浦上，石池吐泉，湯湯其下，炎涼代序，是水灼焉無改，能治百疾，是使赴者若流。池水北流，入於灅水。

灅水又東，左得于延水口。水出塞外柔玄鎮西長川城南小山。山海經曰：『梁渠之山，無草木，多金玉。脩水出焉。』東南流，逕且如縣故城南。應劭曰：『當城西北四十里，有且如城，故縣也。』代稱不拘名號變改，校其程郭，相去遠矣。地理志曰：『中部都尉治。』于延水出縣北塞外〔一〇〕，即脩水也。脩水又東南，逕馬城縣故城北。地理志曰：『東部都尉治。』十三州志曰：『馬城在高柳東二百四十里。』俗謂是水爲河頭。河頭出戎方，土俗變名爾。又東，逕零丁城南，右合延鄉水。水出縣西山，東逕延陵縣故城北。地理風俗記曰：『當城西北有延陵鄉，故縣也。』俗指爲琦城。又東，逕羅亭。又東，逕馬城南。又東，注脩水。脩水又東南，於大甯郡北，右注鴈門水。山海經曰：『鴈門之水，出於鴈門之山。鴈出其閒〔一一〕，在高柳北。』高柳在代中，其山重巒疊巘，霞舉雲高，連山隱隱，東出遼塞。其水東南流，逕高柳縣故城北，舊代郡治。秦始皇二十三年，虜趙王遷，以國爲郡。王莽之所謂厭狄也。建武十九年，世祖封代相堪爲侯國，昔秦招斬韓忠於此處。城在平城東南六七十里，於代爲西北也。鴈門水又東南流，屈逕一故城，背山面澤，北俗謂之叱險城。鴈門水又東南流，屈而東北，積而爲潭。其陂斜長而不方，東北可二十餘里，廣十五里，蒹葭叢生焉。敦水注之，其水導源西北少咸山之南麓，東流逕參合縣故城南。地理風俗記曰：『道人城北五十里有參合鄉，故縣也。』敦水又東，澻水注之。水出東阜下，西北流逕故城北，俗謂之和堆城。又北，合敦水，亂流東北注鴈門水。故山海經曰：『少咸之山，敦水出焉。東流注於鴈門之水。』郭景純曰：『水出鴈門山。』謂斯水也。鴈門水又東北，入陽門山，謂之陽門水。與神泉水合，水出蕫壁北。水有靈焉，及其密雲不雨，陽旱愆期，多禱請焉。水有二流，俗謂之比連泉。一水東北，逕一故城東，世謂之石虎城，而東北流，注陽門水。又東，逕三會亭北。又東，逕西伺道城北。又東，託台谷水注之。水上承神泉於蕫壁北，東逕陽門山南託台谷，謂之託台水。汲引泉谿，渾濤東注，行者間十餘渡，東逕三會城南，又東，逕託台亭北，又東北逕馬頭亭北，東北注鴈門水。鴈門水又東，逕大甯郡。北魏太和中置，有脩水注之，即山海經所謂『脩水東流，注於鴈門水』也。地理志有于延水，而無鴈門、脩水之名。山海經有鴈門之目，而無說于延河，自下亦通謂之于延水矣。水側有桑林，故時人亦謂是水爲藂桑河也。斯乃北土寡桑，至此見之，因以名焉。于延水又東，逕岡城南。按史記，蔡澤，燕人也，謝病歸相，秦號岡成君。疑即澤所邑也，世名武岡城。于延水又東，左與寧川水合。水出西北，東南流，逕小甯縣故城西東南流，注于延水。于延水又東，逕小甯縣故城南。地理志，『寧縣也，西部都尉治，王莽之博康』也。魏土地記曰：『大甯城西二十里，有小甯城。昔邑人班丘仲居水側，賣藥於甯百餘年，人以爲壽。後地動宅壞，仲與里中數十家皆死，民人取仲尸棄于延水中，收其藥賣之。仲被裘從而詰之，此人失怖，叩頭求哀。仲曰：「不恨汝，故使人知我爾。去矣！」後爲夫餘王驛使來甯，此方人謂之謫仙也。』于延水又東，黑城川水注之。水有三源，出黑土城西北。奇源合注，總爲一川。東南逕黑土城西。又東南流，逕大甯縣西，而南入延河。延河又東，逕大甯縣故城南。地理志云：『廣寧也。王莽曰廣康矣。』魏土地記曰：『下洛城西北百三十里，有大甯城。』于延水又東南，逕茹縣故城北。王莽之穀武也。世謂之如口城。魏土地記曰：『城在鳴鷄山西十里，南通大道，西達寧川。』于延水又東南，逕鳴鷄山西。魏土地記曰：『下洛城東北三十里，有延河東流，北有鳴鷄山。』史記曰：『趙襄子殺代王於夏屋而幷其土，襄子迎其姊於代。其姊，代之夫人也，至此曰：「代已亡矣，吾將何歸乎？」遂磨笄於山而自殺。代人憐之，爲立祠焉，因名其山爲磨笄山。』每夜，有野鷄羣鳴於祠屋上，故亦謂之爲鳴鷄山。魏土地記云：『代城東南二十五里有馬頭山，其側有鍾乳穴。趙襄子既害代王，迎姊。姊代夫人。夫人曰：「以弟慢夫，非仁也；以夫怨弟，非義也。」磨笄自刺而死。使者自殺。』民憐之，爲立神屋於山側，因名之爲磨笄之山。未詳孰是。于延水又南，逕且居縣故城南。王莽之所謂久居也。其水東南流，注於灅水。地理志曰：『于延水東至廣寧，入沽。』非矣。

又東，過涿鹿縣北。

涿水出涿鹿山，世謂之張公泉。東北流，逕涿鹿縣故城南，王莽所謂捬陸也。黄帝與蚩尤戰於涿鹿之野，留其民於涿鹿之阿，即於是也。其水又東北，與阪泉合。其水導源縣之東泉。魏土地記曰：『下洛城東南六十里，有涿鹿城。城東一里，有阪泉。泉上有黄帝祠。』晉太康地記曰：『阪泉亦地名也。』泉水東北流，與蚩尤泉會。水出蚩尤城，城無東面。魏土地記稱，涿鹿城東南六里有蚩尤城。泉水淵而不流，霖雨併則流注阪泉，亂流東北入涿水。涿水又東，逕平原郡南。魏徙平原之民置此，故立僑郡，以統流雜。涿水又東北，逕祚亭北，而東北入灅水。亦云，涿水枝分入匈奴者，謂之涿邪水。地理潛顯，難以究昭，非所知也。

灅水又東南，左會清夷水，亦謂之滄河也。水出長亭南，西逕北城邨故城北。又西北，平鄉川水注之。水出平鄉亭西，西北流，注清夷水。清夷水又西北，逕陰莫亭，在居庸縣南十里。清夷水又西，會牧牛山水。魏土地記曰：『沮陽城東八十里，有牧牛山，下有九十九泉，即滄河之上源也。』山在縣東北三十里，山上有道武皇帝廟。耆舊云，山下亦有百泉競發，有一神牛駮身，自山而降，下飲泉竭，故山得其名。今山下導九十九泉，積以成川，西南流，谷水與浮圖溝水注之。水出夷輿縣故城西南，王莽以爲朔調亭也。其水俱西南流，注於滄水。滄水又西南，右合地裂溝。古老云，晉世地裂，分此界開成溝壑。有小水，俗謂之分界水，南流入滄河。滄河又西，逕居庸縣故城南。魏上谷郡治。昔劉虞攻公孫瓚不克，北保此城，爲瓚所擒。有粟水入焉。水出縣下，城西枕水，又屈逕其縣南，南注滄河。滄河又西，右與陽溝水合。水出縣東北，西南流，逕居庸縣故城北，西逕大翮、小翮山南。高巒截雲，層陵斷霧，雙阜共秀，競舉羣峯之上。郡人王次仲，少有異志，年及弱冠，變蒼頡舊文爲今隸書。秦始皇時，官務煩多，以次仲所易文簡，便於事要，奇而召之，三徵而輒不至。次仲履真懷道，窮數術之美。始皇怒其不恭，令檻車送之。次仲首發於道，化爲大鳥，出在車外，翻飛而去。落二翮於斯山，故其峯巒有大翮、小翮之名矣。魏土地記曰：『沮陽城東北六十里，有大翮、小翮山。山上神名大翮神，山屋東有温湯水口。』其山在縣西北二十里，峯舉四十里，上廟則次仲廟也。右出温湯，療治萬病。泉所發之麓，俗謂之土亭山。此水炎熱，倍甚諸湯。下足便爛人體，療疾者要須別引，消息用之爾，不得言。大翮山東，其水東南流，左會陽溝水，亂流南注滄河。滄河又左，得清夷水口。魏土地記曰，『牧牛泉西流，與清夷水合』者也。自下二水，互受通稱矣。清夷水又西，靈亭水注之。水出馬蘭西澤中，衆泉瀉溜，歸於澤。澤水所鍾，以成溝瀆。瀆水又左，與馬蘭谿水會。水導源馬蘭城。城北負山勢，因阿成谿。民居所給，惟仗此水。南流出城，東南入澤水。澤水又南，逕靈亭北，又屈逕靈亭東。次仲落鳥翮於此，故是亭有靈亭之稱矣。其水又南流，注於清夷水。清夷水又西，得泉溝水〔一二〕。水導源川南平地，北注清夷水。清夷水又西南，得桓公泉。蓋齊桓公霸世，北伐山戎，過孤竹西征，束馬懸車，上卑耳之西極，故水受斯名也。水源出沮陽縣東，而西北流入清夷水。清夷水又西，逕沮陽縣故城北。秦上谷郡治此。王莽改郡曰朔調，縣曰沮陰。闞駰曰：『涿鹿東北至上谷城六十里。』魏土地記曰：『城北有清夷水，西流也。』其水又屈逕其城西南，流注於濕水。濕水南至馬陘山，謂之落馬洪。

又東南，出山。

濕水又南，出山。瀑布飛梁，懸河注壑，瀰湍十許丈，謂之落馬洪，抑亦孟門之流也。濕水自山南出，謂之清泉河，俗亦謂之曰『干水』，非也。

濕水又東南，逕良鄉縣之北界，歷梁山南，高梁水出焉。

過廣陽薊縣北。

濕水又東，逕廣陽縣故城北。謝承後漢書曰：『世祖與銚期出薊，至廣陽，欲南行，即此城也。謂之小廣陽。』

濕水又東北，逕薊縣故城南。魏土地記曰：『薊城南七里，有清泉河，而不逕其北。』蓋經誤證矣。昔周武王封堯後於薊。今城内西北隅有薊丘，因丘以名邑也。猶魯之曲阜，齊之營丘矣。武王封召公之故國也。秦始皇二十一年〔一三〕，滅燕，以爲廣陽郡。漢高帝以封盧綰爲燕王，更曰燕國。王莽改曰廣有，縣曰代戎。城有萬載宫、光明殿。東掖門下，舊慕容儁立銅馬像處。昔慕容廆有駿馬，赭白，有奇相逸力。至儁，光壽元年，齒四十九矣，而駿逸不虧。儁奇之，比鮑氏驄，命鑄銅以圖其像，親爲銘讚，鐫頌其旁，像成而馬死矣。大城東門内道左，有魏征北將軍建成鄉景侯劉靖碑。晉司隸校尉王密表靖功加於民，宜在祀典。以元康四年九月二十日，刊石建碑，揚於後葉矣。

濕水又東，與洗馬溝水合。水上承薊水，西注大湖。湖有二源，水俱出縣西北。平地導源，流結西湖。湖東西二里，南北三里，蓋燕之舊池也。緑水澄澹，川亭望遠，亦爲遊矚之勝所也。湖水東流，爲洗馬溝。側城南門東注，昔銚期奮戟處也。其水又東，入濕水。

㶟水又東，逕燕王陵南。陵有伏道，西北出薊城中。景明中，造浮圖建刹，窮泉掘得此道，王府所禁，莫有尋者。通城西北大陵，而是二墳基趾磐固，猶自高壯，竟不知何王陵也。

㶟水又東南，高梁之水注焉。水出薊城西北平地，泉流東注，逕燕王陵北。又東，逕薊城北，又東南流。魏土地記曰：『薊東十里有高梁之水』者也。其水又東南，入㶟水。

又東，至漁陽雍奴縣西入笥溝。

漢光武建武元年，封潁川太守寇恂爲雍奴侯。魏遣張郃、樂進圍雍奴，即此城矣。笥溝，潞水之別名也。魏土地記曰：『清泉河上承桑乾河，東流與潞河合。』㶟水東入漁陽，所在枝分，故俗諺云：『高梁無上源，清泉無下尾。』蓋以高梁微涓淺薄，裁足津通，憑藉涓流，方成川畎；清泉至潞，所在枝分，更爲微津，散漫難尋故也。

校　記

〔一〕薄　原本誤作『簿』，據殿本改。
〔二〕自下　二字據殿本補。
〔三〕秋　原本誤作『狄』，據殿本改。
〔四〕高廣　『高』字據殿本補。

〔五〕園溉　原本作『園挽』，據殿本改。
〔六〕淺有形勢　『淺』殿本作『甚』。
〔七〕東北過代郡桑乾縣南　此經文他本皆接排於篇首『㶟水出鴈門陰館縣』句下。
〔八〕實　原本作『此』，據殿本改。
〔九〕入㶟　漢書地理志作『入沽』。
〔一〇〕塞外　二字據殿本補。
〔一一〕鴈出其閒　『閒』原本作『門』，據山海經海内西經改。
〔一二〕得泉溝水　殿本作『與泉溝水會』。
〔一三〕二十一　原本作『二十三』，據史記始皇本紀改。

濕餘水

濕餘水出上谷居庸關東。

關在沮陽城東南六十里居庸界，故關名矣。更始使者入上谷，耿況迎之於居庸關，即是關也。其水導源關山，南流歷故關下。谿之東岸有石室三層，其户牖扇扉悉石也。蓋故關之候臺矣。南則絶谷，累石爲關垣，崇墉峻壁，非輕功可舉。山岫層深，側道褊狹，林障邃險，路才容軌。曉禽暮獸，寒鳴相和，羈官遊子，聆之者莫不傷思矣。其水歷山南，逕軍都縣界，又謂之軍都關。續漢書曰，『尚書盧植隱上谷軍都山』，是也。其水南流出關，謂之下口，水流潛伏十許里也。

東流，過軍都縣南。又東流，過薊縣北。

濕餘水故瀆，東逕軍都縣故城南。又東，重源潛發，積而爲潭，謂之濕餘潭。又東流，易荆水注之。其水導源西北千蓼泉，亦曰千蓼水，東南流，逕郁山西，謂之易荆水。公孫瓚之敗於鮑丘也，走保易荆，疑阻此水也。易荆水又東，左合虎眼泉水，出平川，東南流入易荆水。易荆水又東南，與孤山之水合。水發川左，導源孤山，東南流入易荆水，謂之塔界水。又東，逕薊城。又東，逕昌平縣故城南〔一〕，又謂之昌平水。魏土地記曰：『薊城東北百四十里，有昌平城，城西有昌平河。』又東流，注濛餘水。濛餘水又東南流，左合芹城水。水出北山，南逕芹城。又東南流，注濛餘水。濛餘水又東南流，逕安樂縣故城西。更始使謁者韓鴻北徇，承制拜吳漢爲安樂令，即此城也。

又北屈，東南至狐奴縣，西入於沽河。

昔彭寵使狐奴令王梁南助光武起兵，自是縣矣。濛餘水於縣西南，東入沽河。故地理志曰，『濛餘水自軍都縣東至路，南入沽』，是也。

校　記

〔一〕昌平　原本誤作「平昌」，據殿本改。

沽河

沽河從塞外来。

沽河出禦夷鎮西北九十里丹華嶺下。東南流，大谷水注之。水發鎮北大谷谿。西南流，逕獨石北界。石孤生，不因阿而自峙。又南，九源水注之。水導北川，左右翼注，八川共成一水，故有九源之稱。其水南流，至獨石，注大谷水。大谷水又南，逕獨石西。又南，逕禦夷鎮城西。魏太和中，置以捍北狄也。又東南，尖谷水注之。水源出鎮城東北尖谿，西南流，逕鎮城東西南流，注大谷水。亂流南注沽水。

沽水又南出峽，夾岸有二城，世謂之獨固門。以其藉險憑固，易爲依據，巖壁斗聳〔一〕，疏通若門，故得是名也。沽水又南，左合乾谿水。水引北川西南，逕一故亭東。又西南，注沽水。

沽水又西南，逕赤城東。趙建武年，幷州刺史王霸爲燕所敗，退保此城。城在山阜之上，下枕深隍，谿水之名，藉以變稱。故河有赤城之號矣。

沽水又東南，與鵲谷水合。水有二源。南即陽樂水也，出且居縣。地理志曰：『水出縣東。』東南流〔二〕，逕大翮山、小翮山，北歷女祁縣故城南。地理志曰，『東部都尉治，王莽之祁縣』也。世謂之横水，又謂之陽田河，又東南，逕一故亭。又東，左與候鹵水合。水出西北山，東南流，逕候鹵城北。城在居庸縣西北二百里，故名云候鹵。太和中，更名禦夷鎮。又東南流，注陽樂水。陽樂水又東南，旁狼山南。山石白色特上，亭亭孤立，超出羣山之表。又東南，逕温泉東。泉在山曲之中。又逕赤城西，屈逕其城南，東南入赤城河。河水又東南，右合高峯水。水出高峯戍東南，城在山上，其水西南流，又屈而東南，入沽水。

沽水又西南流，出山，逕漁陽縣故城西，而南合七度水。水出北山黄頒谷，故亦謂之黄頒水。東南流，注於沽水。

沽水又南，漁水注之。水出縣東南，平地泉流，西逕漁陽縣故城南，應劭曰：『在漁水之陽也。』考諸地説則無聞，脉水尋川則有自。今城在斯水之陽，有符應説。漁陽之名當屬此。秦發閭左戍漁陽，即是城也。漁水又西南，入沽水。

沽水又南，與螙山之水合。水出漁陽城南小山。魏土地記曰：『城南五里有螙山，其水西南入沽水。』

沽水又南，逕安樂縣故城東。晉書地道記曰：『晉封劉禪爲公國，俗謂之西潞水也。』

南過漁陽狐奴縣北，西南與灅餘水合〔三〕，爲潞河。

沽水西南流，逕狐奴山西。又南，逕狐奴縣故城西。漁陽太守張堪，於縣開稻田，教民種殖，百姓得以殷富。童謠歌曰：『桑無附枝，麥秀兩岐。張君爲政，樂不可支。』視事八年，匈奴不敢犯塞。沽水又南，陽重溝水注之。水出狐奴山，南轉逕狐奴城西，王莽之所謂舉符也。側城南注，右會沽水。

沽水又南，灅餘水注之。

沽水又南，左會鮑丘水。世所謂東潞也。

沽水又南，逕潞縣，爲潞河也。魏土地記曰，『城西三十里，有潞河』，是也。

又東南，至雍奴縣西，爲笥溝。

灅水入焉，俗謂之合口也。又東，鮑丘水於縣西北而東出。

又東南至泉州縣，與清河合，東入於海。清河者，派河尾也。

沽河又東南，逕泉州縣故城東。王莽之泉調也。沽水又東南，合清河。今無水。清、淇、漳、洹、滱、易、淶、濡、沽、滹沱，同歸於海。故經曰，派河尾也。

校記

〔一〕斗聳　他本均作「升(或昇)聳」。穀水有「二壁争高，斗聳相亂」云，戴氏或據之改。

〔二〕東南流　漢書地理志作「南入沽」。

〔三〕灅餘水　「灅」原本作「濕」，據灅餘水改。

鮑丘水

鮑丘水從塞外來，南過漁陽縣東。

鮑丘水出禦夷北塞中，南流，逕九莊嶺東，俗謂之大榆河。又南，逕鎮東南九十里西密雲戍西。又南，左合道人谿水。水出北川，南流逕孔山西，又南，上有洞穴開明，故土俗以孔山流稱。水出㟞下。㟞甚增峻，峨峨冠衆山之表。其水西逕孔山歷密雲戍東，左合孟廣㟞水。㟞水又西南，至密雲戍東，西注道人水。亂流西南，逕密雲戍城南，右會大榆河。有東密雲，故是城言『西』矣。大榆河又東南流，白楊泉水注之。水北發白楊谿望離，右注大榆河。又東南，龍芻谿水自坎注之。大榆河又東南出峽，逕安州舊漁陽郡之滑鹽縣南，左合縣之北谿水。水出縣北廣長塹南，太和中掘此以防北狄。其水南流，逕滑鹽縣故城東。王莽更名匡德也。漢明帝改曰鹽田。右承治，世謂之斛鹽城，西北去禦夷鎮二百里，南注鮑丘水。鮑丘水又南，逕傂奚縣故城東。王莽更之曰敦德也。鮑丘水又西南，逕獷平縣故城東。王莽之所謂平獷也。又南，合三城水。水出臼里山，西逕三城，謂之三城水。又逕香陘山。山上悉生槀本香，世故名焉。又西，逕石窟南。窟內寬廣，行者依焉。窟內有水，淵而不流，棲薄者取給焉。又西北，逕伏凌山。南與石門水合。水出伏凌山，山高峻，巖障寒深，陰崖積雪，凝冰夏結，事同離騷峨峨之詠。故世人因以名山也。一水西南流，注之。是水有桑谷之名，蓋沿出桑谿故也。又西南，逕獷平城東南，而右注鮑丘水。

鮑丘水又東南，逕漁陽縣故城東，漁陽郡治也。秦始皇二十二年置，王莽更名通潞，縣曰得漁。

鮑丘水又西南流。公孫瓚既害劉虞，烏丸思劉氏之德，迎其子和，合衆十萬，破瓚於是水之上，斬首二萬。

鮑丘水又西南，歷狐奴城東。又西南流，注於沽河，亂流而南。

又南，過潞縣西。

鮑丘水入潞，通得潞河之稱矣。高梁水注之。水首受濕水於戾陵堰。水北有梁山，山有燕刺王旦之陵，故以戾陵名堰。水自堰枝分，東逕梁山南。又東北，逕劉靖碑北，其詞云：『魏使持節、都督河北道諸軍事、征北將軍、建城鄉侯、沛國劉靖，字文恭，登梁山以觀源流，相濕水以度形勢〔一〕，嘉武安之通渠，羨秦民之殷富。乃使帳下丁鴻，督軍士千人，以嘉平二年立遏於水，導高梁河，造戾陵遏，開車箱渠。』其遏表云：『高梁河水者，出自并州，潞河之別源也。長岸峻固，直截中流。積石籠以爲主遏，高一丈，東西長三十丈，南北廣七十餘步。依北岸立水門，門廣四丈，立水十丈。山水暴發，則乘遏東下。平流守常，則自門北入。灌田歲二千頃。凡所封地，百餘萬畝。至景元三年辛酉，詔書以民食轉廣，陸費不贍，遣謁者樊晨更制水門，限田千頃，刻地四千三百一十六頃，出給郡縣，改定田五千九百三十頃。水流乘車箱渠，自薊西北，逕昌平，東盡漁陽潞縣，凡所潤含，四五百里，所灌田萬有餘頃。高下孔齊，原隰底平，疏之斯溉，決之斯散，導渠口以爲濤門，灑滮池以爲甘澤，施加於當時，敷被於後世。晉元康四年，君少子驍騎將軍平鄉侯弘，受命使持節監幽州諸軍事，領護烏丸校尉寧朔將軍。遏立積三十六載，至五年夏六月，洪水暴出，毁損四分之三，剩北岸七十餘丈。上渠車箱，所在漫溢。追惟前立遏之勳，親臨山川，指授規略。命司馬關内侯逢惲，内外將士二千人，起長岸，立石渠，脩主遏，治水門。門廣四丈，立水五尺。興復載利，通塞之宜，準遵舊制，凡用功四萬有餘焉。諸部王侯，不召而自至，繈負而事者蓋數千人。詩載「經始勿亟」，易稱「民忘其勞」，斯之謂乎？於是二府文武之士，感秦國思鄭渠之績〔二〕，魏人置豹祀之義，乃遐慕仁政，追述成功。元康五年十月十一日，刊石立表，以紀勳烈，并記遏制度，永爲後式焉。』事見其碑詞。又東南流，逕薊縣北。又東，至潞縣，注於鮑丘水。

鮑丘水又南，逕潞縣故城西。王莽之通潞亭也。漢光武遣吴漢、耿弇等，破銅馬、五幡於潞東，謂是縣也。屈而東南流，逕潞城南，世祖拜彭寵爲漁陽太守，治此。寵叛，光武遣游擊將軍鄧隆伐之，軍於是水之南。光武策其必敗，果爲寵所破，遺壁故壘存焉。鮑丘水又東南，入夏澤。澤南紆曲渚十餘里，北佩謙澤，眇望無垠也。

又南，至雍奴縣北，屈東入於海。

鮑丘水自雍奴縣故城西北，舊分笥溝水東出。今笥溝水斷，衆川東注，混同一瀆，東逕其縣北。又東，與泃河合。水出右北平無終縣西山白楊谷，西北流，逕平谷縣，屈西南流，獨樂水入焉。水北出抱犢固，南逕平谷縣故城東。後漢建武元年，光武遣十二將追大槍、五幡及平谷，大破之於是縣也。其水南流，入於泃。泃水又左，合盤山水。水出山上。其山峻險，人迹罕交，去山三十許里，望山上水，可高二十餘里。素湍皓然，頹波歷谿，沿流而下。自西北轉注於泃水。泃水又東南，逕平谷縣故城，東南與洳河會。水出北山，山在傂奚縣故城東南，東南流，逕博陸故城北。又屈逕其城東，世謂之平陸城，非也。漢武帝璽書，封大司馬霍光爲侯國。文穎曰：『博大陸平，取其嘉名，而無其縣。食邑北海、河東。』薛瓚曰：『按漁陽有博陸城，謂此也。』今在且居山之陽，處平陸之上，匝帶川流〔三〕，面據四水，文氏所謂無縣目，嘉美名也。洳水又東南流，逕平谷縣故城西，而東南流，注於泃河。泃河又南，逕緌城東，而南合五百溝水。水出匕山北，東逕平谷縣之緌城南，東入於泃河。泃河又東南，逕臨泃城北，屈而歷其城東，側城南出。竹書紀年：『梁惠成王十六年，齊師及燕戰於泃水，齊師遁。』即是水也。泃水又南，入鮑丘水。

鮑丘水又東，合泉州渠口，故瀆上承滹沱水於泉州縣，故以泉州爲名。北逕泉州縣東，又北，逕雍奴縣東，西去雍奴故城百二十里。自滹沱北入其下，歷水澤百八十里，入鮑丘河，謂之泉州口。陳壽魏志曰：『曹太祖以蹋頓擾邊，將征之。從泃口鑿渠，逕雍奴、泉州，以通河海』者也。今無水。

鮑丘水又東，庚水注之。水出右北平徐無縣北塞中而南流，歷徐無山，得黑牛谷水，又得沙谷水，並西出山，東流注庚水。昔田子泰避難居之，衆至五千家。開山圖曰：『山出不灰之木，生火之石。』按注云：『其木色黑似炭而無葉。有石赤色如丹，以二石相磨，則火發，以然無灰之木，可以終身。今則無之。』其水又逕徐無縣故城東，王莽之北順亭也。魏土地記曰：『右北平城東北百一十里，有徐無城。』其水又西南，與周盧谿水合。水出徐無山，東南流，注庚水。庚水又西南流，灅水注之，水出右北平俊靡縣，王莽之俊麻也。東南流，世謂之車軬水。又東南流，與温泉水合。水出北山温谿，即温源也。養疾者不能澡其炎漂，以其過灼故也。魏土地記曰，『徐無城東有温湯』，即此也。其水南流百步，便伏流入於地下，水盛則通注灃水。灃水又東南，逕石門峽，山高嶄絶，壁立洞開，俗謂之石門口。漢中平四年，漁陽張純反，殺右北平太守劉政、遼東太守陽紘。中平五年，詔中郎將孟益率公孫瓚討純，戰於石門，大破之。灃水又東南流，謂之北黄水。又屈而爲南黄水，又西南逕無終山，即帛仲理所合神丹處也。又於是山，作金五千斤，以救百姓。山有陽翁伯玉田，在縣西北。有陽公壇社，即陽公之故居也。搜神記曰：『雍伯，雒陽人。至性篤孝，父母終歿，葬之於無終山。山高八十里，而上無水，雍伯置飲焉。有人就飲，與石一斗，令種之，玉生其田。北平徐氏有女，雍伯求之，要以白璧一雙，媒者致命，伯至玉田，求得五雙。徐氏妻之，遂即家焉。』陽氏譜敘言：『翁伯是周景王之孫，食采陽樊。春秋之末，爰宅無終，因陽樊而易氏焉。愛人博施，天祚玉田。』其碑文云：『居於縣北六十里翁同之山，後潞徙於西山之下，陽公又還居焉，而受玉田之賜。情不好寶，玉田自去，今猶謂之爲玉田陽。』干寶曰：『於種石處，四角作大石柱，各一丈，中央一頃之地，名曰玉田，至今相傳云。』玉田之揭，起於此矣。而今不知所在，同於譜敘自去文矣。藍水注之，水出北山，東流屈而南〔四〕，逕無終縣故城東。故無終子國也。春秋：『襄公四年，無終子嘉父使孟樂如晉，因魏絳納虎豹之皮，請和諸戎。』是也。故燕地矣。秦始皇二十二年，滅燕，置右北平郡，治此。王莽之所謂北順也。漢世李廣爲郡，出遇伏石，謂虎也，射之飲羽，即此處矣。魏土地記曰：『右北平城西北百三十里有無終城。』其水又南，入濕水。濕水又西南，入於庚水。地理志曰：『濕水出俊靡縣，南至無終東入庚水。』庚水，世亦謂之爲柘水也。南逕燕山下，懸巖之側有石鼓，去地百餘丈，望若數百石囷，有石梁貫之。鼓之東南，有石援桴，狀同擊勢。耆舊言：『燕山石鼓，鳴則土有兵。』庚水又南，逕北平城西，而南入鮑丘水，謂之柘口。

鮑丘水又東，逕右北平郡故城南。魏土地記曰：『薊城東北三百里，有右北平城。』

鮑丘水又東，巨梁水注之。水出土垠縣北陳宮山，西南流逕觀鷄山，謂之觀鷄水。水東有觀鷄寺。寺内起大堂，甚高廣，可容千僧。下悉結石爲之，上加塗塈，基内疏通，枝經脉散，基側室外，四出爨火，炎勢内流，一堂盡温。蓋以此土寒嚴，霜氣肅猛，出家沙門，率皆貧薄，施主慮闕道業，故崇斯構，是以志道者多棲託焉。其水又西南流，右合區落水。水出縣北山，東南流入巨梁水。巨梁水又南，逕土垠縣故城西，左會寒渡水。水出縣東北，西南流，至縣右注梁河。梁河又南，潤于水注之。水出東北山，西南流逕土垠縣故城東，西南流入巨梁水。巨梁水又東南，右合五里水。水發北平城東北五里山，故世以『五里』名溝，一名田繼泉，西流南屈，逕北平城東，東南流注巨梁河，亂流入於鮑丘水。自是水之南，南極滹沱，西至泉州、雍奴，東極於海，謂之雍奴藪。其澤野有九十九淀，枝流條分，往往逕通，非惟梁河、鮑丘歸海者也。

校記

〔一〕濛水　「水」字據殿本補。

〔二〕秦國思鄭渠　原本作「秦思鄭國渠」，據殿本改。

〔三〕匝　原本誤作「市」，據殿本改。

〔四〕屈而南　原本「南」下有「流」字，據殿本删。

濡水

濡水從塞外來，東南過遼西令支縣北。

濡水出禦夷鎮東南。其水二源雙引，夾山西北流，出山合成一川。又西北，逕禦夷故城東，鎮北百四十里北流。左則連淵水注之，水出故城東，西北流，逕故城南。又西北，逕緑水池南，池水淵而不流。連淵水又西屈而北流〔一〕。又東，逕故城北，連結兩沼，謂之連淵浦。又東北，注難河。難河右則汙水入焉。水出東隖南，西北流，逕沙野南。北人名之曰沙野鎮。東北二百三十里，西北入難河。『濡』、『難』聲相近，狄俗語謁爾。濡水又北，逕沙野西。又北，逕箕安山東，屈而東北流，逕沙野北。東北流，逕松林山北。水北有池，潭而不流。濡水又東北流，逕孤山南。東北流，吕泉水注之。水出吕泉隖西，東南流，屈而東，逕隖南東北流，三泉水注之。其源三泉鴈次，合爲一水，鎮東北四百里，東南注吕泉水。吕泉水又東，逕孤山北。又東北，逆流水注之。水出東南，導源西流，右屈而東北注，松林山水會之。水出山南，東注逆水，亂流東北注濡河。濡河又東，盤泉入焉。水自西北東南流，注濡河。

濡河又東南，水流迴曲，謂之曲河。鎮東北三百里，又東出峽，入安州界，東南流逕漁陽白檀縣故城。地理志曰『濡水出北蠻夷』中。漢景帝詔李廣曰，『將軍其帥師東轅，弭節白檀』者也。又東南流，右與要水合。水出塞外，三川並導，謂之大要水也。東南流，逕要陽縣故城東，本都尉治，王莽更之曰要術矣。要水又東南流，逕白檀縣，而東南流，入於濡。

濡水又東南，索頭水注之。水北出索頭川，南流逕廣陽僑郡西，魏分右北平，置今安州治。又南流，注於濡水。

濡水又東南流，武列水入焉。其水三川派合，西源右爲谿水，亦曰西藏水，東南流出谿，與蟠泉水合。泉發州東十五里，東流九十里，東注西藏水。西藏水又西南流，東藏水注之。水出東谿，一曰東藏水，西南流出谷，與中藏水合。水導中谿南流出谷，南注東藏水。故目其川曰三藏川，水曰三藏水。東藏水又南，右入西藏水，亂流右會龍泉水。水出東山下，淵深不測，其水西南流，注於三藏水。三藏水又東南流，與龍芻水合。水西出龍芻之谿，東流入三藏水。三藏水又東南流，逕武列谿，謂之武列水。東南歷石梃下〔二〕，梃在層巒之上〔三〕，孤石雲舉，臨崖危峻，可高百餘仞，牧守所經，命選練之士，彎張弧矢，無能届其崇標者。其水東合，流入濡。

濡水又東南，五渡水注之。水北出安樂縣丁原山，南流，逕其縣故城西，本三會城也。其水南入五渡塘。於其川也，流紆曲，溯涉者頻濟，故川塘取名矣。又南流，注於濡。

濡水又與高石水合。水東出安樂縣東山，西流歷三會城南，西入五渡川，下注濡水。

濡水又東南，逕盧龍塞，塞道自無終縣東出渡濡水，向林蘭陘，東至青陘。盧龍之險，峻阪縈折，故有九絳之名矣。燕景昭元璽二年，遣將軍步渾治盧龍塞道，焚山刊石，令通方軌，刻石嶺上，以記事功，其銘尚存。而庾杲之注揚都賦言，盧龍山在平岡城北，殊爲孟浪，遠失事實。余按盧龍東越青陘，至凡城二百許里，自凡城東北出，趣平岡故城，可百八十里，向黃龍則五百里。故陳壽魏志『田疇引軍出盧龍塞，塹山堙谷，五百餘里，逕白檀，歷平岡，登白狼，望柳城』。平岡在盧龍東北遠矣，而仲初言在南，非也。

濡水又東南，逕盧龍故城東。漢建安十二年，魏武征蹋頓所築也。

濡水又南，黃洛水注之。水北出盧龍山，南流入於濡。

濡水又東南，洛水右合焉。水出盧龍塞西，南流注濡水。

濡水又屈而流，左得潤水〔四〕，又會敖水〔五〕。二水並自盧龍西注濡水。

濡水又東南流，逕令支縣故城東，王莽之令氏亭也。秦始皇二十二年，分燕置遼西郡，令支隸焉。魏土地記曰：『肥如城西十里，有濡水，南流逕孤竹城西，右合玄水〔六〕，世謂之小濡水。』非也。水出肥如縣東北玄谿，西南流，逕其縣東，東屈南轉，西迴逕肥如縣故城南，俗又謂之肥如水。故城，肥子國。應劭曰：『晉滅肥，肥子奔燕，燕封於此，故曰「肥如」也。』漢高帝六年，封蔡寅爲侯國。西南流，右合盧水。水出縣東北沮谿，南流謂之大沮水。又南，左合陽樂水。水出東北陽樂縣谿。地理風俗記曰：『陽樂，故燕地，遼西郡治，秦始皇二十二年置。』魏土地記曰：『海陽城西南，有陽樂城。』其水又西南，入於沮水，謂之陽口。沮水又西南，小沮水注之。水發冷谿，世謂之冷池。又南，得温泉水口。水出東北温谿，自谿西南流，入於小沮水。小沮水又南流，與大沮水合，而爲盧水也。桑欽説盧子之書言：『晉既滅肥，遷其族於盧水。』盧水有二渠，號小沮、大沮，合而入於玄水。玄水又南，與温水合。水出肥如城北，西流注於玄水。地理志曰：『盧水南入玄。』玄水又西南，逕孤竹城北，西入濡水。故地理志曰：『玄水東入濡。』蓋自東而注也。地理志曰：『令支有孤竹城。』故孤竹國也。史記曰：『孤竹君之二子伯夷、叔齊，讓國於此，而餓死於首陽。』漢靈帝時，遼西太守廉翻夢人謂己曰：『余孤竹君之子，伯夷之弟，遼海漂吾棺槨，聞君仁善，願見藏覆。』明日視之，水上有浮棺，吏嗤笑者皆無疾而死，於是改葬之。晉書地道志曰：『遼西人見遼水有浮棺，欲破之，語曰：「我孤竹君也，汝破我何爲？」因爲立祠焉。』祠在山上，城在山側，肥如縣南十二里，水之會也。

又東南，過海陽縣西，南入於海。

濡水自孤竹城東南，逕西鄉北，瓠溝水注之。水出城東南，東流注濡水。濡水又逕故城南，分爲二水。北水枝出，世謂之小濡水也。東逕樂安亭北，東南入海。濡水東南流，逕樂安亭南。東與新河故瀆合，瀆自雍奴縣承鮑丘水東出，謂之鹽關口。魏太祖征蹋頓，與泃口俱導也。世謂之新河矣。陳壽魏志云：『以通海也。』新河又東北，絶庚水。又東北出，逕右北平，絶泃渠之水。又東北，逕昌城縣故城北，王莽之淑武也。新河又東分爲二水，枝瀆東南入海。新河自枝渠東出，合封大水，謂之交流口。水出新安平縣西南流，逕新安平縣故城西。地理志，遼西之屬縣也。又東南流，龍鮮水注之。水出縣西北，世謂之馬頭水，二源俱導，南合一川，東流，注封大水。地理志曰：『龍鮮水東入封大水』者也。亂流南會新河，南流入於海。地理志曰：『封大水於海陽縣南入海。』新河又東，逕海陽縣與緩虛水會〔七〕。水出新平縣東北，世謂之大籠川。東南流，逕令支城西，西南與新河合，南流入於海。地理志曰：『緩虛水與封大水，皆南入海。』新河又東，與素河會，謂之白水口。水出令支縣之藍山，南合新河，又東南入海。新河又東，至九過口，枝分南注海。新河又東，逕海陽縣故城南。漢高祖六年，封摇母餘爲侯國。魏土地記曰：『令支城南六十里，有海陽城』者也。新河又東，與清水會。水出海陽縣東南流，逕海陽城東，又南合新河，又南流十許里，西入九過注海。新河東絶清水，又東，木究水出焉，南入海。新河又東，左迆爲北陽孤淀。淀水右絶新河，南注海。新河又東，會於濡。

濡水又東南，至絫縣碣石山。文穎曰『碣石在遼西絫縣』，王莽之選武也。絫縣幷屬臨渝，王莽更臨渝爲馮德。地理志曰，『大碣石山在右北平驪成縣西南，王莽改曰揭石』也。漢武帝亦嘗登之，以望巨海，而勒其石於此。今枕海有石如甬道數十里，當山頂有大石如柱形，往往而見，立於巨海之中。潮水大至則隱，及潮波退，不動不没，不知深淺，世名之天橋柱也。狀若人造，要亦非人力所就。韋昭亦指此以爲碣石也。三齊略記曰：『始皇於海中作石橋，海神爲之豎柱。始皇求與相見，神曰：「我形醜，莫圖我形，當與帝相見。」乃入海四十里，見海神，左右莫動手，工人潛以脚畫其狀。神怒曰：「帝負約，速去！」始皇轉馬還，前脚猶立，後脚隨崩，僅得登岸，畫者溺死於海，衆山之石皆傾注，今猶岌岌東趣，疑即是也。』濡水於此南入海，而不逕海陽縣西也。蓋經誤證爾。又按管子：『齊桓公二十年，征孤竹，未至卑耳之谿十里，闟然止，瞠然視，援弓將射，引而未發，謂左右曰：「見前乎？」左右對曰：「不見。」公曰：「寡人見長尺而人物具焉，冠，右祛衣，走馬前，豈有人若此乎？」管仲對曰：「臣聞豈山之神有俞兒〔八〕，長尺，人物具。

霸王之君興，則登山之神見。且走馬前，走導也。祛衣，示前有水。右祛衣，示從右方涉也。」至卑耳之谿，有贊水者，從左方涉，其深及冠，右方涉，其深至膝。已涉，大濟。桓公拜曰：「仲父之聖至此，寡人之抵罪也久矣。」』今自孤竹南出，則巨海矣。而滄海之中，山望多矣。然卑耳之川若贊谿者，亦不知所在也。昔在漢世，海水波襄，吞食地廣，當同碣石，苞淪洪波也。

校記

〔一〕連淵水　殿本作『其水』。
〔二〕石梃　『梃』殿本作『挺』，下同。
〔三〕在層巒之上　『在』原本誤作『左』，據殿本改。
〔四〕潤水　殿本作『去潤水』。注疏本會貞按：『戴猶存「去」字，失之。』
〔五〕會　殿本作『合』。
〔六〕右合　注疏本作『左合』。
〔七〕逕海陽縣　『逕』殿本作『出』。
〔八〕俞兒　殿本作『偷兒』。又案曰：『管子作「登山之神有俞兒。」』

遼水

大遼水出塞外衛白平山，東南入塞，過遼東襄平縣西。

遼水亦言出砥石山，自塞外東流，直遼東之望平縣西。王莽之長説也。屈而西南流，逕襄平縣故城西，秦始皇二十二年，滅燕，置遼東郡，治此。漢高帝八年，封紀通爲侯國，王莽之昌平也。故平州治。

又南，逕遼隊縣故城西，王莽更名之曰順睦也。公孫淵遣將軍畢衍據司馬懿於遼隊，即是處也。遼水又南歷縣，有小遼水，西南流注之〔一〕。

又東南，過房縣西。

地理志，房，故遼東之屬縣也。

遼水右會白狼水。水出右北平白狼縣東南，北流，西北屈，逕廣成縣故城南，王莽之平虜也，俗謂之廣都城。又西北，石城川水注之。水出西南石城山，東南流，逕石城縣故城南。地理志，右北平有石城縣。北屈，逕白鹿山西，即白狼山也。魏書國志曰：『遼西單于蹋頓尤强，爲袁氏所厚，故袁尚歸之。數入爲害，公出盧龍，塹山堙谷，五百餘里。未至柳城二百里，尚與蹋頓將數萬騎逆戰。公登白狼山，望柳城，卒與虜遇。乘其不整，縱兵擊之，虜衆大崩，斬蹋頓，胡漢降者二十萬口。』英雄記曰，『曹操於是擊馬鞍於馬上作十片』，即於此也。博物志曰：『魏武於馬上逢獅子，使格之，殺傷甚衆。王乃自率常從健兒數百人擊之。獅子吼呼奮越，左右咸驚。王忽見一物，從林中出，如貍，超上王車軛上，獅子將至，此獸便跳上獅子頭上，獅子即伏不敢起。於是遂殺之，得獅子而還。未至洛陽四十里，洛中鷄狗皆無鳴吠者也。』其水又東北入廣城縣，東注白狼水。白狼水北逕白狼縣故城東，王莽更名伏狄。白狼水又東，方城川水注之。水發源西南山下，東流北屈，逕一故城西，世謂之雀目城。東屈，逕方城北，東入白狼水。白狼水，東北逕昌黎縣故城西。地理志曰，『交黎也，東部都尉治，王莽之禽虜』也。應劭曰：『今昌黎也。』高平川水注之，水出西北平川，東流逕倭城北，蓋倭地人徙也。又東南，逕乳樓城北。蓋逕戎鄉，邑兼夷稱也。又東南，注白狼水。白狼水又東北，自魯水注之。水導西北遠山，東南注白狼水。白狼水又東北，逕龍山西，燕慕容皝以柳城之北、龍山之南，福地也，使陽裕築龍城，改柳城爲龍城縣。十二年，黑龍白龍見於龍山，皝親觀，龍去二百步，祭以太牢，二龍交首嬉翔，解角而去。皝悅，大赦。號新宮曰和龍宮，立龍翔祠於山上。白狼水又北，逕黃龍城東。十三州志曰：『遼東屬國都尉治，昌遼道有黃龍亭者也。魏營州刺史治。』魏氏土地記曰：『黄龍城西南有白狼河，東北流，附城東北下。』即是也。又東北，濫真水出西北塞外，東南歷重山，東南入白狼水。白狼水又東北出，東流分爲二水。右水疑即渝水也。地理志曰『渝水首受白狼水』，西南循山，逕一故城西，世以爲河連城。疑是臨渝縣之故城，王莽曰馮德者矣。渝水南流東屈，與一水會，世名之曰櫖倫水，蓋戎方之變名爾，疑即地理志所謂『侯水北入渝』者也。十三州志曰：『侯水南入渝。』地理志蓋言自北而南也。又西南流，注於渝。渝水又東南，逕一故城東，俗曰女羅城。又南，逕營丘城西，營丘在齊而名之於遼燕之間者，蓋燕齊遼迥，僑分所在。其水東南入海。地理志曰：『渝水自塞外，南入海。』一水東北出塞，爲白狼水。又東南流，至房縣注於遼。魏氏土地記曰『白狼水下入遼』也。

又東，過安市縣，西南入於海。

十三州志曰：『大遼水自塞外，西南至安市，入於海。』

又玄菟高句麗縣有遼山，小遼水所出。

縣故高句麗，胡之國也。漢武帝元封二年，平右渠，置玄菟郡於此，王莽之下句麗。水出遼山西南流，逕遼陽縣，與大梁水會。水出北塞外，西南流，至遼陽入小遼水。故地理志曰：『大梁水西南至遼陽入遼。』郡國志曰：『縣，故屬遼東，後入玄菟。』其水西南流，故謂之爲梁水也。

小遼水又西南，逕襄平縣爲淡淵，晉永嘉三年涸。

小遼水又逕遼隊縣，入大遼水。司馬宣王之平遼東也，斬公孫淵於斯水之上者也。

西南至遼隊縣，入於大遼水也。

校記

〔一〕「遼水」至「注之」十五字　殿本未收入，僅案近刻有此「十五字」云，卻未作置評。

浿水

浿水出樂浪鏤方縣，東南過臨浿縣，東入於海。

許慎云：『浿水出鏤方，東入海。一曰出浿水縣。』十三州志曰：『浿水縣在樂浪東北，鏤方縣在郡東。』蓋出其縣南，逕鏤方也。昔燕人衛滿，自浿水西至朝鮮。朝鮮，故箕子國也。箕子教民以義，田織信厚，約以八法，而下知禁，遂成禮俗。戰國時，滿乃王之，都王險城，地方數千里。至其孫右渠，漢武帝元封二年，遣樓船將軍楊僕、左將軍荀彘討右渠，破渠於浿水，遂滅之。若浿水東流，無渡浿之理，其地今高句麗之國治。余訪番使，言城在浿水之陽。其水西流，逕故樂浪朝鮮縣，即樂浪郡治。漢武帝置，而西北流。故地理志曰：『浿水西至增地縣，入海。』又漢興，以朝鮮爲遠，循遼東故塞至浿水爲界。考之今古，於事差謬，蓋經誤證也。

濟水

濟水出河東垣縣東王屋山，爲沇水。

山海經曰：『王屋之山，聯水出焉。西北流，注於泰澤。』郭景純云：『「聯」、「沇」，聲相近，即沇水也。』潛行地下，至共山南復出於東丘。今原城東北，有東丘城。孔安國曰：『泉源爲沇，流去爲濟。』春秋説題辭曰：『濟，齊也。齊，度也，貞也。』風俗通曰：『濟出常山房子縣贊皇山，廟在東郡臨邑縣。濟者，齊也，齊其度量也。』余按，二濟同名，所出不同，鄉原亦別，斯乃應氏之非矣。今濟水重源，出軹縣西北平地，水有二源。東源出原城東北。昔晉文公伐原以信，而原降。即此城也。俗以濟水重源所發，因復謂之濟源城。其水南逕其城東，故縣之原鄉。杜預曰，『沁水縣西北有原城』者，是也。南流與西源合。西源出原城西。東流水注之。水出西南，東北流，注於濟。濟水又東，逕原城南，東合北水，亂流東南注，分爲二水。一水東南流，俗謂之爲衍水，即沇水也。『衍』、『沇』聲相近，轉呼失實也。濟水又東南，逕絺城北，而出於温矣。

其一水枝津南流，注於溴。

溴水出原城西北原山勳掌谷，俗謂之爲白澗水，南逕原城西。春秋：『會於溴梁。』謂是水之墳梁也。爾雅曰：『梁莫大於溴梁。』梁，水隄也。溴水又東南，逕陽城東，與南源合。水出陽城南谿。陽，亦樊也，一曰陽樊。國語曰：『王以陽樊賜晉，陽人不服，文公圍之。倉葛曰：「陽有夏商之嗣典，樊仲之官守焉。君而殘之，無乃不可乎！」公乃出陽人。』春秋：『樊氏叛，惠王使虢公伐樊，執仲皮歸於京師。』即此城也。其水東北流，與漫流水合。水出軹關南，東北流，又北注於溴，謂之漫流口。溴水又東，合北水，亂流東南，左會濟水枝渠。溴水又東，逕鍾繇隖北，世謂之鍾公壘。又東南，塗溝水注之。水出軹縣西南山下，北流東轉，入軹縣故城中。又屈而北流，出軹郭。漢文帝元年，封薄昭爲侯國。又東北流，注於溴。溴水又東北，逕波縣故城北。漢高帝封公上不害爲侯國。溴水又東南流，天漿澗水注之。水出軹南皋向城北，城在皋上，俗謂之『韓王城』，非也。京相璠曰：『或云今河内軹西有城名「向」，今無。』杜元凱春秋釋地亦言是矣，蓋相襲之。闞駰十三州志曰：『軹縣南山西曲，有故向城，即周向國也。』傳曰：『向姜不安於莒，而歸者矣。』汲郡竹書紀年曰：『鄭侯使韓辰歸晉陽及向。二月，城陽向，更名陽爲河雍，向爲高平。』即是城也。其水有二源俱導，各出一谿，東北流，合爲一川，名曰天漿谿。又東北，逕一故城，俗謂之冶城，水亦曰冶水。又東流，注於湨。湨水又東南流，右會同水。水出南原下，東北流，逕白騎隝南。隝在原上，爲二谿之會。北帶深隍，三面阻險，惟西版築而已。東北流，逕安國城西。又東北，注湨水。湨水東南，逕安國城東。又南，逕無辟邑西，世謂之無比城，亦曰馬髀城，皆非也。朝廷以居廢太子，謂之『河陽庶人』。湨水又南，注於河。

又東，至温縣西北，爲濟水。又東，過其縣北。

濟水於温城西北，與故瀆分。南逕温縣故城西，周畿内國，司寇蘇忿生之邑也。春秋：『僖公十年，狄滅温。温子奔衛，周襄王以賜晉文公。』濟水南歷虢公臺西。皇覽曰：『温城南有虢公臺，基趾尚存。』濟水南流，注於河。郭緣生述征記曰：『濟出河内温縣，注於河。』蓋沿歷之實證，非爲謬説也。

濟水故瀆，於温城西北，東南出，逕温城北，又東，逕虢公冢北。皇覽曰：『虢公冢在温縣郭東，濟水南，大冢是也。』濟水當王莽之世，川瀆枯竭，其後水流逕通，津渠勢改，尋梁脉水，不與昔同。

屈從縣東南流，過隤城西。又南當鞏縣北，南入於河，

濟水故瀆，東南合奉溝水。水上承朱溝於野王城西，東南逕陽鄉城北。又東南，逕李城

西。秦攻趙，邯鄲且降，傳舍吏子李同，說平原君勝分家財饗士，得敢死者三千人。李同與赴秦軍，秦軍退。李同死，封其父爲李侯。故徐廣曰，『河内平皋縣有李城』，即此城也。於城西南爲陂水，淹地百許頃，蒹葭萑葦生焉，號曰李陂。又逕隤城西，屈而東北流，逕其城北。又東，逕平皋城南。應劭曰：『邢侯自襄國徙此。』當齊桓公時，衛人伐邢，邢遷於夷儀。其地屬晉，號曰邢丘。以其在河之皋，勢處平夷，故曰平皋。瓚注漢書云：『春秋狄人伐邢，邢遷夷儀，不至此也。』今襄國西有夷儀城，去襄國百餘里，平皋是邢丘〔一〕，非國也。余按春秋：『宣公六年，赤狄伐晉，圍邢丘。』昔晉侯送女於楚，送之邢丘。』即是此處也，非無城之言。竹書紀年曰：『梁惠成王三年，鄭城邢丘。』司馬彪後漢郡國志云，『縣有邢丘，故邢國周公子所封』矣。漢高帝七年，封碭郡長項佗爲侯國，賜姓劉氏，武帝以爲縣。其水又南，注於河也。

與河合流。又東，過成皋縣北。又東，過滎陽縣北。又東，至礫谿南，東出過滎澤北。

釋名曰：『濟，濟也。源出河北，濟河而南也。』晉地道志曰：『濟自大伾入河，與河水鬭，南洪爲滎澤。』尚書曰：『滎波既瀦。』孔安國曰：『滎澤波水以成遏瀦。』闞駰曰：『滎播，澤名也。』故呂忱曰：『播水在滎陽。』謂是水也。昔大禹塞其淫水，而於滎陽下引河，東南以通淮泗。

濟水分河，東南流。漢明帝之世，司空伏恭，薦樂浪人王景，字仲通，好學多藝，善能治水。顯宗詔與謁者王吳始作浚儀渠。吳用景法，水乃不害，此即景吳所脩故瀆也。渠流東注，浚儀故復，謂之浚儀渠。明帝永平十五年，東巡至無鹽。帝嘉景功，拜河隄謁者。靈帝建寧四年，於敖城西北，壘石爲門，以遏渠口，謂之石門，故世亦謂之石門水。門廣十餘丈，西去河三里，石銘云：『建寧四年十一月，黃場石也。』而主吏姓名，磨滅不可復識。魏太和中，又更脩之。徹故增新，石字淪落，無復在者。水北有石門亭，戴延之所云：『新築城，城周三百步，滎陽太守所鎮者也。』水南帶三皇山，即皇室山，亦謂之爲三室山也。

濟水又東，逕西廣武城北。郡國志：『滎陽縣有廣武城。』城在山上，漢所城也。高祖與項羽臨絶澗對語，責羽十罪，羽射漢祖中胸處也。山下有水，北流入濟，世謂之柳泉。

濟水又東，逕東廣武城北。楚項羽城之。漢破曹咎，羽還廣武，爲高壇。置太公其上曰：『漢不下，吾烹之。』高祖不聽，將害之。項伯曰：『爲天下者不顧家，但益怨爾。』羽從之。今名其壇曰項羽堆。夾城之間，有絶澗斷山，謂之廣武澗。項羽叱婁煩於其上，婁煩精魄喪歸矣。

濟水又東，逕敖山北。詩所謂『薄狩于敖』者也。其山上有城，即殷帝仲丁之所遷也。皇甫謐帝王世紀曰『仲丁自亳徙囂於河上』者也。或曰敖矣。秦置倉於其中，故亦曰敖倉城也。

濟水又東，合滎瀆。瀆首受河水，有石門，謂之爲滎口石門也。而地形殊卑，蓋故滎播所導，自此始也。門南際河，有故碑云：『惟陽嘉三年二月丁丑，使河隄謁者王誨，疏達河川，遹荒庶土。往大河衝塞〔二〕，侵齧金隄，以竹籠石葺土而爲遏。壞隤無已，功消億萬，請以濱河郡徒，疏山采石，壘以爲障。功業既就，徭役用息，未詳詔書〔三〕，許誨立功府卿，規基經始，詔策加命，遷在沇州。乃簡朱軒，授使司馬登，令纘茂前緒，稱遂休功。登以伊洛合注大河，南則緣山，東過大邳，回流北岸，其勢鬱懞濤怒，湍急激疾，一有決溢，彌原淹野，蟻孔之變，害起不測。蓋自姬氏之所常蹙。昔崇鯀所不能治，我二宗之所劬勞。於是乃跋涉躬親，經之營之，比率百姓，議之於臣。伐石三谷，水匠致治，立激岸測，以捍鴻波，隨時慶賜，説以勸之。川無滯越，水土通演，役未踰年，而功程有畢。斯乃元勳之嘉課，上德之弘表也。昔禹脩九道，書録其功。后稷躬稼，詩列於雅。夫不憚勞謙之勤，夙興厥職，充國惠民，安得湮没而不章焉？故遂刊石記功，垂示於後，其辭云云。使河堤謁者山陽東緡司馬登字伯志，代東萊曲成王誨字孟堅，河内太守宋城向豹字伯尹，丞汝南鄧方字德山，懷令劉丞字季意，河隄掾匠等造。陳留浚儀邊韶字孝先頌。』石銘歲遠，字多淪缺，其所滅，蓋闕如也。滎瀆又東南，流注於濟，今無水。次東得宿胥水口，水受大河，渠側有扈亭。水自亭東南流，注於濟，今無水。宿胥在河之北，不在此也。蓋名同爾。自西緣帶山隰，秦漢以來，亦有通否。濟水與河渾濤東注。晉太和中，桓温北伐，將通之，不果而還。義熙十三年，劉公西征，又命寧朔將軍劉遵考仍此渠而漕之，始有激湍東注，而終山崩壅塞，劉公於北十里更鑿故渠通之。今則南瀆通津，川澗是導爾。濟水於此又兼邲目。春秋：『宣公十三年，晉楚之戰，楚軍於邲。』即是水也。音『卞』。京相璠曰，在敖北。

濟水又東，逕滎陽縣北。曹太祖與徐滎戰，不利，曹洪授馬於此處也。

濟水又東，礫石谿水注之。水出滎陽城西南李澤。澤中有水，即古馮池也。地理志『滎陽縣馮池在西南』，是也。東北流，歷敖山南。春秋，『晉楚之戰，設伏於敖前』，謂是也。池水逕虢亭北。又東北，逕滎陽縣北斷山，東北注於濟，世謂之礫石澗，即經所謂『礫谿』矣。經云濟出其南，非也。

濟水又東，索水注之。水出京縣西南嵩渚山，與東關水同源分流，即古旃然水也。其水東北流，器難之水注之。山海經曰：『小陘之山，器難之水出焉，而北流注於侵水。』即此水也。其水北流，逕金亭。又北，逕京縣故城西，入於旃然之水。城，故鄭邑也。莊公以居弟段，號京城大叔。祭仲曰：『京城過百雉，國之害也。』城北有壇山岡，趙世家成侯二十年，魏獻滎陽，因以爲壇臺岡也。其水亂流，北逕小索亭西。京相璠曰：『京有小索亭。』世語以爲本索氏兄弟居此，故號『小索』者也。又爲索水。索水又北，逕大柵城東，晉滎陽民張卓、董邁等遭荒，鳩聚流雜堡固，名爲大柵隖。至太平真君八年，豫州刺史崔白自虎牢移州治此，東開廣舊城，創制改築焉。太和十七年，遷都洛邑，省州置郡。索水又屈而西流，與梧桐澗水合。水出西南梧桐谷，東北流注於索。斯水亦時有通塞，而不常流也。索水又北屈東，逕大索城南。春秋傳曰，『鄭子皮勞叔向於索氏』，即此城也。晉地道志所謂『京有大索、小索亭』，漢書『京索之間』也。索水又東，逕虢亭南。應劭曰：『滎陽，故虢公國也，今虢亭是矣。』司馬彪郡國志曰：『縣有虢亭。』俗謂之平桃城。城内有大冢，名管叔冢，或亦謂之爲『號咷城』，非也。蓋『號』、『虢』字相類，字轉失實也。風俗通曰：『俗説高祖與項羽戰於京索，遁於薄中。羽追求之，時鳩止鳴其上，追之者以爲必無人，遂得脱。及即位，異此鳩，故作鳩杖以扶老。』按廣志，楚鳩一名嘷啁，號咷之名，蓋因鳩以起目焉，所未詳也。索水又東北流，須水右入焉。水近出京城東北二里榆子溝，亦曰柰榆溝也，又或謂之爲小索水。東北流，木蓼溝水注之。水上承京城南淵，世謂之車輪淵。淵水東北流，謂之木蓼溝。又東北，入於須水。須水又東北流，於滎陽城西南北注索水。索水又東，逕滎陽縣故城南。漢王之困滎陽也，紀信曰：『臣詐降楚，王宜間出。』信乃乘王車出東門，稱漢降楚。楚軍稱萬歲，震動天地，王與數十騎出西門，得免楚圍。羽見信大怒，遂烹之。信冢在城西北三里。故蔡伯喈述征賦曰：『過漢祖之所隘，弔紀信於滎陽。』其城跨倚岡原，居山之陽，王莽立爲祈隊，備周六隊之制。魏正始三年，歲在甲子，被癸丑詔書，割河南郡縣，自鞏闕以東，創建滎陽郡，并户二萬五千，以南鄉筑陽亭侯李勝字公昭爲郡守。故原武典農校尉，政有遺惠，民爲立祠於城北五里，號曰李君祠。廟前有石蹠，蹠上有石的，石的銘具存。其略云：『百族欣戴，咸推厥誠。』今猶祀禱焉。索水又東，逕周苛冢北。漢祖之出滎陽也，令御史大夫周苛守之。項羽拔滎陽，獲苛曰：『吾以公爲上將軍，封三萬户侯，能盡節乎？』苛瞋目罵羽，羽怒烹之。索水又東流，北屈西轉，北逕滎陽城東，而北流注濟水。杜預曰：『旃然水出滎陽成皋縣東入汳。』春秋『襄公十八年，楚伐鄭，右師涉潁，次於旃然』。即是水也。濟渠水斷汳溝，惟承此始，故云汳受旃然矣。亦謂之鴻溝水，蓋因漢楚分王，指水爲斷故也。郡國志曰『滎陽有鴻溝水』，是隨城地而變名，爲川流之異目矣。

濟水又東，逕滎澤北，故滎水所都也。京相璠曰：『滎澤在滎陽縣東南，與濟隧合。』濟隧上承河水於卷縣北河，南逕卷縣故城東，又南，逕衡雍城西。春秋左傳：『襄公十一年，諸侯伐鄭，西濟於濟隧。』杜預闕其地，而曰水名也。京相璠曰：『鄭地也。』言濟水滎澤中北流，至衡雍西，與出河之濟會，南去新鄭百里，斯蓋滎播、河、濟往復逕通矣。出河之濟，即陰溝之上源也，濟隧絶焉。故世亦或謂其故道爲十字溝。自于岑造八激隄於河陰，水脉徑斷，故瀆難尋。又南，會於滎澤。然水既斷，民謂其處爲滎澤。春秋『衛侯及翟人戰於滎澤』，而屠懿公，弘演報命納肝處也。

有垂隴城，濟瀆出其北。春秋，『文公二年，晉士縠盟於垂隴』者也。京相璠曰：『垂隴，鄭地。』今滎陽東二十里，有故垂隴城，即此是也。世謂之都尉城，蓋滎陽典農都尉治，故變垂隴之名矣。

瀆際又有沙城，城左佩濟瀆。竹書紀年，『梁惠成王九年，王會鄭釐侯於巫沙』者也。

瀆際有故城，世謂之水城。史記，『秦昭王三十二年，魏冉攻魏，走芒卯，入北宅』，即故宅陽城也。竹書紀年曰，『惠成王十三年，王及鄭釐侯盟於巫沙，以釋宅陽之圍，歸釐於鄭』者也。竹書紀年：『晉出公六年，齊鄭伐衛，荀瑶城宅陽。』俗言水城，非也。濟水自澤東出，即是始矣。王隱曰：『河決爲滎〔四〕。』濟水受焉，故有濟隄矣，爲此濟也。

濟水又東南，逕釐城東。春秋經書：『公會鄭伯於時來。』左傳所謂『釐』也。京相璠曰，

『今滎陽縣東四十里有故釐城』也。濟水右合黃水。黃水發源京縣黃堆山，東南流，名祝龍泉。泉勢沸涌，狀若巨鼎揚湯。西南流，謂之龍項口，世謂之京水也。又屈而北注，魚子溝水入焉。水出石暗澗，東北流，又北，與濕濕水合。水出西谿東流，水上有連理樹。其樹柞櫟也，南北對生，陵空交合，谿水歷二樹之閒，東流，注於魚水。魚水又屈而西北，注黃水。黃水又北，逕高陽亭東。又北，至故市縣，重泉水注之。水出京城西南少陘山，東北流。又北流，逕高陽亭西，東北流，注於黃水。又東北，逕故市縣故城南。漢高帝六年，封閻澤赤爲侯國，河南之屬縣也。黃水又東北，至滎澤南，分爲二水，一水北入滎澤，下爲船塘，俗謂之郟城陂，東西四十里，南北二十里。竹書穆天子傳曰，『甲寅，天子浮於滎水，乃奏廣樂』，是也。一水東北流，即黃雀溝矣。穆天子傳曰，『壬寅，天子東至於雀梁』者也。又東北，與靖水枝津合。二水之會爲黃淵，北流注於濟水。

又東，過陽武縣南。

濟水又東南，流入陽武縣，歷長城，東南流，蒗蕩渠出焉。

濟水又東北流，南濟也。逕陽武縣故城南，王莽更名之曰陽桓矣。

又東，爲白馬淵。淵東西二里，南北百五十步，淵流名爲白馬溝。

又東，逕房城北。穆天子傳曰，『天子里甫田之路，東至於房』，疑即斯城也。郭注以爲趙郡房子也。余謂穆王里鄭甫，而郭以趙之房邑爲疆，更爲非矣。

濟水又東，逕封丘縣南。又東，逕大梁城北。又東，逕倉垣城。又東，逕小黄縣之故城北。縣有黄亭，故濟又謂之曰黄溝縣，故陽武之東黄鄉也。因水以名縣。沛公起兵野戰，喪皇妣於黄鄉，天下平定，乃使使者以梓宫招魂幽野於是。丹蛇自水濯洗，入於梓宫，其浴處有遺髪焉。故謚曰昭靈夫人，因作寢以寧神也。

濟水又東，逕東昏縣故城北，陽武縣之户牖鄉矣。漢丞相陳平家焉。平少爲社宰，以善均肉稱，今民祠其社。平有功於高祖，封户牖侯，是後置東昏縣也。王莽改曰東明矣。

濟水又東，逕濟陽縣故城南。故武父城也，城在濟水之陽，故以爲名。王莽改之曰濟前者也。光武生濟陽宫，光明照室，即其處也。東觀漢記曰：『光武以建平元年，生於濟陽縣。是歲有嘉禾生，一莖九穗，大於凡禾，縣界大熟，因名曰秀。』

又東，過封丘縣北。

北濟也。自滎澤，東逕滎陽卷縣之武脩亭南，春秋左傳，『成公十年，鄭子然盟於脩澤』者也。鄭地矣。杜預曰：『卷東有武脩亭。』

濟水又東，逕原武縣故城南，春秋之原圃也。穆天子傳曰：『祭父自圃鄭來謁天子。夏庚午，天子飲於洧上，乃遣祭父如圃鄭。』是也。王莽之原桓矣。

濟瀆又東，逕陽武縣故城北。又東，絶長城。按竹書紀年：『梁惠成王十二年，龍賈率師築長城於西邊。』自亥谷以南鄭所城矣，竹書紀年云，是梁惠成王十五年築也。郡國志曰，『長城自卷，逕陽武到密』者，是矣。

濟瀆又東，逕酸棗縣之烏巢澤。澤北有故市亭。晉太康地記曰：『澤在酸棗之東南，昔曹太祖納許攸之策，破袁紹軍處也。』

濟瀆又東，逕封丘縣北，南燕縣之延鄉也。其在春秋爲長丘焉。應劭曰：『左傳，「宋敗狄於長丘，獲長狄緣斯」是也。』漢高帝封翟盱爲侯國。濮水出焉。濟瀆又東，逕大梁城之赤亭北，而東注。

又東，過平丘縣南。

北濟也。縣，故衛地也。春秋，『魯昭公十三年，諸侯盟於平丘』，是也。縣有臨濟亭，田儋死處也。又有曲濟亭，皆臨側濟水者。

又東，過濟陽縣北。

北濟也，自武父城北。闞駰曰：『在縣西北，鄭邑也。』東逕濟陽縣故城北。圈稱陳留風俗傳曰：『縣，故宋地也。』竹書紀年：『梁惠成王三十年，城濟陽。』漢景帝中六年，封梁孝王子明爲濟川王。應劭曰，『濟川，今陳留濟陽縣』是也。

又東，過冤句縣南。又東，過定陶縣南。

南濟也，濟瀆自濟陽縣故城南，東逕戎城北。春秋：『隱公二年，公會戎於潛。』杜預曰：『陳留濟陽縣東南，有戎城。』是也。

濟水又東北，菏水東出焉。

濟水又東北，逕冤句縣故城南。吕后元年，封楚元王子劉執爲侯國，王莽之濟平亭也。

濟水又東，逕秦相魏冉冢南。冉，秦宣太后弟也，代客卿壽燭爲相，封於穰，益封於陶，號曰穰侯，富於王室。范睢説秦，秦王悟其擅權，免相，就封出關，輜車千乘，卒於陶，而因葬焉。世謂之安平陵，墓南崩碑尚存。

濟水又東北，逕定陶恭王陵南，漢哀帝父也。帝即位，母丁太后建平二年崩。上曰，『宜起陵於恭皇之園』。送葬定陶，貴震山東。王莽秉政，貶號丁姬，開其槨户，火出炎四五丈，吏卒以水沃滅，乃得入，燒燔槨中器物。公卿遣子弟及諸生、四夷十餘萬人，操持作具，助將作掘平共王母傅太后墳及丁姬冢，二旬皆平。莽又周棘其處，以爲世戒云。時有羣燕數千，銜土投於丁姬竁中。今其墳冢巍然尚秀，隅阿相承，列郭數周，面開重門。南門内夾道有崩碑二所，世尚謂之丁昭儀墓，又謂之長隧陵。蓋所毀者，傅太后陵爾。

丁姬墳墓，事與書違，不甚過毁，未必一如史説也。墳南，魏郡治也。世謂之左城，亦名之曰葬城，蓋恭王之陵寢也。

濟水又東北，逕定陶縣故城南，側城東注。縣，故三鬷國也，湯追桀，伐三鬷，即此。周武王封弟叔振鐸之邑，故曹國也。漢宣帝甘露二年，更濟陰爲定陶國，王莽之濟平也。戰國之世，范蠡既雪會稽之恥，乃變姓名寓於陶，爲朱公。以陶天下之中，諸侯四通，貨物之所交易也。治産數千金，富好行德，子孫脩業，遂致鉅萬。故言富者，皆曰陶朱公也。

又屈從縣東北流。

南濟也。又東北，右合菏水。水上承濟水於濟陽縣東，世謂之五丈溝。又東，逕陶丘北。地理志曰：『禹貢，陶丘在定陶西南。陶丘亭在南。』墨子以爲釜丘也。竹書紀年，『魏襄王十九年，薛侯來會王於釜丘』者也。尚書所謂『導菏水自陶丘北』，謂此也。菏水東北出於定陶縣北，屈左合氾水。氾水西分濟瀆，東北逕濟陰郡南。爾雅曰：『濟别爲濋。』呂忱曰：『水決復入爲氾，廣異名也。』氾水又東，合於菏瀆。昔漢祖既定天下，即帝位於定陶氾水之陽。張晏曰：『氾水在濟陰界，取其氾愛弘大而潤下也。』氾水之名，於是乎在矣。菏水又東北，逕定陶縣南。又東北，右合黄水枝渠。渠上承黄溝，東北合菏而北，注濟瀆也。

又東，至乘氏縣西，分爲二。

春秋左傳：『僖公三十一年，分曹地東傅於濟。』濟水自是北東流，出鉅澤。

其一水東南流，其一水從縣東北流，入鉅野澤。

郡國志曰：『冤句縣有煮棗城』，即此也。漢高祖十二年，封革朱爲侯國。北濟自濟陽縣北，東北逕煮棗城南。

南爲菏水，北爲濟瀆，逕乘氏縣與濟渠、濮渠合。

北濟又東北，逕冤句縣故城北。又東北，逕吕都縣故城南，王莽更名之曰祁都也。

又東北，逕定陶縣故城北。漢景帝中六年，以濟水出其北，東注，分梁於定陶，置濟陰國，指北濟而定名也。又東北，與濮水會。水上承濟水於封丘縣，即地理志所謂『濮渠水首受濟』者也。闞駰曰：『首受別濟，即北濟也。』其故瀆自濟東北流，左地爲高梁陂，方三里。濮水又東，逕匡城北。孔子去衛適陳，遇難於匡者也。又東北，左會別濮水。水受河於酸棗縣，故杜預曰：『濮水出酸棗縣，首受河。』竹書紀年曰：『魏襄王十年十月，大霖雨疾風，河水溢酸棗郛。』漢世塞之。故班固云：『文堙棗野。』今無水。其故瀆東北逕南、北二棣城閒。左傳，『襄公五年，楚子囊伐陳，公會於城棣以救之』者也。濮渠又東北，逕酸棗縣故城南，韓國矣。圈稱曰：『昔天子建國名都，或以令名，或以山林，故豫章以樹氏郡，酸棗以棘名邦，故曰酸棗也。』漢官儀曰：『舊河隄謁者居之。』城西有韓王望氣臺，孫子荆故臺賦敘曰：『酸棗寺門外，夾道左右有兩故臺，訪之故老，云韓王聽訟觀臺，高十五仞，雖樓榭泯滅，然廣基似於山岳。召公大賢，猶舍甘棠。區區小國，而臺觀隆崇，驕盈於世。以鑒來今，故作賦曰：蔑丘陵之邐迆，亞五岳之嵯峨。』言壯觀也。城北，韓之市地也。聶政爲濮陽嚴仲子刺韓相夾累，遂皮面而死。其姊哭之於此。城内有後漢酸棗令劉孟陽碑。濮水北積成陂，陂方五里，號曰同池陂。又東，逕胙亭，東注，故胙國也。富辰所謂邢、茅、胙、祭，周公之胤也。濮渠又東北，逕燕城南。故南燕姞姓之國也。有北燕，故以『南』氏縣。東爲陽清湖，陂南北五里，東西三十里，亦曰燕城湖。逕桃城南，即戰國策所謂酸棗、虚桃者也。漢高帝十二年，封劉襄爲侯國。而東注於濮，俗謂之朝平溝。濮渠又東北，與酸水故瀆會。瀆首受河於酸棗縣，東逕酸棗縣北、延津南，謂之酸水。竹書紀年曰：『秦蘇胡率師伐鄭，韓襄敗秦蘇胡於酸水』者也。酸瀆水又東北，逕燕城北。又東，逕滑臺城南。又東南，逕瓦亭南。春秋：『定公八年，公會晉師於瓦，魯尚執羔，自是會始也。』又東南，會於濮，世謂之百尺溝。濮渠之側有漆城。竹書紀年，『梁惠成王十六年，邯鄲伐衛，取漆、富丘，城之』者也。或亦謂之宛濮亭。春秋：『甯武子與衛人盟於宛濮。』杜預曰：『長垣西南近濮水也。』京相璠曰：『衛地也。』似非關究，而不知其所。竹書紀年：『梁惠成王五年，公子景賈率師伐鄭，韓明戰於陽，我師敗逋。』澤北有壇陵亭，亦或謂之『大陵城』，非所究也。又有桂城。竹書紀年：『梁惠成王十七年，齊田期伐我東鄙，戰於桂陽，我師敗逋。』亦曰桂陵。按史記：『齊威王使田忌擊魏，敗之桂陵，齊於是彊，自稱爲王，以令天下。』濮渠又東，逕蒲城北，故衛之蒲邑。孔子將之衛，子路出迎於蒲者也〔五〕。韓子曰：『魯以仲夏起長溝，子路爲蒲宰，以私粟饋衆。孔子使子貢毁其器焉。』余按家語，言仲由爲郈宰，脩溝瀆，與之簞食瓢飲，夫子令賜止之，無『魯』字。又入其境，三稱其善，身爲大夫，終死衛難。濮渠又東，逕韋城南，即白馬縣之韋鄉也。史遷記曰：『夏伯豕韋之故國矣。』城西出而不方，城中有六大井，皆隧道下，俗謂之江井也。有馳道，自城屬於長垣。濮渠東絶馳道，東逕長垣縣故城北，衛地也，故首垣矣。秦更從今名，王莽改爲長固縣。陳留風俗傳曰：『縣有防垣，故縣氏之。』孝安帝以建光元年，封元舅宋俊爲侯國。縣有祭城，濮渠逕其北，鄭大夫祭仲之邑也。杜預曰，『陳留長垣縣東北有祭城』者也。圈稱又言：『長垣縣有羅亭，故長羅縣也，漢封後將軍常惠爲侯國。』地理志曰，『王莽更長羅爲惠澤』，後漢省并。長垣有長羅澤，即吴季英牧豬處也。又有長羅岡、蘧伯玉岡。陳留風俗傳曰：『長垣縣有蘧伯鄉，一名新鄉，有蘧亭、伯玉祠、伯玉冢。』曹大家東征賦曰：『到長垣之境界兮，察農野之居民。覩蒲城之丘墟兮，生荆棘之蓁蓁。蘧氏在城之東南兮，民亦嚮其丘墳。惟令德之不朽兮，身既殁而名存。』昔吴季札聘上國，至衛，觀典府，賓亭父疇，以衛多君子也。濮渠又東，分爲二瀆，北濮出焉。濮渠又東，逕須城北。衛詩云『思須與曹』也。毛云：『須，衛邑矣。』鄭云：『自衛而東逕邑，故思。』濮渠又北，逕襄丘亭南。竹書紀年曰：『襄王七年，韓明率師伐襄丘。九年，楚庶章率師來會我，次於襄丘』者也。濮水東逕濮陽縣故城南，昔師延爲紂作靡靡之樂，武王伐紂，師延東走，自投濮水而死矣。後衛靈公將之晉，而設舍於濮水之上，夜聞新聲，召師涓受之於是水也。濮水又東，逕濟陰離狐縣故城南，王莽之所謂瑞狐也。郡國志曰：『故屬東郡。』濮水又東，逕葭密縣故城北。竹書紀年：『元公三年，魯季孫會晉幽公於楚丘，取葭密，遂城之。』濮水又東北，逕鹿城南。郡國志曰：『濟陰乘氏縣有鹿城鄉。』春秋：『僖公二十一年，盟於鹿上。』京杜並謂此亭也。濮水又東，與句瀆合。瀆首受濮水枝渠於句陽縣東南，逕句陽縣故城南，春秋之穀丘也。左傳以爲句瀆之丘矣。縣處其陽，故縣氏焉。又東，入乘氏縣，左會濮水，與濟同入鉅野。故地理志曰，濮水自濮陽南入鉅野，亦經所謂濟水自乘氏縣兩分，東北入於鉅野也。

濟水故瀆又北，右合洪水。水上承鉅野薛訓渚，歷澤西北，又北逕闞鄉城西。春秋桓公十有一年，經書：『公會宋公於闞。』郡國志曰：『東平陸有闞亭。』皇覽曰：『蚩尤冢在東郡壽張縣闞鄉城中。冢高七尺，常十月祠之。有赤氣出如絳，民名爲蚩尤旗。』十三州志曰：『壽張有蚩尤祠。』又北，與濟瀆合。自渚迄於北口百二十里，名曰洪水。桓温以太和四年，率衆北入，掘渠通濟。至義熙十三年，劉武帝西入長安，又廣其功。自洪口已上，又謂之桓公瀆，濟自是北注也。春秋莊公十八年，經書：『夏公追戎於濟西。』京相璠曰，『濟水自鉅野至濟北』，是也。

又東北，過壽張縣西界，安民亭南，汶水從東北來注之。

濟水又北，汶水注之。戴延之所謂清口也。郭緣生述征記曰：『清河首受洪水，北注濟。』或謂清即濟也。禹貢：『濟東北會於汶。』今枯渠注鉅澤，鉅澤北則清口，清水與汶會也。李欽曰：『汶水出泰山萊蕪縣，西南入濟。』是也。

濟水又北，逕梁山東。袁宏北征賦曰，『背梁山，截汶波』，即此處也。劉澄之引是山以證梁父，爲不近情矣。山之西南有吕仲悌墓。河東岸有石橋，橋本當河，河移，故廁岸也。古老言：『此橋東海吕母起兵所造也。』山北三里有吕母宅。宅東三里即濟水。

濟水又北，逕須句城西。城臨側濟水，故須句國。春秋：『僖公二十一年，子魚曰：任、宿、須句、顓臾，風姓也。』寔司太皞與有濟之祀。杜預曰，『須句在須昌縣西北』，非也。地理志曰，『壽張縣西北有句城』者，是也。

濟水西有安民亭。亭北對安民山，東臨濟水。水東即無鹽縣界也。山西有冀州刺史王紛碑，漢中平四年立。

濟水又北，逕微鄉東。春秋，莊公二十八年，經書：『冬築郿。』京相璠曰：『公羊傳謂之微。』東平壽張縣西北三十里，有故微鄉，魯邑也。杜預曰：『有微子冢。』

濟水又北，分爲二水，其枝津西北出，謂之馬頰水者也。

又北，過須昌縣西。

京相璠曰：『須句〔六〕，一國二城，兩名。』蓋遷都須昌，句是其本。秦以爲縣。漢高帝十一年，封趙衍爲侯國。濟水於縣，趙溝水注之。

濟水又北，逕魚山東，左合馬頰水。水首受濟，西北流，歷安民山北。又西流，趙溝出焉，東北注於濟。馬頰水又逕桃城東。春秋桓公十年，經書：『公會衛侯於桃丘。』衛地也。杜預曰：『濟北東阿縣東南有桃城，即桃丘矣。』馬頰水又東北流，逕魚山南。山，即吾山也。漢武帝瓠子歌所謂『吾山平者』也。山上有柳舒城，魏東阿王曹子建每登之，有終焉之志。及其終也，葬山西，西去東阿城四十里。其水又東，注於濟，謂之馬頰口也。

濟水自魚山北，逕清亭東。春秋：『隱公四年，公及宋公遇於清。』京相璠曰：『今濟北東阿東北四十里，有故清亭，即春秋所謂清者也。』是下濟水通得清水之目焉。亦水色清深，用兼厥稱矣。是故燕王曰：『吾聞齊有清濟、濁河以爲固。』即是水也。

又北，過穀城縣西。

濟水側岸有尹卯壘，南去魚山四十餘里，是穀城縣界。故春秋之小穀城也。齊桓公以魯莊公二十三年城之，邑管仲焉。城内有夷吾井。魏土地記曰：『縣有穀城山，山出文石。陽穀之地，春秋「齊侯、宋公會於陽穀」者也。』縣有黄山臺，黄石公與張子房期處也。又有狼水，出東南大檻山狼谿，西北逕穀城西。又北，有西流泉，出城東近山，西北逕穀城北，西注狼水。以其流西，故即名焉。又西北，入濟水。城西北三里，有項王羽之冢，半許毁壞，石碣尚存，題云『項王之墓』。皇覽云『冢去縣十五里』，謬也。今彭城穀陽城西南，又有項羽冢，非也。余按史遷記，魯爲楚守，漢王示羽首，魯乃降，遂以魯公禮葬羽於穀城。寧得言彼也？

濟水又北，逕周首亭西。春秋文公十有一年，左丘明云：『齊襄公二年〔七〕，王子成父獲長狄僑如弟榮如，蕴其首於周首之北門。』即是邑也。今世謂之盧子城，濟北郡治也。京相璠曰：『今濟北所治盧子城，故齊周首邑也。』

又北，過臨邑縣東。

地理志曰，『縣有濟水祠，王莽之穀城亭』也。水有石門，以石爲之，故濟水之門也。春秋：『隱公五年，齊鄭會於石門，鄭車僨濟。』即於此也。京相璠曰：『石門，齊地。』今濟北盧縣故城西南六十里，有故石門，去水三百步，蓋水瀆流移，故側岸也。

濟水又北，逕平陰城西。春秋，『襄公十八年，晉侯沈玉濟河，會於魯濟，尋湨梁之盟，同伐齊。齊侯禦諸平陰』者也。杜預曰，『城在盧縣故城東北』，非也。京相璠曰：『平陰，齊地也。在濟北盧縣故城西南十里。平陰城南有長城，東至海，西至濟。河道所由，名防門，去平陰三里，齊侯塹防門，即此也。其水引濟，故瀆尚存。今防門北有光里。齊人言「廣」，音與「光」同。』即春秋所謂『守之廣里者也』。又云：『巫山在平陰東北，昔齊侯登望晉軍，畏衆而歸。師曠、邢伯聞烏烏之聲，知齊師潛遁。』人物咸淪，地理昭著，賢於杜氏東北之證矣。今巫山之上有石室，世謂之孝子堂。

濟水右迆，遏爲湄湖，方四十餘里。

濟水又東北，逕垣苗城西，故洛當城也。伏韜北征記曰：『濟水又與清河合流，至洛當者也。』宋武帝西征長安，令垣苗鎮此，故俗又有垣苗城之稱。河水自四瀆口東北流而爲濟。魏土地記曰：『盟津河別流十里，與清水合。』亂流而東，逕洛當城北，黑白異流，涇渭殊別，而東南流注也。

又東北，過盧縣北。

濟水東北與湄溝合。水上承湄湖，北流注濟。爾雅曰：『水草交曰湄，通谷者微。』犍爲舍人曰：『水中有草木交合也。』郭景純曰：『微，水邊通谷也。』釋名曰：『湄，眉也。臨水如眉臨目也。』

濟水又逕盧縣故城北，濟北郡治也。漢和帝永元二年，分泰山置，蓋以濟水在北故也。

濟水又逕什城北，城際水湄，故邸閣也，祝阿人孫什，將家居之，以避時難，因謂之什城焉。

濟水又東北，與中川水合。水東南出山茌縣之分水嶺。谿一源兩分，泉流半解，亦謂之分流交。半水南出泰山，入汶。半水出山茌縣，西北流，逕東太原郡南，郡治山爐固，北與賓谿谷水合〔八〕。水出南格馬山賓谿谷，北逕盧縣故城北、陳敦戍南。西北流，與中川水合，謂之格馬口。其水又北，逕盧縣故城東，而北流入濟，俗謂之沙溝水。

濟水又東北，右會玉水。水導源泰山朗公谷，舊名琨瑞谿。有沙門竺僧朗，少事佛圖澄，碩學淵通，尤明氣緯，隱於此谷，因謂之朗公谷。故車頻秦書云：『苻堅時，沙門竺僧朗嘗從隱士張巨和遊，巨和常穴居，而朗居琨瑞山，大起殿舍，連樓纍閣，雖素飾不同，並以靜外致稱，即此谷也。水亦謂之琨瑞水也。其水西北流，逕玉符山，又曰玉水。又西北，逕獵山東。又西北，枕祝阿縣故城東、野井亭西。春秋，昭公二十五年，經書：『齊侯唁公於野井。』是也。春秋襄公十九年，諸侯盟於祝柯，左傳所謂督陽者也。漢興，改之曰阿矣。漢高帝十一年，封高邑爲侯國，王莽之安成也。故俗謂是水爲祝阿瀾水，北流注於濟。建武五年，耿弇東擊張步，從朝陽橋濟渡兵，即是處也。

濟水又東北，濼水入焉。水出歷城縣故城西南，泉源上奮，水涌若輪。春秋，『桓公十八年，公會齊侯於濼』，是也。俗謂之爲娥英水〔九〕，以泉源有舜妃娥英廟故也。城南對山，山上有舜祠，山下有大穴，謂之舜井，抑亦茅山禹井之比矣。書『舜耕歷山』，亦云在此，所未詳也。其水北爲大明湖，西即大明寺。寺東北兩面側湖，此水便成浄池也。池上有客亭，左右楸桐，負日俯仰，目對魚鳥，水木明瑟，可謂濠梁之性，物我無違矣。湖水引瀆，東入西郭。東至歷城西，而側城北注。陂水上承東城，歷祀下泉，泉源競發。其水北流，逕歷城東。又北，引水爲流杯池。州僚賓燕，公私多萃其上。分爲二水。右水北出。左水西逕歷城北，西北爲陂，謂之歷水，與濼水會。又北，歷水枝津首受歷水於歷城東，東北逕東城西而北出郭，又北注濼水。又北，聽水出焉。濼水又北流，注於濟，謂之濼口也。

濟水又東北。華不注山，單椒秀澤，不連丘陵以自高；虎牙桀立，孤峯特拔以刺天。青崖翠發，望同點黛。山下有華泉。故京相璠春秋土地名曰：『華泉，華不注山下泉水也。』春秋左傳：『成公二年，齊頃公與晉郤克戰於鞌。齊師敗績，逐之，三周華不注。逢丑父與公易位。將及華泉，驂絓於木而止。丑父使公下，如華泉取飲，齊侯以免。韓厥獻丑父，郤子將戮之。呼曰：「自今無有代其君任患者，有一於此，將爲戮矣。」郤子曰：「人不難以死免其君，我戮之，不祥。赦之，以勸事君者。」乃免之。』即華水也。北絶聽瀆二十里，注於濟。

又東北，過臺縣北。

巨合水南出鷄山西北，北逕巨合故城西。耿弇之討張步也，守巨里，即此城也。三面有城，西有深坑，坑西即弇所營也。與費邑戰，斬邑於此。巨合水又北，合關盧水。水導源馬耳山，北逕博亭城西，西北流至平陵城，與武原水合。水出譚城南平澤中，世謂之武原淵。北逕譚城東，俗謂之布城也。又北，逕東平陵縣故城西，故陵城也，後乃加『平』，譚國也。齊桓之出過譚，譚不禮焉。魯莊公九年即位，又不朝。十年，滅之。城東門外有漢相劉衡碑〔一○〕，又有樂安任照先碑，濟南郡治也。漢文帝十六年，置爲王國，景帝二年爲郡。王莽更名樂安。其水又北，逕巨合城東，漢武帝以封城陽頃王子劉發爲侯國。其水合關盧水，西出注巨合水。巨合水，西北逕臺縣故城南。漢高帝六年，封東郡尉戴野爲侯國，王莽之臺治也。其水西北流，白野泉水注之。水出臺城西南白野泉北，逕留山西北流，而右注巨合水。巨合水又北，聽水注之。水上承濼水，東流北屈，又東北流，注於巨合水。亂流又北，入於濟。

濟水又東北，合芹溝水。水出臺縣故城東南，西北流逕臺城東，又西北，入於濟水。

又東北，過菅縣南。

濟水東逕縣故城南。漢文帝四年，封齊悼惠王子罷軍爲侯國。右納百脉水，水出土鼓縣故城西。水源方百步，百泉俱出，故謂之百脉水。其水西北流，逕陽丘縣故城中。漢孝文帝四年，以封齊悼惠王子劉安爲陽丘侯。世謂之章丘城，非也。城南有女郎山，山上有神祠，俗謂之女郎祠，左右民祀焉。其水西北出城，北逕黄巾固，蓋賊所屯，故固得名焉。百脉水又東北流，注於濟。

濟水又東。有楊渚溝水，出逢陵故城西南二十里，西北逕土鼓城東，又西北逕章丘城東，又北逕甯戚城西，而北流，注於濟水也。

又東，過梁鄒縣北。

瀧水南出長城中，北流至般陽縣故城西，南與般水會。水出縣東南龍山，俗亦謂之爲左阜水。西北逕其城南，王莽之濟南亭也。應劭曰：『縣在般水之陽，故資名焉。』其水又南屈，西入瀧水。瀧水北逕其縣西北，流至萌水口。水出西南甲山，東北逕萌山西，東北入於隴水。隴水又西北至梁鄒東南，與魚子溝水合。水南出長白山東柳泉口。山即陳仲子夫妻之所隱也。孟子曰：『仲子，齊國之世家，兄戴祿萬鍾，仲子非而不食，避兄離母，家於於陵。』即此處也。其水又逕於陵縣故城西，王莽之於陸也。世祖建武十五年，更封則鄉侯侯霸之子昱爲侯國。其水北流，注於隴水。隴水即古袁水也。故京相璠曰，『濟南梁鄒縣有袁水』者也。隴水又西北，逕梁鄒縣故城南。又北屈，逕其城西。漢高祖六年，封武虎爲侯國。其水北注濟。城之東北，又有時水西北注焉。

又東北，過臨濟縣南。

縣，故狄邑也。王莽更名利居。漢記：『安帝永初二年，改從今名，以臨濟故。』地理風俗記云：『樂安太守治。』晏謨齊記曰：『有南北二城，隔濟水。南城即被陽縣之故城也，北枕濟水。』地理志曰：『侯國也。』如淳曰：『一作疲，音罷軍之罷也。』史記建元以來王子侯者年表曰：『漢武帝元朔四年，封齊孝王子敬侯劉燕之國也。』今渤海僑郡治。濟水又東北，地爲淵渚，謂之平州坈〔一二〕。濕沃縣側，有平安故城。俗謂之會城，非也。按地理志，『千乘郡有平安縣，侯國也。王莽曰鴻睦也。』應劭曰：『博昌縣西南三十里，有平安亭，故縣也，世尚存平州之名矣。』

濟水又東北，逕高昌縣故城西，按地理志，『千乘郡有高昌縣』。漢宣帝地節四年，封董忠爲侯國。世謂之『馬昌城』，非也。

濟水又東北，逕樂安縣故城南。伏琛齊記曰：『博昌城西北五十里，有南北二城，相去三十里，隔時濟二水。』指此爲博昌北城，非也。樂安與博昌、薄姑分水，俱同西北。薄姑去齊城六十里，樂安越水差遠，驗非尤明。班固曰：『千乘郡有樂安縣。』應劭曰：『取休令之名矣。』漢武帝元朔五年，封李蔡爲侯國。城西三里，有任光等冢。光是宛縣人，不得爲博昌，明矣。

濟水又逕薄姑城北。後漢郡國志曰：『博昌縣有薄姑城。』地理書曰：『吕尚封於齊郡薄姑。』薄姑故城在臨菑縣西北五十里，近濟水。史遷曰：『獻公徙薄姑。』城内有高臺。春秋：『昭公二十年，齊景公飲於臺上，曰：「古而不死，何樂如之。」晏平仲對曰：「昔爽鳩氏始居之，季萴因之，有逢伯陵又因之，薄姑氏又因之，而後太公因之。臣以爲古若不死，爽鳩氏之樂，非君之樂。」』即於是臺也。濟水又東北，逕狼牙固西，而東北流也。

又東北，過利縣西。

地理志，齊郡有利縣，王莽之利治也。晏謨曰：『縣在齊城北五十里。』

又東北，過甲下邑，入於河。

濟水東北至甲下邑南，東歷琅槐縣故城北。地理風俗記曰：『博昌東北八十里，有琅槐鄉，故縣也。』山海經曰：『濟水絶鉅野〔一二〕，注勃海，入齊琅槐東北』者也。

又東北，河水枝津注之。水經以爲入河，非也。斯乃河水注濟，非濟入河。又東北，入海。郭景純曰：『濟自滎陽至樂安博昌入海。』今河竭，濟水仍流不絶。經言入河，二説並失。然河水於濟漯之北，別流注海。今所輟流者，惟漯水爾。郭或以爲濟注之，即實非也。尋經脉水，不如山經之爲密矣。

其一水東南流者，過乘氏縣南。

菏水分濟於定陶東北，東南流，右合黃溝枝流，俗謂之界溝也。北逕己氏縣故城西。又北，逕景山東，衛詩所謂『景山與京』者也。毛公曰：『景山，大山也。』又北，逕楚丘城西。郡國志曰：『成武縣有楚丘亭。』杜預曰：『楚丘在成武縣西南，衛懿公爲狄所滅，衛文公東徙渡河，野處曹邑，齊桓公城楚丘以遷之。』故春秋稱：『邢遷如歸，衛國忘亡。』即詩所謂：『升彼虛矣，以望楚矣。望楚與堂，景山與京。』故鄭玄言，觀其旁邑及山川也。又東北，逕成武城西。又東北，逕郈城東，疑郈徙也，所未詳矣。又東北，逕梁丘城西。地理志曰：『昌邑縣有梁丘鄉。』春秋，『莊公三十二年，宋人、齊人會於梁丘』者也。杜預曰：『高平昌邑縣西南，有梁丘鄉。』又東北，於乘氏縣西而北，注菏水。

菏水又東南，逕乘氏縣故城南。縣即春秋之乘丘也。故地理風俗記曰：『濟陰乘氏縣，故宋乘丘邑也。』漢孝景中五年，封梁孝王子買爲侯國。地理志：『乘氏縣，泗水東南至睢陵入淮。』郡國志曰：『乘氏有泗水。』此乃菏澤也。尚書有『導菏澤』之説，自陶丘北，東至於菏，無『泗水』之文。又曰：『導菏澤，被孟豬。』孟豬在睢陽縣之東北。闞駰十三州記曰：『不言入而言被者，明不常入也。』水盛，方乃覆被矣。澤水森漫，俱鍾淮泗，故誌有睢陵入淮之言，以通苞泗名矣。然諸水注泗者多不止此，可以終歸泗水，便得擅通稱也。或更有泗水，亦可是水之兼其目，所未詳也。

又東，過昌邑縣北。

菏水又東，逕昌邑縣故城北。地理志曰，『縣，故梁也。漢景帝中六年分梁爲山陽國，武帝天漢四年，更爲昌邑國』，以封昌邑王髆。賀廢國除〔一三〕，以爲山陽郡，王莽之鉅野郡也。後更爲高平郡。後漢沇州治。縣令王密，懷金謁東萊太守楊震，震不受。是其慎『四知』處也。大城東北有金城，城内有沇州刺史河東薛季像碑。以郎中拜剡令，甘露降園。熹平四年遷州，明年甘露復降殿前樹。從事馮巡、主簿華操等相與褒樹，表勒棠政。次西有沇州刺史茂陵楊叔恭碑。從事孫光等以建寧四年立。西北有東泰山成人班孟堅碑。建和十年，尚書右丞，拜沇州刺史。從事秦閏等刊石頌德政，碑咸列焉。

又東，過金鄉縣南。

郡國志曰：『山陽有金鄉縣。』菏水逕其故城南，世謂之故縣，城北有金鄉山也。

又東，過東緡縣北。

菏水又東，逕漢平狄將軍扶溝侯淮陽朱鮪冢。墓北有石廟。

菏水又東，逕東緡縣故城北，故宋地。春秋：『僖公二十三年，齊侯伐宋圍緡。』十三州記曰：『山陽有東緡縣。』鄒衍曰，『余登緡城以望宋都』者也。後漢世祖建武十一年，封馮異長子璋爲侯國。

又東，過方與縣北，爲菏水。

菏水東逕重鄉城南，左傳所謂『臧文仲宿於重館』者也。

菏水又東，逕武棠亭北。公羊以爲濟上邑也。城有臺，高二丈許，其下臨水，昔魯侯觀魚於棠，謂此也。在方與縣故城北十里，經所謂菏水也。

菏水又東，逕泥母亭北。春秋左傳：『僖公七年秋，盟於甯母，謀伐鄭也。』

菏水又東，與鉅野黃水合。菏澤別名也。黃水上承鉅澤諸陂，澤有濛淀、育陂。黃湖水東流，謂之黃水。又有薛訓渚水，自渚歷薛邨前，分爲二流。一水東注黃水，一水西北入澤，即洪水也。黃水東南流，水南有漢荆州刺史李剛墓。剛字叔毅，山陽高平人，熹平元年卒，見其碑。有石闕、祠堂、石室三間。椽架高丈餘，鏤石作椽。瓦屋施平天造，方井側荷梁柱，四壁隱起，雕刻爲君臣、官屬、龜龍、麟鳳之文，飛禽走獸之象。作制工麗，不甚傷毁。黄水又東，逕鉅野縣北。何承天曰：『鉅野湖澤廣大，南通洙泗，北連清濟，舊縣故城正在澤中，故欲置戍於此城。』城之所在，即鉅野澤也。衍東北出爲大野矣。昔西狩獲麟於是處也。皇覽曰：『山陽鉅野縣有肩髀冢，重聚大小，與闞冢等。』傳言蚩尤與黄帝戰，克之於涿鹿之野，身體異處，故别葬焉。黄水又東，逕咸亭北。春秋桓公七年，經書『焚咸丘』者也。水南有金鄉山，縣之東界也。金鄉數山，皆空中穴口，謂之隧也。戴延之西征記曰：『焦氏山北有數里〔一四〕，漢司隸校尉魯峻〔一五〕，穿山得白蛇、白兔，不葬，更葬山南，鑿而得金，故曰金鄉山。』山形峻峭，冢前有石祠、石廟。四壁皆青石隱起，自書契以來，忠臣、孝子、貞婦、孔子及弟子七十二人形象。象邊皆刻石記之，文字分明。又有石牀，長八尺，磨瑩鮮明，叩之聲聞遠近。時太尉從事中郎傅珍之，咨議參軍周安穆拆敗石牀〔一六〕，各取去，爲魯氏之後所訟，二人並免官。焦氏山東，即金鄉山也。有冢，謂之秦王陵。山上二百步，得冢口。塹深十丈，兩壁峻峭，廣二丈。入行七十步，得埏門。門外左右皆有空，可容五六十人，謂之白馬空。埏門内二丈，得外堂。外堂之後，又得内堂。觀者皆執燭而行，雖無他雕鏤，然治石甚精。或云是漢昌邑哀王冢，所未詳也。東南有范巨卿冢，名件猶存。巨卿名式，山陽之金鄉人，漢荆州刺史，與汝南張劭、長沙陳平子石交，號爲死友矣。黄水又東南，逕任城郡之亢父縣故城西，夏后氏之任國也。漢章帝元和元年，别爲任城在北，王莽之延就亭也。縣有詩亭，春秋之詩國也，王莽更之曰順父矣。地理志，東平屬縣也。世祖建武二年，封劉隆爲侯國。其水謂之桓公溝，南至方與縣，入於菏水。

菏水又東，逕秦梁，夾岸積石一里，高二丈，言秦始皇東巡所造，因以名焉。

又東，過湖陸縣南，東入於泗水。

澤水所鍾也。尚書曰，『浮于淮泗，達于菏』，是也。東觀漢記曰：『蘇茂殺淮陽太守，得其郡，營廣樂。大司馬吳漢圍茂，茂將其精兵突至湖陵，與劉永相會濟陰、山陽，濟兵於此處也。』

又東南，過沛縣東北。

濟與泗亂，故濟納互稱矣。東觀漢記安平侯蓋延傳曰：『延爲虎牙大將軍，與永等戰，永軍反走，溺水者半，復與戰，連破之，遂平沛楚，臨淮悉降。延令沛脩高祖廟，置嗇夫、祝宰、樂人，因齋戒，祠高廟。』

又東南，過留縣北。

留縣故城，翼佩泗濟，宋邑也。春秋左傳所謂『侵宋、吕、留』也。故繁休伯避地賦曰，『朝余發乎泗洲，夕余宿於留鄉』者也。張良委身漢祖，始自此矣。終亦取封焉，城内有張良廟。

又東，過彭城縣北，獲水從西來注之。

濟水又南，逕彭城縣故城東北隅，不東過也。獲水自西注之，城北枕水湄。

濟水又南，逕彭城縣故城東，不逕其北也。蓋經誤證。

又東南，過徐縣北。

地理志曰：『臨淮郡，漢武帝元狩五年置，治徐縣。王莽更之曰淮平，縣曰徐調，故徐國也。』春秋：『昭公三十年，吴子執鍾吾子，遂伐徐，防山以水之，遂滅徐。徐子奔楚，楚救徐弗及，城夷以處之。』張華博物志録著作令史茅温所爲送。劉成國徐州地理志，云徐偃王之異，言徐君宫人娠而生卵，以爲不祥，棄之於水濱。孤獨母有犬名曰鵠倉，獵於水側，得棄卵，銜以來歸。孤獨母以爲異，覆煖之，遂成兒，生時偃，故以爲名。徐君宫中聞之，乃更録取。長而仁智，襲君徐國。後鵠倉臨死，生角而九尾，寔黄龍也。偃王葬之徐中，今見有狗壟焉。偃王治國，仁義著聞。欲舟行上國，乃通溝陳蔡之閒。得朱弓矢，以得天瑞，遂因名爲號，自稱徐偃王。江淮諸侯服從者三十六國。周王聞之，遣使至楚，令伐之。偃王愛民不鬬，遂爲楚敗。北走彭城武原縣東山下，百姓隨者萬數，因名其山爲徐山。山上立石室廟，有神靈，民人請禱焉。依文即事，似有符驗，但世代緜遠，難以詳矣。今徐城外有徐君墓，昔延陵季子解劍於此，所謂不違心許也。

又東，至下邳睢陵縣南，入於淮。

濟水與泗水渾濤東南流，至角城同入淮。經書『睢陵』，誤耳。

校記

〔一〕平皋是邢丘　注疏本作『邢是丘名』。
〔二〕往　注疏本作『云』。
〔三〕未詳　注釋本作『辛未』。
〔四〕河決爲滎　『決』注疏本作『泆』。
〔五〕子路出迎於蒲　注疏本作『路出於蒲』。
〔六〕須句　『句』他本均作『朐』。下同。按：春秋及其三傳均作『句』。譚其驤中國歷史地圖集第一册17～18頁、26～27頁皆作『句』。
〔七〕齊襄公　『齊』據春秋左傳文公十一年補。
〔八〕賓谿谷水　殿本作『賓溪水』。
〔九〕娥英水　『英』殿本作『姜』。
〔一〇〕有漢相劉衡碑　殿本無此句。
〔一一〕平州坈　殿本無『坈』字。

〔一二〕鉅野　山海經海内東經作『鉅鹿澤』。

〔一三〕賀廢國除　此句之上，注疏本增有『子賀嗣』三字。

〔一四〕數里　原本作『數山』，據殿本改。

〔一五〕魯峻　『峻』原本作『恭』，據殿本改。

〔一六〕拆　原本誤作『折』，據殿本改。

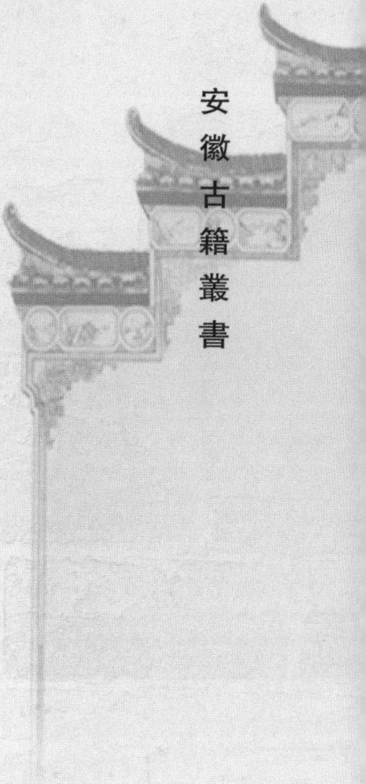

安徽古籍叢書

黄山書社

分篇水經注

下

〔北魏〕酈道元/注　〔清〕戴　震/分篇　楊應芹/校點

汶水

汶水出泰山萊蕪縣原山，西南過其縣南。

萊蕪縣在齊城西南，原山又在縣西南六十許里。地理志，汶水，與淄水俱出原山〔一〕，『西南入濟』。故不得『過其縣南』也。從征記曰：『汶水出縣西南流。』又言，自入萊蕪谷，夾路連山百數里。水湟多行石澗中〔二〕。出藥草，饒松柏。林藿緜濛，崖壁相望。或傾岑阻徑，或迴巖絕谷。清風鳴條，山壑俱響。陵高降深，兼惴慄之懼；危蹊斷徑，過懸度之艱。未出谷十餘里，有別谷在孤山。谷有清泉，泉上數丈，有石穴二，口容人行。入穴丈餘，高九尺許，廣四五丈，言是昔人居山之處，薪爨煙墨猶存。谷中林木緻密，行人尠有能至矣。又有少許山田，引灌之蹤尚存。出谷有平丘，面山旁水，土人悉以種麥。云此丘不宜殖稷黍而宜麥，齊人相承以殖之。意謂麥丘所棲愚公谷也。何其深沈幽翳，可以託業怡生如此也！余時逕此，爲之踟躕，爲之屢眷矣。余按麥丘愚公在齊，川谷猶傳其名，不在魯，蓋志者之謬爾。

汶水又西南，逕嬴縣故城南，春秋左傳：『桓公三年，公會齊侯於嬴，成婚於齊也。』

又西南，過奉高縣北，

奉高縣，漢武帝元封元年立，以奉泰山之祀，泰山郡治也。縣北有吴季札子墓，在汶水南曲中。季札之聘上國也，喪子於嬴博之間，即此處也。從征記曰：『嬴縣西六十里，有季札兒冢。冢圓，其高可隱也。』前有石銘一所，漢末奉高令所立，無所述敘，標誌而已。自昔恒蠲民户灑埽之，今不能，然碑石麋碎，靡有遺矣，惟故趺存焉。

屈從縣西南流。

汶出牟縣故城西南阜下，俗謂之胡盧堆。淮南子曰：『汶出弗其。』高誘曰：『山名也，或斯阜矣。』牟縣故城在東北，古牟國也。春秋時，牟人朝魯，故應劭曰：『魯附庸也。』俗謂是水爲牟汶也。又西南，逕奉高縣故城西，西南流，注於汶。

汶水又南，右合北汶水。水出分水谿，源與中川分水，東南流，逕泰山東，又合天門下谿水，水出泰山天門下谷，東流。古者帝王升封，咸憩此水。水上往往有石竅存焉，蓋古設舍所跨處也。馬第伯書云：『光武封泰山，第伯從登山。去平地二十里，南向極望，無不覩。其爲高也，如視浮雲。其峻也，石壁窅窱，如無道徑。遥望其人，或爲白石，或雪。久之，白者移過，乃知是人。仰視巖石松樹，鬱鬱蒼蒼，如在雲中。俯視谿谷，碌碌不可見丈尺。直上七里天門，仰視天門，如從穴中視天矣。』應劭漢官儀云：『泰山東南山頂，名曰日觀。日觀者，鷄一鳴時見日，始欲出，長三丈許，故以名焉。』其水自谿而東，濬波注壑，東南流〔三〕。又合環水。水出泰山南谿，南流歷中、下兩廟閒。從征記曰：『泰山有下、中、上三廟，牆闕嚴整。廟中柏樹夾兩階，大二十餘圍，蓋漢武所植也。赤眉嘗斫一樹，見血而止，今斧創猶存。門閣三重，樓榭四所，三層壇一所，高丈餘，廣八尺。樹前有大井，極香冷，異於凡水，不知何代所掘。不常浚渫，而水旱不減。庫中有漢時故樂器及神車、木偶，皆靡密巧麗。又有石虎建武十三年，永貴侯張余上金馬一匹，高二尺餘，形制甚精。中廟去下廟五里，屋宇又崇麗於下廟，廟東西夾澗。上廟在山頂，即封禪處也。』其水又屈而東流，又東南逕明堂下。漢武帝元封元年，封泰山降坐明堂於山之東北趾。武帝以古處險狹而不顯也，欲治明堂於奉高旁而未曉其制。濟南人公玉帶，上黄帝時明堂圖。圖中有一殿，四面無壁，以茅蓋之，通水，圜宫垣爲複道，上有樓從西南入，名曰崑崙。天子從之入，以拜祀上帝焉。於是上令奉高作明堂於汶上，如帶圖也。古引水爲壁雍處，基瀆存焉，世謂此水爲石汶。山海經曰：『環水出泰山，東流注於汶。』即此水也。環水又左，入於汶水。

汶水數川合注，又西南流，逕徂徠山西。山多松柏，詩所謂『徂徠之松』也。廣雅曰：『道梓松也。』抱朴子稱玉策記曰：『千歲之松中有物，或如青牛，或如青犬，或如人，皆壽萬歲。』又稱，天陵有偃蓋之松也，所謂樓松也。魯連子曰：『松樅高十仞而無枝，非憂正室之無柱也。』爾雅曰：『松葉柏身曰樅。』鄒山記曰：『徂徠山在梁甫、奉高、博三縣界，猶有美松，亦曰尤徠之山也。』赤眉渠帥樊崇所保也，故崇自號尤徠三老矣。山東有巢父廟，山高十里。山下有陂，水方百許步，三道流注。一水東北沿谿而下，屈逕縣南，西北流，入於汶。一水北流歷澗，西流入於汶。一水南流，逕陽關亭南。春秋，『襄公十七年，逆臧紇自陽關』者也。又西流，入於汶水也。

過博縣西北。

汶水西南逕龜陰之田。龜山在博縣北十五里，昔夫子傷政道之陵遲，望山而懷操，故琴操有龜山操焉。山北即龜陰之田也。春秋，『定公十年，齊人來歸龜陰之田』，是也〔四〕。

汶水又南，逕博縣故城東。春秋，『哀公十一年，會吳伐齊取博』者也。灌嬰破田橫於城下。屈從其城南西流，不在『西北』也。

汶水又西南，逕龍鄉故城南，春秋，『成公二年，齊侯圍龍，龍囚頃公嬖人盧蒲就魁，殺而膊諸城上，齊侯親鼓取龍』者也。漢高帝八年，封謁者陳署爲侯國。

汶水又西南，逕亭亭山東，黄帝所禪也。山有神廟，水上有石門，舊分水下溉處也。

汶水又西南，逕陽關故城西，本鉅平縣之陽關亭矣。陽虎據以叛。伐之，虎焚萊門而奔齊者也。

汶水又南，左會淄水。水出太山梁父縣東，西南流，逕菟裘城北。春秋：『隱公十一年，營之。公謂羽父曰：「吾將歸老焉。」』故郡國志曰：『梁父有菟裘聚。』淄水又逕梁父縣故城南，縣北有梁父山。開山圖曰：『泰山在左，亢父在右。亢父知生，梁甫主死。』王者封泰山，禪梁甫，故縣取名焉。淄水又西南，逕柴縣故城北。地理志『太山之屬縣』也。世謂之柴汶矣。淄水又逕郕縣北，漢高帝六年，封董渫爲侯國。春秋：『齊師圍郕，郕人伐齊，飲馬於斯水也。』昔孔子行於郕之野，遇榮啓期於是，衣鹿裘，被髮，琴歌三樂之歡，夫子善其能寬矣。淄水又西，逕陽關城南，西流注於汶。

汶水又南，逕鉅平縣故城東，而西南流。城東有魯道，詩所謂『魯道有蕩，齊子由歸』者也。今汶上夾水有文姜臺。汶水又西南流，詩云『汶水滔滔』矣。淮南子曰：『狢渡汶則死。』天地之性，倚伏難尋，固不可以情理窮也。

又西南，過魯國汶陽縣北〔五〕。

王莽之汶亭也。縣北有曲水亭。春秋桓公十二年，經書：『公會杞侯、莒子盟於曲池。』左傳曰：『平杞莒也。』故杜預曰：『魯國汶陽縣北有曲水亭。』漢章帝元和二年，東巡泰山，立行宮於汶陽，執金吾耿秉屯於汶上〔六〕，城門基塹存焉，世謂之闞陵城也。汶水又西，逕汶陽縣故城北，而西注。

又西南，過蛇丘縣南。

汶水又西，洸水注焉。又西，逕蛇丘縣南，縣治鑄鄉故城。春秋左傳：『宣叔娶於鑄。』杜預曰：『濟北蛇邱縣所治。』鑄鄉城者也。

又西南，過剛縣北。

地理志：『剛，故闡也。王莽更之曰柔。』應劭曰：『春秋經書，「齊人取讙及闡」，今闡亭是也。』杜預春秋釋地曰：『闡在剛縣北，剛城東有一小亭，今剛縣治，俗人又謂之闡亭。』京相璠曰：『剛縣西四十里有闡亭。』未知孰是。

汶水又西，蛇水注之。水出縣東北泰山，西南流，逕汶陽之田，齊所侵也。自汶之北，平暢極目，僖公以賜季友。蛇水又西南，逕鑄城西。左傳所謂蛇淵囿也。故京相璠曰：『今濟北有蛇丘城，城下有水，魯囿也。』俗謂之『濁須水』，非矣。蛇水又西南，逕夏暉城南，經書『公會齊侯於下讙』，是也。今俗謂之夏暉城，蓋春秋左傳『桓公三年，公子翬如齊，齊侯送姜氏於下讙，非禮也』〔七〕。世有夏暉之名矣。蛇水又西南，入汶。

汶水又西，溝水注之。水出東北馬山，西南流，逕棘亭南。春秋，成公三年，經書：『秋，叔孫僑如帥師圍棘。』左傳曰：『取汶陽之田，棘不服，圍之。』南去汶水八十里，又西南，逕遂城東。地理志曰，『蛇丘遂鄉，故遂國』也。春秋，『莊公十三年，齊滅遂而戍之』者也。京相璠曰：『遂在蛇丘東北十里。』杜預亦以爲然。然縣東北無城以擬之，今城在蛇丘西北，蓋杜預傳疑之非也。又西，逕下讙城西而入汶水。

汶水又西，逕春亭北。考古無『春』名，惟平陸縣有崇陽亭，然是亭東去剛城四十里，推璠所注則符，並所未詳也。

又西南，過東平章縣南。

地理志曰：『東平國，故梁也。』景帝中六年，別爲濟東國。武帝元鼎元年，爲大河郡。宣帝甘露二年，爲東平國。王莽之有鹽也。章縣，按世本任姓之國也，齊人降章者也。故城在無鹽縣東北五十里。

汶水又西南，有泌水注之。水出肥城縣東白原，西南流，逕肥成縣故城南。樂正子春謂其弟子曰：『子適齊過肥，肥有君子焉。』左逕句窳亭北，章帝元和二年，鳳皇集肥城句窳亭，復其租而巡泰山，即是亭也。泌水又西南，逕富城縣故城西，王莽之成富也。其水又西南流，注於汶。

汶水又西南，逕桃鄉縣故城西。王莽之鄣亭也。世以此爲鄣城，非也，蓋因亡新之故目爾〔八〕。

又西南，過無鹽縣南。又西南，過壽張縣北。又西南，至安民亭，入於濟。

汶水自桃鄉四分，當其派别之處，謂之四汶口。其左二水雙流，西南至無鹽縣之郈鄉城南，郈昭伯之故邑也。禍起鬭鷄矣。春秋左傳：『定公十二年，叔孫氏墮郈。』今其城無南面。汶水又西南，逕東平陸縣故城北，應劭曰：『古厥國也。』今有厥亭。汶水又西，逕危山南，世謂之龍山也。漢書宣元六王傳曰：『哀帝時，無鹽危山土自起覆草，如馳道狀，又瓠山石轉立。』晉灼曰：『漢注作報山，山脅石一枚，轉側起立，高九尺六寸，旁行一丈，廣四尺。』東平王雲及后謁曰：『漢世石立，宣帝起之表也。』自之石所祭，治石象報山立石，束倍草，并祠之。建平三年，息夫躬告之，王自殺，后謁棄市，國除。汶水又西，合爲一水，西南入茂都淀。淀，陂水之異名也。淀水西南出，謂之巨野溝。又西南，逕致密城南。郡國志曰：『須昌縣有致密城，古中都』也。即夫子所宰之邑矣。制養生送死之節，長幼男女之禮，路不拾遺，器不雕僞。巨野溝又西南，入桓公河。北水西出淀，謂之巨良水，西南逕致密城北，西南流，注洪瀆。

次一汶西逕郈亭北，又西至壽張故城東，瀦爲澤渚。初平三年，曹公擊黄巾於壽張東，鮑信戰死於此。

其右一汶西流，逕無鹽縣之故城南，舊宿國也。齊宣后之故邑，所謂無鹽醜女也。漢武帝元朔四年，封城陽共王子劉慶爲東平侯，即此邑也。王莽更名之曰有鹽亭。汶水又西，逕郈鄉城南。地理志所謂『無鹽有郈鄉』者也。汶水西南流，逕壽張縣故城北。春秋之良縣也。縣有壽聚，漢曰壽良。應劭曰：『世祖叔父名良，故光武改曰壽張也。』建武十二年，世祖封樊宏爲侯國。汶水又西南，長直溝水注之。水出須昌城東北穀陽山南，逕須昌城東。又南，漆溝水注焉。水出無鹽城東北五里阜山下，西逕無鹽縣故城北。水側有東平憲王蒼冢，碑闕存焉。元和二年，章帝幸東平，祀以太牢，親拜祠坐，賜御劍於陵前。其水又西流，注長直溝。溝水奇分爲二。一水西逕須昌城南入濟。一水南流，注於汶。汶水又西，流入濟。故淮南子曰：『汶出弗其，西流合濟。』高誘云：『弗其，山名，在朱虚縣東。』余按誘説是，乃東汶，非經所謂入濟者也，蓋其誤證爾。

校記

〔一〕與　原本誤作『於』，據殿本改。

〔二〕水湟　『湟』殿本作『隍』。

〔三〕東南流　此句之下，他本原有『汶水西南』至『龜陰之田是也』六十四字，移至經文『過博縣西北』之後。詳見校四。

〔四〕龜陰之田是也　此句之前六十四字由前文移此，參見校三。

〔五〕「又西南」二句　他本均作注文，爲「汶水又西南，逕魯國汶陽縣北」。戴震手校水經注批語：「東原云，『汶水』二字後人所加，『逕』當作『過』，此後人因經誤入注，而增改之也。」詳見戴震全書之三十六補遺。

〔六〕耿秉　原本作「耿恭」，據後漢書耿秉傳改。

〔七〕非禮也　原本作「是也」，據春秋左傳桓公三年改。

〔八〕亡新　殿本作「鉅新」。

淄水

淄水出泰山萊蕪縣原山。

淄水出縣西南山下，世謂之原泉。地理志曰：『原山，淄水所出。』故經有原山之論矣。淮南子曰：『水出目飴山〔一〕。』蓋山别名也。東北流，逕萊蕪谷，屈而西北流，逕其縣故城南。從征記曰：『城在萊蕪谷，當路阻絶，兩山閒道由南北門。』漢末，有范史雲爲萊蕪令，言萊蕪在齊，非魯所得引。舊説云，齊靈公滅萊，萊民播流此谷。邑落荒蕪，故曰萊蕪。禹貢所謂『萊夷』也。夾谷之會，齊侯使萊人以兵劫魯侯，宣尼稱『夷不亂華』是也。余按泰無、萊、柞，並山名也，郡縣取目焉。漢高祖置。左傳曰『與之無山，及萊柞』是也。應劭十三州記曰〔二〕：『泰山萊蕪縣，魯之萊柞邑。』

淄水又西北轉，逕城西，又東北流，與一水合。水出縣東南，俗謂之家桑谷水，從征記名曰聖水。列仙傳曰：『鹿皮公者，淄川人也。少爲府小史，才巧，舉手成器。山岑上有神泉，人不能到。小史白府君，請木工斤斧三十人，作轉輪，造懸閣，意思橫生。數十日，梯道成，上其巔作祠屋，留止其旁，其二間以自固，食芝草，飲神泉，七十餘年。淄水來山下，呼宗族，得六十餘人，命上山半，水出，盡漂一郡，没者萬計。小史辭遺家室令下山，著鹿皮衣，升閣而去。後百餘年，下賣藥齊市也。』其水西北流，注淄水。

淄水又北出山，謂之萊蕪口，東北流也。

東北過臨淄縣東。

淄水自山東北流，逕牛山西。又東，逕臨淄縣故城南，東得天齊水口。水出南郊山下，謂之天齊淵。五泉並出，南北三百步，廣十步，山即牛山也。左思齊都賦曰『牛嶺鎮其南』者也。水在齊八祠中，齊之爲名起於此矣。地理風俗記曰：『齊所以爲「齊」者，即天齊淵名也。』其水北流，注於淄水。

淄水又東，逕四豪冢北。水南山下有四冢，方基圓墳，咸高七尺，東西直列，是田氏四王冢也。

淄水又東北，逕蕩陰里西。水東有冢，一基三墳，東西八十步，是列士公孫接、田開疆、古冶子之墳也。晏子惡其勇而無禮，投桃以斃之，死葬陽里，即此也。

淄水又北，逕其城東。城臨淄水，故曰臨淄。王莽之齊陵縣也。爾雅曰：『水出其前，左爲營丘。』武王以其地封太公望，賜之以四履，都營丘爲齊，或以爲都營陵。史記：『周成王封師尚父於營丘東就國〔三〕。道宿行遲，萊侯與之争營丘。逆旅之人曰：「吾聞時難得而易失，客寢安，殆非就封者也。」太公聞之，夜衣而行至營丘。』陵亦丘也。獻公自營丘徙臨淄。余按營陵城南無水，惟城北有一水，世謂之白狼水，西出丹山，俗謂凡山也。東北流，由爾雅出前左之文，不得以爲營丘矣。營丘者，山名也。詩所謂：『子之營兮，遭我乎猛之閒兮。』作者多以丘、陵號同，緣陵又去萊差近〔四〕，咸言太公所封。考之春秋經書：『諸侯城緣陵。』左傳曰：『遷杞也。』毛詩、鄭注并無『營』字，瓚以爲非近之。今臨淄城中有丘，在小城内，周迴三百步，高九丈，北降丈五，淄水出其前，故有營丘之名，與爾雅相符。城對天齊淵，故城有齊城之稱。是以晏子言：『始爽鳩氏居之，逢伯陵居之，太公居之。』又曰：『先君太公，築營之丘。』季札觀風，聞齊音曰：『泱泱乎大風也哉！表東海者，其太公乎？』田巴入齊，過淄自鏡。郭景純言：『齊之營丘，淄水逕其南及東也。』非營陵明矣。獻公之徙，其猶晉氏深翼名絳，非謂自營陵而之也。其外郭即獻公所徙臨淄城也，世謂之虜城。言齊湣王伐燕，燕王噲死，虜其民實居郭〔五〕，因以名之。秦始皇三十四年，滅齊爲郡，治臨淄。漢高帝六年，封子肥於齊爲王國，王莽更名濟南也。戰國策曰：『田單爲齊相，過淄水，有老人涉淄而出，不能行，坐沙中，單乃解裘於斯水之上也。』

又東，過利縣東。

淄水自縣東北流，逕東安平城北。又東，逕巨淀縣故城南。征和四年，漢武帝幸東萊，臨大海，三月耕巨淀，即此也。縣東南則巨淀湖，蓋以水受名也。

淄水又東北，逕廣饒縣故城南。漢武帝元鼎中，封菑川靖王子劉國爲侯國。

淄水又東北，馬車瀆水注之。水首受巨淀，淀即濁水所注也。呂忱曰：『濁水一名溷水，出廣縣爲山。』世謂之冶嶺山。東北流，逕廣固城西。城在廣縣西北四里，四周絶澗，阻水深隍。晉永嘉中，東萊人曹嶷所造也。水側山際有五龍口。義熙五年，劉武帝伐慕容超於廣固也，以藉險難攻，兵力勞弊。河閒人玄文説裕云：『昔趙攻曹嶷，望氣者以爲澠水帶城，非可攻拔，若塞五龍口，城當必陷。石虎從之，嶷請降。降後五日大雨，雷電震開。後慕容恪之攻段龕，十旬不拔，塞口而龕降。降後無幾，又震開之。今舊基猶存，宜試脩築。』裕塞之，超及城内男女，皆悉脚弱〔六〕，病者大半，超遂出奔，爲晉所擒也。然城之所跨，寔憑地險，其不可固城者在此。濁水東北流，逕堯山東。從征記曰：『廣固城北三里，有堯山祠，堯因巡狩登此山，後人遂以名山。』廟在山之左麓。廟象東面，華宇脩整，帝圖嚴飾，軒冕之容穆然。山之上頂，舊有上祠，今也毁廢，無復遺式。盤石上尚有人馬之迹，徒黄石而已，惟刀劍之踪逼真矣。至於燕鋒代鍔，魏鋏齊鋋，與今劍莫殊，以密模寫，知人功所制矣。西望胡公陵，孫暢之所云，青州刺史傅弘仁言得銅棺隸書處。

濁水又東北流，逕東陽城北，東北流，合長沙水。水出逢山北阜，世謂之陽水也。東北流，逕廣縣故城西，舊青州刺史治，亦曰青州城。陽水又東北流，石井水注之。水出南山，山頂洞開，望若門焉。俗謂是山爲劈頭山。其水北流注井，井際廣城東側，三面積石，高深一匹有餘。長津激浪，瀑布而下，澎贔之音，驚川聒谷，漰渀之勢，狀同洪河，北流入陽水。余生長東齊，極遊其下，於中闊絶，乃積緜載。後因王事，復出海岱。郭金、紫惠同石井，賦詩言意，彌日嬉娱，尤慰羈心，但恨此水時有通塞爾。陽水東逕故七級寺禪房南。水北則長廡偏駕，迴閣承阿。林之際則繩坐疏班，錫鉢閒設。所謂修修釋子，眇眇禪棲者也。陽水又東，逕東陽城南。義熙中，晉青州刺史羊穆之築此，以在陽水之陽，即謂之東陽城。世以濁水爲西陽水故也。水流亦有時窮通，信爲靈矣。昔在宋世，是水絶而復流，劉晃賦通津焉。魏太和中，此水復竭，輟流積年。先公除州，即任未期，是水復通，澄映盈川，所謂幽谷枯而更溢，窮泉輟而復流矣。海岱之士，又頌通津焉。平昌龙民孫道相頌曰：『惟彼澠泉，竭逾三齡。祈盡珪璧，謁窮斯牲。道從隆替，降由聖明。』耋民河間趙嶷頌曰：『敷化未期，玄澤潛施。枯源揚瀾，涸川滌陂。』北海郭欽曰：『先政輟津，我后通洋。』但頌廣文煩，難以具載。陽水又北屈，逕漢城陽景王劉章廟東，東注於巨洋水。後人堨斷，令北注濁水。時人通謂濁水爲陽水，故有南陽、北陽水之論。

二水渾流，世謂之爲長沙水也。亦或通名之爲澠水，故晏謨、伏琛爲齊記並云，『東陽城既在澠水之陽，宜爲澠陽城』，非也。世又謂陽水爲洋水，余按羣書，盛言洋水出臨朐縣，而陽水導源廣縣，兩縣雖鄰，川土不同，於事疑焉。濁水又北，逕臧氏臺西。又北，逕益城西。又北流，注巨淀。地理志曰：『廣縣爲山，濁水所出，東北至廣饒入巨淀。』巨淀之右，又有女水注之。水出東安平縣之蛇頭山。從征記曰：『水西有桓公冢，甚高大，墓方七十餘丈，高四丈。圓墳圍二十餘丈，高七丈；餘一墓方七丈。』二墳？晏謨曰：『依陵記，非葬禮。如承世故，與其母同墓而異墳，伏琛所未詳也。』冢東山下女水原，有桓公祠。侍其衡奏魏武王所立。曰：『近日路次齊郊，瞻望桓公墳壟，在南山之阿，請爲立祠，爲塊然之主。』郭緣生述征記曰：『齊桓公冢在齊城南二十里，因山爲墳。』大冢東有女水，或云齊桓公女冢在其上，故以名水也。女水導川東北流，甚有神焉，化隆則水生，政薄則津竭。燕建平六年，水忽暴竭，玄明惡之，寢病而亡。燕太上四年，女水又竭，慕容超惡之，燕祚遂淪。女水東北流，逕東安平縣故城南。續述征記曰：『女水至安平城南伏流十五里，然後更流，北注陽水。』城，故酅亭也。春秋『魯莊公三年，紀季以酅入齊』。公羊傳曰：『季者何？紀侯弟也。賢其服罪，請酅以奉五祀。』田成子單之故邑也。後以爲縣，博陵有安平，故此加『東』也。世祖建武七年，封菑川王子劉茂爲侯國。又逕東安平城東，東北逕壟丘東，東北入巨淀。地理志曰：『菟頭山，女水所出，東北至臨淄入巨淀。』又北，爲馬車瀆，北合淄水。

又北，時澠之水注之。時水出齊城西北二十五里，平地出泉，即如水也。亦謂之源水，因水色黑，俗又目之爲『黑水』。西北，逕黄山東。又北，歷愚山東，有愚公冢。時水又屈而逕杜山北，有愚公谷。齊桓公時，公隱於谷。鄰有認其駒者，公以與之。山，即杜山之通阜，以其人狀愚，故謂之愚公。水有石梁，亦謂之爲石梁水。又有澅水注之，水出時水，東去臨淄城十八里，所謂澅中也。俗以澅水爲宿留水，西北入於時水。孟子去齊，三宿而後出澅，故世以此而變水名也。水南山西有王歜墓。昔樂毅伐齊，賢而封之，歜不受，自縊而死。水側有田，引水溉迹尚存。時水又西北，逕西安縣故城南，本渠丘也。齊大夫雍廩之邑矣，王莽更之曰東寧。時水又西，至石洋堰，分爲二水，謂之石洋口，枝津西北至梁鄒入濟。時水又北，逕西安城西。又北，京水、系水注之〔七〕。水出齊城西南，世謂之寒泉也。東北流直申門西。京相璠、杜預並言：『申門即齊城南面西第一門矣。』爲申池，昔齊懿公遊申池，邴歜、閻職二人，害公於竹中。今池無復髣髴，然水側尚有小小竹木，以時遺生也。左思齊都賦注：『申池在海濱，齊藪也。』余按春秋，『襄公十八年，晉伐齊。戊戌，伐雍門之萩。己亥，焚雍門。壬寅，焚東北二郭。甲辰，東侵及濰，南及沂』，而不言北掠於海。且晉獻子尚不辭死以逞志，何容對仇敵而不懲，暴草本於海隅乎？又炎夏火流，非遠遊之辰，懿公見弑，蓋自白龍魚服，見困近郊矣。左氏捨近舉遠，考古非矣。杜預之言，有推據爾。系水旁城北流，逕陽門西。水次有故封處，所謂齊之稷下也。當戰國之時，以齊宣王喜文學，遊説之士鄒衍、淳于髡、田駢、接子、慎到之徒七十六人，皆賜列第，爲上大夫，不治而論議。是以齊稷下學士復盛，且數百十人。劉向別録，以稷爲齊城門名也。談説之士，期會於稷門下，故曰稷下也。鄭志曰：『張逸問書贊云：「我先師棘下生何時人？」鄭玄答云：「齊田氏時，善學者所會處也。齊人號之『棘下生』，無常人也。」』余按左傳：『昭公二十二年，莒子如齊，盟於稷門之外。』漢以叔孫通爲博士，號稷嗣君。史記音義曰：『欲以繼踪齊稷下之風矣。』然棘下又是魯城內地名。左傳，『定公八年，陽虎劫公伐孟氏，入自上東門，戰於南門之內，又戰於棘下』者也。蓋亦儒者之所萃焉。故張逸疑而發問，鄭玄釋而辯之，雖異名互見，大歸一也。城內有故臺，有營丘，有故景王祠，即朱虛侯章廟矣。晉起居注云：『齊有大蛇，長二百步，負小蛇長百餘步，逕於市中，市人悉觀，自北門所入處也。』北門外東北二百步，有齊相晏嬰冢宅。左傳：『晏子之宅近市，景公欲易之，而嬰弗更。』爲誡曰：『吾生則近市，死豈易志。』乃葬故宅，後人名之曰清節里。系水又北，逕臨淄城西門北，而西流，逕梧宫南。昔楚使聘齊，齊王饗之梧宮，即是宮矣。其地猶名梧臺里，臺甚層秀，東西百餘步，南北如減，即古梧宮之臺。臺東即闞子所謂宋愚人得燕石處。臺西有石社碑，碑猶存，漢靈帝熹平五年立。其題云梧臺里。系水又西，逕葵丘北。春秋：『莊公八年，襄公使連稱、管至父戍葵丘。京相璠曰：『齊西五十里，有葵丘地。若是，無庸戍之。』僖公九年，齊桓會諸侯於葵丘。宰孔曰：「齊侯不務脩德，而勤遠略。」』明葵丘不在齊也。引河東汾陰葵丘，山陽西北葵城宜在此，非也。余原左傳，連稱、管至父之戍葵丘，以瓜時爲往還之期。請代弗許，將爲齊亂，故令無寵之妹候公於宮。因無知之絀，遂害襄公，若出遠無代，寧得謀及婦人，而爲公室之亂乎？是以杜預稽春秋之旨，即傳安之，注於臨淄西，不得舍近託遠，苟成己異，於異可殊，即義爲負。然則葵丘之戍，即此地也。系水西，左迆爲潭。又西，逕高陽僑郡南，魏所立也。又西北流，注於時。時水又東北流，澠水注之。水出營城東，世謂之漢溱水也。西北流，逕營城北。漢景帝四年，封齊悼惠王子劉信都爲侯國。澠水又西，逕樂安博昌縣故城南。應劭曰：『昌水出東萊昌陽縣，道遠不至，取其嘉名。』闞駰曰：『縣處勢平，故曰博昌。』澠水西歷貝丘。京相璠曰：『博昌縣南近澠水，有地名貝丘，在齊城西北四十里。』春秋，『莊公八年，齊侯田於貝丘，見公子彭生豕立而泣，齊侯墜車傷足於是處也』。澠水又西北，入時水。從征記又曰，『水出臨淄縣北，逕樂安、博昌南界，西入時水』者也。自下通謂之爲澠也。昔晉侯與齊侯宴〔八〕，齊侯曰：『有酒如澠』，指喻此水也。時水又屈而東北，逕博昌城北。時水又東北，逕齊利縣故城北。又東北，逕巨淀縣故城北。又東北，逕廣饒縣故城北，東北入淄水。地理風俗記曰：『淄入耏。』淮南子曰：『白公問微言曰：「若以水投水，如何？」孔子曰：「淄澠之水合，易牙嘗而知之。」』謂斯水矣。

又東北，入於海。

淄水入馬車瀆，亂流東北，逕琅槐故城南。又東北，逕馬井城北，與時澠之水互受通稱，故邑流其號。又東北，至皮丘坑入於海。故晏謨、伏琛並言：『淄澠之水合於皮丘坑西。』地理志曰：『馬車瀆至琅槐，入於海。』蓋舉縣言也。

校　記

〔一〕目飴山　「目」原本作「自」，據淮南子墜形訓改。

〔二〕應劭　楊伯峻曰當作「闞駰」。詳見春秋左傳注昭公七年「與之萊作」注。

〔三〕周成王　據史記齊太公世家當作「周武王」。

〔四〕緣陵　二字據殿本補。

〔五〕寶　殿本作「實」。

〔六〕悉　注疏本作「恚」。
〔七〕京水　二字據殿本補。
〔八〕宴　原本作「晏」，據殿本改。

巨洋水

巨洋水出朱虛縣泰山，北過其縣西。

泰山即東小泰山也。巨洋水即國語所謂具水矣。袁宏謂之巨昧，王韶之以爲巨蔑，亦或曰朐瀰，皆一水也，而廣其目焉。其水北流，逕朱虛縣故城西。漢惠帝二年，封齊悼惠王子劉章爲侯國。地理風俗記曰：『丹山在西南，丹水所出，東入海。』丹水由朱虛丘阜矣。故言朱虛城西有長阪遠峻，名爲破車峴。城東北二十里有丹山，世謂之凡山。縣在西南，非山也。『丹』、『凡』字相類，音從字變也。丹水有二源，各導一山，世謂之東丹、西丹水也。西丹自凡山北流，逕劇縣故城東，東丹水注之。水出方山，山有二水。一水即東丹水也。北逕縣合西丹水而亂流，又東北出，逕漪薄澗北。漪水亦出方山，流入平壽縣，積而爲渚。水盛則北注，東南流，屈而東北流，逕平壽縣故城西，而北入丹水，謂之魚合口。丹水又東北，逕望海臺東，東北注海，蓋亦縣所氏者也。

又北，過臨朐縣東。

巨洋水自朱虛北入臨朐縣，熏冶泉水注之。水出西谿，飛泉側瀨於窮坎之下，泉谿之上。

源麓之側有一祠，目之爲冶泉祠。按廣雅：『金神謂之清明。』斯地蓋古冶官所在，故水取稱焉。水色澄明而清泠特異，淵無潛石，淺鏤沙文，中有古壇，參差相對，後人微加功飾，以爲嬉遊之處。南北邃岸陵空，疏木交合。先公以太和中，作鎮海岱。余總角之年，侍節東州。至若炎夏火流，閑居倦想，提琴命友，嬉娱永日。桂笱尋波，輕林委浪，琴歌既洽，歡情亦暢，是焉棲寄，寔可憑衿。小東有一湖，佳饒鮮笱，匪直芳齊芍藥，寔亦潔並飛鱗。其水東北流入巨洋水，謂之熏冶泉。

巨洋水，又逕臨朐縣故城東。城，古伯氏駢邑也。漢武帝元朔元年，封菑川懿王子劉奴爲侯國。應劭曰：『臨朐，山名也。故縣氏之。』朐亦水名，其城側臨朐川〔一〕，是以王莽用表厥稱焉。城上下，沿水悉是劉武皇北伐廣固營壘所在矣。

巨洋水又東北，逕委粟山東，孤阜秀立，形若委粟。又東北，洋水注之。水西出石膏山西北石澗口，東南逕逢山祠西。洋水又東南，歷逢山下，即石膏山也。山麓三成，壁立直上。山上有石鼓，鳴則年凶。郭緣生續述征記曰：『逢山在廣固南三十里，有祠并石鼓，齊地將亂，石人輒打石鼓，聲聞數十里。』洋水歷其陰而東北流，世謂之石溝水。東北流，出於委粟山北，而東注於巨洋水，謂之石溝口。然是水下流，亦有時通塞，及其春夏水汎，川瀾無輟，亦或謂之爲龍泉水。地理志，『石膏山，洋水所出』，是也。今於此縣，惟是瀆當之，似符羣證矣。

巨洋水又東北，得邳泉口。泉源西出平地，東流注於巨洋水。

巨洋水又北，會建德水。水西發逢山阜而東流，入巨洋水也。

又北，過劇縣西。

巨洋水又東北，合康浪水。水發縣西南峓山，無事樹木而圓陗孤峙，巑岏分立。左思齊都賦曰：『峓嶺鎮其左』是也。康浪水北流，注於巨洋水。

巨洋水又東北，逕劇縣故城西，古紀國也。春秋：『莊公四年，紀侯不能下齊，以與弟季，大去其國，違齊難也。』後改曰劇。故魯連子曰：『朐劇之人，辯者也。』漢文帝十八年，別爲菑川國，後并北海。漢武帝元朔二年，封菑川懿王子劉錯爲侯國，王莽更之曰俞縣也。城之北側有故臺，臺西有方池。晏謨曰：『西去齊城九十七里。』耿弇破張步於臨淄，追至巨洋水上，僵尸相屬，即是水也。

巨洋水又東北，逕晉龍驤將軍、幽州刺史辟閭渾墓東，而東北流。墓側有一墳，甚高大，時人謂之爲馬陵，而不知誰之丘壟也。

巨洋水又東北，逕益縣故城東。王莽更之曰滌蕩也。晏謨曰：『南去齊城五十里。』司馬宣王伐公孫淵，北徙豐人住於此，城遂改名爲南豐城也。

又東北，積而爲潭，枝津出焉，謂之百尺溝。西北流，逕北益都城北〔二〕，漢武帝元朔二年，封菑川懿王子劉胡爲侯國。又西北流，而注於巨淀矣。

又東北，過壽光縣西。

巨洋水自潭東北流，逕縣故城西。王莽之翼平亭也。漢光武建武二年，封更始子鯉爲侯國。城之西南，水東有孔子石室，故廟堂也。中有孔子像，弟子問經。既無碑志，未詳所立。

巨洋水又東北流，堯水注之。水出劇縣南角崩山，即故義山也。俗人以其山角若崩，因名爲角崩山，亦名爲角林山，皆世俗音譌也。水即蕤水矣。地理志曰：『劇縣有義山，蕤水所出』也。北逕崱山東，俗亦名之爲青山矣。堯水又東北，逕東、西壽光二城閒。應劭曰：『壽光縣有灌亭。』杜預曰：『在縣東南斟灌國也。』又言斟亭在平壽縣東南，平壽故城在白狼水西，今北海郡治。水上承營陵縣之下流，東北逕城東，西入別畫湖，亦曰朕懷湖。湖東西二十里，南北三十里，東北入海。斟亭在溉水東。水出桑犢亭東覆甑山。亭，故高密郡治，世謂之故郡城，山謂之塔山，水曰鹿孟水，亦曰戾孟水，皆非也。地理志：『桑犢，北海之屬縣矣。有覆甑山，溉水所出。』北逕斟亭，西北合白狼水。按地理志，北海有斟縣。京相璠曰：『故斟尋國，禹後，西北去灌亭九十里。』溉水又北，逕寒亭西，而入别畫湖。郡國志曰：『平壽有斟城，有寒亭。』薛瓚漢書集注云：『按汲郡古文，相居斟灌。東郡灌是也。明帝以封周後，改曰衛斟。尋在河南，非平壽也。』又云：『太康居斟尋，羿亦居之，桀又居之。』尚書序曰：『太康失國，兄弟五人，徯于洛汭〔三〕。』此即太康之居爲近洛也。余考瓚所據，今河南有尋地，衛國有觀土。國語曰：『啓有五觀，謂之姦子。』五觀，蓋其名也。所處之邑，其名曰觀。皇甫謐曰：『衛地。』又云：『夏相徙帝丘，依同姓之諸侯於斟尋氏。』即汲冢書云『相居斟灌』也。既依斟尋，明斟尋非一居矣。窮后既仗善射篡相，寒浞亦因逢蒙弒羿，即其居以生澆，因其室而有豷。故春秋：『襄公四年，魏絳曰：「澆用師滅斟灌及斟尋氏。處澆於過，處豷於戈。」』是以伍員言於吴子曰，『過澆殺斟灌以伐斟尋』，是也。有夏之遺臣曰靡，事羿，羿之死也，逃於鬲氏。今鬲縣也。收斟灌、斟尋二國之餘燼，殺寒浞而立少康，滅之，有窮遂亡也。是蓋寓其居而生其稱，宅其業而表其邑。縱遺文沿褫，亭郭有傳，未可以彼有灌目謂專此爲非，捨此尋名而專彼爲是。以土推傳，應氏之據亦可按矣。堯水又東北，注巨洋水。伏琛、晏謨並言堯嘗頓駕於此，故受名焉，非也。地理志曰：『蕤水自劇，東北至壽光入海。』沿其逕趣，即是水也。

又東北，入於海。

巨洋水東北逕望海臺西，東北流。伏琛、晏謨並以爲平望亭在平壽縣故城西北八十里古縣〔四〕，又或言秦始皇升以望海，因曰望海臺，未詳也。按史記漢武帝元朔二年，封菑川懿王子劉賞爲侯國。又東北，注於海也。

校記

〔一〕臨朐川　「臨」字據殿本補。
〔二〕北益都城北　殿本「城」下無「北」字。
〔三〕洛汭　殿本作「河汭」。
〔四〕古縣　「縣」原本作「老」，據殿本改。

濰水

濰水出琅邪箕縣濰山。

琅邪，山名也。越王句踐之故國也。句踐幷吳，欲霸中國，徙都琅邪〔一〕。秦始皇二十六年，滅齊以爲郡。城即秦皇之所築也。遂登琅邪大樂之山，作層臺於其上，謂之琅邪臺。臺在城東南十里，孤立特顯，出於衆山，上下周二十里餘，旁濱巨海。秦皇樂之〔二〕，因留三月，乃徙黔首三萬户於琅邪山下，復十二年。所作臺，基三層，層高三丈，上級平敞，方二百餘步，廣五里，刊石立碑，紀秦功德。山上有神淵，淵至靈焉。人汙之則竭，齋潔則通。神廟在齊『八祠』中，漢武帝亦嘗登之。漢高帝吕后七年，以爲王國。文帝三年，更名爲郡。王莽改曰填夷矣。濰水導源濰山。許愼、吕忱云：『濰水出箕屋山。』淮南子曰：『濰水出覆舟山。』蓋廣異名也。

東北逕箕縣故城西。又西，析泉水注之。水出析泉縣北松山，東南流，逕析泉縣東。又東南，逕仲固山東，北流入於濰。地理志曰，『至箕縣北入濰』者也。

濰水又東北，逕諸縣故城西。春秋：『文公十二年，季孫行父城諸及鄆。』傳曰，城其下邑水出馬耳山，山高百丈。上有二石並舉，望齊馬耳，故世取名焉。東去常山三十里，涓水發於其陰，北逕婁鄉城東。春秋，昭公五年，經書，『夏，莒牟夷以牟婁、防、兹來奔』者也。又分諸縣之東爲海曲縣，故俗人謂此城爲東諸城。涓水又北，注於濰水。

東北，過東武縣西。

縣因岡爲城，城周三十里。漢高帝六年，封郭蒙爲侯國。王莽更名之曰祥善矣。又北，左合扶淇之水。水出西南常山，東北流注濰。晏伏並以濰水爲扶淇之水，以扶淇之水爲濰水，非也。按經脉志，濰自箕縣北，逕東武縣西北流，合扶淇之水。晏謨、伏琛云，『東武城西北二里濰水』者，即扶淇之水也。濰水又北，右合盧水，即久台水也。地理志曰，『水出琅邪横縣故山王莽之令丘』也。山在東武縣故城東南，世謂之盧山也。西北流，逕昌縣故城西，東北流。齊地記曰：『東武城東南有盧水，水側有勝火木。方俗音曰「樫子」。其木經野火燒死，炭不滅。』故東方朔云『不灰之木』者也。其水又東北流，逕東武縣故城東，而西北入濰。地理志曰，『久台水，東南至東武入濰』者也。尚書所謂濰淄其道矣。

又北，過平昌縣東。

濰水又北，逕石泉縣故城西，王莽之養信也。地理風俗記曰：『平昌縣東南四十里，有石泉亭故縣也。』

濰水又北，逕平昌縣故城東，荆水注之。水出縣南荆山阜，東北流，逕平昌縣故城東。漢文帝封齊悼惠王肥子卬爲侯國。城之東南角有臺，臺下有井，與荆水通。物墜於井，則取之荆水。昔常有龍出入於其中，故世亦謂之龍臺城也。荆水又東北流，注於濰。

濰水又北，浯水注之。水出浯山，世謂之巨平山也。地理志曰：『靈門縣有高柔山。壺山，浯水所出，東北入濰。』今是山西接浯山。許慎説文言，『水出靈門山，世謂之浯汶』矣。其水東北，逕姑幕縣故城東。縣有五色土，王者封建諸侯，隨方受之，故薄姑氏之國也。闞駰曰：『周成王時，薄姑與四國作亂，周公滅之，以封太公。』是以地理志曰，『或言薄姑也。王莽曰季睦』矣。應劭曰：『左傳曰，薄姑氏國，太公封焉。』薛瓚漢書注云：『博昌有薄姑城。』未知孰是。浯水又東北，逕平昌縣故城北，古堨此水，以溢溉田，南注荆水。浯水又東北流，而注於濰水也。

又北，過高密縣西。

應劭曰：『縣有密水，故有高密之名也。』然今世所謂百尺水者，蓋密水也。水有二源。西源出奕山，亦曰鄣日山。山勢高峻，隔絶陽曦。晏謨曰：『山狀鄣日，是有此名。』伏琛曰：『山上鄣日，故名鄣日山也。』其水東北流。東源出五弩山，西北流，同瀉一壑，俗謂之百尺水。古人堨以溉田數十頃，北流逕高密縣西，下注濰水，自下亦兼通稱焉。亂流歷縣西碑産山西。又東北，水有故堰〔三〕，舊鑿石竪柱斷濰水，廣六十許步，掘東岸，激通長渠。東北逕高密縣故城南。明帝永平中，封鄧震爲侯國。縣南十里，蓄以爲塘。方二十餘里，古所謂高密之南都也，溉田一頃許。陂水散流，下注夷安澤。

濰水自堰北，逕高密縣故城西。漢文帝十六年，别爲膠西國。宣帝本始元年，更爲高密國，王莽之章牟也。濰水又北，昔韓信與楚將龍且夾濰水而陣於此。信夜令爲萬餘囊，盛沙以遏濰水，引軍擊且，僞退，且追北，信決水，水大至，且軍半不得渡，遂斬龍且於是水。水西有厲阜。阜上有漢司農卿鄭康成冢，石碑猶存。又北，逕昌安縣故城東。漢明帝永平中，封鄧襲爲侯國。郡國志曰，『漢安帝延光元年復』也。

又北，過淳于縣東。

濰水又北，左會汶水，北逕平城亭西。又東北，逕密鄉亭西。郡國志曰：『淳于縣有密鄉。』地理志皆北海之屬縣也。應劭曰：『淳于縣東北六十里，有平城亭。又四十里，有密鄉亭，故縣也。』

濰水又東北，逕下密縣故城西。城東有密阜。地理志曰：『有三户山祠。』余按應劭曰：

『密者水名，是有下密之稱。』俗以之名阜，非也。

又東北，過都昌縣東。

濰水東北逕逄萌墓。萌，縣人也。少有大節，恥給事縣亭，遂浮海至遼東。復還，在不其山隱學。明帝安車徵，萌以佯狂免。

又北，逕都昌縣故城東。漢高帝六年，封朱軫爲侯國。北海相孔融，爲黄巾賊管亥所圍於都昌也，太史慈爲融求救劉備，持的突圍其處也。

又東北，入於海。

校記

〔一〕徙都　『徙』原本誤作『徒』，據殿本改。
〔二〕秦皇　『皇』原本作『王』，據注釋本改。
〔三〕故堰　『堰』原本誤作『㬇』，據殿本改。

東汶水〔一〕

汶水出朱虛縣泰山，

山上有長城，西接岱山，東連琅邪巨海，千有餘里，蓋田氏之所造也。竹書紀年：『梁惠成王二十年，齊築防以爲長城。』竹書又云：『晉烈公十二年，王命韓景子、趙烈子、翟員伐齊，入長城。』史記所謂齊威王越趙侵我，伐長城者也。伏琛、晏謨並言：水出縣東南峿山，山在小泰山東者也。

北過其縣東。

汶水自縣東北，逕郚城北。地理風俗記曰：『朱虛縣東四十里有郚城亭，故縣也。』

又東北，逕管寧冢東，故晏謨言，柴阜西南有魏獨行君子管寧墓，墓前有碑。

又東北，逕柴阜山北。山之東有徵士邴原冢，碑誌存焉。

汶水又東北，逕漢青州刺史孫嵩墓，西有碑碣。

汶水又東，逕安丘縣故城北。漢高帝八年，封將軍張説爲侯國。地理志曰，『王莽之誅郅』也。孟康曰，『今渠丘亭』是也。伏琛、晏謨齊記並言：『莒渠丘亭在安丘城東北十里。』非矣。城對牟山，山之西南有孫賓碩兄弟墓，碑誌並在也。

又北，過淳于縣西。又東北，入於濰。

故夏后氏之斟灌國也。周武王以封淳于公，號曰淳于國。春秋：『桓公五年冬〔二〕，州公如曹。』傳曰，『淳于公如曹，度其國危，遂不復』也。其城東北，則兩川交會也。

校　記

〔一〕東汶水　『東』字爲戴震所加，以別於水出萊蕪縣原山的汶水。

〔二〕桓公五年　『五』原本作『六』，據春秋經桓公五年改。

膠水

膠水出黔陬縣膠山，北過其縣西。

齊記曰：『膠水出五弩山，蓋膠山之殊名也。』北逕祝兹縣故城東。漢武帝元鼎中，封膠東康王子延爲侯國。又逕邦縣故城西，地理志，琅邪之屬縣也。漢文帝元年，封吕平爲侯國。

膠水又北，逕黔陬故城西。袁山松郡國志曰：『縣有介亭。』地理志曰：『故介國也〔一〕。』春秋僖公二十九年，介葛盧來朝，聞牛鳴，曰：『是生三犧，皆用之。』問之，果然。晏謨、伏琛並云：『縣有東西二城，相去四十里，有膠水。』非也，斯乃根艾水也。水出縣西南拒艾山，即齊記所謂黔艾山也。東北流，逕柜縣故城西，王莽之祓同也，世謂之王城，又謂是水爲洋水矣。又東北流〔二〕，晏伏所謂黔陬城西四十里有膠水者也。又東，入海。地理志，琅邪有柜縣，根艾水出焉，東入海，即斯水也。今膠水北流，逕西黔陬城東。晏伏所謂『高密郡側有黔陬縣』。地理志曰，『膠水出邦縣，王莽更之曰純德』矣。疑即是縣，所未詳也。

又北，過夷安縣東。

縣，故王莽更名之曰原亭也。應劭曰：『故萊夷維邑也。』太史公曰：「晏平仲，萊之夷維人也。」漢明帝永平中，封鄧珍爲侯國，西去濰水四十里。膠水又北，逕膠陽縣東，晏伏並謂之東亭。自亭結路，南通夷安。地理風俗記曰：『淳于縣東南五十里有膠陽亭，故縣也。』

又東北流，左會一水，世謂之張奴水。水發夷安縣東南阜下，西北流，歷膠陽縣注於膠。膠水之左爲澤渚，東北百許里，謂之夷安潭。潭周四十里，亦濰水枝津之所注也。膠水又東北，逕下密縣故城東。又東北，逕膠東縣故城西。漢高帝元年，別爲國。景帝封子寄爲王國，王莽更之郁秩也，今長廣郡治。伏琛、晏謨言，膠水東北迴達於膠東城北，百里流注於海。

又北，過當利縣西北，入於海。

縣，故王莽更名之曰東萊亭也。又北，逕平度縣，漢武帝元朔二年，封菑川懿王子劉衍爲侯國，王莽更名之曰利盧也。縣有土山，膠水北歷土山，注於海。海南，土山以北，悉鹽坑，相承脩煮不輟。北眺巨海，杳冥無極，天際兩分，白黑方別，所謂溟海者也。故地理志曰，『膠水北至平度入海』也。

校記

〔一〕故　原本作『古』，據漢書地理志改。

〔二〕東北流　『東』字據殿本補。

泗水

泗水出魯卞縣北山，

地理志曰：『出濟陰乘氏縣。』又云：『出卞縣北。』經言『北山』。皆爲非矣。山海經曰：『泗水出魯東北。』余昔因公事，沿歷徐沇，路逕洙泗，因令尋其源流。水出卞縣故城東南，桃墟西北。春秋：『昭公七年，謝息納季孫之言，以孟氏成邑與晉而遷於桃。』杜預曰：魯國『卞縣東南有桃虛』。世謂之曰陶墟，舜所陶處也，井曰舜井，皆爲非也。墟有漏澤，方十五里，绿水澄渟，三丈如減，澤西際阜，俗謂之嫣亭山，蓋有陶墟、舜井之言，因復有嫣亭之名矣。阜側有三石穴，廣圓三四尺，穴有通否，水有盈漏，漏則數夕之中，傾陂竭澤矣。左右民居，識其將漏，預以木爲曲洑，約障穴口，魚鱉暴鱗，不可勝載矣。自此連岡通阜，西北四十許里。岡之西際，便得泗水之源也。博物志曰『泗出陪尾』，蓋斯阜者矣。石穴吐水，五泉俱導，泉穴各徑尺餘。水源南側有一廟，栝柏成林，時人謂之原泉祠，非所究也。

泗水西逕其縣故城南。春秋：『襄公二十九年，季武子取卞，曰：「聞守卞者將叛，臣率徒以討之。」是也。』南有姑蔑城。春秋，『隱公元年，公及邾儀父盟於蔑』者也。水出二邑之閒，西逕郚城北。春秋，文公七年，經書：『公伐邾。三月甲戌取須句。遂城郚。』杜預曰：『魯邑也。』下縣南有郚城，備邾難也。泗水自卞而會於洙水。

西南過魯縣北。

泗水又西南流，逕魯縣，分爲二流。水側有一城，爲二水之分會也。北爲洙瀆。春秋，莊公九年，經書：『冬浚洙。』京相璠、服虔、杜預並言：『洙水在魯城北，浚深之，爲齊備也。』南則泗水。夫子教於洙泗之閒。今於城北二水之中，即夫子領徒之所也。從征記曰：『洙泗二水交於魯城東北十七里。闕里背洙面泗，南北百二十步，東西六十步，四門各有石閫，北門去洙水百步餘。』後漢初，闕里荆棘自闢，從講堂至九里。鮑永爲相，因脩饗祠以誅魯賊彭豐等。郭緣生言，『泗水在城南』，非也。余按國語，宣公夏濫於泗淵，里革斷罟棄之。韋昭云：『泗在魯城北。』史記、冢墓記〔一〕、王隱地道記，咸言葬孔子於魯城北泗水上，今泗水南有夫子冢。春秋孔演圖曰：『鳥化爲書，孔子奉以告天，赤爵銜書，上化爲黄玉。刻曰：「孔提命，作應法，爲赤制。」』說題辭曰：『孔子卒，以所受黄玉葬魯城北，即子貢廬墓處也。』譙周云：『孔子死後，魯人就冢次而居者，百有餘家，命曰孔里。』孔叢曰：『夫子墓塋方一里，在魯城北六里泗水上，諸孔氏封五十餘所。人名昭穆，不可復識，有銘碑三所，獸碣具存。』皇覽曰：『弟子各以四方奇木來植，故多諸異樹，不生棘木刺草。』今則無復遺條矣。

泗水自城北南逕魯城，西南合沂水。沂水出魯城東南尼丘山西北，山即顏母所祈而生孔子也。山東十里有顏母廟。山南數里，孔子父葬處。禮所謂防墓崩者也。平地發泉，流逕魯縣故城南，水北東門外，即爰居所止處也。國語曰：『海鳥曰爰居，止於魯城東門之外三日，臧文仲祭之，展禽譏焉。』故莊子曰：『海鳥止郊，魯侯觴之，奏以廣樂，具以太牢，三日而死，此養非所養矣。』門郭之外，亦戎夷死處。呂氏春秋曰：『昔戎夷違齊如魯，天大寒而後門，與弟子宿於郭門外，寒愈甚，謂弟子曰：「子與我衣我活，我與子衣子活。我國士也，爲天下惜，子不肖人，不足愛。」弟子曰：「不肖人，惡能與國士幷衣哉？」戎歎曰：「不濟夫！」解衣與弟子，半夜而死。』沂水北對稷門，昔圉人犖有力，能投蓋於此門。服虔曰：『能投千鈞之重過門之上也。』杜預謂走接屋之桷，反覆門上也。春秋，僖公二十年，經書：『春，新作南門。』左傳曰：『書不時也。』杜預曰：『本名稷門，僖公更高大之，今猶不與諸門同，改名高門也。』其遺基猶在地八丈餘矣，亦曰雩門。春秋左傳，『莊公十年，公子偃請擊宋師，竊從雩門，蒙皐比而出』者也。門南隔水，有雩壇。壇高三丈，曾點所欲風舞處也。高門一里餘道西，有道兒君碑，是魯相陳君立。昔曾參居此，梟不入郭。縣，即曲阜之地，少昊之墟，有大庭氏之庫，春秋豎牛之所攻也。故劉公幹魯都賦曰：『戢武器於有炎之庫，放戎馬於巨野之坰。』周成王封姬旦於曲阜，曰魯。秦始皇二十三年，以爲薛郡。漢高后元年，爲魯國。阜上有季氏宅，宅有武子臺。今雖崩夷，猶高數丈。臺西百步有大井，廣三丈，深十餘丈，以石壘之，石似磬制。春秋『定公十二年，公山不狃帥費人攻魯，公入季氏之宮，登武子之臺』也。臺之西北二里，有周公臺。高五丈，周五十步。臺南四里許則孔廟，即夫子之故宅也。宅大一頃，所居之堂，後世以爲廟。漢高祖十三年過魯，以太牢祀孔子。自秦燒詩書，經典淪缺。漢武帝時，魯恭王壞孔子舊宅，得尚書、春秋、論語、孝經，時人已不復知有古文，謂之科斗書，漢世祕之，希有見者。於時聞堂上有金石絲竹之音，乃不壞。廟屋三間，夫子在西間，東向。顏母在中間，南面。夫人隔東一間，東向。夫子牀前有石硯一枚，作甚朴，云平生時物也。魯人藏孔子所乘車於廟中，是顏路所請者也。獻帝時，廟遇火燒之。永平中，鍾離意爲魯相，到官，出私錢萬三千文，付户曹孔訢，治夫子車，身入廟，拭几席、劍履。男子張伯除堂下草，土中得玉璧七枚，伯懷其一，以六枚白意。意令主簿安置几前。孔子寢堂牀首有懸瓮，意召孔訢問：『何等瓮也？』對曰：『夫子瓮也，背有丹書，人勿敢發也。』意曰：『夫子聖人，所以遺瓮，欲以懸示後賢爾。』發之，中得素書。文曰：『後世脩吾書，董仲舒。

護吾車，拭吾履，發吾笥，會稽鍾離意。璧有七，張伯藏其一。』意即召問伯，果服焉。魏黄初元年，文帝令郡國脩起孔子舊廟，置百石卒史，廟有夫子象，列二弟子，執卷立侍，穆穆有詢仰之容。漢魏以來，廟列七碑，二碑無字。栝柏猶茂。廟之西北二里，有顏母廟。廟象猶嚴，有脩栝五株。孔廟東南五百步，有雙石闕，即靈光之南闕。北百餘步即靈光殿基，東西二十四丈，南北十二丈，高丈餘。東西廊廡别舍，中間方七百餘步。闕之東北有浴池，方四十許步。池中有釣臺，方十步，臺之基岸悉石也，遺基尚整。故王延壽賦曰：『周行數里，仰不見日』者也。是漢景帝程姬子魯恭王之所造也。殿之東南即泮宫也。在高門直北道西。宫中有臺，高八十尺，臺南水東西百步，南北六十步，臺西水南北四百步，東西六十步。臺池咸結石爲之，詩所謂『思樂泮水』也。沂水又西逕圜丘北，丘高四丈餘。沂水又西流，昔韓雉射龍於斯水之上。尸子曰：『韓雉見申羊於魯，有龍飲於沂。韓雉曰：「吾聞之，出見虎搏之，見龍射之，今弗射，是不得行吾聞也。」遂射之。』沂水又西，右注泗水也。

又西，過瑕丘縣東，屈從縣東南流，漷水從東來注之。

瑕丘，魯邑，春秋之負瑕矣。哀公七年，季康子伐邾，因諸負瑕是也。應劭曰：『瑕丘在縣西南。』昔衛大夫公叔文子升於瑕丘，蘧伯玉從。文子曰：『樂哉斯丘，死則我欲葬焉。』伯玉曰：『吾子樂之，則瑗請前。』刺其欲害民良田也。瑕丘之名，蓋因斯以表稱矣。曾子弔諸負夏，鄭玄、皇甫謐並言衛地。魯衛雖殊，土則一也。

漷水出東海合鄉縣。漢安帝永初七年，封馬光子朗爲侯國。其水西南流入邾。春秋：『哀公二年，季孫斯伐邾，取漷東田及沂西田。』是也。漷水又逕魯國鄒山東南而西南流。春秋左傳所謂嶧山也。邾文公之所遷，今城在鄒山之陽，依巖阻以墉固，故邾婁之國，曹姓也，叔梁紇之邑也。孔子生於此，後乃縣之，因鄒山之名以氏縣也。王莽之鄒亭矣。京相璠曰：『地理志，嶧山在鄒縣北，繹邑之所依以爲名矣。』山東西二十里，高秀獨出，積石相臨，殆無土壤，石間多孔穴，洞達相通，往往有如數間屋處，其俗謂之『嶧孔』，遭亂輒將家入嶧，外寇雖衆，無所施害。晉永嘉中，太尉郗鑒將鄉曲保此山，胡賊攻守不能得。今山南有大嶧，名曰郗公嶧，山北有絶巖。秦始皇觀禮於魯，登於嶧山之上，命丞相李斯以大篆勒銘山嶺，名曰晝門，詩所謂『保有鳧嶧』者也。漷水又西南，逕蕃縣故城南。又西，逕薛縣故城北。地理志曰，『夏車正奚仲之國』也。竹書紀年：『梁惠成王三十一年，邳遷於薛，改名徐州。』城南山上有奚仲冢。晉太康地記曰：『奚仲冢在城南二十五里山上，百姓謂之神靈也。』齊封田文於此，號孟嘗君，有惠喻。今郭側猶有文冢，結石爲郭，作制嚴固，瑩麗可尋，行人往還，莫不逕觀，以爲異見矣。漷水又西，逕仲虺城北。晉太康地記曰：『奚仲遷於邳，仲虺居之，以爲湯左相。』其後當周爵稱侯，後見侵削，霸者所絀爲伯，任姓也。應劭曰：『邳在薛。』徐廣史記音義曰：『楚元王子郢客，以呂后二年，封上邳侯也。』有『下』，故此爲『上』矣。晉書地道記曰：『仲虺城在薛城西三十里。』滕水又西，至湖陸縣入於泗。故京相璠曰，『薛縣滕水首受蕃縣，西注山陽湖陸』是也。經言瑕丘東，誤爾。

又南，過平陽縣西。

縣，即山陽郡之南平陽縣也。竹書紀年曰，『梁惠成王二十九年，齊田肸及宋人伐我東鄙，圍平陽』者也。王莽改之曰黽平矣。

泗水又南，逕故城西，世謂之漆鄉。應劭十三州記曰〔二〕：『漆鄉，邾邑也。』杜預曰：『平陽東北有漆鄉〔三〕。』今見有故城，西南方二里，所未詳也。

又南，過高平縣西，洸水從西北來流注之。

泗水南逕高平山。山東西十里，南北五里，高四里，與衆山相連。其山最高，頂上方平，故謂之高平山。縣亦取名焉。

泗水又南，逕高平縣故城西。漢高帝七年〔四〕，封將軍陳鍇爲橐侯。地理志，山陽之屬縣也。王莽改曰高平。應劭曰：『章帝改。』按本志曰：『王莽改名，章帝因之矣。』所謂洸水者，洙水也。蓋『洸』、『洙』相入，互受通稱矣。

又南，過方與縣東，

漢哀帝建平四年，縣女子田無嗇生子。先未生二月，兒啼腹中，及生不舉，葬之陌上。三日，人過聞啼聲，母掘養之。

菏水從西來注之。

菏水，即濟水之所苞注以成湖澤也。而東與泗水合於湖陵縣西六十里穀庭城下，俗謂之黄水口。黄水西北，通巨野澤。蓋以黄水沿注於菏，故因以名焉。

又屈東南，過湖陸縣南，涓涓水從東北來流注之。

地理志，故湖陵縣也。菏水在南，王莽改曰湖陸。應劭曰：『一名湖陵，章帝封東平王蒼子爲湖陸侯，更名湖陸也。』泗水又東，逕郗鑒所築城北。又東，逕湖陵城東南。昔桓温之北入也，范懽擒慕容忠於此。城東有度尚碑。泗水又左，會南梁水。地理志曰『水出蕃縣』。今縣之東北，平澤出泉若輪焉。發源成川，西南流，分爲二水。北水枝出，西逕蕃縣北，又西，逕滕城北。春秋左傳，『隱公十一年，滕侯、薛侯來朝，争長。薛侯曰：「我先封。」滕侯曰：「我周之卜正也。薛，庶姓也。我不可以後之。」公使羽父請薛侯曰：「君辱在寡人，周諺有之曰：

『山有木，工則度之。賓有禮，主則擇之。』周之宗盟，異姓爲後。寡人若朝於薛，不敢與諸任齒。君若辱貺寡人，則願以滕君爲請。」薛侯許之，乃長滕侯』者也。漢高祖封夏侯嬰爲侯國，號曰滕公。鄧晨曰：『今沛郡公丘也。』其水又溉於丘焉。縣故城在滕西北，城周二十里，内有子城，按地理志，即滕也。周懿王子錯叔繡文公所封也。齊滅之，秦以爲縣，漢武帝元朔三年封魯恭王子劉順爲侯國。世以此水溉我良田，遂及百秭，故有『兩溝』之名焉。南梁水自枝渠西南逕魯國蕃縣故城東，俗以南鄰於漷，亦謂之西漷水。南梁水又屈逕城南。應劭曰：『縣，古小邾邑也。』地理志曰：『其水西流，注於濟渠。』濟在湖陸西，而左注泗。泗濟合流，故地記或言濟入泗，泗亦言入濟，互受通稱，故有入濟之文。闞駰十三州志曰，『西至湖陸入泗』，是也。經無南梁之名，而有涓涓之稱，疑即是水也。戴延之西征記亦言，湖陸縣之東南有涓涓水，亦無記於南梁，謂是吴王所導之瀆也。余按湖陸西南止有是水，延之蓋以國語云：『吴王夫差起師，將北會黄池，掘溝於商魯之閒，北屬之沂，西屬於濟。』以是言之，故謂是水爲吴王所掘，非也。余以水路求之，止有泗川爾。蓋北達沂，西北逕於商魯，而接於濟矣。吴所浚廣之爾，非謂起自東北受沂西南注濟也。假有通之〔五〕，非吴所趣，年載誠眇，人情則近，以今忖古，益知延之之不通情理矣。

泗水又南，漷水注之。又逕薛之上邳城西，而南注也。

又東，過沛縣東。

昔許由隱於沛澤，即是縣也。縣蓋取澤爲名。宋滅，屬楚，在泗水之濱，於秦爲泗水郡治，黄水注之。黄水出小黄縣黄鄉黄溝。國語曰，『吳子會諸侯於黄池』者也。黄水東流，逕外黄縣故城南。張晏曰：『魏郡有内黄縣，故加「外」也。』薛瓚曰：『縣有黄溝，故縣氏焉。』圈稱陳留風俗傳曰：『縣南有渠水，於春秋爲宋之曲棘里，故宋之別都矣。』春秋：『昭公二十五年，宋元公卒於曲棘。』是也。宋華元居於稷里，宣公十五年，楚鄭圍宋，晉解揚違楚，致命於此。宋人懼，使華元乘闉夜入楚師，登子反之牀曰：『寡君使元以病告，敝邑易子而食，析骸以爨。城下之盟，所不能也。』子反退一舍，宋楚乃平。今城東闉上猶有華元祠，祠之不輟。城北有華元冢。黄溝自城南，東逕葵丘下。春秋：『僖公九年，齊桓公會諸侯於葵丘。』宰孔曰：「齊侯不務德而勤遠略，北伐山戎，南伐楚，西爲此會。東略之不知，西則否矣。其在亂乎！君務靖亂，無勤於行。」晉侯乃還。』即此地也。黄溝又東，注大澤。蒹葭萑葦生焉，即世所謂大薺陂也。陂水東北流，逕定陶縣南。又東，逕山陽郡成武縣之楚丘亭北。黄溝又東，逕成武縣故城南。王莽更之曰成安也。黄溝又東北，逕郜城北。春秋桓公二年，經書：『取郜大鼎於宋，戊申納於大廟。』左傳曰：『宋督攻孔父而取其妻，殺殤公而立公子馮，以郜大鼎賂公，臧哀伯諫爲非禮。』十三州志曰：『今成武縣東南有郜城，俗謂之北郜者也。』黄溝又東，逕平樂縣故城南。又東，右合泡水，即豐水之上源也。水上承大薺陂，東逕貰城北，又東逕己氏縣故城北，王莽之己善也。縣有伊尹冢。崔駰曰：『殷帝沃丁之時，伊尹卒，葬於薄。』皇覽曰：『伊尹冢在濟陰己氏平利鄉。』皇甫謐曰：『伊尹年百餘歲而卒，大霧三日，沃丁葬以天子之禮，親自臨喪，以報大德焉。』又東，逕孟諸澤。杜預曰：『澤在梁國睢陽縣東北。』又東，逕郜成縣故城南。地理志山陽縣也，王莽更名之曰告成矣。故世有南郜、北郜之論也。又東，逕單父縣故城南，昔宓子賤之治也。孔子使巫馬期觀政，入其境，見夜漁者，問曰：『子得魚輒放，何也？』曰：『小者，吾大夫欲長育之故也。』子聞之曰：『誠彼形此，子賤得之，善矣。惜哉！不齊所治者小也。』王莽更名斯縣爲利父矣。世祖建武十三年，封劉茂爲侯國。又東，逕平樂縣，右合泡水。水上承睢水於下邑縣界，東北注一水，上承睢水於抒秋縣界，北流，世又謂之瓠盧溝，水積爲渚，渚水東北流，二渠雙引，左合澧水，俗謂之二泡也。自下，澧泡并得通稱矣。故地理志曰：『平樂，侯國也，泡水所出。』又逕豐西澤，謂之豐水。漢書稱，高祖送徒麗山，徒多亡。到豐西澤，有大蛇當道，拔劍斬之。此即漢高祖斬蛇處也。又東，逕大堰，水分爲二。又東，逕豐縣故城南，王莽之吾豐也。水側城東北流，右合枝水，上承豐西大堰，派流東北逕豐城北，東注灃水。灃水又東，合黄水，時人謂之狂水。蓋『狂』、『黄』聲相近，俗傳失實也。自下，黄水又兼通稱矣。水上舊有梁，謂之泡橋。王智深宋史云：『宋太尉劉義恭於彭城，遣軍主嵇玄敬北至城，覘候魏軍。魏軍於清西望，見玄敬士衆，魏南康侯杜道儁引趣泡橋，沛縣民逆燒泡橋，又於林中打鼓，儁謂宋軍大至，争渡泡水，水深酷寒，凍溺死者殆半。』清水即泡水之别名也。沈約宋書稱，魏軍欲渡清西，非也。泡水又東，逕沛縣故城南。秦末兵起，蕭何、曹參迎漢祖於此城。高帝十一年，封合陽侯劉仲子爲侯國。城内有漢高祖廟，廟前有三碑，後漢立。廟基以青石爲之，階陛尚存。劉備之爲徐州也，治此。袁術遣紀靈攻備，備求救吕布，布救之。屯小沛，招靈請備共飲，布謂靈曰：『玄德，布弟也。布性不喜合鬭，但喜解鬭。』乃植戟於門，布彎弓曰：『觀布射戟小枝。中者，當各解兵。不中，可留決鬭。』一發中之，遂解。此即布射戟枝處也。述征記曰：『城極大，四周塹通豐水。』豐水於城南，東注泗，即泡水也。地理志曰，『泡水自平樂縣東北至沛，入泗』者也。泗水南逕小沛縣東，縣治故城南垞上。東岸有泗水亭，漢祖爲泗水亭長，即此亭也。故亭今有高祖廟，廟前有碑，延熹十年立。廟闕崩褫，略無全者。水中有故石梁處，遺石尚存。高祖之破黥布也，過之，置酒沛宫，酒酣歌舞，慷慨傷懷曰：『游子思故鄉也。』

泗水又東南流，逕廣戚縣故城南。漢武帝元朔元年，封劉擇爲侯國，王莽更之曰力聚也。

泗水又逕留縣而南，逕垞城東。城西南有崇侯虎廟，道淪遺愛，不知何因而遠有此圖。泗水又南，逕宋大夫桓魋冢西，山枕泗水，西上盡石，鑿而爲冢，今人謂之石郭者也。郭有二重，石作工巧。夫子以爲不如死之速朽也。

又東南，過彭城縣東北。

泗水西有龍華寺，是沙門釋法顯遠出西域，浮海東還，持龍華圖，首創此制。法流中夏，自法顯始也。其所持天竺二石，仍在南陸東基堪中，其石尚光潔可愛。泗水又南，獲水入焉。而南逕彭城縣故城東。周顯王四十二年，九鼎淪没泗淵。秦始皇時，而鼎見於斯水。始皇自以德合三代，大喜，使數千人没水求之，不得。所謂鼎伏也。亦云系而行之，未出，龍齒齧斷其系。故語曰『稱樂大早絶鼎系』。當是孟浪之傳爾。

泗水又逕龔勝墓南，墓碣尚存。又逕亞父冢東。皇覽曰：『亞父冢在廬江縣郭東居巢亭中，有亞父井，吏民親事，皆祭亞父於居巢廳上，後更造祠於郭東，至今祀之。』按漢書項羽傳：『歷陽人范增，未至彭城而發疽死。』不言之居巢，今彭城南有項羽涼馬臺，臺之西南山麓上即其冢也。增不慕范蠡之舉，而自絶於斯，可謂褊矣。推考書事，墓近於此也。

又東南，過吕縣南。

吕，宋邑也。春秋，『襄公元年，晉師伐鄭及陳，楚子辛救鄭，侵宋、吕、留』是也。縣對泗水。漢景帝三年，有白頸烏與黑烏，羣鬭於縣。白頸烏不勝，墮泗水中，死者數千。京房易傳曰：『逆親親，厥妖白黑烏鬭。』時有吳楚之反。泗水之上有石梁焉，故曰吕梁也。昔宋景公以弓工之弓，彎弧東射，矢集彭城之東，飲羽於石梁，即斯梁也。懸濤漰渀，寔爲泗險，孔子所謂魚鼈不能游。又云，懸水三十仞，流沫九十里。今則不能也。蓋惟岳之喻，未便極天明矣。晉太康地記曰：『水出磬石，書所謂「泗濱浮磬」者也。』

泗水又東南流，丁谿水注之。谿水上承泗水於吕縣，東南流，北帶廣隰，山高而注於泗川。泗水冬春淺澀，常排沙通道，是以行者多從此谿。即陸機行思賦所云，『乘丁水之捷岸，排泗川之積沙』者也。晉太元九年，左將軍謝玄，於吕梁遣督護聞人奭，用工九萬，擁水立七棧，以利運漕。

又東南，過下邳縣西。

泗水歷縣，逕葛嶧山東，即奚仲所遷邳嶧者也。

泗水又東南，逕下邳縣故城西，東南流，沂水流注焉。故東海屬縣也。應劭曰：『奚仲自薛徙居之，故曰下邳也。』漢徙齊王韓信爲楚王，都之。後乃縣焉，王莽之閏儉矣，東陽郡治。文潁曰：『秦嘉，東陽郡人，今下邳是也。』晉灼曰：『東陽縣本屬臨淮郡，明帝分屬下邳，後分屬廣陵。』故張晏曰：『東陽郡，今廣陵郡也。漢明帝置下邳郡矣。』城有三重，其大城中有大司馬石苞、鎮東將軍胡質、司徒王渾、監軍石崇四碑。南門謂之白門，魏武擒陳宮於此處矣。中城呂布所守也。小城，晉中興，北中郎將荀羡、郗曇所治也。昔泰山吳伯武，少孤，與弟文章相失二十餘年，遇於縣市。文章欲毆伯武，心神悲慟，因相尋問，乃兄弟也。縣爲沂泗之會也。

又有武原水注之。水出彭城武原縣西北，會注陂南，逕其城西，王莽之和樂亭也。縣東有徐廟山，山因徐徙，即以名之也。山上有石室，徐廟也。武原水又南，合武水，謂之泇水。南逕剛亭城，又南，至下邳入泗，謂之武原水口也。

又有桐水，西北出東海容丘縣，東南至下邳入泗。

泗水東南逕下相縣故城東，王莽之從德也。城之西北有漢太尉陳球墓。墓前有三碑，是弟子管寧、華歆等所造。初平四年，曹操攻徐州，破之。拔取慮、睢陵、夏丘等縣。以其父避難被害於此，屠其男女十萬，泗水爲之不流。自是，數縣人無行迹，亦爲暴矣。

泗水又東南，得睢水口。

泗水又逕宿預城之西。又逕其城南，故下邳之宿留縣也。王莽更名之曰康義矣。晉元皇之爲安東也，督運軍儲，而爲邸閣。魏太和中，南徐州治，後省爲戍。梁將張惠紹北入，水軍所次，憑固斯城，更增脩廓，塹其四面，引水環之。今城在泗水之中也。

又東南，入於淮。

泗水又東，逕陵栅南。西征記曰：『舊陵縣之治也。』

泗水又東南，逕淮陽城北。城臨泗水，昔菑丘訢飲馬斬蛟，眇目於此處也。

泗水又東南，逕魏陽城北。城枕泗川，陸機行思賦曰：『行魏陽之枉渚。』故無魏陽，疑即泗陽縣故城也，王莽之所謂淮平亭矣。蓋魏文帝幸廣陵所由，或因變之，未詳也。

泗水又東，逕角城北，而東南流注於淮。考諸地説，或言泗水於睢陵入淮，亦云於下相入淮，皆非實録也。

校　記

〔一〕冢墓記　殿本無『墓』字。

〔二〕應劭　似『闞駰』之誤。參見淄水校二。

〔三〕漆鄉　原本下有『郭』字，據殿本删。

〔四〕『漢高帝』句上　殿本有『漢宣帝地節三年，封丞相魏相爲侯國』十五字。注疏本轉引姜宸英曰：『此二句是後人所妄加。」

〔五〕假有通之　他本均作『假之有通』。

洙水

洙水出泰山蓋縣臨樂山，

地理志曰：『臨樂山，洙水所出。西北至蓋，入泗水。』或作『池』字。蓋字誤也。洙水自山西北逕蓋縣，漢景帝中五年，封后兄王信爲侯國。又西，逕泰山東平陽縣。春秋：『宣公八年冬，城平陽。』杜預曰，『今泰山平陽縣』是也。河東有平陽，故此加『東』矣。晉武帝元康九年，改爲新泰縣也。

西南至卞縣，入於泗。

洙水西南流，盜泉水注之。泉出卞城東北卞山之陰。尸子曰：『孔子至於暮矣，而不宿於盜泉，渴矣而不飲，惡其名矣。』故論語比考讖曰：『水名盜泉，仲尼不漱。』即斯泉矣。西北流，注於洙水。洙水又西南，流於卞城西，而與泗水亂流〔一〕，西南至魯縣東北，又分爲二水。水側有故城，兩水之分會也。洙水西北流，逕孔里北，是謂洙泗之閒矣。春秋之『浚洙』，非謂始導矣，蓋深廣之爾。

洙水又西南，枝津出焉。又南，逕瑕丘城東，而南入石門。古結石爲水門，跨於水上也。西南流，世謂之杜武溝。

洙水又西南，逕南平陽縣之顯閭亭西，邾邑也。春秋襄公二十一年，經書，『邾庶其以漆、閭丘來奔』者也。杜預曰：『平陽北有顯閭亭。』十三州記曰：『山陽南平陽縣，又有閭丘鄉。』從征記曰：『杜謂顯閭，閭丘也。』今按漆鄉在縣東北，漆鄉東北十里，見有閭丘鄉。顯閭，非也。然則顯閭自是別亭，未知孰是。

又南，洸水注之。吕忱曰：『洸水出東平陽，上承汶水於剛縣西闡亭東。』爾雅曰：『汶別爲闡〔二〕，其猶洛之有波』矣。洸水西南流，逕盛鄉城西。京相璠曰，『剛縣西南有盛鄉城』者也。又南，逕泰山寧陽縣故城西。漢武帝元朔三年，封魯共王子劉恬爲侯國，王莽改之曰寧順也。又南，洙水枝津注之。水首受洙水〔三〕，西南流，逕瑕丘城北。又西逕寧陽城南。又西南入於洸水。洸水又西南，逕泰山郡乘丘縣故城東。趙肅侯二十年，韓將舉與齊魏戰於乘丘，即此縣也。漢武帝元朔五年，封中山靖王子劉將夜爲侯國也。

洸水又東南流，注於洙。

洙水又南至高平縣，南入於泗水。西有茅鄉城，東去高平三十里。京相璠曰，『今高平縣西三十里有故茅鄉城』者也。

校記

〔一〕而與　殿本作「西南入」。

〔二〕闈　爾雅釋水作「瀾」。

〔三〕洙水　殿本無「水」字。

沂水

沂水出泰山蓋縣艾山，

鄭玄云：『出沂山，亦或云臨樂山。』水有二源。南源所導，世謂之柞泉。北水所發，俗謂之魚窮泉。俱東南流，合成一川，右會洛預水。水出洛預山，東北流注之。沂水又東南，左合桑預水。水北出桑預山，東注於沂水。沂水又東南，螳蜋水入焉。水出魯山，東南流，右注沂水。沂水又東，逕蓋縣故城南，東會連綿之水。水發連綿山，南流逕蓋城東，而南入沂。沂水又東，逕浮來之山。春秋經書，『公及莒人盟於浮來』者也。即公來山也。在邳鄉西，故號曰邳來之閒也。浮來之水注之。其水左控三川，右會甘水而注於沂。沂水又南，逕爆山西。山有二峯，相去一里，雙巒齊秀，圓峙若一。沂水又東南，逕東莞縣故城西，與小沂水合。孟康曰：『縣，故鄆邑，今鄆亭是也。』漢武帝元朔二年，封城陽共王子吉爲東莞侯。魏文帝黄初中，立爲東莞郡。東燕録謂之團城。劉武帝北伐廣固，登之以望五龍〔一〕。魏南青州治。左氏傳曰：『莒魯争鄆，爲日久矣。』今城北鄆亭是也。京相璠曰：『琅邪姑幕縣南四十里員亭，故魯鄆邑，世變其字，非也。』郡國志：『東莞有鄆亭。』今在團城東北四十里，猶謂之故東莞城矣。小沂水出黄孤山西南流，逕其城北，西南注於沂。

沂水又南，與閭山水合。水出閭山，東南流，右佩二水，總歸於沂。

沂水南逕東安縣故城東，而南合時密水。水出時密山，春秋時莒地。左傳，『莒人歸共仲於魯，及密而死』是也。時密水東流，逕東安城南。漢封魯孝王子强爲東安侯。時密水又東南流，入沂。

沂水又南，桑泉水北出五女山，東南流，巨圍水注之。水出巨圍之山，東南注於桑泉水。桑泉水又東南，堂阜水入焉。其水導源堂阜，春秋：『莊公九年，管仲請囚，鮑叔受之，及堂阜而税之〔二〕。』杜預曰，『東莞蒙陰縣西北有夷吾亭』者是也。堂阜水又東南，注桑泉水。桑泉水又東南，逕蒙陰縣故城北，王莽之蒙恩也。又東南，與嶁峒水合。水有二源雙會，東導一川，俗謂之汶水也。東逕蒙陰縣，注桑泉水。又東南，盧川水注之。水出鹿嶺山，東南流，左則二川臻凑，右則諸葛泉源。斯奔亂流，逕城陽之盧縣，故蓋縣之盧上里也。漢武帝元朔二年，封城陽共王子劉豨爲侯國，王莽更名之曰著善矣。又東南，注於桑泉水。桑泉水又東南，右合蒙陰水。水出蒙山之陰，東北流。昔琅邪承宫，避亂此山，立性好仁，不與物競，人有認其黍者，捨之而去。其水東北流，入於沂。沂水又南，逕陽都縣故城東。縣，故陽國也。齊同盟，齊利其地而遷之者也。漢高帝六年，封將軍丁復爲侯國。

沂水又南，與蒙山水合。水出蒙山之陰，東流，逕陽都縣南，東注沂水。

沂水又左，合温水。水上承温泉陂而西南入於沂水也。

南過琅邪臨沂縣東。又南，過開陽縣東。

沂水南逕中丘城西。春秋：『隱公七年夏，城中丘。』左傳曰：『書，不時也。』沂水又南，逕臨沂縣故城東。郡國志曰：『琅邪有臨沂縣，故屬東海郡。』有治水注之，水出泰山南武陽縣之冠石山。地理志曰：『冠石山，治水所出。』應劭地理風俗記曰：『武水出焉。』蓋水異名也。東流逕蒙山下，有祠。治水又東南，逕顓臾城北。郡國志曰：『縣有顓臾城。』季氏將伐之，孔子曰：『昔者，先王以爲東蒙主，社稷之臣，何以伐之爲？』冉有曰，『今夫顓臾，固而便，近於費』者也。治水又東南流，逕費縣故城南。地理志，東海之屬縣也。爲魯季孫之邑，子路將墮之，公山弗擾師襲魯，弗克，後季氏爲陽虎所執，弗擾以費叛，即是邑也。漢高帝六年，封陳賀爲侯國。王莽更名之，曰順從也。許慎説文云：『沂水出東海費縣東，西入泗，從水斤聲。』吕忱字林亦言是矣。斯水東南所注者，沂水在西，不得言東南趣也，皆爲謬矣。故世俗謂此水爲小沂水。治水又東南，逕祊城南。春秋：『隱公八年，鄭伯請釋泰山之祀，而祀周公，使宛歸泰山之祊而易許田。』杜預釋地曰：『祊，鄭祀泰山之邑也，在琅邪費縣東南。』治水又東南流，注於沂。

沂水又南，逕開陽縣故城東。縣，故鄅國也。春秋左傳，『昭公十八年，邾人襲鄅。盡俘以歸。鄅子曰：「余無歸矣。」從孥於邾』是也。後更名開陽矣。春秋，哀公三年，經書，『季孫斯、叔孫州仇，帥師城啓陽』者，是矣。縣，故琅邪郡治也。

又東，過襄賁縣東，屈從縣南西流。又屈，南過郯縣西。

魯連子稱，陸子謂齊湣王曰：『魯費之衆臣，甲舍於襄賁者也。』王莽更名章信。郯，故國也，少皞之後。春秋：『昭公十七年，郯子朝魯，公與之宴。昭子叔孫婼問曰：「少昊鳥名官，何也？」郯子曰：「吾祖也，我知之。黄帝、炎帝以雲火紀官，太皞以龍紀，少皞瑞鳳鳥，統歷鳥官之司，議政斯在。」孔子從而學焉。既而告人曰，「天子失官，學在四夷」者也。』竹書紀年：『晉烈公六年〔三〕，於越子朱句伐郯〔四〕，以郯子鴣歸。』縣，故舊魯也，東海郡治，秦始皇以爲郯郡，漢高帝二年更從今名，即王莽之沂平者也。

又南，過良成縣西。又南，過下邳縣西，南入於泗。

春秋左傳曰：『昭公十三年秋，晉侯會吳子於良，吳子辭水道不可以行，晉乃還。』是也。

地理志曰：『良成，王莽更名承翰矣。』沂水於下邳縣北西流，分爲二水。一水於城北西南入泗。一水逕城東屈從縣南，亦注泗，謂之小沂水。水上有橋，徐泗間以爲圯，昔張子房遇黄石公於圯上，即此處也。建安二年，曹操圍吕布於此，引沂泗灌城而擒之。

校記

〔一〕五龍　原本作『王難』，據注疏本改。

〔二〕税之　春秋左傳杜預注：『税』本亦作『説』。

〔三〕六年　殿本作『四年』。

〔四〕於越子朱句伐郯　『朱句』殿本作『末句』，又句首無『於』字。

沭水

沭水出琅邪東莞縣西北大弁山〔一〕，

大弁山與小泰山，連麓而異名也。引控衆流，積以成川。東南流，逕邳鄉南，南去縣八十許里。城有三面而不周於南，故俗謂之半城。沭水又東南流，左合峴水。水北出大峴山，東南流，逕邳鄉東。東南流，注於沭水也。

東南過其縣東。

沭水左與箕山之水合。水東出諸縣西箕山。劉澄之以爲許由之所隱也，更爲巨謬矣。其水西南流，注於沭水也。

又東南，過莒縣東。

地理志曰：『莒子之國，盈姓也，少昊後。』列女傳曰：『齊人杞梁殖，襲莒戰死。其妻將赴之，道逢齊莊公，公將弔之。杞梁妻曰：「如殖死有罪，君何辱命焉？如殖無罪，有先人之弊廬在，下妾不敢與郊弔。」公旋車弔諸室，妻乃哭於城下，七日而城崩。』故琴操云：『殖死，妻援琴作歌曰：「樂莫樂兮新相知，悲莫悲兮生別離。」哀感皇天，城爲之墮。』即是城也。其城三重，幷悉崇峻，惟南開一門。内城方十二里，郭周四十許里。尸子曰：『莒君好鬼巫而國亡，無知之難，小白奔焉。』樂毅攻齊，守險全國。秦始皇縣之。漢興，以爲城陽國，封朱虚侯章，治莒。王莽之莒陵也。光武合城陽國爲琅邪國，以封皇子京。雅好宫室，窮極伎巧，壁帶飾以金銀。明帝時，京不安莒，移治開陽矣。

沭水又南，袁公水東出清山，遵坤維而注沭。

沭水又南，潯水注之。水出於巨公之山，西南流。舊堨以溉田，東西二十里，南北十五里。潯水又西南流，入沭。

沭水又南，與葛陂水會。水發三柱山，西南流，逕辟城南〔二〕，世謂之辟陽城。史記建元以來王子侯者年表曰，『漢武帝元朔二年，封城陽共王子節侯劉壯爲侯國』也。其水於邑，積以爲陂，謂之辟陽湖，西南流，注於沭水也。

又南，過陽都縣，東入於沂。

沭水自陽都縣又南，會武陽溝水。水東出倉山。山上有故城，世謂之監官城，非也，即古有利城矣。漢武帝元朔四年，封城陽共王子劉釘爲侯國也。其城因山爲基，水導山下，西北流，謂之武陽溝。又西至即丘縣，注於沭。

沭水又南，逕東海郡即丘縣，故春秋之祝丘也。桓公五年，經書：『齊侯、鄭伯，如紀城祝丘。』左傳曰:『齊鄭朝紀,欲襲之。』漢立爲縣,王莽更之曰就信也。郡國志曰:『自東海分屬琅邪。』闞駰曰:『「即」、「祝」,魯之音,蓋字承讀變矣。』

沭水又南,逕東海厚丘縣,王莽更之曰祝其亭也。分爲二瀆。一瀆西南出,今無水,世謂之枯沭。一瀆南逕建陵縣故城東。漢景帝六年封衛綰爲侯國,王莽更之曰付亭也。

沭水又南,逕建陵山西。魏正光中,齊王之鎮徐州也,立大堰。遏水西流,兩瀆之會,置城防之,曰『曲沭戍』,自堰流三十里,西注沭水舊瀆,謂之新渠。舊瀆自厚丘西南出,左會新渠,南入淮陽宿預縣,注泗水。地理志所謂『至下邳注泗』者也。經言『於陽都入沂』,非矣。

沭水左瀆自大堰水斷,故瀆東南出,桑堰水注之。水出襄賁縣,泉流東注。沭瀆又南,左合横溝水。水發瀆右,東入沭之故瀆。

又南暨於堰,其水西南流,逕司吾山東。又逕司吾縣故城西。春秋左傳,『楚執鍾吾子以爲司吾縣』。王莽更之曰息吾也。又西南,至宿預,注泗水也。

沭水故瀆自下堰東南,逕司吾城東。又東南,歷柤口城中,柤水出於楚之柤地。春秋,襄公十年,經書:『公與晉及諸侯,會吴於柤。』京相璠曰:『宋地。』今彭城偪陽縣西北有柤水溝,去偪陽八十里。東南流,逕傳陽縣故城東北。地理志曰,『故偪陽國』也。春秋左傳:

『襄公十年夏，四月戊午，會於柤。晉荀偃、士匄請伐偪陽，而封宋向戌焉〔三〕。荀罃曰：「城小而固，勝之不武，弗勝爲笑。」固請。丙寅，圍之，弗克。孟氏之臣秦堇父輦重如役。偪陽人啓門，諸侯之士門焉。縣門發，郰人紇抉之。以出門者，狄虒彌建大車之輪，而蒙之以甲，以爲櫓。左執之，右拔戟，以成一隊。孟獻子曰：「詩所謂『有力如虎』者也。」主人縣布，堇父登之，及堞而絶之。墜，則又縣之，蘇而復上者三，主人辭焉，乃退。帶其斷以徇於軍三日。諸侯之師久於偪陽，請歸。智伯怒曰：「七日不克，爾乎取之，以謝罪也。」荀偃、士匄攻之，親受矢石，遂滅之。以偪陽子歸獻於武宫，謂之夷俘。偪陽，妘姓也。』漢以爲縣，武帝元朔三年，封齊孝王子劉就爲侯國，王莽更之曰輔陽也。郡國志曰：『偪陽有柤水。』柤水又東南，亂於沂而注於沭，謂之柤口，城得其名矣。東南至朐縣入游注海也。

校　記

〔一〕大弁　他本無此二字。

〔二〕辟城　殿本作『辟土城』。

〔三〕向戌　『戌』原本作『戍』，據十三經注疏春秋左傳襄公十年改。

淮水

淮水出南陽平氏縣胎簪山，東北過桐柏山。

山海經曰：『淮出餘山，在朝陽東義鄉西。』尚書：『導淮自桐柏。』地理志：『南陽平氏縣，王莽之平善也。』風俗通曰：『南陽平氏縣，桐柏大復山在東南，淮水所出也。淮，均也。』春秋説題辭曰：『淮者，均其勢也。』釋名曰：『淮，韋也。韋繞揚州北界，東至於海也。』爾雅曰：『淮爲滸。』然淮水與醴水同源俱導，西流爲醴，東流爲淮，潛流地下三十許里，東出桐柏大復山，南謂之陽口，水南即復陽縣也。闞駰言：『復陽縣，胡陽之樂鄉也。』宣帝元康元年置〔一〕，在桐柏大復山之陽，故曰『復陽』也。東觀漢記曰：『朱祐少孤，歸外家復陽劉氏。』山南有淮源廟，廟前有碑，是南陽郭苞立。又二碑，並是漢延熹中守令所造，文詞鄙拙，殆不可觀。故經云『東北過桐柏』也。

淮水又東，逕義陽縣。縣南對固成山。山有水，注流數丈，洪濤灌山，遂成巨井，謂之石泉水，北流注於淮。

淮水又逕義陽縣故城南。義陽郡治也，世謂之白茅城。其城圓而不方。闞駰言：『晉太始中，割南陽東鄙之安昌、平林、平氏、義陽四縣，置義陽郡於安昌城。』太康記、晉書地道記並有義陽郡，以南陽屬縣爲名。漢武帝元狩四年，封北地都尉衛山爲侯國也。有九渡水注之。水出鷄翅山，谿澗瀠委，沿溯九渡矣。其猶零陽之九渡水，故亦謂之爲九渡焉。於谿之東山有一水，發自山椒下數丈，素湍直注，頽波委壑，可數百丈，望之若霏幅練矣。下注九渡水，九渡水又北流注於淮。

東過江夏平春縣北。

淮水又東，油水注之。水出縣西南油谿，東北流逕平春縣故城南。漢章帝建初四年，封子全爲王國。油水又東曲，岸北有一土穴徑尺，泉流下注，沿波三丈，入於油水。亂流南屈，又東北注於淮。

淮水又東北，逕城陽縣故城南。漢高帝十二年，封定侯奚意爲侯國。王莽之新利也，魏城陽郡治。

淮水又東北，與大木水合。水西出大木山，山即晉車騎將軍祖逖自陳留將家避難所居也。其水東逕城陽縣北而東入於淮。

淮水又東北流，右會湖水〔二〕。旁川西南出，窮谿得其源也。

淮水又東，逕安陽縣故城南。江國也，嬴姓。今其地有江亭，春秋：『文公四年，楚人滅江，秦伯降服出次，曰：「同盟滅，雖不能救，敢不矜乎？」』漢乃縣之。文帝八年，封淮南厲王子劉勃爲侯國，王莽之均夏也。

淮水又東，得澌口水。源南出大潰山，東北流，翼帶三川，亂流北注澌水。又北，逕賢首山西，又北出，東南屈，逕仁順城南，故義陽郡治，分南陽置也。晉太始初，以封安平獻王孚長子望。本治在石城山上，因梁希侵逼，徙治此城。梁司州刺史馬仙琕不守，魏置郢州也。昔常珍奇自懸瓠遣三千騎援義陽行事龐定光，屯於澌水者也。澌水東南流，歷金山北。山無樹木，峻峭層峙。澌水又東，逕義陽縣故城北，城在山上，因倚陵嶺，周迴三里，是郡昔所舊治城。城南十五步，對門有天井，周百餘步，深一丈。東逕鍾武縣故城南，本江夏之屬縣也，王莽之當利縣矣。又東，逕石城山北，山甚高峻。史記曰：『魏攻冥阨。』音義曰：『冥阨或言在鄳縣葙山也。』按吕氏春秋『九塞』，其一也。澌水逕鄳縣故城南。建武中，世祖封鄧邯爲鄳侯。按蘇林曰：『音盲。』澌水又東，逕七井岡南。又東北，注於淮。

淮水又東，至谷口。谷水南出鮮金山，北流，澋水注之。水出西南具山，東北逕光淹城東，而北逕青山東、羅山西，俗謂之仙居水。東北流，注於谷水。谷水東北入於淮。

又東，過新息縣南。

淮水東逕故息城南。春秋左傳，『隱公十一年，鄭息有違言。息侯伐鄭，鄭伯敗之』者也。

淮水又東，逕浮光山北。亦曰扶光山即弋陽山也。出名玉及黑石，堪爲棋。其山俯映長淮，每有光輝。

淮水又東，逕新息縣故城南。應劭曰：『息後徙東，故加「新」也。』王莽之新德也。光武十九年，封馬援爲侯國。外城北門内，有新息長賈彪廟。廟前有碑，面南又有魏汝南太守程曉碑。魏太和中，蠻田益宗效誠，立東豫州，以益宗爲刺史。

淮水又東，合慎水。水出慎陽縣西，而東逕慎陽縣故城南。縣取名焉。漢高帝十一年，封欒説爲侯國。潁陰劉陶爲縣長。政化大行，道不拾遺，以病去官。童謡歌曰：『悒然不樂，思我劉君。何時復來，安此下民！』見思如此。應劭曰：『慎水所出，東北入淮。』慎水又東流，積爲燋陂。陂水又東南流，爲上慎陂。又東，爲中慎陂。又東南，爲下慎陂。皆與鴻郤陂水散流。其陂首受淮川，左結鴻陂。漢成帝時，翟方進奏毁之。建武中，汝南太守鄧晨欲脩復之。知許偉君曉知水派，召與議之。偉君言：『成帝用方進言毁之，尋而夢上天，天帝怒曰：「何敢敗我濯龍淵？」是後，民失其利。時有童謡曰：「敗我陂，翟子威，反乎覆，陂當復。」明府興復廢業，童謡之言，將有徵矣。』遂署都水掾，起塘四百餘里，百姓得其利。陂水散流，下合慎水，而東南逕息城北，又東南入淮，謂之慎口。淮水又東，與申陂水合。水上承申陂於新息縣北。東南流，分爲二水。一水逕深丘西，又屈逕其南，南派爲蓮湖水，南流注於淮。淮水又左迆，流結兩湖，謂之東西蓮湖矣。淮水又東，右合壑水。水出白沙山東北，逕柴亭西，俗謂之柴水。又東北流，與潭谿水合。水發潭谷，東北流，右會柴水。柴水又東，逕黄城西，故弋陽縣也。城内有二城，西即黄城也。柴水又東北，入於淮，謂之柴口。淮水又東北，申陂枝水注之。水首受陂水於深丘北，東逕釣臺南。臺在水曲之中，臺北有琴臺。又東，逕陽亭南，東南合淮。淮水又東，逕淮陰亭北。又東，逕白城南，楚白公勝之邑也，東北去白亭十里。淮水又東，逕長陵戍南。又東，青陂水注之。分青陂東瀆，東南逕白亭西。又南，於長陵戍東，東南入於淮。淮水又東北，合黄水。水出黄武山，東北流，木陵關水注之。水導源木陵山，西北流，注於黄水。黄水又東，逕晉西陽城南，又東，逕光城南〔三〕，光城左郡治〔四〕。又東北，逕高城南，故弦國也。又東北，逕弋陽郡東。有虞丘郭，南有子胥廟。黄水又東北，入於淮，謂之黄口。淮水又東北，逕褒信縣故城南，而東流注也。

又東，過期思縣北。

縣故蔣國，周公之後也。春秋，文公十年，楚王田于孟諸，期思公復遂爲右司馬。楚滅之，以爲縣。漢高帝十二年，以封賁赫爲侯國。城之西北隅，有楚相孫叔敖廟，廟前有碑。

淮水又東北，淠水注之。水出弋陽縣南垂山，西北流歷陰山關，逕二城間。舊有賊難，軍所頓防。西北出山，又東北流，逕新城戍東。又東北，得詔虞水口。西北去弋陽虞丘郭二十五里。水出南山，東北流，逕詔虞亭東，而北入淠水。又東北注淮，俗曰白鷺水。

又東〔五〕，過原鹿縣南，汝水從西北來注之。

縣即春秋之鹿上也。左傳：『僖公二十一年，宋人爲鹿上之盟，以求諸侯於楚。』建武十五年，世祖更封侍中執金吾陰鄉侯陰識爲侯國者也。

又東，過廬江安豐縣東北，決水從北來注之。

廬江，故淮南也，漢文帝十六年，別以爲國。應劭曰：『故廬子國也。』決水自舒蓼北注，不於北來也。安豐東北注淮者，窮水矣，又非決水。皆誤爾。

淮水又東，谷水入焉。水上承富水，東南流，世謂之谷水也。東逕原鹿縣故城北，城側水南。谷水又東，逕富陂縣故城北，俗謂之成閶亭，非也。地理志：『汝南郡有富陂縣。』建武二年，世祖改封平鄉侯王霸爲富陂侯。十三州志曰：『漢和帝永元九年，分汝陰置，多陂塘以溉稻，故曰富陂縣也。』谷水又東，於汝陰城東南注於淮。

淮水又東北，左會潤水。水首受富陂，東南流爲高塘陂。又東，積而爲陂水，東注焦陵陂，陂水北出爲鯛陂。陂水潭漲，引瀆北注汝陰，四周隍塹，下注潁水。焦湖東注，謂之潤水。逕汝陰縣東，逕荆亭北，而東入淮。

淮水又東北，窮水入焉。水出六安國安風縣窮谷。春秋左傳，『楚救灊，司馬沈尹戌與吳師遇於窮』者也。川流泄注於決水之右，北灌安風之左，世謂之安風水。亦曰窮水，音『戎』，並聲相近，字隨讀轉。流結爲陂，謂之窮陂。塘堰雖淪，猶用不輟，陂水四分，農事用康。北流注於淮。京相璠曰：『今安風有窮水，北入淮。』

淮水又東，爲安風津。水南有城，故安風都尉治，後立霍丘戍。淮中有洲，俗號關洲，蓋津關所在，故斯洲納稱焉。魏書國志有曰：『司馬景王征毌丘儉，使鎮東將軍、豫州刺史諸葛誕，從安風津先至壽春。儉敗，與小弟秀藏水草中。安風津都尉部民張屬斬之，傳首京都。』即斯津也。

又東北，至九江壽春縣西，沘水、泄水合北流注之。又東，潁水從西北來注之。

淮水又東，右合沘口〔六〕。又東，逕中陽亭北，爲中陽渡。水流淺磧，可以厲也。

淮水又東流，與潁口會，東南逕蒼陵城北。又東北流，逕壽春縣故城西。縣，即楚考烈王自陳徙此，秦始皇立九江郡，治此，兼得廬江、豫章之地，故以『九江』名郡。漢高帝四年，爲淮南國；孝武元狩元年〔七〕，復爲九江焉。文穎曰：『史記貨殖傳曰，淮以北，沛、陳、汝南、南郡爲西楚；彭城以東，東海、吳、廣陵爲東楚；衡山、九江、江南豫章、長沙爲南楚。是爲「三楚」者也。』

淮水又北，左合椒水。水上承淮水，東北流，逕蛇城南。又歷其城東，亦謂之清水。東北流，注於淮水，謂之清水口者，是此水焉。

又東，過壽春縣北，肥水從縣東北流注之。

淮水於壽陽縣西北，肥水從城西而北入於淮，謂之肥口。

淮水又北，夏肥水注之。水上承沙水於城父縣。右出，東南流逕城父縣故城南，王莽之思善也。縣故焦夷之地，春秋左傳：『昭公九年，楚公子棄疾遷許於夷，寔城父矣。取州來、淮北之田以益之，伍舉授許男田。杜預曰：『此時改城父爲夷，故傳寔之者也。』然丹遷城父人於陳，以夷濮西田益之。』言夷田在濮水西者也。然則濮水即沙水之兼稱，得夏肥之通目矣。漢桓帝永興二年〔八〕，封大將軍梁冀孫桃爲侯國。夏肥水自縣又東逕思善縣之故城南，漢章帝章和三年分城父立。夏肥水又東爲高陂，又東爲大漴陂，水出分爲二流，南爲夏肥水，北爲鷄陂。夏肥水東流，左合鷄水。水出鷄陂，東流爲黄陂。又東南流，積爲茅陂。又東爲鷄水。吕氏春秋曰，『宋人有取道者，其馬不進，投之鷄水』是也。鷄水右會夏肥水，而亂流東注，俱入於淮。

淮水又北，逕山硤中，謂之硤石。對岸山上結二城，以防津要。西岸山上有馬迹，世傳淮南王乘馬升仙所在也。今山之東南石上，有大小馬迹十餘所，仍今存焉。

淮水又北，逕下蔡縣故城東，本州來之城也。吴季札始封延陵後邑州來，故曰延州來矣。春秋，『哀公二年，蔡昭侯自新蔡遷於州來』，謂之下蔡也。淮之東岸又有一城，即下蔡新城也。二城對據，翼帶淮濆。

淮水東逕八公山北，山上有老子廟。

淮水歷潘城南，置潘谿戍，戍東側潘谿，吐川納淮，更相引注。

又東，逕梁城。城臨側淮川，川左有湄城，淮水左池爲湄湖。

淮水又北〔九〕，右納洛川於西曲陽縣北。水分閻谿，北絶横塘。又北，逕蕭亭東。又北，鵲甫谿水入焉。水出東鵲甫谷西北，流逕鵲甫亭南，西北流，注於洛水。洛水北逕西曲陽縣故城東，王莽之延平亭也。應劭曰：『縣在淮曲之陽，下邳有曲陽，故是加「西」也。』洛澗北歷秦墟，下注淮，謂之洛口。經所謂『淮水逕壽春縣北，肥水從縣東北注』者也。

蓋經之謬矣。考川定土，即實爲非，是曰洛澗，非肥水也。

淮水又北，逕莫邪山西。山南有陰陵縣故城，漢高祖五年，項羽自垓下，從數百騎，夜馳渡淮，至陰陵迷失道，左陷大澤。漢令騎將灌嬰，以五千騎追及之於斯縣者也。按地理志，王莽之陰陸也。後漢九江郡治。時多虎災，百姓苦之。南陽宗均爲守，退貪殘，進忠良，虎悉東渡江。

又東，過當塗縣北，過水從西北來注之。

淮水自莫邪山東北，逕馬頭城北，魏馬頭郡治也。故當塗縣之故城也。呂氏春秋曰：『禹娶塗山氏女，不以私害公，自辛至甲四日，復往治水。』故江淮之俗，以辛壬癸甲爲嫁娶日也。禹墟在山西南，縣即其地也。地理志曰：『當塗，侯國也。』魏不害以圉守尉，捕淮陽反者公孫勇等，漢以封之，王莽更名山聚也。淮水又東北，濠水注之。水出莫邪山之東北谿，谿水西北引瀆，逕禹墟北，又西流注於淮。淮水又北，沙水注之。經所謂蒗蕩渠也。淮之西有平阿縣故城，王莽之平寧也。建武十三年，世祖更封耿阜爲侯國。郡國志曰：『平阿縣有塗山。』淮出於荆山之左，當塗之右，奔流二山之間，而揚濤北注也。春秋左傳：『哀公七年〔一〇〕，大夫對孟孫曰：「禹會諸侯於塗山，執玉帛者萬國。」』杜預曰：『塗山在壽春東北。』非也。余按國語曰：『吳伐越〔一一〕，墮會稽，獲骨焉，節專車。吳子使來聘，且問之。客執骨而問曰：「敢問骨何爲大？」仲尼曰：「丘聞之，昔禹致羣神於會稽之山，防風氏後至，禹殺之，其骨專車，此爲大也。」』蓋丘明親承聖旨，録爲實證矣。又按劉向説苑辨物，王肅之敍孔子廿二世孫孔猛，所出先人書家語，幷出此事，故塗山有會稽之名。考校羣書及方土之目，疑非此矣，蓋周穆之所會矣。

淮水於荆山北，過水東南注之。又東北，逕沛郡義城縣東，司馬彪曰：『後隸九江也。』

又東，過鍾離縣北。

世本曰：『鍾離，嬴姓也。』應劭曰：『縣，故鍾離子國也，楚滅之以爲縣。』春秋左傳所謂『吳公子光伐楚，拔鍾離』者也。王莽之蠶富也。濠水出陰陵縣之陽亭北，小屈，有石穴，不測所窮，言穴出鍾乳，所未詳也。濠水東北流，逕其縣西。又屈而南轉，東逕其城南。又北歷其城東，逕小城而北流，注於淮。

淮水又東，逕夏丘縣南。又東，渙水入焉。水首受蒗𦳝渠於開封縣。史記韓釐王二十一年，使暴𪧐救魏，爲秦所敗，𪧐走開封者也。東南流逕陳留北，又東南西入九里注之〔一二〕。渙水又東南流〔一三〕，逕雎丘縣故城南。又東，逕承匡城。又東，逕襄邑縣故城南。故宋之承匡、襄牛之地，宋襄公之所葬，故號襄陵矣。竹書紀年：『梁惠成王十七年，宋景敾、衛公孫倉會齊師，圍我襄陵。』十八年，惠成王以韓師敗諸侯師於襄陵。齊侯使楚景舍來求成。』即於此也。西有承匡城，春秋『會於承匡』者也。秦始皇以承匡卑溼，徙縣於襄陵，更爲襄邑，王莽以爲襄平也。漢桓帝建和元年，封梁冀子胡狗爲侯國。陳留風俗傳曰：『縣南有渙水，故傳曰：「睢渙之閒出文章，天子郊廟御服出焉。」尚書所謂「厥篚織文」者也。』渙水又東南，逕己吾縣故城南，又東逕鄫城北，春秋襄公元年，經書：『晉韓厥帥師伐鄭，魯仲孫蔑會齊、曹、邾、杞，次於鄫。』杜預曰：『陳留襄邑縣東南有鄫城。』渙水又東南，逕鄢城北、新城南。又東南，左合明溝水〔一四〕。水自蓬洪陂東南流〔一五〕，謂之明溝，下入渙水。又逕亳城北，帝王世記曰：『穀熟爲南亳，即湯都也。』十三州志曰：『漢武帝分穀熟置。』春秋，『莊公十二年，宋公子御説奔亳』者也。渙水又東，逕穀熟城南。漢光武建武二年，封更始子歆爲侯國。又東，逕陽亭北。春秋左氏傳：『襄公十二年，楚子囊、秦庶長無地伐宋，師於楊梁，以報晉之取鄭也。』京相璠曰：『宋地矣。』今睢陽東南三十里，有故陽梁城〔一六〕，今曰陽亭也，俗名之曰緣城，非矣。西北去梁國八十里。渙水又東，逕沛郡之建平縣故城南。漢昭帝元鳳元年〔一七〕，封杜延年爲侯國，王莽之田平也。又東，逕酇縣故城南。春秋：『襄公十年，公會諸侯及齊世子光於酇。』今其地酇聚是也，王莽之酇治矣。渙水又東南，逕費亭南。漢建和元年，封中常侍沛國曹騰爲侯國。騰字季興，譙人也。永初中，定桓帝策封亭侯，此城即其所食之邑也。渙水又東，逕銍縣故城南。昔吳廣之起兵也，使葛嬰下之。渙水又東，苞水注之。水出譙城北白汀陂。陂水東流逕酇縣南，又東，逕鄲縣故城南。漢景帝中元年，封周應爲侯國，王莽更之曰單城也。音『多』。又東，逕嵇山北，嵇氏故居。嵇康本姓奚〔一八〕，會稽人也。先人自會稽遷於譙之銍縣，改爲嵇氏，取『稽』字之上以爲姓，蓋志本也。嵇氏譜曰：『譙有嵇山，家於其側，遂以爲氏。』縣，魏黄初中，文帝以酇、城父、山桑、銍置譙郡，故隸譙焉。苞水東流，入渙。渙水又東南，逕蘄縣故城南，地理志曰『故甀鄉』也。漢高帝破黥布於此，縣舊都尉治，王莽之蘄城也。水上有古石梁處，遺基尚存。渙水又東，逕穀陽縣，左會八丈故瀆。瀆上承洨水，南流注於渙。渙水又東，逕穀陽戍南。又東南，逕穀陽故城東北，右與解水會。水上承縣西南解塘，東北流逕穀陽城南，即穀水也。應劭曰，『城在穀水之陽』。又東北流，注於渙。渙水又東南，逕白石戍南，又逕虹城南，洨水注之。水首受蘄水於蘄縣，東南流逕穀陽縣，八丈故瀆出焉。又東，合長直故溝。溝上承蘄水，南會於洨。洨水又東南流，逕洨縣故城北。縣有垓下聚，漢高祖破項羽所在也。王莽更名其縣曰肴城。應劭曰：『洨水所出，音絞經之絞也。』洨水又東南，與渙水亂流而入於淮。故應劭曰：『洨水南入淮。』

淮水又東至巉石山，潼水注之。水首受潼縣西南潼陂。縣，故臨淮郡之屬縣，王莽改曰成信矣。南逕沛國夏丘縣，絶蘄水。又南，逕夏丘縣故城西，王莽改曰歸思也。又東南流，逕臨潼戍西。又東南，至巉石西南入淮。

淮水又東，逕浮山。山北對巉石山。梁氏天監中，立堰於二山之間。逆天地之心，乖民神之望，自然水潰壞矣。

淮水又東，逕徐縣南，歷澗水注之。水導徐城西北徐陂。陂水南流絶蘄水，逕歷澗戍西，東南流注於淮。

淮水又東，池水注之。水出東城縣東北，流逕東城縣故城南。漢以數千騎追羽，羽帥二十八騎引東城，因四隤山斬將而去，即此處也。史記孝文帝八年，封淮南厲王子劉良爲侯國。地理志，王莽更名之曰武城也。池水又東北流，歷二山閒，東北入於淮，謂之池河口也。

淮水又東，蘄水注之。水首受睢水於穀熟城東北，東逕建城縣故城北。漢武帝元朔四年，封長沙定王子劉拾爲侯國，王莽之多聚也〔一九〕。蘄水又東南，逕蘄縣。縣有大澤鄉，陳涉起兵於此，篝火爲狐鳴處也。南則洨水出焉。蘄水又東南，北八丈故瀆出焉。

又東流，長直故溝出焉。又東，入夏丘縣東，絶潼水，逕夏丘縣故城北。又東南，逕潼縣南。又東，流入徐縣，東絶歷澗。又東，逕大徐縣故城南。又東，注於淮。淮水又東，歷客山，逕盱眙縣故城南。地理志曰，都尉治。漢武帝元朔元年，封江都易王子劉蒙之爲侯國，王莽更名之曰武匡。淮水又東，逕廣陵淮陽城南，城北臨泗水，阻於二水之間。述征記，淮陽太守治。自後置戍，縣亦有時廢興也。

又東北，至下邳淮陰縣西，泗水從西北來流注之。

淮泗之會，即角城也。左右兩川，翼夾二水，決入之所，所謂泗口也。

又東，過淮陰縣北，中瀆水出白馬湖，東北注之。

淮水右岸，即淮陰也。城西二里有公路浦，昔袁術向九江，將東奔袁譚，路出斯浦，因以爲名焉。

又東，逕淮陰縣故城北。北臨淮水。漢高帝六年封韓信爲侯國。王莽之嘉信也。昔韓信去下鄉而釣於此處也。城東有兩冢，西者即漂母冢也。周迴數百步，高十餘丈，昔漂母食信於淮陰，信王下邳，蓋投金增陵，以報母矣。東一陵，即信母冢也。縣有中瀆水，首受江於廣陵郡之江都縣。縣城臨江。應劭地理風俗記曰：『縣爲一都之會，故曰江都也。』縣有江水祠，俗謂之伍相廟也。子胥但配食爾，歲三祭，與五岳同。舊江水道也。昔吳將伐齊，北霸中國，自廣陵城東南築邗城，城下掘深溝，謂之韓江，亦曰邗溟。溝自江東北通射陽湖，地理志所謂渠水也，西北至末口入淮。自永和中，江都水斷，其水上承歐陽埭，引江入埭，六十里至廣陵城。楚漢之閒爲東陽郡，高祖六年爲荆國，十一年爲吳城，即吳王濞所築也。景帝四年，更名江都。武帝元狩三年，更曰廣陵。王莽更名〔二〇〕，郡曰江平，縣曰定安。城東水上有梁，謂之洛橋。中瀆水自廣陵北出武廣湖東、陸陽湖西。二湖東西相直五里，水出其閒，下注樊梁湖。舊道東北出，至博芝、射陽二湖，西北出夾邪，乃至山陽矣。至永和中〔二一〕，患湖道多風，陳敏因穿樊梁湖北口，下注津湖逕渡，渡十二里，方達北口，直至夾邪。興寧中，復以津湖多風，又自湖之南口，沿東岸二十里，穿渠入北口，自後行者不復由湖。故蔣濟三州論曰：『淮湖紆遠，水陸異路，山陽不通，陳登穿溝〔二二〕，更鑿馬瀨，百里渡湖』者也。自廣陵出山陽白馬湖，逕山陽城西，即射陽縣之故城也。應劭曰：『在射水之陽。』漢高祖六年，封楚左令尹項纏爲侯國也。王莽更之曰監淮亭。世祖建武十五年，封子荆爲山陽公，治此。十七年，爲王國。城本北中郎將庾希所鎮。中瀆水又東，謂之山陽浦，又東入淮，謂之山陽口者也。

又東，兩小水流注之。

淮水左逕泗水國南，故東海郡也。徐廣史記音義曰：『泗水，國名。』漢武帝元鼎四年初置，都淩〔二三〕，封常山憲王子思王商爲國。地理志曰〔二四〕：王莽更泗水郡爲水順，淩縣爲生淩。淩水注之。水出淩縣，東流逕其縣故城東，而東南流注於淮，是曰淩口也。應劭曰：淩水出縣西南入淮，即經所謂之『小水』者也〔二五〕。

又東，至廣陵淮浦縣，入於海。

應劭曰，『淮涯』也〔二六〕。蓋臨側淮瀆，故受此名。淮水逕縣故城東，王莽更名之曰淮敬。

淮水於縣枝分，北爲游水，歷朐縣與沭合。又逕朐山西，山側有朐縣故城。秦始皇三十五年，於朐縣立石海上，以爲秦之東門。崔琰述初賦曰，『倚高艫以周眄兮，觀秦門之將將』者也。東北海中有大洲，謂之郁洲。山海經所謂『郁山在海中』者也。言是山自蒼梧徙此，云山上猶有南方草木。今郁州治。故崔季珪之敘述初賦言，『郁州者，故蒼梧之山也。心悅而怪之，聞其上有仙士石室也，乃往觀焉。一道人獨處，休休然，不談不對，顧非己及也』。即其賦所云『吾夕濟於郁洲』者也。游水又北，逕東海利成縣故城東，故利鄉也。漢武帝元朔四年，封城陽共王子嬰爲侯國，王莽更之曰流泉。游水又北歷羽山西，地理志曰：『羽山在祝其縣東南。』尚書曰：『堯疇咨四岳得舜，進十六族，殛鯀於羽山，是爲檮杌，與驩兜、三苗、共工同其罪，故世謂之「四凶」。鯀既死，其神化爲黄能〔二七〕，入於羽淵，是爲夏郊，三代祀之。』故連山易曰：『有崇伯鯀，伏於羽山之野者』，是也。游水又北，逕祝其縣故城西。春秋經書：『夏，公會齊侯於夾谷。』左傳，『定公十年，公及齊平，會於祝其，寔夾谷』也。服虔曰：『地二名。』王莽更之曰猶亭。縣之東有夾口浦。游水左逕琅邪計斤縣故城西。地理志曰：『莒子始起於此，後徙莒，有鹽官。』故世謂之南莒也。游水又東北，逕贛榆縣北。東側巨海，有秦始皇碑，在山上，去海百五十步，潮水至，加其上三丈，去則三尺。所見東北傾石，長丈八尺，廣五尺，厚三尺八寸，一行十二字。游水又東北，逕紀鄣故城南。春秋：『昭公十九年，齊伐莒，莒子奔紀鄣。』莒之婦人，怒莒子之害其夫，老而託紡焉，取其纑而夜縋，縋絶鼓譟，城上人亦譟，莒共公懼，啓西門而出，齊遂入紀。』故紀子帛之國。穀梁傳曰，吾『伯姬歸于紀』者也。杜預曰：『紀鄣，地二名。』東海贛榆縣東北有故紀城，即此城也。游水東北入海，舊吳之燕岱，常汎巨海，憚其濤險，更沿溯是瀆，由是出。地理志曰：『游水自淮浦北入海。』爾雅曰：『淮別爲滸。』游水亦枝稱者也。

校記

〔一〕宣帝元康元年　原本作「元帝元延二年」，據注疏本改。

〔二〕右會　「右」字原本作「左」，據注疏本改。

〔三〕光城南　注釋本作「南光城」，且注曰：「南光郡治。」

〔四〕光城左郡治　五字據殿本補。

〔五〕又東　「又」字據殿本補。

〔六〕右合　「右」字原本作「左」，據注疏本改。

〔七〕元年　原本作「六年」，據注疏本改。

〔八〕永興二年　原本作「永壽元年」，據後漢書梁統傳改。

〔九〕淮水又北　殿本無「北」字。

〔一〇〕哀公七年　「七」原本作「十」，據春秋左傳哀公七年改。

〔一一〕吴伐越　「越」原本作「楚」，據國語吴語改。

〔一二〕西入九里注之　六字據殿本補。

〔一三〕涣水又東南流　此句據殿本補。

〔一四〕明溝水　殿本無「水」字。

〔一五〕水自　殿本「水」上有「溝」字。

〔一六〕陽梁城　殿本作「楊梁城」。

〔一七〕漢昭帝　原本誤作「漢武帝」，據注疏本改。

〔一八〕嵇康　「康」字據殿本補。

〔一九〕「王莽」句　據殿本補。

〔二〇〕更名　原本作「改」，據殿本改。

〔二一〕永和　當作「永安」或「永興」，詳見注疏本會貞按。

〔二二〕陳登　原本誤作「陳敏」，據注疏本改。

〔二三〕都淩　二字據殿本補。

〔二四〕地理志　此上原本誤植「都淩」二字，據殿本删。

〔二五〕經所謂之　殿本作「經之所謂」。

〔二六〕淮涯　「涯」殿本作「崖」。

〔二七〕黄能　殿本作「黄熊」，注釋本作「黄龍」。

汝水

汝水出河南梁縣勉鄉西天息山，

地理志曰，『出高陵山』，即猛山也。亦言出南陽魯陽縣之大盂山，又言出弘農盧氏縣還歸山。博物志曰：『汝出燕泉山。』並異名也。余以永平中，蒙除魯陽太守，會上臺下列山川圖，以方志參差，遂令尋其源流。此等既非學徒，難以取悉，既在遥見〔一〕，不容不述。今汝水西出魯陽縣之大盂山蒙柏谷。巖障深高，山岫邃密，石徑崎嶇，人迹裁交。西即盧氏界也。其水東北流，逕太和城西。又東流，逕其城北。左右深松列植，筠柏交蔭，尹公度之所棲神處也。又東，届堯山西嶺下，水流兩分。一水東逕堯山南，爲滍水也。即經所言『滍水出堯山』矣。一水東北出，爲汝水，歷蒙柏谷。左右岫壑争深，山阜競高，夾水層松茂柏，傾山蔭渚，故世人以名也。津流不已，北歷長白沙口，狐白谿水注之。夾岸沙漲若雪，因以取名。其水南出狐白川，北流注汝水。汝水又東北，趣狼皋山者也。

東南過其縣北。

汝水自狼皋山東出峽，謂之汝阨也。東歷麻解城北，故鄤鄉城也，謂之蠻中。左傳所謂『單浮餘圍蠻氏，蠻氏潰』者也。杜預曰：『城在河南新城縣之東南，伊洛之戎陸渾蠻氏城也。』俗以爲麻解城，蓋『蠻』、『麻』讀聲近，故也。

汝水又逕周平城南。京相璠曰：『霍陽山在周平城東南』者也。

汝水又東，與三屯谷水合。水出南山，北流逕石碣東。柱側刊云：『河南界。』又有一碣題言：『洛陽南界。』碑柱相對，既無年月，竟不知何代所表也。其水又北流，注於汝水。

汝水又東，與廣成澤水合。水出狼皋山北澤中。安帝永初元年，以廣成遊獵地，假與貧民。元初二年，鄧太后臨朝，鄧騭兄弟輔政，世士以爲文德可興，武功宜廢，寢蒐狩之禮，息戰陣之法。於時馬融以文武之道，聖賢不墜，五材之用，無或可廢，作廣成頌云：『大漢之初基也，揆厥靈囿，營於南郊。右矕三塗，左枕嵩岳。面據衡陰，背箕王屋。浸以波溠，演以滎洛。金山、石林，殷起乎其中。神泉側出，丹水、涅池。怪石浮磬，燿焜於其陂。』桓帝延熹元年，校獵廣成，遂幸函谷關。其水自澤東南流，逕溫泉南，與溫泉水合。溫水殷源，揚波於川左泉上。華宇連蔭，茨甍交拒，方塘石沼，錯落其間，頤道者多歸之。其水東南流，注廣成澤水。澤水又東南，入於汝水。

汝水又東，得魯公水口。水上承陽人城東魯公陂。城，古梁之陽人聚也。秦滅東周，徙其君於此。陂水東南流，合于淵水。水出北山，南流注之。又亂流注於汝水。汝水之右，有霍陽聚。汝水逕其北，東合霍陽山水。水出南山，杜預曰，『河南梁縣有霍山』者也。其水東北流，逕霍陽聚東，世謂之華浮城，非也。春秋左傳：『哀公四年，楚襲梁及霍。』服虔曰：『梁霍，周南鄙也。』建武二年，世祖遣征虜將軍祭遵攻蠻中山賊張滿。時厭新、柏華餘賊合，攻得霍陽聚，即此。霍陽山水又逕梁城西〔二〕，按春秋周小邑也，於戰國爲南梁矣。故經云，汝水逕其縣北。俗謂之治城，非也。以北有注城故也。今置治城縣，治霍陽山。水又東北流，注於汝水。

汝水又東，左合三里水。水北出梁縣西北，而東南流，逕其縣故城西，故愚狐聚也。地理志云，『秦滅西周，徙其君於此』，因乃縣之。杜預曰，『河南縣西南有梁城』，即是縣也。水又東南，逕注城南。司馬彪曰：『河南梁縣有注城。』史記，『魏文侯三十二年，敗秦於注』者也。又與一水合，水發注城東阪下，東南流入三里水。三里水又亂流入於汝。

汝水又東，逕成安縣故城北。按地理志，潁川郡有『成安縣，侯國也』。史記建元以來功臣侯者年表曰：『漢武帝元鼎五年〔三〕，校尉韓千秋擊南越，死，封其子韓延年爲成安侯。』即此邑矣。世謂之『白泉城』，非也，俗謬爾。

汝水又東，爲周公渡，藉承休之徽號，而有周公之嘉稱也。汝水又東，黄水注之。水出梁山東南，逕周承休縣故城東，爲承休水。縣，故子南國也。漢武帝元鼎四年，幸洛陽，巡省豫州，觀於周室，邈而無祀。詢問耆老，乃得孽子嘉，封爲周子南君，以奉周祀。按汲冢古文，謂衛將軍文子爲子南彌牟，其後有子南勁。紀年：『勁朝於魏，後惠成王如衛，命子南爲侯。』秦幷六國，衛最後滅，疑嘉是衛後，故氏子南而稱君也。初元五年，爲周承休邑。地理志曰：『侯國也，元帝置。元始二年，更曰鄭公。』王莽之嘉美也。故汝渡有周公之名，蓋藉邑以納稱。世謂之『黄城』，水曰『黄水』皆非也。其水又東南，逕白茅臺東。又南，逕梁瞿鄉西，世謂之『期城』，非也。按後漢書，世祖自潁川往梁瞿鄉，馮魴先詣行所，即是邑也。水積爲陂，世謂之黄陂，東轉逕其城南東流，右合汝水。

又東南，過潁川郟縣南。

汝水又東，與張磨泉合。水發北阜，春夏水盛，則南注汝水。

汝水又東，分爲西長湖。湖水南北五十餘步，東西三百步。

汝水又東，扈澗水北出大劉山，南逕木蓼堆東郟城西，南流入於汝。

汝水又東〔四〕，右地爲湖。湖水南北八九十步，東西四五百步，俗謂之東長湖。一水下注湖〔五〕，古養水也。水出魯陽縣北將孤山北長岡下，數泉俱發，東歷永仁三堆南，又東逕沙川，世謂之沙水。歷山符壘北，又東逕沙亭南，故養陰里也。司馬彪郡國志曰：『襄城有養陰里。』京相璠曰：『在襄城郟縣西南。養，水名也。』俗以是水爲沙水，故亦名之爲『沙城』，非也。又城處水之陽，而以陰爲稱，更用惑焉。但流雜閒居，裂溉互移，致令川渠異容，津途改狀，故物望疑焉。又右，會堇溝水。水出沛公壘西六十許步。蓋漢祖入關，往征是由，故地擅斯目矣。其水東北注養水。養水又東北，入東長湖，亂流注汝水也。

汝水又逕郟縣故城南。春秋，『昭公十九年，楚令尹子瑕之所城』也。潕水注之，水出魯陽縣之將孤山，東南流。許慎云：『水出南陽魯陽，入父城，從水，敖聲。』吕忱字林亦言在魯陽。潕水東入父城縣，與桓水會。水出魯陽北山。水有二源奇導，於賈復城合爲一瀆，逕賈復城北。復南擊郾所築也。俗語譌謬，謂之『寡婦城』，水曰『寡婦水』。此瀆水有窮通，故有『枯渠』之稱焉。其水東北流，至父城縣北，右注潕水，亂流又東北至郟入汝。

汝水又東南，左合藍水。水出陽翟縣重嶺山，東南流，逕紀氏城。西有層臺，謂之紀氏臺。續漢書曰：『世祖車駕西征，盜賊羣起，郟令馮魴爲賊延裒所攻，力屈，上詣紀氏，羣賊自降。』即是處，在郟城東北十餘里。其水又東南流，逕黄阜東，而南入汝水。汝水又東南流，與白溝水合。水出夏亭城西，又南逕龍城西。城西北，即摩陂也，縱廣可十五里。魏青龍元年，有龍見於郟之摩陂，明帝幸陂觀龍於是，改摩陂曰龍陂，其城曰龍城。其水又南，入於汝水。

汝水又東南，與龍山水會。水出龍山龍谿，北流際父城縣故城東。昔楚平王大城城父，以居太子建。故杜預曰〔六〕：『即襄城之父城縣也。』馮異據之以降世祖，用報巾車之恩也。其水又東北流，與二水合。俱出龍山，北流注之。又東北，入於汝水。

汝水又東南，逕襄城縣故城南。王隱晉書地道記曰：『楚靈王築。』劉向説苑曰：『襄城君始封之日，服翠衣，帶玉佩，徙倚於流水之上。』即是水也。楚大夫莊辛所説處，後乃縣之。呂后元年，立孝惠後宫子義爲侯國。王莽更名相城也。黄帝嘗遇牧童於其野，故嵇叔夜讚曰：『奇矣難測，襄城小童。倦遊六合，來憩兹邦』也。其城南對汜城，周襄王出鄭居汜，即是此城也。春秋：『襄公二十六年，楚伐鄭，涉汜而歸。』杜預曰：『涉汝水於汜城下也。』晉襄城郡治。京相璠曰：『周襄王居之，故曰襄城也。』今置關於其下。

汝水又東南流，逕西不羹城南。春秋左傳：『昭公十二年，楚靈王曰：「昔諸侯遠我而畏晉，今我大城陳、蔡、不羹，賦皆千乘，諸侯其畏我乎？」』東觀漢記曰：『車騎馬防以前參藥，勤勞省闥，增封侯國襄城羹亭千二百五十户。』即此亭也。汝水又東南，逕繁丘城南，而東南出也。

又東南，過定陵縣北。

湛水出犨縣北魚齒山西北，東南流，歷魚齒山下爲湛浦，方五十餘步。春秋：『襄公十六年，晉伐楚報楊梁之役。楚公子格及晉師戰於湛阪，楚師敗績，遂侵方城之外。』今水北悉枕翼山阜，於父城東南、湛水之北，山有長阪，蓋即湛水以名阪，故有湛阪之名也。湛水又東南，逕蒲城北。京相璠曰，『昆陽縣北有蒲城，蒲城北有湛水者』，是也。湛水又東，於汝水九曲北東入汝。杜預亦以是水爲湛水矣。周禮：『荆州其浸潁湛。』鄭玄云：『未聞。』蓋偶有不照也。今考地則不乖其土，言水則有符經文矣。

汝水又東南，逕定陵縣故城北。漢成帝元延三年，封侍中衛尉淳于長爲侯國，王莽更之曰定城矣。東觀漢記曰〔七〕：『光武擊王莽二公，還到汝水上，於涯以手飲水，澡頰塵垢，謂傅俊曰：「今日疲倦，諸君寧憊也。」』即是水也。水右則滍水，左入焉。左則百尺溝，出矣。溝水夾岸層崇，亦謂之爲百尺隄也。自定陵城北，通潁水於襄城縣。潁盛則南播，汝泆則北注。溝之東有澄潭，號曰龍淵，在汝北四里許，南北百步，東西二百步。水至清深，常不耗竭，佳饒魚筍。湖溢，則東注瀙水矣。

汝水又東南，昆水注之。水出魯陽縣唐山，東南流，逕昆陽縣故城西。更始元年，王莽徵天下能爲兵法者，選練武衛，招募猛士，旌旗輜重，千里不絕。又驅諸獷獸虎、豹、犀、象之屬，以助威武。自秦漢出師之盛，未嘗有也。世祖以數千兵徼之陽關，諸將見尋邑兵盛，反走入昆陽。世祖乃使成國上公王鳳、廷尉大將軍王常留守，夜與十三騎出城南門，收兵於郾。尋邑圍城數十重，雲車十餘丈，瞰臨城中，積弩亂發，矢下如雨。城中人負户而汲，王鳳請降，不許。世祖率營部俱進，頻破之。乘勝，以敢死三千人徑衝尋邑兵，敗其中堅於是水之上，遂殺王尋。城中亦鼓譟而出，中外合勢，震呼動天地。會大雷風，屋瓦皆飛，莽兵大潰。昆水又屈逕其城南。世祖建武中，封侍中傅俊爲侯國，故後漢郡國志有昆陽縣，蓋藉水以氏縣也。昆水又東，逕定陵城南。又東，注汝水。

汝水又東南，逕奇雒城西北，今南潁川郡治也。濆水出焉，世亦謂之大㶏水。爾雅曰：『河有灉，汝有濆。』然則『濆』者，汝別也。故其下夾水之邑，猶流汝陽之名，是或『濆』、『㶏』之聲相近矣，亦或下合『㶏』、『潁』，兼統厥稱爾。

汝水逕奇領城西，東南流。其城襟帶兩水，側背雙流。

汝水又東南流，逕郾縣故城北，故魏下邑也。史記，『楚昭陽伐魏取郾』是也。

又東南，過郾縣北。

汝水又東，得醴水口。水出南陽雉縣，亦云導源雉衡山，即山海經『衡山』也。郭景純以爲南岳，非也。馬融廣成頌曰，『面據衡陰』，指謂是山。在雉縣界，故世謂之雉衡山。依山海經，不言有水。然醴水東流，歷唐山下，即高鳳所隱之山也。醴水又東南，與皋水合。水發皋山，郭景純言或作章山，東流注於醴水。醴水又東南，逕唐城北，南入城，而西流出城。城蓋因山以即稱矣。醴水又屈而東南流，逕葉縣故城北。春秋，『昭公十五年，許遷於葉』者也。楚盛周衰，控霸南土，欲争强中國，多築列城於北方，以逼華夏，故號此城爲萬城，或作『方』字。唐勒奏土論曰：『我是楚也，世霸南土，自越以至葉垂，弘境萬里，故號曰「萬城」也。』余按春秋，屈完之在召陵，對齊侯曰：『楚國方城以爲城。』杜預曰：『方城，山名也，在葉南。』未詳孰是。楚惠王以封諸梁子高，號曰葉公城，即子高之故邑也。葉公好龍，神龍下之。河東王喬之爲葉令也，每月望，常自詣臺朝帝，怪其來數而不見車騎，顯宗密令太史伺望之，言其臨至，輒有雙鳧從東南飛來。於是候鳧至，舉羅張之，但得一隻舄。乃詔尚方診視，則四年中所賜尚書官屬履也。每當朝時，葉門下鼓不擊自鳴，聞於京師。後天下玉棺於堂前，吏民推排，終不摇動。喬曰：『天帝獨欲召我邪？』乃沐浴服飾寢其中，蓋便立覆，宿昔葬於城東，土自成墳。其夕，縣中牛皆流汗喘乏，而人無知者。百姓爲立廟，號葉君祠。牧守每班録，皆先謁拜之，吏民祈禱，無不如應。若有違犯，亦立能爲祟。帝乃迎取其鼓，置都亭下，略無復聲焉。或云，即古仙人王喬也。是以干氏書之於神化。醴水又逕其城東，與燒車水合。水西出苦菜山，東流，側葉城南，而下注醴水。醴水又東，逕葉公廟北。廟前有葉公子高諸梁碑〔八〕。舊秦漢之世，廟道有雙闕几筵。黄巾之亂，殘毁穨闕。魏太和、景初中，令長脩飾舊宇。後長汝南陳晞，以正始元年立碑。碑字破落，遺文殆存，事見其碑。醴水又東，與葉西陂水會。縣南有方城山，屈完所謂『楚國方城以爲城』者也。山有涌泉北流，畜之以爲陂。陂塘方二里，陂水散流，又東逕葉城南而東北注醴水。醴水又東，注葉陂。陂東西十里，南北七里，二陂並諸梁之所堨也。陂水又東逕潕陽縣故城北，又東逕定陵城南，東與芹溝水合。水導源葉縣，東逕潕陽城北，又東逕定陵縣南，又東南流注醴。其水逕流昆醴之閒，纏絡四縣之中，疑即吕忱所謂岘水也。今於定陵更無别水，惟是水可當之。

醴水東逕郾縣故城南，左入汝。山海經曰：『醴水東流〔九〕，注於涀水也〔一〇〕。』

汝水又東南流，逕鄧城西。春秋左傳，『桓公二年，蔡侯、鄭伯會於鄧』者也。

汝水又東南流，潕水注之。

又東南，過汝南上蔡縣西。

汝南郡，楚之别也。漢高祖四年置，王莽改郡曰汝汾。縣，故蔡國，周武王克殷，封其弟叔度於蔡。世本曰：『上蔡也。』九江有下蔡，故稱『上』。竹書紀年曰，『魏章率師及鄭師伐楚，取上蔡』者也。永初元年，安帝封鄧騭爲侯國。

汝水又東，逕懸瓠城北。王智深云：『汝南太守周矜，起義於懸瓠者，是矣。』今豫州刺史汝南郡治。城之西北，汝水枝別左出，西北流。又屈西東轉。又西南會汝，形若垂瓠。耆彦云：『城北名馬灣，中有地數頃。上有栗園，栗小，殊不並固安之實也。然歲貢三百石，以充天府。』水渚即栗州也。樹木高茂，望若屯雲積氣矣。林中有栗堂，射埻甚閒敞，牧宰及英彦多所遊薄。其城上西北隅，高祖以太和中幸懸瓠。平南王肅起高臺於小城，建層樓於隅阿。下際水湄，降眺栗渚，左右列榭，四周參差競跱，奇爲佳觀也。

又東南，過平輿縣南。

溱水出浮石嶺北青衣山，亦謂之青衣水也。東南逕朗陵縣故城西。應劭曰：『西南有朗陵山，縣以氏焉。』世祖建武中，封城門校尉臧宫爲侯國也。溱水又南，屈逕其縣南。又東北，逕北宜春縣故城北，王莽更名之爲宣孱也。豫章有宜春，故加『北』矣。元初三年，安帝封后父侍中閻暢爲侯國。溱水又東北，逕馬香城北。又東北，入汝。汝水又東南，逕平輿縣南，安成縣故城北，王莽更名至成也。漢武帝元光六年，封長沙定王子劉蒼爲侯國矣。

汝水又東南，陂水注之。水首受慎水於慎陽縣故城南陂。陂水兩分。一水自陂北繞慎陽城四周城塹〔一一〕。潁川荀淑遇縣人黄叔度於逆旅，與語移日，曰：『子，吾師表也。』

范奕論曰〔一二〕：『黄憲言論風旨，無所傳聞。然士君子見之者，靡不服深遠，去疵吝，將以道周性全，無得而稱乎。』塹水又自瀆東北流，注北陂。一水自陂東北流，積爲鮦陂。陂水又東北，又結而爲陂，世謂之窖陂。陂水上承慎陽縣北陂東北流，積而爲土陂。陂水又東爲窖陂。陂水又東南流，注壁陂。陂水又東北爲太陂。陂水又東，入汝。

汝水又東南，逕平陵亭北。又東南，逕陽遂鄉北。

汝水又東，逕櫟亭北。春秋之棘櫟也。杜預曰：『汝陰新蔡縣東北有櫟亭。』今城在新蔡故城西北，城北半淪水。

汝水又東南，逕新蔡縣故城南。昔管蔡閒王室，放蔡叔而遷之。其子胡，能率德易行，周公舉之爲魯卿士〔一三〕。以見於王，王命之以蔡，申吕地也，以奉叔度祀，是爲蔡仲矣。宋忠曰：『故名其地爲新蔡。』王莽所謂新遷者也。世祖建武二十八年，封吴國爲侯國。汝南先賢傳曰：『新蔡鄭敬，字次都，爲郡功曹。都尉高懿廳事前有槐樹，白露類甘露者。懿問掾屬，皆言是甘露。敬獨曰：「明府政未能致甘露，但樹汁爾。」懿不悦，託疾而去。』

汝水又東南，左會澺水。水上承汝水别流於奇雒城東，東南流爲練溝。逕召陵縣西，東南流至上蔡西岡北爲黄陵陂。陂水東流，於上蔡岡東爲蔡塘。又東逕平輿縣故城南，爲澺水。縣，舊沈國也。有沈亭。春秋：『定公四年，蔡滅沈，以沈子嘉歸。』後楚以爲縣。史記曰，『秦將李信攻平輿』，敗之者也。建武三十年，世祖封銚統爲侯國，本汝南郡治。昔費長房爲市吏，見王壺公懸壺郡市，長房從之，因而自遠同入此壺，隱淪仙路，骨謝懷靈，無會而返，雖能役使鬼神，而終同物化。城南里餘有神廟，世謂之張明府祠，水旱之不節則禱之。廟前有圭碑，文字紊碎，不可復尋，碑側有小石函。按桂陽先賢畫讚：『臨武張熹字季智，爲平輿令。時天大旱，熹躬禱雩，未獲嘉應。乃積薪自焚，主簿侯崇、小史張化從熹焚焉。火既燎，天靈感應，即澍雨。此熹自焚處也。』澺水又東南，左池爲葛陂。陂方數十里，水物含靈，多所苞育。昔費長房投杖於陂而龍變所在也。又劾東海君於是陂矣。陂水東出爲鮦水，俗謂之三丈陂，亦曰三嚴水。水逕鮦陽縣故城南。應劭曰：『縣在鮦水之陽。』漢明帝永平中，封衛尉陰興子慶爲侯國也。縣有葛陵城，建武十五年，更封安成侯銚丹爲侯國。城之東北有楚武王冢，民謂之楚王琴。城北祝杜里下，土中得銅鼎，銘云『楚武王』。是知武王隧也。鮦陂東注爲富水。水積之處，謂之陂塘。津渠交絡，枝布川隰矣。澺水自葛陂東南，逕新蔡縣故城東，而東南流注於汝。

汝水又東南，逕下桑里。左池爲横塘陂，又東北爲青陂者也。

汝水又東南，逕壺丘城北。故陳地。春秋左傳，『文公九年，楚侵陳，克壺丘，以其服於晉』是也。

汝水又東，與青陂合。水上承慎水於慎陽縣之上慎陂。右溝，北注馬城陂，陂西有黄丘亭。陂水又東，逕新息亭北，又東爲綢陂。陂水又東，逕新息縣，結爲牆陂。陂水又東，逕逐鄉東南而爲壁陂。又東爲青陂，陂東對大吕亭。春秋外傳曰：『當成周時，南有荆蠻、申、吕，姜姓矣，蔡平侯始封也。』西南有小吕亭，故此稱『大』也。側陂南有青陂廟，廟前有碑〔一四〕。漢靈帝建寧三年，新蔡長河南緱氏李言，上請脩復青陂〔一五〕。司徒臣訓、尚書臣襲，奏可洛陽宫。於青陂東塘南樹碑。碑稱青陂在縣坤地，源起桐柏淮川，别流入於潯湲，逕新息牆陂衍入褒信界，灌溉五百餘頃。陂水又東，分爲二水。一水南入淮。一水東南逕白亭北，又東逕吳城南。史記，『楚惠王二年，子西召太子建之子勝於吳』，勝入居之，故曰吳城也。又東北，屈逕壺丘東，而北流注於汝水，世謂之薄谿水。汝水又東，逕褒信縣故城北，而東注矣。

又東，至原鹿縣，

汝水又東南，逕縣故城西。杜預釋地曰：『汝陰有原鹿縣也。』

南入於淮。

所謂汝口，側水有汝口戍，淮汝之交會也。

校記

〔一〕逕見　『逕』原本作『遘』，據殿本改。

〔二〕霍陽山　三字據殿本補。

〔三〕元鼎　原本作『元朔』，據史記建元以來功臣侯者年表及南越列傳改。

〔四〕汝水又東　殿本無『東』字。

〔五〕一水下注湖　殿本作『湖水下入汝』。

〔六〕故杜預　『故』字據殿本補。

〔七〕東觀漢記　原本脱『漢』字，據殿本補。

〔八〕葉公子高　殿本作『沈子高』。

〔九〕醴水　山海經中山經作『澧水』。

〔一〇〕淣水　山海經中山經作『視水』。

〔一一〕四周　原本作『四固』，據殿本改。

〔一二〕范奕　注疏本作『范曄』。

〔一三〕魯卿士　殿本無『魯』字。

〔一四〕碑　他本均作『陂』。

〔一五〕上請　『上』字原本在上句『言』字前，據殿本改。

滍水

滍水出南陽魯陽縣西之堯山，

堯之末孫劉累，以龍食帝孔甲。孔甲又求之，不得，累懼而遷於魯縣。立堯祠於西山，謂之堯山。故張衡南都賦曰：『奉先帝而追孝，立唐祠於堯山。』堯山在太和川太和城東北，滍水出焉。張衡南都賦曰，『其川瀆則滍、澧、藥、瀘，發源巖穴，布濩漫汗，漭沆洋溢，總括急趣〔一〕，箭馳風疾』者也。

滍水又歷太和川，東逕小和川。又東，温泉水注之。水出北山阜，七源奇發，炎熱特甚。闞駰曰：『縣有湯水，可以療疾。』湯側又有寒泉焉，地勢不殊，而炎涼異致，雖隆火盛日，肅若冰谷矣。渾流同谿，南注滍水。

滍水又東，逕胡木山。東流，又會温泉口。水出北山阜，炎勢奇毒，痾疾之徒，無能澡其衝漂。救癢者，咸去湯十許步別池，然後可入。湯側有石銘云：『皇女湯，可以療萬疾者也。』故杜彥達云：『然如沸湯，可以熟米，飲之愈百病。』道士清身沐浴，一日三飲，多少自在。四十日後，身中萬病愈，三蟲死。學道遭難逢危，終無悔心，可以牢神存志。即南都賦所謂『湯谷涌其後』者也。然宛縣有紫山，山東有一水，東西十五里，南北二百步，湛然沖滿，無所通會，冬夏常温，世亦謂之湯谷也。非魯陽及南陽之縣故也。張平子廣言土地所苞〔二〕，明非此矣。

湛水又東，房陽川水注之。水出南陽雉縣西房陽川，北流注於湛。湛水之北有積石焉，世謂女靈山。其山平地介立，不連岡以成高。峻石孤峙，不託勢以自遠。四面壁絶，極能靈舉，遠望亭亭，狀若單楹插霄矣。北面有如頽落，劣得通步。好事者時有扳陟爾。

湛水又與波水合。水出霍陽西川大嶺東谷。俗謂之『歇馬嶺』，川曰『廣陽川』，非也。即應劭所謂『孤山，波水所出也』。馬融廣成頌曰：『浸以波溠。』其水又南，逕蠻城下，蓋蠻别邑也。俗謂之『麻城』，非也。波水又南，分三川於白亭東，而俱南入湛水。湛水自下，兼波水之通稱也。是故闞駰有『東北至定陵入汝』之文。

湛水又東，逕魯陽縣故城南。城，即劉累之故邑也。有魯山，縣居其陽，故因名焉。王莽之魯山也。昔在於楚，文子守之，與韓遘戰，有返景之誠。内有南陽都鄉正衛爲碑。

湛水右合魯陽關水。水出魯陽關外分頭山横嶺下夾谷，東北出入湛。

湛水又東北，合牛蘭水。水發縣北牛蘭山，東南逕魯陽城東。水側有漢陽侯焦立碑。牛蘭水又東南，與柏樹谿水合。水出魯山北峽谷中，東南流逕魯山西，而南合牛蘭水。

又東南，逕魯山南。闞駰曰，『魯陽縣，今其地魯山』是也。水南注於滍。滍水東逕應城南，故應鄉也，應侯之國。詩所謂『應侯順德』者也。彭水注之，俗謂之小滍水。水出魯陽縣南彭山螘鴭東麓，北流逕彭山西。下有彭山廟，廟前有彭山碑。漢桓帝元嘉三年杜仲長立。彭水逕其西北，漢安邑長尹儉墓東。冢西有石廟，廟前有兩石闕。闕東有碑，闕南有二獅子相對，南有石碣二枚，石柱西南有兩石羊，中平四年立。彭水又東北流，直應城南而入滍。

滍水又左合橋水。水出魯陽縣北恃山東南，逕應山北。又南，逕應城西。地理志，故『父城縣之應鄉也。周武王封其弟爲侯國』。應劭曰：『韓詩外傳稱周成王與弟戲，以桐葉爲圭曰：「吾以封汝。」周公曰：「天子無戲言。」王乃應時而封，故曰應侯鄉。』亦曰應鄉。按呂氏春秋云：『成王以桐葉爲圭封叔虞，非應侯也。』汲郡古文殷時已有應國，非成王矣。戰國范雎所封邑也，謂之應水。

滍水又東，逕犨縣故城北。左傳，『昭公元年冬，楚公子圍使伯州犁城犨』，是也。出於魚齒山下。春秋：『襄公十八年，楚伐鄭〔三〕，次於魚陵。涉於魚齒之下，甚雨。楚師多凍，役徒幾盡。晉人聞有楚師，師曠曰：「不害，吾驟歌北風，又歌南風，南風不競，多死聲。楚必無功矣。」』所涉即滍水也。水南有漢中常侍長樂太僕吉成侯州苞冢。冢前有碑，墓西枕岡城〔四〕，開四門，門有兩石獸，墳傾墓毀，碑獸淪移。人有掘出一獸，猶全不破，甚高壯，頭去地減一丈許，作制甚工，左髆上刻作『辟邪』字〔五〕。門表塹上起石橋，歷時不毀。其碑云：『六帝四后，是咨是諏。』蓋仕自安帝，没於桓后。於時閽閹擅權，五侯暴世，割剥公私，以事生死。夫封者表有德，碑者頌有功，自非此徒，何用許爲？石至千春，不若速朽，苞墓萬古，祇彰誚辱。嗚呼！愚亦甚矣。

滍水又東，犨水注之。俗謂之『秋水』，非也。水有二源。東源出其縣西南踐犢山東崖下，水方五十許步，不測其深。東北流，逕犨縣南。又東北，屈逕其縣東，而北合西源水。西源出縣西南頗山北阜下，東北逕犨城西，又屈逕其縣北，東合右水。亂流北注於滍。漢高祖入關，破南陽太守吕齮於犨東，即於是地，滍水之陰也。

滍水又東南，逕昆陽縣故城北。昔漢光武與王尋、王邑戰於昆陽，敗之。走者相騰踐，奔殪百餘里間。會大雨如注，滍川盛溢，虎豹皆股戰，士卒争赴，溺死者以萬數，水爲不流。王邑、嚴尤、陳茂輕騎，皆乘尸而度矣。

東北，過潁川定陵縣西北。又東，過郾縣南，東入於汝。

滍水東逕西不羹亭南，亭北背汝水於定陵城北，東入汝。郾縣在南，不得過。

校記

〔一〕急趣　文選南都賦作「趨欲」。

〔二〕土地　「土」原本誤作「上」，據殿本改。

〔三〕楚伐鄭　「伐」原本誤作「我」，據殿本改。

〔四〕墓　殿本作「基」。

〔五〕上　原本誤作「土」，據殿本改。

潕水

潕水出潕陰縣西北扶予山，東過其縣南。

山海經曰：『朝歌之山，潕水出焉。東南流注於滎。』經書『扶予』者，其山之異名乎？滎水上承堵水，東流，左與西遼水合。又東，東遼水注之。俱導北山，而南流注於滎。滎水又東北，於潕陰縣北，左會潕水。水道稍西〔一〕，不出其縣南。其故城在山之陽，漢光武建武中，封岑彭爲侯國，漢以爲陽山縣。魏武與張繡戰於宛，馬名『絕景』，爲流矢所中，公傷右臂，引還潕陰，即是地也。城之東有馬仁陂，郭仲産曰：『陂在比陽縣西五十里，蓋地百頃，其所周溉田萬頃，隨年變種，境無儉歲。』陂水三周其隍，故瀆自隍西南而會於比，潕水不得復逕其南也。且邑號潕陰，故無出南之理。出南則爲陽也。非直不究，又不思矣。

潕水又東北，澧水注之。水出雉衡山，東南逕建城東。『建』，當爲『卷』，字讀誤爾。郡國志曰：『葉縣有卷城。』其水又東流入於潕。

潕水東北逕于東山西。潕水之左〔二〕，即黄城山也。有水出黄城山，東北逕方城。郡國志曰：『葉縣有方城。』郭仲産曰：『苦菜、于東之閒有小城，名方城，東臨溎水。』尋此城致號之由，當因山以表名也。苦菜即黄城也，及于東，通爲方城矣。世謂之方城山水，東流注溎水。故聖賢冢墓記曰：『南陽葉邑方城西，有黄城山，是長沮、桀溺耦耕之所。有東流水，則子路問津處。』尸子曰：『楚狂接輿耕於方城，蓋於此也。』盛弘之云：『葉東界有故城，始犨縣東，至溵水，達比陽界，南北聯聯數百里，號爲方城，一謂之長城。』云酈縣有故城一面，未詳里數，號爲長城。即此城之西隅，其閒相去六百里，北面雖無基築，皆連山相接，而漢水流其南，故屈完答齊桓公云：『楚國方城以爲城，漢水以爲池。』郡國志曰，『葉縣有長山曰方城』〔三〕，指此城也。

溎水又東北歷舞陽縣故城南，漢高祖六年，封樊噲爲侯國也。

又東，過西平縣北。

縣，故柏國也。春秋左傳所謂『江、黄、道、柏，方睦於齊』也。漢曰西平，其西吕墟，即西陵亭也。西陵平夷，故曰西平。漢宣帝甘露三年，封丞相于定國爲侯國，王莽更之曰新亭。晉太康地記曰：『縣有龍泉水，可以砥礪刀劍，特堅利，故有堅白之論矣。』是以龍泉之劍，爲楚寶也。縣出名金，古有鐵官。

又東，過郾縣南。

郾縣故城去此遠矣，不得過。

又東，過定潁縣北，東入於汝。

漢安帝永初二年，分汝南郡之上蔡縣置定潁縣，順帝永建元年，以陽翟郭鎮爲尚書令，封定潁侯。即此邑也。

校記

〔一〕水道　殿本作「其道」。

〔二〕潕水之左　此句之上，殿本有「西流入潕」。且案：「此四字，上有脱文。」

〔三〕長山　原本作「長城山」，據後漢書郡國志改。

潕水

潕水出潕陰縣東上界山，

山海經謂之『視水』也。郭景純注：『或曰「視」宜爲「潕」。』出蔵山。許慎云：『出中陽山。』皆山之殊目也。而東與泌水合，水出潕陰縣旱山，東北流，注潕。潕水又東北，殺水出西南大熟之山，東北流入於潕。潕水又東，淪水注之。水出宣山，東南流，注潕水。潕水又東，得奥水口。水西出奥山，東入於潕水也。

東過吴房縣南。又東，過濯陽縣南。

應劭曰：『濯水出吴房縣，東入潕。』縣之西北，即兩川之交會也。

又東，過上蔡縣南，東入汝。

瀷水

瀷水出汝南吳房縣西北奧山，東過其縣北，入於汝。

縣西北有棠谿城，故房子國。春秋：『定公五年，吳王闔閭弟夫槩奔楚，封之於棠谿。』故曰吳房也。漢高帝八年，封莊侯楊武爲侯國。建武中，世祖封泗水王歙子煇爲棠谿侯。山谿有白羊淵，淵水舊出白羊〔一〕。漢武帝元封二年，白羊出此淵，畜牧者禱祀之。俗禁拍手，嘗有羊出水，野母驚拍，自此絶焉。淵水下合瀷水。瀷水東逕瀷陽縣故城西，東流入灄水。亂流逕其縣南。世祖建武二十八年，封吳漢孫旦爲侯國。其水又東，入於汝水。

校記

〔一〕白羊　殿本作『山羊』。

潁水

潁水出潁川陽城縣西北少室山，

秦始皇十七年，滅韓，以其地爲潁川郡，蓋因水以著稱者也。漢高帝二年，以爲韓國，王莽之左隊也。山海經曰：『潁水出少室山。』地理志曰：『出陽城縣陽乾山。』今潁水有三源奇發。右水出陽乾山之潁谷。春秋，潁考叔爲其封人。其水東北流。中水導源少室通阜，東南流逕負黍亭東。春秋，『定公六年，鄭伐馮、滑、負黍』者也。馮敬通顯志賦曰：『求善卷之所在，遇許由於負黍。』京相璠曰：『負黍在潁川陽城縣西南二十七里，世謂之黄城也。』亦或謂是水爲瀘水，東與右水合。左水出少室南谿，東合潁水。故作者互舉二山，言水所發也。吕氏春秋曰：『卞隨恥受湯讓，自投此水而死。』張顯逸民傳、嵇叔夜高士傳，並言投洞水而死。未知其孰是也。

又東南〔二〕，過其縣南。

潁水又東，五渡水注之。其水導源崇高縣東北太室東谿。縣，漢武帝置，以奉太室山，俗謂之崧陽城。及春夏雨泛，水自山頂而迭相灌澍，崿流相承，爲二十八浦也。暘旱輟津，而石潭不耗。道路遊憩者，惟得餐飲而已，無敢澡盥其中。苟不如法，必數日不豫，是以行者憚之〔二〕。山下大潭，周數里，而清深肅潔。水中有立石，高十餘丈，廣二十許步。上甚平整，緇素之士多泛舟升陟，取暢山情〔三〕。其水東南逕陽城西。石溜縈委，溯者五涉，故亦謂之五渡水，東南流入潁水。

潁水逕其縣故城南。昔舜禪禹，禹避商均，伯益避啓，並於此也。亦周公以土圭測日景處。漢成帝永始元年，封趙臨爲侯國也。縣南對箕山。山上有許由冢，堯所封也。故太史公曰：『余登箕山，其上有許由墓焉。』山下有牽牛墟，側潁水有犢泉，是巢父還牛處也，石上犢迹存焉。又有許由廟，碑闕尚存，是漢潁川太守朱寵所立。潁水逕其北，東與龍淵水合。其水導源龍淵，東南流，逕陽城北，又東南入於潁。

潁水又東，平洛谿水注之。水發玉女臺下平洛澗，世謂之平洛水。吕忱所謂『勺水出陽城山』，蓋斯水也。又東南流，注於潁。

潁水又東，出陽關，歷康城南。魏明帝封尚書右僕射衛臻爲康鄉侯，此即臻封邑也。

潁水東南流，逕陽關聚。聚夾水相對，俗謂之東西二土城也。

又東南，過陽翟縣北。

潁水又逕上棘城西，又屈逕其城南。春秋左傳，『襄公十八年，楚師伐鄭，城上棘，以涉潁』者也。縣西有故堰，堰石崩褫，頹基尚存，舊遏潁水枝流所出也。其故瀆東南逕三封山北，今無水。渠中又有泉流出焉，時人謂之嵎水。東逕三封山東，東南歷大陵西連山，亦曰啓筮亭。啓亨神於大陵之上，即鈞臺也。春秋左傳曰：『夏啓有鈞臺之饗』是也。杜預曰：『河南陽翟縣南有鈞臺。』其水又東南流，水積爲陂。陂方十里，俗謂之鈞臺陂。陂蓋指臺取名也。又西南流，逕夏亭城西。又屈而東南，爲郟之靡陂。

潁水自堨東，逕陽翟縣故城北。夏禹始封於此，爲夏國。故武王至周曰：『吾其有夏之居乎？』遂營洛邑。徐廣曰：『河南陽城、陽翟，則夏地也。』春秋經書：『秋，鄭伯突入於櫟。』左傳：『桓公十五年，突殺檀伯而居之。』服虔曰：『檀伯，鄭守櫟大夫。櫟，鄭之大都。』宋忠曰：『今陽翟也。』周末，韓景侯自新鄭徙都之。王隱曰：『陽翟，本櫟也。』故潁川郡治也。城西有郭奉孝碑，水側有九山祠碑。叢柏猶茂，北枕川流也。

又東南，過潁陽縣西。又東南，過潁陰縣西南。

應劭曰：『縣在潁水之陽，故邑氏之。』按東觀漢記，漢封車騎將軍馬防爲侯國。防，城門校尉，位在九卿上，絕席。

潁水又南，逕潁鄉城西。潁陰縣故城在東北，舊許昌典農都尉治也。後改爲縣，魏明帝封侍中辛毗爲侯國也。

潁水又東南，逕柏祠曲東，歷岡丘城南，故汾丘城也。春秋左傳：『襄公十八年，楚子庚治兵於汾。』司馬彪曰：『襄城縣有汾丘。』杜預曰，『在襄城縣之東北』也。逕繁昌故縣北，曲蠡之繁陽亭也。魏書國志曰：『文帝以漢獻帝延康元年，行至曲蠡，登壇受禪於是地，改元黃初。』其年，以潁陰之繁陽亭爲繁昌縣。城内有三臺，時人謂之繁昌臺。壇前有二碑，昔魏文帝受禪於此。自壇而降曰：『舜禹之事，吾知之矣。』故其石銘曰：『遂於繁昌築靈壇也。』於後其碑六字生金，論者以爲司馬金行，故曹氏六世遷魏而事晉也。

潁水又東南流，逕青陵亭城北。北對青陵陂，陂縱廣二十里，潁水逕其北，枝入爲陂。陂西則漷水注之。水出襄城縣之邑城下，東流注於陂。陂水又東，入臨潁縣之狼陂。潁水又東南流，而歷臨潁縣也。

又東南，過臨潁縣南。又東南，過汝南㶏强縣北，洧水從河南密縣東流注之。

臨潁，舊縣也。潁水自縣西流注，小㶏水出焉。爾雅曰：『潁別爲沙。』郭景純曰：『皆大水溢出，別爲小水之名也，亦猶江別爲沱也。』

潁水又東南逕罣城北〔四〕，即古皋城亭矣。春秋經書，『公及諸侯盟于皋鼬』者也。『皋』、『罣』字相似，名與字乖爾。

潁水又東，逕㶏陽城南。竹書紀年曰：『孫何取㶏陽。』㶏强城在東北，潁水不得逕其北也。潁水又東南，溴水入焉，非洧水也。

又東，過西華縣北。

王莽更名之曰華望。有『東』，故言『西』矣。世祖光武皇帝建武中，封鄧晨爲侯國。漢濟北戴封，字平仲，爲西華令。遇天旱，慨治功無感，乃積柴坐其上以自焚，火起而大雨暴至，遠近歎服。永元十三年，徵太常焉。縣北有習陽城，潁水逕其南，經所謂洧水流注之也。

又南，過女陽縣北。

縣故城南有汝水枝流，故縣得厥稱矣。闞駰曰：『本汝水别流，其後枯竭，號曰死汝水，故其字無水。』余按『汝』、『女』乃方俗之音，故字隨讀改，未必一如闞氏之説，以窮通損字也。

潁水又東，大㶏水注之。又東南逕博陽縣故城東，城在南頓縣北四十里。漢宣帝封邴吉爲侯國，王莽更名樂嘉。

又東南，過南頓縣北，㶏水從西來流注之。

㶏水於樂嘉縣入潁，不至於頓。頓，故頓子國也，周之同姓。春秋，『僖公二十五年，楚伐陳，納頓子於頓』，是也。俗謂之『潁陰城』，非也。

潁水又東南，逕陳縣南。又東南，左會交口者也。

又東南，至新陽縣北，蒗蕩渠水從西北來注之。

經云蒗蕩渠者，百尺溝之別名也〔五〕。潁水南合交口，新溝自是東出。潁上有堰，謂之新陽堰，俗謂之『山陽堨』，非也。新溝自潁北東出，縣在水北，故應劭曰：『縣在新水之陽。』今縣故城在東，明潁水不出其北，蓋經誤爾。潁水自堰東南流，逕項縣故城北。春秋，『僖公十七年，魯滅項』，是矣。潁水又東，右合谷水。水上承平鄉諸陂，東北逕南頓縣故城南，側城東注。春秋左傳所謂頓迫於陳而奔楚，自頓徙南，故曰南頓也。今其城在頓南三十餘里。又東逕項城中，楚襄王所郭，以爲別都。都内西南小城，項縣故城也，舊潁州治。谷水逕小城北，又東逕魏豫州刺史賈逵祠北。王隱言，祠在城北，非也。廟在小城東，昔王凌爲宣王司馬懿所執，届廟而歎曰：『賈梁道，王凌魏之忠臣，惟汝有靈知之。』遂仰鴆而死。廟前有碑，碑石金生。干寶曰：『黄金可採，爲晉中興之瑞。』谷水又東流，出城東注潁。潁水又東，側潁有公路城，袁術所築也，故世因以術字名城矣。潁水又東，逕臨潁城北，城臨水闕南面。又東，逕雲陽二城閒，南北翼水，並非所具。

又東，逕丘頭，丘頭南枕水。魏書郡國志曰：『宣王軍次丘頭，王淩面縛水次，故號武丘矣。』

潁水又東南流，於故城北，細水注之。水上承陽都陂，陂水枝分，東南出爲細水。東逕新陽縣故城北，又東南，逕宋縣故城北。縣，即所謂鄟丘者也。秦伐魏取鄟丘，謂是邑矣。漢成帝綏和元年，詔封殷後於沛，以存三統。平帝元始四年，改曰宋公。章帝建初四年，徙邑於此，故號新鄟，爲宋公國也。王莽之新延矣。細水又南，逕細陽縣，新溝水注之。溝首受交口，東北逕新陽縣故城南。漢高帝六年，封呂青爲侯國，王莽更名曰新明也。故應劭曰：『縣在新水之陽，今無水，故渠舊道而已。』東入澤渚，而散流入細。細水又東南，逕細陽縣故城南，王莽更之曰樂慶也。世祖建武中，封岑彭子遵爲侯國。細水又東南，積而爲陂，謂之次塘。公私引裂，以供田溉。又東南流，屈而西南入潁。地理志曰，細水出細陽縣〔六〕，東南入潁。

潁水又東南流，逕胡城東，故胡子國也。春秋，『定公十五年，楚滅胡，以胡子豹歸』，是也。杜預釋地曰：『汝陰縣西北有胡城。』

潁水又東南，汝水枝津注之。水上承汝水別瀆於奇頟城東三十里，世謂之大濦水。東南逕召陵縣故城南。春秋左傳：『僖公四年，齊桓公師于召陵，責楚貢不入。』即此處也。

城内有大井，徑數丈，水至清深。闞駰曰：『召者，高也。其地丘墟，井深數丈，故以名焉。』又東南，逕征羌縣，故召陵縣之安陵鄉安陵亭也。世祖建武十一年，以封中郎將來歙，歙以征定西羌功，故更名征羌也。闞駰引戰國策，以爲秦昭王欲易地，謂此。非也。汝水別瀆又東，逕公路臺北。臺臨水，方百步，袁術所築也。汝水別溝又東，逕西門城，即南利也。漢宣帝封廣陵厲王子劉昌爲侯國。縣北三十里有孰城，號曰北利。故瀆出於二利之間，間關女陽之縣，世名之『死汝』，縣取水名，故曰女陽也。又東，逕南頓縣故城北，又東南，逕鮦陽城北。又東，逕邸鄉城北。又東，逕固始縣故城北。地理志，縣，故寢也。寢丘在南，故籍丘名縣矣。王莽更名之曰閏治。孫叔敖以土浸薄，取而爲封，故能緜嗣。城北猶有叔敖碑。建武二年，司空李通又慕叔敖受邑，故光武以嘉之，更名固始。別汝又東，逕蔡岡北。岡上有平陽侯相蔡昭冢。昭字叔明，周后稷之胄。冢有石闕，闕前有二碑，碑字淪碎，不可復識。羊虎傾低，殆存而已。枝汝又東北流，逕胡城南，而東歷汝陰縣故城西北〔七〕，東入潁水。

潁水又東，逕汝陰縣故城北。史記高祖功臣侯者年表曰：『高祖六年，封夏侯嬰爲侯國』，王莽更名之曰汝濆也。縣在汝水之陰，故以汝水納稱。城西有一城，故陶丘鄉也。汝陰郡治。城外東北隅，有舊臺翼城，若丘，俗謂之女郎臺。雖經頹毁，猶自廣崇。上有一井，疑故陶丘鄉，所未詳也。

又東南，至慎縣，東南入於淮。

潁水東南流，左合上吳、百尺二水，俱承次塘、細陂，南流注於潁。潁水又東南，江陂水注之。水受大漴陂，陂水南流，積爲江陂，南逕慎縣故城西〔八〕，側城南流，入於潁。潁水又逕慎縣故城南。縣，故楚邑，白公所居，以拒吳。春秋左傳：『哀公十六年，吳人伐慎，白公敗之。』王莽之慎治也。世祖建武中，封劉賜爲侯國。潁水又東南，逕蜩蟟郭東，俗謂之鄭城矣。又東南，入於淮。春秋：『昭公十二年，楚子狩于州來，次于潁尾。』蓋潁水之會淮也。

校記

〔一〕又東南　殿本無『又』字。

〔二〕是以　『是』字原本作『景』，據殿本改。

〔三〕山情　殿本作『幽情』。

〔四〕睪　注釋本作『睾』。

〔五〕別名　原本作「名別」，據注釋本改。

〔六〕細水　漢書地理志有「細陽」，無「細水」。顏師古於「汝南郡細陽」之下注曰：「居細水之陽，故曰細陽。細水本出新郪。」

〔七〕汝陰縣故城　「汝」殿本作「女」。下同。

〔八〕慎縣故城　殿本作「慎城」。

濦水

濦水出濦强縣南澤中，東入潁。

濦水出潁川陽城縣少室山，東流注於潁水。而亂流東南，逕臨潁縣西北，小濦水出焉。東逕臨潁縣故城北。濦水又東，逕濦陽城北。又東，逕濦强縣故城南。建武二年，世祖封揚化將軍堅鐔爲侯國。濦水東爲陶樞陂。余按濦陽城在濦水南，然則此城正應爲濦陰城，而有『濦陽』之名者，明在南猶有濦水，故此城以『陽』爲名矣。潁水之南有二瀆。其南瀆東南流，歷臨潁亭西，東南入汝，今無水也，疑即濦水之故瀆矣。

汝水於奇額城西別東派〔一〕，時人謂之大濦水。東北流，枝瀆右出，世謂之死汝也。別汝又東北，逕召陵城北，練溝出焉。別汝又東，汾溝出焉。別汝又東，逕征羌城北。水南有汾陂，俗音『糞』。汾水自別汝東注，而爲此陂。水積征羌城北四五里，方三十里許。瀆左合小濦水，水上承狼陂，南流，名曰鞏水。青陵陂水自陂東注之，東迴，又謂之小濦水，而南流注於大濦水。大濦水取稱，蓋藉濦沿注而總受其目矣。又東，逕西華縣故城南。

又東，逕汝陽縣故城北，東注於潁。

校記

〔一〕奇頟城　殿本作「奇雒城」，又作「奇洛城」，見卷二十二潁水。

溟水

溟水出河南密縣大騩山，

大騩即具茨山也。黄帝登具茨之山，升於洪隄之上，受神芝圖於黄蓋童子〔一〕，即是山也。溟水出其阿，流而爲陂，俗謂之玉女池。東逕陘山北。史記魏襄王六年，『敗楚於陘山』者也。山上有鄭祭仲冢。冢西有子産墓，累石爲方墳。墳東有廟，並東北向鄭城。杜元凱言不忘本。際廟舊有一枯柏樹，其塵根故株之上，多生稚柏成林，列秀青青，望之奇可嘉矣。

溟水又東南，逕長社縣故城西北，南濮、北濮二水出焉。劉澄之著永初記云：『水經濮水源出大騩山，東北流注泗。衛靈聞音於水上，殊爲乖矣。』余按水經爲溟水，不爲濮也。是水首受溟水，川渠雙引，俱東注洧。洧與之過沙，枝流派亂，互得通稱。是以春秋：『昭公九年，遷城父人於陳，以夷濮西田益之。』京相璠曰：『以夷之濮西田益也。』杜預亦言：『以夷田在濮水西者，與城父人。』服虔曰：『濮，水名也。』且字類音同，津瀾邈別，不得爲北濮上源，師氏傳音於其上矣。

潩水又南，逕鍾亭西。又東南，逕皇臺西。又東南，逕闕亭西。又東南，逕宛亭西，鄭大夫宛射犬之故邑也。

潩水又南，分爲二水。一水南出逕胡城東，故潁陰縣之狐人亭也。其水南結爲陂，謂之胡城陂。

潩水自枝渠東，逕曲强城東，皇陂水注之。水出西北皇臺七女岡北。皇陂即古長社縣之濁澤也。史記：『魏惠王元年，韓懿侯與趙成侯合軍伐魏，戰於濁澤。』是也。其陂水北對鷄鳴城，即長社縣之濁城也。陂水東南流，逕胡泉城北，故潁陰縣之狐宗鄉也。又東，合胡城陂水。水上承皇陂水而東南流，注於黄水，謂之合作口，而東逕曲强城北，東流入潩水。時人謂之『敕水』，非也。『敕』、『潩』音相類，故字從聲變爾。

潩水又逕東、西武亭閒。兩城相對，疑是古之岸門。史遷所謂『走犀首於岸門』者也。徐廣曰：『潁陰有岸亭。』未知是否。

潩水又南，逕射犬城東，即鄭公孫射犬城也。蓋俗謬爾。

潩水又南，逕潁陰縣故城西，魏明帝封司空陳羣爲侯國。其水自城西又東南逕許昌城南，又東南與宣梁陂水合。陂水上承狼陂於潁陰城西南。陂南北二十里，東西十里。春秋左傳曰，『楚子伐鄭師於狼淵』是也。其水東南入許昌縣，逕巨陵城北，鄭地也。春秋左氏傳：『莊公十四年，鄭厲公獲傅瑕於大陵。』京相璠曰：『潁川臨潁縣東北二十五里，有故巨陵亭，古大陵也。』其水又東，積而爲陂，謂之宣梁陂也。陂水又東南，入潩水。潩水又西南流，逕陶城西。又東南，逕陶陂東。

東南入於潁。

校記

〔一〕黄蓋童子　『黄』殿本作『華』。

洧水

洧水出河南密縣西南馬領山，

水出山下。亦言出潁川陽城山，山在陽城縣之東北，蓋馬領之統目焉。洧水東南流，逕一故臺南，俗謂之陽子臺。又東，逕馬領隖北。隖在山上，隖下泉流北注，亦謂洧別源也，而入於洧水。洧水東流，綏水會焉。水出方山綏谿，即山海經所謂浮戲之山也。東南流，逕漢弘農太守張伯雅墓。塋域四周，壘石爲垣，隅阿相降，列於綏水之陰。庚門表二石闕，夾對石獸於闕下。冢前有石廟，列植三碑。碑云：『德字伯雅，河南密人也。』碑側樹兩石人，有數石柱及諸石獸矣。舊引綏水南入塋域，而爲池沼。沼在丑地，皆蟾蠩吐水，石隍承溜。池之南，又建石樓、石廟，前又翼列諸獸。但物謝時淪，凋毀殆盡，夫富而非義，比之浮雲，況復此乎！王孫、士安斯爲達矣。綏水又東南流，逕上郭亭南，東南注洧。洧水又東，襄荷水注之。水出北山子節谿，亦謂之子節水，東南注於洧。洧水又東，會瀝滴泉水。出深谿之側，泉流丈餘，懸水散注，故世上以『瀝滴』稱，南流入洧水也。

東南過其縣南。

洧水又東南流，與承雲二水合。俱出承雲山，二源雙導，東南流注於洧。世謂之東、西承雲水。

洧水又東，微水注之。水出微山東北流，入於洧。

洧水又東，逕密縣故城南。春秋謂之新城。左傳：『僖公六年，會諸侯伐鄭，圍新密，鄭所以不時城也。』今縣城東門南側，有漢密令卓茂祠。茂字子康，南陽宛人，温仁寬雅，恭而有禮。人有認其馬者，茂與之，曰：『若非公馬，幸至丞相府歸我。』遂挽車而去。後馬主得馬，謝而還之。任漢黄門郎，遷密令，舉善而教，口無惡言，教化大行，道不拾遺，蝗不入境〔一〕，百姓爲之立祠，不享祀不輟矣。

洧水又左會瑣泉水。水出玉亭西，北流注於洧。

洧水又東南，與馬關水合。水出玉亭下，東北流歷馬關，謂之馬關水。又東北，注於洧。

洧水又東，合武定水。水北出武定岡，西南流，又屈而東南，逕零鳥塢西，側塢東南流。塢側有水，懸流赴壑，一匹有餘，直注澗下，淪積成淵，嬉遊者矚望，奇爲佳觀。俗人覩此水挂於塢側，遂目之爲零鳥水，東南流入於洧。

洧水又東，與虎牘山水合。水發南山虎牘谿，東北流入洧。

洧水又東南，赤澗水注之。水出武定岡，東南流，逕皇臺岡下。又歷岡東，東南流注於洧。

洧水又東南流，潧水注之。

洧水又東南，逕鄶城南。世本曰：『陸終娶於鬼方氏之妹，謂之女隤，是生六子，孕三年。啓其左脅，三人出焉，破其右脅，三人出焉。』其四曰萊言〔二〕，是爲鄶人。鄶人者，鄭是也。鄭桓公問於史伯，曰：『王室多難，余安逃死乎？』史伯曰：『虢、鄶，公之民，遷之可也。』鄭氏東遷，虢、鄶獻十邑焉。劉禎云：『鄶在豫州外方之北，北鄰於虢，都滎播之南〔三〕，左濟右洛，居兩水之間，食溱洧焉。』徐廣曰：『鄶在密縣，妘姓矣，不得在外方之北也。』

洧水又東，逕陰阪北。水有梁焉，俗謂是濟爲參辰口。左傳：『襄公九年，晉伐鄭，濟於陰阪，次於陰口而還。』是也。杜預曰：『陰阪，洧津也。』服虔曰：『水南曰陰。口者，水口也。「參」、「陰」聲相近，蓋傳呼之謬爾。』又晉居參之分，實沈之土，鄭處大辰之野，閼伯之地，軍師所次，故濟得其名也。

又東，過鄭縣南，潧水從西北來注之。

洧水又東，逕新鄭縣故城中。左傳：『襄公元年，晉韓厥、荀偃帥諸侯伐鄭，入其郛，敗其徒兵於洧上。』是也。竹書紀年：『晉文侯二年，周惠王子多父伐鄶，克之，乃居鄭父之丘，名之曰鄭，是曰桓公。』皇甫士安帝王世紀云：『或言，縣，故有熊氏之墟，黄帝之所都也。鄭氏徙居之，故曰新鄭矣。』城内有遺祠，名曰章乘，是也。

洧水又東，爲洧淵水。春秋傳曰：『龍鬬於時門之外洧淵。』即此潭也。今洧水自鄭城西北屈而東南流，逕鄭城南城之南門内。舊外蛇與内蛇鬬，内蛇死。六年，大夫傅瑕殺鄭子，納厲公，是其徵也。水南有鄭莊公望母臺。莊姜惡公寤生，與段京居。段不弟，姜氏無訓。莊公居夫人於城潁，誓曰：『不及黄泉，無相見也。』故成臺以望母，用伸在心之思。感考叔之言，忻『大隧』之賦，洩洩之慈有嘉，融融之孝得常矣。

洧水又東，與黄水合。經所謂潧水，非也。黄水出太山南黄泉，東南流逕華城西。史伯謂鄭桓公曰：『華君之土也。』韋昭曰：『華，國名矣。』史記：『秦昭王三十三年，白起攻魏，拔華陽，走芒卯，斬首十五萬。』司馬彪曰：『華陽，亭名，在密縣。』嵇叔夜常采藥於山澤，學琴於古人，即此亭也。黄水東南流，又與一水合。水出華城南岡，一源兩分，泉流派別，東爲七虎澗水，西流即是水也。其水西南流，注於黄水。即春秋之所謂黄崖也。故杜預云：『苑陵縣西有黄水。』黄水又東南流〔四〕，水側有二臺，謂之積粟臺。臺東，即二水之會也。捕獐山水注之，水東出捕獐山，西流注於黄水。黄水又南至鄭城北，東轉於城之東北，與黄溝合。水出捕獐山，東南流至鄭城，東北入黄水。黄水又東南，逕龍淵東南，七里溝水注之。水出隙候亭東南平地，東注。又屈而南流，逕升城東。又南歷燭城西，即鄭大夫燭之武邑也。又南流，注於洧水。

又東南，過長社縣北。

洧水東南流，南濮、北濮二水入焉。

洧水又東南，與龍淵水合。水出長社縣西北，有故溝上承洧水。水盛則通注龍淵，水減則津渠輟流。其瀆中濊泉南注，東轉爲淵。緑水平潭，清潔澂深，俯視游魚，類若乘空矣。所謂淵無潛鱗也。又東，逕長社縣故城北，鄭之長葛邑也。春秋，『隱公五年，宋人伐鄭，圍長葛』，是也。後社樹暴長，故曰長社，魏潁川郡治也。余以景明中出宰兹郡，於南城西側脩立客館。版築既興，於土下得一樹根，甚壯大，疑是故社怪長暴茂者也。稽之故説，縣無『龍淵』水名，蓋出近世矣。京相璠春秋土地名曰：『長社北界有禀水。』但是水導於隍塹之中，非北界之所謂。又按京杜地名，並云『長社縣北有長葛鄉』，斯乃縣徙於南矣。然則是水即禀水也。其水又東南，逕棘城北。左傳所謂『楚子伐鄭救齊，次於棘澤』者也。禀水又東，左注洧水。

洧水又東南，分爲二水。一水東逕許昌縣，故許男國也，姜姓，四岳之後矣。穆天子傳所謂『天子見許男於洧上』者也。漢章帝建初四年，封馬光爲侯國。春秋佐助期曰：『漢以許昌失天下〔五〕，及魏承漢歷，遂改名「許昌」。』城内有景福殿基，魏明帝太和中造，準價八百餘萬。

洧水又東，入汶倉城内。俗以是水爲『汶水』，故有汶倉之名，非也。蓋洧水之邸閣爾。

洧水又東，逕鄢陵縣故城南。李奇曰：『六國爲安陵也。』昔秦求易地，唐且受使於此。漢高帝十二年，封都尉朱濞爲侯國。王莽更名左亭。

洧水又東，鄢陵陂水注之。水出鄢陵南陂東，西南流，注於洧水。

又東南，過新汲縣東北。

洧水自鄢陵東，逕桐丘南。俗謂之『天井陵』，又曰『岡』，非也。

洧水又屈而南流。水上有梁，謂之桐門橋，蓋藉桐丘以取稱，亦言取桐門亭而著目焉。然不知亭之所在，未之詳也。

洧水又東南，逕桐丘城。春秋左傳：『莊公二十八年，楚伐鄭，鄭人將奔桐丘。』即此城也。杜預春秋釋地曰：『潁川許昌城東北。』京相璠曰：『鄭地也。』今圖無，而城見存。西南去許昌故城可三十五里，俗名之曰『隄』。其城南即長隄，固洧水之北防也。西面桐丘，其城邪長而不方，蓋憑丘之稱，即城之名矣。洧水又東，逕新汲縣故城北。漢宣帝神雀二年，置於許之汲鄉曲洧城，以河内有汲縣，故加『新』也。城在洧水南隄上。又東，洧水右迆爲濩陂。洧水又逕匡城南，扶溝之匡亭也。又東，洧水左迆爲鴨子陂，謂之大穴口也。

又東，過茅城邑之東北。

洧水自大穴口東南，逕洧陽城西南，茅城東北〔六〕。又南，左合甲庚溝。溝水上承洧水於大穴口，東北枝分，東逕洧陽故城南。俗謂之『復陽城』，非也。蓋『洧』、『復』字類音讀變爾。漢建安中，封司空祭酒郭奉孝爲侯國。其水又東南爲鴨子陂。陂廣十五里，餘波南入甲庚溝，西注洧東北瀉沙。洧水又南，逕一故城西，世謂之思鄉城，西去洧十五里。洧水又南〔七〕，右合濩陂水。水上承洧水於新汲縣，南逕新汲縣故城東，又南積而爲陂。陂之西北，即長社城。陂水東翼洧隄，西面茅邑，自城北門列築隄道，迄於此岡。世尚謂之茅岡，即經所謂茅城邑也。陂水北出，東入洧津，西北納異流。

又東，過習陽城西，折入於潁。

洧水又東南，逕辰亭東。俗謂之『田城』，非也。蓋『田』、『辰』聲相近，『城』、『亭』音韻聯，故也。經書，『魯宣公十一年，楚子、陳侯、鄭伯盟於辰陵』也。京相璠曰：『潁川長平有故辰亭。』杜預曰：『長平縣東南有辰亭。』今此城在長平城西北，長平城在東南。或杜氏之謬，傳書之誤爾。長平東南淋陂北畔有一阜，東西減里，南北五十許步，俗謂之新亭臺，又疑是杜氏所謂『辰亭』，而未之詳也。

洧水又南，逕長平縣故城西，王莽之長正也。

洧水又南，分爲二水。枝分東出，謂之五梁溝。逕習陽城北，又東逕赭丘南，丘上有故城。郡國志曰：『長平故屬汝南縣，有赭丘城。』即此城也。又東，逕長平城南，東注澇陂。洧水南出，謂之鷄籠水，故水會有籠口之名矣。

洧水又東，逕習陽城西，西南折入潁。地理志曰，『洧水東南至長平縣入潁』者也。

校記

〔一〕蝗不入境　『不』字據殿本補。

〔二〕萊言　注疏本作『求言』。

〔三〕都滎播之南　他本無『播』字。

〔四〕黄水　殿本作『者也』，屬上。

〔五〕漢以許昌失天下　殿本無『昌』字。

〔六〕茅城　其上殿本有『逕』字。

〔七〕又南　殿本無『南』字。

潧水

潧水出鄭縣西北平地，

潧水出鄶城西北鷄絡隝下。東南流，逕賈復城西。東南流，左合潊水。水出賈復城，東南流，注於潧。潧水又南，左會承雲山水。水出西北承雲山，東南歷渾子岡，東注，世謂岡峽爲五鳴口，東南流，注於潧。潧水又東南流，歷下田川，逕鄶城西，謂之爲柳泉水也。故史伯答桓公曰：『君以成周之衆，奉辭伐罪，若克虢鄶君之土也，如前華後河，右洛左濟，主芣騩而食潧洧〔一〕，脩典刑以守之，可以少固。』即謂此矣。潧水又南，懸流奔壑，崩注丈餘。其下積水成潭，廣四十許步，淵深難測。又南注於洧。詩所謂『溱與洧』者也，世亦謂之爲鄶水也。

東過其縣北。又東南，過其縣東。又南，入於洧水。

自鄶潧東南，更無別瀆，不得逕新鄭而會洧也。鄭城東入洧者，黄崖水也，蓋經誤證爾。

校記

〔一〕潧洧　國語鄭語作「溱洧」。

決水

決水出廬江雩婁縣南大別山，

俗謂之爲檀公峴，蓋大別之異名也。其水歷山委注，而絡其縣矣。

北過其縣東。

縣，故吳也。春秋左傳：『襄公二十六年，楚子、秦人侵吳及雩婁，聞吳有備而還。』是也。晉書地道記云：『在安豐縣之西南，即其界也。』故地理志曰：『決水出雩婁。』

又北，過安豐縣東。

決水自雩婁縣北，逕雞備亭。春秋，『昭公二十三年，吳敗諸侯之師於雞父』者也。安豐縣故城，今邊城郡治也。王莽之美豐也。世祖建武八年，封大將軍凉州牧竇融爲侯國，晉立安豐郡。

決水自縣西北流，逕蓼縣故城東，又逕其北。漢高帝六年，封孔聚爲侯國，世謂之史水。即決水也。

決水又西北，灌水注之。其水導源廬江金蘭縣西北東陵鄉大蘇山〔一〕。許慎曰：『出雩婁縣，俗謂之澮水。』褚先生所謂『神龜出於江灌之間〔二〕，嘉林之中』，蓋謂此水也。灌水東北，逕蓼縣故城西，而北注決水。故地理志曰：『決水北至蓼入淮。』灌水亦於蓼入決。春秋：『宣公八年冬，楚公子滅舒蓼。』臧文仲聞之曰：『臯陶、庭堅不祀忽諸，德之不逮，民之無援，哀哉！』

決水又北，右會陽泉水。水受決水，東北流逕陽泉縣故城東，故陽泉鄉也。漢獻帝中，封太尉黃琬爲侯國。又西北流，左入決水，謂之陽泉口。

又北，入於淮。

俗謂之『澮口』，非也。斯決灌之口矣。余往因公至於淮津，舟車所屆，次於決水。訪其民宰，與古名全違。脉水尋經，方知決口。蓋『灌』、『澮』聲相倫，習俗害真爾。

校　記

〔一〕大蘇山　此下他本皆有『即淮水也』句。

〔二〕褚先生　『褚』原本誤作『楮』，據殿本改。

沘水

沘水出廬江灊縣西南霍山東北，

灊者，山、水名也。開山圖：『灊山圍繞大山爲霍山。』郭景純曰：『灊水出焉。』縣即其稱矣。春秋，『昭公二十七年，吳因楚喪，圍灊』是也。地理志曰『沘水出沘山』，不言霍山。『沘』字或作『淠』〔一〕。

沘水又東北，逕博安縣，泄水出焉。

東北過六縣東，

沘水東北，又會蹹鼓川水。水出東南蹹鼓川，西北流，左注沘水。沘水又西北，逕馬亭城西。又西北，逕六安縣故城西。縣，故咎陶國也。夏禹封其少子，奉其祀。今縣都陂中有大冢，民傳曰『公琴』者，即皋陶冢也。楚人謂冢爲琴矣。漢高帝元年，別爲衡山國。五年，屬淮南。文帝十六年，復爲衡山國。武帝元狩二年，別爲六安國，王莽之安風也。漢書所謂『以舒屠六』。晉太康三年，廬江郡治。沘水又西北，分爲二水，芍陂出焉。

又北逕五門亭西，西北流，逕安豐縣故城西。晉書地道記，安豐郡之屬縣也，俗名之曰安城矣。

又北會濡水，亂流西北注也。

北入於淮。

水之決會，謂之沘口也。

校記

〔一〕沘　據殿本補。

泄水

泄水出博安縣，

博安縣，地理志之博鄉縣也，王莽以爲揚陸矣。泄水自縣上，承沘水於麻步川，西北出歷濡谿，謂之濡水也。

北過芍陂西，與沘水合，

泄水自濡谿逕安豐縣，北流注於淠，亦謂之濡須口。

西北入於淮。

亂流同歸也。

肥水

肥水出九江成德縣廣陽鄉西，

呂忱字林曰：『肥水出良餘山，俗謂之連枷山，亦或以爲獨山也。』北流分爲二水，施水出焉。

肥水又北，逕狄城東。又北，逕荻丘東，右會施水枝津。水首受施水於合肥縣城東，西流逕成德縣，注於肥水也。

北過其縣西北，入芍陂。

肥水自荻丘北，逕成德縣故城西，王莽更之曰平阿也。又北，逕芍陂東。又北，逕死虎塘東。芍陂瀆上承香門陂〔一〕，與芍陂更相通注，故經言入芍陂矣。

肥水東北〔二〕，右合閻澗水。水上承施水於合肥縣，北流，逕浚遒縣西，水積爲陽湖。陽湖水自塘西北，逕死虎亭南，夾横塘西注。宋泰始初，豫州司馬劉順率衆八千，據其城地，以拒劉勔。趙叔寶以精兵五千，送糧死虎，劉勔破之此塘。水分爲二，洛澗出焉。閻漿水注之，水受芍陂。陂水上承淠水於五門亭南〔三〕，別爲斷神水。又東北流，逕五門亭東。亭爲二水之會也。斷神水又東北，逕神迹亭東。又北，謂之豪水。雖廣異名，事寔一水。又東北，逕白芍亭東。積而爲湖，謂之芍陂。陂周百二十許里，在壽春縣南八十里，言楚相孫叔敖所造。魏太尉王淩，與吳將張休戰於芍陂，即此處也。陂有五門，吐納川流。西北爲香門陂，陂水北逕孫叔敖祠下，謂之芍陂瀆。又北，分爲二水。一水東注黎漿水，黎漿水東逕黎漿亭南。文欽之叛，吳軍北入，諸葛緒拒之於黎漿，即此水也。東注肥水，謂之黎漿水口。

又北，過壽春縣東。

肥水自黎漿北，逕壽春縣故城東，爲長瀨津。津側有謝堂北亭，迎送所薄，水陸舟車，是焉萃止。

又西北，右合東谿。谿水引瀆北出，西南流逕導公寺西。寺側因谿建刹五層，屋宇閒敞，崇虚攜覺也〔四〕。又西南流，注於肥。

肥水又西，逕東臺下。臺即壽春外郭東北隅阿之榭也。東側有一湖，三春九夏，紅荷覆水，引瀆城隍，水積成潭，謂之東臺湖，亦肥南播也。

肥水西逕壽春縣故城北，右合北谿，水導北山，泉源下注，漱石頽隍。水上長林插天，高柯負日，出於山林精舍右、山淵寺左。道俗嬉遊，多萃其下。内外引汲，泉同七淨。谿水沿注，西南逕陸道士解南。精廬臨側川谿，大不爲廣，小足閒居，亦勝境也。谿水西南注於肥水。

北入於淮。

肥水又西，分爲二水。右即肥之故瀆，遏爲船官湖，以置舟艦也。肥水左瀆，又西逕石橋門北，亦曰草市門，外有石梁渡北洲。洲上有西昌寺。寺三面阻水，佛堂設三象，真容妙相，被服精煒，是蕭武帝所立也。寺西即船官坊，蒼兕、都水，是營是作。湖北對八公山。山無樹木，惟童阜爾。山上有淮南王劉安廟。劉安是漢高帝之孫，厲王長子也。折節下士，篤好儒學。養方術之徒數千人〔五〕，皆爲俊異焉，多神仙祕法鴻寶之道。忽有八公，皆鬚眉皓素，詣門希見。門者曰：『吾王好長生，今先生無住衰之術，未敢相聞。』八公咸變成童，王甚敬之。八士並能煉金化丹，出入無閒，乃與安登山，薶金於地，白日升天。餘藥在器，鷄犬舐之者，俱得上升。其所升之處，踐石皆陷，人馬迹存焉。故山即以『八公』爲目。余登其上，人馬之迹無聞矣，惟廟象存焉。廟中圖安及八士象，皆坐牀帳如平生，被服纖麗，咸羽扇裙帔，巾壺枕物，一如常居。廟前有碑，齊永明十年所建也。山有隱室石井，即崔琰所謂，余下壽春，登北嶺淮南之道室，八公石井在焉。亦云左吳與王春、傅生等尋安，同詣玄洲，還爲著記，號曰八公記，都不列其鷄犬升空之事矣。按漢書，安反伏誅，葛洪明其得道，事備抱朴子及神仙傳。

肥水又左，納芍陂瀆。瀆自黎漿分水，引瀆壽春城北，逕芍陂門右，北入城。昔鉅鹿時苗爲縣長，是其留犢處也。瀆東有東都街，街之左道北，有宋司空劉勔廟。宋元徽二年，建於東鄉孝義里。廟前有碑，時年碑功方創，齊永明元年方立。沈約宋書言，泰始元年，豫州刺史殷琰反，明帝假勔輔國將軍，討之。琰降，不犯秋毫，百姓來蘇，生爲立碑，文過其實。建元四年，故吏顔幼明爲其廟銘，故佐龐珽爲廟讚，夏侯敬友爲廟頌，並附刊於碑側。瀆水又北，逕相國城東，劉武帝伐長安所築也，堂宇廳館仍，故以『相國』爲名。又北出城，注肥水。

肥水又西，逕金城北。又西，左合羊頭谿水。水受芍陂，西北歷羊頭谿，謂之羊頭澗水。北歷熨湖〔六〕，左會烽水瀆。瀆受淮於烽村南，下注羊頭谿，側逕壽春城西，又北歷象門，自沙門北出金城西門逍遥樓下，北注肥瀆。肥水北注舊瀆之横塘，爲玄康南路馳道，左通船官坊也。

肥水逕玄康城，西北流，北出。水際有曲水堂，亦嬉遊所集也。

又西北流，昔在晉世，謝玄北禦苻堅，祈八公山，及置陳於肥水之濱。堅望山上草木，咸爲人狀，此即堅戰敗處。非八公之靈有助，蓋苻氏將亡之惑也。

肥水又西北，注於淮，是曰肥口也。

校記

〔一〕香門陂　殿本作「井門」。

〔二〕肥水東北　殿本無「東」字。注疏本作「肥水又北」。

〔三〕淠水　原本作「澗水」，據注疏本改。

〔四〕攜覺　注疏本作「嶕嶢」。

〔五〕數千人　原本作「數十人」，據注疏本改。

〔六〕北歷熨湖　「歷」殿本作「逕」；「熨」原本作「尉」，據殿本改。

施水

施水亦從廣陽鄉與肥水别，東南入於湖。

施水受肥於廣陽鄉，東南流，逕合肥縣。應劭曰：『夏水出城父東南，至此與肥合，故曰「合肥」。』闞駰亦言：『出沛國城父東，至此合爲肥。』余按川殊派别，無沿注之理。方知應、闞二説非實證也。蓋夏水暴長，施合於肥，故曰『合肥』也，非謂夏水。

施水自成德東，逕合肥縣城南。城居四水中，又東有逍遥津。水上舊有梁，孫權之攻合肥也，張遼敗之於津北。橋不撤者兩版。權與甘寧蹴馬趨津，谷利自後著鞭助勢，遂得度梁。凌統被鎧落水，後到追及〔一〕，流涕津渚。

施水又東，分爲二水。枝水北出焉，下注陽淵。

施水又東，逕湖口戍，東注巢湖，謂之施口也。

校記

〔一〕追及　原本作『追亡』，據注疏本改。

江水

岷山在蜀郡氐道縣，大江所出，東南過其縣北。

岷山，即瀆山也，水曰瀆水矣。又謂之汶阜山，在徼外，江水所導也。益州記曰：『大江泉源，即今所聞，始發羊膞嶺下，緣崖散漫，小水百數，殆未濫觴矣。』東南下百餘里，至白馬嶺，而歷天彭闕，亦謂之爲天彭谷也。秦昭王以李冰爲蜀守。冰見氐道縣有天彭山，兩山相對，其形如闕，謂之天彭門，亦曰天彭闕。江水自此已上至微弱，所謂發源濫觴者也。漢元延中，岷山崩，壅江水，三日不流。揚雄反離騷云：『自岷山投諸江流，以弔屈原，名曰反騷也。』

江水自天彭闕東逕汶關，而歷氐道縣北。漢武帝元鼎六年，分蜀郡北部置汶山郡，以統之。縣，本秦始皇置，後爲升遷縣也。益州記曰：『自白馬嶺回行二十餘里，至龍涸。又八十里，至蠶陵縣。又南下六十里，至石鏡。又六十餘里，而至北部，始百許步。又西百二十餘里〔一〕，至汶山故郡，乃廣二百餘步。又西南百八十里，至溼阪，江稍大矣。』故其精則井絡纏曜，江漢昞靈。河圖括地象曰：『岷山之精，上爲井絡。帝以會昌，神以建福。』故書曰：『岷山導江。』泉流深遠，盛爲四瀆之首。廣雅曰：『江，貢也。』風俗通曰：『出珍物，可貢獻。』釋名曰：『江，共也。小水流入其中，所公共也。』

東北百四十里，曰崍山，中江所出，東注於大江。崍山，邛崍山也，在漢嘉嚴道縣。一曰新道。南山有九折阪，夏則凝冰，冬則毒寒，王陽按轡處也。平恒言：『是中江所出矣。』郭景純江賦曰：『流二江於崌崍。』

又東百五十里，曰崌山，北江所出，東注於大江。山海經曰：『崌山，江水出焉，東注大江，其中多怪蛇。』

江水又逕汶江道。汶出徼外嶓山西，玉輪阪下而南行，又東逕其縣而東注於大江。故蘇代告楚曰：『蜀地之甲，浮船於汶，乘夏水而下江，五日而至郢。』謂是水也。

又有湔水入焉。水出緜道〔二〕，亦曰緜虒縣之玉壘山。吕忱云：『一曰半浣水也，下注江。』

江水又東，別爲沱，開明之所鑿也。郭景純所謂『玉壘作東別之標』者也。縣，即汶山郡治，劉備之所置也。渡江有笮橋。

江水又歷都安縣。縣有桃關、漢武帝祠。李冰作大堰於此，壅江作堋，堋有左右口，謂之湔堋。江入郫江、撿江，以行舟。益州記曰：『江至都安，堰其右，撿其左，其正流遂東，郫江之右也。』因山頹水，坐致竹木，以溉諸郡。又穿羊摩江、灌江，西於玉女房下白沙郵，作三石人立水中。刻要江神，水竭不至足，盛不没肩。是以蜀人旱則藉以爲溉，雨則不遏其流。故記曰：『水旱從人，不知饑饉，沃野千里，世號「陸海」，謂之天府也。』郵在堰上，俗謂之都安大堰，亦曰湔堰，又謂之金隄。左思蜀都賦云『西踰金隄』者也。諸葛亮北征，以此堰農本，國之所資，以征丁千二百人主護之，有堰官。益州刺史皇甫晏至都安，屯觀坂，從事何旅曰：『今所安營，地名觀坂，上觀下反〔三〕，其徵不祥。』不從，果爲牙門張和所殺。

江水又逕臨邛縣，王莽之監邛也。縣有火井、鹽水，昏夜之時，光興上照。

江水又逕江原縣，王莽更名邛原也。𨛬江水出焉。

江水又東北，逕郫縣下。縣民有姚精者，爲叛夷所殺，掠其二女。二女見夢其兄，當以明日自沈江中，喪後日當至，可伺候之。果如所夢，得二女之尸於水，郡縣表異焉。

江水又東，逕成都縣。縣以漢武帝元鼎二年立。縣有二江，雙流郡下，故揚子雲蜀都賦曰：『兩江珥其前』者也。風俗通曰：『秦昭王使李冰爲蜀守，開成都兩江，溉田萬頃。江神歲取童女二人爲婦，冰以其女與神爲婚，徑至神祠，勸神酒。酒栝恒澹澹，冰厲聲以責之，因忽不見。良久，有兩牛鬬於江岸旁。有閒，冰還，流汗謂官屬曰：「吾鬬大亟，當相助也。南向腰中正白者，我綬也。」主簿刺殺北面者，江神遂死。蜀人慕其氣決，凡壯健者，因名「冰兒」也。』秦惠王二十七年，遣張儀與司馬錯等滅蜀，遂置蜀郡焉。王莽改之曰導江也。儀築成都，以象咸陽。晉太康中，蜀郡爲王國，更爲成都内史，益州刺史治。地理風俗記曰：『華陽黑水惟梁州。』漢武帝元朔二年，改梁曰益州，以新啓犍爲、牂柯、越巂，州之疆壤益廣，故稱益云。初治廣漢之雒縣，後乃徙此。故李固與弟圄書曰：『固今年五十七，鬢髮已白，所謂容身而遊，滿腹而去，周觀天下，獨未見益州爾。昔嚴夫子常言：經有五，涉其四。州有九，遊其八。欲類此子矣。』初，張儀築城取土處，去城十里，因以養魚。今萬頃池是也。城北又有龍隄池，城東有千秋池，西有柳池，西北有天井池，津流徑通，冬夏不竭。西南兩江有七橋。直西門郫江上曰沖治橋，西南石牛門曰市橋，吳漢入蜀，自廣都令輕騎先往焚之。橋下謂之石犀淵。李冰昔作石犀五頭，以厭水精。穿石犀，渠於南江，命之曰犀牛里。後轉犀牛二頭，一頭在府市市橋門，一頭沈之於淵也。大城南門曰江橋，橋南曰萬里橋，西上曰夷星橋，下曰笮橋。南岸道東有文學，始文翁爲蜀守，立講堂，作石室於南城。永初後，學堂遇火，後守更增二石室。後州奪郡學，移夷星橋南岸道東。道西城，故錦官也。言錦工織錦，則濯之江流，而錦至鮮明，濯以他江，則錦色弱矣。遂命之爲錦里也。蜀有迴復水，江神常溺殺人。文翁爲守，祀之，勸酒不盡，拔劍擊之，遂不爲害。江水東逕廣都縣，漢武帝元朔二年置，王莽之就都亭也。李冰識察水脉，穿縣鹽井。江西有望川原，鑿山度水，結諸陂池，故盛養生之饒，即南江也。又從沖治橋北折，曰長昇橋。城北十里，曰昇遷橋，有送客觀。司馬相如將入長安，題其門曰：『不乘高車駟馬，不過汝下也。』後入邛蜀，果如志焉。李冰沿水造橋，上應七宿。故世祖謂吳漢曰：『安軍宜在七橋連星間。』漢自廣都乘勝進逼成都，與其副劉尚南北相望，夾江爲營，浮橋相對。公孫述使謝豐揚軍市橋，出漢後襲破。漢墜馬落水，緣馬尾得出入壁，命將夜潛渡江，就尚擊豐，斬之於是水之陰。江北則左對繁田，文翁又穿湔湨，以溉灌繁田千七百頃。湔水又東絶緜洛，逕五城界至廣都北岸，南入於江，謂之五城水口，斯爲北江。江水又東至南安爲璧玉津，故左思云『東越玉津』也。

又東南，過犍爲武陽縣，青衣水、沫水從西南來，合而注之。

縣，故大夜郎國，漢武帝建元六年置郡縣〔四〕。太初四年，益州刺史任安城武陽。王莽更名，郡曰西順，縣曰戢成。光武謂之『士大夫郡』。有鄣江入焉。出江原縣，首受大江，東南流至武陽縣，注於江。縣下江上，舊有大橋，廣一里半，謂之安漢橋。水盛歲壞，民苦治功，後太守李嚴鑿天社山，尋江通道，此橋遂廢。縣有赤水，下注江。建安二十九年，有黃龍見此水，九日方去。此縣藉江爲大堰，開六水門，用灌郡下。北山，昔者王喬所升之山也。

江水又與文井江會，李冰所導也。自莋道與濛谿分水，至蜀郡臨邛縣，與布僕水合。水出徼外成都西沈黎郡。漢武帝元鼎六年，以蜀郡西部莋都置，理旄牛道。天漢四年置都尉，主外羌，在邛崍山表。自蜀西度邛莋，其道至險。有弄棟八度之難，揚母閣路之阻。水從縣西布僕來，分爲二流。一水逕其道，又東逕臨邛縣，入文井水。文井水又東，逕江都縣〔五〕。縣濱文井江，江上有常氏隄，跨四十里。有朱亭，亭南有青城山。山上有嘉穀，山下有蹲鴟，即芋也。所謂下有蹲鴟，至老不饑，卓氏之所以樂遠徙也。文井江又東，至武陽縣天社山下入江。其一水南逕越巂邛都縣西，東南至雲南郡之青蛉縣，入於僕。郡本雲川地也，蜀建興三年置。僕水又南，逕永昌郡邪龍縣，而與貪水合。水出青蛉縣，上承青蛉水，逕葉榆縣，又東南至邪龍入於僕。僕水又逕寧州建寧郡。州，故庲降都督屯，故南入謂之屯下，劉禪建興三年，分益州郡置。歷雙柏縣，即水入焉。水出秦臧縣牛蘭山，南流至雙柏縣，東注僕水。僕水又東，至來唯縣入勞水。水出徼外，東逕其縣與僕水合。東至交州交趾郡𦓼泠縣，南流入於海。

江水自武陽東至彭亡聚，昔岑彭與吳漢泝江水入蜀，軍次是地，知而惡之，會日暮不移，遂爲刺客所害。謂之平模水，亦曰外水〔六〕。此地有彭冢，言彭祖冢焉。江水又東南，逕南安縣西。有熊耳峽，連山競險，接嶺爭高。漢河平中，山崩地震，江水逆流，縣溉有灘，名壘坻，亦曰鹽溉，李冰所平也。縣治青衣江會，衿帶二水矣，即蜀王開明故治也。來敏本蜀論曰：『荆人鼈令死，其尸隨水上，荆人求之不得。鼈令至汶山下復生〔七〕。起，見望帝。望帝者，杜宇也。從天下。女子朱利，自江源出，爲宇妻，遂王於蜀，號曰望帝。望帝立以爲相。時巫山峽，而蜀水不流。帝使鼈令鑿巫峽通水，蜀得陸處。望帝自以德不若，遂以國禪，號曰開明。』縣南有峨眉山，有濛水，即大渡水也。水發蒙谿，東南流，與渽水合〔八〕。水出徼外，逕汶江道。吕忱曰：『渽水出蜀。』許慎以爲涐水也，從水，我聲。南至南安入大渡水。大渡水又東，入江。故山海經曰：『濛水出漢陽西，入江，聶陽西。』

又東南，過僰道縣北，若水、淹水合從西來注之。又東，渚水北流注之。

縣，本僰人居之。地理風俗記曰：『夷中最仁，有人道，故字從人。』秦紀，所謂僰僮之富者也。其邑，高后六年城之。漢武帝感相如之言，使縣令南通僰道，費功無成。唐蒙南入斬之，乃鑿石開閣，以通南中。迄於建寧，二千餘里山道，廣丈餘，深三四丈。其塹鑿之迹猶存〔九〕，王莽更曰僰治也。山多猶猢，似猴而短足，好遊巖樹，一騰百步，或三百丈，順往倒返，乘空若飛。縣有蜀王兵蘭，其神作大難，江中崖峻阻險，不可穿鑿，李冰乃積薪燒之，故其處懸巖猶有五色焉。崖色赤白〔一〇〕，照水玄黃。魚從僰來，至此而止，言畏崖嶼，不更上也。益部耆舊傳曰：『張真妻，黄氏女也，名帛。真乘船覆没，求尸不得，帛至没處灘頭，仰天而歎，遂自沈淵。積十四日，帛持真手於灘下出。時人爲説曰，「符有先絡，僰道有張帛」者也。』

江水又與符黑水合。水出寧州南廣郡南廣縣，縣故犍爲之屬縣也。漢武帝太初元年置，劉禪延熙中，分以爲郡。導源汾關山，北流，有大涉水注之。水出南廣縣北，流注符黑水。又北逕僰道入江，謂之南廣口。渚水則未聞也。

又東，過江陽縣南，雒水從三危山，東過廣魏雒縣南，東南注之。

雒水出雒縣漳山，亦言出梓潼縣柏山。山海經曰：『三危在燉煌南，與岷山相接，山南帶黑水〔一一〕。』又，山海經不言雒水所導，經曰出三危山，所未詳。常璩云：『李冰導雒通山水，流發瀑口，逕什邡縣。』漢高帝六年，封雍齒爲侯國，王莽更名曰美信也。雒水又南，逕雒縣故城南，廣漢郡治也。漢高祖之爲漢王也，發巴渝之士，北定三秦。六年乃分巴蜀，置廣漢郡於乘鄉，王莽之就都，縣曰吾雒也。漢安帝永初二年，移治涪城，後治雒縣。先是雒縣城南，每陰雨常有哭聲，聞於府中，積數十年。沛國陳寵爲守，以亂世多死亡，暴骸不葬故也。乃悉收葬之，哭聲遂絶。劉備自將攻雒，龐士元中流矢死於此。益州舊以蜀郡、廣漢、犍爲爲三蜀。土地沃美，人士儁乂，一州稱望。縣有沈鄉，去江七里，姜士遊之所居。詩至孝，母好飲江水，嗜魚膾，常以鷄鳴遡流汲江，子坐取水溺死，婦恐姑知，稱託遊學，冬夏衣服，寔投江流。於是至孝上通，涌泉出其舍側，而有江之甘焉。詩有田，濱江澤鹵，泉流所溉，盡爲沃野。又涌泉之中，旦旦常出鯉魚一雙，以膳焉。可謂孝弟發於方寸，徽美著於無窮者也。雒水又南，逕新都縣。蜀有三都，謂成都、廣都，此其一焉。與緜水合，水西出緜竹縣，又與湔水合，亦謂之郫江也，又言是涪水。吕忱曰，一曰湔。然此二水俱與雒會矣。又逕犍爲牛鞞縣，爲牛鞞水。昔羅尚乘牛鞞水東征李雄，謂此水也。縣以漢武帝元封二年置。又東逕資中縣，又逕漢安縣，謂之緜水也。自上諸縣，咸以溉灌。故語曰：『緜雒爲没沃也。』緜水至江陽縣方山下入江，謂之緜口水，亦曰中水〔一二〕。江陽縣枕帶雙流，據江雒會也。漢景帝六年，封趙相蘇嘉爲侯國，江陽郡治也。故犍爲枝江都尉，建安十八年，劉璋立。江中有大闕、小闕焉。季春之月，則黄龍堆没〔一三〕，闕乃平也。昔世祖微時，過江陽縣，有一子，望氣者言，江陽有貴兒象，王莽求之而獠殺之。後世祖怨，爲子立祠於縣，謫其民，罰布數世。揚雄琴清英曰：『尹吉甫子伯奇至孝，後母譖之，自投江中，衣苔帶藻，忽夢見水僊，賜其美藥，思惟養親，揚聲悲歌。船人聞之而學之，吉甫聞船人之聲，疑似伯奇，援琴作子安之操。』江水逕漢安縣北，縣雖迫山川，土地特美，蠶桑魚鹽家有焉。

江水東逕樊石灘，又逕大附灘，頻歷二險也。

又東，過符縣北邪東南，鰼部水從符關東北注之。

縣，故巴夷之地也。漢武帝建元六年，以唐蒙爲中郎將，從萬人，出巴符關者也。元鼎二年立，王莽之符信矣。縣治安樂水會。水源南通寧州平夷郡鄨縣〔一四〕，北逕安樂縣界之東，又逕符縣下，北入江。縣長趙祉遣吏先尼和，以永建元年十二月，詣巴郡，没死成湍灘。子賢求喪不得。女絡年二十五歲，有二子，五歲以還。至二年二月十五日，尚不得喪。絡乃乘小船至父没處，哀哭自沈。見夢告賢曰：『至二十一日，與父俱出。』至日，父子果浮出江上。郡、縣上言，爲之立碑，以旌孝誠也。其鰼部之水，所未聞矣。或是水之殊目，非所究也。

又東北，至巴郡江州縣東，强水、涪水、漢水、白水、宕渠水五水合，南流注之。

强水，即羌水也。宕渠水，即潛水、渝水矣。巴水出晉昌郡宣漢縣巴嶺山，郡隸梁州，晉太康中立，治漢中。縣南去郡八百餘里，故屬巴渠。西南流歷巴中，逕巴郡故城南、李嚴所築大城北，西南入江。庾仲雍所謂：『江州縣對二水口，右則涪內水，左則蜀外水。』即是水也。江州縣，故巴子之都也。春秋：『桓公九年，巴子使韓服告楚，請與鄧好。』是也。及七國稱王，巴亦王焉。秦惠王遣張儀等救苴侯於巴。儀貪巴苴之富，因執其王以歸，而置巴郡焉，治江州。漢獻帝初平元年，分巴爲三郡。於江州，則永寧郡治也。至建安六年，劉璋納蹇胤之訟，復爲巴郡，以嚴顏爲守。顏見先主入蜀，歎曰：『獨坐窮山，放虎自衛。此即拊心處也。』漢世郡治江州，巴水北，北府城是也。後乃徙南城。劉備初以江夏費觀爲太守，領江州都督。後都護李嚴更城，周十六里，造蒼龍、白虎門，求以五郡爲巴州治，丞相諸葛亮不許，竟不果。地勢側險，皆重屋累居，數有火害，又不相容，結舫水居者五百餘家。承二江之會，夏水增盛，壞散顛没，死者無數。縣有官橘、官荔枝園，夏至則熟，二千石常設廚膳，命士大夫共會樹下食之。縣北有稻田，出御米也。縣下又有清水穴，巴人以此水爲粉，則皜曜鮮芳，貢粉京師，因名粉水。故世謂之爲江州墮林粉，粉水亦謂之爲『粒水』也。

江之北岸，有塗山。南有夏禹廟、塗君祠，廟銘存焉。常璩、庾仲雍並言，禹娶於此。余按羣書，咸言禹娶在壽春當塗，不於此也。

又東，至枳縣西，延江水從牂柯郡北流西屈注之。

江水東逕陽關巴子梁。江之兩岸，猶有梁處，巴之三關，斯爲一也。延熙中，蜀車騎將軍鄧芝爲江州都督，治此。

江水又東，右逕黃葛峽。山高險，全無人居。

江水又左，逕明月峽。東至梨鄉，歷鷄鳴峽。

江之南岸，有枳縣治。華陽記曰：『枳縣在巴郡江州東四百里〔一五〕，治涪陵水會。』庾仲雍所謂『有別江出武陵』者也。水及延江之枝津，分水北注，逕涪陵入江，故亦曰涪陵水也。其水南導武陵郡，昔司馬錯泝舟此水，取楚黔中地。延熙中，鄧芝伐徐巨，射玄猨於是縣，猨自拔矢，卷木葉塞射創。芝歎曰：『傷物之生，吾其死矣。』

江水又東，逕涪陵故郡北，後乃幷巴郡，遂罷省。

江水又東，逕文陽灘。灘險難上。

江水又東，逕漢平縣二百餘里。左自涪陵東出百餘里，而屆於黃石，東爲銅柱灘。又逕東望峽，東歷平都。峽對豐民洲，舊巴子別都也。華陽記曰：『巴子雖都江州，又治平都。』即此處也。有平都縣，爲巴郡之隸邑矣。縣有天師治，兼建佛寺，甚清靈。縣有市肆，四日一會。

江水又逕虎鬚灘。灘水廣大，夏斷行旅。

江水又東，逕臨江縣南。王莽之監江縣也。華陽記曰：『縣在枳東四百里，東接朐忍縣，有鹽官。』自縣北入鹽井谿，有鹽井營户，谿水沿注江。
江水又東，得黄華水口，江浦也。
左逕石城南。庾仲雍曰：『臨江至石城黄華口百里。』
又東至平洲，洲上多居民。
又東逕壤塗而歷和灘。
又東逕界壇，是地巴東之西界，益州之東境，故得是名也。
江水又東，右得將龜谿口。華陽記曰：『朐忍縣出靈龜。』咸熙元年，獻龜於相府，言出自此谿也。

又東，過魚復縣南，夷水出焉。

江水又東，會南、北集渠，南水出涪陵縣界，謂之于陽谿〔一六〕。北流逕巴東郡之南浦僑縣西，谿硤側，鹽井三口，相去各數十步，以木爲桶，徑五尺，脩煮不絶。谿水北流注於江，謂之南集渠口，亦曰于陽谿口。北水出新浦縣北高梁山分谿，南流逕其縣西。又南百里，至朐忍縣，南入於江，謂之北集渠口，别名班口，又曰分水口，朐忍尉治此。
江水又東，右逕汜谿口，蓋江汜決入也。
江水又東，逕石龍而至於博陽二村之閒。有盤石，廣四百丈，長六里。阻塞江川，夏没冬出，基亘通渚。

又東，逕羊腸虎臂灘。楊亮爲益州，至此舟覆，懲其波瀾，蜀人至今猶名之爲使君灘。江水又東，彭水注之。水出巴渠郡獠中，東南流，逕漢豐縣東，清水注之。水導源西北巴渠縣東北巴嶺南獠中，即巴渠水也。西南流至其縣，又西入峽，檀井谿水出焉。又西出硤，至漢豐縣東，而西注彭谿，謂之清水口。彭谿水又南，逕朐忍縣西六十里，南流注於江，謂之彭谿口。

江水又東，右逕朐忍縣故城南。常璩曰：『縣在巴東郡西二百九十里，縣治故城，跨其山阪，南臨大江。』

江之南岸有方山。山形方峭，枕側江濆。

江水又東，逕瞿巫灘。即下瞿灘也，又謂之博望灘。左則湯谿水注之。水源出縣北六百餘里上庸界，南流歷縣，翼帶鹽井百所，巴川資以自給。粒大者方寸，中央隆起，形如張繖，故因名之曰繖子鹽。有不成者，形亦必方，異於常鹽矣。王隱晉書地道記曰：『入湯口四十三里，有石煮以爲鹽，石大者如升，小者如拳，煮之水竭，鹽成。蓋蜀火井之倫，水火相得，乃佳矣。』湯谿下與檀谿水合〔一七〕。水上承巴渠水，南歷檀井谿，謂之檀井水，下入湯水。湯水又南入於江，名曰湯口。

江水又逕東陽灘。江上有破石，故亦通謂之破石灘，苟延光没處也。常璩曰：『水道有東陽、下瞿數灘，山有大、小石城勢，靈壽木及橘圃也。』故地理志曰：『縣有橘官，有民市。』

江水又東，逕魚復縣之故陵，舊郡治故陵谿西二里故陵村。谿即永谷也。地多木瓜樹，有子，大如甒，白黄，實甚芬香，爾雅之所謂『楙』也。

江水又東，爲落牛灘。逕故陵北，江側有六大墳。庾仲雍曰：『楚都丹陽所葬，亦猶枳之巴陵矣。』故以故陵爲名也。有魚復尉戍此。

江之左岸，有巴鄉村。村人善釀，故俗稱『巴鄉清』。郡出名酒。村側有谿，谿中多靈壽木。中有魚，其頭似羊，豐肉少骨，美於餘魚。谿水伏流，逕平頭山，内通南浦故縣陂湖。其地平曠，有湖澤，中有菱、芡、鯽、鴈，不異外江。凡此等物，皆入峽所無。地密惡蠻，不可輕至。

江水又東，右逕夜清，而東歷朝陽道口。有縣治，治下有市，十日一會。

江水又東，左逕新市里南。常璩曰，『巴舊立市於江上』，今新市里是也。

江水又東，右合陽元水。水出陽口縣西南高陽山東，東北流逕其縣南，東北流，丙水注之。水發縣東南柏枝山。山下有丙穴，穴方數丈，中有嘉魚，常以春末遊渚，冬初入穴，抑亦褒漢丙穴之類也。其水北流，入高陽谿。谿水又東北流，注於江，謂之陽元口。

江水又東，逕南鄉峽。東逕永安宮南，劉備終於此。諸葛亮受遺處也。其間平地可二十許里，江山迴闊，入峽所無。城周十餘里，背山面江，頹墉四毀，荆棘成林，左右民居，多墾其中。

江水又東，逕諸葛亮圖壘南。石磧平曠，望兼川陸，有亮所作八陳圖，東跨故壘，皆累細石爲之。自壘西去，聚石八行，行閒相去二丈，因曰：『八陳既成，自今行師，庶不覆敗。』皆圖兵勢行藏之權，自後深識者所不能了。今夏水漂蕩，歲月消損，高處可二三尺，下處磨滅殆盡。

江水又東，逕赤岬城西。是公孫述所造，因山據勢，周迴七里百四十步，東高二百丈，西北高千丈。南連基白帝山，甚高大，不生樹木。其石悉赤，土人云如人袒胛，故謂之赤岬山。淮南子曰：『傍徨於山岬之旁。』注曰：『岬，山脅也。』郭仲産曰：『斯名將因此而興矣。』

江水又東，逕魚復縣故城南，故魚國也。春秋左傳：『文公十六年，庸與羣蠻叛，楚莊王伐之，七遇皆北，惟裨、鯈、魚人逐之。』是也。地理志，江關都尉治。公孫述名之爲白帝，取其王色。蜀章武二年，劉備爲吳所破，改白帝爲永安，巴東郡治也。漢獻帝興平元年，分巴爲二郡，以魚復爲故陵郡，蹇胤訴劉璋，改爲巴東郡，治白帝山城。周迴二百八十步，北緣馬嶺，接赤岬山。其間平處，南北相去八十五丈，東西七十丈。又東旁東瀼谿，即以爲隍。西南臨大江，闚之眩目，惟馬嶺小差委迆，猶斬山爲路，羊腸數四，然後得上。益州刺史鮑陋鎮此，爲譙道福所圍，城裏無泉，乃南開水門，鑿石爲函道，上施木天公，直下至江中，有似猿臂相牽引汲，然後得水。水門之西，江中有孤石，爲淫預石，冬出水二十餘丈，夏則没，亦有裁出處矣。

縣有夷谿，即很山清江也〔一八〕，經所謂夷水出焉。

江水又東，逕廣谿峽。斯乃三峽之首也。其間三十里，頹巖倚木，厥勢殆交。北岸山上有神淵，淵北有白鹽崖，高可千餘丈，俯臨神淵。土人見其高白，故因名之。天旱，然木崖上，推其灰燼，下穢淵中，尋即降雨。常璩曰：『縣有山澤水神，旱時鳴鼓請雨，則必應嘉澤。』蜀都賦所謂『應鳴鼓而興雨』也。峽中有瞿塘、黄龕二灘，夏水迴復，沿泝所忌。瞿塘灘上有神廟，尤至靈驗。刺史二千石逕過，皆不得鳴角伐鼓。商旅上水恐觸石有聲，乃以布裹篙足，今則不能爾，猶饗薦不輟。此峽多猿，猿不生北岸，非惟一處，或有取之放著北山中，初不聞聲，將同貉獸渡汶而不生矣。其峽蓋自昔禹鑿以通江。郭景純所謂『巴東之峽，夏后疏鑿』者也。

又東，出江關，入南郡界。

江水自關東逕弱關、扞關。扞關，廩君浮夷水所置也。弱關在建平秭歸界，昔巴楚數相攻伐，藉險置關，以相防扞。秦兼天下，置立南郡，自巫東上，皆其域也。

又東，過巫縣南，鹽水從縣東南流注之。

江水又東，烏飛水注之。水出天門郡漊中縣界，北流逕建平郡沙渠縣南。又北流，逕巫縣南，西北歷山道三百七十里，注於江，謂之烏飛口。江水又東，逕巫縣故城南。縣故楚之巫郡也。秦省郡立縣，以隸南郡。吳孫休分爲建平郡，治巫城。城緣山爲墉，周十二里百一十步，東、西、北三面皆帶傍深谷，南臨大江，故謂之夔國也。江水又東，巫谿水注之。谿水導源梁州晉興郡之宣漢縣東。又南，逕建平郡泰昌縣南。又逕北井縣西，東轉歷其縣北。水南有鹽井，井在縣北，故縣名北井，建平一郡之所資也。鹽水下通巫谿，谿水是兼鹽水之稱矣。谿水又南屈，逕巫縣東。縣之東北三百步，有聖泉，謂之孔子泉。其水飛清石穴，潔並高泉，下注谿水。谿水又南，入於大江。江水又東，逕巫峽。杜宇所鑿，以通江水也。郭仲産云：『按地理志，巫山在縣西南，而今縣東有巫山，將郡、縣居治，無恒故也。』

江水歷峽，東逕新崩灘。此山漢和帝永元十二年崩，晉太元二年又崩。當崩之日，水逆流百餘里，涌起數十丈。今灘上有石，或圓如簞，或方似屋，若此者甚衆，皆崩崖所隕，致怒湍流，故謂之新崩灘。其頽巖所餘，比之諸嶺，尚爲竦桀。其下十餘里，有大巫山。非惟三峽所無，乃當抗峯岷峨，偕嶺衡疑，其翼附羣山，並槩青雲，更就霄漢，辨其優劣爾。神孟涂所處。山海經曰：『夏后啓之臣孟涂，是司神於巴，巴人訟於孟涂之所，其衣有血者執之，是請生。居山上，在丹山西。』郭景純云：『丹山在丹陽，屬巴。』丹山西，即巫山者也。又帝女居焉。宋玉所謂天帝之季女，名曰瑶姬，未行而亡，封於巫山之陽，精魂爲草，寔爲靈芝。所謂巫山之女，高唐之阻，旦爲行雲，暮爲行雨，朝朝暮暮，陽臺之下。旦早視之，果如其言。故爲立廟，號朝雲焉。其間首尾百六十里，謂之巫峽。蓋因山爲名也。自三峽七百里中，兩岸連山，略無闕處。重巖疊嶂，隱天蔽日，自非停午夜分，不見曦月。至於夏水襄陵，沿泝阻絶，或王命急宣，有時朝發白帝，暮到江陵。其間千二百里，雖乘奔御風，不以疾也。春冬之時，則素湍緑潭，迴清倒影，絶巘多生怪柏〔一九〕，懸泉瀑布，飛漱其間，清榮峻茂，良多趣味。每至晴初霜旦，林寒澗肅，常有高猿長嘯，屬引淒異，空谷傳響，哀轉久絶。故漁者歌曰：『巴東三峽巫峽長，猿鳴三聲淚沾裳。』

江水又東，逕石門灘。灘北岸有山，山上合下開，洞達東西，緣江步路所由。劉備爲陸遜所破，走逕此門，追者甚急，備乃燒鎧斷道。孫桓爲遜前驅，奮不顧命，斬上夔道，截其要徑。備踰山越險，僅乃得免。忿恚而歎曰：『吾昔至京，桓尚小兒，而今迫孤，乃至於此！』遂發憤而薨矣〔二〇〕。

又東，過秭歸縣之南。

縣，故歸鄉。地理志曰『歸子國』也。樂緯曰：『昔歸典協聲律。』宋忠曰：『「歸」即「夔」，歸鄉，蓋夔鄉矣。』古楚之嫡嗣有熊摯者，以廢疾不立，而居於夔，爲楚附庸，後王命爲夔子。春秋，『僖公二十六年，楚以其不祀，滅之』者也。袁山松曰：『屈原有賢姊，聞原放逐，亦來歸，喻令自寬全。鄉人冀其見從，因名曰秭歸。』即離騷所謂『女嬃嬋媛以詈余』也〔二一〕。縣城東北依山即阪，周迴二里，高丈五尺，南臨大江，古老相傳，謂之劉備城。蓋備征吳所築也。縣東北數十里，有屈原舊田宅。雖畦堰縻漫，猶保屈田之稱也。縣北百六十里，有屈原故宅。累石爲室基，名其地曰樂平里。宅之東北六十里有女嬃廟，擣衣石猶存。故宜都記曰：『秭歸蓋楚子熊繹之始國，而屈原之鄉里也〔二二〕。原田宅於今具存。』指謂此也。

江水又東，逕一城北。其城馮嶺作固，二百一十步，夾谿臨谷，據山枕江，北對丹陽城。城據山跨阜，周八里二百八十步，東北兩面，悉臨絕澗。西帶亭下谿，南枕大江，險峭壁立，信天固也。楚子熊繹，始封丹陽之所都也。地理志以爲吴子之丹陽〔一三〕，論者云：尋吴楚悠隔，繿縷荆山，無容遠在吴境，是爲非也。又楚之先王陵墓在其間，蓋爲徵矣。江水又東南，逕夔城南。城跨據川阜，周迴一里百一十八步，西北背枕深谷，東帶鄉口谿，南側大江。城内西北角有金城，東北角有圓土獄，西南角有石井，口徑五尺。熊摯始治巫城，後疾移此，蓋夔徙也。春秋左傳，『僖公二十六年，楚令尹子玉滅夔』者也。服虔曰：『在巫之陽，秭歸歸鄉矣。』

江水又東，逕歸鄉縣故城北。袁山松曰：『父老傳言，原既流放，忽然蹔歸，鄉人喜悦，因名曰歸鄉。』抑其山秀水清，故出儁異，地險流疾，故其性亦隘。詩云：『惟岳降神，生甫及申。』信與！余謂山松此言，可謂因事而立證，恐非名縣之本旨矣。縣城南面重嶺，北背大江，東帶鄉口谿。谿源出縣東南數百里，西北入縣，逕狗峽西。峽崖龕中，石隱起有狗形，形狀具足，故以狗名峽。鄉口谿又西北，逕縣下入江，謂之鄉口也。

江水又東，逕信陵縣。南臨大江，東旁深谿。谿源北發梁州上庸縣界，南流逕縣下，而注於大江也。

又東，過夷陵縣南。

江水自建平至東界峽，盛弘之謂之空泠峽。峽甚高峻，即宜都、建平二郡界也。其間遠望，勢交嶺表，有五六峯參差互出，上有奇石如二人象，攘袂相對，俗傳兩郡督郵争界於此，宜都督郵厥勢小東傾，議者以爲不如也。

江水歷峽，東逕宜昌縣之插竈下。江之左岸，絶崖壁立數百丈，飛鳥所不能棲。有一火燼，插在崖間，望見可長數尺。父老傳言，昔洪水之時，人薄舟崖側，以餘燼插之巖側，至今猶存，故先後相承，謂之插竈也。

江水又東，逕流頭灘。其水並峻激奔暴，魚鱉所不能游，行者常苦之。其歌曰：『灘頭白勃堅相持，倏忽淪没别無期。』袁山松曰：『自蜀至此五千餘里，下水五日，上水百日也。』

江水又東，逕宜昌縣北，分夷道、很山所立也。縣治江之南岸，北枕大江，與夷陵對界。宜都記曰：『渡流頭灘十里便得宜昌縣也。』

江水又東，逕狼尾灘，而歷人灘。袁山松曰：『二灘相去二里。』人灘水至峻峭，南岸有青石，夏没冬出，其石嵚崟，數十步中悉作人面形，或大或小，其分明者，鬚髮皆具，因名曰人灘也。

江水又東，逕黄牛山。下有灘，名曰黄牛灘。南岸重嶺疊起，最外高崖間有石，色如人負刀牽牛，人黑牛黄，成就分明，既人迹所絶，莫得究焉。此巖既高，加以江湍紆迴，雖途逕信宿，猶望見此物，故行者謡曰：『朝發黄牛，暮宿黄牛，三朝三暮，黄牛如故。』言水路紆深，迴望如一矣。

江水又東，逕西陵峽。宜都記曰：『自黄牛灘東入西陵界，至峽口百許里，山水紆曲，而兩岸高山重嶂，非日中夜半，不見日月。絶壁或千許丈，其石彩色，形容多所象類。林木高茂，略盡冬春。猿鳴至清，山谷傳響，泠泠不絶。所謂三峽，此其一也。』山松言：『常聞峽中水疾，書記及口傳，悉以臨懼相戒，曾無稱有山水之美也。及余來踐躋此境，既至欣然，始信耳聞之不如親見矣。其疊嶂秀峯，奇構異形，固難以詞敘。林木蕭森，離離蔚蔚，乃在霞氣之表。仰矚俛映，彌習彌佳，流連信宿，不覺忘返，目所履歷，未嘗有也。既自欣得此奇觀，山水有靈，亦當驚知己於千古矣。』

江水歷禹斷江南，峽北有七谷村。兩山閒，有水清深，潭而不流。又耆舊傳言，昔是大江，及禹治水，此江小，不足瀉水，禹更開今峽口，水勢并衝，此江遂絶，於今謂之『斷江』也。

江水出峽東南流，逕故城洲。洲附北岸，洲頭曰郭洲，長二里，廣一里。上有步闡故城，方圓稱洲，周迴略滿。故城洲上，城周五里。吳西陵督步騭所築也。孫皓鳳皇元年，騭息闡，復爲西陵督，據此城降晉。晉遣太傅羊祜接援，未至，爲陸抗所陷也。

江水又東，逕故城北，所謂陸抗城也。城即山爲墉，四面天險。江南岸有山孤秀，從江中仰望，壁立峻絶。袁山松爲郡，嘗登之矚望焉。故其記云：『今自山南上至其嶺，嶺容十許人。四面望諸山，略盡其勢。俛臨大江，如縈帶焉，視舟如鳧鴈矣。』北對夷陵縣之故城，城南臨大江。秦令白起伐楚，三戰而燒夷陵者也。應劭曰：『夷山在西北，蓋因山以名縣也。』王莽改曰居利。吴黄武元年，更名西陵也。後復曰夷陵。縣北三十里，有石穴，名曰馬穿。嘗有白馬出穴〔二四〕，人逐之，入穴潛行出漢中，漢中人失馬亦嘗出此穴，相去數千里。袁山松言：『江北多連山，登之望江南諸山，數十百重，莫識其名，高者千仞，多奇形異勢，自非煙褰雨霽，不辨見此遠山矣。』余嘗往返十許過，正可再見遠峯爾。

江水又東，逕白鹿巖。沿江有峻壁百餘丈，猿所不能遊。有一白鹿，陵阶登崖，乘巖而上，故世名此巖爲白鹿巖。

江水又東，歷荆門、虎牙之閒。荆門在南，上合下開，闇徹山南，有門象。虎牙在北，石壁色紅，閒有白文，類牙形，並以物象受名。此二山，楚之西塞也。水勢急峻，故郭景純江賦曰：『虎牙桀豎以屹崒，荆門闕竦而磐薄。圓淵九迴以懸騰，溢流雷呴而電激』者也。漢建武十一年，公孫述遣其大司徒任滿、翼江王田戎，將兵數萬，據險爲浮橋，横江以絶水路。營壘跨山，以塞陸道。光武遣吴漢、岑彭，將六萬人擊荆門。漢等率舟師攻之，直衝浮橋，因風縱火，遂斬滿等矣。

又東南，過夷道縣北，夷水從佷山縣南東北注之。

夷道縣，漢武帝伐西南夷，路由此出，故曰夷道。王莽更名江南。桓温父名彝，改曰西道。魏武分南郡置臨江郡，劉備改曰宜都郡。治在縣東四百步故城，吳丞相陸遜所築也。爲二江之會。北有湖里淵，淵上橘柚蔽野，桑麻闇日。西望佷山諸嶺，重峯疊秀，青翠相臨，時有丹霞白雲，遊曳其上。城東北有望堂，地特峻險，下臨青江，遊矚之名處也。縣北有女觀山。厥處高顯，回眺極目。古老傳言，昔有思婦，夫官於蜀，屢愆秋期，登此山絶望，憂感而死。山木枯悴，鞠爲童枯，鄉人哀之，因名此山爲女觀焉。葬之山頂，今孤墳尚存矣。

又東，過枝江縣南，沮水從北來注之。

江水又東，逕上明城北。晉太元中，苻堅之寇荆州也，刺史桓沖徙渡江南，使劉波築之，移州治此也〔二五〕。其地夷敞，北據大江，江沱枝分〔二六〕，東入大江，縣治洲上，故以枝江爲稱。地理志曰：『江沱出西，東入江』，是也。其地故羅國，蓋羅徙也。羅故居宜城西山，楚文王又徙之於長沙，今羅縣是矣。縣西三里有津鄉。津鄉，里名也。春秋：『莊公十九年，巴人伐楚，楚子禦之，大敗於津。』應劭曰：『南郡江陵有津鄉，今則無聞矣。』郭仲産云：『尋楚禦巴人，枝江是其塗。』使此津鄉，殆即其地也。盛弘之曰：『縣舊治沮中，後移出百里洲，西去郡百六十里，縣左右數十洲，槃布江中，其百里洲最爲大也。中有桑田甘果，映江依洲。自縣西至上明，東及江津，其中有九十九洲。楚諺云：「洲不百，故不出王者。」桓玄有問鼎之志，乃增一洲，以充百數。僭號數旬，宗滅身屠，及其傾敗，洲亦消毀。今上在西，忽有一洲自生，沙流迴薄，成不淹時，其後未幾，龍飛江漢矣。』

縣東二里，有縣人劉凝之故宅。凝之字志安，兄盛公高尚不仕，凝之慕老萊、嚴子陵之爲人，立屋江湖，非力不食。妻梁州刺史郭詮女，亦能安貧。宋元嘉中，夫妻隱於衡山，終焉不返矣。

縣東北十里，土臺北岸有池洲，長十餘里。義熙初，烈武王斬桓謙處。

縣東南二十里，富城洲上有道士范儕精廬。自言巴東人，少遊荆土，而多盤桓縣界，惡衣麤食，蕭散自得。言來事多驗，而詞不可詳。人心欲見，欻然而對，貌言尋求，終弗遇也。雖逕跨諸洲，而舟人未嘗見其濟涉也。後東游廣陵，卒於彼土。儕本無定止處，宿憩一小菴而已。弟子慕之，於其昔遊，共立精舍，以存其人。

縣有陳留王子香廟。頌稱子香於漢和帝之時，出爲荆州刺史，有惠政。天子徵之，道卒枝江亭中。常有三白虎，出入人閒，送喪踰境。百姓追美甘棠，以永元十八年立廟設祠，刻石銘德，號曰枝江白虎王君。其子孫，至今猶謂之爲白虎王。

江水又東，會沮口。楚昭王所謂江、漢、沮、漳，楚之望也。

又東，過江陵縣南。

縣西有洲，號曰枚回洲。江水自此兩分，而爲南、北江也。北江有故鄉洲，元興之末，桓玄西奔，毛祐之與參軍費恬射玄於此洲。玄子昇年六歲，輒拔去之。王韶之云：『玄之初奔也，經日不得食。左右進䵵粥，咽不下。昇抱玄胸撫之，玄悲不自勝。至此，益州都護馮遷斬玄於此洲，斬昇於江陵。』下有龍洲，洲東有寵洲。二洲之閒，世擅多魚。漁者投罟歷網，往往絓絶。有潛客泳而視之，見水下有兩石牛，嘗爲罾害。故漁者莫不擊浪浮舟，鼓枻而去矣。其下謂之邴里洲。洲有高沙湖，湖東北有小水通江，名曰曾口。江水又東，逕燕尾洲北，合靈谿水。水無泉源，上承散水，合成大谿，南流注江。江谿之會，有靈谿戍，背阿面江，西帶靈谿，故戍得其名矣。

江水東得馬牧口，江水斷洲通會。

江水又東，逕江陵縣故城南。禹貢：『荆及衡陽惟荆州。』蓋即荆山之稱，而制州名矣，故楚也。子革曰：『我先君僻處荆山，以供王事，遂遷紀郢。』今城，楚船官地也。春秋之渚宫矣。秦昭襄王二十九年，使白起拔鄢郢，以漢南地而置南郡焉。周書曰：『南，國名也。』南氏有二臣，力鈞勢敵，競進争權，君弗能制，南氏用分爲二南國也。按韓嬰敘詩云：『其地在南郡、南陽之閒。』呂氏春秋所謂『禹自塗山，巡省南土』者也。是郡取名焉。後漢景帝以爲臨江王榮國。王坐侵廟壖地爲宮，被徵，升車出北門而軸折，父老竊流涕曰：『吾王不還矣。』自後北門不開，蓋由榮非理終也。漢景帝二年，改爲江陵縣。王莽更名郡曰南順，縣曰江陸。舊城關羽所築。羽北圍曹仁，呂蒙襲而據之。羽曰：『此城吾所築，不可攻也。』乃引而退。杜元凱之攻江陵也，城上人以瓠繫狗頸示之，元凱病癭故也。乃城陷，殺城中老小，血流沾足，論者以此薄之。

江陵城地東南傾，故緣以金隄。自靈谿始，桓温令陳遵造。遵善於方功，使人打鼓，遠聽之，知地勢高下，依旁創築，略無差矣。城西有棲霞樓，俯臨通隍，吐納江流。城南有馬牧城，西側馬徑。此洲始自枚迴，下迄於此，長七十餘里。洲上有奉城，故江津長所治。舊主度州郡，貢於洛陽，因謂之奉城，亦曰江津戍也。戍南對馬頭岸，昔陸抗屯此，與羊祜相對，大弘信義，談者以爲華元、子反復見於今矣。北對大岸，謂之江津口，故洲亦取名焉。江大自此始也。家語曰：『江水至江津，非方舟避風，不可涉也。』故郭景純云：『濟江津以起漲。』言其深廣也。

江水又東，逕郢城南，子囊遺言所築城也。地理志曰：『楚别邑。故郢矣。』王莽以爲郢亭。城中有趙臺卿冢，岐平生自所營也。冢圖賓主之容，用存情好，敘其宿尚矣。

江水又東，得豫章口，夏水所通也。西北有豫章岡，蓋因岡而得名矣。或言因楚王豫章臺名，所未詳也。

又東，至華容縣西，夏水出焉。

江水左迆爲中夏水，右則中郎浦出焉。江浦右迆，南派屈西，極水曲之勢，世謂之江曲者也。

又東南，當華容縣南，涌水入焉。

江水又東，涌水注之。水自夏水南通於江，謂之涌口。二水之間，春秋所謂『閻敖游涌而逸』者也。

江水又逕南平郡孱陵縣之樂鄉城北。吴陸抗所築，後王濬攻之，獲吴水軍督陸景於此渚也。

又東南，油水從西南來注之。

又東，右合油口。又東，逕公安縣北。劉備之奔江陵，使築而鎮之。曹公聞孫權以荆州借備，臨書落筆。杜預克定江南，罷華容置之，謂之江安縣，南郡治。吴以華容之南鄉爲南郡。晉太康元年，改曰南平也。縣有油水，水東有景口，口即武陵郡界。景口東有淪口。淪水南與景水合，又東通澧水及諸陂湖。自此淵潭相接，悉是南蠻府屯也。故側江有大城，相承云倉儲城，即邸閣也。

江水左會高口，江浦也，右對黃州。

江水又東，得故市口，水與高水通也。

江水又東，右逕陽岐山北，山枕大江，山東有城，故華容縣尉舊治也。

大江又東，左合子夏口，江水左迆北出，通於夏水，故曰子夏也。

大江又東，左得侯臺水口，江浦也。

大江右得龍穴水口，江浦右迆也。北對虎洲，洲北又有龍巢，地名也。昔禹南濟江，黃龍夾舟，舟人五色無主，禹笑曰：『吾受命於天，竭力養民。生，性也。死，命也。何憂龍哉？』於是二龍弭鱗掉尾而去焉。故水地取名矣。江水自龍巢而東，得俞口。夏水汎盛則有，冬無之。江之北岸上有小城，故監利縣尉治也。

又東，得清陽、土隖二口，江浦也。

大江右逕石首山北，又東逕赭要。赭要，洲名，在大江中，次北湖洲下。

江水左得飯筐上口，秋夏水通下口，上下口閒相距三十餘里。赭要下即楊子洲，在大江中。二洲之閒，常苦蛟害，昔荆佽飛濟此，遇兩蛟，斬之。自後罕有所患矣。江之右岸，則清水口。口上即錢官也。水自牛皮山東北通江，北對清水洲，洲下接生江洲，南即生江口，水南通澧浦。江水左會飯筐下口，江浦所入也。

江水又東〔二六〕，右得上檀浦，江溠也。

江水又東，逕竹町南。江中有觀詳溠。溠東有大洲，洲東分爲爵洲，洲南對湘江口也。

又東，至長沙下雋縣北，澧水、沅水、資水合，東流注之，

凡此諸水，皆注於洞庭之陂，是乃湘水，非江川。

湘水從南來注之。

江水右會湘水，所謂江水會者也。

江水又東，左得二夏浦，俗謂之西江口。

又東，逕忌置山南。山東即隱口江浦矣。

江之右岸，有城陵山。山有故城，東接微落山，亦曰暉落磯。江之南畔名黄金瀨，瀨東有黄金浦、良父口，夏浦也。

又東，逕彭城口。水東有彭城磯，故水受其名。即玉澗水出巴丘縣東玉山玉谿，北流注於江。

江水自彭城磯，東逕如山北，北對隱磯。二磯之間，有獨石孤立大江中，山東江浦，世謂之白馬口。

江水又左，逕白贏山南，右歷鴨蘭磯北，江中山也。東得鴨蘭、治浦二口，夏浦也。又東，逕下烏林南，吳黃蓋敗魏武於烏林，即是處也。

江水左逕上烏林南，村居地名也。又東，逕烏黎口，江浦也。即中烏林矣。又東，逕下烏

江水又東，左得子練口。北通練浦，又東合練口，江浦也。南直練洲，練名所以生也。

江之右岸得蒲磯口，即陸口也。水出下雋縣西三山谿。其水東逕陸城北，又東逕下雋縣南，故長沙舊縣，王莽之閏雋也。宋元嘉十六年，割隸巴陵郡。陸水又屈而西北流，逕其縣北。北對金城，吳將陸渙所屯也。陸水又入蒲圻縣，又北逕呂蒙城西，昔孫權征長沙、零、桂所鎮也。陸水又逕蒲磯山，北入大江，謂之刀環口。

又東，逕蒲磯山北。北對蒲圻洲，亦曰擎洲，又曰南洲。洲頭即蒲圻縣治也，晉太康元年置。洲上有白面洲，洲南又有濕口。水出豫章艾縣，東入蒲圻縣，至沙陽西北魚岳山入江。山在大江中，楊子洲南，孤峙中洲。江水左得中陽水口。

又東，得白沙口，一名沙屯，即麻屯口也。本名蔑默口，江浦矣。南直蒲圻洲，水北入百餘里，吳所屯也。

又逕魚岳山北，下得金梁洲。洲東北對淵洲，一名淵步洲，江濆從洲頭以上，悉壁立無岸，歷蒲圻至白沙方有浦，上甚難。江中有沙陽洲，沙陽縣治也。縣本江夏之沙羡矣，晉

太康中改曰沙陽縣，宋元嘉十六年，割隸巴陵郡。江之右岸有雍口，亦謂之港口。東北流，爲長洋港。又東北，逕石子岡。岡上有故城，即州陵縣之故城也。莊辛所言，左州侯國矣。又東逕州陵新治南，王莽之江夏也。港水東南流注於江，謂之洋口。南對龍穴洲，沙陽洲之下尾也。洲裏有駕部口，宋景平二年，迎文帝於江陵。法駕頓此，因以爲名。文帝車駕發江陵，至此黑龍躍出，負帝所乘舟，左右失色。上謂長史王曇首曰：『乃夏禹所以受天命矣，我何德以堪之？』故有龍穴之名焉。

江水又東，右得聶口，江浦也，左對聶洲。

江水左逕百人山南，右逕赤壁山北，昔周瑜與黄蓋詐魏武大軍處所也。

江水又東，逕大軍山南。山東有山屯，夏浦，江水左池也。江中有石浮出，謂之節度石。右則塗水注之，水出江州武昌郡武昌縣金山，西北流逕汝南僑郡故城南。咸和中，寇難南逼，户口南渡，因置斯郡，治於塗口。塗水歷縣西，又西北流，注於江。

江水又東，逕小軍山南，臨側江津，東有小軍浦。

江水又東，逕鷄翅山北，山東即土城浦也。

又東北，至江夏沙羡縣西北，沔水從北來注之。

沌水上承沔陽縣之太白湖，東南流爲沌水，逕沌陽縣南，注於江，謂之沌口，有沌陽都尉治。晉永嘉六年，王敦以陶侃爲荆州，鎮此。明年徙林鄣。

江水又東，逕歎父山，南對歎洲，亦曰歎步矣。

江之右岸，當鸚鵡洲，南有浦口〔二八〕，江水右地，謂之驛渚。三月之末，水下通樊口水。江水又東，逕魯山南，古翼際山也。地説曰，『漢與江合於衡北翼際山旁』者也。山上有吳江夏太守陸渙所治城，蓋取二水之名。地理志曰，『夏水過郡入江』，故曰江夏也。舊治安陸，漢高帝六年置。吳乃徙此。城中有晉征南將軍荆州刺史胡奮碑。又有平南將軍王世將刻石，記征杜曾事。有劉琦墓及廟也。山左即沔水口矣。沔左有郤月城，亦曰偃月壘，戴監軍築。故曲陵縣也，後乃沙羡縣治。昔魏將黄祖所守，遣董襲、凌統攻而禽之。禰衡亦遇害於此。衡恃才倜儻，肆狂狷於無妄之世，保身不足，遇非其死，可謂咎悔之深矣。

江之右岸有船官浦，歷黄鵠磯西而南矣。直鸚鵡洲之下尾，江水溠曰洑浦，是曰黄軍浦。昔吳將黄蓋軍師所屯，故浦得其名，亦商舟之所會矣。船官浦東即黄鵠山。林澗甚美，譙郡戴仲若野服居之。山下謂之黄鵠岸。岸下有灣，目之爲黄鵠灣。黄鵠山東北對夏口城，魏黄初二年，孫權所築也。依山傍江，開勢明遠，憑墉藉阻，高觀枕流。上則遊目流川，下則激浪崎嶇，寔舟人之所艱也。對岸則入沔津，故城以夏口爲名，亦沙羨縣治也。

江水左得湖口，水通太白湖。

又東合灄口，水上承溳水於安陸縣，而東逕灄陽縣北，東南注於江。

江水又東，湖水自北南注，謂之嘉吳江。右岸頻得二夏浦，北對東城洲西，浦側有雍伏戍。

江之左岸，東會龍驤水口，水出北山蠻中。

江之北有武口〔二九〕，水上通安陸之延頭。宋元嘉二年，衛將軍荆州刺史謝晦阻兵上流，爲征北檀道濟所敗，走奔於此，爲戍主光順之所執處也。南至武城，俱入大江。南直武洲，洲南對楊桂水口。江水南出也，通金女、大文、桃班三治，吳舊屯所，在荆州界盡此。

江水東逕若城南，庾仲雍江水記曰：『若城至武城口三十里』者也。南對郭口。夏浦，而不常汎矣。東得苦菜浦〔三〇〕，浦東有苦菜山。江逕其北，故浦有『苦菜』之名焉。山下有菜苦可食。

江水左得廣武口，江浦也。

江之右岸，有李姥浦。浦中偏無蚊蚋之患矣。北對峥嶸洲，冠軍將軍劉毅破桓玄於此洲。玄乃挾天子西走江陵矣。

又東，過邾縣南，

江水東逕白虎磯北，山臨側江瀆。

又東會赤谿，夏浦浦口，江水右迆也。

又東，逕貝磯北，庾仲雍謂之沛岸矣。江右岸有秋口，江浦也。

又東得烏石水。水出烏石山，南流注於江。

江水右得黎磯。磯北，亦曰黎岸也。山東有夏浦。

又東，逕上磧北，山名也。仲雍謂之大、小竹磧。北岸烽火洲，即舉洲也。北對舉口，仲雍作『莒』字，得其音而忘其字，非也。舉水出龜頭山，西北流，逕蒙蘢戍南。梁定州治，蠻田超秀爲刺史。舉水又西流，左合垂山之水。水北出垂山之陽，與弋陽溳水同發一山〔三一〕，故是水合之。水之東有南口戍。又南，逕方山戍西，西流注於舉水。又西南，逕梁司、豫二州東，蠻田魯生爲刺史，治湖陂城，亦謂之水城也。舉水又西南，逕顏城南。又西南，逕齊安郡西，倒水注之。水出黄武山，南流逕白沙戍西。又東南，逕梁達城戍西，東南合舉水。舉水又東南，歷赤亭下，謂之赤亭水。又分爲二水，南流注於江，謂之舉口，南對舉洲。春秋左傳：『定公四年，吴楚陳於柏舉。』京相璠曰：『漢東地矣。』江夏有洰水，或作『舉』，疑即此也。左水東南流，入於江。江滸曰文方口。江之右岸有鳳鳴口，江浦也。浦側有鳳鳴戍。江水又東，逕邾縣故城南。楚宣王滅邾，徙居於此，故曰邾也。漢高帝元年，項羽封吴芮爲衡山王，都此。晉咸和中，庾翼爲西陽太守，分江夏立。四年，豫州刺史毛寶、西陽太守樊俊共鎮之，爲石虎將張格度所陷，自爾丘墟焉。城南對蘆洲，舊吴時，築客舍於洲上，方便惟所止焉。亦謂之羅洲矣。

鄂縣北。

江水右得樊口。庾仲雍江水記云：『谷里袁口，江津南入，歷樊山上下三百里，通新興、馬頭二治。樊口之北有灣，昔孫權裝大船，名之曰「長安」，亦曰「大舶」，載坐直之士三千人。與羣臣汎舟江津，屬值風起，權欲西取蘆洲，谷利不從，及拔刀急上，令取樊口薄，舶船至岸而敗，故名其處爲敗舶灣。因鑿樊山爲路以上，人即名其處爲吴造峴，在樊口上一里，今厥處尚存。』江水又東，左逕赤鼻山南，山臨側江川。又東，逕西陽郡南，郡治即西陽縣也。晉書地道記，以爲弦子國。江之右岸，有鄂縣故城，舊樊楚地。世本稱，熊渠封其中子紅爲鄂王。晉太康地記以爲東鄂矣。九州記曰：『鄂，今武昌也。』孫權以魏黃初元年，自公安徙此，改曰武昌縣。鄂縣徙治於袁山東。又以其年立爲江夏郡，分建業之民千家以益之。至黃龍元年，權遷都建業。以陸遜輔太子，鎮武昌。孫皓亦都之，皓還東，令滕牧守之。晉惠帝永平中，始置江州，傳綜爲刺史，治此城。後太尉庾亮之所鎮也。今武昌郡治。城南有袁山，即樊山也。武昌記曰：『樊口南有大姥廟，孫權嘗獵於山下。依夕見一姥，問權：「獵何所得？」曰：「正得一豹。」母曰：「何不豎豹尾？」忽然不見。』應劭漢官序曰：『豹尾過後，執金吾罷屯，解圍。天子鹵簿中，後屬車施豹尾。於道路，豹尾之内爲省中。』蓋權事應在此，故爲立廟也。又孫皓亦嘗登之，使將害常侍王蕃，而以其首虎争之。北背大江，江上有釣臺，權常極飲其上曰：『墮臺醉乃已。』張昭盡言處。城西有郊壇，權告天即位於此，顧謂公卿曰：『魯子敬嘗言此，可謂明於事勢矣。』城東故城，言漢將灌嬰所築也。江中有節度石三段，廣百步，高五六丈，是西陽、武昌界分江於斯石也。

又東得次浦，江浦也。

東逕五磯北，有五山，沿次江陰，故得是名矣。仲雍謂之五圻。

江水又東〔三二〕，左則巴水注之。水出雩婁縣之下靈山，即大别山也。與決水同出一山，故世謂之分水山，亦或曰巴山。南歷蠻中，吳時舊立屯於水側，引巴水以溉野。又南，逕巴水戍，南流注於江，謂之巴口。

又東，逕軑縣故城南，故弦國也。春秋，『僖公五年秋，楚滅弦，弦子奔黄』者也。漢惠帝元年，封長沙相利倉爲侯國。城在山之陽，南對五洲也。江中有五洲相接，故以五洲爲名。宋孝武帝舉兵江州，建牙洲上，有紫雲蔭之，即是洲也。

東會希水口。水出灊縣霍山西麓，山北有灊縣故城。地理志曰：『縣南有天柱山。』即霍山也。有祠南岳廟，音『潛』，齊立霍州，治此。西南流，分爲二水，枝津出焉。希水又南積而爲湖，謂之希湖。湖水又南流，逕軑縣東，而南流注於江，是曰希水口者也。然水流急濬，零雨暴漲，漂濫無常，行者難之。

大江右岸，有厭里口、安樂浦，從此至武昌，尚方作部諸屯相接，枕帶長江。

又東，得桑步。步下有章浦，本西陽郡治，今悉荒蕪。

江水又東，左得赤水浦，夏浦也。

江水又東，逕南陽山南。又曰芍磯，亦曰南陽磯。仲雍謂之南陽圻，一名洛至圻，一名石姥，水勢迅急。

江水又東，逕西陵縣故城南。史記，『秦昭王遣白起伐楚，取西陵』者也。漢章帝建初二年，封陰堂爲侯國。

江水東歷孟家溠。江之右岸有黄石山，水逕其北，即黄石磯也。一名石茨圻，有西陵縣，縣北則三洲也。山連延江側，東山偏高，謂之西塞，東對黄公九磯，所謂九圻者也。於行、小難兩山之閒，爲闕塞也。從此濟於土澓〔三三〕。土澓者，北岸地名也。

又東，過蘄春縣南，蘄水從北東注之。

江水右得葦口，江浦也。浦東有葦山。江水東逕山北，北崖有東湖口。江波左迆，流結成湖，故謂之湖口矣。

江水又東，得空石口。江浦在右，臨江有空石山，南對石穴洲。洲上有蘄陽縣治。又東，蘄水注之。

江水又東，逕蘄春縣故城南。世祖建武三十年，封陳俊子浮爲侯國。

江水又東，得銅零口，江浦也。

大江右逕蝦蟆山北，而東會海口。水南通大湖，北達於江，左右翼山。江水逕其北，東合臧口，江浦也。

江水左逕長風山南，得長風口，江浦也。

江水又東，逕積布山南，俗謂之積布磯，又曰積布圻，庾仲雍所謂高山也。此即西陽、尋陽二郡界也。

右岸有土復口，江浦也。夾浦有江山。山東有護口，江浦也。庾仲雍謂之朝江浦也。

又東，過下雉縣北，利水從東陵西南注之。

江水東逕琵琶山南，山下有琵琶灣。又東，逕望夫山南，又東得苦菜水口，夏浦也。江之右岸，富水注之。水出陽新縣之青湓山。西北流，逕陽新縣，故豫章之屬縣矣。地多女鳥。玄中記曰：『陽新男子於水次得之，遂與共居，生二女，悉衣羽而去。』豫章閒，養兒不露其衣，言是鳥落塵於兒衣中，則令兒病，故亦謂之夜飛遊女矣。又西北，逕下雉縣，王莽更名之潤光矣，後併陽新。水之左右，公私裂溉，咸成沃壤，舊吳屯所在也。江水又東，右得蘭谿水口，並江浦也。

又東，左得青林口，江水左傍青林湖〔三四〕，水出廬江郡之東陵鄉。江夏有西陵縣，故是言『東』矣。尚書云，『江水過九江至於東陵』者也。西南流，水積爲湖，湖西有青林山。宋太始元年，明帝遣沈攸之西伐子勛，伐柵青山，覩一童子甚麗，問伐者曰：『取此何爲？』答：『欲討賊。』童子曰：『下旬當平，何勞伐此。』在衆人之中，忽不復見，故謂之青林湖。湖有鯽魚，食之肥美，辟寒暑。湖水西流，謂之青林水。又西南歷尋陽，分爲二水。一水東流，通大雷。一水西南流，注於江。經所謂利水也。右對馬頭岸，自富口迄此五十餘里，岸阻江山〔三五〕。

校記

〔一〕百二十餘里　注疏本無「餘」字。
〔二〕緜道　殿本作「緜虒道」。
〔三〕上觀下反　注疏本作「自上觀下反上之象」。
〔四〕置　殿本作「開置」。
〔五〕江都縣　殿本作「江原縣」。
〔六〕亦曰外水　「亦」字原在上句之首，據殿本移此。
〔七〕鼈令　殿本無「鼈」字，下同。
〔八〕濊水　「濊」殿本作「涐」。
〔九〕鑿鑿　「鑿」字據殿本補。
〔一〇〕崖色赤白　他本均無「崖色」二字。
〔一一〕「三危」至「黑水」　十六字，傳世本山海經無。
〔一二〕亦曰　「亦」字據殿本補。
〔一三〕黃龍堆　「堆」原本誤作「推」，據殿本改。
〔一四〕鼈縣　「鼈」殿本作「鱉」。此承大典本之訛。
〔一五〕巴郡江州　原本作「江州巴郡」，據漢書地理志改。
〔一六〕于陽谿　殿本作「陽溪」，且案曰：「近刻衍「于」字。」

〔一七〕湯谿　殿本作「湯水」。

〔一八〕很山　「很」他本皆作「佷」。又「很山縣」，以及沔水篇之「很子」、「很子灘」之「很」，他本亦皆作「佷」。

〔一九〕怪柏　注疏本作「樫柏」。

〔二〇〕薨　原本誤作「夢」，據殿本改。

〔二一〕詈余　「詈」原本作「罵」，據楚辭集注離騷改。

〔二二〕屈原　原本「原」字下衍一「原」字，據殿本删。

〔二三〕吳子　殿本無「子」字，且案曰：「近刻衍「子」字。」

〔二四〕出穴　原本「穴」下有「食」字，據殿本删。

〔二五〕此也　「也」殿本作「城」。

〔二六〕江沱　「沱」原本作「汜」，據注釋本改。

〔二七〕又東　殿本無「東」字。

〔二八〕浦口　二字他本無。

〔二九〕江之北　「北」殿本作「左」。

〔三〇〕苦菜浦　殿本作「苦菜夏浦」。

〔三一〕淠水　原本誤作「渒水」，據殿本改。

〔三二〕江水又東　殿本無「又東」二字。

〔三三〕土渡　殿本作「土復」。

〔三四〕江水左傍青林湖　此句殿本無。

〔三五〕岸阻江山　殿本於此下案曰：『水經于沔水内敘其入江之後所過，蓋與江水合沔之後，詳略兩見。今江水止于下雉縣，而沔水内訂其錯簡：又東過彭蠡澤；又東過皖縣南；又東至石城分爲二，其一東北流，又東北出居巢縣南；又東過牛渚；又過毗陵縣，爲北江。參以末記禹貢山水澤地，北江在毗陵北界，東入于海。下雉縣以下大江，入海之大略固具。在道元，于江水敘次必詳悉，自宋時已闕逸矣。』

夷水

夷水出巴郡魚復縣〔一〕，

夷水即很山清江也。水色清照十丈，分沙石。蜀人見其澄清，因名清江也。昔廩君浮土舟於夷水，據扞關而王巴。是以法孝直有言：『魚復扞關，臨江據水，寔益州禍福之門。』

夷水又東，逕建平沙渠縣。

縣有巫城。水南岸，山道五百里。其水歷縣東出焉。

東南過很山縣南。

夷水自沙渠縣入，水流淺狹，裁得通船。東逕難留城南，城即山也。獨立峻絶，西面上里餘，得石穴。把火行百許步，得二大石磧，並立穴中，相去一丈，俗名陰陽石。陰石常溼，陽石常燥。每水旱不調，居民作威儀服飾，往入穴中。旱則鞭陰石，應時雨多。雨則鞭陽石，俄而天晴。相承所説，往往有效。但捉鞭者不壽，人頗惡之，故不爲也。東北面又有石室，可容數百人。每亂，民入室避賊，無可攻理，因名難留城也。昔巴蠻有五姓，未有君長，俱事鬼神，乃共擲劍於石穴，約能中者，奉以爲君。巴氏子務相乃中之人〔二〕。

又令各乘土舟，約浮者，當以爲君。惟務相獨浮，因共立之，是爲廩君。乃乘土舟，從夷水下至鹽陽。鹽水有神女，謂廩君曰：『此地廣大，魚鹽所出，願留共居。』廩君不許，鹽神暮輒來宿，旦化爲蟲，羣飛蔽日，天地晦暝，積十餘日。廩君因伺便射殺之，天乃開明。廩君乘土舟，下及夷城。夷城石岸險曲，其水亦曲。廩君望之而歎，山崖爲崩。廩君登之，上有平石，方一丈五尺，因立城其旁而居之。四姓臣之。死，精魂化而爲白虎，故巴氏以虎飲人血，遂以人祀。鹽水即夷水也。又有鹽石，即陽石也。盛弘之以是推之，疑即廩君所射鹽神處也。將知陰石，是對陽石立名矣。事既鴻古〔三〕，難爲明徵。

夷水又東逕石室，在層巖之上。石室南向，水出其下，懸崖千仞，自水上徑望見，每有陟山嶺者，扳木側足而行，莫知其誰。村人駱都，小時到此室邊採蜜。見一仙人坐石牀上，見都，凝矚不轉。都還，招村人重往，則不復見。鄉人今名爲仙人室。袁山松云：『都孫息尚存。』

夷水又東，與温泉三水合。大谿南北夾岸，有温泉對注，夏煗冬熱，上常有霧氣，瘍痍百病，浴者多愈。父老傳此泉先出鹽，於今水有鹽氣。夷水有鹽水之名，此亦其一也。

夷水又東，逕很山縣故城南，縣即山名也。孟康曰：『音「恒」，出藥草。很山〔四〕。』今世以『銀』爲音也。舊武陵之屬縣。南一里即清江，東注矣。南對長楊谿，谿水西南潛穴，穴在射堂村東六七里。谷中有石穴，清泉濆流三十許步，復入穴，即長楊之源也。水中有神魚，大者二尺，小者一尺。居民釣魚，先陳所須多少，拜而請之，拜訖投鉤餌。得魚過數者，水輒波涌，暴風卒起，樹木摧折。水側生異花，路人欲摘者，皆當先請，不得輒取。水源東北之風井山，迴曲有異勢，穴口大如盆。袁山松云：『夏則風出，冬則風入，春秋分則静。』余往觀之，其時四月中，去穴數丈，須臾寒飄。卒至六月中，尤不可當。往人有冬過者，置笠穴中，風吸之。經月還步楊谿，得其笠，則知潛通矣。其水重源顯發，北流注於夷水。此水清泠，甚於大谿，縱暑伏之辰，尚無能澡其津流也。縣北十餘里有神穴，平居無水，時有渴者，誠啓請乞，輒得水。或戲求者，水終不出。縣東十許里，至平樂村，又有石穴出清泉中，有潛龍。每至大旱，平樂左近村居，輦草薉著穴中。龍怒，須臾水出，蕩其草薉，旁側之田，皆得澆灌。從平樂順流五六里，東亭村北，山甚高峻，上合下空，空竅東西廣二丈許，起高如屋，中有石牀，甚整頓，旁生野韭。人往乞者，神許則風吹别分，隨偃而輸，不得過越，不偃而輸輒凶。往觀者去時特平，暨處自然恭肅矣。

又東，過夷道縣北，

夷水又東，逕虎灘。岸石有虎像，故因以名灘也。

夷水又東，逕釜瀨，其石大者如釜，小者如刁斗，形色亂真，惟實中爾。

夷水又東北，有水注之。其源百里，與丹水出西南望州山。山形竦峻，峯秀甚高。東北白巖壁立，西南小演通行。登其頂，平可有三畝許。上有故城，城中有水，登城望見一州之境，故名望州山。俗語譌，今名武鍾山。山根東有涌泉成谿，即丹水所發也。下注丹水，天陰欲雨，輒有赤氣，故名曰丹水矣。丹水又逕亭下，有石穴甚深，未嘗測其遠近。穴中蝙蝠大如烏〔五〕，多倒懸。玄中記曰：『蝙蝠百歲者倒懸，得而服之，使人神仙。』穴口有泉，冬温夏冷，秋則入藏，春則出遊。民至秋闌斷水口，得魚，大者長四五尺，骨軟肉美，異於餘魚。丹水又逕其下，積而爲淵。淵有神龍，每旱，村人以菌草投淵上流〔六〕，魚則多死，龍怒，當時大雨。丹水又東北流，兩岸石上有虎迹甚多，或深或淺，皆悉成就自然，咸非人工。丹水又北，注於夷水。水色清徹，與大谿同。夷水又東北，逕夷道縣北而東注。

東入於江。

夷水又逕宜都北，東入大江，有涇渭之比，亦謂之很山北谿。水所經皆石山，略無土岸。其水虛映，俯視遊魚，如乘空也。淺處多五色石，冬夏激素飛清，旁多茂木空岫，静夜聽之，恒有清響。百鳥翔禽，哀鳴相和，循頹浪者，不覺疲而忘歸矣。

校記

〔一〕『夷水』句　句末原有『江』字，據後漢書南蠻西南夷傳李賢注引水經刪。

〔二〕乃中之人　殿本無『人』字。

〔三〕既　原本誤作『即』，據殿本改。

〔四〕很山　漢書地理志孟康注作『恒山』。

〔五〕如烏　原本作『者悉』，據殿本改。

〔六〕蔄草　殿本作『芮草』。

夏水

夏水出江津，於江陵縣東南，

江津豫章口東有中夏口，是夏水之首，江之汜也。屈原所謂，『過夏首而西浮，顧龍門而不見』也。龍門即郢城之東門也。

東過華容縣南。

縣，故容城矣。春秋，『魯定公四年，許遷於容城』是也。北臨中夏水，自縣東北，逕成都郡故城南。晉永嘉中，西蜀阻亂，割華容諸城爲成都王潁國。

夏水又逕交趾太守胡寵墓北。漢太傅廣身陪陵，而此墓側有廣碑。故世謂『廣冢』，非也。其文言是蔡伯喈之詞。歷范西戎墓南，王隱晉書地道記曰：『陶朱冢在華容縣。樹碑云，是越之范蠡。』晉太康地記、盛弘之荆州記、劉澄之記，並言在縣之西南，郭仲産言在縣東十里。撿其碑題云：『故西戎令范君之墓。』碑文缺落，不詳其人，稱蠡是其先也。碑是永嘉二年立，覩其所述，最爲究悉，以親逕其地，故違衆説，從而正之。

夏水又東，逕監利縣南。晉武帝太康五年立。縣土卑下，澤多陂池。西南自州陵東界，逕於雲杜、沌陽，爲雲夢之藪矣。韋昭曰：『雲夢在華容縣。』按春秋：『魯昭公三年，鄭伯如楚，子産備田具，以田江南之夢。』郭景純言：『華容縣東南巴丘湖是也。』杜預云：『枝江縣、安陸縣有雲夢。』蓋跨川亘隰，兼苞勢廣矣。

夏水又東，夏楊水注之。水上承楊水於竟陵縣之柘口，東南流，與中夏水合，謂之夏楊水。又東北，逕江夏惠懷縣北，而東北注。

又東，至江夏雲杜縣，入於沔。

應劭十三州記曰：『江別入沔，爲夏水源。』夫夏之爲名，始於分江，冬竭夏流，故納厥稱。既有『中夏』之目，亦苞大夏之名矣。當其決入之所，謂之『堵口』焉〔一〕。鄭玄注尚書，滄浪之水，言今謂夏水。來同，故世變名焉。劉澄之著永初山川記云：『夏水，古文以爲滄浪水〔二〕，漁父所歌也。』因此言之，水應由沔。今按夏水，是江流沔，非沔入夏。假使沔注夏，其勢西南，非尚書又東之文。余亦以爲非也。自堵口下，沔水通兼夏目，而會於江，謂之夏汭也。故春秋左傳稱，吴伐楚，沈尹射奔命夏汭也。杜預曰，『漢水曲入江』，即夏口矣。

校記

〔一〕堵口　注疏本作「　口」。

〔二〕滄浪水　殿本無「水」字。

溳 水

溳水出蔡陽縣，

溳水出縣東南大洪山。山在隨郡之西南，竟陵之東北。槃基所跨，廣員百餘里。峯曰懸鉤，處平原衆阜之中，爲諸嶺之秀。山下有石門，夾障層峻，巖高皆數百許仞。入石門，又得鍾乳穴。穴上素崖壁立，非人迹所及。穴中多鍾乳，凝膏下垂，望齊冰雪，微津細液，滴瀝不斷，幽穴潛遠，行者不極窮深。以穴内常有風熱，無能經久故也。溳水出於其陰，初流淺狹，遠乃廣厚，可以浮舟栰，巨川矣。時人以溳水所導，故亦謂之爲溳山矣。溳水東北流，合石水。石水出大洪山，東北流注於溳，謂之小溳水。而亂流東北，逕上唐縣故城南，本蔡陽之上唐鄉，舊唐侯國。春秋：『定公三年，唐成公如楚，有兩肅霜馬〔一〕，子常欲之，弗與。止之三年，唐人竊馬而獻之子常，歸唐侯。』是也。溳水又東，均水注之。水出大洪山〔二〕，東北流，逕土山北。又東北流，入於溳水。溳水又屈而東南流。

東南過隨縣西。

縣，故隨國矣。春秋左傳所謂『漢東之國，隨爲大』者也。楚滅之以爲縣，晉武帝太康中立爲郡。有溠水出縣西北黄山，南逕㵐西縣西。又東南，㵐水入焉。㵐水出桐柏山之陽〔三〕。吕忱曰：『水在義陽。』㵐水東南逕㵐西縣西，又東南注於溠。溠水又東南，逕隨縣故城西。春秋：『魯莊公四年，楚武王伐隨，令尹鬬祁、莫敖屈重，除道梁溠，軍臨於隨。』謂此水也。水側有斷蛇丘，隨侯出而見大蛇中斷，因舉而藥之，故謂之斷蛇丘。後蛇銜明珠報德，世謂之『隨侯珠』，亦曰『靈蛇珠』。丘南，有隨季梁大夫池。其水又南，與義井水合。水出隨城東南，井泉嘗涌溢而津注，冬夏不異，相承謂之義井，下流合溠。溠水又南，流注於涓。

涓水右會支水，水源亦出大洪山，而東流注於涓。涓水又逕隨縣南隨城山，北而東南注。

又南，過江夏安陸縣西。

郡所治也〔四〕。隨水出隨郡永陽縣東石龍山。西北流，南迴逕永陽縣西，歷横尾山，即禹貢之陪尾山也。隨水又西南，至安陸縣故城西，入於涓，故鄖城也。因岡爲墉，峻不假築。涓水又南，逕石巖山北。昔張昌作亂於其下，籠采鳳以惑衆。晉太安二年，鎮南將軍劉弘遣牙門皮初與張昌戰於清水。昌敗，追斬於江涘。即春秋左傳：『定公四年，吴敗楚於柏舉，從之，及於清發。』蓋涓水兼清水之目矣。

又東南流，右會富水。水出竟陵郡新市縣東北大陽山。水有二源。大富水出山之陽，南流，而左合小富水。小富水出山之東〔五〕，而南逕三王城東。前漢末，王匡、王鳳、王常所屯，故謂之三王城。城中有故碑，文字闕落，不可復識。其水屈而西南流，右合大富水，俗謂之大泌水也。又西南流，逕杜城西，新市縣治也。郡國志以爲南新市也。中山有新市，故此加『南』，分安陸縣立。又王匡中興初舉兵於縣，號曰新市兵者也。富水又東南，流於安陸界，左合土山水，世謂之章水。水出土山，南逕隨郡平林縣故城西，俗謂之將陂城，與新市接界，故中興之始，兵有新市、平林之號。又南流，右入富水。富水又東，入於溳。

溳水又逕新城南。永和五年，晉大司馬桓温築。

溳水又會温水。温水出竟陵之新陽縣天澤中〔六〕，口徑二丈五尺，垠岸重沙，端浄可愛，靖以察之，則淵泉如鏡，聞人聲則揚湯奮發，無所復見矣。其熱可以爓鷄，洪瀏百餘步，冷若寒泉。東南流，注於溳水。

溳水又右得潼水〔七〕。水出江夏郡之曲陵縣西北潼山，東南流，逕其縣南。縣治石潼故城，城圓而不方。東入安陸，注於溳水。

又東南，入於夏。

溳水又南，分爲二水。東通灄水，西入於沔，謂之溳口也。

校記

〔一〕肅霜馬　「霜」春秋左氏傳作「爽」。
〔二〕水出大洪山　「水」、「大」二字據殿本補。
〔三〕㵐水　「㵐」字據殿本補。
〔四〕郡所治也　此句他本無。
〔五〕小富水　殿本無「小富」二字。
〔六〕天澤　他本均作「東澤」。
〔七〕溳水又右　他本均無「溳水」二字。

澴水

澴水出江夏平春縣西，

澴水北出大義山，南至厲鄉西，賜水入焉。水源東出大紫山，分爲二水。一水西逕厲鄉南。水南有重山，即烈山也。山下有一穴，父老相傳，云是神農所生處也。故禮謂之烈山氏。水北有九井，子書所謂『神農既誕，九井自穿』，謂斯水也。又言，汲一井則衆水動。井今堙塞，遺迹髣髴存焉。亦云，賴鄉，故賴國也。有神農社。賜水西南流，入於澴，即厲水也。『賜』、『厲』聲相近，宜爲厲水矣。一水逕義鄉西，南入隨，又注澴。澴水

又南逕隨縣，注安陸也〔一〕。

南過安陸縣，入於溳。

校記

〔一〕注安陸　『注』字原本脱，據殿本補。

漾水

漾水出隴西氐道縣嶓冢山，東至武都沮縣爲漢水。

常璩華陽國記曰〔一〕：『漢水有二源，東源出武都氐道縣漾山，爲漾水。禹貢，「導漾東流爲漢」是也。西源出隴西西縣嶓冢山會白水，逕葭萌入漢，始源曰沔。』按沔水出東狼谷，逕沮縣入漢。漢中記曰：『嶓冢以東，水皆東流。嶓冢以西，水皆西流。』即其地勢源流所歸，故俗以嶓冢爲分水嶺。即此推沔水，無西入之理。劉澄之云：『有水從阿陽縣南至梓潼、漢壽入大穴，暗通岡山。』郭景純亦言『是矣』。岡山穴小，本不容水，水成大澤而流與漢合。庾仲邕又言〔二〕：『漢水自武遂川，南入蔓葛谷，越野牛逕至開城，合西漢水。』故諸言漢者多言西漢水至葭萌入漢。又曰『始源曰沔』，是以經云：『漾水出氐道縣，東至沮縣爲漢水。東南至廣魏白水。』診其沿注，以與三說相符，而未極西漢之源矣。然東、西兩川，俱受沔漢之名者，義或在兹矣。班固地理志，司馬彪、袁山松郡國志，並言漢有二源，東出氐道，西出西縣之嶓冢山。闞駰云：『「漢」或爲「漾」，漾水出崑崙西北隅，至氐道，重源顯發，而爲漾水。』又言：『隴西西縣，嶓冢山在西，西漢水所出，南入廣魏白水。』又云：『漾水出隴西豲道，東至武都入漢。』許慎、吕忱並言：『漾水出隴西豲道，東至武都爲漢水。』不言氏道。然豲道在冀之西北，又隔諸川，無水南入，疑出豲道之爲謬矣。又云：『漢，漾也，東爲滄浪水。』山海經曰：『嶓冢之山，漢水出焉，而東南流注於江〔三〕。』然東、西兩川，俱出嶓冢而同爲漢水者也。孔安國曰：『泉始出爲漾，其猶濛爾。』而常璩專爲漾山、漾水，當是作者附而爲山水之殊目矣。余按山海經：『漾水出崑崙西北隅〔四〕，而南流注於醜塗之水。』穆天子傳曰：『天子自舂山西征，至於赤烏氏。己卯，北征。庚辰，濟於洋水。辛巳，入於曹奴。曹奴人戲，觴天子於洋水之上，乃獻良馬九百，牛羊七千。天子使逢固受之。天子乃賜之黄金之鹿，戲乃膜拜而受。』余以太和中從高祖北巡，狄人猶有此獻。雖古今世殊，而所貢不異。然川流隱伏，卒難詳照，地理潛閟，變通無方。復不可全言闞氏之非也。雖津流派别，枝渠勢懸，原始要終，潛流或一，故俱受漢漾之名，納方土之稱，是其有漢川、漢陽、廣漢、漢壽之號。或因其始，或據其終，縱異名互見，猶爲漢漾矣。川共目殊，或亦在斯。今西縣嶓冢山，西漢水所導也。然微涓細注，若通冪歷，津注而已。西流，與馬池水合。水出上邽西南六十餘里，謂之龍淵水，言神馬出水，事同余吾、來淵之異，故因名焉。開山圖曰：『隴西神馬山有淵池，龍馬所生。』即是水也。其水西流，謂之馬池川。又西流，入西漢水。

西漢水又西南流，左得蘭渠谿水，次西有山黎谷水，次西有鐵谷水，次西有石耽谷水，次西有南谷水，並出南山，揚湍北注。右得高望谷水，次西得西谿水，次西得黄花谷水，咸出北山，飛波南入。

西漢水又西南，資水注之。水北出資川，導源四壑，南至資峽，總爲一水，出峽西南流，注西漢水。

西漢水又西南，得峽石水口。水出苑亭、西草、黑谷，三谿西南至峽石口，合爲一瀆。東南流，屈而南注西漢水。

西漢水又西南，合楊廉川水。水出西谷，衆川瀉流，合成一川，東南流，逕西縣故城北。秦莊公伐西戎，破之。周宣王與其先大駱犬丘之地，爲西垂大夫，亦西垂宫也。王莽之西治矣。建武八年，世祖至阿陽，竇融等悉會。天水震動。隗囂將妻子奔西城，從楊廣。廣死，囂孤窮城守〔五〕。時潁川賊起，車駕東歸，留吳漢、岑彭圍囂。岑等壅西谷水，以縑幔盛土爲隄灌城，城未没丈餘。水穿壅不行，地中數丈涌出，故城不壞。王元請蜀救至，漢等退還上邽。但『廣』、『廉』字相狀，後人因以人名名之，故習訛爲『楊廉』也，置楊廉縣焉。又東南流，右會茅川水，水出西南戎谿，東北流逕戎丘城南。吳漢之圍西城，王捷登城向漢軍曰：『爲隗王城守者，皆必死無二心，願諸將亟罷，請自殺以明之。』遂刎頸而死。又東北流，注西谷水。亂流東南入西漢水。

西漢水又西南，逕始昌峽。晉書地道記曰：『天水，始昌縣故城西也，亦曰清崖峽。』西漢水又西南，逕宕備戍南〔六〕。左則宕備水，自東南來，西北流注之。右則鹽官水南入焉。水北有鹽官，在嶓冢西五十許里，相承營煮不輟，味與海鹽同。故地理志云，『西縣有鹽官』是也。其水東南逕宕備戍西，東南入西漢水〔七〕。

西漢水又西南，合左谷水。水出南山窮谿，北注西漢水。又西南，蘭皋水出西北五交谷，東南歷祁山軍，東南入西漢水。

西漢水又西南，逕祁山軍南。鷄水南出鷄谷，北逕水南縣，西北流，注於西漢水。

西漢水又西，建安川水入焉。其水導源建威西北山白石戍東南。二源合注，東逕建威城南，又東與蘭坑水會。水出西南近谿，東北逕蘭坑城西，東北流，注建安水。建安水又東，逕蘭坑城北、建安城南，其地故西縣之歷城也。楊定自隴右徙治歷城，即此處也。去仇池百二十里，後改爲建安城。其水又東合錯水。水出錯水戍東南，而東北入建安水。建安水又東北，有雉尾谷水。又東北，有太谷水。又北，有小祁山水。並出東谿，揚波西注。又北，左會胡谷水。水西出胡谷，東逕金盤、歷城二軍北。軍在水南層山上。其水又東，注建安水。建安水又東北，逕塞峽。元嘉十九年，宋太祖遣龍驤將軍裴方明伐楊難當。難當將妻子北奔，安西參軍魯尚期追出塞峽，即是峽矣。左山側有石穴洞，人言潛通下辨，所未詳也。其水出峽，西北流，注西漢水。西漢水北，連山秀舉，羅峯競峙。祁山在嶓冢之西七十許里。山上有城，極爲巖固。昔諸葛亮攻祁山，即斯城也。西漢水逕其南。城南三里，有亮故壘。壘之左右猶豐茂宿草，蓋亮所植也，在上邽西南二百四十里。開山圖曰：『漢陽西南有祁山，蹊徑逶迤，山高巖險，九州之名阻，天下之奇峻。』今此山於衆阜之中，亦非爲傑矣。

西漢水又西南，與甲谷水合。水出西南甲谷，東北流，注西漢水。

西漢水又西，逕南岈、北岈中。上下有二城相對，左右墳隴低昂，亘山被阜。古諺云：『南岈、北岈，萬有餘家。』諸葛亮表言：『祁山去沮縣五百里，有民萬户。』矚其丘墟，信爲殷矣。

西漢水，西南逕武植戍南。武植戍水出北山，二源奇發，合於安民戍南。又南，逕武植戍西，而西南流，注於西漢水。

西漢水又西南，逕平夷戍南。又西南，夷水注之。水出北山，南逕其戍西，南入西漢水。

西漢水又西，逕蘭倉城南。又南，右會兩谿，俱出西山，東流注於西漢水。張華博物志云：『温水出鳥鼠山，下注漢水。』疑是此水，而非所詳也。

西漢水又南，入嘉陵道，而爲嘉陵水，世俗名之爲『階陵水』，非也。

西漢水又東南，得北谷水，又東南，得武街水。又東南，得倉谷水。右三水並出西谿，東流注西漢水〔八〕。

西漢水又東南，逕瞿堆西。又屈逕瞿堆南，絶壁峭峙，孤險雲高，望之形若覆唾壺。高二十餘里，羊腸蟠道三十六迴。開山圖謂之仇夷，所謂積石嵯峨，嶔岑隱阿者也。上有平田百頃，煮土成鹽，因以『百頃』爲號。山上豐水泉，所謂清泉涌沸，潤氣上流者也。漢武帝元鼎六年，開以爲武都郡。天池大澤在西，故以都爲目矣。王莽更名樂平郡，縣曰循虜。常璩、范曄云：『郡居河池，一名仇池，池方百頃。』即指此也。左右悉白馬氏矣。漢獻帝建安中，有天水氏楊騰者，世居隴右，爲氏大帥。子駒，勇健多計，徙居仇池，魏拜爲百頃氏王。

西漢水又東，合洛谷水。水有二源，同注一壑。逕神蛇戍西，左右山谿多五色蛇，性馴良，不爲物毒。洛谷水又南，逕虎馗戍東，又南逕仇池郡西、瞿堆東，西南入西漢水。

西漢水又東，合洛谿水。水北發洛谷，南逕威武戍南，又西南與龍門水合。水出西北龍門谷，東流與横水會。東北窮谿，即水源也。又南，逕龍門戍東。又東南，入洛谿水。又東南，逕上禄縣故城西，脩源濬導，逕引北谿，南總兩川，單流納漢。西漢水又東南，逕濁水城南。又東南，會平樂水。水出武街東北四十五里，更馳。南谿導源東北流，山側有甘泉，涌波飛清，下注平樂水。平樂水又逕甘泉戍南，又東逕平樂戍南，又東入漢，謂之會口。

西漢水東南逕脩城道南，與脩水合。水總二源，東北合漢。

西漢水又東南，於槃頭郡南與濁水合。水出濁城北，東流與丁令谿水會。其水北出丁令谷，南逕武街城西，東南入濁水。濁水又東，逕武街城南，故下辨縣治也。李玲、李稚，以氏王楊難敵妻死葬陰平，襲武街，爲氏所殺於此矣。今廣業郡治。濁水又東，弘休水注之。水出北谿，南逕武街城東，而南流注於濁水。濁水又東，逕白石縣南。續漢書曰：『虞詡爲武都太守，下辨東三十餘里有峽〔九〕，峽中白水，生大石，障塞水流，春夏輒瀆溢，敗壞城郭。詡使燒石以醯灌之，石皆碎裂，因鐫去焉，遂無汎溢之害。』濁水即白水之異名也。濁水又東南，涇陽水北出涇谷，南逕白石縣東，而南入濁水。濁水又東南，與仇鳩水合。水發鳩谿，南逕河池縣故城西，王莽之樂平亭也。其水西南流注濁水。濁水又東南，與河池水合。水出河池北谷，南逕河池戍東，西南入濁水。濁水又東南，兩當水注之。水出陳倉縣之大散嶺，西南流入故道川，謂之故道水。西南逕故道城東。魏征仇池，築以置戍。與馬鞍山水合。水東出馬鞍山，歷谷西流，至故道城東，西入故道水。故道水西南流，北川水注之。水出北洛櫝山南，南流逕唐倉城下，南至困冢川，入故道水。故道水又西南，歷廣香交，合廣香川水。水出南由縣利喬山，南流至廣香川，謂之廣香川水。又南注故道水，謂之廣香交。故道水又西南，逕秦岡山，尚婆水注之。山高入雲，遠望增狀，若嶺紆曦軒，峯枉月駕矣。懸崖之側，列壁之上，有神象若圖，指狀婦人之容。其形上赤下白，世名之曰聖女神，至於福應愆違，方俗是祈。水源北出利喬山，南逕尚婆川，謂之尚婆水。歷兩當縣之尚婆城南，魏故道郡治也。西南至秦岡山，入故道水。故道水又右合黃盧山水。水出西北天水郡黃盧山腹，歷谷南流，交注故道水。故道水南入東益州之廣業郡界，與沮水枝津合，謂之兩當谿水。上承武都沮縣之沮水瀆，西南流，注於兩當谿。虞詡爲郡，漕穀布在沮。從沮縣至下辨，山道險絶，水中多石，舟車不通，驢馬負運，僦五致一。詡乃於沮受僦直，約自致之，即將吏民按行，皆燒石櫝木，開漕船道，水運通利，歲省萬計。以其僦廩與吏士，年四十餘萬也。又西南注於濁水。濁水南逕槃頭郡東，而南合鳳谿水。水上承濁水於廣業郡，南逕鳳谿，中有二石雙高，其形若闕，漢世有鳳皇止焉，故謂之鳳皇臺。北去郡三里，水出臺下，東南流，左注濁水。濁水又南，注西漢水。

西漢水又東南，歷漢曲，逕挾崖，與挾崖水合。水西出擔潭交，東流入西漢水。

西漢水又東，逕武興城南。又東南，與北谷水合。水出武興東北，而西南逕武興城北，謂之北谷水。南轉逕其城東，而南與一水合。水出東谿，西流注北谷水。又南流，注西漢水。

西漢水又西南，逕關城北。除水出西北除谿，東南流入於漢。

西漢水又西南，逕通谷，通谷水出東北通谿，上承漾水，西南流入西漢水。

西漢水又西南，寒水注之。水東出寒川，西流入漢。

西漢水又西，逕石亭戍。廣平水西出百頃川，東南流注漢。又有平阿水出東山，西流注漢。

西漢水又逕晉壽城西，而南合漢壽水。水源出東山，西逕東晉壽故城南，而西南入於西漢水也。

又東南，至廣魏白水縣西。又東南，至葭萌縣，東北與羌水合。

白水西北出於臨洮縣西南西傾山。水色白濁。東南流與黑水合。水出羌中，西南逕黑水城西，又西南入白水。白水又東，逕洛和城南。洛和水西南出洛和谿〔一〇〕，東北流，逕南黑水城西，而北注白水。白水又東南，逕鄧至城南。又東南，與大夷祝水合。水出夷祝城西南窮谿，即水源也〔一一〕。東北流〔一二〕，合羊洪水。水出東南羊谿，西北逕夷祝城東。又西北流，屈而東北，注於夷祝水〔一三〕。夷祝水又東北，入白水。白水又東，與安昌水會。水源發衛大西谿，東南逕鄧至、安昌郡南，又東南合無累水。無累水出東北近谿，西南入安昌水。安昌水又東南，入白水。白水又東南，至陰平，得東維水。水出西北維谷，東南逕維城西，東南入白水。白水又東南，逕陰平道故城南，王莽更名摧虜，即廣漢之北部也。廣漢屬國都尉治，漢安帝永初三年，分廣漢蠻夷置。又有白馬水，出長松縣西南白馬谿，東北逕長松縣北，而東北注白水。白水又東，逕陰平大城北，蓋其渠帥自故城徙居也。白水又東，偃谿水出西南偃谿，東北流逕偃城西，而東北流入白水。白水又東，逕偃城北。又東北，逕橋頭，昔姜維之將還蜀也，雍州刺史諸葛緒邀之於此。後期不及，故維得保劍閣而鍾會不能入也。白水又與羌水合。自下羌水，又得其通稱矣。白水又東逕郭公城南，昔郭淮之攻廖化於陰平也，築之，故因名焉。白水又東，雍川水出西南雍谿，東北注白水。白水又東，合空冷水，旁谿西南窮谷，即川源也。白水又東南，與南五部水會。水有二源。西源出五部谿，東南流。東源出郎谷，西南合注白水。白水又東南，逕建昌郡東，而北與一水合。二源同注，共成一谿，西南流入於白水。白水又東南，逕白水縣故城東，即白水郡治也。經云『漢水出其西』，非也。白水又東南，與西谷水相得。水出西谿，東流逕白水城南，東南入白水。白水又南，右會東流水〔一四〕，西入，極谿〔一五〕，便即水源也。白水又南，逕武興城東。又東南，左得刺稽水口，谿東北出，便水源矣。白水又東南，清水左注之。庾仲雍曰：『清水自祁山來，合白水。』斯爲孟浪也。水出於平武郡東北矚累亘下，南逕平武城東，屈逕其城南，又西歷平洛郡東南，屈而南，逕南陽僑郡東北，又東南逕新巴縣東北，又東南逕始平僑郡南，又東南逕小劍戍北，西去大劍三十里，連山絶險，飛閣通衢，故謂之劍閣也。張載銘曰：『一人守險，萬夫趦趄。』信然。故李特至劍閣而歎曰：『劉氏有如此地而面縛於人，豈不奴才也。』小劍水西南出劍谷，東北流，逕其戍下，入清水。清水又東南注白水。白水又東南，於吐費城南，即西晉壽之東北也。東南流，注西漢水。西晉壽即蜀王弟葭萌所封爲苴侯邑，故遂名城爲葭萌矣。劉備改曰漢壽。太康中，又曰晉壽。水有津關，段元章善風角，弟子歸，元章封筒藥授之。曰：『路有急難，開之。』生到葭萌，從者與津吏争，打傷。開筒得書言：『其破頭者，可以此藥裹之。』生乃歎服，還卒業焉。亦廉叔度抱父柩自沈處也。

又東南，過巴郡閬中縣。

巴西郡治也。劉璋之分三巴，此其一焉。闞駰曰：『强水出陰平西北强山，一曰强川。』姜維之還也，鄧艾遣天水太守王頎敗之於强川，即是水也。其水東北，逕武都、陰平、梓潼，南安入西漢水。

西漢水又東南，逕津渠戍東。又南，逕閬中縣東。閬水出閬陽縣，而東逕其縣南。又東，注西漢水。昔劉璋之攻霍峻於葭萌也，自此水上。張達、范彊害張飛於此縣。

西漢水又東南，得東水口。水出巴嶺，南歷獠中，謂之東遊水。李壽之時，獠自牂柯北入，所在諸郡布滿山谷。其水西南，逕宋熙郡東。又東南，逕始平城東。又東南，逕巴西郡東。又東入西漢水。

西漢水又東，與濩谿水合。水出獠中，世亦謂之爲清水也。東南流，注西漢水。

西漢水又東南，逕宕渠縣東。又東南，合宕渠水。水西北出南鄭縣巴嶺，與槃余水同源，派注南流，謂之北水，東南流與難江水合。水出東北小巴山，西南注之。又東南流，逕宕渠縣，謂之宕渠水。又東南，入於漢。

又東南，過江州縣東，東南入於江。

涪水注之，庾仲雍所謂涪内水者也。

校　記

〔一〕華陽國記　「記」他本多作「志」。

〔二〕庚仲邕　『邕』本書他處多作『雍』。

〔三〕江　山海經西山經作『沔』。

〔四〕漾水出崑崙　山海經無『漾水』之目，在『醜塗之水』上爲『洋水』。

〔五〕孤穷　殿本作『愁穷』。

〔六〕宕備戍　『宕』注疏本作『巖』。下同。

〔七〕西漢水　殿本於本篇自此之下，基本上稱『漢水』，而省『西』字。

〔八〕西漢水　『水』字據殿本補。

〔九〕下辨　後漢書注引續漢書作『下辯』。

〔一〇〕洛和谿　殿本無『洛』字。

〔一一〕即水源也　他本皆作『北注夷水』。注疏本『北注夷水』下，會貞按：『上言白水與大夷祝水合，下言夷水入白水以應之，則大夷祝水即夷水。不得云大夷祝水注夷水，致成參錯。且何以不別著夷水所出？此四字當是衍文。』

〔一二〕東北流　殿本無『流』字。

〔一三〕夷祝水　殿本作『夷水』。下同。

〔一四〕右會東流水　『右』殿本作『左』。

〔一五〕西入極谿　『西』殿本作『東』。

潛水

潛水出巴郡宕渠縣。

潛水蓋漢水枝分潛出，故受其稱爾。今爰有大穴，潛水入焉。通岡山下，西南潛出，謂之伏水，或以爲古之潛水。鄭玄曰：『漢别爲潛，其穴本小，水積成澤，流與漢合。大禹自導漢疏通，即爲西漢水也。』故書曰：『沱潛既道。』劉澄之稱白水入潛。然白水與羌水合入漢，是猶漢水也。

縣，以延熙中分巴立宕渠。郡，蓋古賨國也。今有賨城。縣有渝水。夾水上下，皆賨民所居。漢祖入關，從定三秦。其人勇健，好歌舞，高祖愛習之，今巴渝舞是也。縣西北有不曹水〔一〕，南逕其縣，下注潛水。

縣有車騎將軍馮緄、桂陽太守李温冢。二子之靈，常以三月還鄉，漢水暴長，郡縣吏民，莫不於水上祭之。今所謂馮李也。

又南，入於江。

庾仲雍云，『墊江有别江出晉壽縣』，即潛水也。其南源取道巴西，是西漢水也。

校記

〔一〕不曹水　殿本作『餘曹水』。

羌水

羌水出羌中參狼谷。

彼俗謂之『天池白水』矣。地理志曰：『出隴西羌道。』東南流逕宕昌城東，西北去天池五百餘里。

羌水又東南，逕宕婆川城東而東南注。昔姜維之寇隴右也，聞鍾會入漢中，引還。知雍州刺史諸葛緒屯橋頭，從孔函谷將出北道。緒邀之此路，維更從北道渡橋頭，入劍閣。緒追之不及。

羌水又東南〔一〕，陽部水注之。水發東北陽部谿，西南逕安民戍，又西南注羌水。

羌水又東南，逕武街城西南。又東南，逕葭蘆城西，羊湯水入焉。水出西北陰平，北界湯谿，東南逕北部城北。又東南，逕五部城南，東南合妾水〔二〕。旁西南出，即水源所發也。

羌水又逕葭蘆城南。又逕餘城南。又東南，左會五部水。水有二源。出南北五部谿，西南流，合爲一水，屈而東南注羌水。

羌水又東南，流至橋頭，合白水。東南去白水縣故城九十里。

又東南〔三〕，至廣魏白水縣，與漢水合。又東南，過巴郡閬中縣。又南，至墊江縣，東南入於江。

校記

〔一〕羌水又東南　他本無「羌水」二字，可能因分段而增於句首。

〔二〕合姜水　殿本作「右合姜水」。

〔三〕又東南　注疏本無「又」字。

涪水

涪水出廣魏涪縣西北，

涪水出廣漢屬國剛氐道徼外。東南流逕涪縣西，王莽之統睦矣。臧宮進破涪城，斬公孫恢於涪，自此水上。縣有潺水，出潺山。水源有金銀礦，洗取火合之，以成金銀。潺水歷潺亭而下，注涪水。

涪水又東南，逕綿竹縣北，臧宮泝涪至平陽，公孫述將王元降，遂拔綿竹。

涪水又東南，與建始水合。水發平洛郡西谿，西南流，屈而東南流，入於涪。

涪水又東南，逕江油戍北。鄧艾自陰平景谷步道，懸兵束馬入蜀，逕江油、廣漢者也〔一〕。

涪水又東南，逕南安郡南。又南，與金堂水會。水出廣漢新都縣，東南流入涪。

涪水又南，枝津出焉。西逕廣漢五城縣，爲五城水。又西至成都，入於江。

南至小廣魏，與梓潼水合。

小廣魏即廣漢縣地，王莽更名曰廣信也。

校記

〔一〕「東南流逕涪縣西」至「逕江油、廣漢者也」　注疏本的排序有所不同，文字亦稍異，即「東南流與建始水合，水發平洛郡西谿，西南流，屈而東南流，入於涪。涪水又東南，逕江油戍北。鄧艾自陰平景谷步道，懸兵束馬入蜀，逕江油、廣漢者也。涪水又東南，逕涪縣西，王莽之統睦矣。臧官進破涪城，斬公孫恢於涪，自此水上。縣有潺水，出潺山。水源有金銀礦，洗取火合之，以成金銀。潺水歷潺亭而下注涪水。涪水又東南，逕緜竹縣北。臧官溯涪至平陽，公孫述將王元降，遂拔緜竹。」

梓潼水

梓潼水出其縣北界，西南入於涪。

故廣漢郡，公孫述改爲梓潼郡。劉備嘉霍峻守葭萌之功，又分廣漢以北，别爲梓潼郡，以峻爲守。縣有五女，蜀王遣五丁迎之。至此，見大蛇，入山穴。五丁引之，山崩，壓五丁及五女，因氏山爲五婦山，又曰五婦候。馳水所出，一曰五婦水，亦曰潼水也。其水導源山中，南逕梓潼縣，王莽改曰子同矣。自縣南，逕涪城東，又南入於涪水，謂之五婦水口也。

又西南，至小廣魏，南入於墊江。

亦言涪水至此入西漢水〔一〕，謂之爲内水也。北逕墊江。昔岑彭與臧宫自江州從涪水上，公孫述令延岑盛兵於沈水，宫左步右騎，夾船而進，勢動山谷，大破岑軍，斬首、溺水者萬餘人，水爲濁流。沈水出廣漢縣，下入涪水也。

校記

〔一〕西漢水　殿本無『西』字。

南沮水〔一〕

沮水出漢中房陵縣東山〔二〕，東南過臨沮縣界。

沮水出東汶陽郡沮陽縣西北景山，即荆山首也。高峯霞舉，峻竦層雲。山海經云：『金玉是出。』亦沮水之所導。故淮南子曰：『沮出荆山。』高誘云：『荆山在左馮翊懷德縣，蓋以洛水有漆沮之名，故也。』斯謬證爾。杜預云：『水出新城郡之西南發阿山。』蓋山異名也。

沮水東南流，逕沮陽縣東南。縣有潼水，東逕其縣南，下入沮水。

沮水又東南，逕汶陽郡北。即高安縣界，郡治錫城，縣居郡下城，故新城之下邑，義熙初，分新城立。西表悉重山也。

沮水南逕臨沮縣西，青谿水注之。水出縣西青山，山之東有濫泉，即青谿之源也。口徑數丈，其深不測。其泉甚靈潔，至於炎陽有亢，陰雨無時，以蔵物投之，輒能暴雨。其水導源東流，以源出青山，故以青谿爲名。尋源浮谿，奇爲深峭。盛弘之云：『稠木旁生，凌空交合，危樓傾崖，恒有落勢。風泉傳響於青林之下，巖猿流聲於白雲之上。遊者常若目不周翫，情不給賞，是以林徒棲託，雲客宅心，泉側多結道士精廬焉。』青谿又東流入於沮水。沮水又屈逕其縣南。晉咸和中，爲沮陽郡治也。沮水又東南，逕當陽縣故城北。城因岡爲阻，北枕沮川。其故城在東百四十里，謂之東城，在綠林長阪南。長阪，即張翼德橫矛處也。沮水又東南，逕驢城西、磨城東。又南，逕麥城西，昔關雲長詐降處，自此遂叛。傳云：『子胥造驢磨二城，以攻麥邑。』即諺所云，『東驢西磨，麥城自破』者矣。沮水又南，逕楚昭王墓。東對麥城，故王仲宣之賦登樓云『西接昭丘』是也。沮水又南，與漳水合。

又東南，過枝江縣東，南入於江。

沮水又東南，逕長城東。又東南，流注於江，謂之沮口也。

校記

〔一〕南沮水　『南』字爲戴震所加，以別於北地之『沮水』。

〔二〕東山　殿本作『淮水』，又案：『二字舛誤，據漢書當作「東山」。』又注疏本作『景山』。

漳水

漳水出臨沮縣東荆山，東南過蓼亭。又東，過章鄉南。

荆山在景山東百餘里新城沶鄉縣界。雖羣峯競舉，而荆山獨秀。漳水東南流，又屈西南，逕編縣南，縣舊城之東北百四十里也。自西南高陽城，移治許茂故城。城南臨漳水。又南歷臨沮縣之章鄉南。昔關羽保麥城，詐降而遁，潘璋斬之於此。漳水又南，逕當陽縣。又南，逕麥城東。王仲宣登其東南隅，臨漳水而賦之曰，『夾清漳之通浦，倚曲沮之長洲』是也。

漳水又南，沲水注之。山海經曰：『沲水出東北宜諸之山，南流注於漳水。』

又南，至枝江縣北烏扶邑，入於沮。

地理志曰：『禹貢，南條荆山，在臨沮縣之東北，漳水所出，東至江陵，入陽水，注於沔。』非也。今漳水於當陽縣之東南百餘里而右會沮水也〔一〕。

校記

〔一〕百餘里　原本作『百里餘』，據殿本改。

沔水

沔水出武都沮縣東狼谷中，

沔水一名沮水。闞駰曰：『以其初出沮洳然，故曰沮水也，縣亦受名焉。』導源南流，泉街水注之。水出河池縣，東南流入沮縣，會於沔。

沔水又東南，逕沮水戍，而東南流注漢，曰沮口，所謂沔漢者也。尚書曰：『嶓冢導漾，東流爲漢。』山海經所謂『漢出鮒嵎山』也〔一〕。東北流，得獻水口。庾仲雍云：『是水南至關城，合西漢水。』又東北，合沮口，同爲漢水之源也。故如淳曰：『此方人謂漢水爲沔水。』孔安國曰：『漾水東流爲沔。』蓋與沔合也。至漢中，爲漢水，是互相通稱矣。

沔水又東，逕白馬戍南，濜水入焉。水北發武都氐中，南逕張魯城東。魯，沛國張陵孫。陵學道於蜀鶴鳴山，傳業衡，衡傳於魯。魯至行寬惠，百姓親附，供道之費，米限五斗，故世號『五斗米道』。初平中，劉焉以魯爲督義司馬，住漢中，斷絕谷道，魯建城治，因即峭嶺〔二〕，周迴五里，東臨濬谷，杳然百尋。西北二面，連峯接崖，莫究其極。從南爲盤道，登陟二里有餘。濜水又南，逕張魯治東，水西山上有張天師堂，於今民事之。庾仲雍謂『山爲白馬塞，堂爲張魯治』。東對白馬城，一名陽平關。瀘水南流入沔，謂之瀘口。其城西帶瀘水，南面沔川，城側二水之交，故亦曰瀘口城矣。

沔水又東，逕武侯壘南，諸葛武侯所居也。南枕沔水，水南有亮壘，背山向水，中有小城，迴隔難解。

沔水又東，逕沔陽縣故城南。城〔三〕，舊言漢祖在漢中，蕭何所築也。建安二十四年，劉備幷劉璋，北定漢中，始立壇，即漢中王位於此。其城南臨漢水，北帶通逵，南面崩水三分之一，觀其遺略，厥狀時傳。南對定軍山，曹公南征漢中，張魯降，乃命夏侯淵等守之。劉備自陽平關南渡沔水，遂斬淵首，保有漢中。諸葛亮之死也，遺令葬於其山，因即地勢，不起墳壟，惟深松茂柏，攢蔚川阜，莫知墓塋所在。山東名高平，是亮宿營處，有亮廟。亮薨，百姓野祭，步兵校尉習隆、中書郎向充共表云：『臣聞周人思召伯之德，甘棠爲之不伐。越王懷范蠡之功，鑄金以存其像。亮德軌遐邇〔四〕，勳蓋來世〔五〕，王室之不壞，寔賴斯人。而使百姓巷祭，戎夷野祀，非所以存德念功，追述在昔者也。今若盡順民心，則黷而無典，建之京師，又逼宗廟，此聖懷所以惟疑也。臣謂宜近其墓，立之沔陽，斷其私祀，以崇正禮。』始聽立祀，斯廟蓋所啓置也。鍾士季征蜀，枉駕設祠。塋東，即八陣圖也。遺基略在，崩褫難識。

沔水又東，逕西樂城北。城在山上，周三十里，甚險固。城側有谷，謂之容裘谷。道通益州，山多羣獠，諸葛亮築以防遏。梁州刺史楊亮，以即險之固，保而居之，爲苻堅所敗。後刺史姜守、潘猛，亦相仍守此城。城東，容裘谿注之，俗謂之洛水也。水南導巴嶺山，東北流。水左有故城，憑山即險，四面阻絶。昔先主遣黄忠據之，以拒曹公。谿水又北，逕西樂城東，而北流注於漢。

漢水又左得度口水，出陽平北山，水有二源。一曰清撿，出佳饍。一曰濁撿，出好鮒。常以二月、八月取之，美珍常味。度水南逕陽平縣故城東，又南逕沔陽縣故城東，而南流注於漢水。

漢水又東，右會温泉水口。水發山北平地，方數十步，泉源沸涌，冬夏湯湯，望之則白氣浩然，言能瘥百病云。洗浴者，皆有硫黄氣。赴集者，常有百數。池水通注漢水。

漢水又東，黄沙水左注之。水北出遠山，山谷邃險，人迹罕交。谿曰五丈谿，水側有黄沙屯，諸葛亮所開也。其水南注漢水。南有女郎山，山上有女郎冢，遠望山墳，嵬嵬壯高，及即其所，裁有墳形。山上直路下出，不生草木，世人謂之女郎道。下有女郎廟及擣衣石，言張魯女也。有小水北流入漢，謂之女郎水。

漢水又東，合褒水。水西北出衙嶺山，東南逕大石門，歷故棧道下谷，俗謂千梁無柱也。

諸葛亮與兄瑾書云：『前趙子龍退軍，燒壞赤崖以北閣道，緣谷百餘里。其閣梁一頭入山腹，其一頭立柱於水中。今水大而急，不得安柱，此其窮極，不可强也。』又云：『頃大水暴出，赤崖以南橋閣悉壞。時趙子龍與鄧伯苗，一戍赤崖屯田，一戍赤崖口，但得緣崖與伯苗相聞而已。』後諸葛亮死於五丈原，魏延先退而焚之，謂是道也。自後案舊脩路者，悉無復水中柱，逕涉者浮梁振動，無不摇心眩目也。褒水又東南，逕三交城。城在三水之會，故也。一水北出長安，一水西北出仇池，一水東北出太白山，是城之所以取名矣。褒水又東南，得丙水口。水上承丙穴，穴出嘉魚，常以三月出，十月入地。穴口廣五六尺，去平地七八尺，有泉懸注，魚自穴下透入水。穴口向丙，故曰丙穴。下注褒水。故左思稱，『嘉魚出於丙穴，良木攢於褒谷』矣。褒水又東南，歷小石門。門穿山通道，六丈有餘。刻石言：『漢明帝永平中，司隷校尉犍爲楊厥之所開。逮桓帝建和二年，漢中太守同郡王升，嘉厥開鑿之功，琢石頌德。』以爲石牛道。來敏本蜀論云：『秦惠王欲伐蜀，而不知道。作五石牛，以金置尾下，言能屎金。蜀王負力，令五丁引之成道。秦使張儀、司馬錯尋路滅蜀，因曰石牛道。』厥蓋因而廣之矣。蜀都賦曰『阻以石門』，其斯之謂也。褒水又東南，歷褒口，即褒谷之南口也。北口曰斜，所謂北出門在漢中之西，褒中之北。褒水又東南，逕褒縣故城東，褒中縣也，本褒國矣，漢昭帝元鳳六年置。褒水又南流，入於漢。

漢水又東，逕萬石城下。城在高原上，原高十餘丈，四面臨平，形若覆瓮。水南遏水爲阻，西北並帶漢水。其城宿是流雜聚居，故世亦謂之流雜城。

漢水又東，逕漢廟堆下，昔漢女所遊。側水爲釣臺，後人立廟於臺上，世人覩其頽基崇廣，因謂之漢廟堆。傳呼乖實，又名之爲『漢武堆』，非也。

東過南鄭縣南。

縣，故褒之附庸也。周顯王之世，蜀有褒漢之地。至六國，楚人兼之。懷王衰弱，秦略取焉。周赧王二年，秦惠王置漢中郡，因水名也。耆舊傳云：『南鄭之號，始於鄭桓公。桓公死於犬戎，其民南奔，故以南鄭爲稱。』即漢中郡治也。漢高祖入秦，項羽封爲漢王。蕭何曰：『天漢，美名也。』遂都南鄭。大城周四十二里。城内有小城。南憑津流，北結環雉，金墉漆井，皆漢所脩築。地沃川險，魏武方之鷄肋。曰：『釋騏驥而不乘，焉皇皇而更求？』遂留杜子緒鎮南鄭而還。晉咸康中，梁州刺史司馬勳，斷小城東面三分之一，以爲梁州漢中郡南鄭縣治也。自齊、宋、魏，咸相仍焉。水南即漢陰城也，相承言呂后所居。有廉水出巴嶺山，北流逕廉川，故水得其名。廉水又北，注漢水。

漢水右合池水。水出旱山。山下有祠，列石十二，不辨其由，蓋社主之流，百姓四時祈禱焉。俗謂之獠子水，夾溉諸田，散流左注漢水。

漢水又東，得長柳渡。長柳，村名也。漢太尉李固墓，碑銘尚存，文字剥落，不可復識。

漢水又東，逕胡城南。義熙十三年〔六〕，城上有密雲細雨，五色昭章，人相與謂之慶雲，休符當出。曉而雲霽，乃覺城崩，半許淪水，出銅鍾十二枚。刺史索邈，奉送洛陽，歸之宋公府。南對扁鵲城，當是越人舊所逕涉，故邑流其名爾。漢水出於二城之閒。右會磐余水，水出南山巴嶺上。泉流兩分，飛清派注，南入蜀水，北注漢津，謂之磐余口。庾仲雍曰：『磐余去胡城二十里。』

漢水又左會文水。水即門水也，出胡城北山石穴中。長老云：『杜楊有仙人宫。石穴，宫之前門。』故號其川爲門川，水爲門水。東南流，逕胡城北，三城奇對，隔谷羅布，深溝固壘，高臺相距。門水右注漢水，謂之高橋谿口。

漢水又東，黑水注之。水出北山，南流入漢。庾仲雍曰：『黑水去高橋三十里。』諸葛亮箋云：『朝發南鄭，暮宿黑水，四五十里。』指謂是水也。道則百里也。

又東，過成固縣南。又東，過魏興安陽縣南，涔水出自旱山，北注之。

常璩華陽國記曰：『蜀以成固爲樂城縣也。』安陽縣故隸漢中。魏分漢中，立魏興郡，安陽隸焉。涔水出西南，而東北入漢。左谷水出西北，即壻水也。北發聽山，山下有穴水。

穴水東南流，歷平川中，謂之壻鄉，水曰壻水。川有唐公祠。唐君字公房，城固人也。學道得仙，入雲臺山，合丹服之，白日升天，鷄鳴天上，狗吠雲中，唯以鼠惡留之。鼠乃感激，以月晦日，吐腸胃更生，故時人謂之唐鼠也。公房升仙之日，壻行未還，不獲同階雲路，約以此川爲居，言無繁霜蛟虎之患，其俗以爲信然。因號爲壻鄉，故水亦即名焉。百姓爲之立廟於其處，刊石立碑，表述靈異。壻水南歷壻鄉谿〔七〕，出山東南流，逕通關勢南。山高百餘丈，上有匈奴城，方五里，濬塹三重。高祖北定三秦，蕭何守漢中，欲脩北道通關中，故名爲通關勢。壻水又東，逕七女冢。冢夾水，羅布如七星，高十餘丈，周迴數畝。元嘉六年，大水破墳，墳崩，出銅不可稱計。得一塼，刻云：『項氏伯無子，七女造槨。』世人疑是項伯冢。水北有七女池，池東有明月池。狀如偃月，皆相通注，謂之張良渠，蓋良所開也。壻水逕樊噲臺，南臺高五六丈，上容百許人。又東南，逕大成固北。城乘高勢，北臨壻水。水北有韓信臺，高十餘丈，上容百許人。相傳高祖齋七日，置壇設九賓禮，以禮拜信也。壻水東迴南轉，又逕其城東，而南入漢水，謂之三水口也。

漢水又東，會益口。水出北山益谷，東南流，注於漢水。

漢水又東，至灙城南，與洛谷水合。水北出洛谷，谷北通長安。其水南流，右則灙水注之。水發西谿，東南流，合爲一水。亂流南出際其城，西南注漢水。

漢水又東，逕小成固南。州治大成固，移縣北，故曰小成固。城北百二十里，有興勢阪。諸葛亮出洛谷，戍興勢，置烽火樓處，通照漢水。東歷上濤，而逕於龍下。蓋伏石驚湍，流屯激怒，故有上、下二濤之名。龍下，地名也。有丘郲墳墟，舊謂此館爲龍下亭。自白馬迄此，則平川夾勢，水豐壤沃，利方三蜀矣。度此溯洄從漢，爲山行之始。

漢水又東，逕石門灘，山峽也。東會酉水。水北出秦嶺酉谷，南歷重山，與寒泉合。水東出寒泉嶺，泉涌山頂，望之交橫，似若瀑布，頹波激石，散若雨灑，勢同厭原風雨之池。其水西流，入於酉水。酉水又南，注漢，謂之酉口。

漢水又東，逕嬀虛灘。世本曰：『舜居嬀汭，在漢中西城縣。或言嬀墟在西北，舜所居也。』或作姚墟，故舜後或姓姚〔八〕，或姓嬀。『嬀』、『姚』之異是妄，未知所從。余按應劭之言，是地於西城，爲西北也。

漢水又東，逕猴徑灘。山多猴猿，好乘危啜飲，故灘受斯名焉。

漢水又東，逕小、大黄金南。山有黄金峭，水北對黄金谷。有黄金戍，旁山依峭，險折七里。氐掠漢中，阻此爲戍，與鐵城相對。一城在山上，容百餘人。一城在山下，可置百許人。言其險峻，故以『金』、『鐵』制名矣。昔楊難當令魏興太守薛健據黄金，姜寶據鐵城，宋遣秦州刺史蕭思話西討。話令陰平太守蕭坦攻拔之，賊退西水矣。

漢水又東，合籧篨谿口。水北出就谷，在長安西南。其水南流，逕巴谿戍西，又南逕陽都阪東。阪自上及下，盤折十九曲，西連寒泉嶺。漢中記曰：『自西城涉黄金峭、寒泉嶺、陽都阪，峻崿百重，絶壁萬尋。既造其峯，謂已踰崧岱，復瞻前嶺，又倍過之。』言陟羊腸，超煙雲之際，顧看向塗，杳然有不測之險。山豐野牛、野羊，騰巖越嶺，馳走若飛。觸突樹木，十圍皆倒。山殫艮阻，地窮坎勢矣。其水南歷籧篨谿，謂之籧篨水，而南流注於漢，謂之篨口。

漢水又東，右會洋水，川流漫闊，廣幾里許。洋水導源巴山，東北流逕平陽城。漢中記曰：『本西鄉縣治也。』自成固南城南入三百八十里，距南鄭四百八十里。洋川者，漢戚夫人之所生處也。高祖得而寵之。夫人思慕本鄉，追求洋川米，帝爲驛致長安，蠲復其鄉，更名曰縣，故又目其地爲祥川，用表夫人載誕之休祥也。城即定遠矣。漢順帝永光七年，封班超以漢中郡南鄭縣之西鄉，爲定遠侯，即此也。洋水又東北，流入漢，謂之城陽水口也。

漢水又東，歷敖頭。舊立倉儲之所，傍山通道，水陸險湊。魏興安康縣治，有戍，統領流雜。

漢水又東，合直水。水北出子午谷岩嶺下。又南枝分，東注旬水。又南，逕蓰閣下。山上有戍，置於崇阜之上，下臨深淵。張子房燒絶棧閣，示無還也。又東南，歷直谷，逕直城西，而南流注漢。

漢水又東，逕直城南。又東，逕千渡而至蝦蟇頡，歷漢陽、漁口而屆於彭谿、龍竈矣。並谿澗灘磧之名也。

漢水又東，逕晉昌郡之寧都縣南。縣治松谿口。又東，逕魏興郡廣城縣。縣治王谷。谷道南出巴獠，有鹽井，食之令人癭疾。

漢水又東，逕魚脯谷口。舊西城、廣城二縣，指此谷而分界也。

又東，過西城縣南。

漢水又東，逕鼈池南鯨灘。鯨，大也。蜀都賦曰：『流漢湯湯，驚浪雷奔，望之天迴，即之雲昏』者也。

漢水又東，逕嵐谷北口。嶂遠谿深，澗峽險邃，氣蕭蕭以瑟瑟，風颼颼而颸颸。故川谷擅其目矣。

漢水又東，右得大勢。勢阻急谿，故亦曰急勢也。依山爲城，城周二里，在峻山上，梁州督護吉挹所治。苻堅遣偏軍韋鍾伐挹，挹固守二年，不能下，無援，遂陷。

漢水右對月谷口。山有阪月川，於中黄壤沃衍，而桑麻列植，佳饒水田。故孟達與諸葛亮書，善其川土沃美也。

漢水又東，逕西城縣故城南。地理志『漢中郡之屬縣也』。漢末爲西城郡。建安二十四年，劉備以申儀爲西城太守。儀據郡降魏，魏文帝改爲魏興郡，治，故西城縣之故城也。氏略漢川，梁州移治於此。城内有舜祠、漢高帝廟，置民九户，歲時奉祠焉。

漢水又東，爲鱣湍。洪波洊盪，㴋浪雲頽。古耆舊言，有鱣魚奮鰭遡流，望濤直上，至此則暴鰓失濟，故因名湍矣。

漢水又東，合旬水。水北出旬山，東南流，逕平陽戍下，與直水枝分東注。逕平陽戍，入旬水。旬水又東南，逕旬陽縣，與杵水合。水西出杵谿，南流逕重巖堡，西屈而東流，逕其堡南，東南注於旬水。旬水又東南，逕旬陽縣南。縣北山有懸書崖，高五十丈，刻石作字，人不能上，不知所道。山下有石壇，上有馬迹五所，名曰馬迹山。旬水東南注漢，謂之旬口。

漢水又東，逕木蘭寨南。右岸有城，名伎陵城，周迴數里。左岸壘石數十行，重壘數十里，中謂是處爲木蘭寨云。吳朝遣軍救孟達於此矣。

漢水又東，左得育谿，興晉、旬陽二縣，分界於是谷。

漢水又東，合甲水口。水出秦嶺山，東南流，逕金井城南。又東，逕上庸郡北，與關衬水合。水出上洛陽亭縣北青泥西山，南逕陽亭聚西，俗謂之平陽水，南合豐鄉川水。水出弘農豐鄉東山，西南流，逕豐鄉故城南。京相璠曰：『南鄉析縣有故豐鄉，春秋所謂豐析也。』於地理志屬弘農。今屬南鄉。又西南，合闞衵水。闞衵水又南，入上津，注甲水。甲水又東南，逕魏興郡之興晉縣南，晉武帝太康中立。甲水又東，右入漢水。漢水又東，爲龍淵。淵上有胡鼻山，石類胡人鼻故也。下臨龍井渚，淵深數丈。漢水又東，逕魏興郡之錫縣故城北，爲白石灘。縣，故春秋之錫穴地也。故屬漢中，王莽之錫治也。縣有錫義山，方圓百里，形如城。四面有門，上有石壇，長數十丈。世傳列仙所居，今有道士被髮餌朮，恒數十人。山高谷深，多生薇蘅草，其草有風不偃，無風獨搖。漢水又東，逕長利谷南。入谷有長利故城，舊縣也。漢水又東，歷姚方，蓋舜後枝居是處，故地留『姚』稱也。

又東，過堵陽縣，堵水出自上粉縣，北流注之。

堵水出建平郡界故亭谷，東歷新城郡。郡，故漢中之房陵縣也。世祖建武元年，封鄧晨爲侯國也。漢末以爲房陵郡。魏文帝合房陵、上庸、西城，立以爲新城郡，以孟達爲太守，治房陵故縣。有粉水，縣居其上，故曰上粉縣也。堵水之旁有別谿，岸側土色鮮黃，乃云可噉。有言飲此水者，令人無病而壽，豈其信乎？又有白馬山，山石似馬，望之逼真。側水謂之白馬塞，孟達爲守，登之而歎曰：『劉封、申耽據金城千里，而更失之乎！』爲上堵吟，音韻哀切，有惻人心，今水次尚歌之。堵水又東北，逕上庸郡，故庸國也。春秋：『文公十六年，楚人、秦人、巴人滅庸。』庸，小國，附楚。楚有災不救，舉羣蠻以叛，故滅之以爲縣，屬漢中郡。漢末又分爲上庸郡，城三面際水。堵水又東，逕方城亭南，東北歷嵺山下，而北逕堵陽縣南，北流注於漢，謂之堵口。

漢水又東，謂之澇灘，冬則水淺，而下多大石。又東，爲淨灘，夏水急盛，川多湍洑，行旅苦之。故諺曰：『冬澇夏淨，斷官使命。』言二灘阻礙也。

又東，過鄖鄉南。

漢水又東，逕鄖鄉縣南之西山。上有石蝦蟇，倉卒看之，與真不別。漢水又東，逕鄖鄉縣故城南，謂之鄖鄉灘。縣，故黎也，即長利之鄖鄉矣。地理志曰『有鄖關』。李奇以爲鄖子國。晉太康五年，立以爲縣。

漢水又東，逕琵琶谷口。梁益二州分境於此，故謂之琵琶界也。

又東北流，又屈東南，過武當縣東北。

縣西北四十里，漢水中有洲，名滄浪洲。庾仲雍漢水記謂之千齡洲，非也。是世俗語譌，音與字變矣。地説曰：『水出荆山，東南流爲滄浪之水，是近楚都。』故漁父歌曰：『滄浪之水清兮，可以濯我纓。滄浪之水濁兮，可以濯我足。』余按尚書禹貢言：『導漾水，東流爲漢，又東爲滄浪之水。』不言『過』而言『爲』者，明非他水決入也。蓋漢沔水自下，有『滄浪』通稱爾。纏絡鄢郢，地連紀鄀，咸楚都矣。漁父歌之，不違水地，考按經傳，宜以尚書爲正爾。

漢水又東，爲很子潭。潭中有石磧洲，長六十丈，廣十八丈，世亦以此洲爲很子葬父於斯，故潭得厥目焉。所未詳也。

漢水又東南，逕武當縣故城北。世祖封鄧晨子棠爲侯國。內有一碑，文字磨滅，不可復識。俗相傳言，是華君銘，亦不詳華君何代之士。

漢水又東，平陽川水注之。水出縣北伏親山，南歷平陽川，逕平陽故城下。又南流，注於沔。

漢水又東南〔九〕，逕縣城東〔一〇〕。又東，曾水注之。水導源縣南武當山，一曰太和山，亦曰嵾上山。山形特秀，又曰僊室。荆州圖副記曰：『山形特秀，異於衆岳。峯首狀博山香爐，亭亭遠出，藥食延年者萃焉。』晉咸和中，歷陽謝允，舍羅邑宰，隱遁斯山，故亦曰謝羅山焉。曾水發源山麓，逕越山陰，東北流，注於沔，謂之曾口。

沔水又東，逕龍巢山下。山在沔水中，高十五丈，廣員一里二百三十步。山形峻峭，其上秀林茂木，隆冬不凋。

又東南，過涉都城東北。

故鄉名也。按郡國志，『筑陽縣有涉都鄉』者也。漢武帝元封元年，封南海守降侯子嘉爲侯國。均水於縣入沔，謂之均口也。

又東南，過酇縣之西南。

縣治故城，南臨沔水，謂之酇頭。漢高帝五年，封蕭何爲侯國也。薛瓚曰『今南鄉酇頭』是也〔一一〕。茂陵書曰：『在南陽。』王莽更名南庚者也。

又南，過穀城東。又南，過陰縣之西。

沔水東逕穀城南，而不逕其東矣。城在穀城山上。春秋穀伯綏之邑也。墉闉頹毀，基塹亦存。

沔水又東南，逕陰縣故城西。故下陰也。春秋，『昭公十九年，楚工尹赤遷陰于下陰』是也。縣東有冢。縣令濟南劉熹，字德怡，魏時宰縣，雅好博古，教學立碑，載生徒百有餘人，不終業而夭者，因葬其地，號曰『生墳』。

沔水又東南，得洛鷄口。水出縣西北集池陂，東南流，逕洛陽城〔一二〕，北枕洛谿，谿水東南注沔水也。

又南，過筑陽縣東，筑水出自房陵縣，東過其縣南，流注之〔一三〕。

沔水又南，汎水注之。水出梁州閬陽縣。魏遣夏侯淵與張郃下巴西，進軍宕渠。劉備軍汎口，即是水所出也。張飛自别道襲張郃於此水，郃敗，棄馬升山，走還漢中。汎水又東，逕巴西，歷巴渠北新城、上庸，東逕汎陽縣故城南，晉分筑陽立。自縣以上，山深水急，杜渚崩湍，水陸逕絶。又東，逕學城南，梁州大路所由也。舊説昔者有人立學都於此，值世荒亂，生徒罔依，遂共立城以禦難，故城得厥名矣。汎水又東流，注於沔，謂之汎口也。

沔水又南，逕闕林山東，本郡陸道之所由。山東有二碑，其一即記闕林山。文曰：『君國者不躋高堙下。先時或斷山岡以通平道，民多病，守長冠軍張仲瑜乃與邦人築斷故山道，作此銘。』其一郭先生碑。先生名輔，字甫成，有孝友悦學之美。其女爲立碑於此。並無年號，皆不知何代人也。

沔水又南，逕筑陽縣東。又南，筑水注之。杜預以爲彭水也。水出梁州新城郡魏昌縣界。縣以黄初中分房陵立。筑水東南流，逕筑陽縣。水中有孤石挺出，其下澄潭，時有見此石根如竹根而黄色。見者多凶，相與號爲承受石，所未詳也。筑水又東，逕筑陽縣故城南。縣，故楚附庸也。秦平鄢郢，立以爲縣。王莽更名之曰宜禾也。建武二十八年，世祖封吳盱爲侯國。筑水又東，流注於沔，謂之筑口。

沔水又南，逕高亭山東。山有靈焉，士民奉之，所請有驗。

沔水又東，爲漆灘，新野郡山都縣與順陽、筑陽，分界於斯灘矣。

又東，過山都縣東北。

沔南有固城。城側沔川，即新野山都縣治也。舊南陽之赤鄉矣。秦以爲縣，漢高后四年，封衛將軍王恬啓爲侯國。

沔北有和城，即郡國志所謂武當縣之和城聚，山都縣舊嘗治此。故亦謂是處爲故縣灘〔一四〕。

沔水北岸數里，有大石激，名曰五女激。或言女父爲人所害，居固城，五女思復父怨，故立激以攻城。城北今淪於水。亦云有人葬沔北，墓宅將爲水毁，其人五女無男，皆悉巨富，共脩此激，以全墳宅。然激作甚工。又云女嫁爲陰縣佷子婦，家貲萬金，而自少小不從父謂〔一五〕。父臨亡，意欲葬山上，恐兒不從，故命言〔一六〕，葬我著渚下石磧上。佷子曰：『我由來不奉教，今從語。』遂盡散家財作石冢。積土繞之成一洲，長數百步。元康中始爲水所壞，今石皆如半榻許，數百枚聚在水中。佷子是前漢人，襄陽太守胡烈有惠化，補塞隄決，民賴其利。景元四年九月，百姓刊石銘之，樹碑於此。

沔水又東，偏淺。冬月可涉渡，謂之交湖。兵戎之交，多自此濟。晉太康中，得鳴石於此。水撞之，聲聞數里。

沔水又東，逕樂山北。昔諸葛亮好爲梁甫吟，每所登遊，故俗以樂山爲名。

沔水又東，逕隆中，歷孔明舊宅北。亮語劉禪云：『先帝三顧臣於草廬之中，咨臣以當世之事。』即此宅也。車騎沛國劉季和之鎮襄陽也，與犍爲人李安共觀此宅。命安作宅銘云：『天子命我，於沔之陽，聽鼓鞞而永思，庶先哲之遺光。』後六十餘年，永平之五年，習鑿齒又爲其宅銘焉。

又東，過襄陽縣北。

沔水又東，逕萬山北。山上有鄒恢碑，魯宗之所立也。山下潭中有杜元凱碑。元凱好尚後名，作兩碑，並述己功。一碑沈之峴山水中，一碑下之於此潭。曰：『百年之後，何知不深谷爲陵也？』山下水曲之隈，云漢女昔遊處也。故張衡南都賦曰：『遊女弄珠於漢皋之曲。』漢皋，即萬山之異名也。

沔水又東，合檀谿水。水出縣西柳子山下。東爲鴨湖，湖在馬鞍山東北，武陵王愛其峯秀，改曰望楚山。谿水自湖兩分，北渠即谿水所導也。北逕漢陰臺西，臨流望遠，按眺農圃，情逖灌蔬，意寄漢陰，故因名臺矣。又北逕檀谿，謂之檀谿水。水側有沙門釋道安寺，即谿之名，以表寺目也。谿之陽有徐元直、崔州平故宅，悉人居。故習鑿齒與謝安書云：『每省家舅，縱目檀谿。念崔徐之交，未嘗不撫膺躊躇，惆悵終日矣。』谿水傍城北注，昔劉備爲景升所謀，乘的顱馬西走，墜於斯谿。西去城里餘，北流注於沔。一水東南出，應劭曰：『城在襄水之陽，故曰襄陽也。』是水當即襄水也。城北枕沔水，即襄陽縣之故城也。王莽之相陽矣。楚之北津戍也，今大城西壘是也。其土古鄢、鄀、盧、羅之地。秦滅楚，置南郡，號此爲北部。建安十三年，魏武平荆州，分南郡立爲襄陽郡，荆州刺史治。邑居殷賑，冠蓋相望，一都之會也。城南門道東有三碑：一碑是晉太傅羊祜碑，一碑是鎮南將軍杜預碑，一碑是安南將軍劉儼碑。並是學生所立。城東門外二百步，劉表墓，太康中爲人所發，見表夫妻，其尸儼然，顏色不異，猶如平生。墓中香氣遠聞三四里中，經月不歇。今墳冢及祠堂猶高顯整頓。城北枕沔水。水中常苦蛟害，襄陽太守鄧遐負其氣果，拔劍入水。蛟繞其足，遐揮劍斬蛟，流血丹水。自後患除，無復蛟難矣。昔張公遇害，亦亡劍於是水。後雷氏爲建安從事，逕踐瀨谿，所留之劍，忽於其懷躍出落水。初猶是劍，後變爲龍。故吳均劍騎詩云：『劍是兩蛟龍。』張華之言不孤爲驗矣。

沔水又逕平魯城南。城，魯宗之所築也。故城得厥名矣。東對樊城。樊，仲山甫所封也。漢晉春秋稱：『桓帝幸樊城，百姓莫不觀。有一老父，獨耕不輟。議郎張温使問焉，父笑而不答。温因與之言，問其姓名，不告而去。』城周四里，南半淪水。建安中，關羽圍于禁於此城，會沔水汎溢，三丈有餘，城陷禁降，龐德奮劍，乘舟投命於東岡。魏武曰：『吾知于禁三十餘載，至臨危授命，更不如龐德矣。』城西南有曹仁記水碑，杜元凱重刊，其後書伐吳之事也。

又從縣東屈西南，淯水從北來注之。

襄陽城東，有東白沙。白沙北有三洲，東北有宛口，即淯水所入也。沔水中有魚梁洲，龐德公所居。士元居漢之陰，在南白沙，世故謂是地爲白沙曲矣。司馬德操宅洲之陽，望衡對宇，歡情自接，泛舟褰裳，率爾休暢。豈待還桂柁於千里，貢深心於永思哉！水南有層臺，號曰景升臺，蓋劉表治襄陽之所築也。言表盛遊於此，常所止憩。表性好鷹，嘗登此臺，歌野鷹來曲，其聲韻似孟達上堵吟矣。沔水又徑桃林亭東。又逕峴山東。山上有桓宣所築城，孫堅死於此。又有桓宣碑。羊祜之鎮襄陽也，與鄒潤甫常登之。及祜薨後，人立碑於故處，望者悲感，杜元凱謂之『墮淚碑』。山上又有征南將軍胡羆碑，又有征西將軍周訪碑。山下水中，杜元凱沈碑處。沔水又東南，徑蔡洲。漢長水校尉蔡瑁居之，故名蔡洲。洲東岸西，有洄湖。停水數十畝，長數里，廣減百步，水色常綠。楊儀居上洄，楊顒居下洄，與蔡洲相對。在峴山南廣昌里，又與襄陽湖水合。水上承鴨湖，東南流，逕峴山西。又東南流，注白馬陂水。又東入侍中襄陽侯習郁魚池。郁依范蠡養魚法，作大陂。陂長六十步，廣四十步，池中起釣臺。池北亭，郁墓所在也。列植松篁於池測沔水上，郁所居也。又作石洑，逗引大池水於宅北作小魚池。池長七十步，廣二十步。西枕大道，東北二邊限以高隄，楸竹夾植，蓮芡覆水，是遊宴之名處也。山季倫之鎮襄陽，每臨此池，未嘗不大醉而還，恒言此是我高陽池。故時人爲之歌曰：『山公出何去，往至高陽池。日暮倒載歸，酩酊無所知。』其水下入沔。

沔水西，又有孝子墓。河南秦氏性至孝，事親無倦，親没之後，負土成墳，常泣血墓側。人有詠蓼莪者，氏爲泣涕，悲不自勝。於墓所得病，不得食，虎常乳之，百餘日卒。今林木幽茂，號曰孝子墓也。其南有蔡瑁冢，冢前刻石，爲大鹿狀，甚大，頭高九尺，制作甚工。

沔水又東南，逕邑城北。習郁襄陽侯之封邑也。故曰邑城矣。

沔水又東，合洞口。水出安昌縣故城東北大父山，西南流，謂之白水。又南，逕安昌故城東，屈逕其縣南。縣故蔡陽之白水鄉也。漢元帝以長沙卑溼，分白水、上唐二鄉爲舂陵縣。光武即帝位，改爲章陵縣，置園廟焉。魏黄初二年，更從今名，故義陽郡治也。白水又西南流，而左會昆水。水導源城東南小山，西流逕金山北。又西南流，逕縣南，西流注於白水。水北有白水陂，其陽有漢光武故宅，基址存焉。所謂白水鄉也，蘇伯阿望氣處也。光武之征秦豐，幸舊邑，置酒極歡，張平子以爲真人，南巡觀舊里焉。東觀漢記曰：『明帝幸南陽，祀舊宅，召校官子弟作雅樂，奏鹿鳴，上自御塤篪和之，以娱賓客，又於此宅矣。』白水又西，合澧水。水出於襄鄉縣東北陽中山，西逕襄鄉縣之故城北。按郡國志，是南陽之屬縣也。澧水又西，逕蔡陽縣故城東，西南流，注於白水。又西，逕其城南。建武十三年，世祖封城陽王祉世子本爲侯國。應劭曰：『蔡水出蔡陽，東入淮。』今於此城南更無别水，惟是水可以當之。川流西注，苦其不東，且淮源阻礙，山河無相入之理，蓋應氏之誤爾。洞水又西南流，注於沔水。

又東，過中盧縣東，淮水自房陵縣淮山，東流注之。

縣，即春秋廬戎之國也。縣故城南有水出西山，山有石穴出馬，謂之馬穴山。漢時有數百匹馬出其中，馬形小，似巴滇馬。三國時，陸遜攻襄陽，於此穴又得馬數十匹，送建業。蜀使至，有家在滇池者，識其馬毛色，云其父所乘馬，對之流涕。其水東流百四十里，逕城南，名曰浴馬港。言初得此馬，洗之於此，因以名之。亦云乘出沔次浴之，又曰洗馬廐，渡沔宿處，名之曰騎亭。然候水諸蠻北遏是水，南壅淮川〔一七〕，以周田溉，下流入沔。

沔水東南流，逕犂丘故城西。其城下對繕洲，秦豐居之，故更名秦洲。王莽之敗也，秦豐阻兵於犂丘。犂丘城在觀城西二里。建武三年，光武遣征南岑彭擊豐。四年，朱祐自觀城擒豐於犂丘是也。

沔水又南，與疏水合。水出中廬縣西南，東流至邔縣北界，東入沔水，謂之疏口也。水中有物，如三四歲小兒，鱗甲如鯪鯉，射之不可入。七八月中，好在磧上自暴，膝頭似虎，掌爪常没水中，出膝頭，小兒不知，欲取弄戲，便殺人。或曰人有生得者，擿其皐厭，可小小使，名爲水虎者也。

又南，過邔縣東北。

沔水之左有騎城，周迴二里餘，高一丈六尺。即騎亭也。縣，故楚邑也。秦以爲縣。漢高帝十一年，封黄極忠爲侯國。縣南有黄家墓，墓前有雙石闕。彫制甚工，俗謂之黄公闕。黄公名尚，爲漢司徒。

沔水又東，逕豬蘭橋。橋本名木蘭橋。橋之左右豐蒿荻。於橋東，劉季和大養豬，襄陽太守曰：『此中作豬屎臭，可易名「豬蘭橋」。』百姓遂以爲名矣。橋北有習郁宅。宅側有魚池。池不假功，自然通洫，長六七十步，廣十丈，常出名魚。

沔水又南，得木里水會。楚時，於宜城東，穿渠上口去城三里，漢南郡太守王寵又鑿之，引蠻水灌田，謂之木里溝。逕宜城東，而東北入於沔，謂之木里水口也。

又南，過宜城縣東，夷水出自房陵縣，東流注之。

夷水，蠻水也。桓温父名夷，改曰蠻水。夷水導源中廬縣界康狼山，山與荆山相鄰。其水東南流，歷宜城西山，謂之夷谿。又東南，逕羅川城，故羅國也。又謂之鄢水，春秋所謂『楚人伐羅渡鄢』者也。夷水又東南流，與零水合。零水即沶水也。上通梁州沔陽縣之默城山，司馬懿出沮之所由。其水東逕新城郡之沶鄉縣。縣分房陵立，謂之沶水。又東，歷軨鄉，謂之軨水。晉武帝平吳，割臨沮之北鄉、中廬之南鄉，立上黄縣，治軨鄉。沶水又東，歷宜城西山，謂之沶谿。東流合於夷水，謂之沶口也。與夷水亂流東出，謂之淇水，逕蠻城南。城在宜城南三十里。春秋，『莫敖自羅敗退及鄢，亂次以濟淇水』是也。夷水又東，注於沔。昔白起攻楚，引西山長谷水，即是水也。舊堨去城百許里，水從城西灌城東，入注爲淵，今熨斗陂是也。水潰城東北角，百姓隨水流，死於城東者，數十萬。城東皆臭，因名其陂爲臭池。後人因其渠流，以結陂田城西，陂謂之新陂，覆地數十頃。西北又爲土門陂，從平路渠以北、木蘭橋以南，西極土門山，東跨大道，水流周通，其水自新陂東入城。城，故鄢郢之舊都，秦以爲縣。漢惠帝三年，改曰宜城。其水歷大城中，逕漢南陽太守秦頡墓北。墓前有二碑。頡，鄀人也，以江夏都尉，爲南陽太守。出逕宜城中，見一家東向，頡住車視之，曰：『此居處可作冢。』後卒於南陽。喪還，至昔住車處，車不肯進，故吏爲市此宅葬之，孤墳尚整。城南有宋玉宅。玉，邑人，雋才辯給，善屬文而識音也。其水又逕金城前，縣南門有古碑猶存。其水又東出城，東注臭池。臭池溉田，陂水散流，又入朱湖陂。朱湖陂亦下灌諸田。餘水又下入木里溝。木里溝是漢南郡太守王寵所鑿故渠，引鄢水也，灌田七百頃。白起渠溉三千頃，膏良肥美，更爲沃壤也。縣有太山，山下有廟，漢末名士居其中。刺史、二千石卿長數十人，朱軒華蓋，同會於廟下。荆州刺史行部見之，雅歎其盛，號爲冠蓋里，而刻石銘之。此碑於永嘉中始爲人所毁，其餘文尚有可傳者。其辭曰：『峩峩南岳，烈烈離明。寔敷俊乂，君子以生。惟此君子，作漢之英。德爲龍光，聲化鶴鳴。』此山以建安三年崩，聲聞五六十里。雉皆屋雊，縣人惡之。以問侍中龐季，季云：『山崩川竭，國土將亡之占也。』十三年，魏武平荆州，沔南彫散。

沔水又逕鄀縣故城南，古鄀子之國也。秦楚之間，自商密遷此，爲楚附庸，楚滅之以爲邑。縣南臨沔津，津南有石山，上有古烽火臺。縣北有大城，楚昭王爲吳所迫，自紀郢徙都之。即所謂鄢、鄀、盧、羅之地也。秦以爲縣。

沔水又東，敖水注之。水出新市縣東北。又西南，逕太陽山西，南流逕新市縣北。又西南，而右合枝水。水出大洪山而西南流，逕襄陽郡縣界，西南逕狄城東南，左注敖水。敖水又西南流，注於沔，寔曰敖口。

沔水又南，逕石城西。城因山爲固。晉太傅羊祜鎮荆州立。晉惠帝元康九年，分江夏西部，置竟陵郡，治此。

沔水又東南，與臼水合。水出竟陵縣東北聊屈山，一名盧屈山。西流注於沔。魯定公四年，吳師入郢，昭王奔隨，濟於成臼，謂是水者也。

又東，過荆城東。

沔水自荆城東南流，逕當陽縣之章山東。山上有故城，太尉陶侃伐杜曾所築也。禹貢所謂『内方至於大别』者也。既濱帶沔流，寔會尚書之文矣。

沔水又東，右會權口。水出章山，東南流逕權城北，古之權國也。春秋，『魯莊公十八年，楚武王克權，權叛，圍而殺之，遷權於那處』是也。東南有那口城，權水又東，入於沔。

沔水又東南，與揚口合。水上承江陵縣赤湖。江陵西北有紀南城，楚文王自丹陽徙此，平王城之，班固言『楚之郢都也』。城西南有赤阪岡，岡下有瀆水，東北流入城，名曰子胥瀆。蓋吳師入郢所開也。謂之西京湖。又東北出城，西南注於龍陂。陂，古天井水也。

廣員二百餘步，在靈谿東江隄内。水至淵深，有龍見於其中，故曰龍陂。陂北有楚莊王釣臺，高三丈四尺，南北六丈，東西九丈。陂水又逕郢城南，東北流，謂之揚水。又東北，路白湖水注之。湖在大港北，港南曰中湖，南隄下曰昏官湖。三湖合爲一水，東通荒谷。荒谷東岸有冶父城。春秋傳曰：『莫敖縊於荒谷，羣帥囚於冶父。』謂此處也。春夏水盛，則南通大江。否則，南迄江隄，北逕方城西。方城，即南蠻府也。又北，與三湖會。故盛弘之曰：『南蠻府東有三湖，源同一水。』蓋徙治西府也。宋元嘉中，通路白湖，下注揚水，以廣運漕。揚水又東，歷天井北。井在方城北里餘，廣員二里，其深不測，井有潛室，見輒兵。西岸有天井臺。因基舊隄，臨際水湄，遊憩之佳處也。揚水又東北流，東得赤湖水口。湖周五十里，城下陂池，皆來會同。湖東北有大暑臺，高六丈餘，縱廣八尺。一名清暑臺，秀宇層明，通望周博，遊者登之，以暢遠情。揚水又東，入華容縣。有靈谿水，西通赤湖水口。已下多湖，周五十里，城下陂池，皆來會同。又有子胥瀆，蓋入郢所開也。水東入離湖。湖在縣東七十五里，國語所謂：楚靈王，『闕爲石郭，陂漢，以象帝舜』者也。湖側有章華臺。臺高十丈，基廣十五丈。左丘明曰：『楚築臺於章華之上。』韋昭以爲『章華』亦地名也。王與伍舉登之，舉曰：『臺高不過望國之氛祥，大不過容宴之俎豆。』蓋譏其奢，而諫其失也。言此瀆靈王立臺之日，漕運所由也。其水北流，注於揚水。揚水又東北，與柞谿水合。水出江陵縣北，蓋諸池散流咸所會合，積以成川。東流逕魯宗之壘，南當驛路。水上有大橋，隆安三年，桓玄襲殷仲堪於江陵，仲堪北奔，縊於此橋。柞谿又東，注船官湖。湖水又東北，入女觀湖。湖水又東，入於揚水。揚水又北，逕竟陵縣西。又北，納巾吐柘。柘水，即下揚水也。巾水出縣東百九十里，西逕巾城。城下置巾水戍。晉元熙二年，竟陵郡巾水戍得銅鍾七口，言之上府。巾水又西，逕竟陵縣北，西注揚水，謂之巾口。水西有古竟陵大城，古鄖國也。鄖公辛所治，所謂鄖鄉矣。昔白起拔郢〔一八〕，東至竟陵，即此也。秦以爲縣，王莽之守平矣。世祖建武十三年，更封劉隆爲侯國。城旁有甘魚陂。左傳，『昭公十三年，公子黑肱爲令尹，次於魚陂』者也。揚水又北，注於沔，謂之揚口，中夏口也。曹太祖之追劉備於當陽也，張飛按矛於長阪，備得與數騎斜趣漢津，遂濟夏口是也。

沔水又東，得滻口。其水承大滻、馬骨諸湖水，周三四百里。及其夏水來同，浩若滄海〔一九〕，洪潭巨浪，縈連江沔，故郭景純江賦云，『其旁則有朱、滻、丹、漅』是也。

又東南，過江夏雲杜縣東，夏水從西來注之。

即堵口也，爲中夏水。縣，故邳亭。左傳『若敖娶於邳』是也。禹貢所謂『雲土夢作乂』，故縣取名焉。縣有雲夢城，城在東北。

沔水又東，逕左桑。昔周昭王南征，船人膠舟以進之。昭王渡沔，中流而没，死於是水。齊楚之會，齊侯曰：『昭王南征而不復，寡人是問。』屈完曰：『君其問諸水濱。』庾仲雍言：『村老云，百姓佐昭王喪事於此，成禮而行，故曰「佐喪」。』『左桑』，字失體爾。

沔水又東，合巨亮水口，水北承巨亮湖，南達於沔。

沔水又東，得合驛口。庾仲雍言：『須導村耆舊云，朝廷驛使合王喪於是，因以名焉。』今須導村正有大斂口，言昭王於此殯斂矣。

沔水又東，謂之横桑，言得昭王喪處也。

沔水又東，謂之鄭公潭。言鄭武公與王同溺水於是。余謂世數既懸，爲不近情矣。斯乃楚之鄭鄉，守邑大夫僭言公，故世以爲鄭公潭爾。

沔水又東，得死沔。言昭王濟沔自是死，故有『死沔』之稱。王尸豈逆流乎？但千古芒昧，難以昭知，推其事類，似是而非矣。

沔水又東，與力口合。有溾水出竟陵郡新陽縣西南池河山，東流逕新陽縣南，縣治雲杜故城，分雲杜立。溾水又東南流，注宵城縣南大湖。又南，入於沔水，是曰力口。

沔水又東南，淯水入焉。

沔水又東，逕沌水口。水南通沔陽縣之太白湖。湖水東南通江，又謂之沌口。

沔水又東，逕沌陽縣北，處沌水之陽也。

沔水又東，逕臨嶂故城北。晉建興二年，太尉陶侃爲荆州，鎮此也。

又南，至江夏沙羨縣北，南入於江，

庾仲雍曰：『夏口一曰沔口矣。』尚書禹貢云：『漢水南至大别入江。』春秋左傳：『定公四年，吳師伐郢，楚子常濟漢而陳，自小别至於大别。』京相璠春秋土地名曰：『大别，漢東山名也。在安豐縣南。』杜預釋地曰：『二别，近漢之名，無緣乃在安豐也。』按地説言：『漢水東行觸大别之阪，南與江合。』則與尚書、杜預相符，但今不知所是矣。

沔水與江合流。又東，過彭蠡澤。

尚書禹貢『匯澤』也。鄭玄曰：『匯，回也。』漢與江鬭，轉東成其澤矣。

又東北，出居巢縣南。

古巢國也。湯伐桀，桀奔南巢，即巢澤也。尚書，『周有巢伯來朝』。春秋：『文公十二年夏，楚人圍巢。』巢，羣舒國也。舒叛，故圍之。永平元年，漢明帝更封菑丘侯劉般爲侯國也。

江水自濡須口又東，左會栅口，水導巢湖，東逕烏上城北。又東，逕南譙僑郡城南。又東，絶塘，逕附農山北。又東，左會清谿水。水出東北馬子硯之清谿也。東逕清谿城南，屈而西南，歷山西南流，注栅水，謂之清谿口。栅水又東，左會白石山水。水發白石山，西逕李鵲城南，西流，注栅水。栅水又東南，積而爲竇湖。中有洲，湖東有韓綜山，山上有城。山北湖水東出，爲後塘北湖，湖南即塘也。塘上有潁川僑郡故城也。竇湖水東出，謂之竇湖口，東徑刺史山北，歷韓綜山南，逕流二山之閒，出王武子城北，城在刺史山上。湖水又東，逕右塘穴。北爲中塘，塘在四水中。水出格虎山北，山上有虎山城，有郭僧坎城。水北有趙祖悦城，並故東關城也。昔諸葛恪帥師作東興隄，以遏巢湖。傍山築城，使將軍全端、留略等，各以千人守之。魏遣司馬昭督鎮東諸葛誕，率衆攻東關三城。將毁隄遏，諸軍作浮梁，陳於隄上，分兵攻城。恪遣冠軍丁奉等登塘鼓譟奮擊，朱異等以水軍攻浮梁，魏征東胡遵軍士争渡，梁壞，投水而死者數千。塘即東興隄，城亦關城也。栅水又東南，逕高江産城南，胡景略城北。又東南，逕張祖禧城南，東南流，屈而北，逕鄭衛尉城西。魏事已久，難用取悉，推舊訪新，略究如此。又北委折，蒲浦出焉。栅水又東南流，注於大江，謂之栅水口。

又東，過牛渚縣南。又東，至石城縣，

經所謂石城縣者，即宣城郡之石城縣也。牛渚在姑熟、烏江兩縣界中，於石城東北減五百許里，安得逕牛渚而方届石城也？蓋經之謬誤也。

分爲二，其一東北流，其一又過毗陵縣北，爲北江。

地理志，毗陵縣，會稽之屬縣也。丹徒縣北二百步，有故城，本毗陵郡治也。舊去江三里，岸稍毁，遂至城下。城北有揚州刺史劉繇墓，淪於江。江即北江也。經書爲北江則可，又言『東至餘姚』則非。考其逕流，知經之誤矣。

地理志曰『江水自石城東出』，逕吴國南爲南江。江水自石城東入爲貴口，東逕石城縣北。晉太康元年立，隸宣城郡。東合大谿，谿水首受江，北逕其縣故城東，又北，入南江。南江又東，與貴長池水合。水出縣南郎山，北流爲貴長池。池水又北，注於南江。南江又東，逕宣城之臨城縣南。又東，合涇水。南江又東，與桐水合。又東，逕安吴縣，號曰安吴谿。又東，旋谿水注之。水出陵陽山下，逕陵陽縣西，爲旋谿水。昔縣人陽子明釣得白龍處。後三年，龍迎子明上陵陽山。山去地千餘丈。後百餘年，呼山下人，令上山半與語谿中。子安問子明釣車所在。後二十年，子安死，山下有黄鶴棲其冢樹，鳴常呼子安，故縣取名焉。晉咸康四年，改曰廣陽縣。谿水又北，合東谿水。水出南里山，北逕其縣東。桑欽曰：『淮水出縣之東南，北入大江。』其水又北，歷蜀由山。又北，左合旋谿，北逕安吴縣東。晉太康元年，分宛陵立。縣南有落星山，山有懸水，五十餘丈。下爲深潭，潭水東北流，左入旋谿，而同注南江。南江之北，即宛陵縣界也。南江又東，逕寧國縣南。晉太康元年，分宛陵置。南江又東，逕故鄣縣南、安吉縣北。光和之末，天下大亂，此鄉保險守節，漢朝嘉之。中平二年，分故鄣之南鄉，以爲安吉縣。縣南有釣頭泉，懸涌一仞，乃流於川，川水下合南江。南江又東北爲長瀆，歷湖口。南江東注於具區，謂之五湖口。五湖謂：長蕩湖、太湖、射湖、貴湖、滆湖也。郭景純江賦曰：『注五湖以漫漭』，蓋言江水經緯五湖，而苞注太湖也。是以左丘明述國語曰：『越伐吴，戰於五湖』是也。又云：『范蠡滅吴，返至五湖而辭越。』斯乃太湖之兼攝通稱也。虞翻曰：『是湖有五道，故曰五湖。』韋昭曰：『五湖，今太湖也。』尚書謂之震澤。爾雅以爲具區。方圓五百里，湖有苞山，春秋謂之夫椒山，有洞室入地潛行，北通琅邪東武縣，俗謂之洞庭。旁有青山，一名夏架山。山有洞穴，潛通洞庭。山上有石鼓，長丈餘，鳴則有兵。故吴記曰：『太湖有苞山，在國西百餘里，居者數百家，出弓弩材。旁有小山，山有石穴，南通洞庭，深遠莫知所極。三苗之國，左洞庭，右彭蠡，今宫亭湖也。以太湖之洞庭對彭蠡，則左右可知也。』余按二湖俱以洞庭爲目者，亦分爲左右也。但以趣矚爲方爾。既據三苗〔二〇〕，宜以湘江爲正。是以郭景純之江賦云：『爰有包山洞庭，巴陵地道，潛達旁通，幽岫窈窕。』山海經曰：『浮玉之山，北望具區，苕水出於其陰，北流注於具區。』謝康樂云：『山海經浮玉之山在句餘東五百里，便是句餘縣之東山，乃應入海。』句餘今在餘姚烏道山西北，何由北望具區也？以爲郭於地理甚昧矣。言洞庭南口有羅浮山，高三千六百丈，浮山東石樓下有兩石鼓，叩之清越，所謂神鉦者也。事備羅浮山記。會稽山宜直湖南，又有山陰谿水入焉。山陰西四十里，有二谿。東谿廣一丈九尺，冬煗夏冷。西谿廣三丈五尺，冬冷夏煗。二谿北出行三里，至徐村合成一谿，廣五丈餘而温涼又雜，蓋山海經所謂苕水也。北逕羅浮山而下注於太湖，故言出其陰，入於具區也。湖中有大雷、小雷三山，亦謂之三山湖，又謂之洞庭湖。楊泉五湖賦曰：『頭首無錫，足蹄松江，負烏程於背上，懷太吴以當胸，岝㟧崔嵬，穹隆紆曲。』大雷、小雷，湍波相逐。』用言湖之苞極也。太湖之東，吴國西十八里，有岝嶺山，俗説此山本在太湖中，禹治水移進近吴。又東及西南有兩小山，皆有石如卷笮，俗云禹所用牽山也〔二一〕。太湖中有淺地，長老云是笮嶺山蹠，自此以東差深，言是牽山之溝，此山去太湖三十餘里。東則松江出焉。上承太湖，更逕笠澤，在吴南松江左右也。國語曰：『越伐吴，吴禦之笠澤，越軍江南，吴軍江北』者也。虞氏曰：『松江北去吴國五十里，江側有丞胥二山，山各有廟。』魯哀公十三年，越使二大夫疇無餘、謳陽等伐吴。吴人敗之，獲二大夫。大夫死，故立廟於山上，號曰丞胥二王也。胥山上今有壇石，長老云：『胥神所治也。』下有九折路，南出太湖，闔閭造以遊姑胥之臺，以望太湖也。松江自湖東北流，逕七十里，江水奇分〔一二二〕，謂之三江口。吳越春秋稱，『范蠡去越，乘舟出三江之口，入五湖之中』者也。此亦別爲『三江』、『五湖』，雖名稱相亂，不與職方同。庾仲初揚都賦注曰：『今太湖東注爲松江，下七十里有水口，分流，東北入海爲婁江，東南入海爲東江，與松江而三，非禹貢之三江也〔一二三〕。』吳記曰：『一江東南行七十里，入小湖爲次谿，自湖東南出，謂之谷水。』谷水出吳小湖，逕由卷縣故城下。神異傳曰：『由卷縣，秦時長水縣也。始皇時，縣有童謠曰：「城門當有血，城陷沒爲湖。」有老嫗聞之憂懼，旦往窺城門，門侍欲縛之，嫗言其故。嫗去後，門侍殺犬，以血塗門。嫗又往，見血走去，不敢顧。忽有大水長，欲沒縣。主簿令幹入白令，令見幹曰：「何忽作魚？」幹又曰：「明府亦作魚。」遂乃淪陷爲谷矣。』因目長水城，水曰谷水也。吳記曰：『谷中有城，故由卷縣治也。即吳之柴辟亭，故就李鄉檇李之地。秦始皇惡其勢王，令囚徒十餘萬人，汙其土表，以汙惡名，改曰囚卷，亦曰由卷也。吳黃龍三年，有嘉禾生卷縣，改曰禾興。後太子諱「和」，改爲嘉興。春秋之檇李城也。』谷水又東南，逕嘉興縣城西。谷水又東南，逕鹽官縣故城南，舊吳海昌都尉治，晉太康中，分嘉興立。太康地道記：『吳有鹽官縣。』樂資九州志曰：『縣有秦延山。秦始皇逕此，美人死，葬於山上，下有美人廟。』谷水之右有馬臯城，故司鹽都尉城。吳王濞煮海爲鹽於此縣也。是以漢書地理志曰『縣有鹽官』。東出五十里，有武原鄉，故越地也。秦於其地置海鹽縣。地理志曰『縣故武原鄉』也。後縣淪爲柘湖，又徙治武原鄉，改曰武原縣。王莽名之展武。漢安帝時，武原之地又淪爲湖。今之當湖也，後乃移此。縣南有秦望山，秦始皇所登以望東海，故山得其名焉。谷水於縣出爲澉浦，以通巨海。光熙元年，有毛民三人，集於縣，蓋汎於風也。

又東，至會稽餘姚縣，東入於海。

謝靈運云：『具區在餘暨。』然則餘暨是餘姚之别名也。今餘暨之南，餘姚西北，浙江與浦陽江同會歸海，但水名已殊，非班固所謂南江也。郭景純曰：『三江者，岷江、松江、浙江也。』然浙江出南蠻中，不與岷江同，作者述志，多言江水至山陰爲浙江。今南江枝分〔二四〕，歷烏程縣，南通餘杭縣，則與浙江合。故闞駰十三州志曰：『江水至會稽與浙江合。』浙江自臨平湖南通浦陽江，又於餘暨東合浦陽江，自秦望分派，東至餘姚縣又爲江也。東與車箱水合，水出車箱山。乘高瀑布，四十餘丈，雖有水旱，而澍無增減。江水又東，逕黄橋下，臨江有漢蜀郡太守黄昌宅，橋本昌創建也。昌爲州書佐，妻遇賊相失，後會於蜀，復脩舊好。江水又東，逕赭山南。虞翻嘗登此山四望，誡子孫可居江北，世有禄位，居江南則不昌也。然住江北者，相繼代興。時在江南者，輒多淪替。仲翔之言爲有徵矣。江水又逕官倉。倉即日南太守虞國舊宅，號曰西虞，以其兄光居縣東故也。是地即其雙鴈送故處。江水又東，逕餘姚縣故城南。縣城是吳將朱然所築。南臨江津，北背巨海，夫子所謂滄海浩浩，萬里之淵也。縣西去會稽百四十里，因句餘山以名縣。山在餘姚之南，句章之北也。江水又東，逕穴湖塘。湖水沃其一縣，並爲良疇矣。江水又東，注於海。是所謂『三江』者也。故子胥曰：『吳越之國，三江環之，民無所移矣。』但東南地卑，萬流所湊，濤湖汎決，觸地成川，枝津交渠，世家分夥，故川舊瀆，難以取悉，雖麤依縣地，緝綜所纏，亦未必一一得其實也。

校記

〔一〕鮒鯛山　山海經海内東經作『鮒魚之山』。

〔二〕魯建城治因即峭嶺　原本作『用遠城治因即峭嶺』。注疏本守敬按：『輿地紀勝引此作「建城治，即峭嶺，爲城周五里」。此「遠」爲「建」之誤，「峭」爲「峭」之誤。又依上訂，「用」當作「魯」。』今據以改。

〔三〕城　據殿本補。

〔四〕德軌遐邇　『軌』三國志諸葛亮傳注作『範』。

〔五〕來世　『來』三國志諸葛亮傳注作『季』。

〔六〕十三年　原本作『十五年』，據宋書五行志改。

〔七〕堉鄉谿　『谿』字據殿本補。

〔八〕舜後　他本無『舜』字。

〔九〕漢水　殿本作「沔水」，且案：「注内自此以下又復稱沔。」

〔一〇〕逕縣城東　殿本作「逕武當縣故城東」。

〔一一〕酇頭　史記蕭相國世家集解引臣瓚曰作「酇縣」。

〔一二〕洛陽城　「洛」原本作「筑」，據殿本改。

〔一三〕之　原本誤作「同」，據殿本改。

〔一四〕故縣灘　「灘」字據殿本補。

〔一五〕謂　殿本作「語」。

〔一六〕故命言　「命」殿本作「倒」。

〔一七〕淮川　殿本作「維川」。注疏本守敬按：「襄陽府志，又以南六十里之潼口河爲淮川。」

〔一八〕郢　原本誤作「鄖」，據殿本改。

〔一九〕浩　殿本作「渺」。

〔二〇〕既　原本誤作「即」，據殿本改。

〔二一〕禹所用　「用」注釋本作「開」。

〔二二〕奇分　殿本作「歧分」。

〔二三〕非禹貢之三江也　殿本無此七字。

〔二四〕南江　殿本作「江南」。

涔水

涔水出漢中南鄭縣東南旱山，北至安陽縣南，入於沔。

涔水即黄水也〔一〕。東北流，逕成固南城北。城在山上，或言韓信始立，或言張良創築，未知定所制矣。義熙九年，索遐爲果州刺史，自成固治此，故謂之南城。城周七里，衿澗帶谷，絶壁百尋。北谷口造城東門，旁山尋澗，五里有餘，盤道登陟，方得城治。城北水舊有桁，北渡涔水。水北有趙軍城，城北又有桁，渡沔取北城，城即大成固縣治也。黄水右岸有悦歸館。涔水歷其北，北至安陽，左入沔，爲涔水口也〔二〕。

校記

〔一〕黄水　注疏本作「鶩水」，本篇下同。

〔二〕涔水口　注疏本作「三水口」。

均水

均水出析縣北山，南流過其縣東。

均水發源弘農郡之盧氏縣熊耳山。山南即脩陽、葛陽二縣界也。雙峯齊秀，望若熊耳，因以爲名。齊桓公召陵之會，西望熊耳，即此山也。太史公司馬遷皆嘗登之。縣，即析縣之北鄉，故言出析縣北山也。均水東南流，逕其縣東〔一〕。又南，逕南鄉縣〔二〕。又南流，與丹水合。

又南，當涉都邑北，南入於沔。

均水南逕順陽縣西。漢哀帝更爲博山縣，明帝復曰順陽。應劭曰：『縣在順水之陽。』今於是縣則無聞於順水矣。章帝建初四年，封衛尉馬廖爲侯國。晉太康中，立爲順陽郡縣。西有石山，南臨均水。均水又南流，注於沔水，謂之均口者也。故地理志謂之『育水』，言熊耳之山，育水出焉，又東南，『至順陽入於沔』。

校記

〔一〕逕其縣東　殿本無『東』。

〔二〕又南逕　殿本作『下南越』，且案：『「下南越」三字有舛誤，當作「又南逕」。』

丹水

丹水出京兆上洛縣西北冢嶺山，

一名高豬嶺也。丹水東南流，與清池水合。水源東北出清池山，西南流，入於丹水。

東南，過其縣南。

縣，故屬京兆，晉分爲郡。地道記曰：『郡在洛上，故以爲名。』竹書紀年：『晉烈公三年，楚人伐我南鄙，至於上洛。』楚水注之，水源出上洛縣西南楚山，昔『四皓』隱於楚山，即此山也。其水兩源，合舍於四皓廟東。又東，逕高車嶺南，翼帶衆流，北轉入丹水。嶺上有四皓廟。

丹水自倉野又東，歷兔和山。即春秋所謂『左師軍於兔和〔一〕，右師軍於倉野』者也。

又東南，過商縣南。又東南，至丹水縣，入於均。

契始封商。魯連子曰：『在太華之陽。』皇甫謐、闞駰並以爲上洛商縣也。殷商之名起於此矣。

丹水自商縣東南流注，歷少習，出武關。應劭曰：『秦之南關也，通南陽郡。』春秋左傳：

『哀公四年，楚左司馬使謂陰地之命大夫士蔑曰，「晉楚之盟，好惡同之。不然將通於少習以聽命」者也。』京相璠曰：『楚通上洛，阸道也。』漢祖下析酈，攻武關。文穎曰：『武關在析縣西百七十里，弘農界也。』

丹水又東南，流入臼口，歷其戍下。又東南，析水出析縣西北弘農盧氏縣大蒿山，南流逕脩陽縣故城北。縣，即析之北鄉也。又東，入析縣，流結成潭，謂之龍淵，清深神異。耆舊傳云：『漢祖入關，逕觀是潭，其下若有府舍焉。』事既非恒，難以詳矣。其水又東，逕其縣故城北，蓋春秋之白羽也。左傳，『昭公十八年，楚使王子勝遷許於析』，是也。郭仲産云：『相承言，此城漢高所築，非也。』余按史記：楚襄王元年，秦出武關，斬衆五萬，取析十五城。漢祖入關，亦言下析酈，非無城之言，脩之則可矣。析水又歷其縣東，王莽更名縣爲君亭也。而南流入丹水縣，注於丹水。故丹水會均，有析口之稱。

丹水又東南，逕一故城南，名曰三户城。昔漢祖入關，王陵起兵丹水，以歸漢祖。此城疑陵所築也。

丹水又逕丹水縣故城西南。縣有密陽鄉，古商密之地，昔楚申息之師所戍也，春秋之三户矣。杜預曰：『縣北有三户亭。』竹書紀年曰，『壬寅，孫何侵楚，入三户郛』者，是也。水出丹魚。先夏至十日，夜伺之，魚浮水側，赤光上照如火。網而取之，割其血以塗足，可以步行水上，長居淵中。丹水東南流，至其縣南，黄水北出芬山黄谷，南逕丹水縣，南注丹水。黄水北有墨山，山石悉黑，繢彩奮發，黝焉若墨，故謂之墨山。今河南新安縣有石墨山，斯其類也。丹水南有丹崖山。山悉赬壁霞舉，若紅雲秀天，二岫更爲殊觀矣。丹水又東〔二〕，逕南鄉縣故城東北。漢建安中，割南陽右壤爲南鄉郡。逮晉，封宣帝孫暢爲順陽王。因立爲順陽郡，而南鄉爲縣。舊治酇城，永嘉中丹水浸没。至永和中，徙治南鄉故城。城南門外，舊有郡社柏樹，大三十圍。蕭欣爲郡，伐之。言有大蛇從樹腹中墜下，大數圍，長三丈。羣小蛇數十，隨入南山，聲如風雨。伐樹之前，見夢於欣，欣不以厝意。及伐之，更少日，果死。丹水又東，逕南鄉縣北。興寧末，太守王靡之改築今城。城北半據在水中，左右夾澗深長，及春夏水漲，望若孤洲矣。城前有晉順陽太守丁穆碑，郡民范甯立之。丹水逕流兩縣之間，歷於中之北，所謂商於者也。故張儀説楚絶齊，許以商於之地六百里，謂以此矣。呂氏春秋曰，『堯有丹水之戰，以服南蠻』，即此水也。又南，合均水，謂之析口。

校記

〔一〕兔和　春秋左傳哀公四年作『菟和』。

〔二〕東　殿本作『南』。

粉水

粉水出房陵縣，東流過郢邑南。

粉水導源東流，逕上粉縣，取此水以漬粉，則皓耀鮮潔，有異衆流，故縣、水皆取名焉。

又東，過穀邑南，東入於沔。

粉水至筑陽縣西，而下注於沔水，謂之粉口。粉水旁有文將軍冢〔一〕，墓隧前有石虎、石柱，甚脩麗。閭丘羨之爲南陽，葬婦墓側，將平其域，夕忽夢文諌止，羨之不從。後羨之爲楊佺期所害。論者以爲文將軍之祟也。

校記

〔一〕粉水 『粉』字據殿本補。

淯水

淯水出弘農盧氏縣支離山，東南過南陽西鄂縣西北。又東，過宛縣南。

淯水導源東流，逕酈縣故城北。郭仲産曰：『酈縣故城在支離山東南。酈，舊縣也。』三倉曰：『樊、鄧、酈。』酈有二城，北酈也。漢祖入關，下析酈，即此縣也。

淯水又東南流，歷雉縣之衡山，東逕百章郭北。又東，魯陽關水注之。水出魯陽縣南分水嶺。南水自嶺南流，北水從嶺北注，故世俗謂此嶺爲分頭也。其水南流，逕魯陽關。左右連山插漢，秀木干雲，是以張景陽詩云：『朝登魯陽關，峽路峭且深。』亦司馬芝與母遇賊處也。關水歷雉衡山西南〔一〕，逕皇后城西。建武元年，世祖遣侍中傅俊持節，迎光烈皇后於淯陽。俊發兵三百餘人，宿衛皇后道路，歸京師，蓋税舍所在，故城得其名矣。山有石室，甚飾潔。相傳名『皇后浴室』，又所幸也。關水又西南，逕雉縣故城南。昔秦文公之世，有伯陽者，逢二童，曰舀，曰被。兩童，二雉也。得雌者霸，雄者王。二童翻飛化爲雙雉，光武獲雉於此山，以爲中興之祥，故置縣以名焉。關水又屈而東南流，注於淯。

淯水又東南，逕博望縣故城東。郭仲産曰：『在郡東北百二十里，漢武帝置。』校尉張騫隨大將軍衛青西征，爲軍前導，相望，水草得以不乏。元光六年，封騫爲侯國。地理志，南陽有博望縣，王莽改之曰宜樂也。

淯水又東南，逕西鄂縣故城東〔二〕，應劭曰：『江夏有鄂，故加「西」也。』昔劉表之攻杜子緒於西鄂也，功曹柏孝長聞戰鼓之音，懼而閉户，蒙被自覆，漸登城而觀，言勇可習也。

淯水又南，洱水注之。水出弘農郡盧氏縣之熊耳山，東南逕酈縣北，東南逕房陽城北。漢哀帝四年，封南陽太守孫寵爲侯國，俗謂之房陽川。又逕西鄂縣南，水北有張平子墓。墓之東側，墳有平子碑，文字悉是古文，篆額是崔瑗之詞。盛弘之、郭仲産並云：『夏侯孝若爲郡，薄其文，復刊碑陰爲銘。』然碑陰二銘乃是崔子玉及陳翕爾，而非孝若。悉是隸字，二首並存，嘗無毀壞。又言墓次有二碑，今惟見一碑，或是余夏逕驛途，疲而莫究矣。水南道側有二石樓，相去六七丈，雙峙齊竦。高可丈七八，柱圓圍二丈有餘。石質青緑，光可以鑒。其上欒櫨承栱，雕檐四注，窮巧綺刻，妙絶人工。題言，蜀郡太守姓王，字子雅，南陽西鄂人。有三女無男，而家累千金。父没當葬，女自相謂曰：『先君生我姊妹，無男兄弟，今當安神玄宅，翳靈后土，冥冥絶後，何以彰吾君之德？』各出錢五百萬，一女築墓，二女建樓，以表孝思。銘云，墓樓東，平林下，近墳墓，而不能測其處所矣。洱水又東南流，注於淯水，世謂之肄水。『肄』、『洱』聲相近，非也。地理志曰：『熊耳之山，出三水，洱水其一焉，東南至魯陽，入沔』，是也。

淯水又南，逕預山東。山上有神廟，俗名之爲獨山也。山南有魏車騎將軍黃權夫妻二冢，地道潛通。其冢前有四碑，其二魏明帝立，二是其子及臣吏所樹者也。

淯水又西南，逕史定伯碑南。又西，爲瓜里津，水上有三梁，謂之瓜里渡。自宛道途東出堵陽，西道方城。建武三年，世祖自堵陽西入，破虜將軍鄧奉怨漢，掠新野，拒瓜里。上親搏戰，降之夕陽下，遂斬奉。郡國志所謂『宛有瓜里津、夕陽聚』者也。阻橋，即桓温故壘處。温以升平五年，與范汪衆軍北討，列營淯水〔三〕。

淯水又西南，逕晉蜀郡太守鄧義山墓南。又南，逕宛城東。其城故申伯之都，楚文王滅申以爲縣也。秦昭襄王使白起爲將，伐楚取郢，即以此地爲南陽郡，改縣曰宛。王莽更名郡曰前隊，縣曰南陽。劉善曰：在中國之南而居陽地，故以爲名。大城西南隅，即古宛城也，荆州刺史治，故亦謂之荆州城。今南陽郡，治大城。其東城内有舊殿基，周二百步，高八尺。陛階皆砌以青石。大城西北隅有殿基，周百步，高五尺，蓋更始所起也。城西三里，有古臺，高三丈餘。文帝黃初中，南巡行所築也。淯水又屈而逕其縣南，南都賦所言『淯水蕩其胷』者也。王莽地皇二年，朱鮪等共於城南會諸將，設壇燔燎，立聖公爲天子於斯水上。世語曰：『張繡反，公與戰，敗。子昂不能騎，進馬於公，而昂遇害。』魏書曰：『公南征至宛，臨淯水，祠陳亡將士，歔欷流涕，衆皆哀慟。』

淯水又南，梅谿水注之。水出縣北紫山，南逕百里奚故宅。奚，宛人也。於秦爲賢大夫，所謂迷虞智秦者也。梅谿又逕宛西呂城東。史記曰：『呂尚先祖爲四岳，佐禹治水有功。虞夏之際，受封於呂，故因氏爲呂尚也。』徐廣史記音義曰：『呂在宛縣。』高后四年，封昆弟子呂忿爲呂城侯，疑即此也。又按，新蔡縣有大呂、小呂亭，而未知所是也。梅谿又南，逕杜衍縣東，故城在西，漢高帝七年，封郎中王翳爲侯國，王莽更之曰閏衍矣。土地墊下，湍谿是注，古人於安衆堨之，令遊水是瀦，謂之安衆港。世祖建武三年，上自宛遣潁陽侯祭遵西擊鄧奉弟終，破之於杜衍，進兵涅陽者也。梅谿又南，謂之石橋水，又謂之女谿，南流而左注淯水。

淯水之南，又有南就聚。郡國志所謂南陽宛縣，『有南就聚』者也。郭仲産言：『宛城南三十里，有一城甚卑小，相承名三公城，漢時鄧禹等歸鄉餞離處也。』盛弘之著荆州記，以爲三公置。余按，淯水左右，舊有二澨，所謂南澨、北澨。澨者〔四〕，水側之濆。聚在淯陽之東北，考古推地則近矣。城側有范蠡祠。蠡，宛人。祠，即故宅也。後漢末有范曾，字子閔，爲大將軍司馬，討黄巾賊，至此祠爲蠡立碑，文勒可尋。夏侯湛之爲南陽，又爲立廟焉。城東有大將軍何進故宅。城西有孔嵩舊居。嵩字仲山，宛人。與山陽范式有斷金契。貧無以養親，賃爲阿街卒，遣迎式，式下車把臂曰：『子懷道卒伍，不亦痛乎？』嵩曰：『侯嬴賤役晨門，卑下之位，古人所不耻，何痛之有？』故其讚曰：『仲山通達，卷舒無方。屈身廝役，挺秀含芳。』

又屈，南過淯陽縣東。

淯水又南入縣，逕小長安。司馬彪郡國志曰：『縣有小長安聚〔五〕。』謝沈後漢書稱：『光武攻淯陽不下，引兵欲攻宛，至小長安，與甄阜戰，敗於此。』淯水又西南，逕其縣故城南。桓帝延熹七年，封鄧秉爲侯國。縣，故南陽典農治，後以爲淯陽郡，省郡復縣，避晉簡文諱，更名雲陽焉。

淯水又逕安樂郡北。漢桓帝建和元年，封司徒胡廣爲淯陽縣安樂鄉侯。今於其國立樂宅戍。郭仲産襄陽記曰：『南陽城南九十里，有晉尚書令樂廣故宅。』廣字彦輔，善清言，見重當時。成都王，廣女壻，長沙王猜之。廣曰：『寧以一女而易五男？』猶疑之，終以憂殞。其故居今置戍，因以爲名。

又南，過新野縣西。

淯水又南，入新野縣。枝津分派，東南出，隰衍苞注，左積爲陂，東西九里，南北十五里。

陂水所溉，咸爲良沃。

淯水又南，與湍水會。又南，逕新野縣故城西。世祖之敗小長安也，姊元遇害。上即位，感悼姊没，追謚元爲新野節義長公主，即此邑也。晉咸寧二年，封大司馬扶風武王少子歆爲新野郡公，割南陽五屬棘陽、蔡陽、穰、鄧、山都封焉。王文舒更立中隔，西即郡治，東則民居，城西旁淯水。

淯水又東〔六〕，與朝水合。水出西北赤石山，而東南逕冠軍縣界，地名沙渠。又東南，逕穰縣故城南。楚别邑也，秦拔鄢郢，即以爲縣。秦昭王封相魏冉爲侯邑，王莽更名曰農穰也。魏荆州刺史治。朝水又東南，分爲二水。一水枝分東北，爲樊氏陂。陂東西十里，南北五里，俗謂之凡亭陂。陂東有樊氏故宅，樊氏既滅，庾氏取其陂。故諺曰：『陂汪汪，下田良，樊子失業庾公昌。』昔在晉世，杜預繼信臣之業，復六門陂，遏六門之水。下結二十九陂，諸陂散流，咸入朝水，事見六門碑。六門既陂，諸陂遂斷。朝水又東，逕朝陽縣故城北，而東南注於淯。

淯水又東南，與棘水合。水上承堵水。堵水出棘陽縣北山，數源並發，南流逕小堵鄉，謂之小堵水。世祖建武三年，成安侯臧宫從上擊堵鄉者也〔七〕。東源方七八步，騰涌若沸，故世名之騰沸水，南流逕堵鄉，謂之堵水。建武二年，祭遵引兵南擊董訢於堵鄉，以水氏縣，故有堵陽之名也。地理志曰縣有『堵水〔八〕』，王莽曰陽城』也。建武二年〔九〕，更封安陽侯朱祐爲堵陽侯。堵水於縣，堨以爲陂。東西夾岡，水相去五六里，左右斷岡兩舌，都水潭漲，南北十餘里，水決南潰，下注爲灣。灣分爲二，西爲堵水，東爲榮源。堵水參差，流結兩湖。故有東陂、西陂之名。二陂所導，其水枝分，東南至會口入比。是以地理志比水、堵水皆言入蔡，互受通稱故也。二湖流注，合爲黄水，惟所受焉。逕棘陽縣之黄淳聚，又謂之爲黄淳水者也。謝沈後漢書，甄阜等敗光武於小長安東，乘勝南渡黄淳水，前營背阻兩川，謂臨比水，絶後橋，示無還心。漢兵擊之，三軍潰，溺死黄淳水者二萬人。又南，逕棘陽縣故城西。應劭曰：『縣在棘水之陽，是知斯水爲棘水也。』漢高帝七年，封杜得臣爲侯國。後漢兵起，擊唐子鄉，殺湖陽尉，進拔棘陽。鄧晨將賓客，會光武於此縣也。棘水又南，逕新野縣，歷黄郵聚。世祖建武三年，傅俊、岑彭進擊秦豐，先拔黄郵者也。謂之黄郵水，大司馬吴漢破秦豐於斯水之上。其聚落悉爲蠻居，猶名之爲黄郵蠻。棘水自新野縣東而南流，入於淯水，謂之爲力口也。『棘』、『力』聲相近，當爲棘口也。又是方俗之音，故字從讀變，若世以『棘子木』爲『力子木』也。

淯水又東南，逕士林東，戍名也。戍有邸閣。水左有豫章大陂，下灌良疇三千許頃也。

又南，過鄧縣東，

上承縣，故鄧侯吾離之國也。楚文王滅之，秦以爲縣。淯水右合濁水，俗謂之弱溝水。上承白水於朝陽縣，東南流，逕鄧縣故城南。習鑿齒襄陽記曰：『楚王至鄧之濁水，去襄陽二十里。』即此水也。濁水又東，逕鄧塞北，即鄧城東南小山也，方俗名之爲鄧塞。昔孫文臺破黃祖於其下。濁水東流，注於淯。

淯水又南，逕鄧塞東。又逕鄾城東，古鄾子國也，蓋鄧之南鄙也。昔巴子請楚與鄧爲好，鄾人奪其幣，即是邑也。司馬彪以爲鄧之鄾聚矣。

南入於沔。

校記

〔一〕雉　據殿本補。

〔二〕西鄂縣故城　殿本無「縣」字。

〔三〕列營淯水　注釋本作「列營」，殿本作「所營」，均無「淯水」二字。

〔四〕滏者　「滏」字他本皆無。

〔五〕小長安聚　後漢書郡國志無「聚」字。

〔六〕淯水又東　「淯水」二字他本均無。可能是分段的關係，於段首無水名，戴氏則加之。下同。

〔七〕者也　他本無。

〔八〕堵水　漢書地理志作「堵陽」，無「堵水」之目。

〔九〕建武二年　此句之上，殿本有「漢哀帝改爲順陽」。當爲衍文。詳見注疏本守敬按。

湍水

湍水出酈縣北芬山，南流過其縣東。又南，過冠軍縣東。

湍水出弘農界翼望山。水甚清徹。東南流，逕南酈縣故城東〔一〕。史記所謂『下酈』也〔二〕，漢武帝元朔元年，封左將黄同爲侯國。湍水又南，菊水注之。水出西北石澗山芳菊谿，亦言出析谷，蓋谿澗之異名也。源旁悉生菊草，潭澗滋液，極成甘美。云此谷之水土，餐挹長年。司空王暢、太傅袁隗、太尉胡廣，並汲飲此水，以自綏養。是以君子留心，甘其臭尚矣。菊水東南流，入於湍。湍水又逕其縣東南，歷冠軍縣西。北有楚堨，高下相承八重，周十里，方塘蓄水，澤潤不窮。湍水又逕冠軍縣故城東。縣，本穰縣之盧陽鄉，宛之臨駣聚。漢武帝以霍去病功冠諸軍，故立冠軍縣以封之。水西有漢太尉長史邑人張敏碑。碑之西有魏征南軍司張澹墓。墓有碑，碑背刊云：『白楸之棺，易朽之裳。銅鐵不入，丹器不藏。嗟矣後人，幸勿我傷。』自後古墳舊冢，莫不夷毁，而是墓至元嘉初尚不見發。六年大水，蠻饑，始被發掘。

説者言：初開，金銀銅錫之器，朱漆雕刻之飾爛然。有二朱漆棺，棺前垂竹簾，隱以金釘。墓不甚高，而内極寬大。虚設白楸之言，空負黄金之實，雖意錮南山，寧同壽乎？湍水又逕穰縣，爲六門陂。漢孝元之世，南陽太守邵信臣，以建昭五年斷湍水，立穰西石堨。至元始五年，更開三門爲六石門，故號六門堨也。溉穰、新野、昆陽三縣五千餘頃。漢末毁廢，遂不脩理。晉太康三年，鎮南將軍杜預復更開廣，利加於民，今廢不脩矣。六門側又有六門碑，是部曲主安陽亭侯鄧達等以太康五年立。湍水又逕穰縣故城北。又東南，逕魏武故城之西南。是建安三年，曹公攻張繡之所築也。

又東，過白牛邑南。

湍水自白牛邑南。建武中，世祖封劉嵩爲侯國。東南逕安衆縣故城南。縣本宛之西鄉，漢長沙定王子康侯丹之邑也。湍水東南流，涅水注之。水出涅陽縣西北岐棘山，東南逕涅陽縣故城西。漢武帝元朔四年，封路最爲侯國，王莽之所謂前亭也。應劭曰：『在涅水之陽矣。』縣南有二碑，碑字紊滅，不可復識，云是左伯豪碑。涅水又東南，逕安衆縣，堨而爲陂，謂之安衆港。魏太祖破張繡於是處，與荀彧書曰：『繡遏吾歸師，迫我死地。』蓋於二水之間，以爲沿涉之艱阻也。涅水又東南，流注於湍水。

又東南，至新野縣，

湍水至縣西北，東分爲鄧氏陂。漢太傅鄧禹故宅，與奉朝請西華侯鄧晨故宅隔陂，鄧颺謂晨宅略存焉。

東入於淯。

校記

〔一〕南酈縣　原本作『南陽酈縣』，據大典本改。

〔二〕下酈　原本作『下析酈』，據大典本改。

比水

比水出比陽東北太胡山，東南流過其縣南〔一〕，泄水從南來注之。

太胡山在比陽北如東三十餘里，廣員五六十里。張衡賦南都，所謂天封、大狐者也。應劭曰：『比水出比陽縣，東入蔡。』經云：『泄水從南來注之。』然比陽無泄水，蓋誤引壽春之泚泄爾。余以延昌四年，蒙除東荆州刺史，州治比陽縣故城。城南有蔡水，出南磐石山，故亦曰磐石川。西北流，注於比，非泄水也。吕氏春秋曰：『齊令章子與韓魏攻荆，荆使唐蔑應之，夾比而軍，欲視水之深淺，荆人射之而莫知也。有芻者曰：「兵盛則水淺矣。」章子夜襲之，斬蔑於是水之上。』比水又西，澳水注之。水北出茈丘山，東流，屈而南轉，又南入於比水。按山海經云，『澳水又北入視』〔二〕，不注比水。余按吕忱字林及難字、爾雅，並言瀙水在比陽。脉其川流所會，診其水土津注，宜是瀙水，音藥也。比水又西南，歷長岡舊月城北，右會馬仁陂水。水出潕陰北山，泉流競湊，水積成湖，蓋地百頃，謂之馬仁陂。陂水歷其縣下，西南堨之以溉田疇。公私引裂，水流遂斷，故瀆尚存。

比水又南，逕會口，與堵水枝津合。

比水又南，與澧水會。水出桐柏山，與淮同源而别流西注，故亦謂水爲脉水。澧水西北流，逕平氏縣故城東北，王莽更名其縣曰平善。城内有南陽都鄉正衛彈勸碑。澧水又西北，合溲水。水出湖陽北山，西流北屈，逕平氏城西，而北入澧水。澧水又西，注比水。

比水自下亦通謂之爲派水。昔漢光武破甄阜、梁丘賜於比水西，斬之於斯水也。

比水又南，趙澧二渠出焉。

比水又西南流，謝水注之。水出謝城北，其源微小，至城漸大。城周迴側水，申伯之都邑，詩所謂『申伯番番，既入於謝』者也。世祖建武十三年，封樊重少子丹爲謝陽侯，即其國也。然則是水即謝水也。高岸下深，浚流徐平，時人目之爲渟瀠水。城戍又以『渟瀠』爲目，非也。其城之西，舊棘陽縣治，故亦謂之棘陽城也。謝水又東南，逕新都縣，左注比水。

比水又西南流，逕新都縣故城西，王莽更之曰新林，郡國志以爲新野之東鄉，故新都者也。

又西，至新野縣南，入於淯。

比水於岡南西南流，戍在岡上。

比水又西南，與南長、阪門二水合。其水東北出湖陽東隆山。山之西側有漢日南太守胡著碑。子珍，騎都尉，尚湖陽長公主，即光武之伯姊也。廟堂皆以青石爲階陛，廟北有石堂。珍之玄孫桂陽太守瑒，以延熹四年遭母憂，於墓次立石祠，勒銘於梁。石宇傾頹，而梁字無毀。盛弘之以爲樊重之母畏雷室，蓋傳疑之謬也。隆山南有一小山，山坂有兩石虎，相對夾隧道，雖處蠻荒，全無破毀。作制甚工，信爲妙矣，世人因謂之爲石虎山。其水西南流，逕湖陽縣故城南。地理志曰：『故廖國也。』竹書紀年曰：『楚共王會宋平公於湖陽』者矣。東城中有二碑，似是樊重碑，悉載故吏人名。司馬彪曰：『仲山甫封於樊，因氏國焉。』爰自宅陽徙居湖陽，能治田殖，至三百頃。廣起廬舍，高樓連閣。波陂灌注，竹木成林。六畜放牧，魚嬴梨果，檀棘桑麻，閉門成市。兵弩器械，貲至百萬。其興工造作，爲無窮之功，巧不可言，富擬封君。世祖之少，數歸外氏，及之長安受業，齎送甚至。世祖即位，追爵敬侯。詔湖陽爲重立廟，置吏奉祠。巡祠章陵，常幸重墓。其水四周城溉，城之東南，有若令樊萌、中常侍樊安碑。城南有數碑，無字。又有石廟數間，依於墓側。棟宇崩毀，惟石壁而已，亦不知誰之胄族矣。其水南入大湖，湖陽之名縣，藉兹而納稱也。湖水西南流，又與湖陽諸陂散水合，謂之板橋水。又西南，與醴渠合，又有趙渠注之。二水上承派水，南逕新都縣故城東。兩瀆雙引，南合板橋水。板橋水又西南，與南長水會。水上承唐子、襄鄉諸陂散流也。唐子陂在唐子山西南，有唐子亭。漢光武自新野屠唐子鄉，殺湖陽尉於是地。陂水清深，光武後以爲神淵。西南流於新野縣，與板橋水合，西南注於比水。比水又西南流，注於淯水也。

校　記

〔一〕流過　「過」原本作「逕」，據殿本改。

〔二〕北入視　山海經中山經作「東流注於視水」。

白水

白水出朝陽縣西，東流過其縣南。

王莽更名朝陽爲厲信縣。應劭曰：『縣在朝水之陽。』今朝水逕其北，而不出其南也。蓋邑郭淪移，川渠狀改，故名舊傳，遺稱在今也。

又東，至新野縣南，東入於淯。

蘄水

蘄水出江夏蘄春縣北山，

山，即蘄柳也。水首受希水枝津，西南流歷蘄山，出蠻中，故以此蠻爲五水蠻。五水，謂巴水、希水、赤亭水、西歸水，蘄水其一焉。蠻左憑居，阻藉山川，世爲抄暴。宋世沈慶之於西陽上下誅伐蠻夷，即五水蠻也。

南過其縣西。

晉改爲蘄陽縣，縣徙江州，置大陽戍。後齊齊昌郡移治於此也。

又南，至蘄口，南入於江。

蘄水南對蘄陽洲，入於大江，謂之蘄口。洲上有蘄陽縣徙。

沫水

沫水出廣柔徼外，

縣有石紐鄉，禹所生也。今夷人共營之，地方百里，不敢居牧，有罪逃野，捕之者不逼，能藏三年，不爲人得，則共原之。言大禹之神所祐之也。

東南，過旄牛縣北。又東，至越嶲靈道縣，出蒙山南。

靈道縣，一名靈關道。漢制，夷狄曰道。縣有銅山，又有利慈渚。晉太始九年，黄龍二見於利慈池。縣令董玄之率吏民觀之，以白刺史王濬。濬表上之，晉朝改護龍縣也。沫水出岷山西，東流過漢嘉郡，南流衝一高山，山上合下開，水逕其間。山，即蒙山也。

東北與青衣水合，

華陽國記曰：二水於漢嘉青衣縣東，合爲一川。自下亦謂之爲青衣水。沫水又東，逕開邗縣。故平鄉也，晉初置。沫水又東，逕臨邛南，而東出於江原縣也。

東入於江。

昔沬水自蒙山至南安西溷崖，水脉漂疾，破害舟船，歷代爲患。蜀郡太守李冰，發卒鑿平溷崖。河神贔怒，冰乃操刀入水，與神鬬，遂平溷崖，通正水路。開處，即冰所穿也。

青衣水

青衣水出青衣縣西蒙山，東與沬水合也。

縣，故青衣羌國也。竹書紀年：『梁惠成王十年，瑕陽人自秦道岷山青衣水來歸。』漢武帝天漢四年，罷沈黎郡，分兩部都尉，一治青衣，主漢民。公孫述之有蜀也，青衣不服，世祖嘉之。建武十九年，以爲郡。安帝延光元年，置蜀郡屬國都尉。青衣王子心慕漢制，上求内附。順帝陽嘉二年，改曰漢嘉，嘉得此良臣也。

縣有蒙山，青衣水所發。東逕其縣，與沬水會於越嶲郡之靈關道。

青衣水又東，邛水注之。水出漢嘉嚴道邛來山，東至蜀郡臨邛縣，東入青衣水。

至犍爲南安縣，入於江。

青衣水逕平鄉，謂之平鄉江。益州記曰：『平鄉江東逕峨眉山，在南安縣界，去成都南千里。然秋日清澄，望見兩山相峙如蛾眉焉。青衣水又東流，注於大江。

若水

若水出蜀郡旄牛徼外，東南至故關，爲若水也。

山海經曰：『南海之内，黑水青水之閒〔一〕，有木名曰若木，若水出焉。』又云：『灰野之山有樹焉〔二〕，青葉，赤華，厥名若木。生昆侖山西，附西極也〔三〕。』淮南子曰：『若木在建木西，木有十華，其光照下地。』故屈原離騷天問曰，『羲和未陽，若華何光』，是也。然若木之生非一所也，黑水之閒，厥木所植，水出其下，故水受其稱焉。若水沿流，閒關蜀土，黄帝長子昌意，德劣，不足紹承大位，降居斯水爲諸侯焉。娶蜀山氏女，生顓頊於若水之野，有聖德，二十登帝位，承少皞金官之政，以水德寶歷矣。

若水東南流，鮮水注之，一名州江。大度水出徼外，至旄牛道，南流入於若水。

若水又逕越嶲大莋縣入繩。繩水出徼外。山海經曰：『巴遂之山，繩水出焉。』東南流，分爲二水。其一水枝流東出，逕廣柔縣，東流注於江。其一水南逕旄牛道，至大莋，與若水合。自下亦通謂之爲繩水矣。莋，夷也。汶山曰夷，南中曰昆彌，蜀曰邛，漢嘉、越嶲曰莋。皆夷種也。

南過越巂邛都縣西，直南至會無縣，淹水東南流注之。

邛都縣，漢武帝開邛莋置之。縣陷爲池，今因名爲邛池，南人謂之邛河。河中有蜯巂山。應劭曰：『有巂水，言越此水以章休盛也。』後復反叛。元鼎六年，漢兵自越巂水伐之，以爲越巂郡，治邛都縣。王莽遣任貴爲領戎大尹，守之，更名爲集巂也。縣，故邛都國也。越巂水即繩若矣。似隨水地而更名矣。又有温水，冬夏常熱，其源可爓鷄豚，下湯沐洗，能治宿疾。昔李驤敗李流於温水是也。

若水又逕會無縣。縣有駿馬河，水出縣東高山。山有天馬徑，厥迹存焉。馬日行千里，民家馬牧之山下，或産駿駒，言是天馬子。河中有貝子胎銅，以羊祀之，則可取也。又有孫水焉。水出臺高縣，即臺登縣也。孫水一名白沙江，南流逕邛都縣。司馬相如定西南夷，橋孫水，即是水也。又南，至會無，入若水。

若水又南，逕雲南郡之遂久縣，青蛉水入焉。水出青蛉縣西，東逕其縣下，縣以氏焉。有石豬圻，長谷中有石豬，子母數千頭。長老傳言，夷昔牧此，一朝化爲石，迄今夷人不敢往牧。貪水出焉。青蛉水又東，注於若水〔四〕。

若水又逕三絳縣西，又逕姑復縣，北對三絳縣，淹水注之。三絳一曰小會無。故經曰，淹至會無注若水。

若水又與母血水合。水出益州郡弄棟縣東農山母血谷，北流逕三絳縣南，北入若水。若水又東，涂水注之。水出建寧郡之收靡縣南山〔五〕。縣、山並即草以立名。山在縣東北烏句山南五百里，山生收靡，可以解毒，百卉方盛，鳥多誤食烏喙，口中毒，必急飛往收靡山，啄收靡以解毒也。

涂水導源臈谷，西北流至越巂，入若水。

若水又逕越巂郡之馬湖縣，謂之馬湖江。又左合卑水，水出卑水縣而東流，注馬湖江也。

又東北，至犍爲朱提縣西，爲瀘江水。

朱提，山名也。應劭曰：『在縣西南，縣以氏焉。』犍爲屬國也，在郡南千八百里許。建安二十年，立朱提郡，郡治縣故城。郡西南二百里得所綰堂琅縣。西北行，上高山，羊腸繩屈八十餘里，或攀木而升，或繩索相牽而上，緣涉者若將階天。故袁休明巴蜀志云：『高山嵯峨，巖石磊落。傾側縈迴，下臨峭壑。行者攀緣，牽援繩索。』三蜀之人，及南中諸郡，以爲至險。

有瀘津，東去縣八十里，水廣六七百步，深十數丈，多瘴氣，鮮有行者。晉明帝大寧二年，李驤等侵越巂，攻臺登縣。寧州刺史王遜遣將軍姚岳擊之，戰於堂琅，驤軍大敗。岳追之至瀘水，赴水死者千餘人。遜以岳等不窮追，怒甚，髮上衝冠，幘裂而卒。按永昌郡有蘭倉水，出西南博南縣，漢明帝永平二年置。博南，山名也，縣以氏之。其水東北流，逕博南山。漢武帝時通博南山道，渡蘭倉津，土地絶遠，行者苦之。歌曰：『漢德廣，開不賓。渡博南，越倉津。度蘭倉，爲他人。』山高四十里。蘭倉水出金沙，越人收以爲黄金。又有珠光穴，穴出光珠。又有琥珀、珊瑚，黄、白、青珠也。蘭倉水又東北，逕不韋縣，與類水合。水出巂唐縣，漢武帝置。類水西南流，曲折又北流，東至不韋縣，注蘭倉水。又東，與禁水合。水自永昌縣而北逕其郡西。水左右，甚饒犀象。山有鉤蛇，長七八丈，尾末有岐，蛇在山澗水中，以尾鉤岸上人、牛食之。此水旁瘴氣特惡，氣中有物，不見其形，其作有聲，中木則折，中人則害，名曰鬼彈。惟十一月、十二月差可渡。正月至十月逕之，無不害人。故郡有罪人，徙之禁旁，不過十日，皆死也。禁水又北，注瀘津水。瀘水又東〔六〕，逕不韋縣北，而東北流。兩岸皆高山數百丈，瀘峯最爲傑秀，孤高三千餘丈。是山於晉太康中崩，震動郡邑。水之左右，馬步之徑裁通，而時有瘴氣，三月四月逕之必死。非此時，猶令人悶吐。五月以後，行者差得無害。故諸葛亮表言：『五月渡瀘，并日而食，臣非不自惜也，顧王業不可偏安於蜀故也。』益州記曰：『瀘水源出曲羅巂，下三百里曰瀘水。』兩峯有殺氣，暑月舊不行，故武侯以夏渡爲艱。瀘水又下合諸水，而總其目焉。故有瀘江之名矣。自朱提至僰道，有水步道。水道有黑水、羊官水，至險難。三津之阻，行者苦之。故俗爲之語曰：『楢谿、赤木，盤蛇七曲。盤羊烏櫳，氣與天通。看都濩泚，住柱呼伊。庲降賈子，左擔七里。』又有牛叩頭、馬搏頰阪，其艱險如此也。

又東北，至僰道縣，入於江。

若水至僰道縣，又謂之馬湖江。繩水、瀘水、孫水、淹水、大渡水，隨決入而納通稱。是以諸書録記羣水，或言入若，又言注繩，亦咸言至僰道入江。正是異水沿注，通爲一津，更無別川可以當之。水有孝子石，昔縣人有隗叔通者，性至孝，爲母給江膂水，天爲出平石至江膂中。今猶謂之孝子石，可謂至誠發中，而休應自天矣。

校記

〔一〕青水　據山海經海内經補。

〔二〕灰野之山　『灰』山海經大荒北經作『洞』。

〔三〕『生昆侖』二句　爲郭璞注。

〔四〕若水　殿本作『繩水』。本篇下多同此，唯於篇末而列『繩水』之目。

〔五〕收靡　殿本作『牧靡』，下同。

〔六〕瀘水　此二字他本均無，似同湞水之校八，即因分段而於段首加水名。

淹水

淹水出越巂遂久縣徼外，

吕忱曰：『淹水，一曰復水也。』

東南至青蛉縣。

縣有禺同山。其山神有金馬、碧鷄，光景倏忽，民多見之。漢宣帝遣諫大夫王襃祭之，欲致其鷄、馬。襃道病而卒，是不果焉。王襃碧鷄頌曰：『敬移金精神馬，縹縹碧鷄。』故左太冲蜀都賦曰：『金馬騁光而絶影，碧鷄倏忽而耀儀。』

又東，過姑復縣南，東入於若水。

淹水逕縣之臨池澤而東北，逕雲南縣西，東北注若水也。

油　水

油水出武陵孱陵縣西界，

縣有白石山，油水所出。東逕其縣西，與沲水合。水出高城縣沲山，東逕其縣下。東至孱陵縣，入油水也。

東過其縣北。

縣治故城，王莽更名孱陸也。劉備孫夫人，權妹也，又更脩之。其城背油向澤。

又東北，入於江。

油水自孱陵縣之東北，逕公安縣西，又北流注於大江。

澧水

澧水出武陵充縣西歷山，東過其縣南。

澧水自縣東，逕臨澧、零陽二縣故界。水之南岸，白石雙立，厥狀類人，高各三十丈，周四十丈。古老傳言，昔充縣尉與零陽尉共論封境，因相傷害，化而爲石，東標零陽，西揭充縣。充縣廢省，臨澧即其地。縣，即充縣之故治。臨側澧水，即爲縣名。晉太康四年置。

澧水又東，茹水注之。水出龍茹山，水色清徹，漏石分沙。莊辛説楚襄王，所謂『飲茹谿之流』者也。茹水東注澧水。

又東，過零陽縣之北。

澧水東與温泉水會。水發北山石穴中，長三十丈，冬夏沸涌，常若湯焉。温水南流，注於澧水。

澧水又東，合零谿水。源南出零陽之山，歷谿北注澧水。

澧水又東，九渡水注之。水南出九渡山，山下有谿，又以『九渡』爲名。山獸咸飲此水，而逕越他津，皆不飲之。九渡水北逕仙人樓下。旁有石，形極方隋，世名之爲仙樓。水自下歷谿，曲折逶迤傾注。行者閒關，每所褰涉，山水之號，蓋亦因事生焉。九渡水又北流，注於澧水。

澧水又東，婁水入焉。水源出巴東界，東逕天門郡婁中縣北。又東，逕零陽縣，注於澧水。

澧水又東，逕零陽縣南。縣，即零谿以著稱矣。

澧水又逕溇陽縣，右會溇水。水出建平郡，東逕溇陽縣南，晉太康中置。溇水又左，合黄水。黄水出零陽縣西，北連巫山谿，出雄黄，頗有神異，採常以冬月，祭祀鑿石，深數丈，方得佳黄，故谿水取名焉。黄水北流，注於溇水。溇水又東注澧水，謂之溇口。

澧水又東，逕澧陽縣南。南臨澧水。晉太康四年立，天門郡治也。吴永安六年，武陵郡嵩梁山，高峯孤竦，素壁千尋，望之茗亭，有似香爐。其山洞開，玄朗如門，高三百丈，廣二百丈。門角上各生一竹，倒垂下拂，謂之天帚。孫休以爲嘉祥，分武陵置天門郡。

澧水又東，歷層步山。高秀特出，山下有陗澗，泉流所發，南流注於澧水。

又東，過作唐縣北。

作唐縣，後漢分孱陵置。澧水入縣，左合涔水。水出西北天門郡界，南流逕涔坪屯。屯堨涔水，溉田數千頃。又東南流，注於澧水。

澧水又東，澹水出焉。

澧水又南，逕故郡城東，東轉逕作唐縣南。

澧水又東，逕南安縣南。晉太康元年，分孱陵立。澹水注之，水上承澧水於作唐縣，東逕其縣北，又東注於澧，謂之澹口。王仲宣贈士孫文始詩曰：『悠悠澹澧』水也〔一〕。

澧水又東，與赤沙湖水會。湖水北通江，而南注澧，謂之沙口。

澧水又東南，注於沅水，曰澧口。蓋其枝瀆爾。離騷曰：『沅有芷兮澧有蘭。』

又東，至長沙下雋縣西北，東入於江。

澧水流注於洞庭湖，俗謂之曰澧江口也。

校記

〔一〕水也　殿本作『者也』。

沅水

沅水出牂柯故且蘭縣〔一〕，爲旁溝水。又東，至鐔成縣，爲沅水，東過無陽縣。

無水出故且蘭，南流至無陽故縣。縣對無水，因以氏縣。無水又東南入沅，謂之無口。

沅水東逕無陽縣，南臨運水。水源出東南岸許山西北，逕其縣南注於熊谿〔二〕。熊谿南帶移山，山本在水北，夕中風雨，旦而山移水南，故山以移爲名，蓋亦蒼梧郁州、東武怪山之類也。熊谿下注沅水。

沅水又東，逕辰陽縣。縣有龍谿水，南出龍嶠之山，北流入於沅。

沅水又東，溇水注之。水南出扶陽之山，北流會於沅。

沅水又東，與序谿合。水出武陵郡義陵縣鄜梁山，西北流逕義陵縣。王莽之建平也。縣治序谿。其城，劉備之秭歸。馬良出五谿，綏撫蠻夷，良率諸蠻所築也。所治序谿，最爲沃壤。良田數百頃，特宜稻，脩作無廢。又西北，入於沅。

沅水又東合柱水〔三〕，水導源柱谿，北流注沅。

沅水又東，逕辰陽縣南。東合辰水，水出縣三山谷，東南流，獨母水注之。水源南出龍門山，歷獨母谿，北入辰水。辰水又逕其縣北，舊治在辰水之陽，故即名焉。楚詞所謂『夕宿辰陽』者也，王莽更名會亭矣。辰水又右會沅水，名之爲辰谿口。武陵有五谿，謂雄谿、樠谿、無谿、酉谿、辰谿其一焉。夾谿悉是蠻左所居，故謂此蠻爲五谿蠻也。

沅水又逕沅陵縣西。有武溪，源出武山，與西陽分山，水源石上有盤瓠，迹猶存矣。盤瓠者，高辛氏之畜狗也。其毛五色，高辛氏患犬戎之暴，乃募天下有能得犬戎之將軍吳將軍頭者，妻以少女。下令之後，盤瓠遂銜吳將軍之首於闕下。帝大喜，未知所報。女聞之，以爲信不可違，請行，乃以配之。盤瓠負女入南山，上石室中。所處險絕，人迹不至。帝悲思之，遣使不得進。經二年，生六男六女。盤瓠死，因自相夫妻，織績木皮，染以草實，好五色衣，裁製皆有尾。其母白帝，賜以名山，其後滋蔓，號曰『蠻夷』，今武陵郡夷，即盤瓠之種落也。其狗皮毛，嫡孫世寶録之。武水南流，注於沅。

沅水又東，施水注之。水南出施山谿，源有陽欺崖，崖色純素，望同積雪。下有二石室，先有人居處其閒，細泉輕流，望川競注，故不可得以言也。施水北流，會於沅。

沅水又東，逕沅陵縣北。漢故頃侯吳陽之邑也。王莽改曰沅陸。縣北枕沅水。

沅水又東，逕縣故治北。移縣治，縣之舊城置都尉府，因岡傍阿，勢盡川陸。臨沅對酉，二川之交會也。西水導源益州巴郡臨江縣，故武陵之充縣酉源山。東南流，逕無陽故縣南。又東，逕遷陵故縣界，與西鄉谿合，即延江之枝津。更始之下流，謂之西鄉谿口。西水又東，逕遷陵縣故城北，王莽更名曰遷陸也。西水東逕酉陽故縣南。縣，故西陵也。西水又東，逕沅陵縣北。又東南，逕潘承明壘西。承明討五谿蠻，營軍所築。其城跨山枕谷。西水又南，注沅水。闞駰謂之受水，其水所決入，名曰西口。沅水又逕竇應明城側，應明以元嘉初伐蠻所築也。沅水又東，谿水南出茗山。山深迴險，人獸阻絶，谿水北瀉沅川。沅水又東，與諸魚谿水合。水北出諸魚山，山與天門郡之澧陽縣分嶺，谿水南流，會於沅。沅水又東，夷水入焉。水南出夷山，北流注沅。夷山東接壺頭山，山高百里，廣員三百里。山下水際，有新息侯馬援征武谿蠻停軍處。壺頭經曲多險，其中紆折千灘。援就壺頭，希效早成，道遇瘴毒，終没於此。忠公獲謗，信可悲矣！劉澄之曰：『沅水自壺頭枝分，跨三十三渡，逕交趾龍編縣，東北入於海。』脉水尋梁，乃非關究，但古人許以傳疑，聊書所聞爾。

又東北，過臨沅縣南。

臨沅縣與沅南縣分水。沅南縣西有夷望山，孤竦中流，浮險四絶。昔有蠻民避寇居之，故謂之夷望也。南有夷望谿水，南出重山，遠注沅。

沅水又東，得關下山，東帶關谿，瀉注沅瀆。

沅水又東，歷臨沅縣西，爲明月池、白壁灣。灣狀半月，清潭鏡徹。上則風籟空傳，下則泉響不斷。行者莫不擁楫嬉游，裴徊愛翫。

沅水又東，歷三石澗，鼎足均峙，秀若削成。其側茂竹便娟，致可玩也。又東，帶綠蘿山，綠蘿蒙冪，頹巖臨水，寔釣渚漁詠之勝地。其迭響若鐘音，信爲神仙之所居。

沅水又東，逕平山西。南臨沅水，寒松上蔭，清泉下注，棲託者不能自絕於其側。

沅水又東，逕臨沅縣南。縣南臨沅水，因以爲名。王莽之監沅縣也〔四〕。縣南有晉徵士漢壽人襲玄之墓。銘，太元中車武子立。縣治武陵郡下，本楚之黔中郡矣。秦昭襄王二十七年〔五〕，使司馬錯以隴蜀軍攻楚，楚割漢北與秦。至三十年，秦又取楚巫黔及江南地，以爲黔中郡。漢高祖二年，割黔中故治爲武陵郡，王莽更之曰建平郡也〔六〕。南對沅南縣，後漢建武中所置也。縣在沅水之陰，因以沅南爲名。縣治故城，昔馬援討臨鄉所築也。

沅水又東，歷小灣，謂之枉渚。渚東里許，便得枉人山。山西帶脩谿一百餘里，茂竹便娟，披谿蔭渚，長川逕引，遠注於沅。

沅水又東，入龍陽縣。有澹水出漢壽縣西楊山，南流東折，逕其縣南。縣治索城，即索縣之故城也。漢順帝陽嘉中，改從今名。闞駰以爲興水所出，東入沅。而是水又東歷諸湖，方南注沅，亦曰漸水也。水所入之處，謂之鼎口。

沅水又東，歷龍陽縣之氾洲。洲長二十里。吳丹楊太守李衡，植柑於其上，臨死敕其子曰：『吾洲里有木奴千頭，不責衣食，歲絹千匹。』太史公曰：『江陵千樹橘，可當封君。』此之謂也。吳末，衡柑成，歲絹千匹。今洲上猶有陳根餘蘗，蓋其遺也。

沅水又東，逕龍陽縣北。城側沅水。

沅水又東，合壽谿。內通大谿口，有木連理，根各一岸，而凌空交合。其水上承諸湖，下注沅水。

又東，至長沙下雋縣西，北入於江。

沅水下注洞庭湖，方會於江。

校記

〔一〕故且蘭縣　殿本無『故』字。

〔二〕南注　殿本『南』下有『流』字。

〔三〕柱水　及下句「柱谿」之「柱」，殿本作「溆」。

〔四〕「王莽」句　殿本作「王莽更之曰監沅也」。

〔五〕秦昭襄王　「秦」字原本誤作「泰」。

〔六〕建平郡　殿本無「郡」字。

延江水

延江水出犍爲南廣縣，東至牂柯鄨縣。又東屈北流，

鄨縣，故犍爲郡治也。縣有犍山，晉建興元年置平夷郡。縣有鄨水，出鄨邑西不狼山，東與温水合。温水一曰煖水，出犍爲符縣，而南入黚水。黚水亦出符縣，南與温水會。闟駰謂之闟水，俱南入鄨水。鄨水於其縣而東注延江水。

延江水又與漢水合。水出犍爲漢陽道山闟谷，王莽之新通也。東至鄨邑，入延江水。

至巴郡涪陵縣，注更始水〔一〕。

更始水，即延江枝分之始也。延江水北入涪陵水。涪陵水出縣東，故巴郡之南鄙，王莽更名巴亭，魏武分邑，立爲涪陵郡。張堪爲縣，會公孫述擊堪，同心義士，選習水者，筏渡堪於小別江，即此水也。其水北至枳縣入江。更始水東入巴東之南浦縣，其水注引瀆口石門。空岫陰深，邃潤闇密，傾崖上合，恒有落勢，行旅避瘴，時有經之，無不危心於其下。又謂之西鄉水，亦謂之西鄉谿。谿水開闢二百許里，方得出山。又通波注遠，復二百餘里，東南入遷陵縣也。

又東南，至武陵酉陽縣，入於酉水。

武陵先賢傳曰：『潘京世長爲郡主簿，太守趙偉甚器之。問京：「貴郡何以名武陵？」京荅曰：「鄙郡本名義陵，在辰陽縣界，與夷相接，數爲所破。光武時移治東山之上，遂爾易號。傳曰『止戈爲武』，詩云『高平曰陵』，於是名焉。」』酉水北岸有黚陽縣。許慎曰：『温水南入黚。』蓋鼈水以下，津流沿注之通稱也。故縣受名焉。西鄉谿口在遷陵縣故城上五十里，左合酉水。酉水又東，際其故城北。又東，逕酉陽故縣南，而東出也。兩縣相去，水道可四百許里，於酉陽合也。

酉水東南至沅陵縣，入於沅〔二〕。

校記

〔一〕注更始水　注疏本楊守敬按：「延江與酉水隔越重山，無相通之道。經言注更始水入酉，當由所據之圖差謬，酈氏未遑深考，遂依而釋之。」

〔二〕『酉水』以下十一字　注疏本列爲注。

資水

資水出零陵都梁縣路山，

資水出武陵郡無陽縣界唐紏山，蓋路山之別名也。謂之大谿水。東北逕邵陵郡武岡縣南。縣分都梁之所置也。縣左右二岡對峙，重阻齊秀，閒可二里，舊傳後漢伐五谿蠻，蠻保此岡，故曰武岡，縣即其稱焉。大谿逕建興縣南，又逕都梁縣南。漢武帝元朔五年，以封長沙定王子敬侯遂之邑也〔一〕。縣西有小山，山上有渟水。既清且淺，其中悉生蘭草，綠葉紫莖，芳風藻川，蘭馨遠馥，俗謂蘭爲都梁，山因以號，縣受名焉。

東北過夫夷縣。

夫水出縣西南零陵縣界少延山。東北流，逕扶陽縣南，本零陵之夫夷縣也。漢武帝元朔五年，以封長沙定王子敬侯義之邑也。夫水又東，注邵陵水，謂之邵陵浦，水口也。

又東北，過邵陵縣之北。

縣治郡下，南臨大谿，水逕其北，謂之邵陵水。魏咸熙二年，吳寶鼎元年，孫皓分零陵北部，立邵陵郡於邵陵縣。縣，故昭陵也。

谿水東得高平水口。水出武陵郡沅陵縣首望山，西南逕高平縣南。又東，入邵陵縣界，南入於邵陵水〔二〕。邵陵水又東，會雲泉水。水出零陵永昌縣雲泉山，西北流逕邵陽南。縣，故昭陽也。雲泉水又北，注邵陵水，謂之邵陽水口。自下東北出益陽縣，其間逕流山峽，名之爲茱萸江，蓋水變名也。

又東北，過益陽縣北。

縣有關羽瀨，所謂關侯灘也。南對甘寧故壘。昔關羽屯軍水北，孫權令魯肅、甘寧拒之於是水。寧謂肅曰：『羽聞吾咳唾之聲，不敢渡也。渡則成擒矣。』羽夜聞寧處分，曰：『興霸聲也。』遂不渡。茱萸江又東，逕益陽縣北，又謂之資水。應劭曰：『縣在益水之陽。』今無益水，亦或資水之殊目矣。然此縣之左右，處處有深潭，漁者咸輕舟委浪，謠詠相和，羅君章所謂其聲綿邈者也。水南十里有井數百口，淺者四五尺，或三五丈，深者亦不測其深。古老相傳，昔人以杖撞地，輒便成井。或云古人采金沙處，莫詳其實也。

又東，與沅水合，於湖中東北入於江也。

湖即洞庭湖也。所入之處，謂之益陽江口。

校記

〔一〕敬侯遂　『遂』注疏本作『定』。

〔二〕邵陵水　殿本作『邵水』，下同。

湘水

湘水出零陵始安縣陽海山，

即陽朔山也。應劭曰：『湘出零山。』蓋山之殊名也。山在始安縣北。縣，故零陵之南部也。魏咸熙二年，孫皓之甘露元年，立始安郡。湘灕同源，分爲二水。南爲灕水，北則湘川，東北流。羅君章湘中記曰：『湘水之出於陽朔，則觴爲之舟。至洞庭，日月若出入於其中也。』

東北過零陵縣東。

越城嶠水，南出越城之嶠。嶠，即五嶺之西嶺也。秦置五嶺之戍，是其一焉。北至零陵縣，下注湘水。

湘水又逕零陵縣南。又東北，逕觀陽縣，與觀水合。水出臨賀郡之謝沐縣界，西北逕觀陽縣西。縣，蓋即水爲名也。又西北流，注於湘水，謂之觀口也。

又東北，過洮陽縣東。

洮水出縣西南大山，東北逕其縣南，即洮水以立稱矣。漢武帝元朔五年，封長沙定王子節侯狩燕爲侯國〔一〕，王莽更名之曰洮治也。其水東流，注於湘水。

又東北，過泉陵縣西。

營水出營陽泠道縣南山，西流逕九疑山下，蟠基蒼梧之野，峯秀數郡之閒。羅巖九舉，各導一谿，岫壑負阻，異嶺同勢，遊者疑焉，故曰九疑山。大舜窆其陽，商均葬其陰。山南有舜廟，前有石碑，文字缺落，不可復識。自廟仰山極高，直上可百餘里。古老相傳，言未有登其峯者。山之東北泠道縣界，又有舜廟，縣南有舜碑，碑是零陵太守徐儉立。營水又西，逕營道縣，馮水注之。水出臨賀郡馮乘縣東北馮岡。其水導源馮谿，西北流，縣以託名焉。馮水帶約衆流，渾成一川，謂之北渚，歷縣北西至關下。關下，地名也。是商舟改裝之始。馮水又左，合萌渚之水。水南出於萌渚之嶠，五嶺之第四嶺也。其山多錫，亦謂之錫方矣。渚水北逕馮乘縣西，而北注馮水。馮水又逕營道縣，而右會營水。營水又西北屈，而逕營道縣西，王莽之九疑亭也。營水又東北，逕營浦縣南，營陽郡治也。魏咸熙二年，吳孫皓分零陵置，在營水之陽，故以名郡矣。營水又北，都谿水注之。水出春陵縣北二十里仰山，南逕其縣西。縣本泠道縣之春陵鄉，蓋因春谿爲名矣。漢長沙定王分以爲縣。武帝元朔五年，封王中子買爲春陵侯。縣故城東又有一城，東西相對，各方百步。古老相傳言漢家舊城，漢稱猶存，知是節侯故邑也。城東角有一碑，文字缺落，不可復識。東南三十里，尚有節侯廟。都谿水又南，逕新寧縣東，縣東旁都谿。谿水又西，逕縣南，左與五谿俱會。縣有五山，山有一谿，五水會於縣門，故曰都谿也。都谿水自縣又西北流，逕泠道縣北，與泠水合。水南出九疑山，北流逕其縣西南。縣指泠谿以即名，王莽之泠陵縣也。泠水又北流，注於都谿水。又西北，入於營水。營水又北，流入營陽峽。又北，至觀陽縣而出於峽。大小二峽之間，爲沿泝之極艱矣。營水又西北，逕泉陵縣西。漢武帝元朔五年，以封長沙定王子節侯賢之邑也。王莽名之曰溥潤，零陵郡治，故楚矣。漢武帝元鼎六年，分桂陽置。太史公曰：『舜葬九疑，寔惟零陵，郡取名焉。』王莽之九疑郡也。下邳陳球爲零陵太守，桂陽賊胡蘭攻零陵，激流灌城，球輒於内因地勢，反決水淹賊，相拒不能下。縣有白土鄉，零陵先賢傳曰：『鄭產字景載，泉陵人也。爲白土嗇夫。漢末多事，國用不足，產子一歲，輒出口錢。民多不舉子。產乃敕民勿得殺子，口錢當自代出。產言其郡縣，爲表上言，錢得除，更名白土爲更生鄉也。』晉書地道記曰：『縣有香茅，氣甚芬香，言貢之以縮酒也。』營水又北流，注於湘水。湘水又東北，與應水合。水出邵陵縣歷山。崖隥險阻，峻崿萬尋，澂淵湛於下，應水涌於上。東南流，逕應陽縣南。晉分觀陽縣立，蓋即應水爲名也。應水又東南流，逕有鼻墟南。王隱曰：『應陽縣本泉陵之北部也。』東五里有鼻墟，言象所封也。山下有象廟，言甚有靈，能興雲雨。余所聞也，聖人之神曰靈，賢人之精氣爲鬼。象生不惠，死靈何寄乎？應水又東南流，而注於湘水。

湘水又東北，得汜水。水出永昌縣北羅山，東南流逕石燕山東。其山有石，紺而狀燕，因以名山。其石或大或小，若母子焉。及其雷風相薄，則石燕羣飛，頡頏若真燕矣。羅君章云：『今燕不必復飛也。』其水又東南，逕永昌縣南，又東流，注於湘水。

湘水又東北，逕祁陽縣南，又有餘谿水注之。水出西北邵陵郡邵陵縣，東南流，注於湘。其水揚清汎濁，水色兩分。

湘水又北，與宜谿水合。水出湘東郡之新寧縣西南，新平故縣東。新寧，故新平也。衆川瀉浪，共成一津，西北流。東岸山下，有龍穴。宜水逕其下，天旱則擁水注之，便有雨降。宜水又西北，注於湘。

湘水又西北，得春水口。水上承營陽春陵縣西北潭山。又北，逕新寧縣東。又西北流，注於湘水也。

又東北，過重安縣東。又東北，過酃縣西，承水從東南來注之。

承水出衡陽重安縣西邵陵縣界邪薑山。東北流，至重安縣，逕舜廟下。廟在承水之陰。又東合略塘，相傳云，此塘中有銅神，今猶時聞銅聲於水，水輒變緑作銅腥，魚爲之死。

承水又東北，逕重安縣南，漢長沙頃王子度邑也。故零陵之鍾武縣，王莽更名曰鍾桓也。

武水入焉。水出鍾武縣西南表山。東流至鍾武縣故城南，而東北流至重安縣，注於承水。承水至湘東臨承縣北，東注於湘，謂之承口。臨承，即故酃縣也。縣，即湘東郡治也。郡舊治在湘水東，故以名郡。魏正元二年，吴主孫亮分長沙東部立。縣有石鼓，高六尺，湘水所逕。鼓鳴，則土有兵革之事。羅君章云：『叩之，聲聞數十里。』此鼓今無復聲。觀陽縣東有裴巖，其下有石鼓，形如覆船，叩之清響遠徹，其類也。

湘水又北，歷印石。石在衡山縣南，湘水右側。盤石或大或小，臨水石悉有迹。其方如印，纍然行列，無文字，如此可二里許。因名爲印石也。

湘水又北，逕衡山縣東。山在西南，有三峯。一名紫蓋，一名石囷，一名芙容。芙容峯最爲竦傑，自遠望之，蒼蒼隱天。故羅含云：『望若陳雲，非清霽素朝，不見其峯。』丹水涌其左，澧泉流其右。山經謂之峋嶁〔二〕，爲南岳也。山下有舜廟，南有祝融冢。楚靈王之世，山崩毁其墳，得營丘九頭圖。禹治洪水，血馬祭山，得金簡玉字之書。芙容峯之東，有仙人石室。學者經過，往往聞諷誦之音矣。衡山東南，二面臨映湘川。自長沙至此，江湘七百里中，有九向九背。故漁者歌曰：『帆隨湘轉，望衡九面。』山上有飛泉下注，下映青林，直注山下，望之若幅練在山矣。

湘水又東北，逕湘南縣東。又歷湘西縣南，分湘南置也，衡陽郡治。魏甘露二年，吳孫亮分長沙西部立，治湘南〔三〕。晉太守何承天徙治湘西矣。十三州志曰：『日華水出桂陽郴縣日華山，西至湘南縣入湘。』地理志曰：『郴縣有耒水，出耒山，西至湘南西入湖〔四〕。』

湘水又北，逕麓山東。其山東臨湘川，西旁原隰，息心之士，多所萃焉。

又東北，過陰山縣西，洣水從東南來注之。又北，過醴陵縣西，漉水從東南來注之。

續漢書五行志曰：『建安八年，長沙醴陵縣有大山，常鳴如牛呴聲，積數年。後豫章賊攻沒縣亭，殺掠吏民』，因以爲候。

湘水又北，逕建寧縣。有空泠峽，驚浪雷奔，濬同三峽。湘水又北，逕建寧縣故城下，晉太始中立。

又北，過臨湘縣西，瀏水從縣西北流注之。

縣南有石潭山，湘水逕其西。山有石室、石牀，臨對清流。

湘水又北，逕昭山西。山下有旋泉，深不可測，故言昭潭無底也。亦謂之曰湘州潭。

湘水又北，逕南津城西。西對橘洲，或作『吉』字，爲南津洲尾。水西有橘洲子戍，故郭尚存。

湘水又北，左會瓦官水口，湘浦也。又逕船官西，湘州商舟之所次也。北對長沙郡，郡在水東州城南，舊治在城中，後乃移此。

湘水左逕麓山東，上有故城。山北有白露水口，湘浦也。

又右，逕臨湘縣故城西，縣治。湘水濱臨川側，故即名焉。王莽改號撫陸，故楚南境之地也。秦滅楚，立長沙郡，即青陽之地也。秦始皇二十六年，令曰：『荆王獻青陽以西。』漢書鄒陽傳曰：『越水長沙，還舟青陽。』注，張晏曰：『青陽，地名也。』蘇林曰：『青陽，長沙縣也。』漢高祖五年，以封吳芮爲長沙王。是城即芮築也。漢景帝二年，封唐姬子發爲王，都此。王莽之鎮蠻郡也。於禹貢，則荆州之域。晉懷帝以永嘉元年，分荆州、湘中諸郡立湘州，治此。城之内郡廨西，有陶侃廟。云舊是賈誼宅地。中有一井，是誼所鑿，極小而深，上斂下大，其狀似壺。旁有一脚石牀，纔容一人坐形。流俗相承云，誼宿所坐牀。又有大柑樹，亦云誼所植也。城之西北有故市，北對臨湘縣之新治。縣治西北有北津城，縣北有吳芮冢，廣踰六十八丈，登臨寫目，爲廛郭之佳憩也。郭頒世語云：『魏黄初末，吳人發芮冢，取木，於縣立孫堅廟，見芮尸容貌衣服並如故。吳平後，與發冢人於壽春見南蠻校尉吳綱，曰：「君容貌何類長沙王吳芮乎？但君微短爾。」綱瞿然，曰：

「是先祖也。」自芮卒至冢發四百年，至見綱又四十餘年矣。』

湘水左合誓口，又北得石槨口，並湘浦也。右合麻谿水口，湘浦也。

湘水又北，逕三石山東。山枕側湘川北，即三石水口也，湘浦矣。水北有三石戍〔五〕，戍城爲二水之會也。

湘水又逕瀏口戍西，北對瀏水。

又北，潙水從西南來注之。

潙水出益陽縣馬頭山，東逕新陽縣南。晉太康元年，改曰新康矣。潙水又東，入臨湘縣，歷潙口戍東，南注湘水。

湘水又北，合斷口。又北，則下誉口，湘浦也。

湘水左岸，有高口水。出益陽縣西，北逕高口戍南。又西北，上鼻水自鼻洲上口受湘西入焉，謂之上鼻浦。高水西北與下鼻浦合。水自鼻洲下口首受湘川，西通高水，謂之下鼻口。高水又西北，右屈爲陵子潭，東北流，注湘，爲陵子口。湘水自高口戍東又北，右逕鼻洲〔六〕，左合上鼻口。又北，右對下鼻口。又北，得陵子口。湘水右岸，銅官浦出焉。

湘水又北，逕銅官山，西臨湘水，山土紫色，内含雲母，故亦謂之雲母山也。

又北，過羅縣西，潰水從東來流注之。

湘水又北，逕錫口戍東。又北，左派謂之錫水，西北流，逕錫口戍北。又西北流，屈而東北，注玉水焉。水出西北玉池，東南流，注於錫浦，謂之玉池口。錫水又東北，東湖水注之。水上承玉池之東湖也。南注於錫，謂之三陽涇。水南有三陽戍〔七〕。又東北，注於湘。

湘水自錫口北出，又得望屯浦，湘浦也。

湘水又北，枝津北出，謂之門涇也。湘水紆流西北，東北合門水，謂之門涇口。又北，得三谿水口，水東承大湖，西通湘浦。三水之會，故得三谿之目爾。又北，東會大對水口，西接三津涇。

湘水又北，逕黃陵亭西。右合黃陵水口。其水上承大湖。湖水西流，逕二妃廟南，世謂之黃陵廟也。言大舜之陟方也，二妃從征，溺於湘江，神遊洞庭之淵，出入瀟湘之浦。瀟者，水清深也。湘中記曰：『湘川清照五六丈，下見底石，如摴蒲矢。五色鮮明，白沙如霜雪，赤岸若朝霞，是納「瀟湘」之名矣。故民爲立祠於水側焉，荆州牧劉表，刊石立碑，樹之於廟，以旌不朽之傳矣。黃水又西流，入於湘，謂之黃陵口。昔王子少有異才，年二十而得惡夢，作夢賦，二十一溺死於湘浦，即斯川矣。

湘水又北，逕白沙戍西。又北，右會東町口，瀆水也。

湘水又左，合決湖口。水出西陂，東通湘渚。

湘水又北，汨水注之。水東出豫章艾縣桓山，西南逕吳昌縣北，與純水合。水源出其縣東南純山，西北流。又東逕其縣南，又北逕其縣故城下。縣，是吳主孫權立。純水又右，會汨水。汨水又西，逕羅縣北，本羅子國也。故在襄陽宜城縣西，楚文王移之於此。秦立長沙郡，因以爲縣，水亦謂之羅水。汨水又西，逕玉笥山，羅含湘中記云：『屈潭之左，有玉笥山，道士遺言，此福地也。』一曰地脚山。汨水又西，爲屈潭，即汨羅淵也，屈原懷沙，自沈於此。故淵潭以屈爲名。昔賈誼、史遷，皆嘗逕此，弭檝江波，投弔於淵。淵北有屈原廟，廟前有碑，又有漢南太守程堅碑，寄在原廟。汨水又西，逕汨羅戍南，西流注於湘。春秋之羅汭矣。世謂之汨羅口。

湘水又北，枝分北出，逕汨羅戍西。又北，逕磊石山東，又北，逕磊石戍西，謂之苟導涇矣，而北合湘水。

湘水自汨羅口西北，逕磊石山西，而北對青草湖，亦或謂之爲青草山也。西對縣城口。

湘水又北，得九口並湘浦也。

湘水又東北，爲青草湖口。右會苟導涇北口，與勞口合。又北，得同拌口，皆湘浦右池者也。

又北，過下雋縣西，微水從東來流注之。

湘水左會清水口，資水也，世謂之益陽江。湘水左逕鹿角山東，右逕謹亭戍西。又北，合查浦。又北，得萬石浦，咸湘浦也。側湘浦，北有萬石戍。湘水左則沅水注之，謂之橫房口，東對微湖，世或謂之麋湖也。右屬微水，即經所謂微水經下雋者也。西流注於江，謂之麋湖口。湘水又北，逕金浦戍，北帶金浦水，湖溠也。湘水左則澧水注之，世謂之武陵江。凡此四水，同注洞庭，北會大江，名之五渚。戰國策曰，『秦與荊戰，大破之，取洞庭五渚』者也。湖水廣員五百餘里，日月若出没於其中。山海經云：『洞庭之山，帝之二女居焉。沅澧之風，交瀟湘之浦，出入多飄風暴雨。』湖中有君山、編山。君山有石穴，潛通吳之包山，郭景純所謂『巴陵地道』者也。是山，湘君之所遊處，故曰君山矣。昔秦始皇遭風於此，而問其故，博士曰『湘君出入則多風』。秦王乃赭其山。漢武帝亦登之，射蛟於是山。東北對編山，山多篪竹。兩山相次，去數十里，迴峙相望，孤影若浮。湖之右岸有山，世謂之笛烏頭石。石北右會翁湖口，水上承翁湖，左合洞浦，所謂三苗之國，左洞庭者也。

又北，至巴丘山，入於江。

山在湘水右岸。山有巴陵故城，本吳之巴丘邸閣城也。晉太康元年，立巴丘縣於此，後置建昌郡。宋元嘉十六年，立巴陵郡，城跨岡嶺，濱阻三江。巴陵西對長洲。其洲南分湘浦，北届大江，故曰三江也。三水所會，亦或謂之三江口矣。夾山列關，謂之射獵。又北，對養口，咸湘浦也。水色青異，東北入於大江，有清濁之别，謂之江會也。

校記

〔一〕狩燕　殿本作「拘」。又案：「『節侯拘』有脱誤，史記作『靖侯狗彘』，漢書作『靖侯狩燕』。」

〔二〕山經謂之　當作「山經郭注云」。

〔三〕治湘南　「湘南」二字，殿本在下一句「晉」字下。

〔四〕西入湖　「湖」原本作「湘」，據漢書地理志改。注疏本守敬按：「耒水注本有酃湖，爲耒水所逕。漢志『入湖』，蓋『入湖』以入湘也。」

〔五〕三石戍　「石」原本誤作「若」，據殿本改。

〔六〕右逕鼻洲　「逕」殿本作「會」。注疏本守敬按：「『洲』不當言『會』。『會』蓋『逕』之誤。」

〔七〕三陽戍　殿本無「陽」字。

鍾水

鍾水出桂陽南平縣都山，北過其縣東。又東北，過宋渚亭。又北，過鍾亭，與灌水合。

都山，即都龐之嶠，五嶺之第三嶺也。鍾水即嶠水也。庾仲初曰，『嶠水南入始興溱水，注於海；北入桂陽湘水，注於江』是也。灌水即桂水也。『灌』、『桂』聲相近，故字隨讀變，經仍其非矣。桂水出桂陽縣北界山。山壁高聳，三面特峻，石泉懸注，瀑布而下。北逕南平縣，而東北流屆鍾亭，右會鍾水，通爲桂水也。故應劭曰：『桂水出桂陽東北，入湘。』

又北，過魏寧縣之東。

魏寧，故陽安也。晉太康元年，改曰晉寧縣。在桂陽郡東百二十里，縣南、西二面阻帶清谿，桂水無出縣東理，蓋縣邑流移，今古不同故也。

又東北，入於湘。

深水

深水出桂陽盧聚，

呂忱云：「深水一名邃水，導源盧谿，西入營水，亂流營波，同注湘津。」許慎云，「深水出桂陽南平縣」也。經書桂陽者，縣本隸桂陽郡，後割屬始興。縣有盧谿、盧聚，山在南平縣之南，九疑山東也。

西北過零陵營道縣南。又西北，過營浦縣南。又西北，過泉陵縣。西北七里至燕室邪，入於湘。

水上有燕室丘，亦因爲聚名也。其下水深不測，號曰龍淵。

耒水

耒水出桂陽郴縣南山，

耒水發源汝城縣東烏龍白騎山。西北流，逕其縣北。西流三十里，中有十四瀨，各數百步，濬流奔急，竹節相次，亦爲行旅泝涉之艱難也。又西北，逕晉寧縣北。又西，左合清谿水口。水出縣東黃皮山，西南流，歷縣南。又西北，注於耒水。汝城縣在郡東三百餘里，山又在縣東，耒水無出南山理也。

又北，過其縣之西。

縣有渌水，出縣東俠公山，西北流，而南屈注於耒，謂之程鄉谿。郡置酒官，醞於山下，名曰『程酒』，獻同酃也。耒水又西，黃水注之。水出縣西黃岑山。山則騎田之嶠，五嶺之第二嶺也。黃水東北流，按盛弘之云：『衆山水出注於大谿，號曰横流谿。』谿水甚小，冬夏不乾，俗亦謂之爲貪泉，飲者輒冒於財賄，同於廣州石門貪流矣。廉介爲二千石，則不飲之。昔吳隱之挹而不亂，貪豈謂能渝其貞乎？蓋亦惡其名也。劉澄之謂爲一涯谿，通四會殊爲孟浪而不悉也。庾仲初云,『嶠水南入始興溱水,注海』,即黄岑水入武谿者也。北水入桂陽湘水,注於大江,即是水也。右則千秋水注之。水出西南萬歲山。山有石室,室中有鍾乳,山上悉生靈壽木,谿下即千秋水也。水側民居,號萬歲村。其水下合黄水。黄水又東北,逕其縣東,右合除泉水。水出縣南湘陂村。村有圓水,廣員可二百步,一邊暖,一邊冷。冷處極清緑,淺則見石,深則見底。煗處水白且濁,玄素既殊,凉煗亦異,厥名除泉,其猶江乘之半湯泉也。水盛則瀉黄谿,水耗則津徑輟流。郴,舊縣也,桂陽郡治。漢高帝二年,分長沙置。地理志曰,『桂水所出〔一〕』,因以名也。王莽更名南平,縣曰宣風。項羽遷義帝所築也。縣南有義帝冢,内有石虎,因呼爲白虎郡。東觀漢記曰:『茨充字子何,爲桂陽太守。民惰懶,少麤履,足多剖裂。茨教作履。今江南知織履,皆充之教也。』黄谿東有馬嶺山,高六百餘丈,廣員四十許里。漢末,有郡民蘇躭棲遊此山。桂陽列仙傳云:『躭,郴縣人。少孤,養母至孝。言語虚無,時人謂之癡。常與衆兒共牧牛,更直爲帥,録牛無散。每至躭爲帥,牛輒褁徊左右,不逐自還。衆兒曰:「汝直,牛何道不走邪?」躭曰:「非汝曹所知。」即面辭母云:「受性應仙,當違供養。」涕泗又說:「年將大疫,死者略半,穿一井飲水,可得無恙。」如是有哭聲甚哀,後見躭乘白馬還此山中。百姓爲立壇祠,民安歲登,民因名爲馬嶺山。』黄水又北流,注於耒水,謂之郴口。

耒水又西，逕華山之陰，亦曰華石山，孤峯特聳，枕帶雙流，東則黄谿、耒水之交會也。耒水東流沿注，不得北過其縣西也。兩岸連山，石泉懸溜，行者輒裴徊留念，情不極已也。

又北，過便縣之西。

縣，故惠帝封長沙王子吳淺爲侯國。王莽之便屏也。縣界有温泉水，在郴縣之西北，左右有田數千畝，資之以溉。常以十二月下種，明年三月穀熟。度此水冷，不能生苗，温水所溉，年可三登。其餘波散流，入於耒水也。

又西北，過耒陽縣東。

耒陽，舊縣也，蓋因水以制名。王莽更名南平亭。東傍耒水。水東肥南，有郡故城。縣有谿水，東出侯計山。其水清徹，冬温夏冷，西流謂之肥川。川之北有盧塘，塘池八頃，其深不測。有大魚常至，五月輒一奮躍，水涌數丈，波襄四陸，細魚奔迸，隨水登岸，不可勝計。又云大魚將欲鼓作，諸魚皆浮聚。水側川水西注耒水〔二〕。耒水又西北〔三〕，逕蔡洲。洲西即蔡倫故宅，旁有蔡子池，倫，漢黄門。和帝之世〔四〕，擣故魚網爲紙，用代簡素，自其始也。

又北，過酃縣東，

縣有酃湖，湖中有洲，洲上民居，彼人資以給釀，酒甚醇美，謂之『酃酒』。歲常貢之。湖邊尚有酃縣故城治〔五〕，此西北去臨承縣十五里〔六〕，從省隸。十三州志曰：『大別水南出春陽縣太山，北至酃縣入湖也。』

北入於湘。

耒水西北至臨承縣，而右注湘水，謂之耒口也。

校記

〔一〕桂水　漢書地理志無其目。『桂』似『耒』之誤。

〔二〕水側川水西注耒水　此八字他本多作『水側注』。殿本案：『此三字有脱誤。』唯大典本『注』作『往』，其句讀可爲，『諸魚皆浮聚水側，往西北逕蔡州』，似亦可通。

〔三〕耒水又西北　『耒水又』三字爲段首增語，參見淯水校六。

〔四〕和帝　原本作『順帝』，據後漢書宦者傳改。

〔五〕故城治　殿本無『城』字。

〔六〕此西北　殿本無『此』字。

洣水

洣水出茶陵縣上鄉，西北過其縣西。

水出江州安成郡廣興縣太平山。泉不常見〔一〕，遇邑政清明，年穀豐稔，其泉澌然，如米泔暴涌。耆舊相傳，疾者飲此多愈。洣水導源〔二〕，西北流，逕茶陵縣之南。漢武帝元朔四年，封長沙定王子節侯訢之邑也。王莽更名聲鄉矣。洣水又屈而過其縣，西北流注也。地理志謂之泥水者也。

又西北，過攸縣南。

攸水出東南安成郡安復縣封侯山。西北流，逕其縣北。縣北帶攸谿，蓋即谿以名縣也。漢武帝元朔四年，封長沙定王子則爲攸輿侯，即地理志所謂攸縣者也。攸水又西南，流至茶陵縣，入於洣水也。

又西北，過陰山縣南。

縣，本陽山縣也。縣東北猶有陽山故城，即長沙孝王子宗之邑也。言其勢王，故塹山堙谷，改曰陰山縣。縣有容水，自侯曇山下注洣水，謂之容口。山有大穴，容一百石，水出於此，因以名焉。

洣水又西北，逕其縣東。又西，逕歷口，縣有歷水，下注洣水，謂之歷口。

洣水又西北，與洋湖水會。水出縣西北欒藪岡下洋湖。湖去岡七里，湖水下注洣，謂之洋湖口。

洣水東北有峨山。縣東北又有武陽龍尾山。並仙者羽化之處。上有仙人及龍馬迹，於其處得遺詠。雖神棲白雲，屬想芳流，藉念泉鄉，遺詠在兹。覽其餘誦，依然息遠，匪直邈想霞蹤，愛其文詠可念，故端牘抽札，以詮其詠。其略曰：『登武陽，觀欒藪。峨嶺千蕤，洋湖口。命蜚螭，駕白駒。臨天水，心踟蹰。千載後，不知如。』蓋勝賞神鄉，秀情超拔矣。

又西北，入於湘。

校　記

〔一〕泉不常見　自是句至『飲此多愈』，計三十二字，爲戴震據名勝志所增補。參見陳橋驛水經注校證卷三十九注一八。

〔二〕洣水導源　他本無此四字。

漉水

漉水出醴陵縣東漉山，西過其縣南。

醴陵縣，高后四年，封長沙相侯越爲國。縣南臨淥水，水東出安城鄉翁陵山。余謂「漉」、「淥」聲相近，後人藉便以「淥」爲稱。雖翁陵名異，而即麓是同。

屈從縣西西北流，至漉浦注入於湘。

漣水

漣水出連道縣西，資水之別。

水出邵陵縣界，南逕連道縣。縣故城在湘鄉縣西百六十里。控引衆流，合成一谿。東入衡陽湘鄉縣，歷石魚山下，多玄石。山高八十餘丈，廣十里，石色黑而理若雲母。開發一重，輒有魚形，鱗鬐首尾，宛若刻畫，長數寸，魚形備足。燒之作魚膏腥，因以名之。漣水又逕湘鄉縣，南臨漣水，本屬零陵〔一〕，長沙繆王子昌邑〔二〕。漣水又屈逕其縣東，而入湘南縣也。

東北，過湘南縣南。又東北，至臨湘縣西南，東入於湘。

漣水自湘南縣東流，至衡陽湘西縣界，入於湘水也。於臨湘縣爲西南者矣。

校記

〔一〕本屬　「本」字據殿本補。
〔二〕長沙繆王　殿本作「長沙定王」。

瀏水

瀏水出臨湘東南瀏陽縣，西北過其縣，東北與澇水合。

瀏水出縣東江州豫章縣首裨山，導源西北流，逕其縣南，縣憑谿以即名也。又西北，注於臨湘縣。

西入於湘。

溳水

溳水出豫章艾縣，

春秋左氏傳曰，『吳公子慶忌諫夫差，不納，居於艾』是也。王莽更名治翰。

西過長沙羅縣西。

羅子自枝江徙此，世猶謂之爲羅侯城也。溳水又西流，積而爲陂，謂之町湖。

又西，至磊石山〔一〕，入於湘水。

磊石山在北，亦謂之五木山。山方尖如五木狀，故俗人藉以名之。山在羅口北，溳水又在羅水南，流注於湘，謂之東町口者也。

校記

〔一〕磊石山　『磊』殿本作『累』。下同。

廬江水〔一〕

廬江水出三天子都，北過彭澤縣西，北入於江。

山海經：『三天子都，一曰天子鄣。』王彪之廬山賦敘曰：『廬山，彭澤之山也。雖非「五岳」之數，穹隆嵯峨，寔峻極之名山也。』孫放廬山賦曰：『尋陽郡南有廬山，九江之鎮也。臨彭蠡之澤，接平敞之原。』開山圖曰：『山四方，周四百餘里，疊鄣之巖萬仞，懷靈抱異，苞諸仙迹。』豫章舊志曰：『廬俗，字君孝，本姓匡，父東野王，共鄱陽令吴芮佐漢定天下而亡。漢封俗於鄡陽，曰越廬君。俗兄弟七人，皆好道術，遂寓精於宫亭之山〔二〕，故世謂之廬山。漢武帝南巡，覩山以爲神靈，封俗大明公。』遠法師廬山記曰：『殷周之際，匡俗先生受道仙人，共遊此山。時人謂其所止爲神仙之廬，因以名山矣。』又按周景式曰：『廬山匡俗，字子孝，本東里子，出周武王時，生而神靈，屢逃徵聘，廬於此山，時人敬事之。俗後仙化，空廬猶存。弟子覩室悲哀，哭之旦暮，事同烏號。世稱廬君，故山取號焉。』斯耳傳之談，非實證也。故豫章記以『廬』爲姓，因『廬』以氏，周氏遠師，或託廬慕爲辭，假憑廬以託稱。二證既違，三情互爽〔三〕，按山海經創之大禹，記録遠矣。故海内東經曰：『廬江出三天子都，入江，彭澤西。』是有廬江之名〔四〕，山水相依，互舉殊稱，明不因匡俗始。正是好事君子，强引此類，用成章句爾。又按張華博物志曹著傳：『其神自云，姓徐，受封廬山，後吴猛經過，山神迎猛。猛語曰：「君王此山近六百年，符命已盡，不宜久居非據。」猛又贈詩云：「仰矚列仙館，俯察王神宅。曠載暢幽懷，傾蓋付三益。」此乃神道之事，亦有换轉，理難詳矣。吴猛，隱山得道者也。』尋陽記曰：『廬山上有三石梁，長數十丈，廣不盈尺，窅然無底。吴猛將弟子登山，過此梁，見一翁坐桂樹下，以玉杯承甘露漿與猛。又至一處，見數人爲猛設玉膏。猛弟子竊一寶，欲以來示世人，梁即化如指。猛使送寶還，手牽弟子，令閉眼相引而過。』其山川明净，風澤清曠，氣爽節和，土沃民逸，嘉遁之士，繼響窟巖，龍潛鳳采之賢，往者忘歸矣。秦始皇、漢武帝及太史公司馬遷，咸升其巖，望九江而眺鍾彭焉。

廬山之北，有石門水。水出嶺端，有雙石高聳，其狀若門，因有石門之目焉。水導雙石之中，懸流飛瀑，近三百許步，下散漫千許步，上望之連天，若曳飛練於霄中矣。下有磐石，可坐數十人。冠軍將軍劉敬宣，每登陟焉。其水歷澗，逕龍泉精舍南。太元中，沙門釋慧遠所建也。其水下入江。

南嶺即彭蠡澤西天子鄣也。峯隥險峻，人迹罕及。嶺南有大道，順山而下，有若畫焉。

傳云，匡先生所通至江道。巖上有宫殿故基者三，以次而上，最上者極於山峯。山下又有神廟，號曰宫亭廟，故彭湖亦有宫亭之稱焉。余按爾雅云：『大山曰宫。』宫之爲名，蓋起於此，不必一由三宫也。山廟甚神，能分風擘流，住舟遣使，行旅之人，過必敬祀，而後得去。故曹毗詠云：『分風爲貳，擘流爲兩。』昔吴郡太守張公直，自守徵還，道由廬山，子女觀祠，婢指女戲妃像人，其妻夜夢致聘，怖而遽發，明引中流，而船不行。合船驚懼，曰：『愛一女而合門受禍也。』公直不忍，遂令妻下女於江。其妻布席水上，以其亡兄女代之，而船得進。公直方知兄女，怒妻曰：『吾何面目於當世也！』復下己女於水中。將渡，遥見二女於岸側，旁有一吏立曰：『吾廬君主簿，敬君之義，悉還二女。』故干寶書之於感應焉。

山東有石鏡，照水之所出。有一圓石，懸崖明浄，照見人形。晨光初散，則延曜入石，豪細必察，故名石鏡焉。又有二泉常懸注，如白雲帶山。廬山記曰：『白水在黄龍南，即瀑布也。水出山腹，挂流三四百丈，飛湍林表，望若懸素，注處悉成巨井，其深不測。其水下入江淵。』廬山之南，有上霄石，高壁緬然，與霄漢連接。秦始皇三十六年，歎斯岳遠，遂記爲上霄焉。上霄之南，大禹刻石，誌其丈尺里數，今猶得刻石之號焉。湖中有落星石，周迴百餘步，高五丈，上生竹木。傳曰，有星墜此，因以名焉。又有孤石，介立大湖中。周迴一里，竦立百丈，矗然高峻，特爲環異。上生林木，而飛禽罕集，言其上有玉膏可采，所未詳也。耆舊云，昔禹治洪水至此，刻石紀功。或言秦始皇所勒，然歲月已久，莫能辨之也。

校記

〔一〕廬江水　本水是山海經海内東經記述的河流，事實上并不存在。水經屬於誤記，酈道元因足迹未至江南而訛傳。參見陳橋驛水經注校釋卷三十九廬江水。

〔二〕宫亭之山　「亭」注疏本作「庭」。

〔三〕三情　殿本作「二情」。注疏本會貞按：「三情指豫章記及周氏、遠師三説也。戴以上例此，改三爲二，失酈旨矣。」又段熙仲按：「大典本作「二」，戴沿其誤。」

〔四〕有　殿本作「曰」。

贛水

贛水出豫章南野縣，西北過贛縣東。

山海經曰：『贛水出聶都山〔一〕，東北流注於江，入彭澤西也。』班固稱：『南野縣，彭水所發，東入湖漢水。』庾仲初謂，『大庾嶠水北入豫章，注於江』者也。地理志曰：『豫章水出贛縣西南，而北入江。』蓋控引衆流，總成一川，雖稱謂有殊，言歸一水矣。故後漢郡國志曰：『贛有豫章水。』雷次宗云：『似因此水爲其地名。』雖十川均流，而此源最遠，故獨受名焉。劉澄之曰：『縣東南有章水，西有貢水，縣治二水之間，二水合「贛」字，因以名縣焉。』是爲謬也。劉氏專以字説水，而不知遠失其實矣。

豫章水導源東北，流逕南野縣北。贛川石阻水急，行難傾波，委注六十餘里。又北，逕贛縣東。縣，即南康郡治。晉太康五年，分廬江立。

豫章水右會湖漢水。水出雩都縣，導源西北，流逕金鷄石，其石孤竦臨川。耆老云，時見金鷄出於石上，故石取名焉。湖漢水又西北，逕贛縣東，西入豫章水也。

又西北，過廬陵縣西。

廬陵縣，即王莽之桓亭也。十三州志稱，廬水西出長沙安成縣。武帝元光六年，封長沙定王子劉蒼爲侯國，即王莽之思成也。吴寶鼎中，立以爲安城郡。東至廬陵，入湖漢水也。

又東北，過石陽縣西。

漢和帝永平九年，分廬陵立。漢獻帝興平二年〔二〕，吴長沙桓王立廬陵郡，治此。豫章水又逕其郡南，城中有井，其水色半清半黄。黄者如灰汁，取作飲粥，悉皆金色，而甚芬香。

又東北，過漢平縣南。又東北，過新淦縣西。

牽水西出宜春縣。漢武帝元光六年，封長沙定王子劉成爲侯國，王莽之脩曉也。牽水又東，逕吴平縣，舊漢平也。晉太康元年，改爲吴平矣。牽水又東，逕新淦縣，即王莽之偶亭，而注於豫章水。湖漢及贛並通稱也。又淦水出其縣下，注於贛水。

又北，過南昌縣西。

盱水出南城縣，西北流，逕南昌縣南，西注贛水。又有濁水注之。水出康樂縣，故陽樂也。濁水又東，逕望蔡縣。縣因汝南上蔡民萍居此土，晉太康元年，改爲望蔡縣。濁水又東，逕建成縣。漢武帝元朔四年，封長沙定王子劉拾爲侯國，王莽更名之曰多聚也。縣出然石，異物志曰：『石色黄白而理疏，以水灌之便熱，以鼎著其上，炊足以熟，置之則冷，灌之則熱，如此無窮。元康中，雷孔章入洛，齎石以示張公，張公曰：此謂然石。於是乃知其名。』濁水又東，至南昌縣東，流入於贛水。

贛水又歷白社西，有徐孺子墓。吳嘉禾中，太守長沙徐熙於墓隧種松，太守南陽謝景於墓側立碑。永安中，太守梁郡夏侯嵩於碑旁立思賢亭。松大合抱，亭世脩治，至今謂之聘君亭也。

贛水又北，歷南塘。塘之東有孺子宅，際湖南小洲上。孺子名穉，南昌人，高尚不仕，太尉黄瓊辟不就。桓帝問尚書令陳蕃：『徐穉、袁閎，誰爲先後？』蕃答稱：『袁生公族，不鏤自雕。至於徐穉，傑出薄域，故宜爲先。』桓帝備禮徵之，不至。太原郭林宗有母憂，穉往弔之，置生芻於廬前而去。衆不知其故，林宗曰：『必孺子也。詩云：「生芻一束，其人如玉。」吾無德以堪之。』年七十二卒。

贛水又逕谷鹿洲，即蓼子洲也，舊作大艑處。

贛水又北，逕南昌縣故城西，於春秋屬楚，即令尹子蕩師於豫章者也。秦以爲廬江南部。漢高祖六年，始命陳嬰以爲豫章郡，治此，即陳嬰所築也。王莽更名，縣曰宜善，郡曰九江焉。劉歆云：『湖漢等九水入彭蠡，故言九江矣。』陳蕃爲太守，署徐穉爲功曹。蕃在郡不接賓客，惟穉來特設一榻，去則懸之，此即懸榻處也。建安中，更名西安，晉又名爲豫章。城之南門，曰松陽門。門内有樟樹，高七丈五尺，大二十五圍，枝葉扶疏，垂蔭數畝。應劭漢官儀曰：『豫章，樟樹生庭中，故以名郡矣。』此樹嘗中枯，逮晉永嘉中，一旦更茂，豐蔚如初，咸以爲中宗之祥也。禮斗威儀曰：『君政訟平，豫樟常爲生。』太興中，元皇果興大業於南，故郭景純南郊賦云，『弊樟擢秀於祖邑』是也。以宣王祖爲豫章故也。

贛水北出，際西北歷度支步，是晉度支校尉立府處。步，即水渚也。

贛水又逕郡北，爲津步。步有故守賈萌廟。萌與安侯張普争地，爲普所害，即日靈見津渚，故民爲立廟焉。水之西岸有盤石，謂之石頭，津步之處也。西行二十里，曰厭原山，疊嶂四周，杳邃有趣。晉隆安末，沙門竺曇顯建精舍於山南，僧徒自遠而至者相繼焉。西北五六里有洪井，飛流懸注，其深無底，舊説洪崖先生之井也。北五六里有風雨池，言山高瀨急，激著樹木，霏散遠灑若雨。西有鸞岡，洪崖先生乘鸞所憩泊也。岡西有鵠嶺，云王子喬控鵠所逕過也。有二崖，號曰大蕭、小蕭，言蕭史所遊萃處也。雷次宗云：『此乃繫風捕影之論，據實本所未辨，聊記奇聞，以廣井魚之聽矣。』又按謝莊詩，莊嘗遊豫章，觀井賦詩，言鸞岡四周有水，謂之鸞陂，似非虚論矣。東大湖十里二百二十六步，北與城齊，南緣迴折至南塘，本通章江，增減與江水同。漢永元中，太守張躬築塘以通南路，兼遏此水。冬夏不增減，水至清深，魚甚肥美。每於夏月，江水溢塘而過，居民多被水害。至宋景平元年，太守蔡君西起隄，開塘爲水門。水盛旱則閉之，内多則洩之。自是，居民少患矣。

贛水又東北，逕王步。步側有城，云是孫奮爲齊王鎮此城之，今謂之王步，蓋齊王之渚步也。郡東南二十餘里，又有一城，號曰齊王城。築道相通，蓋其離宫也。

贛水又北，逕南昌左尉廨西。漢成帝時，九江梅福爲南昌尉，居此。後福一旦捨妻子，去九江，傳云得仙。

贛水又北，逕龍沙西。沙甚潔白，高峻而阤，有龍形，連亘五里中。舊俗，九月九日升高處也。昔有人於此沙得故冢，刻塼題云：『西去江七里半，筮言其吉，卜言其凶。』而今此冢垂没於水，所謂筮短龜長也。

贛水又逕椒丘城下。建安四年，孫策所築也。

贛水又歷釣圻邸閣下，度支校尉治，太尉陶侃移置此也。舊夏月，邸閣前洲没，去浦遠。景平元年，校尉豫章，因運出之力，於渚次聚石爲洲，長六十餘丈，洲裏可容數十舫。

贛水又北，逕鄡陽縣，王莽之豫章縣也。餘水注之，水東出餘汗縣，王莽名之曰治干也。

餘水北至鄡陽縣，注贛水。

贛水又與鄱水合。水出鄱陽縣東，西逕其縣南，武陽鄉也。地有黃金采，王莽改曰鄉亭。

孫權以建安十五年，分爲鄱陽郡。鄱水又西流，注於贛。

又有繚水入焉。其水導源建昌縣。漢元帝永光二年，分海昏立。繚水東逕新吳縣。漢中平中立。繚水又逕海昏縣，王莽更名宜生，謂之上繚水，又謂之海昏江。分爲二水。縣東津上有亭，爲濟渡之要。其水東北逕昌邑城，而東出豫章大江，謂之慨口。昔漢昌邑王之封海昏也，每乘流東望，輒憤慨而還，世因名焉。其一水枝分，別注入於脩水也〔三〕。

又北，過彭澤縣西。

脩水出艾縣西，東北逕豫寧縣，故西安也，晉太康元年更從今名。脩水又東北，逕永脩縣。漢靈帝中平二年立。脩水又東北，注贛水。其水總納十川，同臻一瀆〔四〕，俱注於彭蠡也。

北入於江。

大江南，贛水總納洪流，東西四十里，清潭遠漲，綠波凝靜，而會注於江川。

校記

〔一〕聶都山　山海經海內東經無「山」字。

〔二〕興平　原本誤作「初平」，據注釋本改。

〔三〕脩水　殿本作「循水」，下同。

〔四〕臻　原本作「溱」，據殿本改。

漸江水

漸江水出三天子都，

山海經謂之浙江也。地理志云：『水出丹陽黟縣南蠻夷中〔一〕。』北逕其縣南，有博山。山上有石，特起十丈，上峯若劍杪。時有靈鼓潛發，正長臨縣，以山鼓爲候，一鳴官長一年，若長雷發聲，則官長不吉。

浙江又北歷黟山，縣居山之陽，故縣氏之。漢成帝鴻嘉二年，以爲廣德國，封中山憲王孫雲客王於此。晉太康中以爲廣德縣，分隸宣城郡。會稽陳業，潔身清行，遁迹此山。浙江又北，逕歙縣，東與一小谿合，水出縣東北翁山，西逕故城南，又西南入浙江。浙江又東，逕遂安縣南。谿廣二百步，上立杭以相通。水甚清深，潭不掩鱗，故名新定，分歙縣立之。晉太康中，又改從今名。浙江又左合絶谿。谿水出始新縣西，東逕縣故城南，爲東、西長谿。谿有四十七瀨，濬流驚急，奔波聒天。孫權使賀齊討黟歙山賊，賊固黟之林歷山。山甚峻絶，又工禁五兵，齊以鐵杙椓山，升出不意，又以白棓擊之，氣禁不行，遂用奇功平賊。於是立始新之府於歙之華鄉，令齊守之。後移出新亭，晉太康元年，改曰新安郡。谿水東注浙江。

浙江又東北，逕建德縣南。縣北有烏山，山下有廟，廟在縣東七里。廟渚有大石，高十丈，圍五尺，水瀨濬激，而能致雲雨。

浙江又東，逕壽昌縣南。自建德至此八十里中，有十二瀨，瀨皆峻險，行旅所難。縣南有孝子夏先墓。先少喪二親，負土成墓，數年不勝哀，卒。

浙江又北，逕新城縣，桐谿水注之。水出吳興郡於潛縣北天目山。山極高峻，崖嶺竦疊，西臨峻澗。山上有霜木，皆是數百年樹，謂之翔鳳林。東面有瀑布，下注數畝深沼，名曰浣龍池。池水南流逕縣西，爲縣之西谿。谿水又東南，與紫谿合。水出縣西百丈山，即潛山也。山水東南流，名爲紫谿。中道夾水，有紫色磐石。石長百餘丈，望之如朝霞，又名此水爲赤瀨，蓋以倒影在水故也。紫谿又東南流，逕白石山之陰，一名廣陽山〔二〕。山甚峻極，北臨紫谿。又東南，連山夾水，兩峯交峙，反項對石，往往相捍。十餘里中，積石磊砢，相挾而上。澗下白沙細石，狀若霜雪。水木相映，泉石争暉，名曰樓林。紫谿東南流，逕桐廬縣東，爲桐谿。孫權藉谿之名以爲縣目，割富春之地，立桐廬縣。自縣至於潛，凡十有六瀨。第二是嚴陵瀨。瀨帶嚴陵山〔三〕，山下有一石室，漢光武帝時，嚴子陵之所居也。故山及瀨皆即人姓名之。山下有磐石，周迴十數丈，交枕潭際，蓋陵所遊也。桐谿又東北，逕新城縣，入浙江。縣，故富春地，孫權置，後省幷桐廬，咸和九年，復立爲縣。

浙江又東北，入富陽縣。故富春也。晉后名春，改曰富陽。東分爲湖浦。

浙江又東北，逕富春縣南。縣，故王莽之誅歲也。江南有山，孫武皇之先所葬也。漢末，墓上有光，如雲氣屬天。黄武五年，孫權以富春爲東安郡，分置諸郡，以全琮領太守，平討山越〔四〕。浙江又東北，逕亭山西，山上有孫權父冢。

北過餘杭，東入於海。

浙江逕縣左，合餘干大谿。江北即臨安縣界。水北對郭文宅，宅旁山面谿。宅東有郭文墓。晉建武元年，驃騎王導迎文，置之西園，文逃此而終。臨安令改葬之。建安十六年，縣民郎稚作亂，賀齊討之。孫權分餘杭立臨水縣，晉改曰臨安縣。因岡爲城，南門尤高。謝安莅郡遊縣，逕此門，以爲難爲亭長。

浙江又東，逕餘杭故縣南、新縣北。秦始皇南遊會稽，途出是地，因立爲縣。王莽之淮睦也。漢末，陳渾移築南城，縣後谿南大塘，即渾立以防水也。縣南有三碑，是顧颺、范甯等碑。縣南有大壁山，郭文自陸渾遷居也。

浙江又東，逕烏傷縣北。王莽改曰烏孝，郡國志謂之烏傷。異苑曰：『東陽顔烏，以淳孝著聞，後有羣烏助銜土塊爲墳，烏口皆傷。一境以爲顏烏至孝，故致慈烏，欲令孝聲遠聞，又名其縣爲烏傷矣。』

浙江又東北流，至錢唐縣，穀水入焉。水源西出太末縣。縣是越之西鄙，姑蔑之地也。秦以爲縣，王莽之末治也〔五〕。吳寶鼎中，分會稽立，隸東陽郡。穀水東逕獨松故冢下。冢爲水毁，其塼文：『筮言吉，龜言凶，百年墮水中。』今則同龜繇矣。穀水又東，逕長山縣南，與永康谿水合。縣，即東陽郡治也。縣，漢獻帝分烏傷立。郡，吳寶鼎中分會稽置。城居山之陽，或謂之長仙縣也。言赤松采藥此山，因而居之，故以爲名。後傳呼乖謬，字亦因改。谿水南出永康縣。縣，赤烏中分烏傷、上浦立。劉敬叔異苑曰：『孫權時，永康縣有人入山，遇一大龜，即束之以歸。龜便言曰：「游不量時，爲君所得。」擔者怪之，載出欲上吳王。夜宿越里，攬船於大桑樹。宵中，樹忽呼龜曰：「元緒，奚事爾也？」龜曰：「行不擇日，今方見烹，雖盡南山之樵，不能潰我。」樹曰：「諸葛元遜識性淵長，必致相困，令求如我之徒，計將安泊？」龜曰：「子明無多辭。」既至建業，權將煮之，燒柴萬車，龜猶如故。諸葛恪曰：「然以老桑乃熟。」獻人仍說龜言，權使伐桑取煮之，即爛。故野人呼龜曰「元緒」。』其水飛湍北注，至縣南門入穀水。穀水又東，定陽谿水注之。水上承信安縣之蘇姥布。縣，本新安縣，晉武帝太康三年改曰信安。水懸百餘丈，瀨勢飛注，狀如瀑布。瀨邊有石如牀，牀上有石牒，長三尺許，有似雜采帖也。東陽記云：『信安縣有懸室阪，晉中朝時，有民王質，伐木至石室中，見童子四人彈琴而歌，質因留，倚柯聽之。童子以一物如棗核與質，質含之便不復飢。俄頃，童子曰：「其歸。」承聲而去，斧柯漼然爛盡。既歸，質去家已數十年，親情凋落，無復向時比矣。』其水分納衆流，混波東逝，逕定陽縣。夾岸緣谿，悉生枝竹，及芳枳、木連，雜以霜菊、金橙。白沙細石，狀如凝雪，石溜湍波，浮響無輟。山水之趣，尤深人情。縣，漢獻帝分信安立，谿亦取名焉。谿水又東，逕長山縣北。北對高山，山下水際，是赤松羽化之處也。炎帝少女追之，亦俱仙矣。後人立廟於山下。谿水又東，入於穀水。穀水又東，逕烏傷縣之雲黃山。山下臨谿水，水際石壁傑立，高百許丈。又與吳寧谿水合。水出吳寧縣下，逕烏傷縣入穀，謂之烏傷谿水。閩中有徐登者，女子化爲丈夫，與東陽趙炳並善越方。時遭兵亂，相遇於谿，各示所能。登先禁谿水爲不流，炳次禁枯柳，柳爲生荑。二人相示而笑。登年長，炳師事之。後登身故，炳東入章安，百姓未知，炳乃升茅屋，梧鼎而爨。主人驚怪，炳笑而不應，屋亦不損。又嘗臨水求渡，船人不許，炳乃張蓋坐中，長嘯呼風，亂流而濟。於是百姓神服，從者如歸。章安令惡而殺之，民立祠於永寧而蚊蚋不能入。炳秉道懷術而不能全身避害，事同萇弘、宋元之龜，厄運之來，故難救矣。穀水又東，入錢唐縣，而左入浙江。故地理志云：『穀水自太末東北至錢唐，入浙江』，是也。浙江又東，逕靈隱山。山在四山之中，有高崖洞穴，左右有石室三所。又有孤石壁立，大三十圍，其上開散，狀如蓮花。昔有道士，長往不歸。或因以稽留爲山號。山下有錢唐故縣，浙江逕其南，王莽更名之曰泉亭。地理志曰：『會稽，西部都尉治。』錢唐記曰：『防海大塘，在縣東一里許，郡議曹華信家議立此塘，以防海水。始開募，有能致一斛土者，即與錢一千。旬月之閒，來者雲集，塘未成而不復取。於是載土石者，皆棄而去，塘以之成，故改名錢塘焉。』縣南江側有明聖湖，父老傳言，湖有金牛，古見之，神化不測，湖取名焉。縣有武林山，武林水所出也。闞駰云：『山出錢水，東入海。』吳地記言，縣惟浙江，今無此水。縣東有定包諸山，皆西臨浙江。水流於兩山之閒，江川急濬，兼濤水晝夜再來，來應時刻，常以月晦，及望尤大，至二月、八月最高，峨峨二丈有餘。吳越春秋以爲子胥、文種之神也。昔子胥亮於吳，而浮尸於江，吳人憐之，立祠於江上，名曰胥山。吳録云：『胥山在太湖邊，去江不百里，故曰江上。』文種誠於越，而伏劍於山陰，越人哀之，葬於重山。文種既葬一年，子胥從海上負種俱去，游夫江海。故潮水之前揚波者伍子胥，後重水者大夫種。是以枚乘曰：『濤無記焉，然海水上潮，江水逆流，似神而非，於是處焉。』秦始皇三十七年，將遊會稽，至錢唐，臨浙江，所不能度，故道餘杭之西津也。

浙江北合詔息湖，湖本名阼湖，因秦始皇帝巡狩所憩，故有詔息之名也。

浙江又東，合臨平湖。異苑曰：『晉武時，吳郡臨平岸崩，出一石鼓，打之無聲。以問張華，華曰：「可取蜀中桐材，刻作魚形，扣之則鳴矣。」於是如言，聲聞數十里。』劉道民詩曰：『事有遠而合，蜀桐鳴吳石。』傳言此湖草薉壅塞天下亂，是湖開天下平。孫皓天璽元年，吳郡上言，臨平湖自漢末穢塞，今更開通。又於湖邊得石函，函中有小石，青白色，長四寸，廣二寸餘，刻作皇帝字。於是改天册爲天璽元年。孫盛以爲元皇中興之符，徵五湖之石瑞也。錢唐記曰：『桓玄之難，湖水色赤，熒熒如丹。』湖水上通浦陽江，下注浙江，名曰東江。行旅所從，以出浙江也。

浙江又逕固陵城北。昔范蠡築城於浙江之濱，言可以固守，謂之固陵，今之西陵也。浙江又東，逕柤塘，謂之柤瀆。昔太守王朗拒孫策，數戰不利。孫靜果説策曰：『朗負阻城守，難可卒拔，柤瀆去此數十里，是要道也。若從此出，攻其無備，破之必矣。』策從之，破朗於固陵。有西陵湖，亦謂之西城湖。湖西有湖城山，東有夏架山，湖水上承妖皋谿，而下注浙江。

浙江又逕永興縣北〔六〕。縣在會稽東北百二十里也，故餘暨縣也。應劭曰：『闔閭弟夫槩之所邑，王莽之餘衍也。』漢末童謡云：『天子當興東南三餘之間。』故孫權改曰永興，縣濱浙江。

浙江又東，合浦陽江。江水導源烏傷縣，東逕諸暨縣，與洩谿合。谿廣數丈，中道有兩高山夾谿，造雲壁立，凡有五洩。下洩懸三十餘丈，廣十丈。中三洩不可得至，登山遠望，乃得見之。懸百餘丈，水勢高急，聲震水外。上洩懸二百餘丈，望若雲垂。此是瀑布，土人號爲洩也。江水又東，逕諸暨縣南。縣臨對江流。江南有射堂，縣北帶烏山，故越地也。先名上諸暨，亦曰句無矣。故國語曰：『句踐之地，南至句無。』王莽之疏虜也。夾水多浦，浦中有大湖。春夏多水，秋冬涸淺。江水又東南，逕剡縣，與白石山水會。山上有瀑布，懸水三十丈，下注浦陽江。浦陽江水又東流南屈，又東迴北轉，逕剡縣東，王莽之盡忠也。縣開東門，向江。江廣二百餘步，自昔耆舊傳，縣不得開南門，開南門則有賊盜。江水翼縣轉注，故有東度、南度〔七〕、西度焉。東、南二度通臨海，並汎單船爲浮航。西度通東陽，併二十五船爲橋航。江邊有查浦，浦東行二百餘里，與句章接界。浦裏六里，有五百家，並夾浦居，列門向水，甚有良田。有青谿、餘洪谿、大發谿、小發谿，江上有谿，六谿列溉，散入江。夾谿上下，崩崖若傾。東有簟山，南有黄山與白石，三山爲縣之秀峯。山下衆流泉導，湍石激波，浮險四注。浦陽江水又東，逕石橋。廣八丈，高四丈。下有石井，口徑七尺。橋上有方石，長七尺，廣一丈二尺。橋頭有磐石，可容二十人坐。

谿水兩旁悉高山。山有石壁二十許丈。谿中相攻，贔響外發，未至橋數里，便聞其聲。江水北逕嵊山。山下有亭，亭帶山臨江，松嶺森蔚，沙渚平静。浦陽江水又東北，逕始寧縣嶀山之成功嶠。嶠壁立臨江，欹路峻狹，不得併行。行者牽木梢進，不敢俯視。嶠西有山，孤峯特上，飛禽罕至。嘗有采藥者，沿山見通谿，尋上於山頂，樹下有十二方石，地甚光潔。還復更尋，遂迷前路。言諸仙之所憩讌，故以壇讌名山。嶠北有嶀浦，浦口有廟。廟甚靈驗，行人及樵伐者，皆先敬焉。若相侵竊，必爲蛇虎所傷。北則嶀山與嵊山接，二山雖曰異縣，而峯嶺相連。其間傾澗懷煙，泉谿引霧，吹畦風馨，觸岫延賞。是以王元琳謂之神明境。事備謝康樂山居記。浦陽江水自嶀山東北，逕太康湖，車騎將軍謝玄田居所在。右濱長江，左傍連山，平陵脩通，澄湖遠鏡。於江曲起樓，樓側悉是桐梓，森聳可愛，居民號爲桐亭樓。樓兩面臨江，盡升眺之趣。蘆人漁子，汎濫滿焉。湖中築路，東出趨山，路甚平直，山中有三精舍。高甍凌虛，垂檐帶空，俯眺平林，煙杳在下，水陸寧晏，足爲避地之鄉矣。江有琵琶圻，圻有古冢墮水，甓有隱起字，云：『筮吉龜凶，八百年落江中。』謝靈運取甓詣京，咸傳觀焉。乃如龜繇，故知冢已八百年矣。浦陽江水又東北，逕始寧縣西，本上虞之南鄉也。漢順帝永建四年，陽羡周嘉上書，始分之舊治。水西常有波潮之患，晉中興之初，治今處。縣下有小江，源出姚山，謂之姚浦，逕縣下，西流注，於浦陽荏山下，注此浦。浦西通山陰浦，而達於江。江廣百丈，狹處二百步。高山帶江，重蔭被水。江閲漁商，川交樵隱。故桂棹蘭栧，望景争途。江南有故城，太尉劉牢之討孫恩所築也。江水東逕上虞縣南，王莽之會稽也。本司鹽都尉治，地名虞賓。晉太康地記曰：『舜避丹朱於此，故以名縣。百官從之，故縣北有百官橋。亦云禹與諸侯會事訖，因相虞樂，故曰上虞。』二説不同，未詳孰是。縣南有蘭風山，山少木多石，驛路帶山旁江，路邊皆作闌干。山有三嶺，枕帶長江，苕苕孤危，望之若傾。緣山之路，下臨大川，皆作飛閣闌干，乘之而度，謂此三嶺爲三石頭。丹陽葛洪遁世居之，基井存焉。琅邪王方平性好山水，又爰宅蘭風，垂釣於此，以永終朝，行者過之不識。問曰：『賣魚師，得魚賣否？』方平荅曰：『釣亦不得，得復不賣。』亦謂是水爲上虞江。縣之東郭外有漁浦，湖中有大獨、小獨二山。又有覆舟山。覆舟山下有漁浦王廟，廟今移入裏山北。三山孤立水中，湖外有青山、黄山、澤蘭山，重岫疊嶺，參差入雲。澤蘭山頭有深潭，山影臨水，水色青緑。山中有諸隖，有石楗一所，右臨白馬潭，潭之深無底。傳云：『創湖之始，邊塘屢崩，百姓以白馬祭之，因以名水。』湖之南即江津也。江南有上塘、陽中二里，隔在湖南，常有水患。太守孔靈符遏蠭山前湖以爲埭，埭下開瀆，直指南津。又作水楗二所，以舍此江，得無淹潰之害。縣東有龍頭山，山崖之間有石井，冬夏常冽清泉，南帶長江，東連上陂。江之道南有曹娥碑。娥父盱迎濤溺死。娥時年十四，哀父尸不得，乃號踊江介，因解衣投水，祝曰：『若值父尸，衣當沈。若不值，衣當浮。』裁落便沈，娥遂於沈處赴水而死。縣令度尚使外甥邯鄲子禮爲碑文，以彰孝烈。江濱有馬目山，洪濤一上，波隱是山，勢淪嵊亭，閒歷數縣，行者難之。縣東北上，亦有孝子楊威母墓。威少失父，事母至孝，常與母入山采薪，爲虎所逼，自計不能禦，於是抱母且號且行，虎見其情，遂弭耳而去。自非誠貫精微，孰能理感於英獸矣！又有吳瀆，破山導源，注於胥江。上虞江東逕周市而注永興。地理志云：『縣有仇亭，柯水東入海。』仇亭在縣之東北十里。江北柯水，疑即江也。又東北，逕永興縣東，與浙江合，謂之浦陽江。地理志：『餘暨縣有蕭山，潘水所出，東入海。』疑是浦陽江之别名也。自外無水以應之。

浙江又逕會稽山陰縣，有苦竹里。里有舊城，言句踐封范蠡子之邑也。

浙江又東，與蘭谿合。湖南有天柱山，湖口有亭，號曰蘭亭，亦曰蘭上里，太守王羲之、謝安兄弟數往造焉。吳郡太守謝勗封蘭亭侯，蓋取此亭以爲封號也。太守王廙之移亭在水中。晉司空何無忌之臨郡也，起亭於山椒，極高盡眺矣。亭宇雖壞，基陛尚存。

浙江又逕越王允常冢北。冢在木客村，耆彥云，句踐使工人伐榮楯，欲以獻吳，久不得歸，工人憂思，作木客吟。後人因以名地。句踐都琅邪，欲移允常冢。冢中生分風，飛沙射人，人不得近，句踐謂不欲，遂止。

浙江又東北，得長湖口。湖廣五里，東西百三十里。沿湖開水門六十九所，下溉田萬頃，北瀉長江。湖南有覆斗山，周五百里。北連鼓吹山，山西枕長谿。谿水下注長湖。山之西嶺有賀臺，越入吳，還而成之，故號曰賀臺矣。

又有秦望山，在州城正南，爲衆峯之傑，陟境便見。史記云：『秦始皇登之，以望南海。』自平地以取山頂七里，懸隥孤危，徑路險絶。記云：『扳蘿捫葛，然後能升。山上無甚高木，當由地迴多風所致。山南有嶕峴，峴裏有大城，越王無餘之舊都也。』故吳越春秋云：『句踐語范蠡曰：「先君無餘，國在南山之陽，社稷宗廟在湖之南。」』又有會稽之山，古防山也，亦謂之爲茅山，又曰棟山。越絶云：『棟，猶鎮也。』蓋周禮所謂揚州之鎮矣。山形四方，上多金玉，下多玞石。山海經曰：『夕水出焉〔八〕，南流注於湖。』吳越春秋稱：『覆釜山之中，有金簡玉字之書，黄帝之遺讖也。』山下有禹廟，廟有聖姑象。禮樂緯云：『禹治水畢，天賜神女聖姑，即其象也。』山上有禹冢，昔大禹即位十年，東巡狩，崩於會稽，因而葬之。有鳥來爲之耘，春拔艸根，秋啄其葳，是以縣官禁民，不得妄害此鳥，犯則刑無赦。山東有湮井，去廟七里，深不見底，謂之禹井云。東遊者，多探其穴也。秦始皇登會稽山，刻石紀功，尚存山側。孫暢之述書云：『丞相李斯所篆也。』又有石匱山，石形似匱，上有金簡玉字之書，言夏禹發之，得百川之理也。又有射的山。遠望山的，狀若射侯，故謂射的。射的之西有石室，名之爲射堂。年登否，常占射的，以爲貴賤之準。的明則米賤，的闇則米貴。故諺云：『射的白，斛米百。射的玄，斛米千。』北則石帆山，山東北有孤石，高二十餘丈，廣八丈，望之如帆，因以爲名。北臨大湖，水深不測，傳與海通。何次道作郡，常於此水中得烏賊魚。南對精廬，上蔭脩木，下瞰寒泉，西連會稽山，皆一山也。東帶若邪谿，吴越春秋所謂歐冶涸而出銅，以成五劍。谿水上承嶕峴麻谿，谿之下孤潭，周數畝，甚清深。有孤石臨潭，乘崖俛視，猿狖驚心，寒木被潭，森沈駭觀。上有一櫟樹，謝靈運與從弟惠連常游之，作連句，題刻樹側。麻潭下注若邪谿，水至清，照衆山倒影，窺之如畫。漢世劉寵作郡，有政績，將解任去治，此谿父老，人持百錢出送，寵各受一文。然山棲遁逸之士，谷隱不羈之民，有道則見，物以感遠爲貴，荷錢致意，故受者以一錢爲榮，豈藉費也？義重故爾。谿水下注大湖。若邪谿之東，又有寒谿。谿之北有鄭公泉，泉方數丈，冬温夏涼。漢太尉鄭弘宿居潭側，因以名泉。弘少以苦節自居，恒躬采伐，用貿糧膳，每出入谿津，常感神風送之，雖馮舟自運，無杖楫之勞。村人貪藉風勢，常依隨往還。有淹留者，徒輩相謂：『汝不欲及鄭風邪？』其感致如此。湖水自東，亦注江通海。水側有白鹿山，山北湖塘上舊有亭，吴黄門郎楊哀明居於弘訓里，太守張景數往造焉。使開瀆作埭，埭之西作亭，亭埭皆以楊爲名。孫恩作賊，從海來，楊亭被燒，後復脩立，厥名猶在。東有銅牛山，山有銅穴三十許丈，穴中有大樹神廟。山上有治官，山北湖下有鍊塘里。吳越春秋云：『句踐鍊冶銅錫之處。』采炭於南山，故其間有炭瀆。句踐臣吳，吳王封句踐於越百里之地，東至炭瀆是也。縣南九里有侯山，山孤立長湖中。晉車騎將軍孔敬康，少時遁世，棲迹此山。湖北有三小山，謂之鹿野山，在縣南六里。按吳越春秋，越之麋苑也。山有石室，言越王所游息處矣。

縣南湖北有陳音山。楚之善射者曰陳音，越王問以射道，又善其説，乃使簡士習射北郊之外。按吳越春秋，音死，葬於國西山上。今陳音山乃在國南五里，湖北有射堂及諸邸舍，連衍相屬。又於湖中築塘，直指南山。北即大越之國，秦改爲山陰縣，會稽郡治也。太史公曰：『禹會諸侯，計於此，命曰會稽。會稽者，會計也。』始以山名，因爲地號。夏后少康封少子杼以奉禹祠爲越，世歷殷周，至於允常，列於春秋。允常卒，句踐稱王，都於會稽。吳越春秋所謂『越王都埤中』，在諸暨北界。山陰康樂里有地名邑中者，是越事吳處。故北其門，以東爲右，西爲左，故雙闕在北門外。闕北百步有雷門，門樓兩層，句踐所造，時有越之舊木矣。州郡館宇，屋之大瓦，亦多是越時故物。句踐霸世，徙都瑯邪，後爲楚伐，始還浙東。城東郭外有靈汜，下水甚深，舊傳下有地道，通於震澤。又有句踐所立宗廟，在城東明里中甘滂南。又有玉笥、竹林、雲門、天柱精舍，並疏山創基，架林裁宇，割澗延流，盡泉石之好，水流逕通。

浙江又北，逕山陰縣西。西門外百餘步有怪山，本瑯邪郡之東武縣山也，飛來徙此，壓殺數百家。吴越春秋稱：『怪山者，東武海中山也。一名自來山，百姓怪之，號曰怪山。』亦云：『越王無疆，爲楚所伐，去瑯邪，東武人隨居山下〔九〕。遠望此山，其形似龜，故亦有龜山之稱也。』越起靈臺於山上，又作三層樓以望雲物。川土明秀，亦爲勝地。故王逸少云：『從山陰道上，猶如鏡中行也。』

浙江之上，又有大吴王、小吴王村，並是闔閭、夫差伐越所舍處也。今悉民居，然猶存故目。昔越王爲吴所敗，以五千餘衆，棲於稽山，卑身待士，施必及下。吕氏春秋曰：『越王之棲於會稽也，有酒投江，民飲其流，而戰氣自倍。』所投即浙江也。許慎、晉灼並言：『江水至山陰爲浙江。』江之西岸有朱室塢，句踐百里之封，西至朱室，謂此也。

浙江又東北，逕重山西，大夫文種之所葬也。山上有白樓亭，亭本在山下，縣令殷朗移置今處。沛國桓儼，避地會稽，聞陳業履行高潔，往候不見。儼後浮海，南入交州。臨去，遺書與業，不因行李，繫白樓亭柱而去。升陟遠望，山湖滿目也。永建中，陽羨周嘉上書，以縣遠，赴會至難，求得分置，遂以浙江西爲吴，以東爲會稽。漢高帝十二年，一吴也。後分爲三，世號三吴：吴興、吴郡，會稽其一焉。

浙江又東，逕禦兒鄉。萬善歷曰：『吴黄武六年正月，獲彭綺。』是歲，由拳西鄉有產兒，墮地便能語，云：『天方明，河欲清。鼎脚折，金乃生。』因是詔爲語兒鄉。非也，禦兒之名遠矣，蓋無智之徒，因藉地名，生情穿鑿爾。國語曰，『句踐之地，北至禦兒』是也。安得引黄武證地哉！韋昭曰：『越北鄙在嘉興。』

浙江又東，逕柴辟南，舊吴楚之戰地矣。備候於此，故謂之辟塞。是以越絶稱，『吴故從由拳辟塞渡會稽，湊山陰』〔一〇〕，是也。

浙江又東，注於海。故山海經曰：『浙江在閩西北入海。』韋昭以松江、浙江、浦陽江爲『三江』。

校　記

〔一〕蠻夷　殿本無『夷』字。

〔二〕一名廣陽山　殿本無此五字。

〔三〕瀨帶嚴陵山　殿本無『嚴陵』二字。

〔四〕以全宗領太守平討山越　此十字，殿本作『以討士宗』，而於其下案『此有脱誤』云云。

〔五〕末治　殿本作『末理』。漢書地理志作『末治』。

〔六〕『又逕永興縣北』，至『自外無水以應之』一段，計一千七百六十一字，他本皆在篇末『渡會稽湊山陰是也』之下、『浙江又東注於海』之上。

〔七〕南度　殿本無此二字。

〔八〕夕水　山海經南山經作『　水』。又下一句『南流注於湖』，山海經南山經作『南流注於淏』。

〔九〕東武　於此二字之上，殿本有『止』字，注疏本則有『還浙東』三字。

〔一〇〕湊　原本誤作『溱』，據殿本改。

桓水

桓水出蜀郡岷山，西南行羌中，入於南海。

尚書禹貢：『岷嶓既藝，沱潛既道，蔡蒙旅平，和夷厎績。』鄭玄曰：『和上，夷所居之地也。「和」讀曰「桓」。』地理志曰：『桓水出蜀郡蜀山西南，行羌中』者也。尚書又曰：『西傾因桓是來。』馬融、王肅云：『西治傾山，惟因桓水是來，言無他道也。』余按經據書，岷山、西傾，俱有桓水，桓水出西傾山，更無別流，所導者惟斯水爾。浮於潛漢而達江沔，故晉地道記曰：『梁州南至桓水，西抵黑水，東限扞關。』今漢中、巴郡、汶山、蜀郡、漢嘉、江陽、朱提、涪陵、陰平、廣漢、新都、梓潼、犍爲、武都、上庸、魏興、新城，皆古梁州之地。自桓水以南爲夷，書所謂『和夷厎績』也。然所可當者，惟斯水與江爾。桓水蓋二水之別名，爲兩川之通稱矣。鄭玄注尚書言：『織皮，謂西戎之國也。西傾，雍州之山也。雍戎二野之閒，人有事於京師者，道當由此州而來。桓是隴阪名，其道盤桓，旋曲而上，故名曰「桓」是。今其下民謂是阪曲爲盤也。』斯乃玄之別致，恐乖尚書因桓之義，非浮潛入渭之文。余考校諸書，以具聞見，今略輯綜川流沿注之緒〔一〕，雖今古異容，本其流俗，粗陳所由。然自西傾至葭萌入於西漢，即鄭玄之所謂『潛水』者也。自西漢遡流而屆於晉壽界，沮漾枝津，南歷岡穴，迆邐而接漢，沿此入漾，書所謂『浮潛而逾沔』矣。歷漢川至南鄭縣，屬於褒水。遡褒暨於衙嶺之南，谿水枝灌於斜川，屆於武功而北達於渭水，此乃水陸之相關，川流之所經，復不乖禹貢入渭之宗，寔符尚書亂河之義也。

校記

〔一〕沿注 原本作『注沿』，據殿本改。

葉榆河

益州葉榆河，出其縣北界，屈從縣東北流。

縣，故滇池葉榆之國也。漢武帝元封二年，使唐蒙開之，以爲益州郡。郡有葉榆縣，縣西北八十里，有弔鳥山。衆鳥千百爲羣，共會鳴呼啁哳，每歲七八月至，十六七日則止，一歲六至。雉雀來弔，夜然火伺取之。其無嗉不食，似特悲者，以爲義則不取也。俗言，鳳皇死於此山，故衆鳥來弔，因名曰『弔鳥』。縣之東有葉榆澤，葉榆水所鍾而爲此川藪也。

過不韋縣，

縣，故九隆哀牢之國也。有牢山，其先有婦人名沙壹，居於牢山，捕魚水中，觸沈木若有感，因懷孕，産十子。後沈木化爲龍，出水，九子驚走。小子不能去，背龍而坐，龍因舐之。其母鳥語，謂背爲九，謂坐爲隆，因名爲九隆。及長，諸兄遂相共推九隆爲王。後牢山下有一夫一婦生十女，九隆皆以爲妻，遂因孳育，皆畫身象龍文，衣皆著尾。九隆死，世世不與中國通。漢建武二十三年，王遣兵來，乘革船南下，攻漢鹿茤民。鹿茤民弱小，將爲所擒。於是天大震雷疾雨，南風漂起，水爲逆流，波涌二百餘里，革船沈没，溺死數千人。後數年，復遣六王，將萬許人攻鹿茤。鹿茤王與戰，殺六王，哀牢耆老共薶之。其夜，虎掘而食之。明旦，但見骸骨。驚怖引去，乃懼，謂其耆老小王曰：『哀牢犯徼，自古有之。今此攻鹿茤，輒被天誅，中國有受命之王乎？何天祐之明也？』即遣使詣越巂奉獻，求乞内附，長保塞徼。漢明帝永平十二年，置爲永昌郡，郡治不韋縣。蓋秦始皇徙呂不韋子孫於此，故以『不韋』名縣。北去葉榆六百餘里。葉榆水不逕其縣，自不韋北注者，盧倉禁水爾。

葉榆水自縣南逕遂久縣東。又逕姑復縣西，與淹水合。

又東南，逕永昌邪龍縣。縣以建興三年，劉禪分隸雲南，於不韋縣爲東北。

葉榆水自邪龍縣東南逕秦臧縣，南與濮水同注滇池澤於連然雙柏縣也。

葉榆水自澤又東北流，逕滇池縣南。又東，逕同並縣南。又東，逕漏江縣，伏流山下，復出蝮口，謂之漏江。左思蜀都賦曰：『漏江洑流潰其阿，汨若湯谷之揚濤，沛若濛汜之涌波。』諸葛亮之平南中也，戰於是水之南。

東南出益州界。

葉榆水又逕賁古縣北，東與盤江合。盤水出律高縣東南盢町山，東逕梁水郡北、賁古縣南。水廣百餘步，深處十丈，甚有瘴氣。朱褒之反，李恢追至盤江者也。建武十九年，伏波將軍馬援上言：『從卷泠出賁古，擊益州，臣所將駱越萬餘人，便習戰鬬者二千。兵以上弦毒矢，利以數發。矢注如雨，所中輒死。愚以行兵，此道最便，蓋承藉水利，用爲神捷也。』盤水又東，逕漢興縣。山谿之中，多生邛竹、桄榔樹。樹出麪，而夷人資以自給。故蜀都賦曰：『邛竹緣嶺。』又曰：『麪有桄榔。』盤水北入葉榆水，諸葛亮入南中〔一〕，戰於盤東是也。

入牂柯郡西隨縣，北爲西隨水。又東，出進桑關。

進桑縣，牂柯之南部都尉治也。水上有關，故曰進桑關。馬援言，從卷泠水道出進桑王國，至益州賁古縣，轉輸通利，蓋兵車資運所由矣。自西隨至交趾，崇山接險，水路三千里。

葉榆水又東南，絶温水，而東南注於交趾。

過交趾卷泠縣北，分爲五水，絡交趾郡中，至南界，復合爲三水，東入海。

尚書大傳曰：『堯南撫交趾於禹貢荆州之南垂，幽荒之外，故越也。』周禮：『南八蠻，雕題、交趾，有不粒食者焉。』春秋不見於傳，不通於華夏，在海島，人民鳥語。秦始皇開越嶺南，立蒼梧、南海、交趾、象郡。漢武帝元鼎二年，始并百越，啓七郡。於是乃置交趾刺史，以督領之。初治廣信，所以獨不稱州。時又建朔方，明已始開北垂。遂辟交趾於南，爲子孫基趾也。

卷泠縣，漢武帝元鼎六年開，都尉治。交州外域記曰：『越王令二使者，典主交趾、九真二郡民。後漢遣伏波將軍路博德討越王，路將軍到合浦，越王令二使者齎牛百頭，酒千鍾，及二郡民户口簿，詣路將軍，乃拜二使者爲交趾、九真太守，諸雒將主民如故。交趾郡及州本治於此也，州名爲交州。後朱䳒雒將子名詩，索卷泠雒將女名徵側爲妻。徵側爲人有膽勇，將詩起賊，攻破州郡，服諸雒將皆屬徵側爲王，治卷泠縣，復交趾〔三〕、九真二郡民二歲調賦。後漢遣伏波將軍馬援將兵討徵側，詩走入金谿究，三歲乃得。爾時西蜀並遣兵共討徵側等，悉定郡縣爲令長也。』

山多大蛇，名曰髯蛇，長十丈，圍七八尺，常在樹上，伺鹿獸。鹿獸過，便低頭繞之，有頃鹿死，先濡令溼訖，便吞，頭角骨皆鑽皮出。山夷始見蛇不動時，便以大竹籤籤蛇頭至尾，殺而食之，以爲珍異。故楊氏南裔異物志曰：『髯惟大蛇，既洪且長。采色駁犖，其文錦章。食豕吞鹿，腴成養創。賓享嘉宴，是豆是觴。』言其養創之時，肪腴甚肥，搏之以婦人衣投之，則蟠而不起，走便可得也。

北二水，左水東北逕望海縣南。建武十九年，馬援征徵側置。又東，逕龍淵縣北。又東，合南水。南水自巻泠縣東逕封谿縣北。交州外域記曰：『交趾昔未有郡縣之時，土地有雒田，其田從潮水上下。民墾食其田，因名爲雒民。設雒王、雒侯，主諸郡縣。縣多爲雒將，雒將銅印青綬。』後蜀王子將兵三萬來討雒王、雒侯，服諸雒將，蜀王子因稱爲安陽王。後南越王尉佗舉衆攻安陽王。安陽王有神人名皋通，下輔佐，爲安陽王治神弩一張，一發殺三百人。南越王知不可戰，卻軍住武寧縣。按晉太康記，縣屬交趾。南越遣太子名始，降服安陽王，稱臣事之。安陽王不知通神人，遇之無道，通便去，語王曰：『能持此弩王天下，不能持此弩者亡天下。』通去，安陽王有女名曰媚珠，見始端正，珠與始交通，始問珠，令取父弩視之。始見弩，便盜以鋸截弩訖，便逃歸報南越王。南越進兵攻之，安陽王發弩，弩折，遂敗。安陽王下船逕出於海，今平道縣後王宮城見有故處。晉太康地記，縣屬交趾，越遂服諸雒將。馬援以西南治遠，路逕千里，分置斯縣，治城郭，穿渠通導溉灌，以利其民。縣有猩猩獸，形若黄狗，又狀貆豘，人面，頭顔端正，善與人言，音聲麗妙，如婦人好女，對語交言，聞之無不酸楚。其肉甘美，可以斷穀，窮年不厭。又東，逕浪泊，馬援以其地高，自西里進屯此。又東，逕龍淵縣故城南。又東，左合北水。建安二十三年，立州之始，蛟龍蟠編於南、北二津，故改龍淵，以龍編爲名也。盧循之寇交州也，交州刺史杜慧度率水步晨出南津，以火箭攻之，燒其船艦，一時潰散。循亦中矢，赴水而死，於是斬之，傳首京師。慧度以斬循勳，封龍編侯。劉欣期交州記曰：『龍編縣功曹左飛，曾化爲虎，數月還作吏。』既言其化，亦化無不在。牛哀易虎，不識厥兄，當其革狀，安知其譌變哉？其水又東，逕曲昜縣〔三〕，東流注於浪鬱。經言，於郡東界『復合爲三水』，此其二也。其次一水，東逕封谿縣南。又西南，逕西于縣南。又東，逕羸陵縣北。又東，逕北帶縣南。又東，逕稽徐縣，涇水注之。水出龍編縣高山，東南流入稽徐縣，注於中水。中水又東，逕羸陵縣南。交州外域記曰：『縣，本交趾郡治也。』林邑記曰：『自交趾南行，都官塞浦出焉。』其水自縣東逕安定縣，北帶長江。江中有越王所鑄銅船，潮水退時，人有見之者。其水又東流，隔水有泥黎城，言阿育王所築也。又東南，合南水。南水又東南，逕九德郡北。交州外域記曰：『交趾郡界有扶嚴究，在郡之北，隔渡一江，即是水也。』江北對交趾朱載縣。又東，逕浦陽縣北。又東，逕無切縣北。建武十九年九月，馬援上言：『臣謹與交趾精兵萬二千人，與大兵合二萬人，船車大小二千艘，自入交趾，於今爲盛。十月，援南入九真，至無切縣，賊渠降。進入餘發，渠帥朱伯棄郡亡入深林巨藪，犀象所聚，羊牛數千頭，時見象數十百爲羣。援又分兵入無編縣，王莽之九真亭。至居風縣，帥不降，並斬級數十百，九真乃靖。』其水又東，逕句漏縣。縣帶江水，江水對安定縣。林邑記所謂外越、安定、紀粟者也。縣江中有潛牛，形似水牛，上岸鬭，角軟，還入江水，角堅復出。又東，與北水合。又東，注鬱，亂流而逝矣。此其三也。平撮通稱，同歸鬱海。故經有『入海』之文矣。

校記

〔一〕南中　殿本無『中』字。
〔二〕復交趾　『復』注疏本作『得』。
〔三〕曲易縣　『易』殿本作『昜』。

温水

温水出牂柯夜郎縣。

縣，故夜郎侯國也。唐蒙開以爲縣，王莽名曰同亭矣。温水自縣西北流，逕談藁縣與迷水合，水西出益州郡之銅瀨縣談虜山，東逕談藁縣，右注温水。

温水又西，逕昆澤縣南。又逕味縣。縣，故滇國都也。諸葛亮討平南中，劉禪建興三年，分益州郡置建寧郡於此。水側皆是高山，山水之閒，悉是木耳夷居。語言不同，嗜欲亦異。雖曰山居，土差平和，而無瘴毒。

温水又西南，逕滇池城。池在縣西北〔一〕，周三百許里，上源深廣，下流淺狹，似如倒流，故曰滇池也。長老傳言，池中有神馬，家馬交之則生駿駒，日行五百里。晉太元十四年，寧州刺史費統言：『晉寧郡滇池縣兩神馬，一白一黑，盤戲河水之上。』元封三年，立益州郡，治滇池城，劉禪建寧郡也。

温水又西，會大澤，與葉榆、僕水合。

温水又東南，逕牂柯之毋單縣。建興中，劉禪割屬建寧郡。橋水注之，水上承俞元之南池，縣治龍池洲，周四十七里，一名河水，與邪龍分浦。後立河陽郡，治河陽縣，縣在河源洲上。又有雲平縣，並在洲中。橋水東流，至毋單縣注於温。

温水又東南，逕興古郡之毋棳縣東，王莽更名有棳也。與南橋水合。水出縣之橋山，東流，梁水注之。水上承河水於俞元縣，而東南逕興古之勝休縣，王莽更名勝㰘縣。梁水又東，逕毋棳縣，左注橋水。橋水又東，注於温。

温水又東南，逕律高縣南。劉禪建興三年，分牂柯置興古郡，治温縣。晉書地道記，治此。

温水又東南，逕梁水郡南。温水上合梁水，故自下通得梁水之稱，是以劉禪分興古之盬南，置郡於梁水縣也。

温水東南，逕鐔封縣北。又逕來唯縣東，而僕水右出焉。

又東，至鬱林廣鬱縣，爲鬱水。

秦桂林郡也。漢武帝元鼎六年，更名鬱林郡，王莽以爲鬱平郡矣。應劭地理風俗記曰：『周禮，鬱人掌裸器，凡祭醊賓客之裸事，和鬱鬯以實樽彝。』鬱，芳草也。百草之華，煮以合釀黑黍，以降神者也。或説今鬱金香是也。一曰鬱人所貢，因氏郡矣。

温水又東，逕增食縣，有文象水注之。其水導源牂柯句町縣。應劭曰：『故句町國也。』

王莽以爲從化。文象水、蒙水與盧唯水、來細水、伐水，並自縣東歷廣鬱至增食縣，注於鬱水也。

又東，至領方縣東，與斤員水合〔二〕。

縣有朱涯水，出臨塵縣。東北流，驪水注之。水源上承牂柯水，東逕增食縣，而下注朱涯水。朱涯水又東北，逕臨塵縣，王莽之監塵也。縣有斤員水、侵離水，並逕臨塵，東入領方縣，流注鬱水。

東北入於鬱。

鬱水，即夜郎豚水也。漢武帝時，有竹王興於豚水，有一女子浣於水濱，有三節大竹，流入女子足閒，推之不去，聞有聲，持歸破之，得一男兒。遂雄夷濮，氏『竹』爲姓。所捐破竹，於野成林，今竹王祠竹林是也。王嘗從人止大石上，命作羹，從者白無水。王以劍擊石出水，今竹王水是也。後唐蒙開牂柯，斬竹王首，夷獠咸怨，以竹王非血氣所生，求爲立祠，帝封三子爲侯。及死，配父廟，今竹王三郎祠，其神也。豚水東北流，逕談藁縣，東逕牂柯郡且蘭縣，謂之牂柯水。水廣數里，縣臨江上，故且蘭侯國也。一名頭蘭，牂柯郡治也。楚將莊蹻〔三〕，泝沅伐夜郎，椓牂柯繫船，因名且蘭爲牂柯矣。漢武帝元鼎六年開，王莽更名同亭，有柱浦關。牂柯，亦江中兩山名也。左思吳都賦云，『吐浪牂柯』者也。元鼎五年，武帝伐南越，發夜郎精兵下牂柯江，同會番禺是也。牂柯水又東南，逕毋斂縣西，毋斂水出焉。又東，驩水出焉。又逕鬱林廣鬱縣，爲鬱水。又東北，逕領方縣北。又東，逕布山縣北，鬱林郡治也。吴陸績曰：『從今以去六十年，車同軌，書同文。』至太康元年，晉果平吴。又逕中留縣南，與温水合。

又東，入阿林縣，潭水注之。水出武林郡鐔成縣玉山，東流，逕鬱林郡潭中縣，周水自西南來注之。潭水又東南流，與剛水合。水西出牂柯毋斂縣，王莽之有斂也。東至潭中入潭。潭水又逕中留縣東，阿林縣西，右入鬱水。地理志曰：『橋水東至中留入潭。』又云：『領方縣又有橋水〔四〕。』余診其川流，更無殊津，正是橋温亂流，故兼通稱。作者咸言至中留入潭，潭水又得鬱之兼稱，而字當爲『温』，非橋水也。蓋書字誤矣。

鬱水右則留水注之。水南出布山縣，下逕中留入鬱。鬱水東逕阿林縣。又東，逕猛陵縣，泿水注之。

又東，逕蒼梧廣信縣，灕水注之。

鬱水又東，封水注之。水出臨賀郡馮乘縣西，謝沭縣東界牛屯山，亦謂之臨水。東南流，逕萌渚嶠西。又東南，左合嶠水。庾仲初云：『水出萌渚嶠，南流入於臨水。』臨水又逕臨賀縣東，又南至郡，左會賀水。水出東北興安縣西北羅山，東南流，逕興安縣西。盛弘之荆州記云：『興安縣水邊有平石，上有石履，言越王渡谿，脱履於此。』賀水又西南流，至臨賀郡東，右注臨水。郡對二水之交會，故郡、縣取名焉。臨水又西南流，逕郡南。又西南，逕封陽縣東，爲封谿水。故地理志曰：『縣有封水。』又西南流，入廣信縣，南流注於鬱水，謂之封谿水口者也。

鬱水又東，逕高要縣，牢水注之。水南出交州合浦郡，治合浦縣。漢武帝元鼎六年，平越所置也。王莽更名曰桓合，縣曰桓亭。孫權黄武七年，改曰珠官郡。郡不産穀，多採珠寶。前政煩苛，珠徙交趾，會稽孟伯周爲守，有惠化，去珠復還。郡統臨允縣，王莽之大允也。牢水自縣北流，逕高要縣，入於鬱水。

鬱水南逕廣州南海郡西，浪水出焉。

又南，右納西隨三水。

又南，逕四會浦。水上承日南郡盧容縣西古郎究，浦内漕口，馬援所漕。水東南屈曲，通郎湖。湖水承金山郎究。究水北流，左會盧容、壽泠二水。盧容水，西南出區粟城南高山。山南長嶺，連接天障。嶺西盧容水湊，隱山遶西衛北，而東逕區粟城北。又東，右與壽泠水合。水出壽泠縣界。魏正始九年，林邑進侵，至壽泠縣以爲疆界，即此縣也。壽泠縣以水湊，故水得其名。東逕區粟故城南。考古志，並無『區粟』之名，應劭地理風俗記曰：『日南，故秦象郡。』漢武帝元鼎六年，開日南郡，治西捲縣。林邑記曰：『城去林邑步道四百餘里。』交州外域記曰：『從日南郡南去到林邑國四百餘里。』準逕相符，然則城故西捲縣也。地理志曰：『水入海，有竹可爲杖。』王莽更之曰日南亭。林邑記曰：『其城治二水之間，三方際山，南北瞰水。』東西澗浦，流湊城下。城西折一角〔五〕，周圍六里百七十步，東西度六百五十步，塼城二丈，上起塼牆一丈，開方隙孔。塼上倚板，板上五重層閣，閣上架屋，屋上架樓，樓高者七八丈，下者五六丈。城開十三門，凡宫殿南向，屋宇二千一百餘間。市居周繞，阻峭地險。故林邑兵器戰具，悉在區粟。多城壘，自林邑王范胡達始，秦餘徙民，染同夷化，日南舊風，變易俱盡。巢棲樹宿，負郭接山，榛棘蒲薄，騰林拂雲，幽煙冥緬，非生人所安。區粟建八尺表，日景度南八寸。自此景以南在日之南，故以名郡。望北辰星，落在天際。日在北，故開北户以向日。此其大較也。范泰古今善言曰：『日南張重，舉計入洛，正旦大會。明帝問：「日南郡北向視日也？」重曰：「今郡有雲中、金城者，不必皆有其實，日亦俱出於東爾。」』至於風氣暄暖，日景仰當，官民居止隨情，面向東西南北，迴背無定，人性凶悍，果於戰鬬，便山習水，不閑平地。古人云，『五嶺者，天地以隔内外』，況綿途於海表，顧九嶺而彌邈，非復行路之逕阻，信幽荒之冥域者矣。壽泠水自城南，東與盧容水合，東注郎究。究水所積，下潭爲湖，謂之郎湖。漕口有秦時象郡，墟域猶存。自湖南望，外通壽泠，從郎湖入四會浦。元嘉二十年，以林邑頑凶歷代難化，恃遠負衆，慢威背德，北寶既臻，南金闕貢，乃命偏將與龍驤將軍交州刺史檀和之，陳兵日南，脩文服遠。二十三年，揚旌從四會浦口入郎湖〔六〕。軍次區粟，進逼圍城，以飛梯雲橋，懸樓登壘，鉦鼓大作，虎士電怒，風烈火揚，城摧衆陷。斬區粟王范扶龍首，十五以上，坑截無赦，樓閣雨血，填尸成觀。

自四會南入，得盧容浦口。晉太康三年，省日南郡屬國都尉，以其所統盧容縣置日南郡及象林縣之故治。晉書地道記曰：『郡去盧容浦口二百里，故秦象郡象林縣治也。』永和五年，征西桓溫遣督護滕畯，率交廣兵伐范文於舊日南之盧容縣，爲文所敗。即是處也。退次九真，更治兵，文被創死，子佛代立。七年，畯與交州刺史楊平，復進軍壽泠浦，入頓郎湖，討佛於日南故治佛蝟聚，連壘五十餘里。畯平破之，佛逃竄川藪，遣大帥面縛，請罪軍門。遣武士陳延勞佛，與盟而還。康泰扶南記曰：『從林邑至日南盧容浦口可二百餘里，從口南發往扶南諸國，常從此口出也。』故林邑記曰：『盡紘滄之徼遠，極流服之無外。地濱滄海，衆國津逕。』鬱水南通壽泠，即此浦也。浦上承交趾郡南都官塞浦。林邑記曰：『浦通銅鼓、外越、安定黄岡心口，蓋藉度銅鼓，即駱越也。』有銅鼓，因得其名。馬援取其鼓以鑄銅馬。

至鑿口，馬援所鑿，内通九真、浦陽。晉書地道記：『九德郡有浦陽縣。』交州記曰：『鑿南塘者，九真路之所經也。去州五百里。建武十九年，馬援所開。』林邑記曰：『外越、紀粟、望都。』紀粟出浦陽，度便州至典由〔七〕，度故縣至咸驩。咸驩屬九真。咸驩已南，麞鹿滿岡，鳴咆命疇，警嘯聒野，孔雀飛翔，蔽日籠山。度治口，至九德。按晉書地道記有九德縣。交州外域記曰：『九德縣屬九真郡，在郡之南，與日南接。』蠻盧轝居其地，死，子寶綱代，孫黨服從吳化，定爲九德郡，又爲隸之。林邑記曰：『九德，九夷所極，故以名郡。』郡名所置，周越裳氏之夷國。周禮九夷，遠極越裳。白雉、象牙，重九譯而來。自九德通類口，水源從西北遠荒，逕寧州界來也。九德浦内逕越裳究、九德究、南陵究。按晉書地道記，九德郡有南陵縣，晉置也。竺枝扶南記：『山谿瀨中謂之「究」。』地理志曰，『郡有小水五十二』，并行大川，皆『究』之謂也。林邑記曰：『義熙九年，交趾太守杜慧度，造九真水口，與林邑王范胡達戰，擒斬胡達二子，虜獲百餘人，胡達遁。五月，慧度自九真水歷都粟浦，復襲九真，長圍跨山，重栅斷浦，驅象前鋒，接刃城下，連日交戰，殺傷乃退。』地理志曰：『九真郡，漢武帝元鼎六年開。』治胥浦縣，王莽更之曰驩成也。

晉書地道記曰：『九真郡有松原縣。』林邑記曰：『松原以西，鳥獸馴良，不知畏弓。寡婦孤居，散髮至老。南移之嶺，崒不踰仞。倉庚懷春於其北，翡翠熙景乎其南。雖嚶讙接響，城隔殊非，獨步難遊，俗姓塗分故也。』自南陵究出於南界蠻，進得橫山。太和三年，范文侵交州，於橫山分界，度比景廟，由門浦至古戰灣。吳赤烏十一年，魏正始九年，交州與林邑於灣大戰，初失區粟也。度盧容縣，日南郡之屬縣也。自盧容縣至無變，越烽火至比景縣，日中頭上，景當身下，與景爲比。如淳曰：『景在己下，故以「比景」名縣。』闞駰曰：『比，讀蔭庇之「庇」，言爲身所庇也。』

林邑記曰：『度比景至朱吾。』朱吾縣浦，今之封界。朱吾以南，有文狼人，野居無室宅，依樹止宿，食生魚肉，採香爲業，與人交市，若上皇之民矣。縣南有文狼究，下流逕通。晉書地道記曰：『朱吾縣屬日南郡，去郡二百里。此縣民，漢時不堪二千石長吏調求，引屈都乾爲國〔八〕。』林邑記曰：『屈都，夷也。』朱吾浦内通無勞湖，無勞究水通壽泠浦。元嘉元年，交州刺史阮彌之征林邑，陽邁出婚，不在。奮威將軍阮謙之領七千人，先襲區粟，已過四會，未入壽泠，三日三夜，無頓止處。凝海直岸，遇風大敗。陽邁攜婚都部伍三百許船，來相救援。謙之遭風，餘數船艦，夜於壽泠浦裏相遇，闇中大戰，謙之手射陽邁柁工，船敗縱橫，崑崙單舸，接得陽邁。謙之以風溺之餘，制勝理難，自此還度壽泠，至温公浦。升平三年，温放之征范佛於灣分界陰陽圻，入新羅灣，至焉下，一名阿賁浦，入彭龍灣隱避風波，即林邑之海渚。元嘉二十三年，交州刺史檀和之破區粟已，飛旍蓋海，將指典沖，於彭龍灣上鬼塔，與林邑大戰，還度典沖。林邑入浦，令軍大進，持重故也。浦西，即林邑都也。治典沖去海岸四十里。處荒流之徼表，國越裳之疆南，秦、漢象郡之象林縣也。東濱滄海，西際徐狼，南接扶南，北連九德。後去象林之號，林邑建國起自漢末。初平之亂，人懷異心，象林功曹姓區，有子名逵，攻其縣，殺令，自號爲王。值世亂離，林邑遂立。後乃襲代，傳位子孫，三國鼎争，未有所附。吴有交土，與之鄰接，進侵壽泠，以爲疆界。自區逵已後，國無文史，失其纂代，世數難詳，宗胤滅絶，無復種裔。外孫范熊代立，人情樂推。後熊死，子逸立。有范文，日南西捲縣夷帥范椎奴也。文爲奴時，山澗牧羊，於澗水中得兩鱧魚，隱藏挾歸，規欲私食。郎知檢求，文大慙懼，起託云：『將礪石還，非爲魚也。』郎至魚所，見是兩石，信之而去，文始異之。石有鐵，文入山中，就石冶鐵，鍛作兩刀，舉刃向鄣，因祝曰：『鱧魚變化，冶石成刀，斫石鄣破者是有神靈，文當得此，爲國君王。斫不入者，是刀無神靈。』進斫石鄣，如龍淵、干將之斬蘆藁。由是人情漸附。今斫石尚在，魚刀猶存，傳國子孫，如斬蛇之劍也。椎嘗使文遠行商賈，北到上國，多所聞見。以晉愍帝建興中，南至林邑，教王范逸制造城池，繕治戎甲，經始廓略。王愛信之，使爲將帥，能得衆心。文譖王諸子，或徙或奔，王乃獨立。成帝咸和六年死，無胤嗣。文迎王子於外國，海行取水，置毒椰子中，飲而殺之。遂脅國人，自立爲王。取前王妻妾置高樓上。有從己者，取而納之。不從己者，絶其飲食而死。江東舊事云：『范文本揚州人。少被掠爲奴，賣墮交州，年十五六，遇罪當得杖，畏怖因逃，隨林邑賈人度海遠去，没入於王，大被幸愛。經十餘年，王死，文害王二子，詐殺侯將，自立爲王，威加諸國。』或夷椎鑾語，口食鼻飲，或雕面鏤身，狼䐪裸種。漢魏流赭，咸爲其用。建元二年，攻日南、九德、九真，百姓奔迸，千里無煙，乃還林邑。

林邑西去廣州二千五百里。城西南角高山長嶺，連接天鄣，嶺北接澗，大源淮水出郍郍遠界，三重長洲，隱山繞西，曲街迴北，其嶺南開澗，小源淮水出松根界，上山壑流，隱山繞南，曲街迴東，合淮流，以注典沖。其城西南際山，東北瞰水，重塹流浦，周繞城下。東南塹外，因旁薄城，東西横長，南北縱狹，北邊西端，迴折曲入。城周圍八里一百丈〔九〕，塼城二丈，上起塼牆一丈，開方隙孔，塼上倚板，板上層閣，閣上架屋，屋上構樓，高者六七丈，下者四五丈。飛觀鴟尾，迎風拂雲，緣山瞰水，騫翥嵬崿。但制造壯拙，稽古夷俗。

城開四門。東爲前門，當兩淮渚濱，於曲路有古碑，夷書銘讚前王胡達之德。西門當兩重塹，北迴上山，山西即淮流也。南門度兩重塹，對温公壘。升平二年，交州刺史温放之殺交趾太守杜寶、别駕阮朗，遂征林邑，水陸累戰，佛保城自守，重求請服，聽之。今林邑東城南五里，有温公二壘是也。北門濱淮，路斷不通。

城内小城，周圍三百二十步，合堂瓦殿，南壁不開，兩頭長屋，脊出南北，南擬背日。西區城内，石山順淮面陽，開東向殿，飛檐鴟尾，青瑣丹墀，榱題桷椽，多諸古法。閣殿上柱，高城丈餘五，牛屎爲埿。牆壁青光迴度，曲掖綺牖，紫窗椒房，嬪媵無别，宫觀、路寢、永巷，共在殿上，臨踞東軒，逕與下語。子弟臣侍，皆不得上。屋有五十餘區〔一〇〕，連甍接棟，檐宇如承〔一一〕。神祠鬼塔，小大八廟，層臺重榭，狀似佛刹。郭無市里，邑寡人居，海岸蕭條，非生民所處。而首渠以永安，養國十世，豈久存哉！元嘉中，檀和之征林邑，其王陽邁舉國夜奔竄山藪。據其城邑，收寶巨億。軍還之後，陽邁歸國，家國荒殄，時人靡存，躊躇崩擗，憤絶復蘇，即以元嘉二十三年死。初，陽邁母懷身，夢人鋪陽邁金席，與其兒落席上，金光色起，昭晰豔曜。華俗謂上金爲紫磨金，夷俗謂上金爲陽邁金。父胡達死，襲王位，能得人情，自以靈夢，爲國祥慶。其太子，初名咄。後陽邁死，咄年十九，代立。慕先君之德，復改名陽邁。昭穆二世，父子共名，知林邑之將亡矣。

其城，隍塹之外，林棘荒蔓，榛梗冥鬱，藤盤筀秀，參錯際天。其中香桂成林，氣清煙澂。桂父，縣人也，棲居此林，服桂得道。時禽異羽，翔集閒關，兼比翼鳥，不比不飛，鳥名歸飛，鳴聲自呼。此戀鄉之思孔悲，桑梓之敬成俗也。豫章俞益期，性氣剛直，不下曲俗，容身無所，遠適在南。與韓康伯書曰：『惟檳榔樹，最南遊之可觀，但性不耐霜，不得北植，不遇長者之目，令人恨深。嘗對飛鳥戀土，增思寄意，謂此鳥其背青，其腹赤，丹心外露，鳴情未達，終日歸飛，飛不十千，路餘萬里，何由歸哉！』

九真太守任延，始教耕犂，俗化交土，風行象林。知耕以來，六百餘年，火耨耕藝，法與華同。名白田，種白穀。七月火作，十月登熟。名赤田，種赤穀。十二月作，四月登熟。所謂兩熟之稻也。至於草甲萌芽，穀月代種，穜稑早晚，無月不秀，耕耘功重，收獲利輕，熟速故也。米不外散，恒爲豐國。桑蠶年八熟繭，三都賦所謂『八蠶之緜』者矣。其崖小水羃屋，常吐飛溜，或雪霏沙漲，清寒無底，分谿別壑，津濟相通。

其水自城東北角流，水上懸起高橋，渡淮北岸，即彭龍、區粟之通逵也。檀和之東橋大戰，陽邁被創落象，即是處也。

其水又東南流，逕船官口。船官川源徐狼，外夷皆裸身，男以竹筒掩體〔一二〕，女以樹葉蔽形，外名『狼𦡆』，所謂『裸國』者也。雖習俗裸袒，猶恥無蔽，惟依暝夜，與人交市。闇中臭金，便知好惡，明朝曉看，皆如其言。自此外行，得至扶南。按竺枝扶南記曰：『扶南去林邑四千里，水步道通。』檀和之令軍入邑浦，據船官口城六里者也。自船官下注大浦之東湖，大水連行，潮上西流，潮水日夜長七八尺。從此已西，朔望幷潮，一上七日，水長丈六七尺，七日之後，日夜分爲再潮，水長一二尺。春夏秋冬，厲然一限，高下定度，水無盈縮，是爲海運，亦曰象水也，又兼象浦之名。晉功臣表所謂『金潾清逕，象渚澂源』者也。其川浦渚，有水蟲彌微，攢木食船，數十日壞。源潭湛瀨，有鮮魚，色黑，身五丈，頭如馬首，伺人入水，便來爲害。

山海經曰：『離耳國、雕題國，皆在鬱水南。』林邑記曰：『漢置九郡，儋耳與焉。』民好徒跣，耳廣垂以爲飾，雖男女褻露，不以爲羞。暑褻薄日，自使人黑，積習成常，以黑爲美，離騷所謂『玄國』矣。然則儋耳即離耳也。王氏交廣春秋曰：『朱崖、儋耳二郡，與交州俱開，皆漢武帝所置。』大海中，南極之外，對合浦徐聞縣。清朗無風之日，逕望朱崖州，如囷廩大，從徐聞對度，北風舉帆，一日一夜而至。周迴二千餘里，徑度八百里，人民可十萬餘家，皆殊種異類，被髮雕身。而女多姣好：白皙，長髮，美鬢。犬羊相聚，不服德教。儋耳先廢，朱厓數叛，元帝以賈捐之議罷郡。楊氏南裔異物志曰：『儋耳、朱崖，俱在海中，分爲東藩。』故山海經曰『在鬱水南』也。

鬱水又南，自壽泠縣注於海。昔馬文淵積石爲塘，達於象浦，建金標爲南極之界。俞益期箋曰：『馬文淵立兩銅柱於林邑岸北，有遺兵十餘家，不反，居壽泠岸南，而對銅柱。悉姓馬，自婚姻，今有二百户。交州以其流寓，號曰「馬流」，言語飲食，尚與華同。山川移易，銅柱今復在海中，正賴此民，以識故處也。』林邑記曰：『建武十九年，馬援樹兩銅柱於象林南界，與西屠國分，漢之南疆也。土人以其流寓，號曰馬流，世稱漢子孫也。』山海經曰：『鬱水出象郡，而西南注南海，入須陵東南』者也。應劭曰：『鬱水出廣信，東入海。』言始或可，終則非矣。

校記

〔一〕縣西北　殿本無『北』字。

〔二〕斤員水　『員』殿本作『南』。下同。

〔三〕楚將莊蹻　史記西南夷列傳作『楚威王時，使將軍莊蹻』。

〔四〕橋水　漢書地理志作『墧水』。

〔五〕一角　殿本作『十角』。注疏本會貞按：『「十」字當是「一」字之誤。』

〔六〕四會浦口　『浦』原本作『漕』，據殿本改。

〔七〕便州　原本作『州便』，據殿本改。

〔八〕引屈都乾爲國　注疏本會貞按：「此「國」當「寇」之誤。」

〔九〕丈　殿本作「步」。

〔一〇〕五十餘區　「區」注疏本作「丘」。

〔一一〕檐宇如承　「如」注疏本作「相」。

〔一二〕竹筒　「竹」原本誤作「行」，據殿本改。

存水

存水出犍爲牂牁縣，

王莽之屛郍也。益州大姓雍闓反，結壘於山，繫馬柳柱，柱生成林，今夷人名曰雍無梁林。梁，夷言馬也。

存水自縣東南流，逕收靡縣北。又東，逕且蘭縣北，而東南出。

東南至鬱林定周縣，爲周水。

存水東逕牂柯郡之毋斂縣北，而東南與毋斂水合。水首受牂柯水，東逕毋斂縣，爲毋斂水。又東，注於存水。

存水又東，逕鬱林定周縣，爲周水，蓋水變名也。

又東北，至潭中縣，注於潭。

浪水

浪水出武陵鐔成縣北界沅水谷。

山海經曰：『禱過之山，浪水出焉，而南流注於海』是也。

南至鬱林鐔中縣，與鄰水合。

水出無陽縣。縣，故鐔成也。晉義熙中，改從今名。俗謂之移谿。谿水南歷鐔中，注於浪水。

又東，至蒼梧猛陵縣，爲鬱谿。又東，至高要縣，爲大水。

鬱水出鬱林之阿林縣，東逕猛陵縣。猛陵縣在廣信之西南，王莽之猛陸也。浪水於縣，左合鬱谿，亂流逕廣信縣。地理志：『蒼梧郡治，武帝元鼎六年開。王莽之新廣郡，縣曰廣信亭。』王氏交廣春秋曰：『元封五年，交州自羸𨻻縣移治於此。』建安十六年，吳遣臨淮步騭爲交州刺史，將武吏四百人之交州，道路不通。蒼梧太守長沙吳巨擁衆五千。騭有疑於巨，先使諭巨，巨迎之於零陵，遂得進州。巨既納騭，而後有悔。騭以兵少，恐不存立。巨有都督區景，勇略與巨同，士爲用。騭惡之，陰使人請巨，巨往告景，勿詣騭。

鷩請不已，景又往，乃於廳事前中庭俱斬，以首徇衆，即此也。鬱水又逕高要縣。晉書地理志曰〔一〕：『縣東去郡五百里，刺史夏避毒，徙縣水居也。』縣有鵠奔亭。廣信蘇施妻始珠鬼訟於交州刺史何敞處，事與蘩亭女鬼同。王氏交廣春秋曰：『步鷩殺吴巨、區景，使嚴舟船，合兵二萬，下取南海。蒼梧人衡毅、錢博，宿巨部伍，興軍逆鷩於蒼梧高要峽口，兩軍相逢於是〔二〕，遂交戰。毅與衆投水死者，千有餘人。』

又東，至南海番禺縣西，分爲二：其一南入於海；

鬱水分浪南注。

其一又東，過縣東，南入於海。

浪水東別，逕番禺，山海經謂之『賁禺』者也。交州治中合浦姚文式問云：『何以名爲番禺？』答曰：『南海郡昔治在今州城中，與番禺縣連接，今入城東南偏有水坈陵，城倚其上，聞此縣人名之爲番山，縣名番禺，儻謂番山之禺也。』秦幷天下〔三〕，略定揚越，置東南一尉，西北一候，開南海以謫徙民。至二世時，南海尉任囂，召龍川令趙佗曰：『聞陳勝作亂，豪傑叛秦，吾欲起兵，阻絶新道，番禺負險，可以爲國。會病縣篤，無人與言，故召公來，告以大謀。』囂卒，佗行南海尉事，則拒關門設守，以法誅秦所置吏，以其黨爲守，自立爲王。高帝定天下，使陸賈就立佗爲南越王，剖符通使。至武帝元鼎五年，遣伏波將軍路博德等攻南越，王五世九十二歲而亡。以其地爲南海、蒼梧、鬱林、合浦、交趾、九真、日南也。建安中，吴遣步騭爲交州。騭到南海，見土地形勢，觀尉佗舊治處，負山帶海，博敞渺目，高則桑土，下則沃衍，林麓鳥獸，於何不有。海怪魚鱉，黿鼉鮮鰐，珍怪異物，千種萬類，不可勝記。佗因岡作臺，北面朝漢，圓基千步，直峭百丈，頂上三畝，複道迴環，逶迤曲折，朔望升拜，名曰朝臺。前後刺史郡守，遷除新至，未嘗不乘車升履，於焉逍遥。騭登高遠望，覩巨海之浩茫，觀原藪之殷阜，乃曰：『斯誠海島膏腴之地，宜爲都邑。』建安二十二年，遷州番禺，築立城郭，綏和百越，遂用寧集。交州治中姚文式問答云：『朝臺在州城東北三十里。』裴淵廣州記曰：『城北有尉佗墓，墓後有大岡，謂之馬鞍岡。秦時占氣者言：「南方有天子氣。」始皇發民，鑿破此岡，地中出血。今鑿處猶存，以狀取目，故岡受厥稱焉。』王氏交廣春秋曰：『越王趙佗，生有奉制稱藩之節，死有秘奥神密之墓。佗之葬也，因山爲墳，其壟塋可謂奢大，葬積珍玩。吴時遣使發掘其墓，求索棺柩，鑿山破石，費日損力，卒無所獲。佗雖奢僭，慎終其身，乃令後人不知其處，有似松喬遷景，牧豎固無所殘矣。』鄧德明南康記曰：『昔有盧躭仕州爲治中，少棲仙術，善解雲飛，每夕輒凌虚歸家，曉則還州，嘗於元會至朝，不及朝列，化爲白鵠至闕前，迴翔欲下，威儀以石擲之，得一隻履，躭驚還就列，内外左右，莫不駭異。時步騭爲廣州，意甚惡之，便以狀列聞，遂至誅滅。』廣州記稱：『吳平，晉滕脩爲刺史，脩鄉人語脩，鰕鬚長一丈〔四〕，脩責以爲虛。其人乃至東海，取鰕鬚長丈四尺〔五〕，速送示脩，脩始服謝，厚爲遺。』其一水南入者，鬱川分派，逕四會入海也。其一即川東別逕番禺城下。漢書所謂『浮牂柯，下離津，同會番禺』，蓋乘斯水而入於越也。

浪水又東，逕懷化縣入於海。水有鯌魚，裴淵廣州記曰：『鯌魚長二丈，大數圍，皮皆鑢物。生子，子小隨母覛食，驚則還入母腹。』吳録地理志曰：『鯌魚子，朝索食，暮入母腹。』南越志曰：『暮從臍入，旦從口出，腹裏兩洞，腸貯水以養子，腸容二子，兩則四焉。』

其餘水又東至龍川縣〔六〕，爲涅水，屈北入員水。

浪水枝津衍注，自番禺東歷增城縣。南越志曰：『縣多鵔鸃。』鵔鸃，山鷄也。光采鮮明，五色眩耀，利距善鬭，世以家鷄鬭之，則可擒也。

又逕博羅縣西界龍川。左思所謂『目龍川而帶坰』者也。趙佗乘此縣而跨據南越矣。

員水又東南千五百里，入南海。

東歷揭陽縣，王莽之南海亭，而注於海也。

校記

〔一〕晉書地理志　注疏本守敬按：「此晉書地理志，疑即王隱晉書地道記。」

〔二〕相逢　「逢」原本誤作「逄」，據殿本改。

〔三〕秦幷天下　此句之上，殿本有「漢書所謂浮牂柯下離津同會番禺蓋乘斯水而入越也」二十二字。

〔四〕鰕鬚長一丈　「丈」殿本作「赤」，又案：「古字「尺」通用「赤」。」

〔五〕長丈四尺　殿本作「長四赤」。又三國志吕岱傳注引王隱交廣記，作「長四丈四尺」。

〔六〕龍川縣　殿本無「縣」字。

灕水

灕水亦出陽海山，

灕水與湘水，出一山而分源也。湘灕之間，陸地廣百餘步，謂之始安嶠。嶠，即越城嶠也。嶠水自嶠之陽南流，注灕，名曰始安水。故庾仲初之賦揚都云，『判五嶺而分流』者也。

灕水又南，與瀉水合。水出西北邵陵縣界，而東南流至零陵縣，西南逕越城西。建安十六年，交州刺史賴恭，自廣信合兵小零陵越城迎步騭，即是地也。瀉水又東南流，注於灕水。漢書所謂『出零陵，下灕水』者也。

灕水又南，合彈丸谿。水出於彈丸山，山有涌泉，奔流衝激。山嵁及谿中，有石若丸，自然珠圓，狀彈丸矣，故山水即名焉。驗其山，有石竇，下深數丈，洞穴深遠，莫究其極。谿水東流，注於灕水。

灕水又南，逕始安縣東〔一〕。魏元帝咸熙二年，吳孫皓分零陵南部，立始安郡〔二〕。

灕水又南，右會洛谿。谿水出永豐縣西北洛谿山，東流逕其縣北。縣，本蒼梧之北鄉，孫皓割以爲縣。洛谿水又東南，逕始安縣，而東注灕水。

灕水又東南，流入熙平縣，逕羊瀨山。山臨灕水，石間有色類羊。又東南，逕鷄瀨山。山帶灕水，石色狀鷄，故二山以物象受名矣。

灕水又南，得熙平水口。水源出縣東龍山，西南流逕其縣南，又西與北鄉谿水合。水出縣東北北鄉山，西流逕其縣北。又西流南轉，逕其縣西。縣，本始安之扶鄉也，孫皓割以爲縣。谿水又南，注熙平水。熙平水又西，注於灕水。縣南有朝夕塘，水出西南〔三〕，從山下注〔四〕，塘一日再增再減，盈縮以時，未嘗愆期，同於潮水，因名此潭爲『朝夕塘』矣。

灕水又西，逕平樂縣界，左合平樂谿口，水出臨賀郡之謝沭縣南。歷山西北流，逕謝沭縣西南，西南流至平樂縣東南，左會謝沭衆谿，派流湊合，西逕平樂南。孫皓割蒼梧之境，立以爲縣，北隸始安。谿水又西南流，注於灕水，謂之平樂口〔五〕。

南過蒼梧荔浦縣。

瀨水出縣西北魯山之東，逕其縣西，與濡水合。水出永豐縣西北濡山。東南，逕其縣西。又東南，流入荔浦縣，注於瀨谿，又注於灕水。灕水之上有灕水關〔六〕。

灕水又南，左合靈谿水口。水出臨賀富川縣北符靈岡，南流，逕其縣東。又南，注於灕水也。

又南，至廣信縣，入於鬱水。

校記

〔一〕始安縣　原本作『始興縣』，據注疏本改。

〔二〕始安郡　原本作『始興縣』，據注疏本改。

〔三〕水出西南　殿本『出』字下有『東山』二字。

〔四〕從山下注　殿本『從』字前有『有水』二字。

〔五〕平樂口　殿本作『平樂水』。

〔六〕灕水關　殿本無『灕水』二字。

洭水

洭水出桂陽縣盧聚，

水出桂陽縣西北上驛山盧谿，爲盧谿水。東南流，逕桂陽縣故城，謂之洭水。地理志曰，洭水出桂陽〔一〕，南至四會，是也。洭水又東南流，嶠水注之。水出都嶠之谿，谿水下流歷峽，南出是峽謂之貞女峽。峽西岸高巖，名貞女山。山下際有石如人，形高七尺，狀如女子，故名貞女峽。古來相傳，有數女取蠃於此，遇風雨晝晦，忽化爲石。斯誠巨異，難以聞信。但啓生石中，摯呱空桑，抑斯類矣。物之變化，寧以理求乎？谿水又合洭水。

洭水又東南，入陽山縣，右合湟口水。源出縣西北百一十里石塘村，東南流。水側有豫章木，本徑可二丈，其株根猶存，伐之積載，而斧迹若新。羽族飛翔不息，其旁衆枝飛散遠集，鄉亦不測所如，惟見一枝，獨在含洭水矣。湟水東南流，注於洭。

洭水又東南流，而右與斟水合。水導源近出東巖下，穴口若井，一日之中，十溢十竭，信若潮流，而注洭水。

洭水又南，逕陽山縣故城西，耆舊傳曰：『往昔縣長臨縣，輒遷擢超級，太史逕觀，言勢使然。掘斷連岡，流血成川，城因傾阤，遂即傾敗。閣下大鼓，飛上臨武，乃之桂陽，追號聖鼓，自陽山達乎桂陽之武步驛，所至循聖鼓道也。其道如塹，迄於鼓城矣。』洭水又逕陽山縣南。縣，故含洭縣之桃鄉，孫皓分立爲縣也。洭水又東南流也。

東南過含洭縣。

應劭曰：『洭水東北入沅。』瓚注漢書：『沅在武陵，去洭遠，又隔湘水，不得入沅。』洭水東南，左合翁水。水出東北利山湖，湖水廣員五里，潔踰凡水，西南流，注於洭，謂之翁水口。口已下東岸，有聖鼓杖，即陽山之鼓杖也。横在川側，雖衝波所激，未嘗移動，百鳥翔鳴，莫有萃者。船人上下以篙撞者，輒有瘧疾。洭水又東南，左合陶水。水東出堯山。山盤紆數百里，有赭巖迭起，冠以青林，與雲霞亂采。山上有白石英，山下有平陵，有大堂基。耆舊云，堯行宫所。陶水西逕縣北，右注洭水。

洭水又逕含洭縣西。王歆始興記曰：『縣有白鹿城，城南有白鹿岡。』咸康中，郡民張魴爲縣，有善政，白鹿來游，故城及岡並即名焉。

南出洭浦關，爲桂水。

關在中宿縣，洭水出關，右合溱水，謂之洭口。山海經謂之『湟水』。徐廣曰：『湟水一名洭水，出桂陽，通四會，亦曰灌水也。』漢武帝元鼎元年，路博德爲伏波將軍，征南越，出桂陽，下湟水，即此水矣。桂水，其別名也。

校記

〔一〕洭水　漢書地理志未録。唯『桂陽郡含洭』，應劭注有『洭水所出，東北入沅』云。

溱水

溱水出桂陽臨武縣南，繞城西北，屈東流。

溱水導源縣西南，北流逕縣西，而北與武谿合。山海經曰：『肄水出臨武西南，而東南注於海，入番禺西。』肄水蓋溱水之别名也。武谿水出臨武縣西北桐柏山，東南流，右合溱水。亂流東南，逕臨武縣西，謂之武谿。縣側臨谿東，因曰臨武縣。王莽更名大武也。谿水東南流，左會黄岑谿水。水出郴縣黄岑山，西南流，右合武谿水。武谿水又南，入重山。山名藍豪，廣員五百里，悉曲江縣界。崖峻險阻，巖嶺干天，交柯雲蔚，霾天晦景，謂之瀧中。懸湍迴注，崩浪震山，名之瀧水。

東至曲江縣安聶邑東，屈西南流。

瀧水南出峽，謂之瀧口。西岸有任將軍城，南海都尉任囂所築也。囂死，尉佗自龍川始居之。東岸有任將軍廟。瀧水又南，合泠水。泠水東出泠君山。山，羣峯之孤秀也。晉太元十八年，崩十餘丈，於是懸澗瀑挂，傾流注壑，頹波所入，灌於瀧水。

瀧水又左合林水〔一〕。林水出縣東北洹山。王歆之始興記曰：『林水源裏有石室，室前磐石上，行羅十瓮，中悉是餅銀。采伐遇之不得取，取必迷悶。晉太元初，民封驅之家僕，密竊三餅歸，發看，有大蛇盤之而死。』湘州記曰：『其夜，驅之夢神語曰：「君奴不謹，盗銀三餅，即日顯戮，以銀相償。」覺視，則奴死銀在矣。』林水自源西流，注於瀧水。瀧水又與雲水合。水出縣北湯泉。泉源沸涌，浩氣雲浮，以腥物投之，俄頃即熟〔二〕。其中時有細赤魚游之，不爲灼也。西北合瀧水。

又有藉水，上承滄海水，有島嶼焉。其水吐納衆流，西北注於瀧水。

瀧水又南，歷靈鷲山。山本名虎郡山，亦曰虎市山，以虎多暴故也。晉義熙中，沙門釋僧律葺宇巖阿，猛虎遠迹，蓋律仁感所致，因改曰靈鷲山。

瀧水又南，逕曲江縣東。云縣昔號曲紅。曲紅，山名也，東連岡是矣。瀧中有碑文曰：『自瀑亭至乎曲紅〔三〕。』按地理志，曲江，舊縣也。王莽以爲除虜，始興郡治。魏文帝咸熙二年，孫皓分桂陽南部立。縣東旁瀧谿，號曰北瀧水。水左即東谿口也。水出始興東江州南康縣界石閣山，西流而與湞水合。水出南康縣涼熱山湞谿。山，即大庾嶺也，五嶺之最東矣，故曰東嶠山。斯則改裝之次，其下船路名湞谿。湞水南流，注於東谿，謂之湞口。庾仲初謂之大庾嶠水也。東谿亦名東江，又曰始興水。又西，邪階水注之。水出縣東南邪階山，水有別源，曰巢頭。重嶺衿灕，湍奔相屬，祖源雙注，合爲一川。水側有鼻天子城。『鼻天子』，所未聞也。邪階水又西北，注於東江。東江水又西，逕始興縣南。又西，入曲江縣，邸水注之。水出浮嶽山。山躡一處，則百餘步動，若在水也，因名浮嶽山。南流注於東江。東江又西，與利水合。水出縣之韶石北山，南流逕韶石下。其高百仞，廣員五里，兩石對峙，相去一里，小大略均，似雙闕，名曰韶石。古老言，昔有二仙，分而憩之，自爾年豐，彌歷一紀。利水又南，逕靈石下。靈石，一名逃石，高三十丈，廣員五百丈。耆舊傳言，石本桂林武城縣，因夜迅雷之變，忽然遷此，彼人來見，歎曰：『石乃逃來。』因名逃石。以其有靈運徙，又曰靈石。其傑處，臨江壁立，霞駮有若繢焉。水石驚瀨，傳響不絕。商舟淹留，聆翫不已。利水南注東江。東江又西，注於北江，謂之東江口。溱水至此有始興大庾之名，而南入湞陽縣也。

過湞陽縣，出洭浦關，與桂水合，

溱水南逕湞陽縣西，舊漢縣也，王莽之綦武矣。縣東有湞石山，廣員三十里，挺崿大江之北，盤址長川之際，其陽有石室，漁叟所憩。昔欲於山北開達郡之路，輒有大蛇斷道，不果。是以今行者，必於石室前汎舟而濟也。

溱水又西南，歷皋口、太尉二山之間，是曰湞陽峽。兩岸傑秀，壁立虧天。昔嘗鑿石架閣，令兩岸相接，以拒徐道覆。溱水出峽，左則湞水注之。水出南海龍川縣西，逕湞陽縣南，右注溱水。故應劭曰『湞水西入溱』，是也。

溱水又西南，洭水入焉。山海經所謂，『湟水出桂陽西北山〔四〕，東南注肄，入敦浦西』者也。

溱水又西南，逕中宿縣，會一里水。其處隘，名之爲觀岐。連山交枕，絶崖壁竦。下有神廟，背阿面流，壇宇虛肅，廟渚攢石巉巖，亂峙中川。時水洊至，鼓怒沸騰，流木淪没，必無出者。世人以爲河伯下材。晉中朝時，縣人有使者至洛。事訖將還，忽有一人寄其書云：『吾家在觀岐前，石間懸藤，即其處也，但扣藤，自當有人取之。』使者謹依其言，果有二人出外，取書并延入水府，衣不沾濡。言此似不近情，然造化之中，無所不有。穆滿西遊，與河宗論寶。以此推之，亦爲類矣。

溱水又西南，逕中宿縣南。吳孫皓分四會之北鄉，立焉。

南入於海。

溱水又南，注於鬱，而入於海。

校記

〔一〕左合　殿本作『右合』。

〔二〕熟　殿本作『熱』。

〔三〕自瀑亭至乎曲紅　七字據注疏本補。

〔四〕湟水　山海經海内東經作『潢水』。

斤員水〔一〕

斤員水出交趾龍編縣，東北至鬱林領方縣，東注於鬱。

地理志云：逕臨塵縣，至領方縣注於鬱。

容容、夜、緰、湛、乘、牛渚、須無、無濡、營進、皇無、地零、侵離、侵離水出廣州晉興郡，郡以太康中分鬱林置，東至臨塵入鬱。

無會、重瀨、夫省、無變、由蒲、王都、融、勇外，

此皆出日南郡西，東入於海。容容水在南垂，名之以次轉北也。

右二十水，從江已南，至日南郡也。

校　記

〔一〕斤員水　殿本作「斤江水」。下同。又案：「漢書作「斤員水」。」

禹貢山水澤地

嵩高爲中岳，在潁川陽城縣西北。

春秋説題辭曰：『陰含陽，故石凝爲山。』國語曰：『禹封九山。山，土之聚也。』爾雅曰：『山大而高，曰崧。』合而言之爲崧高，分而名之爲二室。西南有少室，東北有太室。嵩高山記曰：『山下巖中有一石室，云有自然經書，自然飲食。』又云：『山有玉女臺，言漢武帝見，因以名臺。』

泰山爲東岳，在泰山博縣西北。

岱宗也。王者封禪於其山，示增高也。有金策玉檢之事焉。

霍山爲南岳，在盧江灊縣西南。

天柱山也。爾雅云：『大山宫小山爲霍。』開山圖曰：『其山上侵神氣，下固窮泉。』

華山爲西岳，在弘農華陰縣西南。

古文之惇物山也。

雷首山在河東蒲阪縣東南。

砥柱山在河東大陽縣東河中。

王屋山在河東垣縣東北。

昔黄帝受丹訣於是山也。

太行山在河内野王縣西北。

王烈得石髓處也。

恒山爲北岳，在中山上曲陽縣西北。

碣石山在遼西臨渝縣南水中。

大禹鑿其石，夾右而納河。秦始皇、漢武帝皆嘗登之。海水西侵，歲月逾甚，而苞其山，故言水中矣。

析城山在河東濩澤縣西南。

大岳山在河東永安縣。

壺口山在河東北屈縣東南。

龍門山在河東皮氏縣西。

梁山在馮翊夏陽縣西北河上。

荆山在馮翊懷德縣南。

岐山在扶風美陽縣西北。

汧山在扶風汧縣之西。

隴山、終南山、惇物山，在扶風武功縣西南也。

西頃山在隴西臨洮縣西南。

禹貢中條山也。

嶓冢山在隴西氐道縣之南。

南條山也。

鳥鼠同穴山，在隴西首陽縣西南。

鄭玄曰：『鳥鼠之山，有鳥焉，與鼠飛行而處之。又有止而同穴之山焉。是二山也。鳥名爲鵌，似鵽而黄黑色，鼠如家鼠而短尾，穿地而共處，鼠内而鳥外。孔安國曰：『共爲雌雄。』杜彦達曰：『同穴止宿，養子互相哺食，長大乃止。』張晏言：『不相爲牝牡，故因以名山。』

積石在隴西河關縣西南。

山海經云，『山在鄧林東，河所入』也。

都野澤在武威縣東北。

縣在姑臧城北三百里。東北即休屠澤也。古文以爲豬野。其水上承姑臧武始澤。澤水二源。東北流爲一水，逕姑臧縣故城西，東北流，水側有靈淵池。王隱晉書曰：『漢末，博士燉煌侯瑾，善内學，語弟子曰：「凉州城西泉水當竭，有雙闕起其上。」至魏嘉平中，武威太守條茂起學舍，築闕於此泉。太守塡水，造起門樓，與學闕相望。泉源徙發，重導於斯，故有靈淵之名也。』澤水又東北流，逕馬城東。城即休屠縣之故城也，本匈奴休屠王都，謂之馬城河。又東北，與横水合。水出姑臧城下，武威郡凉州治。地理風俗記曰：『漢武帝元朔三年，改雍曰凉州。以其金行，土地寒凉故也。』遷於冀，晉徙治此。王隱晉書曰：『凉州有龍形，故曰卧龍城。南北七里，東西三里，本匈奴所築。及張氏之世居也，又增築四城，箱各千步。東城殖園果，命曰講武場。北城殖園果，命曰玄武圃。皆有宮殿。中城内作四時宮，隨節游幸，幷舊城爲五，街衢相通，二十二門。大繕宮殿觀閣，采綺妝飾，擬中夏也。』其水側城北流，注馬城河。河水又東北，清澗水入焉，俗亦謂之爲五澗水也。水出姑臧城東，而西北流，注馬城河。河水又與長泉水合。水出姑臧東揟次縣，王莽之播德也。西北歷黄沙阜，而東北流注馬城河。又東北，逕宣威縣故城南。

又東北，逕平澤、晏然二亭東。又東北，逕武威縣故城東。漢武帝太初四年，匈奴渾邪王殺休屠王，以其衆置武威縣，武威郡治，王莽更名張掖。地理志曰：『谷水出姑臧南山，北至武威入海。』屆此水流兩分。一水北入休屠澤，俗謂之爲西海。一水又東，逕百五十里，入豬野，世謂之東海。通謂之都野矣。

合離山在酒泉會水縣東北。

合黎山也。

流沙地，在張掖居延縣東北。

居延澤在其縣故城東北。尚書所謂流沙者也。形如月生五日也。弱水入流沙。流沙，沙與水流行也。亦言出鍾山，西行極崦嵫之山，在西海郡北。山有石赤白色，以兩石相打，則水潤，打之不已，潤盡則火出。山石皆然，炎起數丈，經日不滅。有大黑風，自流沙出，奄之乃滅，其石如初。言動火之事，發疾經年，故不敢輕近爾。流沙又逕浮渚，歷壑市之國。又逕于鳥山之東、朝雲國西，歷崑山西南，出於過瀛之山。大荒西經云：『西南海之外，流沙出焉。逕夏后開之東，開上三嬪于天，得九辯與九歌焉。』又歷圓丘不死山之西，入於南海。

三危山在燉煌縣南。

山海經曰：『三危之山，三清鳥居之。是山也，廣員百里。』在鳥鼠山西，即尚書所謂『竄三苗於三危』也。春秋傳曰：『允姓之姦，居於瓜州。』瓜州，地名也。杜林曰：『燉煌，古瓜州也。』州之貢物，地出好瓜，民因氏之。瓜州之戎，幷於月氏者也。漢武帝元鼎六年，分酒泉置。南七里有鳴沙山，故亦曰沙州也。

朱圉山在天水北、冀城南。

即冀縣，山有石鼓。開山圖謂之『天鼓山』。九州害起則鳴，有常應。又云：『石鼓山有石鼓，於星爲河鼓，星動則石鼓鳴，石鼓鳴則秦土有殃。鳴淺殃萬物，鳴深則殃君王矣。』

岷山在蜀郡湔氐道西。

漢書以爲瀆山者也。

熊耳山在弘農盧氏縣東。

是山也，穀水出其北林也。

荆山在南郡臨沮縣東北。

東條山也。卞和得玉璞於是山，楚王不理，懷璧哭於其下，王後使玉人理之，所謂『和氏之玉』焉。

内方山在江夏竟陵縣東北。

禹貢注，章山也。

大别山在廬江安豐縣西南。

外方山，嵩高是也。

桐柏山在南陽平氏縣東南。

陪尾山在江夏安陸縣東北。

衡山在長沙湘南縣南。

禹治洪水，血馬祭衡山，於是得金簡玉字之書。按省玉字，得通水理也。

九江地在長沙下雋縣西北。

雲夢澤在南郡華容縣之東。

東陵地在廬江金蘭縣西北。

敷淺源地在豫章歷陵縣西。

彭蠡澤在豫章彭澤縣北。

尚書所謂『彭蠡既豬，陽鳥攸居』也。

中江在丹陽蕪湖縣西南，東至會稽陽羡縣入於海。

震澤在吴縣南五十里。

北江在毗陵北界，東入於海。

嶧陽山在下邳縣之西。

羽山在東海祝其縣南。

縣，即王莽之猶亭也。尚書『殛鯀於羽山』，謂是山也。山西有羽淵，禹父之所化，其神爲黄熊，以入淵矣。故山海經曰，『洪水滔天，鯀竊帝之息壤以堙水，不待帝命。帝令祝融殺鯀羽郊』者也。

陶丘在濟陰定陶縣之西南。

陶丘，丘再成也。

菏澤在定陶縣東。

雷澤在濟陰成陽縣西北。

菏水在山陽湖陸縣南。

蒙山在泰山蒙陰縣西南。

大野澤在山陽鉅野縣東北。

大邳地在河南成皋縣北。

爾雅曰：『山一成謂之邳。』然則大邳，山名，非地之名也。

明都澤在梁郡睢陽縣東北。

益州沱水在蜀郡汶江縣西南，其一在郫縣西南，皆還入江。

荆州沱水在南郡枝江縣。

三澨地在南郡邔縣北沱。

尚書曰：『導漢水，過三澨。』地説曰：『沔水東行，過三澨合流，觸大别山阪。故馬融、鄭玄、王肅、孔安國等，咸以爲三澨水名也。』許慎言：『澨者，埤增水邊土，人所止也。』按春秋左傳曰：『文公十有六年，楚軍次於句澨，以伐諸庸。宣公四年，楚令尹子越師於漳澨。定公四年，左司馬戌敗吴師於雍澨。昭公二十三年，司馬薳越縊於薳澨〔一〕。』服虔或謂之邑，又謂之地。京相璠、杜預亦云，水際及邊地名也。今南陽、淯陽二縣之閒，淯水之濱，有南澨、北澨矣。而諸儒之論，水陸相半，又無山源，出處之所，津途關路，惟鄭玄及劉澄之言在竟陵縣界。經云『邔縣北沱』，然沱流多矣，論者疑焉，而不能辨其所在。

右禹貢山水澤地所在，凡六十。

校記

〔一〕蘧滋　『蘧』原本作『蓬』。據左傳昭公二十三年改。

酈道元水經注原序〔一〕

敘曰：易稱天以一生水，故氣微於北方，而爲物之先也。玄中記曰：天下之多者水也，浮天載地，高下無不至，萬物無不潤。及其氣流届石，精薄膚寸，不崇朝而澤合靈宇者，神莫與並矣。是以達者不能測其淵沖，而盡其鴻深也。昔大禹記著山海，周而不備；地理志其所録，簡而不周；尚書、本紀與職方俱略。都賦所述，裁不宣意。水經雖粗綴津緒〔二〕，又闕旁通。所謂各言其志，而罕能備其宣導者矣。今尋圖訪賾者，極聆州域之説〔三〕；而涉土遊方者，寡能達其津照，縱髣髴前聞，不能不猶深屏營也〔四〕。余少無尋山之趣，長違問津之性，識絶深經，道淪要博，進無訪一知二之機，退無觀隅三反之慧。獨學無聞，古人傷其孤陋；捐喪辭書，達士嗟其面牆。默室求深，閉舟問遠，故亦難矣。然毫管闚天，歷箭時昭；飲河酌海，從性斯畢。竊以多暇，空傾歲月，輒述水經，布廣前文。大傳曰：大川相閒，小川相屬，東歸於海。脉其枝流之吐納，診其沿路之所躔，訪瀆搜渠，緝而綴之。經有繆誤者，考以附正，文所不載，非經水常源者，不在記注之限。但緜古芒昧，華戎代襲，郭邑空傾，川流戕改，殊名異目，世乃不同。川渠隱顯，書圖自負，或亂流而攝詭號，或直絶而生通稱，枉渚交奇，洄湍決澓，躔絡枝煩，條貫系夥〔五〕。十二經通，尚或難言，輕流細漾，固難辯究，正可自獻逕見之心，備陳輿徒之説。其所不知，蓋闕如也。所以撰證本經〔六〕，附其枝要者，庶備忘誤之私，求其尋省之易。

校記

〔一〕標題據殿本增。
〔二〕粗綴津緒　「粗」大典本作「祖」。
〔三〕州域　大典本作「川域」。
〔四〕屛營　大典本作「汀營」。
〔五〕條貫系夥　「系」大典本作「乎」。
〔六〕本經　大典本作「三經」。

説　明

一、本索引對於《分篇水經注》中所引用文獻的書名、篇名,以及署有作者名和論、賦、記、序、注、箋等文獻著述方式者,皆作爲引用文獻收録。未署書名、篇名或著述方式,而僅爲“某人曰”、“某人云”者,不作爲引用文獻收録。

二、本索引的文獻名、作者名,無論簡稱、別稱等,皆以《水經注》的文本爲準。

三、《詩》,作爲《詩經》的簡稱。凡指《詩經》以外的詩,必須署名作者,否則不予收列。

四、文獻收録以面爲單位,一面之中的文獻只收録一次,其重出者不計。

五、本索引以四角號碼檢字法編排。四個角之號碼相同者,以第四角上方的一個筆形爲附號。

六、另附有索引首字筆畫檢索表和索引首字音序檢索表。索引首字筆畫檢索表,其索引首字筆畫數相同者,按起筆筆形的横(一)、竪(丨)、撇(丿)、點(丶)、折(乙)爲序。

四角號碼檢索表

57	277	633
58	278	660
59	284	665
69	289	666
70	291	677
71	293	720
73	315	743
79	321	745
80	323	777
83	324	778
87	329	807
108	375	819
119	419	855
121	420	875
164	457	879
173	463	898
175	485	902
180	497	928
185	535	929
198	567	933
200	583	934
209	594	945
229	595	947
231	596	950
261	609	958
264	613	960
269	617	962

2692_2 穆

2694_1 釋

2711_7 龜

3514_7 溝

3520_6 神

3521_8 禮

3530_0 連

3610_0 湘

3611_2 温

3712_7 鴻

3714_7 汲

4001_7 九

4003_0 太

4411_2 地

167	315	414
168	321	415
170	331	418
173	334	419
175	337	420
199	338	421
209	343	422
210	344	430
220	351	431
232	358	432
233	359	441
234	360	444
235	362	446
236	363	447
237	364	448
239	365	451
240	369	452
255	370	453
260	374	455
262	379	463
263	380	471
265	384	472
271	385	474
272	386	475
275	392	476
277	400	478
294	402	484

485	543	649
486	545	673
487	546	674
490	553	676
491	559	678
495	563	679
499	565	683
501	567	686
503	572	692
505	576	697
510	579	722
511	580	735
514	581	743
518	582	756
520	583	757
521	584	776
523	587	780
524	589	785
525	590	794
526	605	795
529	617	799
531	623	809
532	624	850
535	640	862
540	645	865
541	646	879
542	647	887

4420_7 萬

4420_7 夢

192
194
197
200
201
207
208
212
216
218
259
262
265
285
289
299
310
322
323
332
333
338
349
350
385
440
458
459
460
463
465
466
468
469
470
473
475
476
477
478
479
480
481
485
486
488
489
491
498
499
501
503
510
511
513
519
521
523
524
530
535
536
537
538
539
544
548
553
554
558
559
560
565
568
572
575
578
584
591
592
593

附一　索引首字筆畫檢索表

七　畫

孝　4440_7
扶　5508_0
折　5202_1
吳　2643_0
佛　2522_7
谷　4794_7
沙　3912_0
宋　3090_4

八　畫

武　1314_0
表　5073_2
長　7173_2
茂　4425_3
英　4480_5
林　4499_0
述　3330_9
東　5090_6
抱　5701_2
尚　9022_7
明　6702_0
易　6022_7
典　5580_1
物　2752_0
岳　7277_2
征　2121_1
金　8010_9
命　8062_7
周　7722_0
法　3413_2
河　3112_0
宜　3010_2
建　1540_0
始　4346_0
孟　1710_2

九　畫

奏　5080_4
春　5060_8
封　4410_0
荆　4240_0
故　4864_0
南　4022_7
柘　4196_2
威　5320_0
括　5206_4
思　6033_0
秋　2998_0
皇　2610_4
禹　2022_7
後　2224_7
風　7721_0
音　0060_1
帝　0022_7
首　8060_2
洪　3418_1
洛　3716_4
神　3520_6
郡　1762_7
紀　2791_7
馬　7132_7

十　畫

秦　5090_4
都　4762_7
耆　4460_1
華　4450_4
莊　4421_4
桂　4491_4
連　3530_0
捍　5604_1
晉　1060_1
徐　2829_4
記　0761_7
高　0022_7
益　8010_2
海　3815_7
家　3023_2
冢　3723_2

附二　索引首字音序檢索表

索引目次

分篇水經注引用文獻
索　引

2015

附　安徽古籍叢書已版書目

舊聞隨筆
定本莊子故
張籍集注
文學研究法
桐城文學淵源考・撰述考
包拯集編年校補
康輶紀行・東槎紀略
北山樓集
桐城耆舊傳
疑庵詩
三餘札記
方望溪遺集
爾雅翼

識小録・寸陰叢録
東萊詩詞集
明太祖集
王侍郎奏議
程氏家塾讀書分年日程
朱楓林集
敬孚類稿
施愚山集（四册）
吴敬梓吴烺詩文合集
張孝祥詞箋校
竇山公家議校注
翠微南征録・北征録合集
阮大鋮戲曲四種

老子注三種
杜詩説
朱書集
論語解注合編
郭祥正集
皖人詩話八種
唐詩評三種
左傳微
績學堂詩文鈔
鈍齋詩選
老子注譯
莊子詮詁
説文假借義證

劉銘傳文集
包世臣全集（三冊）
戴震全書（七冊）
田間易學
莊屈合詁
田間詩集
田間文集
古事比（二冊）
安徽出土金文訂補
秋崖詩詞校注
道聽途説
蘭茗館外史
青泥蓮花記
舌華録
明語林

夜雨秋燈録・續録（二冊）
包拯集校注
毛詩後箋（二冊）
劉文典全集（四冊，列入特輯）
壹齋集（二冊）
孟子講義
楊仁山全集
跂翁藏書年譜（列入附輯）
不得已附二種
歙事閑譚（二冊）
惜抱軒詩集訓纂
張孝祥詩文集
吳汝綸全集（四冊）
朱子全書（二十七冊）
姚瑩年譜（列入附輯）

明實録安徽經濟史料類編（列入附輯）
青溪集
藏山閣集
田間詩學
俞正燮全集（三冊）
皖人戲曲選刊・鄭之珍卷
詠懷堂詩集
所知録附四種
文選箋證（二冊）
歙紀
方孝標文集
七頌堂集
劉文典全集補編（列入特輯）
程瑤田全集（四冊）

皖人戲曲選刊·方成培卷
皖人戲曲選刊·龍燮卷
凌廷堪全集（四册）
黄生全集（四册）
東輶紀程
蕭雲從詩文輯注

程文炳文集
程恩培集
方盦山詩集（二册）
趙紹祖金石學三種
小爾雅義證
勉行堂詩文集

貴池唐人集
龍眠風雅全編（十册）
無爲集
杜詩提要
分篇水經注（二册）